TRAITÉ PRATIQUE

DU

RÉGIME HYPOTHÉCAIRE

CONTENANT

**Transcriptions, Privilèges, Hypothèques, Inscriptions,
Radiations, Purges, Saisies, Ordres,
Responsabilité des Conservateurs, Droits fiscaux
et Salaires, etc.**

SUIVI DE

FORMULES

D'INSCRIPTIONS ET DE RÉQUISITIONS HYPOTHÉCAIRES

PAR

Albert ANDRÉ

ancien notaire
ex-professeur de notariat à Rennes et à Paris
avant clerc principal à Paris et à Caen

TROISIÈME ÉDITION Refondue et augmentée

PARIS

IMPRIMERIE ET LIBRAIRIE GÉNÉRALE DE JURISPRUDENCE

MARCHAL ET BILLARD

MARCHAL & GODDE, Successeurs

ÉDITEURS, LIBRAIRES DE LA COUR DE CASSATION
27, Place Dauphine, 27

—

1916

TRAITÉ PRATIQUE

DU

RÉGIME HYPOTHÉCAIRE

OUVRAGES DE L'AUTEUR

Traité formulaire des partages d'ascendants, 3ᵉ édit., 1909, vol. in-8°.

Formulaire général du notariat, 9ᵉ édit., 1914, vol. in-8°.

Traité formulaire des contrats de mariage, 4ᵉ édit., 1910, vol. in-8°.

Traité formulaire des inventaires, 4ᵉ édit., 1910, vol. in-8°.

Traité formulaire des testaments, 3ᵉ édit., 1910, vol. in-8°.

Traité du régime hypothécaire, 3ᵉ édit., 1916, vol. in-8°.

Manuel-formulaire des déclarations de succession, 8ᵉ édit., 1914, vol. in-8°.

Dictionnaire de droit dans les matières notariales, 1890, 4 vol. in-8°.

Le régime dotal dans la pratique, 1888, vol. in-8°.

Traité formulaire des liquidations et partages, 4ᵉ édit., 1914, 2 vol. in-8°.

Traité formulaire des ventes d'immeubles, 1894, 2 vol. in-8°.

Code du notariat, 1895, vol. in-18.

Coutume de Normandie et lois françaises sur le voisinage et les servitudes, 3ᵉ édit., 1910, vol. in-18.

Traité d'enregistrement, 1901, vol. in-8°.

Tarifs d'enregistrement, timbre, hypothèque et taxe sur les valeurs mobilières, 2ᵉ édit., 1910, vol. in-8°.

Législation notariale de France et d'Algérie, 1909, vol. in-8°

TRAITÉ PRATIQUE

DU

RÉGIME HYPOTHÉCAIRE

CONTENANT

Transcriptions, Privilèges, Hypothèques, Inscriptions,
Radiations, Purges, Saisies, Ordres,
Responsabilité des Conservateurs, Droits fiscaux
et Salaires, etc.

SUIVI DE

FORMULES

D'INSCRIPTIONS ET DE RÉQUISITIONS HYPOTHÉCAIRES

PAR

Albert ANDRÉ

ancien notaire
ex-professeur de notariat à Rennes et à Paris
avant clerc principal à Paris et à Caen

TROISIÈME ÉDITION Refondue et augmentée

PARIS

IMPRIMERIE ET LIBRAIRIE GÉNÉRALE DE JURISPRUDENCE

MARCHAL ET BILLARD

MARCHAL & GODDE, Successeurs
ÉDITEURS, LIBRAIRES DE LA COUR DE CASSATION
27, Place Dauphine, 27

1916

BIBLIOGRAPHIE

Aubry et Rau. — Cours de droit civil. Paris, 1897-1913.

Barafort. — Séparation des patrimoines. Paris, 1867.

Baudot. — Formalités hypothécaires. Paris, 1845.

Baudry-Lacantinerie et de Loynes. — Privilèges et hypothèques. Paris, 1907.

Berger. — Transcription. Paris, 1875.

Bertauld. — Subrogation à l'hypothèque légale. Paris, 1864. Questions pratiques. Paris, 1869.

Boulanger et de Récy. — Radiations hypothécaires. Paris, 1880.

Carré et Chauveau. — Lois de la procédure. Paris, 1888.

Ducruet. — Transcription. Paris, 1858.

Flandin. — Transcription. Paris, 1861.

Grosse. — Commentaire sur la transcription. Paris, 1859.

Guillouard. — Privilèges et hypothèques. Paris, 1897-1899.

Josseau. — Traité du Crédit Foncier. Paris, 1884.

Laurent. — Droit civil français. Paris et Bruxelles, 1893.

Lebret. — *Revue crit.*, X, 675. Note D. 94.1.265.

Legrand. — Etats d'inscriptions. Paris, 1892.

Lyon-Caen et Renault. — Droit commercial. Paris, 1910.

Martou. — Privilèges et hypothèques. Paris et Bruxelles, 1863.

Mourlon. — Transcription. Paris, 1862.

Pont. — Privilèges et hypothèques. Paris, 1876.

Primot. — Radiations hypothécaires. Paris, 1889.

Rivière et François. — Transcription. Paris, 1855.

Seligmann. — Saisie immobilière et ordre. Paris, 1860.

Sellier. — Commentaire sur la transcription. Paris, 1856.

Thézard. — Privilèges et hypothèques. Paris, 1880.

Troplong. — Privilèges et hypothèques. Paris, 1854. Commentaire
de la loi sur la transcription. Paris, 1864.

Verdier. — Transcription hypothécaire. Paris, 1881.

ABRÉVIATIONS

Arr.	Arrêté.
Art	Article.
Cass.	Arrêt de la Cour de cassation.
Circ. min	Circulaire ministérielle.
Civ. 2130	Code civil, article 2130.
Comm.	Code de commerce.
Comp.	Comparez.
Cons. d'Et.	Conseil d'Etat.
D. 14.1.27.	Dalloz, année 1914, première partie, page 27.
Déc. min. fin. . .	Décision du ministre des finances.
Déc. min. just. . .	Décision du ministre de la justice.
Décr	Décret.
Dél.	Délibération de la régie.
Inst.	Instruction de l'enregistrement.
Inst. crim.	Code d'instruction criminelle.
J. C.	*Journal des conservateurs des hypothèques.*
J. E.	*Journal de l'enregistrement.*
L.	Loi.
Ord.	Ordonnance.
Pén.	Code pénal.
Pr	Code de procédure civile.
Rev. not.	*Revue du notariat.*
S. 14.2.64.	Sirey, année 1914, 2e partie, page 64.
Sol.	Solution de l'enregistrement.
Tr	Tribunal.
V.	Voyez.

TRAITÉ

DU

RÉGIME HYPOTHÉCAIRE

INTRODUCTION

§ 1er

Considéré d'une manière générale, le régime hypothécaire a pour but principal de porter les droits réels à la connaissance des tiers, par voie d'inscription sur des registres spéciaux, tenus par un fonctionnaire public appelé conservateur des hypothèques.

D'après le Droit français, les droits réels comprennent, d'une part : la propriété, l'usufruit et les servitudes[1] ; d'autre part : le gage, le privilège et l'hypothèque[2].

En principe, les conventions ayant pour objet de constituer ou de transférer des droits réels, reçoivent leur perfection du seul consentement des parties, sans aucune formalité extrin-

1. C. civ., 544, 617, 619, 625, 637, 686.
2. C. civ., 2071, 2085, 2095, 2114, 2180.

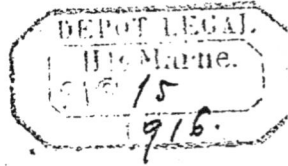

André, *Régime hypothécaire.*   1

sèque ; de sorte que le but de la publicité est de pourvoir seulement à la garantie des tiers [1].

Au point de vue de la publicité, les privilèges et les hypothèques se distinguent des autres droits réels, en ce sens qu'ils sont rendus publics par une simple inscription, contenant des indications sommaires puisées dans le titre, tandis que les actes relatifs à la propriété et à l'antichrèse doivent être transcrits littéralement sur les registres du conservateur [2].

Le fonctionnaire préposé à la tenue des registres des droits réels n'est pas chargé d'apprécier la régularité des titres qui lui sont remis, pour les transcriptions et inscriptions [3]. Du reste, ces formalités n'ayant pas d'autre destination que celle d'assurer la publicité, ne mettent aucun obstacle à ce que les actes et jugements qui y ont été soumis soient attaqués, par les mêmes voies que s'ils n'avaient pas été transcrits ou inscrits [4].

Toutes les formalités prescrites pour la publicité des droits réels, ne sont efficacement accomplies qu'au bureau des hypothèques établi, par chaque arrondissement [5], dans la commune où siège le tribunal civil de première instance [6].

La compétence des conservateurs des hypothèques étant territoriale, les formalités opérées dans un bureau autre que

---

1. C. civ., 938, 1138, 1583 ; L. 23 mars 1855, art. 3.
2. C. civ., 2134, 2148 ; L. 23 mars 1855, art. 1 et 2.
3. C. civ., 2199.
4. Cass., 11 nivôse an XII ; 26 avril 1852, D. 52.1.131, S.52.1.313.
5. Pour le service hypothécaire : 1° l'arrondissement de Puget-Theniers est réuni à celui de Nice ; 2° le département de la Seine est desservi par 10 bureaux siégeant à Paris ; 3° trois bureaux desservent chacun des arrondissements de Bordeaux et de Versailles ; 4° deux bureaux font le service de chacun des arrondissements de Pontoise, Lyon, Lille, Rouen, le Havre, Marseille (L. 30 mai 1899, art. 18 ; décr. 28 novembre 1900) et Nice (L. 27 fév. 1912, art. 31 ; décr. 14 nov. 1913).
6. C. civ., 2146, 2181 ; L. 21 ventôse an VII, art. 2 ; 23 mars 1855, art. 1.

celui de la situation des biens transmis ou grevés, seraient dépourvues d'effet.

La transcription n'est pas prescrite pour toutes les constitutions ou transmissions de droits réels ; celles qui ont lieu par voie d'hérédité ou par acte de dernière volonté, sont en général dispensées de la formalité [1].

D'un autre côté, la loi soumet à la publicité certains droits personnels dont l'existence est de nature à diminuer la valeur des immeubles auxquels ils se rapportent [2].

C'est la transcription qui rend les droits réels opposables aux tiers, quand cette formalité est exigée.

En général, les privilèges et les hypothèques ne sont efficaces, à l'égard des tiers, que s'ils ont été rendus publics par inscription sur les biens qu'ils affectent et pour des sommes déterminées [3].

Toutefois, ce principe n'est pas absolu : le régime hypothécaire français reconnaît plusieurs hypothèques légales, qui, non seulement existent indépendamment de toute publicité, mais encore conservent des créances indéterminées et sur une généralité de biens [4].

De plus, nous avons des hypothèques judiciaires soumises à la publicité, mais dispensées de la spécialité [5], base de tout régime hypothécaire complet.

Les privilèges et les hypothèques dérogent au principe d'après lequel tous les biens du débiteur forment le gage commun de ses créanciers [6].

Ainsi, entre divers créanciers, en vertu de titres sous seings

1. Comp. C. civ., 1069.
2. L. 23 mars 1855, art. 2.
3. C. civ., 2106, 2134, 2154, 2166.
4. C. civ., 2135 ; L. 23 mars 1855, art. 8.
5. C. civ., 2148, 5°.
6. C. civ., 2092 à 2094 ; L. 19 février 1889, art. 2.

privés ou authentiques, ne conférant ni privilège ni hypothèque, le plus récent concourt avec le plus ancien [1].

Les créanciers hypothécaires passent, sur les biens affectés à la garantie de leurs droits, avant les créanciers chirographaires, mais sont primés, en général, par les créanciers privilégiés [2].

Entre eux les créanciers hypothécaires sont payés d'après le rang de leur hypothèque ou droit de préférence [3].

Les créanciers privilégiés viennent avant les hypothécaires et chirographaires [4]. Cependant le créancier hypothécaire est préféré au privilégié quand l'hypothèque affecte déjà l'immeuble du débiteur dont le fait a donné naissance au privilège [5].

Entre créanciers privilégiés, celui qui a un privilège d'une qualité préférable prime les autres. Deux créanciers, avec un privilège égal, sont payés en concurrence [6].

Les aliénations consenties par le débiteur laissent subsister les privilèges et hypothèques sur les immeubles passés dans le patrimoine des tiers détenteurs ; c'est ce qu'on appelle le droit de suite [7].

Ce droit n'existe pas au profit des créanciers chirographaires, sur les biens aliénés de bonne foi par le débiteur [8].

Les créanciers ne peuvent jamais s'approprier les biens du débiteur pour leur paiement. C'est sur le prix obtenu par la réalisation volontaire ou forcée que leur droit s'exerce [9].

Par des considérations d'humanité ou d'intérêt général,

1. C. civ., 2093 ; C. pr., 656.
2. C. civ., 2094, 2114.
3. C. civ., 2113, 2134.
4. C. civ., 2095.
5. C. civ., 2103, 2109, 2114, 2166.
6. C. civ., 2096, 2097, 2110.
7. C. civ., 2166.
8. C. civ., 2167.
9. C. civ., 2078, 2088 ; C. pr., 742.

quelques biens sont entièrement soustraits à l'action des créanciers [1].

Le service de la conservation des hypothèques dépend de la régie nationale de l'enregistrement [2]. Les formalités hypothécaires ne sont qu'en partie tarifées en raison de l'importance des conventions ; dans les taxes fiscales et salaires qu'elles entraînent, on voit encore plusieurs perceptions fixes, c'est-à-dire le contraire de la proportionnalité [3].

Sont devenus conservateurs de droits réels, en vertu de dispositions spéciales et récentes : 1° les receveurs des douanes en matière d'hypothèques maritimes ; 2° les greffiers de justice de paix, pour les warrants agricoles ; 3° les greffiers des tribunaux de commerce en ce qui concerne les privilèges sur fonds de commerce et les warrants hôteliers.

Un rôle important est dévolu aux notaires dans le régime hypothécaire : ils dressent les principaux actes soumis à la transcription ; les hypothèques conventionnelles foncières rentrent dans leurs attributions, et ils ont le monopole des mainlevées de toutes les inscriptions, comme des renonciations aux hypothèques légales des femmes mariées.

Les avoués interviennent en cette matière, notamment pour les hypothèques judiciaires, la purge des charges prédiales, la saisie immobilière et la répartition judiciaire du prix du gage.

§ 2

Le principe de la publicité des droits réels est inscrit dans la nature des choses, car puisque le propre du droit réel est

---

1. C. civ., 1554 ; C. pr., 581, 582 ; C. comm., 215 ; L. 8 nivôse an VI, art. 4 ; L. 20 juillet 1886, art. 8, etc.

2. L. 21 ventôse an VII.

3. C. civ., 2148, 2200, 2201 ; L. 28 avril 1816, art. 61 ; 23 mars 1855, art. 12 ; Décr. 21 septembre 1810 ; L. 27 juillet 1900, art. 2.

d'être opposable aux tiers, il est manifeste qu'il y aurait incon-
séquence à ne pas prendre les mesures nécessaires pour révé-
ler aux tiers l'existence de ce droit. Aussi toutes les législations contiennent-elles des prescriptions spéciales destinées à
faire connaître aux intéressés la véritable situation de celui
avec lequel ils traitent.

A Athènes revient l'honneur d'avoir inventé l'hypothèque
(ὑποθήκη). On plantait dans le champ grevé une stèle ou borne
(ὅρος) indiquant le montant de la créance [1]. Cette forme primitive s'observait encore à l'époque de Démosthène [2].

Une sorte d'hypothèque légale paraît aussi avoir existé à
Athènes, pour la restitution de la dot de la femme [3], et pour
la garantie des biens des mineurs [4].

Rome emprunta à Athènes la première idée de l'hypothèque [5], puis à cette forme trop publique et trop loyale elle subs-
titua le *jus pignoris*, véritable aliénation du gage au profit du
créancier, avec simple clause de revente en cas de paiement [6].

Plus tard, Rome connut trois causes de l'hypothèque : volonté de l'homme, ordre du magistrat, pouvoir de la loi. Toutes

1. Plutarque, *Vie de Solon*, n° 20 ; Démosthène, *Plaid. contre Aris-
togiton, Timothée, Onétor* ; Barilleau, *Rev. hist.*, 1883, p. 145, 613 ;
Dareste, *Inscr. hyp. en Grèce*, p. 11 ; Caillemer, *Le Crédit foncier à
Athènes*, p. 10.

2. Onze siècles avant notre ère, les Babyloniens faisaient graver
sur des pierres ovalaires, placées en guise de bornes sur le domaine
vendu, les titres mêmes de propriété de ceux qui acquéraient ce domaine (Oppert et Menant, *Doc. jurid. de l'Assyrie*, 1877). — Les Grecs
avaient pu voir ces pierres, et l'idée de poser des bornes, des ὅροι
sur le domaine hypothéqué vint tout naturellement au créancier
grec.

3. Gide, *Cond. privée de la femme*, p. 85 ; Petit, liv. VI, titre II,
§ 2 ; Dareste, *Inscr. hyp.*, p. 13 et 14.

4. Démosthène, *contre Timothée*, § 11.

5. Gaïus, II, § 59, 64 ; Paul, II, 13 ; Ortolan, *Hist. de la lég. rom.*,
2088.

6. L. 17, § 2 ; Cuq. *Instit. jurid. des Romains*, 380.

ces hypothèques restèrent occultes, c'est-à-dire qu'à la publicité excessive du droit attique succéda la clandestinité absolue [1].

Le droit romain a créé le privilège, droit de créance prenant rang d'après la faveur plus ou moins grande dont la loi le juge digne, et primant le créancier même le plus diligent [2].

Du reste, le droit romain ne s'était pas borné à l'hypothèque prédiale : il autorisait aussi celle des meubles sans publicité [3].

Particularité remarquable de la législation romaine, le premier créancier avait seul le droit de provoquer la vente de l'objet hypothéqué ; les créanciers postérieurs ne pouvaient recourir à cette formalité qu'en remboursant le premier ; c'est le *jus offerendæ pecuniæ* [4].

La purge des hypothèques était inconnue à Rome, d'où résultait pour l'acquéreur l'obligation de payer les créanciers, sinon il restait sous le coup d'un danger permanent d'éviction.

D'ailleurs, en Droit romain, la transmission de la propriété immobilière, par vente ou donation, ne s'opérait point par la convention, il fallait la tradition ; jusque-là, l'acquéreur ou donataire ne jouissait que d'une action en délivrance contre le vendeur ou donateur [5].

Sous les Francs, les aliénations devaient être inscrites sur les registres municipaux, en présence de la curie [6].

---

1. Pellat, 47, 59 ; Machelard, 108 ; Demangeat, 594.

2. Accarias, *Préc. Dr. Rom.*, 290 ; May, *Elém. de Dr. Rom.*, 1909.

3. L. 9, 18, C. ; Pellat, 13 ; Ortolan, 2098 ; Girard, *Man. de Dr. Rom.*, 1911.

4. L. 20, D., *Qui pot. in pign.* ; L. 1 et 5, Cod., *Qui pot. in pign.* ; Pellat, p. 102 ; Didier-Pailhé et Tartari, *Cours de Dr. Rom.*, 1895.

5. Laferrière, *Dr. des XII Tables* ; Étienne, *Instit.*, liv. II, p. 303 ; Loyseau, *Déguerp.*, liv. III, ch. 1.

6. Code Théodosien, liv. VIII ; Raynouard, *Droit municipal*, ch. VII ; *Formularum Marculfi*, XXXVII, XXXVIII ; Arvernenses, I et II ; Turonenses, XX ; Andegavenses, I ; Senonicæ, XXXIX.

Nous arrivons à la féodalité et nous y retrouvons la publicité des droits réels, non comme conception juridique, mais
comme une garantie pour le vassal contre l'arbitraire du seigneur. Ce moyen de sécurité, trouvé par les vassaux, était
d'ailleurs une source de profits pour les seigneurs, qui eurent
vite fait d'étendre l'application du principe aux hypothèques
comme à la transmission de la propriété [1].

Il devint donc de règle dans certaines provinces du nord et
de l'ouest, appelées pays de nantissement, que la propriété ne
pouvait se transférer civilement qu'au moyen d'une investiture donnée par le seigneur ou par ses officiers de justice et
précédée de la renonciation de l'ancien propriétaire ; investiture qui se constatait par une inscription sur des registres tenus
par les officiers du seigneur [2].

Mais le Midi et diverses provinces attachaient à la clause de
dessaisine-saisine, insérée dans les actes notariés, le même
effet qu'à la tradition ancienne qui supposait un déplacement
de la possession [3].

Ces mêmes provinces faisaient dériver une hypothèque
générale, occulte, de tous les actes notariés et de toutes les
sentences du juge [4].

On comprend quels effets désastreux devait produire un
pareil système de clandestinité absolue. La royauté, associant
l'intérêt du Trésor à celui de la propriété, fit quelques efforts
pour rendre obligatoire la publicité des ventes et obligations,

1. Laferrière, *Hist. du Dr.*, IV, p. 437 ; VI, p. 167 ; Klimrath, *Étude
sur les Cout.*, p. 102.

2. Boutillier, *Somme rural*, liv. I, ch. VII ; Beaumanoir, ch. VI, n° 4 ;
Cout. de Bretagne, art. 269 ; Cout. de Normandie, art. 455.

3. Ricard, *Donat.*, 901 ; Argou, *Inst. au Dr. fr.*, II, p. 242 ; Poth ier,
Vente, 314.

4. Ord. Villers-Cotterets, août 1539, art. 92 ; Ord. de Moulins, février 1566, art. 53 ; Argou, II, 408 ; Viollet, *Hist. du Dr. fr.*, liv. III,
ch. VI ; Gillard, *L'Hyp. conv.*, p. 149.

« faute de quoi on n'acquérait point droit de propriété ou d'hypothèque sur les héritages », mais l'exécution de ces mesures
se trouva toujours paralysée, aussi bien par les Parlements
que par l'influence d'une foule de gens intéressés à ce que
leurs affaires ne fussent pas éclairées d'un jour trop vif [1].

Telle était la situation à la Révolution.

Une première loi du 9 messidor an III, reconstitue intégralement le régime hypothécaire ; ses dispositions peuvent se
résumer en quatre points : publicité des transmissions de la
propriété ; abolition de toute hypothèque tacite ou légale ;
effet de toute hypothèque subordonné à une inscription pour
une somme déterminée et sur des immeubles désignés spécialement ; droit pour tout propriétaire foncier de prendre
hypothèque sur lui-même à terme fixe, au moyen de cédules
transmissibles par endossement.

Cette loi n'a reçu qu'une exécution très limitée ; sa dernière
disposition surtout donna lieu à de vives critiques.

Par une autre loi du 11 brumaire an VII, plusieurs dispositions de celle de messidor sont renouvelées, puis, la publicité,
par voie de transcription, a été appliquée à tous les actes
translatifs de biens et de droits susceptibles d'hypothèques.
Mais, par une dérogation aux principes de la publicité et de
la spécialité, la loi de brumaire admet les hypothèques légales
générales.

Les rédacteurs du Code civil ne surent pas choisir entre le
principe de la publicité et celui de la clandestinité ; pour
mieux dire, ils n'ont pas de système : tantôt ils se prononcent
pour la publicité, tantôt pour la clandestinité.

Le régime hypothécaire du Code reçut une première modification par les articles 834 et 835 du Code de procédure,
décidant que les créanciers hypothécaires du vendeur pou-

---

1. Édits de juin 1581 ; juin 1606 ; mars 1673 ; juin 1771.

vaient prendre inscription dans la quinzaine qui suivait la transcription de la vente.

Peu de temps après le Code, les vices de son système hypothécaire apparurent, et un grand nombre de voix s'élevèrent pour demander une réforme. En 1841, le Garde des sceaux élabora un projet de révision, avec le concours des Cours d'appel et des Facultés de droit ; ce projet ne put aboutir. En 1849 et 1851, de nouveaux projets eurent le même sort.

L'établissement de la Société de Crédit foncier [1] fit reprendre les projets de réforme hypothécaire, pour permettre le fonctionnement de cette société, qui, quoique dotée d'importants privilèges, se trouvait arrêtée à chaque instant par les défectuosités du régime hypothécaire du Code civil.

C'est ainsi qu'est née la loi du 23 mars 1855, qui retourne au principe de la transcription posé par la loi de brumaire.

Le privilège du bailleur a subi une restriction importante, en cas de faillite du locataire, par la loi du 12 février 1872, remplaçant l'article 550 du Code de commerce.

Une loi du 10 juillet 1885, autorise l'hypothèque des navires.

Par la loi du 19 février 1889, une double modification est apportée au Code civil : 1° le privilège du bailleur d'un fonds rural subit une limitation dans le même sens qu'au cas de faillite ; 2° les indemnités dues par suite d'assurances sont attribuées aux créanciers privilégiés ou hypothécaires.

En vertu de la loi du 30 mai 1899, les bureaux hypothécaires de plusieurs arrondissements ont été divisés (Décr. 23 nov. 1900).

La loi du 27 juillet 1900 a transformé en une taxe proportionnelle les droits sur les formalités hypothécaires ; mesure très précieuse pour les petites opérations.

Une loi du 30 avril 1906 a créé les warrants agricoles.

1. Décr. 28 février 1852.

Par la loi du 17 mars 1909, les formalités relatives à la vente et au nantissement des fonds de commerce sont fixées.

La loi du 12 juillet 1909 édicte la constitution d'un bien de famille insaisissable, et les formalités sont réglementées par le décret du 26 mars 1910. Cette institution se rapproche du Homestead des États-Unis d'Amérique.

Des règles nouvelles sur les cautionnements des conservateurs des hypothèques résultent de la loi du 29 juillet 1913.

Et la loi du 8 août même année fonde le warrant hôtelier.

Tout ceci concerne la métropole. Les colonies et protectorats ont plusieurs règles spéciales : Algérie, L. 26 juillet 1873, 28 avril 1887, 16 février 1897 ; Tunisie, L. 1er juillet 1885 ; Congo, Décr. 28 mars 1899 ; Sénégal, Décr. 20 juillet 1890 ; Côte d'Ivoire, Décr. 5 août 1900 ; Dahomey, Décr. 24 mars 1901 ; Madagascar, Décr. 16 juillet 1897, 18 mai 1904 ; Afrique occidentale, Décr. 24 juillet 1906.

§ 3

Maintenant, jetons un rapide coup d'œil sur les législations hypothécaires étrangères.

I. — BELGIQUE.

En matière hypothécaire, la Belgique a remanié complètement le Code civil français qui continue d'être encore aujourd'hui la loi commune sur beaucoup d'autres points [1].

La législation belge prescrit la publicité : par voie de transcription littérale des actes translatifs ou déclaratifs des droits réels immobiliers ; par voie d'inscription des demandes en nullité ou en révocation d'actes transcrits ; des décisions rendues sur ces demandes ; des privilèges immobiliers et des hypothèques, ainsi que leurs cessions et subrogations.

1. L. 16 décembre 1851 ; Laurent XXX, 190.

L'hypothèque judiciaire a été radicalement supprimée par la loi belge, portant que l'hypothèque est légale, conventionnelle ou testamentaire.

Ces diverses hypothèques sont soumises à la spécialité et à la publicité pour être efficaces à l'égard des tiers.

Quand un immeuble a été assuré contre l'incendie ou contre tout autre fléau, la somme qui, en cas de sinistre, est due par l'assureur, demeure affectée au paiement des créances privilégiées ou hypothécaires selon le rang de chacune d'elles.

II. — ITALIE.

Le Code civil italien promulgué le 25 juin 1865 prescrit la transcription, par voie d'extrait, de tous les actes entre vifs à titre gratuit ou à titre onéreux, relatifs à la propriété immobilière ; des acceptations bénéficiaires de succession ; des baux au-dessus de neuf ans, et des demandes en révocation d'actes.

On trouve dans la législation italienne nos trois sortes d'hypothèques : conventionnelle, judiciaire et légale.

Toutes les hypothèques légales sont soumises à l'inscription.

Il est indispensable, pour toute hypothèque, de la spécialiser dans l'inscription en énonçant positivement le montant de la créance, et chacun des immeubles grevés, par la nature, la situation, le numéro du cadastre et trois au moins de ses confins [1].

III. — ALLEMAGNE.

Les lois hypothécaires de l'Allemagne reposent sur la publicité de l'acquisition et de la transmission de tous les droits réels.

1. C. civ., 1932 à 1937, 1968 à 1983, 1986.

L'inscription du propriétaire et du créancier ont lieu sur un registre foncier (*Grundbuch*), où chaque fonds a un compte onvert, auquel sont portés tous les droits réels qui viennent soit le grever, soit l'augmenter. Toutefois, le livre foncier par feuillet réel (*Realfolien*) n'existe que dans les contrées de grandes propriétés ; dans celles où la petite propriété domine, le livre foncier est divisé par feuillets personnels (*Personal-folien*) contenant seulement un compte spécial pour chaque propriétaire [1].

Au registre foncier correspond le livre territorial (*Flurbuch*) contenant la détermination officielle de l'étendue de chaque pièce de terre, au moyen d'un cadastre offrant constamment les limites exactes de tous les immeubles et de leurs morcellements successifs.

C'est un juge (*Grundbuchrichter*) qui tient le registre foncier ; il n'opère aucune mention qu'après vérification de la capacité juridique des parties, de l'efficacité du titre allégué et de la position juridique de l'immeuble [2].

Si le droit dont l'inscription est demandée paraît litigieux, les acquéreurs ou créanciers ont la faculté de réclamer des prénotations (*vormerkung*) ou inscriptions provisoires rendant leurs demandes publiques, et destinées à prendre rang à titre d'inscriptions ordinaires lorsque la demande est reconnue fondée.

Les privilèges immobiliers et les hypothèques légales sont supprimés en Allemagne ; il n'existe que des hypothèques essentiellement spéciales et rendues publiques.

D'ailleurs, les indemnités attribuées au propriétaire, par

1. Lois 5 mai 1872, 4 juillet 1881 ; Lehr, *Droit civil germanique*, n°s 298, 302, 518 ; Besson, *Livres fonciers*, 259 ; Worms, *La propriété consolidée*, 100, 155, 178 ; de la Grasserie, *Code civil allemand*.
2. L. 2 juin 1899, pour la Bavière ; L. 6 novembre 1899, pour l'Alsace-Lorraine.

suite d'assurance contre l'incendie d'un bâtiment ou autre objet déclaré immeuble par destination, sont considérées comme faisant partie de la fortune immobilière au regard des droits hypothécaires établis au moment de l'incendie.

Le propriétaire est autorisé à prendre une hypothèque sur lui-même, et à se faire délivrer des lettres de gage ou cédules hypothécaires (*Pfandbrief*), négociables comme des lettres de change. Ce point reproduit l'idée de la loi française de messidor an III.

Ce qui opère la translation de la propriété, même entre les parties, c'est l'investiture suivie de l'inscription sur le registre foncier.

En résumé, la publicité et la spécialité sont érigées en règles absolues dans le régime hypothécaire allemand [1].

IV. — ESPAGNE.

Une loi du 8 février 1861, suivie d'un règlement du 21 juin de la même année, et modifiée par décisions des Cortès des 3 décembre 1869 et 7 juillet 1879, forme la base du régime hypothécaire espagnol [2].

Tous les actes translatifs de propriété immobilière ou constitutifs de droits réels immobiliers, doivent être inscrits par analyse sur les registres fonciers tenus au chef-lieu de chaque arrondissement (*partido*) judiciaire sous la garde d'un conservateur (*registrador*).

La législation espagnole admet l'hypothèque volontaire et l'hypothèque légale ; elles ne sont opposables aux tiers que par l'inscription du titre sur les registres à ce destinés.

1. Grundbuch-Ordnung vom 5 mai 1872, nebst den durauf bezüglichen Geseken, der ministeriellen Amweisung und den Allgemeinen Berfügungen un Abänderung vom 14 märz 1882. Berlin, 1887.

2. Lehr, *Droit civil espagnol*, I, nos 412, 467 ; Levé, *Code civil espagnol*, p. 125, 345.

Pour l'hypothèque volontaire constituée sur plusieurs immeubles, le notaire rédacteur de l'acte doit déterminer la part pour laquelle chacun des immeubles garantit la dette, et cette part doit aussi être précisée dans l'inscription.

En ce qui concerne l'hypothèque légale, elle ne peut porter que sur certains biens spécialement déterminés soit par les parties elles-mêmes, soit à défaut d'entente, par le juge sur l'avis d'experts.

Le notaire qui reçoit un acte d'où découle une hypothèque légale, est tenu d'y mentionner cette circonstance et d'en instruire les parties ; en outre, s'il s'agit d'une hypothèque légale de femme mariée ou de mineur, le notaire est obligé d'envoyer, dans les 48 heures, un résumé de l'acte au conservateur des registres de propriété, et lorsque l'inscription n'a pas été prise dans les 30 jours, le conservateur avertit les intéressés ou le ministère public.

Le conservateur a qualité pour apprécier, sous sa responsabilité, la régularité extrinsèque des titres qu'on lui présente et la capacité des parties en ce qui concerne ces actes.

Le système allemand des prénotations ou annotations préventives existe aussi en Espagne.

Une prénotation sur les registres fonciers peut être demandée : 1° par celui qui revendique en justice un immeuble ou qui demande la constitution, la déclaration, la modification ou l'extinction de quelque droit réel ; 2° par celui qui présente au bureau un titre dont l'inscription définitive ne peut se faire de suite, soit pour vice réparable du titre, soit pour empêchement du conservateur.

Là prénotation est une garantie contre les aliénations ou obligations consenties postérieurement par le débiteur ou détenteur ; son effet est restreint aux biens spécialement annotés ; et quand ensuite il y a lieu à inscription, ses effets rétroagissent au jour de la prénotation.

L'hypothèque judiciaire qui existait autrefois en Espagne a été abolie par la loi de 1861 ; mais, un créancier, après avoir obtenu une condamnation pécuniaire contre son débiteur, a la faculté de demander une annotation préventive afin d'empêcher l'exécution d'actes frauduleux quant aux biens annotés seulement.

V. — ANGLETERRE.

Il n'existe en Angleterre aucune organisation générale pour porter à la connaissance du public les actes translatifs de la propriété immobilière et les droits hypothécaires [1].

À vrai dire, la législation anglaise ne connaît pas l'hypothèque conventionnelle ; la garantie correspondante porte le nom de *mort-gage* ; elle tient à la fois de l'hypothèque, de l'antichrèse, et de la vente à réméré.

L'acte constitutif d'un mort-gage consiste habituellement en une cession du bien au profit du créancier et de ses héritiers, sous condition que si telle somme lui est payée tel jour par le cédant (emprunteur), le cessionnaire (prêteur) devra rétrocéder l'immeuble. Cet acte n'est pas rendu public.

À défaut de remboursement à l'échéance, le créancier obtenait autrefois de la chancellerie de la Haute Cour, l'autorisation de conserver définitivement l'immeuble. Actuellement le créancier non payé à l'exigibilité a le droit de vendre le fonds hypothéqué aux enchères publiques ou à l'amiable.

À côté du mort-gage, il existe une hypothèque judiciaire, soit au moyen d'un jugement d'exécution présenté au *shériff*, qui énonce au dos la date de la présentation et fixe ainsi le rang du paiement ; soit par l'inscription du jugement sur le registre tenu à la Cour des plaids communs.

1. Lehr et Dumas, *Droit civil anglais*, n°s 397, 399, 536.

La femme mariée et le mineur n'ont pas d'hypothèque légale en Angleterre.

En ce qui concerne les aliénations, le vendeur doit fournir un résumé de ses titres portant sur les quarante dernières années. Ce résumé fait connaître les personnes qui peuvent avoir un intérêt sur les biens à vendre, et le vendeur est tenu d'obtenir leur concours.

S'il y a eu mort-gage, le créancier est remboursé sur le prix de vente, et intervient à l'acte pour renoncer à ses droits. D'ailleurs, la Cour peut se faire remettre la somme qu'elle juge nécessaire pour désintéresser les créanciers et libérer d'office l'immeuble.

Dans quelques comtés, il existe un mode de publicité consistant dans l'inscription, sur le registre foncier local, d'un résumé de l'acte translatif de propriété.

D'ailleurs, il est permis aux parties d'obtenir, sous certaines conditions, une déclaration judiciaire relative à leurs droits de propriété. Une sorte de tribunal a même été institué pour statuer en premier ressort sur la validité des titres de propriété.

On le voit, les conceptions juridiques de l'Angleterre diffèrent complètement de ce que nous avons en France.

VI. — SUÈDE.

En Suède, les aliénations de la propriété foncière et les constitutions des droits réels immobiliers, s'accomplissent publiquement devant le tribunal en assemblée de la centaine (thing), présidé par le centenier (laghman).

Il existe au greffe de chaque tribunal, un registre en concordance avec le cadastre, pour recevoir l'inscription de tous droits réels.

Contrairement à ce qui se produit en Allemagne, l'inscription

d'une vente sur les registres suédois n'a pas pour but d'opérer
la transmission de propriété entre les contractants, mais seulement de la rendre opposable aux tiers. A ce point de vue, la
législation de la Suède se rapproche de la nôtre.

Pour les hypothèques, le système suédois exige la spécialité
et la publicité d'une manière absolue. En conséquence, il
rejette toute dispense d'inscription et même les inscriptions
générales ou indéterminées [1].

VII. — HOLLANDE.

Le Code civil hollandais exige la transcription des titres
translatifs de droits immobiliers par vente, donation, constitution de servitudes, etc., tant pour rendre l'acquisition opposable aux tiers que pour transférer la propriété entre les parties
elles-mêmes.

En matière hypothécaire, toutes les hypothèques sont assujetties à l'inscription sur les registres, à défaut de quoi l'hypothèque est inefficace.

Il n'existe pas d'hypothèque judiciaire et la loi ne reconnaît
les hypothèques du mineur et de la femme mariée, qu'en vertu
de stipulations précises résultant, en ce qui concerne le mineur
d'une délibération de famille et pour la femme d'une clause de
son contrat de mariage.

Toute hypothèque vaut seulement par inscription, sur des
immeubles présents, désignés spécialement.

Il est obligatoire de reproduire les indications cadastrales
dans les actes d'aliénation ou d'hypothèque.

Le système des livres fonciers n'existe pas en Hollande,
néanmoins la publicité des droits réels se trouve très bien
organisée, car le cadastre est tenu à jour par le conservateur

1. L. 16 juin 1875 ; Ord. 14 septembre 1875 ; de la Grasserie, *Les
Codes Suédois*, 1895.

des hypothèques; chaque propriétaire a un compte spécial à son nom, contenant d'une part la description cadastrale des immeubles lui appartenant, et d'autre part les droits réels, hypothèques et autres charges affectant la propriété [1].

VIII. — SUISSE.

a) Législations cantonales.

L'hypothèque conventionnelle ordinaire est admise dans tous les cantons ; ceux de Genève, Schaffhouse et Lucerne permettent au propriétaire de prendre lui-même hypothèque sur ses biens et de créer des lettres de gage ou rescriptions hypothécaires.

La plupart des cantons exigent, au moment de la constitution de l'hypothèque, une description de l'immeuble grevé, au point de vue de sa situation, de son mode de culture, de sa contenance et de sa configuration.

Tandis que, dans la Suisse allemande, les registres fonciers conduisent à une précision absolue pour la désignation de l'immeuble grevé, dans la Suisse française, les numéros du cadastre doivent être indiqués par la validité du titre hypothécaire.

Certains cantons admettent une hypothèque légale spécialisée.

Quant à l'hypothèque judiciaire, elle ne subsiste qu'à Neuchâtel, dans le Tessin et dans partie du Jura bernois.

D'ailleurs, l'hypothèque ne prend naissance, en général, qu'au moment où elle est inscrite sur un registre tenu, soit par des employés spéciaux, soit par l'administration communale.

Il est de règle qu'en matière d'incendie, les fonds doivent

1. Tripels, *Codes néerlandais.*

être remis aux créanciers hypothécaires ou à l'autorité communale, avec mission de veiller à la reconstruction de l'immeuble.

La publicité, par voie d'inscription, du droit de propriété et de ses démembrements, est prescrite dans tous les cantons.

b) Droit fédéral.

D'après le Code civil entré en vigueur le 1er janvier 1912, une inscription au registre foncier est nécessaire pour acquérir la propriété des immeubles.

Les contrats ayant pour objet le transfert de la propriété ne sont valables que s'ils ont été reçus en la forme authentique.

L'inscription au registre foncier est nécessaire pour la constitution des servitudes et de l'usufruit.

Le gage immobilier se constitue sous trois formes : l'hypothèque, la cédule hypothécaire, la lettre de rente.

Il est obligatoire de faire la constitution par acte authentique sur des immeubles spécialement désignés et immatriculés au registre foncier.

Chaque immeuble reçoit un feuillet et un numéro distincts dans le grand livre foncier. Néanmoins, plusieurs immeubles, même non contigus, peuvent être immatriculés sur un feuillet unique avec l'assentiment du propriétaire [1].

IX. — AUSTRALIE.

Le régime foncier usité en Australie, connu sous le nom d'*Act Torrens* ou *Real property act*, résulte d'une loi du 7 août 1861 [2].

L'act Torrens institue un unique conservateur de la pro-

1. Virgile Rossel, *Code civil suisse*.
2. Dain, *Le système Torrens* ; Gide, *Étude sur l'act Torrens* ; Worms, p. 47 ; de France de Tersant, *Exposé du système Torrens*.

priété foncière, *registrar general*, ayant des attributions comparables à la fois à celles des conservateurs des hypothèques et des notaires.

Dans l'accomplissement de sa tâche complexe, le registrar général est aidé par un auxiliaire qui doit être jurisconsulte et qu'on appelle le *maître des titres*.

Tout propriétaire qui veut asseoir ses droits de propriété doit faire immatriculer son immeuble sur les registres tenus par le conservateur de la propriété foncière.

L'immatriculation est demandée par requête explicative adressée au registrar général, accompagnée de tous actes justificatifs, d'un plan et d'un bornage préalable de l'immeuble.

Le registrar général annonce la demande d'immatriculation par affiches et publications, et même par notifications directes, afin de faire apparaître ou de purger tous les droits réels pouvant affecter l'immeuble.

Après l'accomplissement des formalités prescrites, le registrar général classe dans ses archives les titres, bornages, plans et pièces de publicité, puis il délivre un certificat nominatif, *certificat de titre*, prouvant à lui seul que la personne qui y est dénommée se trouve réellement propriétaire et n'est grevée que des droits réels inscrits sur ce certificat de titre ; comme conséquence, la propriété immatriculée est à l'abri de toute action en éviction.

Le registrar général tient un registre appelé matrice, où il inscrit le duplicata de tous les certificats de titre et des charges affectant chaque immeuble.

A partir du moment où un immeuble est porté sur le registre de la propriété foncière, la vente de cet immeuble ne produit effet que par son inscription sur le même registre.

La vente peut être rédigée par acte privé sur lequel la signature du vendeur est légalisée par un juge ou un notaire. Cette pièce et le certificat de titre sont envoyés au registrar général pour qu'il délivre un nouveau certificat à l'acquéreur.

L'acquéreur immatriculé n'a aucune revendication à craindre. Si, par fraude ou autrement, le véritable propriétaire se trouve dépossédé, il est réduit à exercer une action judiciaire pour obtenir un recours pécuniaire contre les auteurs de la fraude. En cas de demande d'indemnité, fondée sur une erreur ou omission imputable au registrar général, il en est responsable ; l'indemnité est prélevée sur un fonds d'assurance alimenté par les droits perçus, et, en cas d'insuffisance de ce fonds, et il y a recours contre l'État lui-même.

Si le propriétaire désire hypothéquer son immeuble, il dresse et signe une obligation hypothécaire, suivant une formule prescrite, puis sa signature étant légalisée par un témoin (notaire ou juge), il adresse cette pièce au bureau des titres pour qu'il en soit fait mention sur le certificat de titre et sur le registre matrice. Ensuite, l'acte hypothécaire est remis au créancier, avec mention au dos de l'inscription opérée.

Quant à la transmission de l'hypothèque, elle s'opère au moyen soit d'un endossement, soit d'un acte de transfert, qui est mentionné sur le certificat de propriété.

L'hypothèque implique, en faveur du créancier, le pouvoir de vendre à défaut d'exécution. Il suffit au créancier d'adresser une sommation écrite à son débiteur ; un mois après, le créancier est autorisé à vendre, aux enchères publiques ou à l'amiable, l'immeuble hypothéqué, comme aussi à recevoir et donner quittance à l'acheteur de son prix. Dans ce cas, le transfert dressé par le créancier poursuivant la vente a pour effet de faire passer l'immeuble sur la tête de l'acquéreur, et d'autoriser la délivrance d'un certificat de titre à cet acquéreur [1].

1. L'act Torrens a été adopté aux États-Unis pour l'État de New-York par une loi du 20 mai 1908.

Tout cela est évidemment très simple, trop simple même pour être essayé ailleurs que dans un pays neuf.

X. — États-Unis.

La législation des États-Unis donne à tout Américain le droit d'occuper gratuitement une certaine étendue de terre, et lui en confère la pleine propriété après cinq ans de résidence, s'il a cultivé cette terre, au moins en partie. Avant les cinq années, le colon ne peut aliéner ni hypothéquer la terre puisqu'il n'en a pas la propriété. Cette loi, appelée « Homestead law », a été votée par le Congrès, en 1862.

D'autre part, des lois particulières d'État contiennent une disposition nommée « Homestead exception », en faveur des foyers domestiques, résidences de famille, impliquant possession, occupation effective, limitation de valeur, exemption de saisie et inaliénabilité. La règle d'insaisissabilité et d'inaliénabilité n'est cependant pas absolue, puisque le homestead peut être hypothéqué et vendu par le mari avec le consentement de sa femme. Les lois de homestead entravent le droit de disposition du mari, mais elles n'exigent rien au delà du consentement de la femme pour l'aliénation comme pour l'hypothèque. On peut bien penser que la nécessité de ce concours exprès de la femme est l'unique cause de la popularité du homestead aux États-Unis [1].

§ 4

Notre système hypothécaire laisse beaucoup à désirer, tout le monde le reconnaît et demande des réformes, mais les opinions diffèrent sur les modifications à opérer. Pour les théoriciens, il faudrait passer un trait de plume sur ce qui existe et

1. Bureau, *Le Homestead, ou l'insaisissabilité de la petite propriété foncière* ; Vacher, *Le Homestead aux États-Unis.*

édifier de toutes pièces un code hypothécaire après avoir refait le cadastre ; quant aux praticiens, ils pensent que la révision de quelques points suffirait pour donner satisfaction aux désirs du public et surtout de la petite propriété [1].

En ce qui nous concerne, nous pensons que les principales modifications devraient comprendre :

1° La désignation précise des immeubles transmis ou engagés, par noms, natures, contenances, limites, avec référence aux numéros cadastraux ; notre cadastre, quoique ancien, est toujours facile à utiliser pour identifier les immeubles ;

2° La publicité par extrait de toutes les transmissions immobilières gratuites ou onéreuses. La transcription littérale encombre les registres hypothécaires et entraîne des frais sans aucune utilité, car il suffit de faire connaître aux tiers les points essentiels : biens transmis, noms et domiciles de l'ancien et du nouveau possesseur.

3° La spécialisation absolue des hypothèques judiciaires et légales, comme de celles conventionnelles ; c'est une règle adoptée par toutes les législations voisines qui ont maintenu ces hypothèques.

4° L'obligation d'inscrire les hypothèques légales des femmes et des mineurs, sur chacun des immeubles affectés. Il faut évidemment protéger les droits des femmes et surtout ceux des mineurs, mais pour cela il n'est pas nécessaire de rendre parfois intolérable la position du mari ou du tuteur par des hypothèques générales et occultes. Est-ce que des conventions précises, discutées et arrêtées au moment du mariage ou lors de l'organisation de la tutelle n'auraient pas toute l'efficacité désirable pour les incapables ? La sécurité des tiers doit aussi être prise en considération, surtout celle de l'acheteur d'un

1. De Vareilles-Sommières, *L'hypothèque judiciaire* ; Challamel, *L'hypothèque judiciaire* ; Flour de Saint-Genis, *Le Crédit territorial en France* ; Worms, *La Propriété consolidée.*

lopin de terre qui est actuellement obligé de dépenser une somme égale ou même supérieure à son prix pour remplir des formalités, compliquées et surannées, de purge des hypothèques légales non inscrites.

5° L'indication des lieu et date de naissance des parties, avec la qualité de célibataire, marié ou veuf. Ces renseignements permettraient de vérifier la capacité des contractants et d'éviter les inexactitudes trop fréquentes en matière hypothécaire.

6° La simplification des formalités de la saisie immobilière et de l'ordre.

Il faudrait surtout fortifier l'ordre amiable à un double point de vue : le déclarer valable à l'égard des femmes dotales et des mineurs, alors même qu'ils ne viendraient pas en rang utile ; faire supporter les frais de l'ordre judiciaire à ceux qui le rendraient nécessaire, soit par mauvais vouloir, soit par simple négligence. On voit trop souvent la saisie et l'ordre absorber la majeure partie du gage des créanciers.

Telles seraient les modifications à introduire en faveur des transactions modiques.

Il est à craindre cependant que toutes les réformes désirables se fassent attendre longtemps, à raison des discussions politiques qui absorbent les Chambres ; mais un praticien n'a pas qualité pour insister, il doit dire avec Montaigne : « Je ne fais point de doute qu'il ne m'advienne souvent de parler de choses qui sont mieux traitées chez les maîtres du métier [1]. » Aussi bien, nous quittons les théories pour passer aux choses d'application immédiate.

1. Liv. II, ch. x.

CHAPITRE PREMIER

TRANSCRIPTIONS

PREMIÈRE SECTION

GÉNÉRALITÉS.

1. La transcription consiste dans la copie littérale sur un registre public, tenu par le conservateur des hypothèques, des actes et jugements qu'on peut ou qu'on doit soumettre à cette formalité.

2. Sont de nature à être transcrits : 1° Les actes entre vifs, à titre gratuit ou onéreux, translatifs de propriété immobilière, de droits réels susceptibles d'hypothèques ; constitutifs ou translatifs d'antichrèse, de servitude, d'usage et d'habitation ; 2° Tous actes portant renonciation à ces mêmes droits ; 3° les baux d'une durée de plus de 18 ans, et les quittances, cessions ou remises de plus de 3 années de loyers ou fermages non échus ; 4° Les jugements ayant un caractère translatif ou déclarant l'existence d'une convention verbale de même nature [1].

3. En général, les actes et jugements soumis à la transcription doivent l'être en entier [2]. Il y a pourtant exception

---

1. C. civ., 939, 1069 ; L. 3 mai 1841, art. 16 : L. 23 mars 1855, art. 1 et 2.

2. C. civ., 2181 ; L. 23 oct. 1884, art. 4, § 3 ; Cass., 28 mai 1862, S. 62.1.961.

pour ceux contenant des conventions diverses. Dans ce cas, il suffit de faire transcrire les parties de l'acte ou du jugement qui y sont soumises [1]. Il en est ainsi pour les contrats de mariage et les partages d'ascendants [2].

Toutes les fois qu'un acte renferme des conventions soumises à la transcription et d'autres clauses qui en sont exemptes, il est indispensable de faire une réquisition limitative [3].

4. En matière d'adjudication par lots, les adjudicataires ont la faculté de se réunir pour soumettre à la formalité une seule expédition du titre commun, comme aussi chaque adjudicataire est admis à faire transcrire séparément la partie du procès-verbal qui le concerne, à la condition d'y joindre extrait suffisant du cahier des charges [4].

D'ailleurs, il est bien entendu que les extraits présentés à la transcription doivent être littéraux; des extraits analytiques ne remplissent pas les conditions légales, et le conservateur est fondé à refuser de les transcrire [5].

5. Un acte transcrit reste inopposable aux tiers lorsqu'il contient des erreurs graves dans la désignation de l'aliénateur ou des biens, qu'il est impossible d'identifier [6].

6. On peut se dispenser de faire transcrire les procurations,

---

1. Flandin, *Transc.*, 781 ; Mourlon, *Transc.*. 225 ; Verdier, *Transc.*, 240 ; Pont, *Priv. et hyp.*, 1293. — Comp. Planiol, *Dr. civ.*, I, 1313 et suiv.

2. Verdier, 88, 269 ; Ducruet, *Transc.*, 10 ; Bressolles, *Transc.*, 37 ; Laurent, *Princ. du dr. civ.*, XXIX, 137.

3. Cass., 24 mars 1868 ; 18 juillet 1882, S. 83. 1. 377, J. E. 21937; Sol. 27 novembre 1694, J. C. 4595, J. E. 24691.

4. L. 23 octobre 1884, art. 4 ; Villefranche, 24 juillet 1885, J. E. 22521, J. C. 3643 ; de France, 263.

5. Inst. 1569 ; Orange, 24 novembre 1874, J. C. 2935, J. E. 19742.

6. Montpellier, 14 juin 1897, J. E. 25395 ; Nimes, 18 février 1902, J. E. 26567 ; Troplong, *Transc.*, 191 ; Rivière et Huguet, *Quest. sur la Transc.*, 251 ; comp. Sol. 5 mai 1876, J. E. 20059, J. C. 3012.

autorisations et autres pièces annexées à l'acte [1] ; néanmoins, la production des pouvoirs serait nécessaire pour la vente consentie moyennant un prix payé comptant, car il faut, dit-on, prouver au conservateur que le mandataire avait le droit de recevoir le prix [2].

7. Les actes sous seings privés sont admis à la transcription, aussi bien que ceux passés en forme authentique [3].

8. Les actes faits en France, en la forme authentique, peuvent être transcrits en Belgique après avoir été légalisés, puis revêtus du visa du président du tribunal de la situation des biens [4].

9. Les mêmes actes, dûment légalisés, sont admis à la transcription en Italie, pourvu qu'ils soient accompagnés d'une note en double, contenant : les noms des parties, la nature et la date du titre, le nom de l'officier public qui l'a reçu, la situation de l'immeuble, sa nature, le numéro du cadastre, et trois au moins de ses confins [5].

10. En Espagne, les actes authentiques passés en France sont reçus à l'inscription sur le registre foncier, à la condition que l'efficacité en ait été reconnue conformément aux lois du royaume et aux conventions internationales, et qu'ils aient été traduits par l'un des fonctionnaires qualifiés à cet effet. Du reste, le conservateur a qualité pour apprécier, sous sa responsabilité, la régularité des titres qu'on lui présente [6].

1. Mourlon, 226 ; Flandin, 119, 789 ; Troplong, 126, 127 ; Rivière et Huguet, 60 ; Verdier, 55, 276 ; — Contrà, Baudot, Form. hyp., 1091 ; Laurent, XXIX, 140.

2. Cass., 18 novembre 1824 ; 12 décembre 1888 ; Rouen, 9 novembre 1839, S. 40. 2. 80 ; Duranton, XII, 51.

3. Cons d Etat, 12 floréal an XIII ; Flandin, 23 ; Bressolles, 28 ; Mourlon, 213 ; Verdier, 280 ; Baudot, 1077.

4. L. Belge, 16 décembre 1851, art. 77.

5. C. civ. Italien, 1935, 1937, 1979.

6. L. Espagnole, 8 février 1861, art. 3, 5, 21 ; Règlement, 15 juin 1861, art. 9 et suiv. ; Lehr, 468, 506.

11. Le droit germanique prescrit la mention sur le livre foncier de toute mutation immobilière. La mention est faite par le juge-conservateur des hypothèques, sur la réquisition personnelle des parties, ou sur celle d'un notaire porteur du titre authentique dont la régularité est arbitrée d'une manière définitive par le conservateur [1].

12. Quand un acte concernant des immeubles situés en France a été passé à l'étranger, il peut être présenté à la transcription, pourvu qu'il soit en forme authentique, écrit en langue française, enregistré en France [2] et légalisé. L'acte écrit en langue étrangère serait aussi admis à la transcription, sur traduction faite par un traducteur assermenté [2].

13. La transcription doit avoir lieu au bureau des hypothèques dans l'arrondissement duquel les biens sont situés. Si les immeubles formant l'objet de l'acte ont leur situation dans plusieurs arrondissements, il est nécessaire de faire transcrire à tous les bureaux [4].

14. Pour les actes portant sur des actions immobilisées de la Banque de France, la formalité s'accomplit au premier bureau des hypothèques de la Seine dans l'arrondissement duquel se trouve le siège de la banque [5].

15. La transcription est requise par toute partie intéressée ;

---

1. L. prussienne, 5 mai 1872, art. 33, 36, 46 ; C. civ. autrichien, 432.

2. Lunéville, 11 mars 1874, J. E. 19422, J. C. 2919.

3. Mourlon, 435 ; Flandin, 55 ; J. G., *Transcr.*, 76 ; Laurent, XXIX, 133 ; Aubry et Rau, *Cours de dr. civil fr.*, § 174 *bis* ; Verdier, 164.

4. C. civ., 2181 ; L. 23 mars 1855, art. 1 ; Troplong, 133 ; Flandin, 785.

5. L. 17 mai 1834, art. 5 ; Mourlon, 228 ; Flandin, 788 ; Troplong, 90 ; Pont, 868 ; Aubry et Rau, § 174 *bis* ; Buchère, *Tr. des val. mob.*, 222.

le porteur de la pièce nécessaire pour l'opérer, est d'ailleurs présumé avoir mandat à cet effet[1].

16. Quand l'acte intéresse un mineur, un interdit, une femme mariée, les maris et tuteurs sont tenus, comme tous autres administrateurs du bien d'autrui, de requérir la transcription, à peine de responsabilité[2]. Les incapables peuvent eux-mêmes remplir la formalité.

17. Le notaire qui a reçu l'acte, l'avoué qui a obtenu le jugement, sont-ils obligés de faire transcrire ? En principe, les notaires et avoués ne sont pas chargés, en leur qualité d'officiers publics, d'opérer la transcription des actes et jugements dressés ou obtenus par eux. L'obligation de remplir cette formalité ne pourrait résulter que d'un mandat spécial[3] ; mais, il faut dire que, dans la pratique, les notaires et les avoués se chargent fréquemment d'accomplir les formalités de transcription pour leurs clients. En raison de cet usage et de la tendance marquée de la jurisprudence à élargir la responsabilité des notaires[4], ceux-ci agiront prudemment en transcrivant toujours. Par exception, ils feront écrire et signer une décharge spéciale lorsque les parties compétentes se chargeront de remplir elles-mêmes la formalité. Une clause insérée dans l'acte, à cet égard, serait insuffisante[5]. Les avoués auront aussi à retirer une décharge, pour leur sécurité, en pareil cas quoique

1. C. civ., 940, 1069, 2108, 2181 ; Battur, *Priv. et hyp.*, 343 ; Mourlon, 245 ; Laurent, XXIX, 151, 152.

2. C. civ., 942 ; Mourlon, 248 ; Flandin, 735 ; Rivière et Huguet, 164 ; Demolombe, *Cours de Code Nap.*, XX, 279 ; Verdier, 294.

3. Cass., 22 fév. 1897, D. 97.1.200, S. 97.1.454, *Rev. not.*, 9790.

4. Cass., 3 fév. 1885 ; 6 août 1890, S. 92.1.252 ; 11 juillet 1893, *Rev. not.*, 9073 ; Seine, 25 mai 1912 ; C. Toulouse, 30 mars 1911, *Rev. not.*, 14848, 14849.

5. Comp. Cass., 2 avril 1872, *Rev. not.*, 4094 ; 17 juillet 1872, S. 72.1.109, D. 73.1.87 ; Eloy, *Resp. des not.*, 808 ; Verdier, 301.

les décisions judiciaires les déclarent, généralement, irrespon-
sables [1].

18. Les frais de transcription sont avancés par le requérant
avant l'accomplissement de la formalité, sauf recours contre
le véritable débiteur [2].

En principe, les frais incombent à celui qui profite de la
formalité : donataire, acquéreur, locataire, etc., à moins de
convention contraire.

19. La transcription est une formalité essentielle qui ne
peut être supléée par aucun équipollent, par exemple une
notification du titre [3]

20. En se bornant à opérer la transcription de leur titre,
les intéressés n'auraient qu'une sécurité trompeuse ; ils doivent, en outre, s'assurer que leur cédant avait la propriété du
droit transmis, et, pour cela, requérir un état des transcriptions.

À l'égard des aliénations gratuites ou onéreuses de la propriété ou de ses démembrements, un état des charges hypothécaires doit aussi être demandé.

DEUXIÈME SECTION

ACTES SOUMIS A LA TRANSCRIPTION.

ARTICLE PREMIER

VENTES.

21. La vente est le contrat usuel par lequel se transfère la

1. Cass., 16 janv. 1882, S. 82.1.342 ; Bourges, 16 mai 1870 ; Toulouse, 15 mai 1875 ; Rouen, 7 juillet 1879 ; Besançon, 2 déc. 1879 ;
Verdier, 302.
2. C . civ., 1593, 1999, 2155 ; L. 21 ventôse an VII, art. 27.
3. C. civ., 1071 ; Cass., 5 juillet 1882, S. 84.1.115 ; 21 oct. 1902,
D. 02.1.542.

propriété ; il va sans dire que l'acte de vente doit être transcrit toutes les fois qu'il a pour objet la pleine propriété, la nue propriété ou l'usufruit de biens immeubles ou d'actions immobilisées de la Banque de France [1].

22. Est soumise à transcription la vente d'une servitude, d'une mitoyenneté ou de droits d'usage et d'habitation [2].

De même doit être transcrit l'acte réglementant l'exercice d'une servitude légale [3] (irrigation, drainage, passage), ou d'une mitoyenneté [4].

23. La vente alternative d'une maison ou d'un champ, d'un immeuble ou d'une chose mobilière, confère à l'acquéreur, dès l'instant où elle est formée, un véritable droit de propriété, peu importe que l'option appartienne à l'acquéreur ou au vendeur, de sorte qu'elle est soumise à la transcription [5].

24. Pour avoir toute leur efficacité à l'égard des tiers, du jour où elles ont été consenties, les ventes conditionnelles doivent être transcrites [6].

25. La promesse de vente acceptée, avec promesse d'acheter, vaut vente et se trouve, par conséquent, soumise à la transcription [7].

1. L. 23 mars 1855, art. 1.
2. L. 23 mars 1885, art. 2 ; Grenoble, 25 juin 1892, S. 94. 2. 257 ; Flandin, 681 ; Verdier, 229.
3. Cass., 16 juillet 1901, D. 08. 1. 337, J. C. 5364 ; Douai, 5 novembre 1888, J. C. 3934.
4. Cass., 10 avril 1889, D. 89.1.371, S.89.1.401, J. C. 3999.
5. C. civ., 1189 ; Colmet de Santerre, *Cours de C. civ.*, V, 115 *bis* VI ; Aubry et Rau, § 209 ; Flandin, 105 ; Mourlon, I, 37 ; Demolombe, XXVI, 16 à 22.
6. C. civ., 1179 ; Troplong, 54, 245 ; Verdier, 76 ; Flandin 87 ; Mourlon, 14, 34 ; Demolombe, XXV, 277, 282 ; Aubry et Rau, § 209, note 34
7. C. civ., 1589 ; Bastia, 28 juin 1849, S. 50. 2. 257, D. 49. 2. 124 ; Mourlon, 38 ; Flandin, 66 ; Aubry et Rau, § 209 ; Verdier, 48 ; Laurent, XXIX, 57.

André, *Régime hypothécaire*.   3

En ce qui concerne la promesse unilatérale de vendre pour un prix et dans un délai déterminé, comme elle ne confère aucun droit de propriété tant que celui à qui cette promesse a été faite n'a pas déclaré vouloir en profiter, la transcription serait inefficace à l'égard des tiers auxquels le promettant aurait vendu ou hypothéqué l'immeuble objet de la promesse [1].

A plus forte raison en est-il ainsi de la promesse unilatérale de vendre à une personne, au cas où le promettant se déciderait à vendre [2].

26. Une vente peut être conclue par correspondance ; la transcription doit alors comprendre toutes les pièces originales nécessaires pour constater l'accord des parties [3]. En général, il faudra transcrire : 1° la lettre du vendeur contenant l'offre ; 2° un acte extra-judiciaire établissant l'acceptation.

27. Au cas d'une vente contenant réserve de déclarer command, la vente et la déclaration de command sont assujetties à la transcription [4]. Sans la transcription de la déclaration, le command ne serait pas à couvert contre les transcriptions ou inscriptions émanant du déclarant.

28. Les ventes dans lesquelles figure un porte-fort, soit pour le vendeur, soit pour l'acquéreur doivent être transcrites. En outre, si le porte-fort a agi pour le vendeur, la ratification de celui-ci devra également être transcrite, car c'est seulement par la ratification qu'il transmet son droit de propriété [5].

1. Cass., 20 janv. 1862, S. 62. 1. 705 ; 26 mai 1908 ; 21 fév. 1910, D. 11. 1. 389 ; Flandin, 62 ; Troplong, 52 ; Aubry et Rau, § 209.
2. Caen, 9 mars 1866, S. 66. 2. 276.
3. Paris, 6 mars 1865, S. 66. 2. 145, D. 67. 2. 25 ; Limoux, 13 août 1882 ; Aubry et Rau, § 209 ; comp. Verdier, 54 ; Demolombe, XXIV, 60.
4. Mourlon, 31 ; Flandin, 143 ; Aubry et Rau, § 209, note 7 ; Verdier, 71 ; Berger, *Transc.*, 208.
5. C. civ., 1998, 1120 ; Cass ; 12 déc. 1810 ; Mourlon, 33 ; Gauthier, *Plac. fonc.*, 36 ; Flandin, 128 ; Aubry et Rau, § 209, note 6 ; Demo-

29. Supposons une vente consentie par un mineur, sans formalités légales, par une femme dotale sans remploi, par un prodigue sans l'assistance de son conseil, une telle vente ayant été transcrite, la confirmation qui aura lieu plus tard sera-t-elle aussi soumise à cette formalité ? L'acte confirmatif étant une renonciation à une action en nullité, a un effet rétroactif au jour où l'obligation a été formée, et dès lors sa transcription est inutile [1].

Mais la rétroactivité de la confirmation ne pouvant porter atteinte aux droits acquis, dans l'intervalle de la vente à l'acte confirmatif, par un second acquéreur ou un créancier à hypothèque conventionnelle, judiciaire ou légale [2], une vérification à ce point de vue est indispensable pour la sécurité de l'acheteur.

30. L'acquisition faite par le mari, avec déclaration de remploi au nom de la femme non présente, contient une offre révocable tant que la femme ne l'a pas acceptée. Entre les époux, l'acceptation postérieure de la femme a un effet rétroactif au jour même de l'acquisition ; mais, à l'égard des tiers, cette acceptation n'opère que du jour où elle est intervenue. Par suite, on doit transcrire l'acceptation aussi bien que l'acquisition [3].

---

lombe, XXIV, 230 ; Laurent, XXIX, 59 ; Troplong, 129 ; Larombière, *Th. et prat. des obl.*, art. 1338, n° 60. — *Contrà*, Verdier, 62 ; Labbé, *Ratif. des actes*, 47, 75.

1. C. civ., 1338 ; Rennes, 19 fév. 1879 ; D. 79.2.66 ; Flandin, 467 ; Gauthier, 108 ; Verdier, 66 ; Aubry et Rau, § 209, note 54.

2. Cass., 8 août 1859 ; 13 déc. 1875 : Montpellier, 6 janv. 1866, S. 66.2.280, D. 66.2.41 ; Demolombe, XXIX, 800 ; Berger, 35 ; — *Contrà*, Aubry et Rau, § 266, note 31 ; Pont, 616.

3. C. civ., 1435 ; Cass., 14 janv. 1868, S. 68.1.138, D. 68.1.101, J. E. 18481 ; Seine, 8 janv. 1876 ; Marcadé, *Expl. du Code Nap.*, art. 1435, III ; Rodière et Pont, *Contr. de mar.*, 674 ; Laurent, XXIX, 76 ; Demolombe, XXIV, 230. — *Contrà*, Neuchâtel, 16 fév. 1865 ; Labbé, 89 ;

Ajoutons que l'acte contenant l'acceptation de la femme donne ouverture au droit proportionnel de 1 fr. 50 0/0, excepté dans le cas où le mari s'est porté fort de son épouse [1].

31. Il faut faire transcrire la vente dont le prix est laissé à l'arbitrage d'un tiers [2].

32. Le transfert de rentes sur l'État, acquises en remploi d'immeubles, n'est soumis à aucune formalité de transcription. En effet, l'affectation spéciale de ces rentes ne modifie aucunement leur caractère mobilier [3].

33. La vente par l'acquéreur à réméré et celle consentie par le vendeur de son droit, sont soumises [4] à la transcription. Toutefois, la jurisprudence considère comme inutile la transcription de la cession du droit de réméré faite par le vendeur [5].

34. Quand une propriété et un usufruit coexistent sur un immeuble, il n'en résulte aucune indivision, de sorte que la vente consentie par l'usufruitier au nu-propriétaire, ou par celui ci à l'usufruitier, est soumise à la transcription [6].

35. Il est incontestable que la cession par l'emphytéote de son droit au bail doit être transcrite [7].

36. La vente d'une maison pour être démolie (sans le sol), est purement mobilière et dispensée de publicité [8].

Mourlon, 59 ; de Folleville, *Vente*, 237 à 242 ; Flandin, 299 ; Aubry et Rau, § 209, note 10, § 507, note 77 ; Verdier, 144.

1. Sol., 17 juillet 1879, J. E. 21218 ; Cass., 14 janv. 1868, précité.

2. Flandin, 90 ; Aubry et Rau, § 209, note 35 ; Verdier, 73, 74 ; Mourlon, 36.

3. Comp. Berger, 23 ; Verdier, 8 *bis*, 9 ; Buchère, 143.

4. Flandin, 384 ; Mourlon, 17 ; Troplong, 59 ; Verdier, 80 ; Laurent, XXIX, 86.

5. Cass., 29 juin 1870 ; 23 août 1871 ; Paris, 12 août 1871, S. 71.2. 193 ; Aubry et Rau, § 209, note 68.

6. Cass., 27 juillet 1869 ; 4 août 1869, S. 69.1.468 ; Angers, 4 déc. 1862 ; Verdier, 103.

7. L. 2 juin 1902 ; comp. Cass., 24 août 1857, S. 57.1.864.

8. Cass., 9 août 1825 ; 25 janv. 1886, S. 86.1.269 ; Demolombe, IX, 189 ; Laurent, XXIX, 54.

37. Les mines, concédées même au propriétaire de la surface, forment une propriété indépendante, de sorte qu'il faut transcrire la vente qui en est faite [1].

38. Constitue une vente de meubles, celle du droit d'exploiter une minière ou une carrière ; mais cette convention formant une servitude réelle, il faut la faire transcrire pour l'opposer aux tiers [2].

39. L'échange étant gouverné par les mêmes règles que la vente, les principes applicables à la vente régissent aussi l'échange [3].

40. Quoique l'échange contienne une double mutation de propriété, une transcription unique est suffisante. Toutefois, si les immeubles échangés sont situés dans des arrondissements différents, il faut transcrire aux bureaux hypothécaires de chaque arrondissement [4].

41. Tout acte contenant dation d'immeubles en paiement, doit être transcrit. Sous cette dénomination, on comprend les cessions faites : 1° par un débiteur à son créancier [5] ; 2° par un époux à son conjoint, pendant le mariage [6] ; 3° par un ascendant donateur, pour une dot promise en argent [7] ; 4° par le mari à sa femme, après la dissolution de la communauté, de

---

1. L. 21 avril 1810, art. 8, 19, 21 ; Cass., 18 juin 1862 ; Paris, 22 mars 1879, S. 80.2.297 ; Flandin, 42, 53 ; Aubry et Rau, § 164.

2. L. 23 mars 1855, art. 2, 1° ; Cass., 4 août 1886, S. 88.1.226 ; 24 mai 1909, D. 10.1.489, S. 11.1.9 ; Baudry-Lacantinerie et de Loynes, *Tr. du nant., des priv. et hyp.*, 2005 ; Guillouard, *Tr. des priv. et hyp.*, 1589.

3. C. civ., 1707.

4. Flandin, 183 ; Mourlon, 45 ; Aubry et Rau, § 209, note 19 ; Verdier, 270 ; Rivière et Huguet, 112 ; Laurent, XXIX, 66 ; Martou, I, 21.

5. Flandin, 175 ; Troplong, 64 ; Verdier, 41 ; Laurent, XXIX, 63.

6. C. civ., 1595 ; Flandin, I, 176 ; Mourlon, 46 ; Troplong, 61 ; Gauthier, 70 ; Rivière et Huguet, 27.

7. C. civ., 1406 ; Flandin, I, 179 ; Aubry et Rau, § 209, note 17 ; Verdier, 41.

biens propres [1], ou même de conquêts si la femme est renonçante [2].

ARTICLE DEUXIÈME

DONATIONS.

42. Toute donation entre vifs de biens présents, susceptibles d'hypothèques [3], est soumise à la transcription [4], encore
qu'elle ait été faite sous condition suspensive ou résolutoire [5].

Il n'y a pas non plus à distinguer entre les donations par
contrat de mariage et celles qui ont lieu hors contrat de mariage, même entre époux [6].

43. Les donations entre vifs de servitudes, de droits d'usage
et d'habitation, doivent aussi être transcrites [7].

44. Quant aux donations par contrat de mariage portant
cumulativement sur des biens présents et à venir, la transcription est nécessaire pour le cas où le donataire voudrait
s'en tenir aux biens présents [8].

45. Pour la simple institution contractuelle [9] et la donation

---

1. Cass., 15 janv. 1867, S. 67.1.181 ; Gauthier, 71 ; Rivière et
Huguet, 29 ; Aubry et Rau, § 209, note 18.

2. C. civ., 1492 ; Cass., 8 fév. 1858, S. 58.1.268 ; Troplong, 62 ;
Mourlon, 47 ; Laurent, XXIX, 64 ; Verdier, 43.

3. C. civ., 2118, 517.

4. C. civ., 939 ; Troplong, 1164, 1165.

5. Cass., 10 avr. 1815 ; Demolombe, XX, 253 ; Aubry et Rau, § 704,
note 8.

6. Douai, 16 fév. 1846 ; Nimes, 31 déc. 1850 ; Rouen, 24 nov. 1852,
D. 54.2.75, S. 53 2.263 ; Demolombe, XXIII, 447 ; Aubry et Rau,
§ 743 ; Verdier, 153.

7. L. 23 mars 1855, art. 2, 1° ; Demolombe, XX, 338 ; Lesenne,
Transc.,162 ; Aubry et Rau, § 704, note 44 ; Troplong, 110, 113 ; comp.
Douai, 11 déc. 1891.

8. C. civ., 1084 ; Limoges, 26 nov. 1872, S. 74.2.10 ; Aubry
et Rau, § 704 ; Grenier, I, 437 ; Verdier, 152 ; Lesenne, 159.

9. C. civ., 1082 ; Cass., 4 fév. 1867, D. 67.1.65, S. 67.1.124 ;

entre époux par contrat de mariage, ou pendant le mariage, de tout ou partie des biens qui composeront la succession du donateur [1], la transcription est inutile [2].

46. Les donations et les testaments portant substitution d'immeubles, sont obligatoirement rendus publics par la transcription [3].

47. Les partages d'ascendants entre vifs exigent la transcription comme donations [4].

ARTICLE TROISIÈME

CONTRATS DE MARIAGE.

48. Il est manifeste que les contrats de mariage portant des donations d'immeubles doivent être transcrits, par extrait contenant seulement la donation.

49. L'adoption du régime matrimonial ne rend pas le contrat de mariage sujet à transcription, malgré le droit de jouissance qui appartient à la communauté sur les biens propres de chacun des époux, ou au mari sur les biens de sa femme, d'après le régime exclusif de communauté et le régime dotal [5].

Ce droit de jouissance offre bien une certaine similitude avec l'usufruit, mais ne pouvant être ni cédé, ni hypothéqué, il ne constitue pas un démembrement du droit de propriété [6].

---

15 mai 1876, D. 77.1.93 ; Aubry et Rau, § 439 ; Demolombe, XXIII, 277 ; Verdier, 151 ; Rivière et Huguet, 427.

1. C. civ., 1093 ; Cass., 4 février 1867, précité.

2. Cass., 23 avril 1849 ; Pau, 2 janvier 1827 ; Lesenne, 6 ; Rivière et Huguet, 430.

3. C. civ., 1048, 1049, 1069 ; Aubry et Rau, § 696, D.

4. C. civ., 1076 ; Demolombe, XXIII, 12 ; Aubry et Rau, § 729 ; Requier, *Part. d'asc.*, 45 ; Bonnet, *Part. d'asc.*, I, 330 ; André, *Part. d'asc.*, 300.

5. C. civ., 1401, 1498, 1530, 1549.

6. Duranton, *Cours de dr. fr.*, IV, 485 ; Demolombe, X, 236 ; Flan-

50. La transcription du contrat de mariage deviendrait nécessaire, s'il contenait stipulation d'une communauté universelle, en supposant que l'un des époux possédât des immeubles [1].

51. Il en serait de même dans le cas d'ameublissement d'un immeuble déterminé ou de tous les immeubles de l'un des époux [2]. Quant à l'ameublissement limité à une certaine somme à prendre sur un immeuble, il ne confère aucun droit de propriété à la communauté ; par suite, la transcription est inutile [3].

52. En cas de constitution par la femme dotale d'un immeuble estimé avec déclaration que l'estimation transporte la propriété au mari, il y aurait utilité de transcrire [4].

ARTICLE QUATRIÈME

SOCIÉTÉS.

53. La transcription est nécessaire des actes de sociétés, civiles ou commerciales, contenant des apports de biens immobiliers faits par les associés ou par l'un d'eux [5].

54. On doit transcrire les cessions de parts dans les sociétés

---

din, 273 ; Troplong, *Transcrip.*, 88 ; *Contr. de Mar.*, 3461 ; Mourlon, 50 ; de Folleville, 167, note. — *Contrà*, Laurent, XXIX, 74 ; Verdier, 126, 127 ; Rivière et Huguet, 146.

1. C. civ., 1526 ; Mourlon, 52 ; Flandin, 291 ; Aubry et Rau, § 209, note 27 ; Verdier, 130 ; Laurent, XXIX, 75.

2. C. civ., 1506, 1507 ; Mourlon, 49 ; Flandin, 277 : Verdier, 140 ; J. G., *Transcr.*, 171. — *Contrà*, Rivière et Huguet, 37.

3. C. civ., 1508 ; Aubry et Rau, § 209, note 25 : Laurent, XXIX, 75. — *Contrà*, Verdier, 138.

4. C. civ., 1552 ; Verdier, 131 ; Flandin, 355.

5. Cass., 25 avril 1893, S. 97.1.513, D. 93.1.320, J. E. 24203, *Rev. not.*, 9141 ; Troplong, 63 ; Gauthier, 61 ; Mourlon, 52 ; Flandin, 266 ; Aubry et Rau, § 209, note 20 ; Laurent, XXIX, 67 ; Vavasseur, *Tr. des Soc.*, 97 ; Pont, *Soc.*, 258.

civiles dont l'actif comprend des immeubles, quand ces cessions sont faites à un étranger ou lorsque, consenties à un associé, elles ne font pas cesser l'indivision [1].

55. Cependant, si la société civile, ayant un nom et un domicile, formait un être juridique, les parts dans l'actif seraient réputées meubles, quand même la société posséderait des immeubles, de sorte que la cession de ces parts ne serait pas soumise à la transcription [2].

À plus forte raison, les intérêts ou actions dans des sociétés commerciales (sauf l'association en participation) ne constituent que des valeurs mobilières dont la cession est dispensée de transcription [2].

56. Les règles qui précèdent ne sont pas absolues, ainsi : 1° quand un étranger acquiert toutes les actions d'une société dont l'actif comprend des immeubles, l'acte doit être transcrit ; 2° l'associé devenant acquéreur de toutes les actions est obligé de faire transcrire, si en fait il reste propriétaire d'immeubles apportés par un autre associé [4].

ARTICLE CINQUIÈME

PARTAGES ET LICITATIONS.

57. Les partages et licitations, faisant complètement cesser l'indivision entre copropriétaires ou cohéritiers, constituent des actes déclaratifs dispensés de transcription [5], peu importe qu'ils soient amiables ou judiciaires.

1. Cass., 9 mai 1864, D. 64.1.232, S. 64.1.239 ; Aubry et Rau, § 209.
2. L. 21 avril 1810, art. 8 ; 1er août 1893, art. 6 ; Cass., 23 fév. 1891 ; 2 mars 1892, D. 93.1.169, S. 92.1.497. — *Contrà*, Lyon-Caen et Renault, II, 105 et 140.
3. C. civ., 529 ; C. com., 69 ; Cass., 2 juin 1834 ; 19 mars 1838, S. 38.1.343 ; Laurent, XXIX, 68 ; Flandin, 272.
4. Cass., 3 déc. 1878 : 7 fév. 1881, S. 81.1.276, J. E. 21566.
5. C. civ., 883, 1686 ; L. 23 mars 1855, art. 1, 4°.

Il en est ainsi lorsque la licitation est faite au profit de l'é-
poux copropriétaire et de son conjoint [1], ou au nom du mari
seul, de l'immeuble appartenant par indivis à sa femme, car
elle reste propriétaire en attendant son option [2].

58. Mais si ces actes établissaient des servitudes au profit
de l'un des communistes, il serait nécessaire de transcrire la
partie de l'acte relative à la servitude [3], pour la rendre opposable à un tiers détenteur.

59. La cession de droits successifs, lorsqu'elle n'entraîne
pas cessation de l'indivision, doit être transcrite, en ce qui
concerne les immeubles dépendant de l'hérédité [4].

60. L'adjudication au profit de plusieurs des copropriétaires
ne mettant pas fin à l'indivision, est soumise à la publicité
hypothécaire [5].

61. Quand l'adjudication est tranchée au profit de l'héritier
bénéficiaire [6] ou de l'héritier unique grevé de substitution [7], ou

1. C. civ., 1408, 1° ; Nancy, 18 mai 1838 ; Amiens, 22 juin 1848,
S. 48.2.675, D. 48.2.31.
2. C. civ., 1408, 2° ; Cass., 17 fév. 1886, S. 86.1.161.
3. Cass., 16 juil. 1901, D. 08.1.337 ; Pau, 26 janv. 1875, S.
75.2.216 ; Grenoble, 4 avr. 1911, *Rev. not.*, 14526 ; Ducruet, 11.
4. Aix, 10 août 1870 ; Gauthier, 51 ; Rivière et Huguet, 53.92 ;
Troplong, 58 ; Flandin, 199.205 ; Aubry et Rau, § 209, note 11 ;
Verdier, 93. En pareil cas, il est nécessaire que la cession contienne
la désignation des immeubles. Comp. Cass., 19 mai 1886, D. 87.1.13,
S. 87.1.113.
5. Cass., 10 nov. 1862 ; 8 mars 1875 ; 23 avril 1884 ; 19 mai 1886,
précité, à moins qu'elle ne soit suivie d'un partage attribuant définitivement d'autres valeurs à chacun des autres héritiers (Cass., 21 mai
1895, D. 96.1.9 ; 26 juin 1895, S. 96.1.481). Flandin, 561 ; Verdier, 92.
6. Cass., 28 juil. 1862 ; 12 nov. 1872 ; 12 janv. 1876, S. 76.1.81,
D. 76.1.52, J. E. 19944 ; Aubry et Rau, § 209, note 42 ; Mourlon, 83.
— *Contrà*, Verdier, 220 ; de Folleville, 17 *bis*.
7. Cass., 7 avr. 1886, D. 87.1.220, S. 86.1.384, J. E. 22654 ;
6 mars 1912, J. E. 28663.

d'un étranger entré dans l'indivision en vertu de cessions faites par des copropriétaires [1], elle doit être transcrite.

62. Les prélèvements exercés par l'un ou l'autre des époux sur les immeubles communs, en cas d'acceptation de la communauté, ayant pour effet d'entraîner cessation de la copropriété, sont assimilés aux partages, et comme tels se trouvent dispensés de transcription [2].

ARTICLE SIXIÈME

JUGEMENTS D'ADJUDICATION.

63. Les jugements d'adjudication qui opèrent transmission de propriété immobilière sont soumis à transcription [3], ce qui comprend :

1° Les adjudications sur licitation, autres que celles au profit d'un cohéritier ou d'un copartageant (n°ˢ 57, 61).

2° Les adjudications de biens dépendant d'une succession bénéficiaire [4] ou vacante [5] ; celles de biens de mineurs [6], de femme dotale [7], ou d'un failli [8].

3° Les adjudications sur expropriation forcée ou saisie, celles sur conversion de saisie [9], et celles sur folle enchère [10].

1. Cass., 17 janv. 1881 ; 4 juin 1890 ; 10 nov. 1891, D. 92.1.517, S. 92.1.103, J. E. 23704, Rev. not., 8638 ; Berger, 68 ; — Contrà, Aubry et Rau, § 209, note 48 ; Demolombe, XVII, 289 ; Flandin, 208.
2. C. civ., 1474 ; Cass., 20 juil. 1869, D. 69.1.497 ; 6 juillet 1870, S. 70.1.348 ; Mourlon, 47 ; Flandin, 292 ; Verdier, 43 ; Lesenne, 15.
3. L. 23 mars 1855, art. 1, 4°.
4. C. pr., 987.
5. C. pr., 1001.
6. C. civ., 457 ; C. pr., 953.
7. C. civ., 1558 ; C. pr., 997.
8. C. comm., 572.
9. C. pr., 717, 743.
10. Flandin, 582 ; Gauthier, 111 ; Troplong, 221 ; Bressolles, 33 et 66. — Contrà, Aubry et Rau, § 209, note 39.

Toutes les fois qu'il y a surenchère, c'est le jugement rendu sur la surenchère qui seul est sujet à la transcription [1].

4° Les adjudications sur délaissement par hypothèque ou sur surenchère des créanciers [2] lorsque l'acquéreur primitif ne demeure pas adjudicataire définitif [3].

Si le tiers détenteur reste dernier enchérisseur, comme il n'a pas cessé d'être propriétaire, l'adjudication prononcée en sa faveur confirme et purifie son titre, sans opérer un changement dans l'état de la propriété. Or, son titre ayant été transcrit, le jugement confirmatif en est dispensé [4].

ARTICLE SEPTIÈME

BAUX.

64. La loi ordonne de transcrire les baux d'une durée de plus de dix-huit ans [5]. Ceux de dix-huit ans ou d'une durée moindre, ne sont pas astreints à la formalité ; c'est ainsi qu'un bail de dix-huit années, consenti plusieurs années avant l'expiration du bail en cours, serait affranchi de la transcription, sauf le cas de fraude [6].

Cette règle s'applique aux baux à ferme ou à loyer comme

---

1. C. pr., 708, 965, 973 ; C. comm., 573 ; Aubry et Rau, § 209 ; Mourlon, 540.

2. C. civ., 2174, 2187.

3. Bressolles, 33 ; Troplong, 101 ; Gauthier, 113 ; Rivière et Huguet, 117 ; Aubry et Rau, § 209, note 41 ; Pont, 1388 ; Verdier, 207, 211.

4. C. civ., 2189 ; comp. Cass., 9 fév. 1881, S. 81.1.104 ; Besançon, 14 déc. 1877 ; Martinique, 8 déc. 1878, S. 79.2.204.

5. L. 23 mars 1855, art. 2, 4°. Faute de transcription, les baux ne sont opposables que pour 18 ans. Lyon, 13 nov. 1902, D. 06.2.423 ; Paris, 2 mars 1906, D. 09.2.98.

6. C. civ., 595, 1430, 1718 ; Mourlon, 144 ; Verdier, 252 ; Laurent, XXIX, 117.

à tous autres : complant, colonage, chasse, etc., quand leur durée est indéfinie ou supérieure à dix-huit ans [1].

Le bail emphytéotique, emportant droit réel, doit toujours être transcrit [2]. Il en est de même du bail à convenant ou domaine congéable, quelle que soit sa durée [3].

65. Si le preneur cède son bail de plus de dix-huit ans à une tierce personne, la transcription de l'acte de cession n'est pas nécessaire à l'égard du bailleur, ni de ses acquéreurs ou créanciers ; mais il est utile de transcrire pour parer le danger d'une seconde cession [4].

66. Sont soumis à la transcription, les actes ou jugements constatant, en matière de baux, même au-dessous de dix-huit ans, le paiement, la remise ou la cession d'une somme équivalente à trois années de loyers ou fermages non échus [5].

Comment doit-on entendre les loyers ou fermages non échus, qui sont des fruits civils s'acquérant jour par jour [6] ?

Il faut, croyons-nous, ne pas tenir compte de l'exigibilité, c'est-à-dire des termes périodiques fixés avec le preneur pour l'acquittement des loyers ou fermages. Les stipulations relatives aux paiements sont sans influence ; ce qu'on doit considérer, c'est la jouissance réelle du preneur et corrélativement les fruits civils courus ou acquis au moment de l'acte, quelle que soit la convention faite pour leur versement [7].

---

1. L.23 mars 1855, art. 2, 4° ; Douai, 8 fév. 1905, J. C. 5801 ; Verdier, 274 ; Mourlon, 141 ; Flandin, 509.
2. L. 25 juin 1902, art. 1.
3. Gauthier, 90 ; Mourlon, *Rev. prat.*, I, p. 14.
4. Verdier, 255 ; Berger, 170 ; de France, *Dr. d'hyp.*, 228.
5. L. 23 mars 1855, art. 2, 5° ; Cass., 12 fév. 1902. D. 02.1.337, J. E. 26430.
6. C. civ., 586.
7. Paris, 22 juin 1865, S. 65.2.329 ; Demolombe, X, 378.

ARTICLE HUITIÈME.

RENONCIATIONS.

67. Sont soumis à la publicité les actes portant renonciation à des droits réels immobiliers, ainsi que les jugements constatant l'existence d'une pareille renonciation faite verbalement [1].

68. Pour qu'une renonciation soit assujettie à la transcription, il faut qu'elle ait un caractère translatif. Celles purement déclaratives ou confirmatives du droit d'autrui et celles constituant de simples refus d'acquérir sont exceptées de la publicité.

Ainsi, ne sont pas à transcrire les renonciations pures et simples à succession, à communauté, ou à legs, intervenant avant toute acceptation [2].

69. Au contraire, doivent être transcrites les renonciations portant sur des droits acquis par une acceptation antérieure, peu importe qu'elles soient gratuites ou onéreuses [3].

Il en est de même pour les renonciations à une succession ou à un legs immobiliers, même avant acceptation, lorsqu'elles ont lieu à titre onéreux ou à titre gratuit au profit de quelques-uns des cohéritiers ou colégataires [4].

70. Les renonciations à une mitoyenneté, à un fonds grevé de servitude doivent aussi être transcrites [5].

1. L. 23 mars 1855, art. 1 et 2, 2° et 3°.
2. C. civ., 785, 1043, 1457 ; Gauthier, 103 ; Flandin, 435 ; Bressolles, 17 ; Mourlon, 120 ; Fons, 15 ; Demolombe, XIV, 439 ; Troplong, 93.
3. Laurent, XXIX, 92, 97 ; Verdier, 166 ; Aubry et Rau, § 209 ; Flandin, 448.
4. C. civ., 780 ; Bressolles, 17 ; Aubry et Rau, § 209, note 28 ; Verdier, 169, 170 ; Gauthier, 106 ; Flandin, 445.
5. C. civ., 656, 699 ; Paris, 25 juin 1884 ; Mourlon, 126 ; Demolombe, XII, 885 ; Verdier, 167 bis ; Flandin, 454 ; Troplong, 94.

71. On considère comme sujette à transcription la renoncia-tion à une prescription immobilière, reconnue par un juge-ment ayant acquis l'autorité de la chose jugée [1].

72. La transcription est également exigée pour les renon-ciations aux servitudes, antichrèses, usages, habitations [2].

73. Enfin, on doit transcrire la renonciation à l'immobilisa-tion d'actions de la Banque de France [3].

ARTICLE NEUVIÈME

ANTICHRÈSES.

74. Les actes contenant constitution d'antichrèse, et les jugements déclarant l'existence de ce droit en vertu d'une convention verbale, sont soumis à la formalité de la transcrip-tion [4].

75. Le créancier antichrésiste a la faculté de céder sa créance avec toutes les garanties qui y sont attachées, ce qui comprend la jouissance de l'immeuble reçu en antichrèse [5]. Une telle cession n'a pas besoin d'être transcrite, mais il est utile de la mentionner en marge de la transcription de l'anti-chrèse [6].

76. Quant à la renonciation du créancier antichrésiste, elle est soumise à la transcription [7].

1. Aubry et Rau, § 209, note 30 ; Verdier, 178 ; Flandin, 459 et suiv. ; Rivière et Huguet, 84.
2. L. 23 mars 1855, art. 2, 2° ; comp. Verdier, 167 ; Flandin, 455.
3. L. 17 mai 1834, art. 5 ; Buchère, 226 ; Flandin, 38.
4. L. 23 mars 1855, art. 2, 1° ; comp. Lyon, 23 janv. 1897 ; Mar-seille, 18 nov. 1903.
5. C. civ., 1717 ; Troplong, 533 ; Pont, 1235 ; Verdier, 242 ; Aubry et Rau, § 438 ; comp. Flandin, 409.
6. Cette mention n'est pas prévue par la loi ; comp. de France, 221.
7. L. 23 mars 1855, art. 2, 2°.

ARTICLE DIXIÈME

RÉSOLUTIONS

77. Les actes de résolution volontaire de contrats translatifs de propriété immobilière, doivent être transcrits, parce qu'ils constituent une véritable rétrocession [1].

Cependant l'acte de résolution amiable, consenti pour inexécution des conditions, ne serait pas soumis à la transcription, s'il intervenait après l'introduction d'une action judiciaire [2]; mais il est prudent de faire mentionner un tel acte en marge de la transcription de l'acte anéanti.

78. Quand le vendeur exerce la faculté de réméré par lui réservée, l'acte de retrait est dispensé de transcription [3].

79. Il en est ainsi des actes constatant l'exercice d'une faculté légale de retrait : indivision [4], successoral [5], litigieux [6].

80. Les actes de retrait ne sont même pas soumis à la mention prescrite par les jugements de résolution ; néanmoins, au point de vue pratique, il sera toujours bon de faire opérer la mention [7]. A plus forte raison, cette formalité devra être remplie par le cessionnaire du vendeur à réméré [8].

---

1. L. 23 mars 1855, art. 1 et 2 ; Troplong, 244 ; Flandin, 221 ; Mourlon, 44 ; Aubry et Rau, § 209, note 32 ; Verdier, 82 ; Laurent, XXIX, 106.

2. Riom, 11 déc. 1865, S. 66.2.362 ; Gauthier, 48 ; Aubry et Rau, § 209, note 59 ; Laurent, XXIX, 109 ; Verdier, 84.

3. Troplong, 245 ; Gauthier. 28 ; Mourlon, 67 ; Lesenne, 8.

4. C. civ., 1408 ; Flandin, 244 ; Mourlon, 92 ; Verdier, 118 ; Rodière et Pont, 641 ; de Folleville, 208.

5. C. civ., 841 ; Gauthier, 78 ; Flandin, 237 ; Rivière et Huguet, 49 ; Aubry et Rau, § 209, note 64.

6. C. civ., 1699 ; Flandin, 862 ; Rivière et Huguet, 50 ; Gauthier, 79 ; Laurent, XXIX ; Demolombe, XVI, 140.

7. Troplong, 247 ; Verdier, 452 ; Rivière et Huguet, 49.

8. Troplong, 59 ; Lesenne, 10 ; Gauthier, 48 ; Flandin, 384 ; Mourlon, 16, 568 *bis* ; Verdier, 30 ; Laurent, XXIX, 86.

81. Si un jugement prononce la résolution, la nullité ou la rescision d'actes translatifs de propriété immobilière, il n'est pas assujetti à la transcription ; mais, l'avoué qui a obtenu un pareil jugement se trouve obligé, à peine de 100 francs d'amende, de le faire mentionner dans le mois, à compter du jour où il a acquis l'autorité de la chose jugée, en marge de la transcription de l'acte résolu, annulé ou rescindé [1].

Pour l'exécution de la formalité, l'avoué remet au conservateur un bordereau, signé, contenant : 1° les noms, prénoms, qualités et demeures des parties entre lesquels le jugement a été rendu ; 2° la désignation précise de l'immeuble litigieux ; 3° la date et l'énoncé du dispositif du jugement [2].

82. La même règle est applicable aux jugements qui prononcent la révocation d'actes translatifs, passés par un débiteur en fraude des droits de ses créanciers [3].

83. Si l'acte résolu, annulé ou rescindé a acquis date certaine avant le 1er janvier 1856, le jugement devra être transcrit en entier [4].

84. D'ailleurs, le défaut d'accomplissement de la mention ou de la transcription ne restreindrait aucunement les effets du jugement à l'égard des tiers [5].

85. Enfin, s'il s'agissait d'un acte fait depuis le 1er janvier 1856, et non transcrit, l'avoué serait dispensé d'opérer la mention ou la transcription du jugement obtenu [6].

1. L. 23 mars 1855, art. 4 ; Bordeaux, 1er fév. 1869, S. 69.2.211 ; Tr. Nancy, 26 mai 1884.

2. L. 23 mars 1855, art. 4 ; C. civ., 2200 ; Inst. 2051.

3. Flandin, 630 ; Mourlon, 535 ; Troplong, 229 ; Aubry et Rau, § 209, note 72 ; Verdier, 454.

4. L. 23 mars 1855, art. 11.

5. Flandin, 609 ; Mourlon, 555 ; Bressolles, 63 ; — Comp. Montpellier, 16 janvier 1882, S. 82.2.113.

6. Troplong, 223 ; Flandin, 639 ; Aubry et Rau, § 209, note 74 ; Verdier, 437.

André, *Régime hypothécaire*.   4

ARTICLE ONZIÈME

TRANSACTIONS.

86. Une transaction sur droits immobiliers étant déclarative et non translative de propriété, est opposable aux tiers sans avoir été transcrite[1]. Il n'en serait autrement que si un objet non litigieux était attribué à l'une des parties pour obtenir son consentement à la transaction[2], ou si l'acte constituait en réalité une cession déguisée sous les apparences d'un contrat de transaction[3].

TROISIÈME SECTION

EFFETS DE LA TRANSCRIPTION

ARTICLE PREMIER

EFFETS GÉNÉRAUX.

87. Tout d'abord, il faut faire une remarque importante : entre les parties contractantes les conventions sont parfaites par le seul effet du consentement, sans tradition ni formalité de publicité[4]. La transcription n'est requise que dans l'intérêt des tiers ; à leur égard, le droit, objet du contrat, ne se transmet que par la transcription.

1. C. civ., 2044 ; Bordeaux, 17 mars 1892, D. 93.2.182, J. C. 4377 ; Orléans, 23 nov. 1893, D. 94.2.287, S. 94.2.9, J. E. 24538 ; Rivière et Huguet, 20 ; Troplong, 71 ; Verdier, 119. — *Contrà*, Mourlon, 547 ; Lesenne, 38.
2. Orléans, 23 nov. 1893 précité ; Flandin, 332 ; Verdier, 120 ; Aubry et Rau, § 209, note 51.
3. Flandin, 333 ; Verdier, 120 ; Aubry et Rau, § 209, note 52.
4. C. civ., 711, 1138, 1583.

88. Ainsi, la loi dit : d'une part, que les actes et jugements soumis à la transcription ne sont point opposables aux tiers qui, ayant des droits sur les immeubles formant l'objet de ces actes et jugements les ont utilement conservés par une inscription ou par une transcription effectuée avant que ces mêmes actes et jugements aient été transcrits [1] ; et, d'autre part, que le défaut de transcription d'une donation peut être opposé par toutes personnes ayant intérêt [2].

89. Néanmoins, l'acquéreur d'un immeuble est fondé, avant la transcription de son titre à faire valoir son droit de propriété contre toute personne qui possède cet immeuble ou exerce une servitude dont elle le prétend grevé, soit sans titre, soit en vertu d'un titre transcrit, mais n'émanant pas du véritable propriétaire [3].

90. De leur côté, les tiers qui ont des droits à exercer sur un immeuble, peuvent agir contre l'acquéreur avant la transcription de son titre [4].

91. Celui qui, par juste titre et de bonne foi, a acquis un immeuble d'une personne qui n'en avait pas la propriété, peut invoquer contre le véritable propriétaire, la prescription de dix à vingt ans, pourvu qu'il ait fait transcrire son titre [5]. A défaut

1. L. 23 mars 1855, art. 3.
2. C. civ., 941.
3. Demolombe, XXIV, 460 ; Duverger, 20 ; Aubry et Rau, § 209, note 104 ; Verdier, 364 ; Flandin, 913.
4. Poitiers, 18 janv. 1810 ; Grenier, II, 346 ; Demolombe, XXIV, 461 ; Aubry et Rau, § 209, note 105.
5. Alger, 15 nov. 1890, D. 91. 5. 405, S. 91. 2. 53 ; Colmet de Santerre, V, 56 bis ; Demolombe XXIV, 462 ; Flandin, 905 ; Berger, 152 ; Verdier, 372 ; Laurent, XXXII, 395 ; comp. Lyon, 17 fév. 1834, S. 35. 2. 18. — Contrà, Montpellier, 8 nov. 1881, S. 84. 2.169 ; Bastia, 5 fév. 1890, D. 90. 2. 363, S. 90. 2. 136 ; Caen, 17 mars 1891, S. 91. 2. 118 ; Pau, 17 juin 1895 ; Aubry et Rau, § 209, note 106 ; Leroux de Bretagne, Presc., 907 ; Rivière et Huguet, 238, selon lesquels la transcription n'est pas nécessaire.

de transcription, la prescription trentenaire serait seule invocable.

92. Entre les ayants cause d'un auteur commun, la prescription de dix à vingt ans ne saurait être invoquée par celui des acquéreurs qui n'a pas transcrit contre celui qui a rempli cette formalité [1].

93. D'ailleurs, la transcription procure plusieurs avantages spéciaux qu'il suffit de rappeler : — 1° consolidation de la propriété à l'égard des tiers [2] ; — 2° conservation du privilège du vendeur [3] ; — 3° formalité préalable à la purge des hypothèques [4] ; — 4° départ de la prescription des hypothèques au profit du tiers détenteur [5] ; — 5° arrêt du cours des privilèges et hypothèques soumis à inscription contre le précédent propriétaire [6].

ARTICLE DEUXIÈME
QUI PEUT INVOQUER LE DÉFAUT DE TRANSCRIPTION.

94. Sont admises à se prévaloir du défaut de transcription les personnes qui ont acquis, conventionnellement ou légalement [7], sur un immeuble des droits utilement conservés, soit du chef du dernier propriétaire ou de ses représentants, soit du chef des précédents propriétaires.

95. Peuvent opposer le défaut de transcription :

1. Bordeaux, 26 fév. 1851 ; Flandin, 909 ; Bressolles, 54 ; Rivière et François, 54 ; Aubry et Rau, § 209, note 107 ; Demolombe, XXIV, 463.

2. L. 23 mars 1855, art. 3 ; C. civ., 939.

3. C. civ., 2108.

4. C. civ., 2181.

5. C. civ., 2180.

6. L. 23 mars 1855, art. 6 ; C. pr., 717 ; comp. Nîmes, 11 juil. 1884, S. 84. 2. 156.

7. L. 23 mars 1855, art. 3 ; Lesenne, 69 ; Mourlon, 437 ; Flandin, 867 ; Aubry et Rau, § 209, note 79. — *Contrà*, Troplong, 154, 156.

1° Un second acquéreur à titre onéreux ou gratuit [1], pourvu qu'il soit de bonne foi [2] ;

2° Un preneur à bail de plus de 18 ans [2] ;

3° Un créancier avec antichrèse, et les personnes en faveur desquelles des servitudes ont été constituées [4] ;

4° Les créanciers à hypothèque conventionnelle, judiciaire ou légale. Peu importe d'ailleurs que l'hypothèque conventionnelle ou judiciaire soit postérieure ou antérieure à l'acte d'aliénation, si elle a été inscrite avant la transcription de cet acte [5].

5° Les créanciers du failli, relativement aux aliénations qu'il a faites avant l'époque de la cessation de ses paiements, lorsqu'elles n'ont été transcrites que postérieurement à l'inscription par eux prise de l'hypothèque légale de la masse [6].

Ces personnes ne seraient pas privées du droit d'invoquer le défaut de transcription, par cela seul qu'elles auraient connu l'acte non transcrit [7] ; mais il en serait autrement dans le cas de fraude concertée dans le but d'annihiler ou de restreindre les effets de l'acte non soumis à la transcription [8].

1. Riom, 23 nov. 1898, Rev. not., 10174 ; Aubry et Rau, § 209, C., § 704, 4° ; Verdier, 345 : Demolombe, XX, 298 ; Troplong, 155 ; Planiol, I, 1350.

2. Cass., 27 nov. 1893, S. 94.1.385, Rev. not., 9064 ; 29 fév. 1904, J. C. 5678, J. E. 26810.

- 3. Verdier, 416 ; Flandin, 1262 ; Rivière et Huguet, 216. — Contrà, Troplong, 247.

4. Verdier, 242, 380 ; Aubry et Rau, § 209, C. ; Flandin, 1263.

5. Cass., 25 juil. 1877 : 16 fév. 1887, D. 87.1.259, S. 88.1.257, J. C. 3783 ; 1er déc. 1902, D. 04.1.5, J. E. 26600, J. C. 5587 ; 27 fév. 1905, D. 08.1.333 ; Nancy, 27 déc. 1879 ; Poitiers, 18 déc. 1888 ; Aubry et Rau, § 209, note 80 ; Bravard et Demangeat, Dr. comm., V, p. 295. — Contrà, Nancy, 14 juin 1876 ; Mourlon, 490.

6. Cass., 13 juil. 1891, S. 92.1.257.

7. Cass., 22 oct. 1889, S. 91.1.446 ; Troplong, 190 ; Flandin, 871 ; Mourlon, 451 ; Aubry et Rau, § 209, note 81 ; Lemarcis, Transc., 22 ; Lesenne, 81.

8. Cass., 8 déc. 1858 ; 14 mars 1859 ; 27 nov. 1893, S. 94.1.385 ;

96. Le défaut de transcription est opposable à toute personne, même aux mineurs, interdits et femmes mariées, malgré l'insolvabilité de leurs représentants [1].

97. D'un autre côté, pour s'appuyer sur le défaut de transcription, il ne suffit pas d'avoir des droits sur l'immeuble, il faut, de plus, que ces droits aient été conservés par une transcription ou une inscription [2].

Toutefois, il est nécessaire de signaler quelques dérogations : 1° dans le cas où il s'agit de créanciers à hypothèque légale et pendant qu'ils sont dispensés d'inscrire ; 2° quand la personne, excipant du défaut de transcription, agit du chef de son auteur dont le titre a été suivi des formalités légales ; 3° le tiers, de bonne foi, auquel le donateur a conféré hypothèque, peut l'opposer aux créances du donataire qui n'a pas transcrit son titre [3].

98. En cas de contestation entre un sous-acquéreur (A) n'ayant pas transcrit son titre mais opposant le titre transcrit, de son vendeur (B), à une personne (C) tenant ses droits d'un précédent vendeur (D), sans les avoir inscrits ou transcrits antérieurement au titre opposé, la priorité appartiendra au sous-acquéreur [4].

99. Mais la solution sera différente en retournant l'hypothèse : le sous-acquéreur (A) fait transcrire son titre, celui de son vendeur direct (B) ne l'a pas été ; dans cette situation, le sous-acquéreur (A) ne pourra avoir la priorité sur un deuxième acquéreur (C), ayant transcrit, ou un créancier hypothécaire, du vendeur originaire (D), car celui-ci n'est dessaisi de la propriété, à l'égard des tiers, que par la transcription de l'acte

Lesenne, 81 ; Lemarcis, 22 ; Rivière et Huguet, 187 ; Bressolles, 43 ; Flandin, 880 ; Troplong, 190 ; Garsonnet, *Revue prat.*, 1871, p. 346.
1. Flandin, 816 ; Troplong, 166 ; Rivière et Huguet, 156 ; Verdier, 303
2. L. 23 mars 1855, art. 3 ; Demolombe, XXIV, 464.
3. Cass., 22 oct. 1889, S. 91.1.446, *Rev. not.*, 8201.
4. Aubry et Rau, § 209, note 98.

d'aliénation qu'il a consenti, et le deuxième acquéreur (C) est un tiers aux yeux du législateur [1].

Ajoutons que cette solution, incontestable pour nous, est pourtant vivement combattue par des autorités considérables, qui enseignent que la transcription du titre du sous-acquéreur est suffisante pour qu'il ait la priorité [2], surtout lorsque ce titre mentionne les noms et les actes d'acquisition des précédents propriétaires [3].

ARTICLE TROISIÈME

QUI NE PEUT INVOQUER LE DÉFAUT DE TRANSCRIPTION.

100. Ne peuvent se prévaloir du défaut de transcription :

1° Les administrateurs du patrimoine d'autrui (maris, tuteurs), chargés, en cette qualité, de faire opérer la transcription des actes passés au profit des personnes qu'ils représentent ou de leurs auteurs [4] ;

2° Le vendeur, à l'encontre d'un sous-acquéreur ayant fait transcrire son titre, alors même que celui du premier acquéreur ne l'aurait pas été [5] ;

3° Les héritiers purs et simples ou bénéficiaires du vendeur ou donateur [6], et leurs créanciers [7].

1. Cass., 21 fév. 1828 ; Poitiers 18 déc. 1888, J. C. 5977 ; Demolombe, XXIV, 465 ; Fons, *Transcr.*, 43 ; Lesenne, 63,65 ; Ducruet, 14, 24 ; Mourlon, 447, 597 ; Aubry et Rau, § 209, note 99 ; Larombière, art. 1138. n° 47 ; Laurent, XXIX, 185 ; de France, 199.

2. Rivière et François, *Transcr.*, 52 ; Rivière et Huguet, 212 ; Lemarcis, 8 ; Pont, 263, 1292 ; J. G., *Transcr.*, 493, 494 ; Flandin, 887, 892 ; Verdier, 386, 387.

3. Troplong. 157, 166.

4. C. civ., 941 ; Bressolles, 55 : Troplong, 184 ; Flandin, 844.

5. Aubry et Rau, § 209, note 85 ; Demolombe, XXIV, 450 et suiv. ; Flandin, 839. — *Contrà*. Pont, 261.

6. Cass., 1er août 1878, S. 79.1.383. D. 79.1.167 ; 1er juin 1897, D. 98.1.58 ; Besançon, 6 juin 1854, D. 55.2.346, J. E. 15982 ; Flandin, 841 ; Demolombe, XX, 307 ; XXIV, 454 ; Troplong, 145, 158 ; Mourlon, 435 ; Verdier, 329, 330.

7. Paris, 21 novembre 1840, S. 41.2.41, D. 41.2.75 ; Flandin, 934 ; comp. Verdier, 333 ; Mourlon, 444.

Cependant, si le défunt, après avoir vendu un immeuble à un étranger qui n'a pas fait transcrire son titre, l'avait vendu une seconde fois à un de ses héritiers présomptifs qui a transcrit son titre, ce dernier, en acceptant la succession sous bénéfice d'inventaire, pourrait opposer le défaut de transcription [1].

4° Les ayants cause, même.à titre particulier, de l'aliénateur, qui ne se trouveraient pas eux-mêmes soumis, pour la conservation de leurs droits, à la formalité de la transcription : preneur à bail pour 18 ans et au-dessous, légataire à titre particulier dont le titre serait postérieur à l'aliénation [2].

5° Les créanciers chirographaires de l'aliénateur ou des précédents propriétaires, même dans le cas où ils auraient pris inscription pour la séparation des patrimoines [3].

101. Néanmoins : 1° les créanciers chirographaires d'un commerçant failli seraient admis, à partir de l'inscription formée au nom de la masse, à faire valoir le défaut de transcription des actes passés par leur débiteur [4]; 2° les créanciers chirographaires du donateur peuvent aussi opposer le défaut de transcription [5].

102. Le créancier chirographaire qui a saisi un immeuble, aliéné par son débiteur avant la transcription de la saisie, ne

---

1. Aubry et Rau, § 209, note 88 ; Demolombe, XXIV, 455 ; Laurent, XXIX, 187. — *Contrà*, Flandin, 842 ; J. G., *Transcr.*, 462.

2. Demolombe, XXIV, 457 ; Bressolles, 43, 50 ; Mourlon, 435, 438 ; J. G., *Transcr.*, 488.

3. Cass., 23 nov. 1859, D. 59.1.481 ; Aubry et Rau, § 209, notes 91, 92 ; Demolombe, XXIV, 456 ; Mourlon, 434, 489 ; Troplong, 146 ; Flandin, 848.

4. Cass., 5 août 1869 ; 13 juillet 1891, S. 92.1.257 ; Verdier, 349 ; Aubry et Rau, § 209, note 94 ; Mourlon, 488 ; Lesenne, 68 ; Flandin, 854; J. G., *Transcr.*, 476 ; comp. Troplong, 148.

5. Cass., 7 avril 1841 ; 23 nov. 1859 ; Limoges, 28 février 1879, S. 80.2.52 : Aubry et Rau, § 704, note 31 ; Demolombe, 300.

peut exciper du défaut de transcription du titre de l'acquéreur demandant la distraction [1].

Il en est autrement du créancier hypothécaire [2] (comp. n° 95).

103. Entre eux, les divers ayants cause d'un même acquéreur ne sont pas fondés à se prévaloir du défaut de transcription du titre de leur auteur commun [3].

ARTICLE QUATRIÈME

CONFLIT DE TRANSCRIPTIONS ET D'INSCRIPTIONS.

104. Le conservateur des hypothèques est obligé de tenir un registre de dépôts où il constate par numéros d'ordre, et à mesure qu'elles s'effectuent, les remises des titres dont on requiert la transcription ou l'inscription. En principe, le conflit de transcriptions et d'inscriptions doit être apprécié d'après l'ordre des numéros de ce registre ; la préférence sera donc accordée d'après la priorité d'inscriptions au registre des dépôts, sauf à admettre les intéressés à prouver l'erreur ou la fraude [4].

105. Entre deux acquéreurs du même immeuble, la préfé-

---

1. Cass., 31 août 1881, S. 82.1.248 ; Troplong, 147 ; Flandin, 850 à 852 ; Verdier, 313 ; Aubry et Rau, § 209, note 95.

2. Cass., 25 juil. 1877, S. 77.1.441 ; Paris, 9 fév. 1877 ; Caen, 23 fév. 1866 ; Besançon, 29 nov. 1858 ; Bourges, 12 déc. 1887, S. 88.2.59 ; Berger, 284 ; Boitard, *Procédure*, 930 ; Mourlon, 455. — *Contrà*, Angers, 1er déc. 1859 ; Nimes, 13 déc. 1862 ; Grenoble, 1er juin 1865 ; Flandin, 853 ; Aubry et Rau, § 209, note 96 ; Troplong, 147.

3. Lyon, 9 mars 1882, S. 85.2.30 ; Demolombe, XXIV, 459 ; Aubry et Rau, § 209, note 97.

4. C. civ., 2200 ; Paris, 9 fév. 1877, S. 77.2.56, D. 77.2.74, *Rev. not.*, 5361 ; Paris, 15 mai 1900, ci-après visé ; Caen, 18 juin 1908, D. 08.2.361 ; Bourges, 16 déc. 1907, J. E. 27481 ; Flandin, 920, 925 ; Aubry et Rau, § 174, note 23 ; Laurent, XXX, 550. — *Contrà*, Mourlon, 517 ; Ducruet, 14 *bis* ; Jalouzet, *Rev. not.*, 6438 ; Troplong, 172.

rence est due à celui qui le premier a fait transcrire son titre d'acquisition, quoiqu'il soit postérieur en date et pourvu qu'il n'y ait pas mauvaise foi.

106. La même règle est applicable au conflit entre l'acquéreur d'un immeuble et la personne au profit de laquelle a été constitué un droit d'usufruit ou une servitude réelle sur le même immeuble.

107. Entre l'acquéreur d'un immeuble et un créancier hypothécaire inscrit, l'efficacité de l'hypothèque dépend uniquement de l'antériorité de son inscription sur la transcription, de sorte que l'inscription postérieure à la transcription est sans effet, bien que l'hypothèque ait été constituée avant l'aliénation [1].

Il y a cependant deux exceptions à cette règle :

1° Les hypothèques légales, dispensées d'inscription, ont effet à l'encontre de l'acquéreur si elles ont pris naissance avant la transcription de l'acte d'aliénation ;

2° Les privilèges du vendeur et du copartageant peuvent être utilement inscrits dans les quarante-cinq jours de la vente ou du partage nonobstant toutes transcriptions d'actes faits dans ce délai [2].

108. Les baux au-dessous de dix-huit ans sont opposables à l'acquéreur pourvu qu'ils aient acquis date certaine avant la vente [3].

109. Les baux de plus de dix-huit ans dont la transcription est antérieure à celle de l'acte d'aliénation sont opposables à l'acquéreur pour toute leur durée, bien qu'ils soient postérieurs à l'acte d'aliénation [4]. Mais de pareils baux non transcrits, en supposant qu'ils aient acquis date certaine avant la vente, ne

1. C. Nancy, 16 mai 1894 ; Paris, 15 mai 1900, J. C. 5199, *Rev. not.*, 10596, D. 01.2.287 ; comp. Montauban, 8 mai 1913, J. E. 29082.
2. L. 23 mars 1855, art. 6.
3. C. civ., 1743 ; Bressolles, 50 ; Lesenne, 77, Planiol, I, 1348.
4. Lesenne, 29 ; Flandin, 1261, 1262 ; Rivière et Huguet, 216.

seraient opposables à l'acquéreur que pour ce qui resterait de la période de dix-huit ans en cours au moment de la transcription de l'aliénation [1].

110. Entre deux baux, l'un de plus de dix-huit ans, l'autre de moins de dix-huit ans, la préférence est due à celui qui est antérieur en date [2]. Dans ce cas, la transcription reste sans influence.

111. En définitive, dans tous les cas de conflit entre deux formalités de publicité opérées le même jour : transcription de vente et de saisie, transcription de saisie et inscription, transcription de vente et inscription, deux transcriptions de saisie, la préférence se détermine d'après l'ordre dans lequel les pièces remises par les parties ont été inscrites sur le registre des dépôts tenu par le conservateur. C'est ce qui a été décidé spécialement pour : un acte à transcrire et une inscription [3] ; la transcription d'une vente et celle d'une saisie [4] ; la transcription de deux ventes [5].

La simultanéité de présentation de deux pièces, en la supposant possible, serait tranchée en fait par le tribunal [6].

112. La règle qui vient d'être posée ne serait pas modifiée si le conservateur accomplissait les formalités en intervertis-

---

1. Troplong, 203 ; Flandin, 1266 à 1269 ; Aubry et Rau, § 174, notes 16 à 19 ; comp. Pont, 260.

2. Aubry et Rau, § 174, note 20 ; Flandin, 1273 ; Berger, 169 ; Verdier, 422.

3. Forcalquier, 30 déc. 1880, S. 81.2.47 ; Millau, 19 mai 1887, J. C. 3775 ; Tr. Bourges, 22 déc. 1884, J. C. 3931 ; Nancy, 16 mai 1894, J. C. 4529, Rev. not., 9233, S. 94.2.101.

4. Cass., 18 déc. 1888, J. C. 3931, D. 89.1.185, S. 89.1.64.

5. Orléans, 6 mars 1896, J. C. 4710, Rev. not., 9641. — Cependant cet arrêt accorde la priorité au fait matériel de la transcription.

6. Cass., 11 mars 1896, Rev. not., 9862, J. C. 4851, J. E. 26517 ; comp. Flandin, 926 ; Jalouzet, Rev. not., 6438 ; Verdier, 391 ; Ducruet, 14 bis.

.sant l'ordre du registre des dépôts ; mais ce fonctionnaire resterait responsable de l'erreur commise [1].

113. Rappelons ici que les inscriptions faites le même jour sont en concurrence [2].

QUATRIÈME SECTION

TRANSCRIPTIONS SPÉCIALES.

ARTICLE PREMIER

EXPROPRIATION PUBLIQUE ET VENTE ADMINISTRATIVE.

- 114. Les jugements d'expropriation pour utilité publique sont transcrits, seulement à l'effet d'ouvrir le délai de quinzaine pendant lequel les privilèges et hypothèques acquis antérieurement doivent être inscrits [3], car ces jugements opèrent immédiatement la transmission au domaine public de l'immeuble exproprié, sans transcription.

115. Il en est de même des cessions amiables consenties par les propriétaires des terrains soumis à l'expropriation, après la déclaration d'utilité publique faite par le pouvoir administratif [4].

116. Quant aux cessions consenties avant la déclaration

1. Flandin, 921 ; Aubry et Rau, § 174, note 26 ; J. G., *Transc.*, 519 ; Chauveau, *Lois de la proc.*, 2266.
2. C. civ., 2147 ; L. 10 juillet 1885, art. 10 ; comp. Laurent, XXX, 550.
3. L. 16 sept. 1807 ; 3 mai 1841, art. 16 et 17 ; Décr. 26 mars 1852 et L. 10 avril 1912 ; Bressolles, 34 et 87 ; Troplong, 103 ; Laurent, XXIX, 90 ; Ducruet, 5 ; Gauthier, 117, 158. — *Contrà*, Flandin, 599 ; Mourlon. 88 ; Verdier, 225.
4. L. 3 mai 1841, art. 2, 13, 19 ; Cass., 2 août 1865, S. 65.1.458 ; Bressolles, 27 ; Troplong, 104 ; Aubry et Rau, § 209, note 43.

d'utilité publique, elles sont soumises aux règles du droit commun pour la publicité hypothécaire [1].

117. En matière de voirie, les arrêtés d'alignement opèrent transmission de la propriété, au domaine public, à l'égard des tiers, sans transcription, à partir du moment où le propriétaire abandonne le terrain destiné à la voie publique [2].

La législation sur la voirie présente des dangers sérieux pour celui qui traiterait avec un propriétaire de constructions bordant une voie publique sans avoir vérifié les plans et arrêtés d'alignement déposés à la mairie de chaque commune.

Nous croyons utile de rappeler ici que, dans un certain nombre de ventes de biens domaniaux faites pendant la Révolution, principalement à Paris, il existe une clause dite domaniale, ayant pour but, en cas de percements de rues ou d'alignements nouveaux, de faire rentrer l'Etat ou la Ville dans tout ou partie des biens aliénés, sans aucune indemnité [3].

118. Les acquisitions faites par les communes et établissements publics sont soumises à la transcription hypothécaire comme les ventes entre particuliers ; néanmoins, les contrats d'acquisitions par les communes en matière de chemins vicinaux, ne dépassant pas 500 fr. opérés par suite d'expropriation publique, peuvent ne pas être transcrits [4].

ARTICLE DEUXIÈME.

DÉSSÈCHEMENT DE MARAIS.

119. Il est nécessaire de faire transcrire : 1° le décret ou

1. Bressolles, 87 : Troplong, 103 : Aubry et Rau, § 209, note 45 ; Verdier, 226.

2. L. 16 sept. 1807, art. 50, 52 : 3 mai 1841, art. 17, 19 : Cons. d'Etat, 5 fév. 1867.

3. Comp. Cass. 24 fév. 1847, S. 47.1.444, D. 47.1.99 ; Cons. d'Et., 24 fév. 1859 : Paris, 11 déc. 1895, Rev. not., 9413, 9590.

4. L. 3 mai 1841, art. 19 : 8 juin 1864 ; circ. compt., 23 fév. 1893, J. E. 24146.

l'acte de concession prescrivant le dessèchement d'un marais
au compte de l'Etat, pour conserver le privilège de la plus-
value, à l'encontre des créanciers hypothécaires inscrits antérieurement ; 2° l'acte de délaissement d'une partie de la propriété pour le paiement des indemnités ; cet acte constitue
une transmission [1].

ARTICLE TROISIÈME.

SAISIE IMMOBILIÈRE.

120. Quand un créancier fait saisir les immeubles de son
débiteur, le procès-verbal de saisie et l'exploit de dénonciation
au saisi, doivent être transcrits littéralement, dans la quinzaine, au bureau des hypothèques de la situation des biens [2].

Cette transcription diffère complètement de celle des actes
translatifs de propriété ; néanmoins, elle produit des effets
importants qu'il suffit de rappeler ici :

1° Détermination du droit de poursuite en cas de concours
de deux saisies [3].

3° Immobilisation des fruits des biens saisis, pour être distribués par ordre d'hypothèque [4] (n° 1495).

2° Modification du droit de disposition dans la main du
débiteur [5]. Ainsi, l'aliénation faite par le saisi après la transcription de la saisie, est radicalement nulle à l'égard du saisissant, des créanciers inscrits et de l'adjudicataire, sauf le droit
accordé à l'acquéreur de consigner somme suffisante pour

1. L. 16 sept. 1807, art. 23 et 31.
2. C. pr., 678 ; Chauveau, 2259 ; Garsonnet, *Tr. de procéd.*, § 661 ;
Glasson, § 156, D.
3. C. pr., 679, 680, 719, 720.
4. C. pr., 682, 685 ; Cass., 11 déc. 1861, D. 62.1.119.
5. C. pr., 686 ; Boitard, 930 ; Garsonnet, § 664.

acquitter tout ce qui est dû aux créanciers inscrits et au saisissant [1].

ARTICLE QUATRIÈME

SAISIE DE NAVIRE.

121. Le procès-verbal de saisie de navire est soumis à la transcription au bureau du receveur des douanes du lieu où ce navire est immatriculé [1].

ARTICLE CINQUIÈME.

BIEN DE FAMILLE.

122. Dans le mois qui suit son homologation par le juge de paix, l'acte de constitution d'un bien de famille doit,à peine de nullité, être transcrit au bureau des hypothèques de la situation [3].

1. C.pr.,687 ; Cass.,24 juin 1898 ; 23 avril 1903, D. 05.1.121 ; 12 janv. 1909, D. 10.1.33 ; Alger, 7 mars 1894, S. 95. 2. 131 ; Garsonnet, § 664, note 25.
2. L. 10 juil. 1885, art. 24.
3. L. 12 juil. 1909, art. 9 ; Décr. 26 mars 1910.

CHAPITRE DEUXIÈME

PRIVILÈGES

PREMIÈRE SECTION

GÉNÉRALITÉS.

123. Le privilège est un droit que la seule qualité de la créance donne à un créancier d'être payé par préférence aux autres créanciers, même hypothécaires [1].

Toutefois, le privilège résultant du gage est indépendant de la qualité de la créance, et forme exception au principe [2].

124. Les privilèges sont de droit étroit et de stricte interprétation ; il n'est pas au pouvoir du débiteur d'en créer en dehors des dispositions légales [3].

125. En général, le rang des créanciers privilégiés est réglé d'après le degré de faveur dont leurs créances jouissent aux yeux de la loi [4].

126. S'il y a plusieurs créances privilégiées au même rang, les divers créanciers sont payés par concurrence [5].

127. Les privilèges sont susceptibles de porter sur les meubles aussi bien que sur les immeubles [6].

---

1. C. civ., 2095.
2. C. civ., 2102, 2° ; 2073.
3. C. civ., 2095 ; Cass., 12 déc. 1831 ; 26 juil. 1852 ; 4 mars 1889, D. 89.1.426, S. 90.1.75.
4. C. civ., 2096.
5. C. civ., 2097.
6. C. civ., 2099

128. Il existe une différence importante entre les privilèges mobiliers et les privilèges immobiliers : les privilèges immobiliers doivent être rendus publics par la voie de l'inscription ou de la transcription ; les privilèges mobiliers produisent, en général, leur effet, par cela seul qu'ils existent,
sans publicité.

129. Les privilèges se divisent en trois catégories : 1° privilèges sur les meubles ; 2° privilèges sur les immeubles ;
3° et privilèges s'étendant sur les meubles et les immeubles [1].

130. Les indemnités dues par suite d'assurances contre l'incendie, contre la grêle, contre la mortalité des bestiaux ou les
autres risques, sont assimilées au prix des objets assurés, et
comme telles attribuées, sans qu'il soit besoin de délégation
expresse, aux créanciers privilégiés suivant leur rang [2].

DEUXIÈME SECTION

PRIVILÈGES SUR LES MEUBLES.

131. Sous le rapport de leur étendue, les privilèges sur les
meubles sont généraux ou particuliers, suivant qu'ils portent
sur la totalité des meubles ou sur certains meubles déterminés [3].

132. Les privilèges généraux sur les meubles, de l'article
2101, ont ceci de particulier qu'ils sont également généraux
sur les immeubles, et priment les privilèges immobiliers [4].

133. Quand la loi parle de privilèges généraux sur les meu-

1. C. civ., 2101 à 2104.
2. L. 19 février 1889, art. 2 et 3.
3. C. civ., 2100 à 2102.
4. C. civ., 2104, 2105.

André, *Régime hypothécaire.* 5

bles, elle comprend, sous cette dénomination, tout ce qui est
meuble par nature ou par la détermination légale [1].

ARTICLE PREMIER

PRIVILÈGES GÉNÉRAUX.

1° **Frais de justice.**

134. On entend par frais de justice, ceux faits dans l'intérêt
commun des créanciers pour la conservation, la liquidation,
la réalisation des biens du débiteur, et pour la distribution du
prix en provenant, comme les frais de saisie, vente forcée,
ordre et distribution de deniers [2]; et, encore, ceux de scellés, inventaire, gestion et compte par l'héritier bénéficiaire,
le curateur à une succession vacante, le syndic d'une faillite
ou le liquidateur judiciaire [3].

135. Des frais faits par un créancier, dans son intérêt personnel, ne sont pas privilégiés ; ils ne viennent qu'au rang de
sa créance [4].

136. Quand les frais de saisie et de vente concernent seulement des objets déterminés, ils sont privilégiés uniquement
sur ces objets [5].

---

1. C. civ., 528, 529, 535 ; comp. Cass., 12 juil. 1854 ; Laurent,
XXIX, 312 ; Baudry-Lacantinerie et de Loynes, *Du nant. des priv.
et hyp. et de l'expr.*, 309.

2. Cass., 5 fév. 1900, D. 1900.1.219 ; Orléans, 13 août 1840 ; Lyon,
1er avril 1890 ; Thézard, *Priv. et hyp.*, 371, Colmet de Santerre, IX,
14 *bis* ; Aubry et Rau, § 268.

3. Cass., 1er avril 1890, 14 fév. 1894, S. 96.1. 145 ; Amiens, 17 août
1856 ; Bordeaux, 12 avr. 1853 ; Rouen, 2 déc. 1841 ; Laurent, XXIX,
322, 324 ; comp. Cass., 10 juil. 1893, S. 93.1.365.

4. Cass., 24 juin 1867, D. 67.1.373 ; Paris, 5 mars 1872 ; Pont. 67 ;
Aubry et Rau, § 260 ; Valette, 22. Comp. Cass., 25 juil. 1893, S. 97.1515.

5. Cass., 28 juil. 1848 ; Pont, 68 ; Thézard, 373 ; Baudry-Lacantinerie et de Loynes, 316.

137. D'ailleurs, les frais de justice applicables à la généralité des meubles, ne profitant pas aux créanciers investis de privilèges spéciaux : gagiste, locateur, voiturier, ne peuvent être prélevés à leur préjudice [1].

Il en est de même des frais de faillite, — autres que les scellés et l'inventaire, — à l'égard des créanciers hypothécaires [2].

138. Quant aux frais d'exploitation d'une propriété mise sous séquestre, ils sont privilégiés à l'égard des créanciers hypothécaires, si le séquestre a été nommé avec leur consentement, ou si les frais leur ont été utiles [3].

139. Les frais d'un procès, soutenu par le syndic ou l'héritier bénéficiaire contre un créancier, ne jouissent pas du privilège à l'égard de ce créancier qui a gagné le procès [4].

140. En définitive, le privilège des frais de justice n'est opposable qu'aux créanciers auxquels ils ont été utiles [5].

141. Pour que des frais soient considérés comme frais de justice privilégiés, il n'est pas nécessaire qu'ils aient été exposés devant un tribunal ; la seule condition requise, c'est qu'ils profitent aux créanciers. On est ainsi amené à décider que les frais d'un partage amiable sont privilégiés à l'égard des créanciers des héritiers qui ne peuvent saisir pendant l'indivision [6].

1. C. pr., 662, 766 ; Cass., 20 août 1821 ; Paris, 26 déc. 1871 ; 5 mars 1872 ; Lyon, 17 mars 1846 ; Rouen, 30 nov. 1883 ; Vitry, 31 juil. 1884 ; Pont, 67.

2. Cass., 11 août 1824 ; Rouen, 2 déc. 1841 ; Riom, 24 août 1863. — Contrà, Laurent, XXIX, 330, 350.

3. Cass., 29 juin 1875 ; 26 juin 1878 ; 18 mai 1881 ; 30 mars 1886, S. 86.1.264.

4. Cass., 25 avr. 1864 ; Aubry et Rau, § 260, note 5.

5. C. civ., 2101-1° ; Cass., 20 juillet 1904, D. 05.1.177 ; Aix, 12 janv. 1838 ; J. G., Priv., 138.

6. C. civ., 2205.

Cependant, l'opinion contraire a prévalu [1], et on considère même que les frais de partage judiciaire ne jouissent pas du privilège des frais de justice, parce qu'ils sont faits dans le seul intérêt des communistes [2].

Par exception, les frais de partage judiciaire ou amiable seraient privilégiés à l'égard des créanciers provocateurs ou intervenants [3].

142. Les frais faits par le syndic sur la demande en séparation de la femme du failli et en liquidation de ses reprises, sont privilégiés comme frais de syndicat [4].

143. L'officier ministériel qui a procédé à la vente après saisie du mobilier du débiteur, est privilégié pour ses frais de vente, et il a le droit d'en opérer la déduction d'après la taxe [5].

2° Frais funéraires.

144. On doit entendre par frais funéraires, le cercueil le plus simple, l'ensevelissement, la fosse, le transport du corps, et les autres dépenses indispensables au point de vue de la salubrité publique, selon la tradition attestée par un acte de notoriété du Châtelet du 4 avril 1692 [6]. Il n'a jamais été dans la pensée du législateur d'y comprendre les frais d'un

---

1. Cass., 14 fév. 1853 ; Bourges, 16 nov. 1853 ; Pont, 69 ; Aubry et Rau, § 260, note 4 ; Laurent, XXIX, 341 ; Baudry-Lacantinerie et de Loynes, 312. — *Contrà*, Condom, 24 mars 1864 ; Die, 29 mars 1865 : J. G., *Priv.*, 38.

2. Cass., 24 juin 1867 ; Pau, 12 mai 1863 ; Toulouse, 16 mai 1863.

3. Cass., 8 janv. 1912, D. 12.1.403 ; Laurent, XXIX, 340 ; Baudry et de Loynes, 312.

4. Cass., 10 juin 1877 ; 23 fév. 1880, S. 80.1.248 ; Paris, 13 mars 1879, S. 80.2.17.

5. C. pr., 657 ; Valette, *Priv. et hyp.*, 24 ; Baudry et de Loynes, 313.

6. C. civ., 2101, 2° ; Seine, 16 janv. 1885, D. 87.2.119 ; 7 fév. 1888, *Rev. not.*, 7851 ; 16 nov. 1889, S. 90.2.47 ; 30 janv. 1906 ; Laurent, XXIX, 359.

cercueil luxueux, les honoraires cultuels, ni à plus forte raison l'achat de terrain et d'érection d'un monument funèbre, puisque l'ancienne jurisprudence limitait la dépense à 20 livres pour « frais d'ouverture de la fosse et de transport du corps du défunt [1].

Une autre opinion décide que le privilège doit être étendu aux honoraires des ministres du culte, et aux frais des billets d'invitation, lorsque ces dépenses sont modérées et conformes à la condition apparente du défunt [2], mais c'est oublier qu'il s'agit d'un homme insolvable, et de luxe aux dépens de créanciers dont les intérêts respectables méritent protection.

145. Quant au deuil de la veuve et des serviteurs, c'est bien une dépense à la charge de la succession ; toutefois, elle ne fait pas partie des frais funéraires, et à ce titre tout privilège doit lui être refusé [3].

146. Le privilège n'est pas limité au débiteur décédé, on doit l'étendre aux frais funéraires de sa femme, de ses ascendants et de ses enfants, mineurs, ou habitant chez lui [4].

---

1. Pothier, 117 ; Seine, 6 mai 1873, D. 75.2.38 ; Planiol, II, 2556.

2. C. Bordeaux, 15 juil. 1903, D. 04.2.326 ; Troplong, 136 ; Pont, 73 ; Aubry et Rau, § 260, notes 10 et 14 ; Colmet de Santerre, IX, 16 bis, II ; Baudry et de Loynes, 319 ; comp. Paris, 9 fév. 1887, S. 87.2.40, D. 87.2.119, accordant un convoi de 5e classe. Si le législateur devait modifier le texte, il pourrait admettre en privilège un convoi de la classe la plus modeste, ou mieux encore limiter le privilège des frais funéraires quant à la totalité de la dépense (comp. L. 9 avril 1898, art. 4).

3. Cass., 15 mars 1897, S. 97.1.436 ; Seine, 21 juin 1893 ; Valette 26 ; Aubry et Rau, § 260, note 11 ; Laurent, XXIX, 358 ; Baudry-Lacantinerie et de Loynes, 321. — *Contrà*, Agen, 28 août 1834 ; Caen, 15 juil. 1836 ; Pont, 73 ; Thézard, 374 ; Duranton, XIX, 48.

4. Valette, 26 ; Duranton, XIX, 50 ; Aubry et Rau, § 260, note 12 ; Colmet de Santerre, IX, 16 bis, III ; Tézard, 374 ; Planiol, II, 2556. — *Contrà*, Laurent, XXIX, 329 ; Mourlon, III, 71 ; Baudry et de Loynes, 322.

3° Dernière maladie.

147. La dernière maladie, quelle qu'en ait été la terminaison, est celle qui précède l'événement donnant lieu à la distribution de deniers : décès, déconfiture, faillite ou liquidation judiciaire [1].

148. Le privilège protège les frais quelconques de la dernière maladie : visite de médecin, médicaments, frais de garde et frais de cure dans un établissement thermal ; cependant il ne saurait garantir le déplacement d'une célébrité médicale, ni des dépenses de fantaisie, ou n'ayant pas leur cause directe dans le traitement de la maladie, par exemple un appareil dentaire [2].

149. Quand il s'agit d'une maladie chronique, il est à peu près impossible de fixer une limite, nous croyons donc que tous les frais en seront garantis par le privilège [3].

150. Le privilège des frais de dernière maladie doit s'appliquer aux ascendants et descendants du débiteur habitant avec lui [4].

4° Mois de nourrice.

151. Le salaire de la personne qui soigne un enfant du premier âge hors du domicile de ses parents, a privilège sur la généralité des meubles [5].

Si la nourrice demeure chez les parents de l'enfant, elle est privilégiée comme personne de service.

---

1. C. civ., 2101, 3°.
2. St-Etienne, 22 déc. 1909, D. 10.5.30 ; Pont, 78 ; Thézard, 374.
3. Troplong, 137 ; Duranton, XIX, 54 ; Baudry et de Loynes, 328.
4. Cherbourg, 20 nov. 1896, S. 97.2.251 ; Duranton, XIX, 55 ; Planiol, II, 2559 ; Colmet de Santerre IX, 17 *bis*, II. — *Contrà*, Cass., 3 août 1897, S. 1900.1.39, D. 98.1.394 ; comm. Tourcoing, 29 mars 1904, D. 07.2.393 ; Aubry et Rau, § 260, note 15.
5. L. 23 décembre 1874, art. 14.

5° Salaires des gens de service.

152. Les gens de service sont ceux qui engagent leur travail ou leur industrie pour un temps déterminé et moyennant des gages fixes, au service de la personne ou au soin des propriétés, tels que domestiques, portiers, valets, femmes de chambre, nourrices, bergers, etc., pourvu qu'ils soient à demeure [1].

153. Ne profitent pas du privilège, les ouvriers à la journée ou à la tâche, ni les secrétaires, précepteurs, bibliothécaires et professeurs, ni les commis, clercs ou employés des fonctionnaires [2].

154. Les artistes dramatiques et les correcteurs d'imprimerie ne sont pas considérés comme gens de service [3].

155. Le privilège garantit ce qui est dû aux gens de service, à titre de salaire, pour l'année échue et pour l'année courante, au moment du décès, de la faillite ou de la déconfiture [4].

156. En cas de faillite ou de liquidation judiciaire, le privilège des gens de service est applicable : 1° au salaire des ouvriers employés directement par le failli, pendant les trois mois qui précèdent la liquidation judiciaire ou la faillite ; 2° au salaire des commis, sédentaires ou voyageurs, pour les

1. C. civ., 2101, 4° ; Cass., 26 juin 1878 ; 5 juil. 1886, S. 86.1.352, D. 86.1.463 ; Pont, 80 ; Laurent, XXIX, 365 ; Thézard, 376. Comp. L. 28 déc. 1910, art. 47.

2. Paris, 24 avril 1837 ; Toulouse, 7 déc. 1838 ; Lyon, 6 mai 1842 ; Pau, 17 fév. 1866 ; Cass., 2 juin 1873 ; Seine, 1er juin 1880 ; Pont, 81, 82 ; Thézard, 376 ; Mourlon, III, 1270 ; Planiol, II, 2563.

3. Cass., 24 fév. 1864, S. 64.1.135 ; 7 déc. 1909, D. 10.1.28 ; Rivière, *Rép. sur le Code de comm.*, p. 766 ; Lacan et Paulmier, *Lég. et jur. des Th.*, 346. — *Contrà*, Montpellier, 25 mars 1862 ; Agnel, 205.

4. C. civ., 2101, 4° ; Aubry et Rau, § 260, p. 134 ; Baudry et de Loynes, 337.

six mois qui ont précédé cette déclaration, et à la remise proportionnelle pour les trois derniers mois [1]. Ce qui ne comprend pas le gérant rétribué au moyen d'une bonification sur les affaires traitées [2], ni l'écrivain attaché à un journal [3].

157. Sont assimilés aux salaires des gens de service, en cas de faillite ou de liquidation judiciaire, les retenues ou autres primes affectées aux versements dans les caisses de retraite, de secours et de prévoyance des employés et ouvriers, pour la dernière année et l'année courante [4].

6° Fourniture de subsistances.

158. On entend par subsistances la nourriture, le chauffage, l'éclairage et les autres choses de consommation journalière, mais non les vêtements, ni les primeurs, vins fins, liqueurs, eau-de-vie, etc. [5].

159. Le privilège s'applique aux fournitures faites par des marchands pour les besoins du débiteur, de sa famille et de toutes les personnes demeurant habituellement avec lui. Il ne saurait s'étendre aux fournitures nécessaires aux aubergistes ou maîtres de pension pour leurs clients ou élèves [6].

160. Quant à son étendue, ce privilège est limité à une période de six mois, pour les marchands en détail et à une année, pour les maîtres de pension et marchands en gros, —

1. C. comm., 549 ; comp. L. 28 déc. 1910, art. 47.
2. Comm. Seine, 18 déc. 1895.
3. Paris, 20 mai 1879 ; Lyon, 1er avr. 1881. — *Contrà*, Alauzet, VIII, 2779.
4. L. 27 déc. 1895, art. 1 et 4.
5. Cass., 1er fév. 1893, S. 93.1.198, D. 93.1.184 ; Pont, 92 ; Valette, 35 ; Thézard, 377 ; Aubry et Rau, § 260, note 26 ; Laurent, XXIX, 371.
6. Rouen, 14 juill. 1819 ; Cass., 27 fév. 1863 ; Paris, 5 mars 1838 ; Pont, 92 ; comp. Cass., 10 juin 1890, S. 90.1.453.

précédant immédiatement la mort du débiteur, sa mise en faillite ou sa déconfiture notoire [1].

La loi n'ayant parlé que des marchands, les individus non commerçants ne peuvent prétendre au privilège pour les fournitures qu'ils auraient faites [2].

7° Accidents et assurances.

161. Deux privilèges ont été créés par le législateur pour prendre rang après les fournitures de subsistances :

1° La créance de la victime d'un accident du travail ou de ses ayants droit, relative aux frais médicaux, pharmaceutiques et funéraires, ainsi qu'aux indemnités allouées à la suite de l'incapacité temporaire du travail [3].

2° Le règlement des assurances affecte l'actif des entreprises françaises dans les opérations desquelles intervient la durée de la vie humaine [4].

8° Séparation des patrimoines.

162. Les créanciers d'une succession et les légataires particuliers ont privilège sur la généralité des biens meubles et immeubles du défunt, à l'encontre des créanciers de l'héritier, en demandant que les biens et dettes de l'hérédité soient séparés de ceux de l'héritier [5].

---

1. C. civ., 2101, 5° ; Rouen, 31 août 1867, S. 68.2.230 ; Bordeaux, 28 août 1844 ; Aubry et Rau, § 260, note 31 ; Thézard, 378 ; Colmet de Santerre, IX, 19 bis, III.

2. Troplong, 147 bis ; Duranton, XIX, 65 ; Pont, 89 : Aubry et Rau, § 260, note 35. — Contrà, Colmet de Santerre, IX, 19 bis, v ; Baudry-Lacantinerie et de Loynes, 350.

3. L. 9 avr. 1898, art. 23.

4. L. 17 mars 1905, art 7.

5. C. civ., 878, 880, 2111 ; Demolombe, XVII, 98, 206 ; Thézard, 321.

Ce bénéfice, appelé séparation des patrimoines, s'appliquant également aux immeubles, sera développé plus loin, n° 351.

9° Trésor public.

163. Plusieurs privilèges du Trésor public portent sur la généralité des meubles des redevables, savoir : les contributions directes, les contributions indirectes, les droits de douanes, les frais de justice criminelle, les droits et amendes de timbre, les débets des comptables ; nous allons les rappeler sommairement.

I. — *Contributions directes.*

164. Les contributions directes, autres que la foncière (personnelle, mobilière, portes et fenêtres, patente, etc.), sont privilégiées, pour l'année échue et l'année courante, sur les meubles des redevables [1], mais non sur ceux passés, sans fraude, en la possession d'un tiers [2].

Quant à la contribution foncière, elle est privilégiée uniquement sur les récoltes et revenus des immeubles (n° 347).

II. — *Contributions indirectes.*

165. Pour le recouvrement des droits dus aux contributions indirectes, il y a privilège sur les meubles des redevables et de leur caution [3].

166. En cas de faillite ou de liquidation judiciaire, et à défaut de déclaration de cesser, ce privilège subsiste pour

---

1. L. 12 nov. 1808, art. 4 ; Cass., 15 juil. 1858 ; Pont, 50 à 53 ; Aubry et Rau, § 263 *bis* ; Pallain, 313.

2. Rouen, 1er fév. 1893, S. 93.2.132, D. 93.2.324.

3. L. 1er germinal an XIII, art. 47 ; Paris, 29 nov. 1864, S. 65.2. 108 ; Pont, 35 à 37 ; Aubry et Rau, § 263 *bis*, c.

l'exploitation d'un débit de boissons depuis la faillite, sur l'actif existant avant la faillite [1].

III. — Douanes.

167. Le privilège de la régie des douanes est identique à celui des contributions indirectes, sur les meubles des redevables et de leurs cautions solidaires [2].

Ce privilège ne reçoit aucune restriction de la faillite du redevable.

IV. — Frais de justice criminelle.

168. Le Trésor a un privilège sur les meubles du condamné pour les frais de justice en matière criminelle, correctionnelle et de police. Ce privilège, qui s'étend subsidiairement sur les immeubles [3], ne s'applique pas aux amendes ni aux indemnités allouées aux parties civiles [4].

Les sommes dues pour la défense personnelle du condamné, sont privilégiées en premier ordre, c'est-à-dire avant le Trésor [5].

---

1. Cass., 26 nov. 1872 ; 16 mai 1888, D. 88.1.353, S. 88.1.321.

2. L. 22 août 1791, art. 22 ; 28 avr. 1816, art. 58 ; Cass., 16 mai 1888 ; Aubry et Rau, § 263 bis, a ; Pont, 30 à 33 ; Pallain, Lég. cont. du tr., 331.

3. L. 5 sept. 1807, art. 1 et 3 ; comp. Baudry et de Loynes, 678.

4. Cass., 22 août 1836 ; Pont, 45 ; Aubry et Rau, § 263 bis, note 29.

5. L. 5 sept. 1807, art. 2 ; Cass., 18 mai 1887, S. 87.1.254 ; Mamers, 9 janv. 1891, S. 93.2.85 ; Rennes, 13 août 1878 ; Pont, 106 ; Valette, 39 ; Aubry et Rau, § 263 bis, note 26 ; Laurent, XXX, 150.

Le cautionnement fourni pour la mise en liberté provisoire d'un inculpé, est affecté par privilège tant à la garantie de la représentation de celui-ci, qu'au paiement des frais de la partie publique et de la partie civile, comme des amendes (C. instr. crim., 114, 120).

V. — *Droits et amendes de timbre.*

169. Il y a privilège au profit du Trésor, pour le recouvrement des droits et amendes de timbre et des droits d'abonnement relatifs aux actions et obligations d'une société, sur la généralité des meubles des redevables, comme en matière de contributions directes [1].

170. En outre, les préposés de la régie sont autorisés à retenir les actes et pièces en contravention, si les droits et amendes ne sont pas acquittés sur-le-champ [2].

VI. — *Débets des comptables.*

171. Tous ceux qui opèrent des recettes et effectuent des paiements pour le compte de l'État, qu'ils soient ou non justiciables de la Cour des Comptes, sont considérés comme comptables publics. On place dans cette catégorie les percepteurs [3], mais cela paraît très douteux, parce que le percepteur n'est qu'un préposé du receveur des finances (n° 704).

172. Pour le paiement des débets des comptables, le Trésor jouit d'un privilège sur tous les biens meubles leur appartenant et sur tous ceux qui se trouvent dans leur maison d'habitation sous réserve du droit pour la femme du comptable, de prouver sa propriété particulière [4].

Ce privilège est indépendant de celui existant sur le cautionnement du comptable (n° 259), et sur les immeubles qu'il ac-

1. L. 1er germ. an XIII, art. 47 ; 28 avr. 1816, art. 76 ; Pont, 54 ; Pallain, 344.
2. L. 13 brum. an VII, art. 31.
3. L. 5 sept. 1807, art. 2 ; Nancy, 8 mars 1884, S. 84. 2. 59, D. 86 . 2. 9. — *Contrà*, Pont, 39 ; Duranton, XIX, 235.
4. Pont, 41 ; Aubry et Rau, § 263 *bis*, note 21 ; Pallain, 239 à 242.

quiert à titre onéreux (n° 335). L'État a, en outre, hypothèque légale sur les immeubles des comptables [1] (n° 701).

Observation commune.

173. Il n'y a pas lieu à affirmation de la créance du Trésor pour les contributions dues par le failli et réclamées au syndic. S'il s'élève des difficultés en cette matière, elles sont du ressort du tribunal civil [2].

174. L'officier ministériel qui procède à une vente de meubles est tenu de payer, avec les fonds de cette vente, les créances privilégiées du Trésor, sur la demande qui lui en est faite par les agents chargés du recouvrement. Bien plus, l'officier vendeur agira prudemment en ne versant les deniers de la vente qu'après s'être assuré qu'il n'est rien dû aux administrations fiscales pour contributions directes, indirectes ou douanes, car les agents du Trésor soutiennent que l'ancienne loi, obligeant l'officier public à cette démarche, n'a pas été abrogée [3]. La prétention paraît contestable, mais il vaut mieux ne pas s'exposer à payer deux fois.

1. L. 5 sept. 1807, art. 4 ; C. civ., 2121.
2. Cass., 12 août 1811 ; Nancy, 31 déc. 1875, S. 77.2.99 ; Durieu, *Contr dir.*, app., p. 84.
3. Décr. 5-18 août 1791 ; L. 12 nov. 1808, art. 2 ; 18 juin 1843 ; Régl., 21 déc. 1839 ; Cass., 21 mai 1883, S. 83.1.401. — *Contrà*, La Châtre, 22 janv. 1859 ; Lisieux, 31 mars 1870 ; Pallain, 318.

ARTICLE DEUXIÈME

PRIVILÈGES SPÉCIAUX

1° Bailleur.

I. — D'APRÈS LE CODE CIVIL

175. Tout locateur d'immeubles ruraux ou urbains, qu'il soit propriétaire, usufruitier ou locataire principal, est privilégié [1] sur :

1° Les fruits de la récolte de l'année, quand même ils auraient été déposés dans des bâtiments appartenant à un tiers, mais à la charge cependant du privilège du locateur de ces bâtiments [2] ;

2° Tous les meubles corporels et marchandises garnissant la maison ou la ferme louée, qu'ils appartiennent au locataire ou à sa femme, dotale ou séparée de biens [3]. Le bailleur d'herbages, prairies, terrains, sans bâtiments d'exploitation, exerce, sur les meubles morts et vifs qui y sont placés par le fermier, le privilège de locateur [4] ;

3° Tout ce qui sert à l'exploitation de la ferme, quoique dé-

---

1. C. civ., 2102, 1° ; C. pr., 819 ; C. comm., 550 ; L. 18 fév. 1889 ; 18 juil. 1889, art. 10 ; Aubry et Rau, § 261, note 37 ; Laurent, XXIX, 382.

2. Comp. Poitiers, 30 déc. 1823 ; Besançon, 11 déc. 1845 ; Pont, 123 ; Valette, 94 ; Aubry et Rau, § 261, note 14 ; Thézard, 347.

3. Cass., 4 août 1856 ; 9 nov. 1869 ; 21 juin 1899, D. 99.1.320 ; Bordeaux, 30 mai 1881, S. 84.2.217 ; Laurent, XXIX, 481.

4. Cass., 22 mars 1893, D. 94.1.129, S. 93.1.353 ; 8 juillet 1901, *Rev. not.*, 10841, D. 01.1.500 ; Douai, 29 juil. 1890 ; Caen, 3 avril 1894, S. 94.2.312 ; Laurent, XXIX, 381. — *Contrà*, Bourges, 1er juin 1886, S. 88.2.185 ; Arbois, 14 juin 1888, S. 89.2.119 ; comp. Aubry et Rau, § 261, note 12.

posé provisoirement dans un autre local appartenant au bailleur [1] ;

4° Les indemnités allouées par le jury pour expropriation
publique [2], ou par une compagnie d'assurance contre l'incendie, la grêle, la mortalité des bestiaux [3] ;

5° Les meubles des sous-locataires, dans la limite des loyers
par eux dus [4] ; si la sous-location avait eu lieu malgré une
défense contenue dans le bail, les meubles du sous-locataire
seraient affectés intégralement à la garantie du propriétaire [5] :

6° Les objets prêtés ou loués au locataire par des tiers, à
moins qu'ils n'aient fait signifier leur droit de propriété au
locateur [6].

176. Le privilège du locateur ne s'étend pas : 1° au numéraire ; 2° aux bijoux à l'usage du locataire ; 3° aux titres de
créance [7] ; 4° au brevet d'invention ou l'achalandage d'un
fonds de commerce [8] ; 5° aux choses apportées accidentelle-

1. Cass., 3 janvier 1883, D. 83.1.443, S. 83.1.360.
2. Rouen, 12 juin 1863, S. 63.2.175. — Contrà, Aubry et Rau,
§ 261, note II ; Baudry-Lacantinerie et de Loynes, 390.
3. L. 19 fév. 1889, art. 2 ; comp. Paris, 9 mai 1901, Rev. not.,
10979.
4. C. civ., 1753 ; C. pr., 820 ; Cass., 13 janv. 1892 ; Paris, 7 avr.
1873 ; Pont, 119 ; Aubry et Rau, § 261, note 17 ; Laurent, XXIX, 426 ;
comp. Cass., 20 fév. 1911, D. 12.1.425.
5. Cass., 11 avr. 1892, S. 92.1.433 ; Baudry et de Loynes, 375.
6. Cass., 17 mars 1873, D. 74.1.442 ; 18 nov. 1898, D. 99.1.35 ;
Dijon, 10 mai 1893, D. 93.2.479 ; Colmet de Santerre, IX, 28 bis,
VII.
7. Besançon, 26 juil. 1876, S. 77. 2. 43 ; Valette, 56 ; Pont, 121 ;
Aubry et Rau, § 261, note 3 ; Thézard, 343 ; Mourlon, Répét. sur le
C. nap., III, 1298.
8. Lyon, 26 déc. 1863, S. 64.2.232, D. 64.2.234 ; Aubry et Rau,
§ 261, note 9.

ment par des tiers, ou confiées au locataire à raison de sa profession [1] ; 7° aux objets perdus ou volés [2].

177. Garantissant l'exécution complète du bail, le privilège
du locateur s'applique, tant aux loyers et fermages, en nature
ou en argent [3] qu'aux réparations, détériorations, impositions,
frais de poursuites, indemnités de résiliation, et aux avances
faites au cours de la jouissance en vertu des clauses du bail [4].
On veut que le privilège couvre aussi les avances du bailleur
faites au fermier, depuis le bail, en vue de la bonne exploitation des terres [5] ; mais cette créance prenant naissance dans
un contrat séparé du bail, nous pensons qu'elle ne peut participer au privilège [6].

178. Le privilège du bailleur protège tous les loyers et fermages échus, non prescrits, que le bail soit écrit et enregistré
ou seulement verbal [7]. Toutefois, à l'égard des contributions
indirectes et des douanes, le privilège sur les meubles garnis-

---

1. Cass., 31 déc. 1833 ; 13 août 1872 ; 17 mars 1873 ; Paris, 10 janv.
1868 ; Alger, 8 mars 1893, D. 94.2.182 ; Pont, 122 ; Valette, 56, Laurent, XXIX, 422.

2. C. civ., 2279 ; Martou, *Priv. et hyp.*, II, 418 ; Aubry et Rau, § 261,
note 20 ; Laurent, XXIX, 425.

3. L. 18 juillet 1899, art. 10 sur le colonat partiaire.

4. Cass., 3 janv. 1837 ; 19 janv. 1880, D. 82.1.79, S. 82.1.249 ; Paris,
5 mars 1872 ; Rouen, 20 avr. 1880 ; Rennes, 25 avr. 1880 ; Douai,
18 avr. 1850 ; Bordeaux, 17 mars 1879 ; Nancy, 16 avr. 1877 ; Alger,
28 mars 1892, D. 92.2.414 ; Laurent, XXIX, 408 ; Aubry et Rau, § 261,
note 25.

5. Limoges, 26 août 1848, S. 49.2.321, D. 49.2.173 ; Pothier, *Louage*,
254 ; Laurent, XXIX, 409 ; Pont, 125 ; Valette, 60 ; Troplong, 151.

6. Colmet de Santerre, IX, 28 *bis*, XII ; Grenier, II, 389 ; Persil,
Reg. hyp., art. 2102, § 1, n° 27.

7. C. civ., 2102, 2277 ; C. pr., 661, 819 ; C. comm., 550 ; Cass.,
28 juil. 1824, 6 mai 1835 ; Grenoble, 28 déc. 1838 ; Douai, 29 août
1842 ; Lyon, 28 avr. 1847 ; Metz, 6 janv. 1859 ; Aubry et Rau, § 261,
n° 27 ; Thézard, 341 ; Baudry et de Loynes, 405. — *Contrà*, Valette,
63 ; Pont, 127.

sant la maison louée n'est opposable que pour six mois de loyers [1].

179. Quant aux loyers ou fermages à échoir, il faut distinguer : si le bail a date certaine, antérieure à la saisie, ou au jugement déclaratif de la faillite [2], le bailleur est privilégié pour tout ce qui reste à courir ; à défaut de bail enregistré, le privilège est limité à l'année courante et à celle qui suit [3].

180. Après que le bailleur a été payé des loyers ou fermages à échoir, les autres créanciers peuvent relouer à leur profit, malgré la défense contenue dans le bail [4].

181. Le locateur peut, d'ailleurs, suivre entre les mains des tiers possesseurs de bonne foi, et revendiquer ou frapper de saisie les objets qui auraient été déplacés sans son consentement exprès ou tacite [5].

Mais les marchandises et récoltes destinées à être vendues ne pourraient être revendiquées après leur livraison à un acheteur de bonne foi [6].

182. Au surplus, le locateur serait privé du droit de revendication si le mobilier restant était suffisant pour garantir la pleine exécution du bail, ce que le juge du fait apprécie [7].

---

1. Décr. 1er germinal an XIII, art. 47 ; L. 28 avr. 1816, art. 58 ; Cass., 26 janv. 1852.

2. Caen, 20 janv. 1864 ; Laurent, XXIX, 388 ; comp. Cass., 2 mars 1869, S. 70.1.173.

3. C. civ., 2102 : Pont, 127 ; Aubry et Rau, § 261, p. 145 ; Thézard, 337 ; Baudry-Lacantinerie et de Loynes, 407.

4. Cass., 28 déc. 1858 ; Aubry et Rau, § 261, note 32 ; Mourlon, III, 1292 ; Valette, 64 ; Pont, 128.

5. C. civ., 2102 ; comp. Paris, 4 mars 1886, S. 87.2.132.

6. C. civ., 2102 ; C. pr., 819 à 825 ; Lyon, 24 fév. 1836 ; Seine, 4 juil. 1879 ; Pont, 131 ; Valette, 67 ; Aubry et Rau, § 261.

7. C. civ., 1752 ; Cass., 8 déc. 1806 ; Rouen, 30 juin 1846 ; Lyon, 28 mai 1891, D. 93.2.210 ; Valette, 67 ; Thézard, 349 ; Aubry et Rau, § 261. — *Contrà*, Poitiers, 28 janv. 1819 ; Pont, 132.

André, *Régime hypothécaire.* 6

Sans ce tempérament, le privilège deviendrait un instrument de vexations contre le locataire.

183. Le droit de suite attaché au privilège du bailleur dure quarante jours, s'il s'agit du mobilier d'une ferme, et seulement quinze jours pour les meubles d'une maison. Ces délais courent à compter du déplacement [1]. Il n'y a pas déplacement quand des objets ont été mis en réparation chez des ouvriers [2] ou cédés à un sous-locataire [3] ?

184. En cas de déplacement frauduleux, le délai de la revendication ne commencerait à courir que du jour où le bailleur aurait eu la possibilité d'exercer ses droits [4].

185. Si les meubles du preneur ont été saisis et vendus à la requête, soit de ses créanciers, soit du syndic de sa faillite, le propriétaire conserve son privilège au moyen d'une simple opposition sur le prix de la vente [5].

186. A l'égard des objets achetés dans une foire, la revendication n'est susceptible de s'exercer qu'à la condition de rembourser au possesseur le prix d'achat [6].

187. Il est de toute évidence que celui qui loue à un commerçant, ne peut, en vertu de son privilège, mettre obstacle à la livraison des marchandises vendues dans des conditions normales ; mais si le locataire annonçait une liquidation générale de ses marchandises, le locateur serait autorisé à prendre des mesures conservatoires [7].

1. C. civ., 2102 ; Cass., 6 mai 1835 ; Pont, 131 ; Valette, 67.
2. Paris, 11 déc. 1877, S. 79.2.245.
3. Cass., 20 fév. 1911, D. 12.1.425.
4. Caen, 21 juin 1893, et Cass., 28 janv. 1895, D. 01.1.107, S. 95.1.88 ; Aubry et Rau, § 261, note 41 ; Duranton, X, 100. — Contrà, Pont, 161 ; Valette, 67, selon lesquels le délai de 40 jours ou de 15 jours serait toujours fatal.
5. Cass., 9 juil. 1894, D. 95.1.97 ; Poitiers, 4 mars 1863 ; Thézard, 348. — Contrà, Paris, 14 juin 1875, exigeant une revendication.
6. C. civ., 2280.
7. Paris, 15 avr. 1885 ; 21 avr. 1886, S. 87.2.203.

188. Lorsque le bailleur vend l'immeuble loué, son privilège disparaît, avec le droit de saisir gager [1], à moins d'une réserve spéciale dans l'acte de vente [2].

II. — MODIFICATIONS.

189. En cas de faillite ou de liquidation judiciaire du locataire, le privilège du bailleur continue de subsister, mais seulement dans les limites des articles 450 et 550 du Code de commerce, se résumant ainsi :

1º Un délai de huit jours est accordé aux syndics, à partir de celui donné aux créanciers de la faillite à l'effet de produire leurs titres, pour déclarer s'ils entendent continuer le bail, à charge de satisfaire à toutes les obligations du locataire. Pendant ce délai, les voies d'exécution sont suspendues ; et, si le bailleur a des causes particulières de résiliation à faire valoir, il doit les invoquer dans la quinzaine après celui appartenant aux syndics [3] ;

2º En cas de résiliation, le bailleur est privilégié pour : deux années échues avant le jugement déclaratif de faillite, l'année courante, et les sommes dues en exécution du bail et à titre de dommages-intérêts ;

3º Lorsqu'il n'y a pas résiliation, le bailleur, une fois payé des loyers échus, ne peut exiger le paiement de ceux à échoir, si les sûretés données lors du contrat ou si celles fournies depuis la faillite sont jugées suffisantes. Mais en cas de vente du mobilier, la créance de loyers devient de suite exigible, pour

---

1. Cass., 14 déc. 1892, D. 94.1.265, avec note de M. Lebret, S. 93.1.169, *Rev. not.*, 8947 ; Aubry et Rau, § 261, note 4 ; Laurent, XXIX, 383.

2. Cass., 18 févr. 1895, S. 95.1.209 ; comp. Thézard, 336.

3. Comp. Nancy, 16 avr. 1877, S. 72.2.325, D. 79.2.205 ; Lyon-Caen et Renault, 3030.

deux années échues, l'année courante et celle qui la suit, que le bail ait ou non date certaine ;

4° Enfin, quand le bailleur touche ses loyers par anticipation, les syndics peuvent sous-louer, même s'il y a interdiction dans le bail, pour le temps pendant lequel les loyers ont été touchés d'avance,

190. Le privilège accordé au bailleur d'un fonds rural ne peut être exercé, même quand le bail a acquis date certaine, que pour les fermages des deux dernières années échues, de l'année courante et d'une année à partir de l'expiration de l'année courante, ainsi que pour tout ce qui concerne l'exécution du bail et pour les dommages et intérêts qui pourront lui être accordés par les tribunaux [1].

2° Semences, ustensiles et frais de récoltes.

191. Les sommes dues pour les semences ou pour les frais de la récolte de l'année, compris le battage des grains, sont privilégiées sur le prix de cette récolte. De plus, les sommes dues pour fourniture ou réparations d'ustensiles, jouissent d'un privilège sur le prix des ustensiles fournis ou réparés [2]. Ce dernier privilège s'applique aux ustensiles aratoires et autres nécessaires à l'exploitation de la chose louée ; il ne saurait être étendu aux objets de ménage fournis au locataire pour son usage ; les fournisseurs d'articles de cette nature n'ont que le privilège de vendeur d'effets mobiliers [3].

192. Du reste, le privilège attaché aux sommes dues pour ustensiles, ne peut, dans aucun cas, s'exercer sur les récoltes [4].

---

1. L. 19 fév. 1889.
2. C. civ., 2102, 1° ; Cass., 27 juil. 1897, D. 98.1.334 ; Amiens, 20 nov. 1837, J. G., *Priv.*, 238 ; Valette, 114.
3. C. civ., 2102, 4° ; Thézard, 352 ; Pont, 136.
4. Cass., 12 nov. 1839 ; Aubry et Rau, § 261, note 46 ; Pont, 136.

193. Les créances pour prix d'engrais ou amendements, ne profitent pas du privilège relatif aux semences et frais de récoltes [1].

194. Sont privilégiés pour frais de récoltes, les domestiques, valets et journaliers employés à l'ensemencement des terres ou à la levée des récoltes, mais non ceux qui leur ont fait des fournitures de denrées [2].

195. Il n'y a pas de droit de suite attaché à ce privilège, de sorte qu'il ne peut s'exercer : 1° quand la récolte est devenue la propriété d'un tiers de bonne foi [3], ou du locateur, par suite de résiliation du bail [4], à moins que les créanciers privilégiés ne lui aient fait connaître la nature et le montant de leur créance avant la transmission [5] ; 2° sur le prix des récoltes, vendues avec l'immeuble, ou immobilisées par une saisie immobilière, et qui est en distribution avec le prix de l'immeuble [6].

3° Gagiste.

I. — GAGE CIVIL.

196. Le gage confère au créancier le droit de se faire payer,

---

1. Cass., 9 nov. 1857 ; Amiens, 2 mai 1863 ; Douai, 27 janv. 1865 ; Rennes, 4 mai 1871 ; Dijon, 16 mai 1893, S. 93.2.134, D. 93.2.479 ; Aubry et Rau, § 261, note 47 ; Thézard, 351. — *Contrà*, Pont, 134 ; Martou, 444.

2. Cass., 27 nov. 1807 ; 18 juin 1889, S. 90.1.68 ; Limoges, 26 août 1848 ; Pont, 134 ; Valette, 96 ; Laurent, XXIX, 449.

3. Cass., 5 mars 1906, D. 06.1.183 ; Bourges, 3 mars 1877, S. 80.2.104.

4. Cass., 9 mai 1853, D. 53.1.251, S. 53.1.699 ; 21 déc. 1910, D. 12.1.23.

5. Cass., 11 juil. 1864, S. 64.1.311.

6. Cass., 11 déc. 1861 ; 7 janv. 1880, S. 82.1.463, D. 80.1.129.

sur la chose qui en est l'objet, par privilège et préférence aux autres créanciers [1].

197. Tous les meubles, corporels et incorporels, peuvent être donnés en gage, tels sont les brevets d'invention, les rentes sur l'Etat, les droits de bail [2].

198. Pour être opposable aux tiers, le gage doit être constaté par acte authentique ou sous seing privé, ayant date certaine [3], mentionnant le montant de la créance, ainsi que l'espèce, la nature des divers objets remis en gage, et les indications nécessaires pour en déterminer l'individualité. Un état, annexé à l'acte, énonçant les qualités, poids et mesures des choses engagées, serait suffisant [4].

199. En outre, pour les créances données en gage, l'acte doit être signifié au débiteur ou accepté par lui dans un acte authentique [5].

200. Si la signification n'avait lieu qu'après saisie-arrêt de la créance, opposition aux mains du débiteur, ou déclaration

1. C. civ., 2071, 2073, 2102, 2°.

2. Paris, 29 août 1865 ; 31 mai 1866 ; 17 janv. 1868 ; 25 janv. 1894, S. 94. 2. 93, D. 94. 2. 215 ; Pont, 1080, 1103, 1151 ; Aubry et Rau, § 432.

3. C. civ., 1328 ; Cass., 17 fév. 1858 ; Lyon, 6 juil. 1889, D. 90. 2. 113, S. 92. 2. 37 ; Valette, 49 ; Thézard, 19 ; Baudry-Lacantinerie et de Loynes, 45 à 47. — Contrà, Duranton, XVIII, 514 ; Aubry et Rau, § 422, note 7 ; Colmet de Santerre, VII, 300 bis, IV, qui exigent l'enregistrement de l'acte sous seing privé.

4. C. civ., 2074 ; Pont, 1095 ; Aubry et Rau, § 432, note 8 ; Thézard, 11.

5. C. civ., 2075, 1690 ; Cass., 11 août 1869 ; 14 janv. 1905, S. 05.1.113 ; Aubry et Rau, § 432, note 15 ; Pont, 1110 ; Colmet de Santerre, VIII, 301, III ; Baudry et de Loynes, 60. — Contrà, Laurent, XXVIII, 464 ; Lyon-Caen, S. 82.2.26, selon lesquels la signification seule rend le privilège opposable au tiers.

de la faillite du cédant, le gage ne pourrait nuire aux droits du saisissant, de l'opposant ou des créanciers du failli [1].

-201. La remise en gage : 1° d'un brevet d'invention, ne nécessite ni signification ni enregistrement à la préfecture [2];

2° D'actions, obligations ou autres titres au porteur, doit être signifiée à l'établissement débiteur [3]. Il en est autrement pour le gage commercial des valeurs au porteur [4];

3° De rentes, actions et obligations nominatives, est aussi soumise, pour sa validité, à une signification au Trésor public ou au gérant social [5]. Dans la pratique, la signification est doublée par une mention de gage, portée sur les titres des valeurs.

202. D'ailleurs, le privilège du créancier gagiste ne subsiste qu'autant que le gage a été mis et est resté en la possession du créancier ou du tiers convenu entre lui et le débiteur, c'est-à-dire qu'il faut la tradition réelle des meubles corporels [6] et celle des titres des objets incorporels [7]. Par suite, une créance sans titre ne peut faire l'objet d'un nantissement [8], ni un droit successif *ab intestat* [9].

1. Comp. Cass., 11 juin 1846 ; 29 mars 1865 ; 12 août 1867 ; Pont, 112 ; Aubry et Rau, § 432, note 16.

2. Paris, 29 août 1865 ; Pont, 1107 ; Pouillet, *Brev. d'inv.*, 201.

3. Cass., 27 nov. 1865 ; 10 avr. 1867 ; 13 janv. 1868 ; Lyon, 6 juil. 1889 ; Pont, 1118 ; Buchère, 802.

4. C. comm., 91, 109.

5. Pont, 1116 ; Buchère, 404 à 406.

6. C. civ., 1141 ; Cass., 9 août 1849 ; 19 mars 1878, S. 78.1.261 ; comp. Bordeaux, 26 mai 1873, D. 76.2.23.

7. C. civ., 2076 ; Cass., 11 juin 1846 ; 19 juin 1848 ; 20 janv. 1886, *Rev. not.*, 7830, S. 86.1.305 ; Rouen, 24 juin 1847 ; Pont, 1131 ; Valette, 49 ; Laurent, XXVIII, 476. Quoique le titre comporte une grosse, la remise d'une expédition suffit. Cass., 13 mars 1888, D. 88.1.351, S. 88.1.302 ; Laurent, XXVIII, 478 ; Lyon-Caen et Renault, III, 281 ; Baudry-Lacantinerie et de Loynes, 76.

8. Lyon, 31 janv. 1839 ; Paris, 31 août 1861 ; Pont, 1132 ; Aubry et Rau, § 432, note 20.

9. Cass., 19 fév. 1894, S. 95.2.273.

203. La remise du gage aux mains du tiers convenu — spécialement un usufruitier — constitue un mandat qui doit être accepté [1].

204. Dans la main du créancier, le gage n'est qu'un dépôt assurant son privilège ; il ne peut en disposer ; son droit se borne à faire ordonner en justice, soit que le gage lui demeurera en propriété, à titre de dation en paiement, d'après une estimation à faire par experts, soit qu'il sera vendu aux enchères publiques [2] (comp. n° 255).

En matière commerciale, le créancier n'a pas la faculté de conserver le gage, il doit le faire vendre [3].

Quand le gage consiste en valeurs dont la négociation doit avoir lieu à la Bourse et par l'intermédiaire d'un agent de change, la vente à la Bourse est considérée comme vente aux enchères [4].

Pour les valeurs non cotées, la vente est faite aux enchères devant notaire.

205. La vente ou l'expertise du gage sont aux frais du débiteur, puisqu'il n'a pas exécuté son obligation [5].

Du reste, la vente du gage passée par le débiteur au créancier, postérieurement au contrat de gage, est valable, qu'elle ait lieu avant ou après l'échéance de la dette [6].

---

1. Rouen, 14 janv. 1847 ; Paris, 4 déc. 1847 ; 26 janv. 1894 ; Besançon, 18 déc. 1895, S. 96.2.71 ; Pont, 1138 ; Aubry et Rau, § 432, note 25.

2. C. civ., 2078, 2079 ; comp. Colmet de Santerre, VIII, 304 bis, vi.

3. C. comm., 93 ; Toulouse, 27 juill. 1872 ; Paris, 8 mars 1873, D. 74.2.70. — Contrà, Lyon-Caen et Renault, III, 313.

4. Paris, 13 janv. 1854, S. 54.2.209, D. 54.2.193 ; Pont, 1151 ; Laurent, XXVIII, 514.

5. Bruxelles, 25 juin 1831, J. G., Nant., 170 ; Pont. 1149 ; Laurent, XXVIII, 515 ; Baudry-Lacantinerie et de Loynes, 123.

6. Cass., 22 mai 1855, S. 56.1.123 ; Aubry et Rau, § 434, note 10 ; Pont, 1162 ; Laurent, XXVIII, 520.

206. Lorsque le gage consiste en une créance portant intérêt, le créancier touche ces intérêts (à moins de convention contraire), et les impute sur ceux qui peuvent lui être dus. Si la dette ne porte point elle-même d'intérêts, l'imputation a lieu sur le capital [1].

207. Le débiteur ne peut réclamer la restitution du gage, qu'après avoir entièrement payé la dette pour sûreté de laquelle il a été donné [2].

208. Mais le droit du créancier nanti n'empêche pas aux autres créanciers de saisir et faire vendre le gage, sauf l'exercice du privilège du gagiste sur le prix [3].

209. S'il existait de la part du même débiteur, envers le même créancier, une autre dette contractée postérieurement à la mise en gage, et devenue exigible avant le paiement de la première dette, le créancier ne pourrait être tenu de se dessaisir du gage avant d'être entièrement payé de l'une et de l'autre dette, lors même qu'il n'y aurait eu aucune stipulation pour affecter le gage au paiement de la seconde [4]. Ce gage tacite n'engendre aucun privilège ; il confère seulement un droit de rétention [5].

210. Le gage est indivisible, nonobstant la divisibilité de la dette entre les héritiers du débiteur ou ceux du créancier ; par suite, l'héritier du débiteur, en payant sa portion de la dette, ne peut demander la restitution partielle du gage, tant que la dette entière n'est pas acquittée. Réciproquement, l'héritier du

1. C. civ., 2081.
2. C. civ., 2082.
3. Cass., 3 juill. 1834 ; Pau, 28 mars 1892, S. 93.2.225 ; Pont, 1185.
4. C. civ., 2082.
5. Aubry et Rau, § 434, note 4 ; Thézard, 15 ; Duranton, XVIII, 567 ; Tropiong, 465 ; Delvincourt, III, art. 2082 ; Colmet de Santerre, VIII, 313 *bis*, IV. — *Contrà*, Pont, 1199 ; Mourlon, III, 1224.

créancier qui reçoit sa portion de la dette, ne peut remettre le gage au préjudice de ses cohéritiers non payés [1].

II. — GAGE COMMERCIAL.

211. Le gage constitué, soit par un commerçant, soit par un non-commerçant, pour un acte de commerce, est réputé commercial [2].

212. En matière commerciale, le gage se constate à l'égard des tiers, comme à l'égard des parties contractantes, par actes publics ou sous seings privés, par bordereau ou arrêté d'un agent de change ou courtier, dûment signé des parties ; par une facture acceptée, par la correspondance, par les livres des parties et par la preuve testimoniale dans le cas où le tribunal croit devoir l'admettre [3].

213. Si le gage comprend des créances dont le cessionnaire ne peut être saisi à l'égard des tiers que par la signification du transport au débiteur, le privilège du créancier gagiste ne s'établit sur ces créances que par un acte enregistré et signifié au débiteur [4]. L'acceptation authentique du débiteur remplace la signification, mais une acceptation par acte privé, même enregistré, serait inopérante [5].

214. Le gage d'une part d'intérêt dans une société doit être signifié aux autres associés [6].

215. Pour les valeurs transmissibles par endossement, le

---

1. C. civ., 2083.
2. C. civ., 2084 ; C. comm., 91 ; Lyon-Caen et Renault, III, 263.
3. C. comm., 91, 109 ; comp. Nancy, 17 janv. 1888, D. 89. 2. 53 ; Aubry et Rau, § 433, 1°.
4. C. civ., 2075, 1690 ; C. comm., 91 ; Pont, 1208.
5. Cass., 11 août 1869, D. 70. 1. 81 ; 14 janv. 1905, S. 05. 1. 113 ; Paris, 18 août 1881, S. 82. 2. 25 ; Laurent, XVIII, 464 ; Thézard, 13 ; Aubry et Rau, § 432.
6. Paris, 18 août 1881, S. 82. 2. 25.

gage est établi, à l'égard des tiers, au moyen de l'endos régulier indiquant que les valeurs sont remises en garantie [1].

216. En ce qui concerne les valeurs au porteur, le gage s'établit par les modes de preuve de la loi commerciale [2].

217. À l'égard des actions, parts d'intérêts et obligations nominatives des sociétés commerciales ou civiles, dont la transmission s'opère par un transfert, le gage peut être établi soit par un transfert à titre de garantie inscrit sur les registres de ces sociétés, soit par les autres genres de preuve admis par le Code de commerce [3].

Mais si les sociétés n'admettent pas le transfert en garantie, on peut faire un transfert ordinaire, et le prêteur reconnaît, par un écrit spécial, dont l'enregistrement n'est pas obligatoire, qu'il n'a d'autre droit sur le titre que celui d'un créancier gagiste [4]. Un gage, dans ces conditions, consistant en actions nominatives non libérées, rendrait le créancier gagiste débiteur de ce qui resterait dû sur le montant des actions [5].

218. Le privilège ne subsiste sur le gage qu'autant que ce gage a été mis et est resté en la possession du créancier ou d'un tiers convenu entre les parties. Le créancier est réputé avoir les marchandises en sa possession lorsqu'elles sont à sa disposition dans ses magasins ou navires, à la douane ou dans un dépôt public ; ou si, avant qu'elles soient arrivées, il en est saisi par un connaissement ou par une lettre de voiture [6].

1. C. comm., 91 ; Douai, 26 janv. 1893, S. 93. 2. 233 ; Pont, 1117 ; Lyon-Caen et Renault, III, 278 bis.

2. C. comm., 109 ; comp. Baudry-Lacantinerie et de Loynes, 150.

3. C. comm., 91 ; Paris, 28 nov. 1878 ; Douai, 12 mars 1891, S. 93. 2. 118 ; Pont, 1116.

4. Pont, 1116 ; Rivière, p. 253 ; Lyon-Caen et Renault, 694 ; Buchère, 810.

5. L. 24 juil. 1867, art. 3 ; Pont, Soc., 946 ; Vavasseur, 516.

6. C. comm., 92 ; comp. Cass., 28 avr. 1884 ; 11 fév. 1885, S. 86. 1. 117.

219. Le créancier auquel des effets négociables ont été donnés en gage, doit en opérer le recouvrement[1].

220. A défaut de paiement à l'échéance, le créancier peut, huit jours après une simple signification, faite au débiteur, ou au tiers bailleur du gage, s'il y en a un, faire procéder à la vente publique des objets donnés en gage. Toute clause qui autoriserait le créancier à s'approprier le gage est nulle[2].

221. La vente du gage a lieu à la Bourse par un agent de change pour les valeurs cotées ; les ventes des valeurs non cotées et des marchandises, sont faites par les courtiers, à moins que le président du tribunal de commerce ne désigne d'autres officiers publics[3].

222. Pour les droits ou obligations des parties, non prévus par le Code de commerce, les dispositions du Code civil sont applicables à ce gage, toutes les fois qu'il n'y est pas dérogé par la loi spéciale[4].

223. En cas de faillite du débiteur, le gage constitué pour dette antérieurement contractée, est nul à l'égard de la masse des créanciers, s'il a été consenti depuis l'époque de la cessation des paiements, ou dans les dix jours précédents[5].

III. — GAGE DES ÉTABLISSEMENTS DE CRÉDIT.

1° *Mont-de-Piété.*

224. Les Monts-de-Piété prêtent sur engagement d'effets

---

1. C. comm., 91 ; Aubry et Rau, § 434. 1°.
2. C. comm., 93.
3. C. comm., 93 ; L. 28 mai 1858 ; Décr. 4 sept. 1863 ; 7 oct. 1890, art. 70 à 73.
4. Pont, 1208 ; Rivière, p. 255.
5. C. comm., 446, 447 ; Lyon-Caen et Renault, 2763 ; comp. Cass., 20 janv. 1886, S. 86.1.305, D. 86.1.406.

mobiliers corporels déposés dans leurs magasins [1], et sur valeurs mobilières libérées, au porteur.

Le gage se constate par les registres de l'établissement prêteur [2].

A défaut de remboursement, les marchandises et valeurs
données en nantissement sont vendues sans mise en demeure [3].

Cette vente est faite par un commissaire-priseur, pour les
objets matériels, ou par un agent de change pour les valeurs
mobilières ; elle a lieu aux risques de l'emprunteur qui peut
réclamer ce qui reste de la vente après prélèvement des
sommes dues à l'établissement.

2º Banque de France.

225. Des avances sont faites par la Banque de France sur
dépôts d'effets publics et d'actions ou obligations des chemins
de fer français, du Crédit foncier, de la Ville de Paris, etc. [4].

Lorsque les titres sont nominatifs, la Banque exige que le
transfert en soit fait à son nom, en vertu d'une procuration qui
doit être remise avec les valeurs.

Le gage est constaté au moyen d'une formule d'engagement
de remboursement souscrite par l'emprunteur.

A défaut de remboursement, et dès le lendemain de l'é-
chéance, le gage est vendu à la Bourse, sans mise en demeure,
et sans qu'il soit besoin d'aucune autorisation judiciaire [5].

---

1. L. 16 pluv. an XII ; Décr. 24 mess. an XII ; 8 therm. an XIII ;
L. 24 juin 1851.
2. Décr. 8 therm. an XIII ; L. 25 juil. 1891 rendue pour Paris et dont
le bénéfice a été étendu, par des décrets, à divers autres Monts-de-
Piété.
3. L. 24 juin 1851, art. 7 ; 25 juil. 1891.
4. L. 17 mai 1834, art. 3 ; 30 juin 1840 ; Ord. 15 juin 1834 ; Décr.
16 janv. 1808 ; 28 mars 1852 ; 22 fév. 1899 ; 16 nov. 1902.
5. Ord. 15 juin 1834, art. 2, 3, 5.

3° *Crédit Foncier.*

226. Le Crédit Foncier fait des avances sur dépôt de ses propres obligations, dans les mêmes formes et avec les mêmes droits que la Banque de France [1].

Il est également autorisé à faire, dans les formes du droit commun, des avances sur tous titres admis en nantissement par la Banque de France [2].

4° *Magasin général.*

227. Les marchandises déposées dans les magasins généraux sont valablement données en gage, par : 1° l'endossement du warrant ou bulletin de gage énonçant le montant intégral de la créance garantie, la date de son échéance, les noms, profession et domicile du créancier ; 2° et la transcription de cet endossement sur les registres du magasin dépositaire [3].

Il peut être procédé à la vente des marchandises engagées, sans autorisation de justice, huit jours après l'échéance ou le protêt, mais aux enchères et par le ministère d'un officier public [4].

Le paiement des droits de magasinage est garanti par un privilège opposable au porteur du warrant [5].

IV. — GAGE SANS DESSAISISSEMENT.

1° *Warrant agricole.*

228. Tout agriculteur peut emprunter sur les produits pro-

---

1. L. 19 juin 1857.
2. Décr. 26 juill. 1882.
3. L. 28 mai 1858 ; Décr. 12 mars 1859 ; Cass., 11 juill. 1876 ; Pont, 1211 ; Aubry et Rau, § 433, 3°.
4. L. 28 mai 1858, art. 7 ; Aubry et Rau § 434.
5. L. 28 mai 1858, art. 8.

venant de son exploitation, et en conservant la garde de ceux-ci dans les bâtiments ou sur les terres de cette exploitation.

Le greffier de la justice de paix inscrit sur les deux parties d'un registre à souche, d'après la déclaration de l'emprunteur, la nature, la quantité et la valeur des produits, ainsi que le montant des sommes à emprunter. La feuille détachée du registre devient le warrant qui permet au cultivateur de réaliser son emprunt.

A défaut de paiement à l'échéance, le porteur du warrant fait vendre la marchandise engagée, par le ministère d'un officier public aux enchères, pour être payé directement, en privilège, après prélèvement des contributions directes et des frais de vente [1].

2° Nantissement de fonds de commerce.

229. Les fonds de commerce peuvent faire l'objet de nantissements par actes authentiques ou sous seings privés.

Sont seuls susceptibles d'être compris dans le nantissement : l'enseigne et le nom commercial, le droit au bail, la clientèle et l'achalandage, le mobilier commercial, le matériel et l'outillage, les brevets d'invention, les licences, les marques de fabrique et de commerce, les dessins et modèles industriels et généralement les droits de propriété industrielle, littéraire ou artistique qui y sont attachés.

Le privilège s'établit par inscription sur un registre public tenu au greffe du tribunal de commerce dans le ressort duquel le fonds est exploité, et prise dans la quinzaine à peine de nullité.

Le créancier gagiste inscrit peut faire ordonner par le tribunal de commerce, la vente du fonds qui constitue son gage, huit jours après sommation de payer [2].

1. L. 18 juil. 1898, art. 1, 3, 10, 11 ; comp. C. pr., 617.
2. L. 17 mars 1909, art. 8 à 12, 16 ; Décr. 28 août 1909.

3° Warrant hôtelier.

230. Tout exploitant d'hôtel à voyageurs peut emprunter sur le mobilier commercial, le matériel et l'outillage servant à son exploitation, tout en conservant la garde des objets.

Le greffier du tribunal de commerce inscrit sur un registre à souche, avec les noms, professions et domiciles des parties, la nature des objets mis en gage, les indications propres à établir leur identité et à déterminer leur valeur, ainsi que le lieu de leur situation, etc.

Le volant contenant les mentions prescrites constitue le warrant hôtelier. Il est délivré par le greffier, à l'emprunteur qui en donne décharge sur la souche.

Ce warrant est transféré au prêteur, par endossement daté et signé. Le premier endos doit être transcrit dans les cinq jours sur le registre et le greffier en fait mention sur le warrant.

Faute de remboursement du warrant à l'échéance, le porteur peut faire ordonner par le tribunal de commerce la vente des objets constituant son gage, huit jours après sommation de payer.

Sur le produit de la vente, le porteur du warrant est payé après : 1° le propriétaire de six mois de loyer, non compris les loyers en cours et les loyers d'avance, 2° les contributions directes et les frais de vente [1].

V. — GAGE DU TRÉSOR.

231. Le gage ou nantissement de fonds de commerce ou de valeurs mobilières, conféré au Trésor public, pour la garantie des droits de mutation par décès, est soumis aux formalités prescrites pour chacune des valeurs remises en garantie [2].

1. L. 8 août 1913, art. 1, 3 à 5, 11 et 12.
2. L. 13 juillet 1911, art. 7.

4° Frais faits pour la conservation d'une chose.

232. Ce privilège est fondé sur une gestion d'affaires ; il est juste que les créanciers, dont le gage a été conservé dans l'intérêt commun, laissent prélever sur la chose elle-même les sommes dues pour cette conservation [1].

Le privilège, pour les frais de conservation, s'applique aux meubles incorporels comme aux meubles corporels. Il existe, notamment pour la nourriture, les soins et le pansement d'un animal, la réparation d'un meuble, les avances faites en vue de recouvrer ou de conserver une créance [2].

On ne peut appliquer ce privilège aux frais d'amélioration, quelle que soit l'augmentation de valeur en résultant. Dans ce cas, le droit du créancier se borne à la rétention de la chose, si elle est restée entre ses mains [3].

L'assureur n'a pas non plus de privilège pour ses primes sur le prix du mobilier assuré [4].

233. Le privilège des frais de conservation peut s'exercer tant que la chose appartient au débiteur, ou même jusqu'à la distribution du prix de vente entre les créanciers [5]. Mais si la chose se trouvait immobilisée par destination ou incorporation, le privilège cesserait d'exister [6].

---

1. C. civ., 2102, 3° ; Cass., 20 juill. 1904, D. 05.1.177 ; Bordeaux, 26 juil. 1875 ; Lyon, 1er avr. 1881, S. 82.2.965 ; Laurent, XXIX, 458.

2. Cass., 13 mars 1835 ; 14 fév. 1900, S. 1900.1.176, D. 1900.1. 175 ; Paris, 6 avr. 1900, D. 01.2 95 ; Poitiers, 3 fév. 1892, S. 92.2.88 ; Oloron, 9 août 1905, D. 07.2.83 ; Pont, 139 ; Thézard, 253 ; comp. L. 31 déc. 1903.

3. Cass., 25 fév. 1878 ; 15 mars 1882, S. 85.1.20 ; Lyon, 1er avr. 1881 ; Aubry et Rau, § 251, note 53 ; Thézard, 253 ; Pont, 141, 142 ; Colmet de Santerre, 30 bis, II ; Laurent, XXIX, 457 ; Mourlon, III, 1299.

4. Rouen, 6 mai 1890, S. 90.2.173 ; Baudry et de Loynes, 479 ; comp. C. Chambéry, 19 janv. 1904, D. 07.2.361.

5. Pont, 143 ; Aubry et Rau, § 261 ; Laurent, XXIX, 468, 469.

6. Douai, 21 janv. 1865 ; Pont, 139.

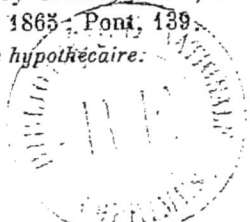

André. Régime hypothécaire.   7

234. D'ailleurs, ce privilège ne s'applique pas aux immeubles [1]. Il y a exception en faveur du Crédit Foncier [2]. Les travaux faits aux immeubles jouissent d'un autre privilège (n° 320), soumis à des formalités spéciales [3].

5° Vendeur de meubles.

I. — FONDS DE COMMERCE.

235. Le cédant d'un fonds de commerce possède un privilège et une action résolutoire, même en cas de faillite, de liquidation judiciaire et de succession bénéficiaire, à la charge d'inscription au greffe du tribunal de commerce, dans la quinzaine de la vente, à peine de nullité.

Ce privilège ne porte que sur les éléments du fonds énumérés dans la vente et dans l'inscription, et, à défaut de désignation précise, que sur l'enseigne et le nom commercial, le droit au bail, la clientèle, et l'achalandage. Des prix distincts sont établis pour les éléments incorporels du fonds, le matériel et les marchandises, et le privilège qui garantit chacun de ces prix s'exerce distinctement sur les prix respectifs de la revente, afférents aux marchandises, au matériel et aux éléments incorporels [4].

II. — OBJETS MOBILIERS DIVERS.

236. Celui qui a vendu, au comptant ou à terme, des effets mobiliers non payés, a privilège sur ces objets et sur le prix dû de la première revente [5].

---

1. Cass., 23 juin 1862 ; Paris, 15 nov. 1875, S. 77.2.208, D. 77.2.99.
2. Décr. 28 fév. 1852, art. 30.
3. C. civ., 2103, 2110.
4. L. 17 mars 1909, art. 1 et 2 ; comp. Bourges, 5 nov. 1913.
5. C. civ., 2102, 4° ; comp. C. civ., 535 ; Baudry et de Loynes, 491 ; Planiol, II, 2607.

. Le privilège s'applique à tout ce qui est déclaré meuble par la loi [1], notamment : 1° aux meubles corporels [2] ; 2° aux créances et rentes [3] : 3° aux offices ministériels [4].

237. Ce qui est garanti par le privilège, c'est le prix avec ses accessoires, tels qu'intérêts et frais de contrat [5].

238. Quand l'acheteur souscrit des billets à ordre causés valeur en prix de vente, il ne s'opère pas novation, et le privilège est conservé [6].

239. Le privilège porte sur les objets vendus s'ils sont en la possession du débiteur, ou sur le prix encore dû, lorsqu'ils ont été vendus à l'amiable ou en justice par l'acheteur [7] ; mais non pas sur le prix des reventes ultérieures [8].

240. Le vendeur d'effets mobiliers sinistrés a également privilège sur l'indemnité d'incendie [9].

241. Si la chose a été transformée, le privilège subsiste tant qu'elle conserve son individualité [10]. La chose peut avoir revêtu le caractère d'immeuble par destination ; dans ce cas, le pri-

---

1. C. civ., 535 ; Cass., 2 janv. 1838 ; 18 déc. 1867, D. 69.1.289 ; Paris, 11 juin 1872, 25 juil. 1882, D. 83.2.215 ; Troplong, 187 ; J. G., *Priv.*, 338 ; Aubry et Rau, § 261, note 37.

2. Pont, 147 ; Valette, 86.; Aubry et Rau, § 261, note 57 ; Thézard, 355.

3. Cass., 28 nov. 1827.

4. Cass., 16 fév. 1831 ; 20 janv. 1857,S. 57.1.332 ; Paris, 11 déc. 1834 ; Toulouse, 12 juil. 1851 ; Thézard, 355.

5. Thézard, 356 ; Persil, art. 2102, § 4, n° 4 ; Laurent, XXIX, 475.

6. Paris, 2 av. 1853 ; Metz, 26 janv. 1854 ; Pont. 145.

7. Comp. Cass., 19 fév. 1894, S. 95.1.457 ; Aubry et Rau, §-261. note 63 ; Thézard, 357 ; Pont, 149 ; Colmet de Santerre, IX, 32 *bis*, III

8. Cass., 8 août 1860, S. 60.1.845 ; Aubry et Rau, § 261, note 68 ; Persil, art. 2102, § 4, n° 1. — *Contrà*, Laurent, XXIX, 480 ; Pont, 150.

9. L 19 fév. 1889.

10. Rouen, 7 août 1841 ; Pont, 153 ; Thézard, 357 ; Aubry et Rau, § 251, note 71 ; Mourlon, III, 1304 ; Colmet de Santerre, IX, 32 *bis*, V.

vilège n'est pas éteint à l'égard des créanciers chirographaires [1]; il en serait autrement vis-à-vis des créanciers hypothécaires inscrits sur l'immeuble [2].

La chose a-t-elle été employée à la construction d'un édifice,
le privilège s'éteindra par le fait de l'incorporation [3].

242. Lorsque l'acheteur a donné la chose en gage, le privilège du vendeur peut être exercé, mais non au préjudice du
créancier nanti, s'il est de bonne foi [4].

Ni au préjudice du locateur de la maison ou de la ferme
dans laquelle les objets ont été placés, à moins de prouver que
ce locateur savait, au moment du transport des meubles, que
le prix en était dû [5].

243. A l'égard des offices, le privilège porte seulement sur
la valeur pécuniaire de l'office qui ne peut être saisi. Ce privilège s'exerce sur le prix de la cession consentie par le cessionnaire, tant que celui-ci ne l'a pas cédé, même avant la prestation de serment du nouveau titulaire [6], ou reçu depuis cette

1. Cass.. 24 mai 1842 ; Caen, 1er août 1837 ; Dijon, 16 août 1842,
S. 46.2.148 ; Pont, 154.

2. Cass., 22 janv. 1823 ; 11 janv. 1887, S. 87.1.154 ; Pont, 154 ;
Colmet de Santerre, IX, 32 bis, vii ; Valette, 85.

3. Cass., 18 mars 1840 ; 9 juin 1837; Pont, 154 ; Aubry et Rau,
§ 261 ; Thézard, 357 ; Colmet de Santerre, IX, 32 bis, vi.

4. Valette, 85 ; Pont, 151 ; Aubry et Rau, § 261, note 69 ; Thézard,
360 ; Baudry-Lacantinerie et de Loynes, 492. — Contrà, Troplong,
151.

5. C. civ., 2102, 4° ; Paris, 26 mai 1814 ; Aubry et Rau, § 261.

6. Cass., 21 juin 1864 ; Lyon 7 déc. 1890; Bourges, 18 nov. 1890.
D. 91 2.21, S. 92.2.241 ; Riom, 17 déc. 1908, D. 09.2.246. Pour assurer la conservation du privilège sur le prix de l'office cédé par son
successeur, le cédant primitif devra donc faire opposition immédiatement aux mains du nouveau cessionnaire, quand même le prix de la
première cession ne serait pas exigible. Cass., 8 août 1865 ; Poitiers,
4 av. 1881, S. 82.2.61, D. 81.2.156.

prestation [1] ; mais le privilège ne s'étend pas aux prix des reventes et il s'éteint par la faillite [2].

En cas de destitution du successeur, le cédant n'a aucun privilège sur l'indemnité imposée au nouveau titulaire par le gouvernement [3]. Cependant, cette indemnité étant, dans la réalité, la valeur de l'office, il est très dur, au point de vue de l'équité, de priver le vendeur de son privilège [4].

S'il y avait seulement démission forcée ou suppression de l'office, le privilège subsisterait [5].

244. Le vendeur de choses mobilières peut aussi demander la résolution de la vente à défaut de paiement du prix [6]. Toutefois, il y a des restrictions à l'exercice de l'action résolutoire, qui ne peut être pratiquée contre un tiers possesseur de bonne foi [7], ni au préjudice d'un créancier ayant un privilège préférable à celui du vendeur [8], ni encore au détriment des créanciers hypothécaires sur l'immeuble auquel la chose aurait été incorporée [9].

245. De plus, le vendeur, sans terme, a la faculté de reven-

---

1. Cass., 21 mars 1864, S. 64.1.161, D. 64.1.155.

2. Cass., 25 fév. 1854 ; 24 mai 1854 ; 8 août 1860 ; 18 déc. 1867 ; Alauzet, IV, 1863 ; Perriquet, 526.

3. Cass., 26 mars 1849 ; 10 août 1853 ; 30 mai 1877 ; Orléans, 7 juill. 1876.

4. Orléans, 31 janv. 1846 ; Paris, 9 janv. 1851, S. 51.2.7 ; Mourlon, 125 ; Thézard, 359. — Contrà, Cass., 7 juill. 1847 ; 10 août 1853 ; 30 mai 1877 ; Limoges, 6 août 1888, D. 89.2.149 ; Aubry et Rau, § 261, note 73 ; Baudry-Lacantinerie et de Loynes, 516.

5. Cass., 30 août 1854 ; 24 janv. 1859 ; 11 avril 1865 ; Rouen, 4 août 1862 ; Orléans, 7 juill. 1876 ; Amiens, 2 fév. 1892 ; Agen, 28 déc. 1892, S. 93.2.7, Rev. not.. 8847.

6. C. civ., 1184, 1654 ; Paris, 11 nov. 1837 ; Rouen, 29 nov. 1837 ; Aubry et Rau, § 356 ; Demolombe, XXV, 502 ; Larombière, art. 1184, n° 42.

7. C. civ., 2279.

8. C. civ., 2101 ; Paris, 16 août 1833.

9. Cass., 9 déc. 1835 ; Paris, 25 juill. 1846 ; Aubry et Rau, § 356.

diquer l'objet vendu dans la huitaine de la livraison, pourvu que cet objet se trouve encore en la possession de l'acheteur, sans avoir subi un changement notable [1].

246. La saisie de l'objet vendu, faite par d'autres créanciers, ne forme point obstacle à l'exercice de la revendication qui se réalise alors au moyen d'une demande en distraction ; une simple opposition à la saisie serait insuffisante [2].

247. En principe, le vendeur de meubles peut être investi de cinq droits différents : action personnelle en paiement du prix [3], privilège [4], droit de rétention [5], action résolutoire [6], droit de revendication [7].

248. Si l'acheteur est mis en faillite, le privilège et l'action résolutoire ne sont plus possibles [8]. Le droit de revendication doit être exercé avant la tradition des marchandises effectuée dans les magasins du failli ou dans ceux du commissionnaire chargé de les vendre pour son compte [9], et pourvu que ces marchandises, avant leur arrivée, n'aient pas été vendues, sans fraude, sur factures et connaissements ou lettres de voitures signées par l'expéditeur [10].

6° Fournitures de l'aubergiste.

249. L'aubergiste est privilégié pour les fournitures de

1. C. civ., 2102, 4° ; C. pr., 826 et suiv. ; Pont, 159 ; Valette, 90.
2. C. pr., 608 ; Douai, 18 déc. 1868, S. 69.2.213 ; Aubry et Rau, § 356, 4°.
3. C. civ., 2092.
4. C. civ., 2102, 4°.
5. C. civ., 1612 ; Colmet de Santerre, VII, 44 bis, I.
6. C. civ., 1654.
7. C. civ., 2102, 4°.
8. C. comm., 558 ; Cass., 18 déc. 1867 ; comp. Cass., 18 fév. 1895, S. 95.1.209.
9. C. comm., 574 ; Douai, 12 déc. 1874 ; Cass., 29 juill. 1875, S. 76.1.49, D. 76.1.113 ; Bédarride, 1147 : Alauzet, *Comm. du C. de comm.*, 2837.
10. C. comm., 576 ; Rivière, p. 771, 789.

choses nécessaires dans le cours de la route, notamment le logement et la nourriture du voyageur, de sa famille, de ses domestiques et de ses animaux [1] ; l'argent prêté par l'aubergiste ne participe pas au privilège [2].

250. Quelles sont les choses grevées du privilège ? Ce sont tous les objets transportés dans l'auberge par le voyageur : bagages, marchandises, animaux, argent ; soit que le voyageur en ait la propriété, soit qu'il n'en possède que la détention précaire, pourvu qu'elle ait été ignorée de l'aubergiste [3]. Il y a exception cependant en ce qui concerne les objets perdus ou volés [4].

251. Ce privilège, reposant sur une idée de gage, c'est la possession des objets qui le donne ; il s'en suit que le privilège cesse si les objets sont transportés ailleurs, à moins d'enlèvement clandestin, car, dans ce cas, ils pourraient être revendiqués entre les mains des tiers [5].

252. D'ailleurs, les effets apportés dans un dernier voyage ne garantissent pas les dépenses faites lors d'un précédent voyage [6].

253. Au surplus, le privilège ne peut être invoqué pour les fournitures faites à une personne habitant la localité [7] ; ces fournitures sont seulement garanties par le privilège des subsistances [8].

1. Duranton, XIX, 130 ; Pont, 164 ; Laurent, XXIX, 507.
2. C. civ., 2102, 5° ; Paris, 1er fév. 1867, S. 67.2.80 ; Pont, 163.
3. Dijon, 10 juill. 1872, D. 73.2.215, S. 73.2.104 : Pont, 165 ; Troplong, 204 ; Duranton, XIX, 130 ; Baudry-Lacantinerie et de Loynes, 547.
4. Valette, 70 ; Pont, 165 ; Colmet de Santerre, IX, 36 bis, II ; Martou, II, 593 ; Battur, I, 55.
5. Valette, 70 ; Pont, 167 ; Colmet de Santerre, IX, 36 bis, I. — Contrà, Aubry et Rau, § 261, note 78 ; Laurent, XXIX, 510.
6. Nantes, 21 sept. 1873, S. 74.2.256 ; Pont, 166 ; Valette, 70 ; Aubry et Rau, § 261, note 79 ; Troplong, 206.
7. Pont, 163 ; Thézard, 364 ; Mourlon, III, 1314.
8. C. civ., 2101, 5° ; Thézard, 364.

254. Les cafetiers, taverniers et cabaretiers, ne sauraient être admis à invoquer le privilège accordé aux aubergistes [1].

255. Les effets mobiliers apportés par le voyageur ayant logé chez un aubergiste, hôtelier où logeur, et par lui laissés en gage pour sûreté de sa dette, peuvent être vendus un mois après le départ du voyageur, sur autorisation du juge de paix.

Cette vente a lieu aux enchères par le ministère d'un officier public qui paie sur le produit la créance du dépositaire [2].

7° Voiturier.

256. Tous ceux qui se chargent de transports par terre ou par eau [3], jouissent, pour leurs frais de transport et les dépenses accessoires (réparations, droits fiscaux) d'un privilège sur les objets voiturés, tant qu'ils en conservent la possession réelle ou dans un entrepôt [4].

257. Ce privilège sur la chose voiturée ne conserve pas le prix de transports antérieurs, à moins qu'il ne s'agisse de transports successifs faits en vertu d'une convention unique [5].

258. Au surplus, le privilège n'est accordé qu'au voiturier et non au propriétaire qui loue à celui-ci les chevaux et voitures nécessaires au transport [6].

---

1. Pont, 163 ; Troplong, 202 ; Laurent, XXIX, 506 ; Baudry-Lacantinerie et de Loynes, 542.

2. L. 31 mars 1896, art. 1, 2 et 6.

3. C. civ., 1782 ; Colmet de Santerre, IX, 37 bis, 1 ; Laurent, XXIX, 512.

4. C. civ., 2102, 6° ; Cass., 13 av. 1840 ; Rouen, 23 mars 1844 ; Paris, 29 août 1855 ; Lyon, 11 juil. 1857, S. 58.2.6 ; Pont, 169 ; Valette, 73.

5. Cass., 18 mars 1834 ; Rouen, 5 juin 1847 ; 3 janvier 1863, S. 64. 2.121 ; Pont, 1168 ; Thézard, 365 ; Aubry et Rau, § 261 ; Troplong, 207 ; Laurent, XXIX, 516.

6. Nîmes, 12 août 1812 ; Bordeaux, 16 mars 1857, S. 57.2.496 ; Pont, 168 ; Laurent, XXIX, 513.

8° Cautionnement de fonctionnaires.

259. Les comptables publics, les préposés des administrations financières, les fonctionnaires et officiers publics sont astreints à déposer, dans les caisses de l'État, une somme d'argent affectée à la garantie des créances résultant d'abus et prévarications commis dans l'exercice de leurs fonctions [1].

260. Sont obligés de fournir un cautionnement en numéraire, les notaires, agents de change, avoués, greffiers des tribunaux, huissiers et commissaires-priseurs.

261. Certains comptables, fonctionnaires et officiers publics, assujettis à l'obligation de donner un cautionnement, ne sont pas tenus de l'effectuer en numéraire ; ils peuvent le fournir en rentes sur l'État ou même en immeubles.

Toutefois, les conservateurs des hypothèques sont soumis à un double cautionnement ; l'un en numéraire, en qualité de comptables publics, pour la garantie des droits dont la perception leur est confiée ; l'autre en immeubles ou en rentes sur l'État, pour répondre envers les particuliers de l'accomplissement régulier des formalités hypothécaires.

Il n'est question ici que des cautionnements en numéraire.

1. — CRÉANCES POUR ABUS ET PRÉVARICATIONS.

262. Les cautionnements sont affectés, en principal et intérêts, par privilège, en premier ordre, au paiement des condamnations résultant de faits de charge, c'est-à-dire qui rentrent dans l'exercice légal des fonctions [2].

263. Les faits dommageables qui sont le résultat d'une

1. L. 21 vent. an VII, art. 5 ; 27 vent. an IX, art. 10 ; 25 vent. an XI, art. 34 ; 25 niv. an XIII, art. 1 ; 6 vent. an XIII, art. 1 ; 28 avr. 1816, art. 88 ; Décr. 31 mai 1862, art. 242 ; Pallain, 130 à 142.

2. C. civ., 2102, 7° ; L. 25 niv. an XIII ; 6 vent. an XIII ; 5 sept. 1807 ; 28 avril 1816, art. 88 ; 30 juin 1838, art. 32 ; Décr. 1er oct. 1862.

confiance purement volontaire accordée à l'officier public ou ministériel ne constituent pas des faits de charge [1].

Il n'y a pas fait de charge dans le détournement : 1° par un notaire, d'une somme confiée pour en opérer le placement ou pour l'appliquer à un placement convenu [2]; 2° par un avoué, des sommes qu'il reçoit, sans mandat de son client, à l'aide de menaces de poursuites faites au débiteur [3].

264. Les amendes prononcées contre les fonctionnaires publics pour crimes ou délits de droit commun, ne sont pas privilégiées sur le cautionnement [4]. Quant aux amendes, purement civiles, encourues par les officiers publics, pour contravention aux règles professionnelles, elles sont privilégiées au profit du Trésor, ainsi que les droits d'enregistrement des actes, mais seulement après les faits de charge [5].

II. — Privilège du bailleur de fonds.

265. Celui qui fournit les fonds destinés à former, en tout ou partie, le cautionnement d'un fonctionnaire public, peut s'assurer, sur ce cautionnement, un privilège, appelé de second ordre, parce qu'il s'exerce après celui des faits de charge [6].

266. Le privilège de second ordre, qui ne confère qu'un

---

1. Valette, 76 ; Pont, 171 ; Martou, II, 516 ; Aubry et Rau, § 261, 8° ; Thézard, 366 ; Colmet de Santerre, IX, 36 bis, n.
2. Cass., 18 janv. 1854 ; 26 juil. 1858, S. 58. 1. 822, D. 58.1.409.
3. Toulouse, 15 mai 1844 ; Pallain, 163.
4. Paris, 21 janv. 1837 ; Cass., 26 juil. 1858 ; Pont, 171 ; Troplong, I, 210 ; Aubry et Rau, § 261. — Contrà, Metz, 23 février 1856, S. 56, 21.
5. Cass., 25 juil. 1827 ; 26 juil. 1858, D. 58.1.409, S. 58.1.822 ; Pont, 171 ; Aubry et Rau, § 261, note 93 ; Dict. enreg., Paiement, 31.
6. L. 25 niv. an XIII ; 6 vent. an XIII ; Décr. 23 août 1808 ; 22 déc. 1812.

droit de préférence, et non la propriété du cautionnement [1], existe au moyen : 1° d'une déclaration notariée (brevet légalisé) donnée au bailleur de_fonds par le titulaire du cautionnement, ou d'une opposition motivée ; 2° Et de l'inscription de la déclaration sur les registres du Trésor, pour être efficace à l'égard des tiers [2].

267. La déclaration du titulaire doit suivre immédiatement le versement ; si elle était faite plus de huit jours après, elle devrait être accompagnée d'un certificat de non opposition délivré par le greffier du tribunal civil [3]. En cas de contestation sur la sincérité d'une déclaration tardive, les tribunaux apprécieraient en fait si la somme prêtée a reçu réellement l'emploi déclaré [4].

268. Après avoir remboursé le premier prêteur, le titulaire du cautionnement ne serait pas admis à faire une déclaration au profit d'un autre prêteur, mais celui-ci pourrait soit prendre un transport, soit payer directement le_premier bailleur de fonds et obtenir subrogation à ses droits [5].

269. Quand le titulaire a fourni lui-même son cautionnement, il ne peut attribuer le privilège à un de ses créanciers. Le moyen pratique consisterait à transporter le cautionnement à ce créancier, par acte signifié au Trésor, et qui ne préjudicierait pas à l'exercice du privilège de premier ordre [6].

1. Cass., 17 juill. 1849, D. 50.1.151, S. 50.1.529 ; Besançon, 21 avr. 1886, S. 87.2.202.
2. Décr. 22 déc. 1812 ; Cass., 4 déc. 1848, D. 48.1.227, S. 49.1.5 ; 19 fév. 1906, D. 07.1.73 ; Pont, 174.
3. Décr. 22 déc. 1812, art. 2.
4. Décr. 28 août 1808 ; Cass., 16 août 1855, D. 56.1.164 ; Chambéry, 14 déc. 1872, S. 73.2.231.
5. C. civ., 1250, 1° ; Cass., 17 nov. 1841 ; 11 mars 1861, S. 61.1.401 ; Pallain, 187.
6. Rouen, 27 av. 1838 ; Paris, 29 juin 1863 ; Montpellier, 14 fév. 1872, S. 72.2.124 ; Laurent, XXIV, 471 bis ; Dard, 67 ; Aubry et Rau, § 359 ; Pallain, 190.

En cas de changement de résidence du fonctionnaire, le cautionnement affecté d'un privilège de second ordre ne peut être transféré sans le consentement du bailleur de fonds [1].

9° Assureurs d'accidents.

270. Les créances nées d'un accident, au profit des tiers lésés, ou de leurs ayants droit, ont privilège sur l'indemnité dont l'assureur de la responsabilité civile est reconnu débiteur, à raison de la convention d'assurance.

Aucun paiement, fait à l'assuré, n'est libératoire, tant que les créanciers privilégiés ne sont pas désintéressés [2].

10° Cautionnements divers.

271. Les fournisseurs, entrepreneurs et concessionnaires de services et de travaux d'utilité publique versent un cautionnement pour garantir la fidèle exécution de leurs engagements.

Cette matière n'a pas de règles générales ; elle est régie par des ordonnances et règlements et surtout par les conditions particulières à chaque marché ou entreprise [3].

Les prêteurs de fonds de ces cautionnements sont admis au bénéfice du privilège de second ordre [4].

272. Les propriétaires de valeurs du Trésor, perdues ou détruites, sont autorisés à les faire remplacer moyennant un cautionnement dont la durée varie suivant la nature du titre [5].

273. Nous devons aussi mentionner les cautionnements à fournir par le propriétaire de titres au porteur perdus, volés ou détruits, pour toucher les revenus ou le capital de ces titres [6].

---

1. Ord., 25 sept. 1816, art. 3 ; 25 juin 1835, art. 2 ; Pallain, 183.
2. C. civ., 2102, 8° du 28 mai 1913.
3. Ord., 4 déc. 1836, art. 5 ; 14 nov. 1837, art. 4 ; Décr. 31 mai 1862, art. 73 ; Règl. 10 juin 1870, 17 oct. 1872.
4. Déc. min. fin., 1er juin 1839 ; Inst. gén., 10 juin 1859, art. 528.
5. Décr. 18 déc. 1869 ; L. 15 juin 1872, modif. le 8 mars 1912.
6. L. 15 juin 1872 ; Décr. 10 av. 1873.

Ces divers cautionnements sont de véritables nantissements conférant privilège au créancier nanti.

11° Ouvriers et fournisseurs pour travaux publics.

274. Les sommes dues aux entrepreneurs de travaux publics sont grevées de privilège, en premier rang au profit des ouvriers pour leurs salaires, et en deuxième rang au profit des fournisseurs de matériaux et autres objets servant à la construction des ouvrages [1].

Ce privilège ne s'étend pas au cautionnement fourni par l'entrepreneur [2]. Toutefois une exception existe quant aux travaux de la guerre [3].

275. Le privilège des ouvriers et fournisseurs s'applique tant aux travaux entrepris pour le compte de l'État qu'à ceux exécutés pour tous établissements publics, et les sommes dues ne peuvent être frappées de saisie-arrêt à leur préjudice [4].

276. Du reste les cessions consenties par l'entrepreneur ne mettraient pas obstacle à l'exercice du privilège [5], ni sa mise en faillite [6].

277. La loi du 29 décembre 1892, par son article 18, a créé un privilège ayant beaucoup d'analogie avec celui conféré aux ouvriers et fournisseurs pour travaux publics. Cet article accorde aux propriétaires de terrains occupés ou fouil-

1. Décr. 26 pluv. an II ; L. 25 juil. 1891 ; Douai, 7 mai 1904, D. 08.2.16.

2. Cass., 31 juil. 1849 ; 4 mars 1889. S. 90.1.75 ; Pont, 56 ; Batbie, VII, 223 ; Aubry et Rau, § 263 *bis*, note 74. — *Contrà*, Angers, 20 déc. 1850, S. 51.2.272.

3. Décr. 12 déc. 1806.

4. L. 25 juil. 1891.

5. Décr. 26 pluv. an II, art. 3 et 4 ; Cass., 21 mars 1855 ; 25 fév. 1885, S. 85.1.493, D. 85.1.281 ; comp. Amiens, 7 déc. 1895, S. 97. 2.51.

6. Cass., 21 juil. 1847, D. 47.1.396, S. 48.1.342 ; Bordeaux, 26 juil. 1896, S. 97.2.52 ; Aubry et Rau, § 263 *bis*, note 80.

lés par l'exécution de travaux publics, et aux autres ayants droit, un privilège sur les fonds déposés dans les caisses publiques, pour être délivrés aux entrepreneurs, à concurrence des indemnités dues.

12° Sous-traitants.

278. Un privilège est accordé aux sous-traitants pour fournitures destinées au service de la guerre ou de la marine, sur les sommes dues aux traitants par l'Etat, tant pour travaux que pour indemnités [1] ; ce privilège porte aussi sur le cautionnement fourni par le traitant, et prime le privilège du bailleur de fonds [2].

Le privilège des sous-traitants est limité au service de la guerre ou de la marine, et ne saurait être étendu aux fournitures qui ont lieu pour le compte d'autres administrations publiques ou régies [3].

279. Ceux qui, sans être sous-traitants, ont simplement fait des livraisons pour le compte d'un sous-traitant, ne profitent pas du privilège [4].

13° Privilèges commerciaux.

I. — COMMERCE MARITIME.

280. Les dettes privilégiées sur les navires et autres bâtiments de mer sont celles ci-après désignées, et s'exercent dans l'ordre suivant [5] :

1. Décr. 13 juin et 12 déc. 1806 ; Cons d'Et., 11 juin 1810 ; Cass., 20 fév. 1828 ; Pallain, 94 ; Christophle, *Tr. trav. pub.* 526,.
2. Paris, 16 mars 1866, S. 66.2.318, D. 66.2.75 ; Aubry et Rau, § 263 *bis*, note 85 : Baudry-Lacantinerie et de Loynes, 733.
3. Cass., 18 mai 1831 ; Dijon, 20 juil. 1875, S. 78.2.338 ; Pont, 210.
4. Cass., 3 janv. 1822 ; Orléans, 27 mai 1881, D. 82.2.551 ; Aubry et Rau, § 263 *bis*.
5. C. comm., 191 ; comp. Cass., 8 av. 1913, D. 13.1.301.

1° Les frais de justice et autres, faits pour parvenir à la vente et à distribution du prix, d'après états de frais arrêtés par le tribunal [1] ;

2° Les droits de pilotage, remorquage, tonnage, cale, amarrage et bassin ou avant-bassin, constatés par états ou quittances des receveurs [2].

3° Les gages du gardien et frais de garde du bâtiment, depuis son entrée dans le port jusqu'à la vente ;

4° Le loyer des magasins où se trouvent déposés les agrès et apparaux ;

5° Les frais d'entretien du bâtiment et de ses agrès et apparaux depuis son dernier voyage et son entrée dans le port.

Les créances 3°, 4° et 5° se constatent par états arrêtés par le président du tribunal de commerce [3] ;

6° Les gages et loyers du capitaine et autres gens de l'équipage employés au dernier voyage, d'après les rôles arrêtés dans les bureaux de l'inscription maritime [4].

Outre le privilège sur le navire, les matelots sont privilégiés sur le fret, mais non sur les marchandises [5] ; quant au capitaine, il a privilège sur les marchandises pour son fret [6] ;

7° Les sommes prêtées au capitaine pour les besoins du bâtiment pendant le dernier voyage, et le remboursement du prix des marchandises par lui vendues pour le même objet ; ce qui est établi par des états arrêtés par le capitaine, auxquels

1. C. comm., 192, 1° ; Desjardins, 107 ; Alauzet, 1640.
2. C. comm., 192, 2° ; Lyon-Caen et Renault, 2453 ; comp. Cass., 18 août 1858, D. 58.1.410, S. 59.1.172.
3. C. comm., 192, 3° ; Bédarride, Comm. marit., 64.; Dufour, 91.
4. C. comm., 192 ; Cass., 19 fév. 1872, S. 72.1.169 ; de Valroger, Dr. marit., 26 et 28 ; Bédarride, 70, 72.
5. C. comm., 271 ; comp. Rouen, 2 août 1873, D. 74.2.180, S. 73.2.210.
6. C. comm., 307.428.

sont joints des procès-verbaux constatant la nécessité des emprunts ou des ventes, et signés du capitaine et des principaux de l'équipage [1].

8° Les sommes dues aux vendeurs, aux fournisseurs et ouvriers employés à la construction, si le navire n'a point encore fait de voyage, et les sommes dues aux créanciers pour fournitures, travaux, main-d'œuvre, radoub, victuailles, armement et équipement, avant le départ du navire s'il a déjà voyagé.

La créance du vendeur est constatée par acte de vente ayant date certaine ; celle des fournisseurs, par mémoires ou états visés par le capitaine et arrêtés par l'armateur, et dont un double est déposé au greffe du tribunal de commerce avant le départ du navire, ou au plus tard dans les dix jours après le départ.

Les fournisseurs et ouvriers employés par le constructeur peuvent invoquer ce privilège contre ses créanciers [2].

Mais le privilège se perd par tout voyage que le navire fait en mer sans opposition de la part de ces créanciers [3].

9° Le montant des primes d'assurances faites sur le corps, quille, agrès, apparaux, et sur armement et équipement du navire, dues pour le dernier voyage. Cette créance est constatée par la police ou par les extraits des livres des courtiers d'assurances ;

10° Les dommages-intérêts dus aux affréteurs pour le défaut de délivrance des marchandises qu'ils ont chargées, ou pour le remboursement des avaries soufflertes par ces marchandises

---

1. C. comm., 192 ; comp. 323 ; Desjardins, *Tr. dr. comm. marit.*, 140, 141.

2. C. comm., 192 ; Cass., 17 mai 1876 ; 10 juill. 1888, D. 89.1.107, S. 88.1.430.

3. Cass., 4 janv. 1886, D. 86.1.113, S. 86.1.65 ; Cresp (et Laurin, *Cours*, p. 106 ; Dufour, 141, 194.

par la faute du capitaine ou de l'équipage, ce qui est constaté par jugements ou sentences arbitrales [1].

281. Les créanciers hypothécaires sur le navire ne viennent qu'après ces privilèges [2].

282. Les privilèges sur les bâtiments de mer ne peuvent être invoqués sur les bâtiments de navigation intérieure dans les fleuves et rivières [3].

283. Du reste, les créanciers privilégiés sur les navires et autres bâtiments de mer ont un droit de suite, sous la distinction suivante :

1[ent] Quand la vente d'un navire est faite par autorité de justice, après saisie, les créanciers n'ont d'action que sur le prix provenant de la vente [4].

2[ent] Lorsque la vente est volontaire : 1° si le navire est vendu étant dans le port, les créanciers exercent leurs droits sur ce navire jusqu'à ce qu'il ait fait un voyage en mer, sans opposition de leur part, sous le nom et aux risques de l'acheteur ; 2° si la vente du navire a eu lieu pendant qu'il était en voyage, l'acquéreur ne purge les droits des créanciers qu'en faisant, après l'arrivée ou retour, un nouveau voyage à ses risques. Dans ce cas, si le prix offert par l'acquéreur ne suffit pas aux créanciers, ils peuvent attaquer la vente pour cause de fraude [5].

284. Le navire, les agrès et apparaux, le fret et les marchandises sont respectivement affectés à l'exécution des engagements résultant du louage ou charte-partie [6]. Cette créance privilégiée est primée par les loyers des matelots. En ce qui les

1. C. comm., 192 ; Bravard et Demangeat, IV, p. 60 ; Lyon-Caen et Renault, 2255. — Comp. Aix, 9 déc. 1870, D. 74.2.175.
2. L. 10 juill. 1885, art. 34 ; C. comm., 191.
3. Bordeaux, 5 juill. 1870 ; Cass., 7 avril 1874 ; Alauzet, IV, 1626.
4. C. comm., 193 ; comp. 214.
5. C. comm., 196 ; comp. C. civ., 1167.
6. C. comm., 280 ; Cass., 20 mai 1857, S. 59.1.170.

André, *Régime hypothécaire.* 8

concerne, le fret ne peut être absorbé ni diminué par l'effet des clauses particulières de la charte-partie qui leur est étrangère[1].

285. Pour le paiement de son fret, le capitaine a privilège sur les marchandises du chargement, pendant quinzaine après leur délivrance. Il perdrait son privilège avant l'expiration de la quinzaine si, s'étant dessaisi [des marchandises qui y sont affectées, elles avaient passé en mains tierces[2].

Enfin, le privilège du capitaine l'emporte sur tous autres, même sur ceux du vendeur et du commissionnaire[3].

II. — COMMERCE GÉNÉRAL.

286. Tout commissionnaire a privilège sur la valeur des marchandises à lui expédiées, déposées ou consignées, par le fait seul de l'expédition, du dépôt ou de la consignation, pour tous les prêts, avances ou paiements faits par lui, soit avant la réception des marchandises, soit pendant le temps qu'elles sont en sa possession[4].

Le privilège garantit les intérêts, commissions et frais dus au commissionnaire, aussi bien que ses avances[5].

287. Cependant l'existence du privilège est subordonnée à la condition que les marchandises soient en la possession du commissionnaire ou d'un tiers convenu entre les parties. Il y a possession réputée lorsque les marchandises sont dans les

1. C. comm., 191, 271 ; Pont, 100 ; Aubry et Rau, § 263 *bis*, note 56.
2. C. comm., 280, 307, 308 ; Cass., 9 mars 1881, S. 82.1.82.
3. Pont, 104 ; Aubry et Rau, § 263 *bis*, II, c ; Pardessus, III, 961 ; Rivière, p. 599 ; Lyon-Caen et Renault, V, 809.
4. C. comm., 95 ; Cass., 14 juin 1877, 12 mai 1885, S. 86.1.473, D. 85.1.185 ; Massé, IV, 2830 ; Alauzet, II, 847 ; Ruben de Couder, *Dict.* Commiss., 160 ; Boistel, p. 348 ; Lyon-Caen et Renault, III, 489.
5. Cass., 26 nov. 1872, D. 72.1.436, S. 73.1.155 ; Delamare et Lepoitevin, II, 392 ; Alauzet, II, 880 ; Ruben de Couder, 164.

magasins ou navires du commissionnaire, à la douane ou dans un dépôt public, ou si, avant leur arrivée, il en a été saisi par un connaissement ou une lettre de voiture [1].

288. La faillite du propriétaire est sans influence sur le privilège du commissionnaire [2].

289. C'est sur la valeur des marchandises ou sur le prix de la vente faite après saisie, que le commissionnaire exerce son privilège [3].

290. L'opération de Bourse, connue sous le nom de report, ne constitue ni un prêt, ni une avance, c'est plutôt une vente à réméré. Du reste, la question a perdu de son intérêt depuis la reconnaissance légale des marchés à terme [4].

291. Les salaires des ouvriers employés directement par le failli et ceux des commis, jouissent du privilège des gens de service (n° 156).

292. La boulangerie et la boucherie de Paris, autrefois soumises à des réglementations étroites, sont maintenant des commerces entièrement libres [5].

TROISIÈME SECTION

PRIVILÈGES SUR LES IMMEUBLES.

ARTICLE PREMIER

VENDEUR.

293. Le vendeur a privilège sur l'immeuble aliéné, en vertu

1. C. comm., 92 et 95 ; Cass., 6 févr. 1882, S. 83.1.393.
2. Rouen, 7 juill. 1853, S. 54.2.387, D. 55.2.354 ; Aubry et Rau, § 263 bis, II.
3. Paris, 24 juin 1869, S. 69.2.302, D. 70.2.11 ; Dutruc, 57 bis ; Ruben de Couder, 167.
4. Buchère, 813 ; Bozérian, 333 ; L. 28 mars 1885.
5. Décr. 22 juin 1863 ; Arr. Préf. Seine, 20 avril 1887.

du contrat de vente, qu'il soit authentique ou sous seings privés.

Dans une adjudication, si une personne acquiert plusieurs immeubles par des prix distincts, il existe autant de privilèges qu'il y a de lots séparés[1].

294. Le privilège de vendeur garantit :

1° Le prix principal exprimé au contrat : capital, rente perpétuelle ou viagère, ou toute autre charge payable au vendeur directement ou à un tiers[2] ;

2° Les intérêts du prix, à concurrence de trois années seulement, au point de vue hypothécaire[3] ;

3° Les frais que le vendeur est obligé de faire pour parvenir au recouvrement de son prix[4] ;

4° Tous les frais et loyaux coûts du contrat de vente, ainsi que ceux de transcription hypothécaire, peu importe que le vendeur les ait déjà avancés à la décharge de l'acquéreur, ou se trouve seulement exposé à en faire le paiement faute par l'acquéreur de les acquitter[5].

295. D'un autre côté, le privilège ne protège pas les dommages-intérêts résultant de l'inexécution de la vente, quand

---

1. C. civ., 2103, 1° ; Cass., 11 nov. 1891, S. 92.1.273, J. C. 4158.

2. C. civ., 2103 ; Cass., 12 juin 1855, S. 56.1.65 ; Orléans, 8 juill. 1845 ; Pont, 191 ; Aubry et Rau, § 263 ; Laurent, XXX, 9.

3. C. civ., 2151. Les intérêts d'un prix de vente peuvent être stipulés au-dessus du taux légal. Cass., 13 mars 1899, Rev. not., 10269, D. 1900.1.5 ; Aubry et Rau, § 396, note 35 ; Pont, 300 ; Planiol, II, 1527,

4. Pont, 194 ; Thézard, 279 ; Duranton, XIX, 163 ; Baudry-Lacantinerie et de Loynes, 589. — Contrà, Laurent, XXX, 14.

5. Cass., 1er avril 1863 ; 1er déc. 1863, S. 64.1.46, D. 63.1.359 ; 7 nov. 1882 ; 17 juin 1890, S. 90 1.416 ; 9 mars 1898, D. 99.1.349, S. 99.1.241, J. E. 25673, J. C., 4967, Rev. not., 10078 ; Aubry et Rau, § 263, note 5 ; Pont, 194 ; — Contrà, Laurent, XXX, 11 ; Duranton, XIX, 162.

même ils auraient été fixés dans le contrat [1] ni les intérêts des intérêts [2].

296. Le privilège du vendeur s'étend aux constructions ou améliorations faites par l'acquéreur sur l'immeuble aliéné, et particulièrement aux immeubles par destination qu'il y a installés [3].

297. En cas de vente d'une portion indivise d'immeuble, le privilège ne porte que sur la fraction vendue, alors même que l'acquéreur aurait acquis les autres parts [4].

298. Cependant le vendeur de la nue propriété peut prétendre au privilège sur l'usufruit, en supposant que l'acquéreur ait réuni les deux droits [5].

299. Si la chose vendue vient à être détruite par le feu, le privilège du vendeur s'exerce sur l'indemnité due par l'assureur, ainsi que sur les dommages-intérêts dus par les locataires ou voisins [6].

300. S'il y a plusieurs ventes successives dont le prix soit dû en totalité ou en partie, le premier vendeur est préféré au second, le deuxième au troisième et ainsi de suite [7], pourvu que les divers privilèges aient été conservés.

301. Quand le prix est payé en billets à ordre, effets de commerce ou valeurs à satisfaction, le privilège du vendeur

1. Bordeaux, 27 févr. 1829 ; Persil, *Quest.*, p. 80 ; Pont, 193 ; Martou, II, 555 ; Aubry et Rau, § 263 ; Laurent, XXX, 14.

2. Cass., 4 août 1873, S. 74.1.15.

3. Cass., 25 juill. 1867 ; Colmar, 8 déc. 1868 ; Bordeaux, 28 avril 1873, S. 73.2.195, D. 74.2.57 ; Laurent, XXX, 17 ; Thézard, 280. — *Contrà*, Paris, 6 mars 1834 ; Pont, 197 ; Aubry et Rau, § 284, note 6.

4. Cass., 13 juill. 1842 ; Poitiers, 10 juill. 1889, S. 91.2.120, D. 90.1.183 ; Pont, 197 ; Aubry et Rau, § 261 ; Laurent, XXX, 16.

5. Cass., 16 avril 1856, D. 56.1.317, S. 56.1.553 ; Thézard, 281 ; Baudry-Lacantinerie et de Loynes, 594.

6. L. 19 févr. 1889, art. 1 et 3 ; comp. C. civ., 1382, 1733.

7. C. civ., 2103, 1°.

subsiste pour garantie de leur paiement, malgré la quittance, s'il n'y a pas renonciation formelle au privilège [1].

Toutefois, le vendeur ne pourrait réclamer aucun privilège si le contrat portait simplement quittance du prix, sans mentionner la remise des billets, bien qu'en réalité l'acquéreur eût employé ce mode de paiement.

302. On doit placer sur la même ligne que le vendeur l'échangiste, à raison de la soulte stipulée à son profit [2], mais non pour la garantie en cas d'éviction [3].

Pour les sommes qu'il est obligé de payer aux créanciers inscrits sur l'immeuble par lui reçu, l'échangiste ne jouit d'aucun privilège [4] ; il peut seulement obtenir subrogation dans les droits de ces créanciers [5].

303. L'acquéreur sous faculté de réméré a un droit de rétention pour le remboursement du prix et des frais et impenses ; il ne peut invoquer le privilège du vendeur [6].

304. Le donateur d'un immeuble n'a pas de privilège à raison des charges qu'il a imposées au donataire [7] ; mais il jouit d'un autre droit plus énergique, appelé action révocatoire [8].

1. Cass., 15 mars 1825 ; 22 juin 1841 ; Caen, 3 janv. 1849, D. 51. 2.103, S. 49.2.640 ; Paris, 9 mars 1893, J. C. 4387 ; Thézard, 279.

2. Cass., 11 mai 1863, D. 64.1.191, S. 64.1.357 ; Pont, 187 ; Aubry et Rau, § 263 ; Thézard, 276.

3. Cass., 26 juill. 1852 ; Bordeaux, 6 avril 1865, S. 65.2.347 ; Pont, 187.

4. Cass., 14 nov. 1859, D. 60.1.221, S. 60.1.803 ; Thézard, 276 ; Aubry et Rau, § 360.

5. C. civ., 1251 ; Aubry et Rau, § 263, note 14.

6. C. civ., 1673 ; Cass., 26 avril 1827 ; Pont, 189 ; Colmet de Santerre, VII, 51 bis, VII ; Thézard, 278 ; Baudry-Lacantinerie et de Loynes, 580.

7. Douai, 6 juill. 1852 ; Nimes, 29 nov. 1854 ; Colmar, 30 mai 1865 ; Paris, 11 mai 1886, Rev. not., 7374, S. 88.2.110 ; Bordeaux, 27 juill. 1890, J. G., Priv., 206 ; Demolombe, XX, 576 ; Aubry et Rau, § 263, note 16.

8. C. civ., 953, 954 ; Thézard, 877 ; Boulanger, 536 ; Verdier, 668.

305. Outre son privilège, le vendeur a une garantie spéciale, c'est la faculté de demander la résolution de la vente à défaut de paiement de tout ou partie du prix. Toutefois cette action ne pourrait être exercée au préjudice des tiers, si le privilège était éteint [1]. En cas de vente, moyennant une rente viagère, l'action résolutoire est subordonnée à une réserve expresse [2].

306. Dans les ventes judiciaires, il y a encore une autre garantie pour le vendeur, nous voulons parler de la folle enchère, à défaut d'exécution des conditions de l'aliénation. Cette action, qui dure 30 ans, n'est soumise à aucune publicité [3].

307. Tout propriétaire joignant un mur a la faculté de le rendre mitoyen en remboursant la moitié de sa valeur et de celle du sol [4].

L'acquéreur d'un terrain sur lequel des constructions ont été élevées contre un mur appartenant exclusivement au voisin, sans entente préalable avec celui-ci, peut être contraint à démolir ces constructions indûment faites, à moins qu'il n'offre de payer la mitoyenneté [5].

Si le prix de la mitoyenneté a été fixé, la vente est parfaite et le privilège prend naissance, mais son exercice se heurte à l'impossibilité matérielle d'exproprier le mur mitoyen ; le cédant ne peut avoir qu'une action en résolution de la cession de mitoyenneté, pour arriver à faire démolir la construction appuyée sur le mur.

1. C. civ., 1654 ; L. 23 mars 1855, art. 7.
2. C. civ., 1978 ; Cass., 18 déc. 1822 ; 13 juin 1837 ; Pont, 753 ; Aubry et Rau, § 390.
3. C. pr., 733 ; Bordeaux, 2 août 1860 ; Chambéry, 12 mai 1869 ; Bourges, 12 janv. 1876, S. 77.2.101, D. 76.2.26 ; Flandin, 1207 ; Séligman, 694.
4. C. civ., 661.
5. Paris, 14 juin 1888 ; 14 janv. 1890 ; Besançon, 12 mars 1890, S. 92.2.252, D. 91.2.95 ; Laurent, VII, 521.

ARTICLE DEUXIÈME

BAILLEUR DE FONDS.

308. Ceux qui ont fourni des deniers pour l'acquisition d'un immeuble jouissent du privilège de vendeur, pourvu qu'il soit authentiquement constaté par l'acte d'emprunt que la somme était destinée à cet emploi, et, par la quittance du vendeur, que le paiement a été fait des deniers empruntés[1].

309. D'ailleurs la forme de subrogation prévue par la loi n'exclut pas la faculté pour les parties de faire intervenir, dans le contrat de vente ou la quittance, une tierce personne payant directement le vendeur et se faisant subroger à ses droits[2].

310. Le notaire ou tout autre mandataire ayant une action solidaire contre les parties, pour le paiement des frais et honoraires de vente, peut, en qualité de créancier du vendeur, prendre une inscription en son nom personnel pour conserver le privilège relatif aux frais[3], et produire à l'ordre comme exerçant les droits du vendeur[4].

ARTICLE TROISIÈME

COPARTAGEANT.

311. Tous communistes, qui ont partagé une masse comprenant des fonds immobiliers, ont privilège pour la garantie du partage et des soultes stipulées, ainsi que pour le prix

1. C. civ., 2103, 2°.
2. C. civ., 2103, 2° ; Aubry et Rau, § 263, note 17 ; Mourlon, III, 1348.
3. C. civ., 2002 ; C. pr., 775 ; Nîmes, 14 déc. 1872 ; Grenoble, 5 août 1876 ; Limoges, 27 déc. 1878, D. 79.2.178, S. 80.2. 287 ; Pont, 196.
4. Cass., 7 nov. 1882, D. 82.1.473, S. 83.1.151 ; comp. Pont, 196.

des immeubles adjugés par la licitation à l'un d'eux, sur les biens immobiliers faisant l'objet du partage ou de la licitation, peu importe qu'ils englobent la totalité ou seulement partie de l'indivision [1].

312. Le cohéritier ou copropriétaire qui vend sa part à son communiste jouit du privilège de copartageant lorsque la cession, ayant fait cesser l'indivision d'une façon absolue, équivaut à partage [2].

Si l'indivision continue de subsister, le cédant a le privilège de vendeur [3], mais ce privilège présente un danger ; l'immeuble est indivis entre A, B et C ; A cédant ses droits à B, a le privilège de vendeur ; puis B et C procèdent à une licitation par laquelle l'immeuble est adjugé à C ; alors il paraît certain que l'effet déclaratif fait tomber le privilège de A [4].

313. Le privilège de copartageant s'applique :

1° A la garantie de toutes les valeurs mobilières et immobilières comprises au partage, même aux rapports et aux restitutions de fruits dus par l'un des copartageants [5] ; autrement à la garantie de tous troubles ou évictions procédant d'une cause antérieure au partage [6] ;

2° Au recours du copartageant qui serait obligé de payer

1. C. civ., 2103, 3° ; Cass., 1er mai 1860, D. 60.1.510, S. 61.1.267 ; Toulouse, 20 mai 1881 ; Aubry et Rau, § 263, note 18 ; Pont, 200 ; Laurent, XXX, 26.

2. Cass., 10 nov. 1862, D. 62.1.470, S. 63.1.129 ; Riom, 17 août 1853 ; Nîmes, 22 août 1865 ; Aubry et Rau, § 263, note 21 ; Demolombe, XVII, 272, 279, 287. — Contrà, Grenoble, 4 janv. 1853, S. 54.2.581, D. 55.2.356.

3. Lyon, 29 juill. 1853, D. 54.2.37 ; Alger, 4 août 1877 ; Thézard, 285 ; Demolombe, XVII, 284 ; Baudry-Lacantinerie et de Loynes, 608.

4. Cass., 16 avril 1888, S. 88.1.216, D. 88.1.249 ; Baudry-Lacantinerie et de Loynes, 609.

5. Cass., 11 août 1830, S. 31.1.63 ; Pont, 204 ; Dutruc, 582 ; Laurent, X, 642 ; Martou, 578. — Contrà. Paris, 28 juill. 1828.

6. C. civ., 884 ; Cass., 24 déc. 1866, S. 67.1.122.

soit une dette commune au-delà de sa part contributive, soit une dette mise par le partage à la charge exclusive d'un autre copartageant [1] ;

3° Au montant des prix delicitation, soultes ou retours de lots, en capital et intérêts, concurremment entre les coparta-geants qui ont inscrit en temps utile [2].

314. Le privilège relatif à la garantie et au recours (1°, 2° ci-dessus) grève tous les immeubles partagés [3] ; celui du prix de licitation ne porte que sur l'immeuble licité [4]. Quant au privilège de la soulte, il ne frappe privativement que les biens possédés par celui qui la doit [5] ; mais, si le débiteur de la soulte se trouve insolvable, le privilège de soulte se transforme en privilège de garantie portant sur l'universalité des immeu-bles partagés [6].

315. Il ne faut pas oublier que chacun des copartageants n'est personnellement tenu à la garantie qu'en proportion de sa part héréditaire [7].

316. Le tiers qui paie la soulte ou le prix de licitation peut obtenir subrogation dans le privilège de copartageant [8].

317. En matière de partage d'ascendants, les donataires jouissent du privilège de copartageants [9]. mais celui relatif à

1. Cass., 2 avril 1839 ; Toulouse, 15 janv. 1841, S. 41.2.238 ; Pont, 205 ; Dutruc, 581 ; Thézard, 280.

2. C. civ., 2109 ; L. 23 mars 1855,art. 5 ; Pont, 207 ; Aubry et Rau, § 263, note 27 ; Dutruc, 586.

3. Aubry et Rau, § 263 ; Demolombe, XVII, 369.

4. C. civ., 2109 ; Thézard, 289 ; Pont, 208 ; Mourlon, III, 1352.

5. Pont, 207 ; Thézard, 288.

6. Caen, 10 févr. 1851 ; Cass., 19 juill. 1864, D. 64.1.170, S. 64.1. 445 ; Aubry et Rau, § 263, note 27.

7. C. civ., 875 ; Pont, 202 ; Colmet de Santerre, IX, 55 bis, v.

8. C. civ , 1250, 2103, 4° ; Pont, 221.

9. Cass., 4 juin 1849 ; 7 août 1860, D. 60.1.498, S. 61.1.977 ; Ber-tauld, II, 80 ; Lyon-Caen, p. 239 ; Demolombe, XXIII, 134 ; Pont. 206.

la garantie est limité aux immeubles provenant de l'ascendant du chef duquel procède le trouble ou l'éviction [1].

318. Le privilège applicable à la garantie du partage peut donner lieu à des inscriptions vexatoires ; le rédacteur de l'acte doit prévoir les cas dans lesquels il présente de l'utilité, et en limiter la portée [2].

319. Dans la licitation judiciaire, l'adjudicataire colicitant n'est pas soumis à la folle enchère, à moins que le cahier des charges ne contienne une clause expresse à cet égard [3] (V. n° 306).

ARTICLE QUATRIÈME

CONSTRUCTEUR.

320. Ceux qui ont fait des constructions et ouvrages sur un immeuble sont privilégiés sur cet immeuble jusqu'à concurrence de la plus-value qui lui a été donnée [4].

321. Les architectes, entrepreneurs, maçons et autres ouvriers ayant traité directement avec le propriétaire, jouissent seuls de ce privilège qui ne saurait être invoqué ni par les fournisseurs de matériaux, ni par les sous-entrepreneurs et ouvriers employés par l'entrepreneur principal [5] ; leur droit contre le propriétaire se borne à une défense de payer et à l'exercice d'une action directe [6].

322. Tous les travaux d'édification, reconstruction et réparation de bâtiments, canaux, ponts et digues sont compris

---

1. Cass., 5 avril 1881, S. 81.1.460.
2. Comp. Toulouse, 20 mai 1881, S. 83.2.81.
3. Cass., 2 janv. 1884 ; 13 avril 1891, D. 92.1.203, S. 95.1.308 ; Glasson, § 161.
4. C. civ., 2103, 4°.
5. Cass., 11 nov. 1824 ; Laurent, XXX, 45 ; Thézard, 292.
6. C. civ., 1798 ; Aubry et Rau, § 374, note 42 ; Laurent, XXVI, 75 ; Colmet de Santerre, VII, 251 bis.

dans le privilège [1] ; mais les ouvrages qui n'ont pas pour objet un *travail d'art* sont exclus de la disposition de la loi : les défrichements, semis, plantations et autres grands travaux agricoles n'ont pas la garantie du privilège [2] ; les dessèchements de marais, recherches de mines et travaux de drainage ont des privilèges particuliers [3] ; il n'en existe aucun au profit des villes pour le recouvrement des taxes de pavage.

323. Quant aux impenses nécessaires ou utiles faites par le tiers détenteur ou l'usufruitier, elles peuvent être réclamées, par préférence, sur le prix de l'immeuble, à concurrence de la plus-value en résultant, sans qu'il y ait un privilège à défaut d'accomplissement des formalités prescrites [4].

324. L'indemnité de plus-value due au domanier grève par privilège les édifices et superfices et même le fonds tenu à domaine congéable [5].

325. Le privilège des entrepreneurs et ouvriers [6], quoique frappant l'immeuble entier, ne s'exerce que dans la mesure de la plus-value résultant des travaux exécutés. Encore faut-il que la mieux-value existe au moment de la vente amiable ou forcée de l'immeuble, sinon le chiffre du privilège s'abaisse, et même n'existe plus si les travaux ont été détruits accidentellement ou par le fait du propriétaire [7].

326. Lorsque le propriétaire a versé des acomptes, le pri-

---

1. Aubry et Rau, § 263, note 29 ; Baudry-Lacantinerie et de Loynes, 629.

2. Pont, 210 ; Thézard, 292 ; Troplong, 242 *bis* ; Colmet de Santerre, IX, 56 *bis*, I.

3. L. 16 sept. 1807 ; 21 avril 1810 ; 21 juin 1865.

4. L. 25 juin 1841 ; 7 juin 1845 ; Cass., 31 mai 1880 ; 8 janv. 1895, S. 95.1.441 ; 16 févr. 1904, S. 04.1.259.

5. Cass., 28 nov. 1838 ; 8 juill. 1841 ; 23 juin 1862, S. 63.1.205 ; Paris, 15 nov. 1875. — *Contrà*, Troplong, 83, 65 ; Cass., 30 juill. 1827,

6. L. 8 févr. 1897, art. 5.

7. Bordeaux, 2 mai 1826 ; Pont, 213.

lège pour le solde de la créance continue d'affecter la mieux-
value tout entière [1].

327. Il est nécessaire, pour l'acquisition du privilège :

1° Qu'avant le commencement des travaux, un expert nommé
d'office par le tribunal civil de la situation de l'immeuble,
sur la demande du propriétaire [2] ou de l'entrepreneur, constate,
par un procès-verbal, l'état des lieux relativement aux ouvrages que le propriétaire déclare avoir dessein de faire exécuter :

2° Que les ouvrages aient été, dans les six mois au plus de
leur perfection, reçus par un expert également nommé d'office [3].

328. A défaut de procès-verbal dressé avant le commencement des travaux, celui qui serait fait ultérieurement n'aurait
d'efficacité que pour les travaux exécutés depuis sa rédaction [4].
Cependant, la jurisprudence décide en général que dans ce
cas il n'existe pas de privilège [5].

329. Les tiers qui ont prêté des deniers pour payer les entrepreneurs, architectes ou ouvriers, jouissent du même privilège, pourvu que l'emploi soit authentiquement constaté par
l'acte d'emprunt et par la quittance des ouvriers [6].

D'ailleurs, le privilège peut être transféré à un tiers par l'effet d'une subrogation conventionnelle [7].

350. Les conditions exigées par la loi pour la conservation

1. Pont, 214 ; Thézard, 293 ; Laurent, XXX, 56 ; Aubry et Rau, § 263,
note 34.
2. Metz, 7 févr. 1866 ; Laurent, XXX, 50.
3. C. civ., 2103, 4°; Cass., 11 juill. 1855; 18 nov. 1868, S. 70.1.241,
D. 69.1.89 ; 12 déc. 1893, D. 94.1.225 ; comp. Paris, 3 fév. 1909.
4. Aubry et Rau, § 263, note 38 ; Thézard, 294 ; Pont, 218.
5. Cass., 11 juill. 1853, S. 55.1.699 ; Lyon, 11 févr. 1869, S. 69.2.
40, D. 74.5.405.
6. C. civ., 2103, 5° ; Paris, 2 déc. 1835, S. 36.2.121.
7. C. civ., 1250.

du privilège de constructeur présentent des difficultés pratiques sans donner sécurité à l'entrepreneur, aussi bien les parties s'abstiennent-elles généralement de les remplir. Il paraît
plus simple, quand le propriétaire n'a pas d'argent, soit de
contracter un emprunt ou une ouverture de crédit, soit de
faire un marché avec affectation hypothécaire de l'immeuble
sur lequel les travaux doivent être exécutés.

ARTICLE CINQUIÈME
DESSÈCHEMENT DE MARAIS.

331. Ce qui est dû à l'État ou aux concessionnaires pour la
plus-value résultant d'un dessèchement de marais, est privilégié sur toute la plus-value, à charge de faire transcrire l'acte
de concession ou le décret qui ordonne le dessèchement, aux
bureaux des hypothèques de la situation des marais desséchés[1].

332. Les hypothèques inscrites avant le dessèchement sont
restreintes, au moyen de la transcription de l'acte ou du décret, sur une portion de propriété égale en valeur à la première estimation des terrains desséchés[2].

333. La transcription dont il vient d'être parlé suffit pour
conserver le privilège, qui n'est pas soumis au renouvellement
décennal ; et, d'ailleurs, le conservateur des hypothèques n'a
pas à prendre des inscriptions d'office[3].

ARTICLE SIXIÈME
MINES.

334. Ceux qui ont fourni des fonds pour les recherches

1. L. 16 sept. 1807, art. 23.
2. Même loi, art. 14, 15, 23 ; Cass., 4 août 1852, S. 52.1.806.
3. Cass., 28 mars 1854, S. 54.1.334 ; Aubry et Rau, § 263 *bis*, note
90 ; Proudhon, 1630 ; Baudry-Lacantinerie et de Loynes, 735.

d'une mine ou pour les travaux de construction des machines nécessaires à son exploitation, jouissent sur la mine du privilège accordé aux entrepreneurs, architectes et ouvriers, à la charge de se conformer aux prescriptions faites à ces derniers [1] (n° 327).

ARTICLE SEPTIÈME

DÉBETS DES COMPTABLES PUBLICS.

335. Outre le privilège sur les meubles des comptables publics pour le paiement de leurs débets, le Trésor a encore privilège sur les immeubles acquis à titre onéreux postérieurement à la nomination, soit par le comptable, soit par sa femme même séparée de biens, à moins que l'origine des deniers ne soit prouvée [2].

Ce privilège est soumis à inscription.

336. Il y a contre la femme du comptable une présomption d'interposition de personne qui ne s'étend pas aux acquisitions faites par un ascendant ou un descendant du comptable [3].

337. D'un autre côté, le Trésor a encore une hypothèque égale sur tous les immeubles des comptables [4].

ARTICLE HUITIÈME

DRAINAGE.

338. Le recouvrement des prêts faits par le Crédit foncier, substitué à l'Etat [5], pour des opérations de drainage, est pri-

1. L. 21 avr. 1810, art. 20 ; C. civ., 2103, 5°, 2110 ; Cass., 28 mars 1854, S. 54.1. 334 ; Pont, 58 ; Aubry et Rau, § 263 *bis*, note 91.
2. L. 5 sept. 1807, art. 4.
3. Limoges, 22 juin 1808 ; Pont, 42 ; Troplong, 92 ; Aubry et Rau, § 263 *bis*. note 91 ; Pallain, 247.
4. C. civ., 2121 ; L. 5 sept. 1807, art. 6.
5. L. 28 mai 1858, art. 2.

vilégié sur les terrains drainés et sur leurs récoltes et produits[1].

339. Pour le remboursement des annuités du prêt, le privilège grève le fonds à concurrence de la mieux-value résultant du drainage, et vient avant tout autre[2].

340. Quant aux récoltes et revenus, ils garantissent l'annuité échue et l'annuité courante du prêt ; à cet égard le privilège prend rang immédiatement après celui des contributions publiques, mais ne peut s'exercer qu'après paiement des sommes dues pour semences et frais de récolte[3].

341. Le même privilège est accordé : aux syndicats pour le recouvrement de la taxe d'entretien et de leurs avances ; aux prêteurs du syndicat ; aux entrepreneurs pour le paiement de leurs travaux et à ceux qui ont prêté pour payer les entrepreneurs, pourvu que le paiement et la subrogation résultent d'un acte authentique. Ce privilège n'affecte les divers immeubles compris dans le syndicat que pour la part incombant à chacun dans la dépense commune[4].

342. La conservation du privilège pour drainage est soumise à la prise d'une inscription dans le délai de deux mois : pour le Crédit foncier ou tout autre prêteur, à compter de l'acte de prêt ; pour les syndicats, à partir de l'arrêté qui les constitue, et pour les entrepreneurs, à partir du procès-verbal déterminant la valeur des terrains à drainer[5].

ARTICLE NEUVIÈME

ANTICHRÉSISTE.

343. Lorsqu'un débiteur met son créancier en possession

1. L. 17 juil. 1856, art. 3.
2. L. 17 juil. 1856, art. 5.
3. L. 17 juil. 1856, art. 3 ; C. civ., 2102, 1° ; Comp. L. 12 nov. 1908.
4. L. 17 juil. 1856, art. 4.
5. L. 17 juil. 1856, art. 7 ; Aubry et Rau, § 263 *bis*, III, f.

d'un immeuble avec autorisation d'en percevoir les fruits pour les imputer sur les intérêts et ensuite sur le capital de la créance, la convention n'a d'effet qu'autant qu'elle est constatée par écrit, et pour être opposable aux tiers, il faut qu'elle soit transcrite aux hypothèques [1] (n° 74). Par l'effet de cette convention, le créancier est autorisé à retenir l'immeuble jusqu'au paiement intégral de sa créance en principal et accessoires, de sorte qu'il a non un privilège proprement dit, mais un droit de rétention opposable aux créanciers chirographaires comme aux créanciers hypothécaires dont les droits sont postérieurs à l'antichrèse [2].

344. A l'égard des créanciers hypothécaires postérieurs, le créancier antichrésiste a le droit, en cas de vente de l'immeuble, ou de se maintenir en possession, ou de ne se dessaisir que sous la condition d'être payé en premier ordre sur le prix de vente [3].

345. Quant aux créanciers hypothécaires antérieurs, l'antichrèse ne saurait diminuer leurs droits ; par suite, en cas de vente forcée de l'immeuble, l'adjudicataire entre en pleine possession, sauf à l'antichrésiste à faire valoir ses droits sur le prix [4].

ARTICLE DIXIÈME

CRÉDIT FONCIER.

346. Les annuités des prêts consentis par le Crédit foncier

1. C. civ., 2085 ; L. 23 mars 1855, art. 2 ; Aubry et Rau, § 438 ; Thézard, 20 ; Pont, 1220, 1279 ; Laurent, XXVIII, 541.
2. C. civ., 2087 ; Cass., 29 août 1865, D. 65.1.329, S. 65.1.433 ; Paris, 12 janv. 1895 ; Flandin, I, 405 ; Verdier, II, 242 ; Mourlon, III, 1311 ; Colmet de Santerre, IX, 5 bis.
3. Alger, 24 juil. 1863, S. 65.1.433 ; Pont, 1285 ; Aubry et Rau, § 439 ; Laurent, XXVIII, 580.
4. C. civ., 2091 ; Cass., 24 janv. 1872, D. 72.1.353, S. 72.1.21 ; Paris, 12 janv. 1895 ; Thézard, 23 ; Pont, 1273.

et les frais y relatifs sont privilégiés sur les revenus ou récoltes des immeubles hypothéqués et dont la société a pris possession.

Ce privilège est primé par ceux : des frais faits pour la conservation de la chose ; des frais de labours et semences et du
Trésor pour l'impôt [1].

ARTICLE ONXIÈME

CONTRIBUTION FONCIÈRE.

347. A raison de la contribution foncière de l'année échue et
de l'année courante, le Trésor a un privilège sur les récoltes,
loyers et revenus des immeubles grevés de l'impôt et non pas
sur les immeubles mêmes [2].

Le privilège du Trésor emporte un droit de suite sur les produits des immeubles, et lui permet de recouvrer l'impôt
contre le tiers acquéreur [3]. Celui-ci doit donc s'assurer du
paiement de l'impôt foncier avant de verser son prix au vendeur ou aux créanciers inscrits. En cas de vente sur saisie
immobilière les fruits sont immobilisés par la transcription,
cependant, le privilège des contributions foncières n'est pas
pour cela exclu de la distribution ; l'adjudicataire qui aura
acquitté des impôts fonciers privilégiés, sera fondé à en obtenir
collocation sur les intérêts de son prix [4].

348. L'officier ministériel qui procède à une vente de récoltes, est obligé de verser les impôts fonciers au percepteur,

1. L. 28 févr. 1852, art. 29 et 30.
2. L. 12 nov. 1808, art. 1 et 2. Ce privilège ne s'étend pas aux
impôts antérieurs, Cass., 4 juil. 1900, D. 1900. 1.413.
3. Cass., 6 juil. 1852 ; 26 mai 1886, S. 86.1.256 ; Rouen, 1er févr.
1893, S. 93.2.132, D. 93.2.584 ; Pont, 58 ; Foucard, II, 959 ; Aubry
et Rau, § 263 bis f.
4. Cass., 1er août 1899, D. 99.1.413 ; 18 juil. 1904, D. 06.1.152 ;
Chauveau, 2288 ; Durieu, 227 ; comp. Troplong, 33.

avant de se dessaisir des deniers de la vente[1] (comp. n° 174).

Quant à son rang, le privilège des contributions foncières n'est primé que par les frais faits pour arriver à la réalisation et à la distribution du gage[2].

ARTICLE DOUZIÈME

DROITS DE MUTATION PAR DÉCÈS.

349. Le Trésor public a, pour la garantie des droits de mutation par décès, dont le paiement est différé, sur la demande d'un ayant droit ou autrement, un privilège sur les immeubles de la succession ouverte, à charge d'inscription[3].

ARTICLE TREIZIÈME

DÉPENSES D'ASSAINISSEMENT.

350. A défaut par les intéressés d'exécuter les travaux jugés nécessaires à la salubrité de leur immeuble, ils sont faits d'office par le maire, et la dépense occasionnée est garantie par privilège sur les revenus de l'immeuble, prenant rang après les privilèges de l'article 2103 du Code civil[4].

---

1. L. 5-18 août 1791 ; Douai, 12 févr. 1864 ; Cass., 21 mai 1883, S. 83.1.401.

2. L. 12 nov. 1808 ; C. pr., 657, 662 ; Pont, 53 ; Aubry et Rau, § 263 *bis*, note 38 ; Duranton, XIX, 231 ; Pallain, 314.

3. L. 13 juil. 1911, art. 7.

4. L. 15 févr. 1902, art. 14 et 15.

QUATRIÈME SECTION

ARTICLE PREMIER

SÉPARATION DE PATRIMOINES.

351. L'acceptation pure et simple d'une succession a pour effet de confondre les biens et les dettes du défunt avec les biens et les dettes de l'héritier [1].

Contre les dangers de cette confusion, le législateur a établi deux garanties : le bénéfice d'inventaire en faveur de l'héritier et le bénéfice de la séparation des patrimoines au profit des créanciers et des légataires [2].

352. On entend par séparation des patrimoines un avantage au moyen duquel les créanciers du défunt et les légataires peuvent obtenir que les biens et dettes du défunt soient séparés de ceux de l'héritier, ou autre successeur universel [3], afin d'être payés sur les biens de la succession par préférence aux créanciers de l'héritier.

353. Tout créancier héréditaire : privilégié, hypothécaire, chirographaire, et même sans titre, est fondé à demander la séparation des patrimoines [4]. Mais c'est principalement pour les créanciers chirographaires qu'elle présente de l'intérêt. Il n'y a pas à distinguer entre les créances pures et simples et celles

1. C. civ., 878, 1220 ; Demolombe, XIV, 512.
2. C. civ., 802, 878, 2111 ; Demolombe, XVII, 98 ; Planiol, III, 2170.
3. Cass., 17 mars 1856, D. 56.1.152, S. 56.1.593 ; Demolombe, XVII, 126 ; Aubry et Rau, § 619, note 12.
4. Cass., 2 févr. 1885, S. 86.1.57 ; Lyon, 24 juil. 1835 ; Demolombe, XVII, 107 ; Barafort, 18.

à terme[1], conditionnelles [2], non liquidées[3], ou ayant pour cause des rentes perpétuelles ou viagères [4].

354. Les légataires à titre particulier de sommes ou de rentes, sont, comme les créanciers du défunt, fondés à demander la séparation des patrimoines[5]. Quand il y a plusieurs héritiers, celui d'entre eux qui est légataire par préciput, peut aussi demander la séparation des patrimoines[6].

355. Il est incontestable que ce droit compète individuellement à chacun des créanciers et légataires, et que la séparation ne profite qu'à ceux qui l'ont demandée[7], vis-à-vis des créanciers de l'héritier.

356. Établi dans l'intérêt exclusif des créanciers héréditaires et des légataires, le bénéfice de séparation ne saurait être invoqué par les créanciers de l'héritier[8] ; ceux-ci pourraient seulement attaquer l'acceptation de l'héritier et la faire révoquer comme frauduleuse[9].

357. Le bénéfice de séparation est accordé aux créanciers et légataires du défunt contre les créanciers personnels de l'héritier, quelles que soient leur condition personnelle ou la cause de leur créance[10]; par exemple la femme, le pupille de l'héritier[11].

1. Lyon, 24 juil. 1835 ; Orléans, 15 juin 1861, S. 86.1.57.

2. Orléans, 15 juin 1861 ; Demolombe, XVII, 108 ; Aubry et Rau, § 619, note 3 ; Dufresne, 21.

3. Cass., 2 févr. 1885, S. 85.1.57, D. 85.1.286.

4. Demolombe, XVII, 109 ; Barafort, 193.

5. C. civ., 2111 ; Lyon, 6 juil. 1892, D. 93.2.96 ; Demolombe, XVII, 110 ; Aubry et Rau, § 619 ; Baudry-Lacantinerie et Wahl, 4055.

6. Demolombe, XVII, 111 ; Dufresne, 17 ; Aubry et Rau, § 619.

7. Cass, 28 avril 1869, S. 69.1.313 ; Barafort, 29 ; Dufresne, 12 ; Demolombe, XVII, 112.

8. C. civ., 881.

9. C. civ., 1167 ; Demolombe, XVII, 114 ; XXV, 155 ; Aubry et Rau, § 619.

10. C. civ., 878 ; Demolombe, XVII, 120 ; Aubry et Rau, § 619, note 11 ; Marcadé, art. 880, VI.

11. Demolombe, XVII, 119.

358. La séparation pourrait même être demandée par les créanciers contre les légataires particuliers [1].

359. Quand l'héritier cède ses droits successifs, les créanciers héréditaires ne sauraient être admis à former contre le cessionnaire une demande en séparation de patrimoines ; ils peuvent seulement demander la nullité de la cession pour cause de fraude [2].

360. Le droit de préférence attaché à la séparation des patrimoines s'applique : 1° à tous les biens mobiliers et immobiliers dépendant de l'hérédité, fruits comme fonds [3]; 2° à la part du défunt dans les biens provenant de la communauté ayant existé entre lui et son épouse [4] ; 3° et aux créances du défunt contre l'héritier [5]; mais il reste sans effet, à l'égard des biens rentrés dans la masse par suite d'un rapport et de ceux qui y sont fictivement compris pour le calcul de la quotité disponible [6].

361. Pour arriver à exercer le privilège de la séparation des patrimoines, les créanciers du défunt et ses légataires sont fondés à user de mesures conservatoires :

1° Relativement aux immeubles, ils doivent prendre inscription sur *chacun* des immeubles dans les six mois à compter de l'ouverture de la succession, afin que l'héritier ne puisse établir des hypothèques à leur préjudice [7] ; — après l'expiration des six mois les créanciers et légataires pourraient encore

---

1. Demolombe, XVII, 122 ; Aubry et Rau, § 619, note 51.
2. Grenoble, 19 mars 1831 ; Demolombe, XVII, 129 ; Dufresne, 113 ; Aubry et Rau, § 619, note 29. — *Contrà*, Lyon, 17 nov. 1850.
3. Caen, 26 févr. 1849, D. 51.2.236 ; Demolombe, XVII, 131, 132.
4. Cass., 29 janv. 1900, D. 1900.1.269, J. E. 25990, J. C. 5164, *Rev. not.*, 10.676.
5. Cass., 16 juil. 1828.
6. C. civ., 857, 921 ; Demolombe, XVII, 129 ; comp. Rouen, 17 mars 1897.
7. C. civ., 2111 ; Aubry et Rau, § 619, note 41 ; Laurent, X, 32.

s'inscrire, mais le privilège serait dégénéré en une simple hypothèque, ne datant, vis-à-vis des tiers, que de son inscription [1] ;

2° A l'égard des meubles, ils peuvent : requérir les scellés et l'inventaire [2] ; pratiquer des saisies-arrêts entre les mains des débiteurs de la succession [3], ou former une demande directe contre l'héritier pour obtenir des garanties, par exemple, la nomination d'un séquestre [4]. Toutefois, le créancier ou légataire d'une rente viagère n'est pas fondé à exiger de l'héritier une caution ni un emploi quelconque, si son titre ne lui confère ce droit, quand même la succession serait purement mobilière [5], mais il est en droit de former des saisies-arrêts entre les mains des détenteurs de valeurs successorales [6].

362. Mesure de défiance contre l'héritier, la séparation des patrimoines ne serait plus invocable par le créancier qui aurait accepté l'héritier comme débiteur [7], ce qui résulterait : d'une saisie-exécution sur ses biens ; de la production à un ordre ouvert pour la distribution des deniers de l'héritier ; de l'acceptation d'un gage, une hypothèque. ou une délégation [8], et de toute convention transformant la dette [9].

363. L'acceptation de l'héritier pour débiteur ne résulte pas de la signification des titres prescrite par la loi [10], de leur

1. C. civ., 2113 ; Bordeaux, 26 avr. 1864 ; Metz, 27 mai 1868, S. 68.2.281.

2. C. pr., 909 et suiv.

3. Dufresne, 62 ; Demolombe, XVII, 144.

4. C. civ., 1961 ; Aix, 22 mars 1849 ; Cass., 16 août 1869, D. 69.1. 463, S. 69.1.417 ; Demolombe, XVII, 145 à 147.

5. Paris, 31 juil. 1852 ; 28 avril 1865, S. 66.2.49.

6. Cass., 16 août 1869, S. 69.1.417.

7. C. civ., 879.

8. Bordeaux, 10 avr. 1845 ; Dufresne, 28 ; Demolombe, XVII, 163.

9. Rouen, 10 avr. 1845 ; Demolombe, XVII, 165 ; Aubry et Rau, § 619, note 6.

10. C. civ., 877.

exécution contre l'héritier sur les biens de la succession [1] ; de la réception d'intérêts ou arrérages [2] ; d'un délai accordé [3].

364. Celui qui accepte l'héritier comme débiteur, cesse d'être créancier du défunt, et ne peut venir en concours avec les autres créanciers qui ont demandé la séparation [4].

365. En ce qui concerne les meubles, le droit de demander la séparation des patrimoines se prescrit par le laps de trois ans, à compter de l'ouverture de la succession [5]. À l'égard des successeurs qui, n'ayant pas la saisine, sont obligés de faire une demande en délivrance, le délai ne peut partir que de la délivrance judiciaire ou volontaire [6].

366. Avant l'expiration du délai de trois ans, le droit de séparation est perdu :

1° Sur les meubles héréditaires vendus par l'héritier qui en touche le prix [7]. Si le prix était encore dû, les créanciers et légataires pourraient demander à être payés par préférence aux créanciers particuliers de l'héritier [8].

La vente d'une partie des meubles n'empêcherait pas aux créanciers d'exercer leurs droits sur ceux conservés par l'héritier [9].

2° Par la confusion des meubles de l'hérédité avec ceux de l'héritier, de manière à ne pouvoir plus être reconnus et distingués [10].

---

1. Cass., 21 juin 1841 ; Demolombe, XVII, 160.
2. Demolombe, XVII, 162 ; Massé et Vergé, § 385.
3. Grenoble, 7 janv. 1891, S. 92.2.81.
4. Cass., 3 fév. 1857, S. 57.1.321 ; Demolombe, XVII, 169.
5. C. civ., 880 ; Cass., 9 avr. 1810 ; Demolombe, XVII, 172.
6. C. civ., 724 ; Aubry et Rau, § 619, note 31 ; Demolombe, XVII, 173 ; Dufresne, 57.
7. Cass., 27 juil. 1813 ; 28 août 1840 ; Demolombe, XVII, 180.
8. Cass., 16 juil. 1828 ; 7 août 1860, S. 61.1.257 ; Nîmes, 21 juil. 1852 ; Demolombe, XVII, 181.
9. Cass., 8 nov. 1815.
10. Demolombe, XVII, 185 ; Dufresne, 41, 59.

C'est donc aux créanciers à prendre les mesures nécessaires
(n° 361) pour empêcher la confusion du mobilier héréditaire
avec celui de l'héritier.

367. Quant aux immeubles, la loi nous dit, d'une part, que
l'action en séparation des patrimoines peut être exercée tant
qu'ils existent dans la main de l'héritier, de sorte qu'il n'y a
pas de droit de suite contre les tiers acquéreurs ; et, d'autre
part, que les créanciers héréditaires conservent leur droit de
préférence à l'égard des créanciers hypothécaires de l'héritier,
par des inscriptions prises dans les six mois de l'ouverture de
la succession [1].

Supposons d'abord que les immeubles sont encore dans la
main de l'héritier. Les créanciers du défunt ayant pris inscription dans les six mois de l'ouverture de la succession seront
préférés aux créanciers hypothécaires de l'héritier, lors même
que ceux-ci auraient inscrit antérieurement [2]. Si, au contraire,
les créancers héréditaires ne prennent inscription qu'après
l'expiration des six mois, leur privilège dégénère en hypothèque ; par suite, ils ne seront payés qu'à la date de l'inscription,
c'est-à-dire après ceux des créanciers hypothécaires de l'héritier qui auront inscrit avant eux [3].

368. Le créancier du défunt, qui a pris une inscription sur
ses immeubles avant le décès, n'est pas obligé d'en prendre
une nouvelle après l'ouverture de la succession pour être colloqué de trois années d'intérêts [4] ; il ne sera nécessaire d'inscrire que pour obtenir collocation de tous intérêts non prescrits [5].

1. C. civ., 880, 2111.
2. C. civ., 2111.
3. C. civ., 2113 ; comp. Paris, 12 déc. 1907.
4. Demolombe, XVII, 196 ; Aubry et Rau, § 619, note 37 ; Barafort,
171.
5. Montpellier, 2 avril 1868 ; Agen, 23 janv. 1867, S. 68.2.20 ;
Pont, 300.

369. Ces règles sont applicables au cas de faillite du défunt, déclarée après sa mort, ou de celle de son héritier [1].

370. Maintenant, supposons que les immeubles héréditaires ont été vendus par l'héritier. Les créanciers du défunt et les légataires ayant pris inscription avant la transcription de l'aliénation jouiront d'un droit de préférence sur le prix, et du droit de suite leur permettant de surenchérir comme tout créancier inscrit [2].

371. A défaut d'inscription opérée antérieurement à la transcription de la vente, le droit de suite contre l'acquéreur est perdu, alors même que l'inscription serait prise dans les six mois de l'ouverture de la succession [3]. Le droit de préférence sur le prix encore dû ne pourrait pas non plus être exercé à l'encontre des créanciers de l'héritier ayant hypothèque inscrite ; mais il pourrait l'être contre les créanciers chirographaires [4].

372. Dans le cas où l'immeuble aurait été vendu par le défunt à son unique héritier, pour un prix non payé, les créanciers pourront [5], en demandant la séparation des patrimoines, empêcher la confusion et exercer les droits privilégiés et résolutoires du vendeur [6].

373. Le privilège de la séparation des patrimoines produit deux effets principaux :

1. Cass., 22 juin 1841 ; Paris, 30 nov. 1861 ; Montpellier, 2 avr. 1868, S. 68.2.283 ; Pont, 899 ; Baudry et de Loynes, 868. — *Contrà*, Colmet de Santerre, IX, 120 *bis*, VIII : Lyon-Caen et Renault, 2715.

2. Cass., 27 juil. 1870 ; Pau, 10 janv. 1887 ; Aix, 4 déc. 1893, S. 96.2.17 ; Colmet de Santerre, IX, 59 *bis*. — *Contrà*, Thézard, 329 ; Pont, 299.

3. Demolombe, XVII, 202 ; Aubry et Rau, § 619, note 49 ; Flandin, 1054 ; Colmet de Santerre, IX, 147 *bis*, XVIII.

4. Demolombe, XVII, 203 ; Pont, 314, 1125 ; Verdier, 540.

5. Caen, 9 fév. 1860.

6. Demolombe, XVII, 204, XXVIII, 707 ; Dufresne, 53.

1° Droit de préférence au profit de tout créancier même chirographaire du défunt, sur tous les créanciers même hypothécaires de l'héritier, en ce qui concerne tous les biens de l'hérédité[1] ;

2° Droit de suite, à l'égard des immeubles, contre les tiers acquéreurs, et, comme conséquence, droit de surenchère pour les créanciers purement chirographaires ayant inscrit la séparation, comme pour les créanciers hypothécaires[2].

374. Quant à la division des dettes entre les héritiers du défunt, la séparation des patrimoines n'y met pas obstacle ; elle n'a d'effet contre chacun d'eux que jusqu'à concurrence de sa portion contributive dans les dettes[3]. Les créanciers peuvent bien, jusqu'au partage, saisir et faire vendre tous les biens de la succession ; ils ont aussi la faculté d'intervenir au partage pour empêcher toute fraude à leurs droits. Mais, le partage consommé, les créanciers chirographaires ne sont admis à exercer leur privilège contre les héritiers que pour la part aliquote incombant à chacun d'eux dans la dette[4], quand même, par suite de rapports en moins prenant dus par quelques-uns des héritiers, les immeubles grevés de l'inscription des créanciers auraient été exclusivement attribués aux autres[5]. La seule ressource consisterait à attaquer l'acceptation de l'héritier débiteur du rapport en moins prenant, comme ayant eu lieu en fraude des droits des créanciers[6].

1. Thézard, 327.
2. Cass., 27 juil. 1870, S. 72.1.153, D. 71.1.352 ; Barafort, 187.
3. Cass., 9 juin 1857 ; 10 juil. 1893, D. 94.1.5, S. 94.1.177 ; Rennes, 14 janv. 1858 ; Limoges, 16 juin 1860 ; Nancy, 13 avr. 1867 ; Demolombe, XVII, 211 ; Aubry et Rau, § 619, note 68.
4. Cass., 9 juin 1857 ; Rennes, 14 janv. 1858 ; Caen, 9 févr. 1860 ; Limoges, 16 juin 1860 ; Nancy, 13 avr. 1867, D. 67.2.104, S. 69.2.81 ; Aubry et Rau, § 619, note 68. — *Contrà*, Bordeaux, 14 juil. 1836 ; Barafort, 187.
5. Caen, 20 févr. 1858 ; Limoges, 16 juin 1860, S. 61.2.330 ; Demolombe, XVII, 214 ; Aubry et Rau, § 619, note 69 ; Thézard, 326.
6. Demante, III, 210 *bis*, 222 *bis* ; Demolombe, XVII, 243.

375. Il faut rappeler ici que le légataire a, indépendamment du privilège de séparation des patrimoines, une hypothèque légale sur les immeubles de la succession ; hypothèque qui jouit de la prérogative d'indivisibilité [1]. Ce qui revient à dire qu'après le partage de l'hérédité le légataire a une position plus favorable que le créancier (n° 711).

376. Les créanciers du défunt et les légataires qui ont demandé la séparation des patrimoines n'en conservent pas moins le droit de venir, sur les biens personnels de l'héritier pur et simple, en concours avec les créanciers particuliers de celui-ci [2].

377. S'il est vrai que le privilège de la séparation des patrimoines ne profite, à l'égard des créanciers de l'héritier, qu'aux créanciers du défunt et légataires qui l'ont demandé, il est non moins certain que ce privilège ne peut créer aucun.rang de préférence pour les créanciers ou légataires du défunt qui ont rempli les formalités légales sur ceux qui auraient négligé de s'y conformer [3].

378. En se plaçant dans l'hypothèse du concours de créanciers hypothécaires de l'héritier avec des créanciers chirographaires du défunt, dont les uns ont pris inscription et dont les autres ont négligé d'accomplir cette formalité, voici comment doit avoir lieu la collocation : on commence par attribuer aux créanciers du défunt qui ont pris inscription la somme qu'ils auraient eue dans une répartition faite entre les seuls créanciers de l'hérédité, à l'exclusion de ceux de l'héritier. Ensuite on colloque les créanciers hypothécaires de l'héritier

1. C. civ., 1017, 2114 ; Demolombe, XVII, 217.

2. Demolombe, XVII, 220 ; Thézard, 322 ; Colmet de Santerre, IX, 59 bis, VI.

3. Cass., 4 déc. 1871 ; 15 juil. 1891, D. 93.1.465, S. 91.1.409 ; 9 avr. 1906 ; 25 janv. 1910, D. 10.1.177 ; Grenoble, 24 mars 1896 ; Bordeaux, 28 avr. 1864 ; Aubry et Rau, § 619, note 52.

pour le montant de leurs créances. Ce qui reste disponible est réparti au marc le franc entre les créanciers chirographaires du défunt qui, n'ayant pas pris inscription en temps utile, se trouvent primés par les créanciers hypothécaires de l'héritier [1]. Puis les diverses collocations obtenues par les créanciers héréditaires sont réparties entre eux tous au marc le franc.

379. L'acceptation bénéficiaire de la succession précédée ou suivie d'un inventaire, emporte de plein droit séparation des patrimoines, au profit des créanciers du défunt et des légataires, sans qu'ils aient à remplir aucune formalité [2]. Et l'effet de la séparation continue de subsister, lors même que l'héritier renoncerait au bénéfice d'inventaire ou s'en trouverait déchu [3]. En présence de plusieurs héritiers, les uns acceptant bénéficiairement et les autres purement et simplement, l'effet de la séparation ne durerait qu'autant que l'indivision. Après le partage, les créanciers retomberaient dans le droit commun [4]. Il en serait de même si l'héritier bénéficiaire était exclu par un autre héritier.

380. Quand l'hérédité est déclarée vacante et pourvue d'un curateur, la séparation a lieu aussi de plein droit. Toutefois, si l'héritier se présentait, le droit commun reprendrait son empire [5].

Il sera donc prudent, même dans ces deux hypothèses, de prendre des mesures conservatoires.

1. Metz, 27 mai 1868, S. 68.2.281 ; Aubry et Rau, § 619, note 54 ; Marcadé, art. 880, vi ; Thézard, 327 ; Dufresne, nos 99 et 108 ; Laurent, X, 68. — Contrà, Baudry-Lacantinerie et de Loynes, 876.

2. Cass., 28 avr. 1840 ; 8 juin 1863, D. 63.1.273, S. 63.1.379 ; Dufresne, 78.

3. Cass., 8 juin 1863 ; 11 janv. 1882 ; 20 juin 1908, D. 08.1.575 ; Grenoble, 26 déc. 1891, S. 93.2.33. — Contrà, Laurent, X, 82 ; Bordeaux, 24 juil. 1830.

4. Cass., 25 août 1858 ; 3 août 1857, S. 58.1.286.

5. Amiens, 11 juin 1853, S. 53.2.537, D. 54.2.690 ; Aubry et Rau, § 619, note 78.

381. En quelle forme la séparation des patrimoines doit-elle être demandée ? Une demande en justice est formée devant le tribunal civil, même contre la faillite de l'héritier, suivant les règles ordinaires de la procédure, contre l'héritier et ses créanciers connus [1], ou contre l'héritier seul s'il n'y a pas de créancier [2]. Tel est le système généralement enseigné; mais il ne nous satisfait point, car il est impossible de lui trouver un fondement dans les textes, et, d'ailleurs, les mesures conservatoires telles que l'inscription sur les immeubles, l'assistance des créanciers et légataires à l'inventaire, et les saisies-arrêts aux mains des débiteurs de l'hérédité suffisent bien pour avertir les créanciers de l'héritier. Après ces actes conservatoires, le privilège de la séparation sera utilement opposé, aux créanciers de l'héritier, sans action principale, dans les ordres et distributions des deniers provenant de la succession [3].

382. Enfin, l'inscription du privilège de la séparation des patrimoines n'est valable que relativement aux immeubles du défunt qui s'y trouvent désignés spécialement par leur nature et leur situation [4].

383. Le créancier, sans titre ou avec titre non enregistré [5],

1. Poitiers, 8 août 1828 ; Bordeaux, 11 déc. 1834 ; Paris, 15 nov. 1856, D. 57.2.195 ; Caen, 28 mars 1871, S. 71.2.208 ; Aubry et Rau, § 619, note 16 ; comp. Cass., 11 janv. 1869.

2. Paris, 31 juil. 1852 ; 14 août 1867 ; Nancy, 14 juil. 1875. — Contrà, Demolombe, XVII, 136 ; Laurent, X, 11.

3. Metz, 27 mai 1868 ; Demolombe, XVII, 139 ; Thézard, 324 ; Planiol, III, 2179. — Contrà, J. G., Succ., 1462 ; Aubry et Rau, § 619, note 15.

4. C. civ., 2111, 2148 ; Lyon, 24 déc. 1862 ; Agen, 23 janv. 1867 ; Dijon, 23 nov. 1876 ; Cass., 30 juillet 1878 ; Caen, 7 fév. 1888, S. 88. 2.136 ; Aubry et Rau, § 619, note 41 ; Laurent, X, 32.

5. Si le bordereau vise un titre sous seing privé, l'administration est fondée à exiger les droits de timbre et d'enregistrement (Mayenne, 5 juin 1889, J. E. 23358 ; Trib. Rouen, 6 juil. 1893, J. E. 24392). Quand le créancier n'a qu'un titre, non enregistré, il peut se dispenser de le viser, en énonçant seulement un prêt fait le..., sans autre mention.

doit-il demander au président du tribunal civil l'autorisation
d'inscrire son privilège ? On a dit oui ; cependant cette formalité n'étant pas prescrite par la loi, nous pensons que son inac-
complisssement n'entache pas la validité de l'inscription. Au
surplus, le conservateur des hypothèques ne serait pas fondé [1]
à demander la représentation du titre de l'inscrivant[2].

384. L'inscription prise pour le privilège de séparation est
assujettie au renouvellement décennal[3].

ARTICLE DEUXIÈME

DROITS DE MUTATION PAR DÉCÈS.

385. La régie de l'Enregistrement a *action* sur les revenus
des biens à déclarer, en quelques mains qu'ils se trouvent,
pour le paiement des droits de mutation par décès .[4]

L'expression privilège n'ayant pas été employée par le législateur, on avait d'abord pensé que le droit du fisc était une
hypothèque légale [5] ; mais les nombreuses décisions judiciaires
intervenues sur la question l'ont tranchée avec une telle unanimité en faveur du Trésor, qu'il n'est plus possible de contester le caractère privilégié de l'action de la régie sur les
revenus des biens héréditaires [6] courus depuis le décès[7].

1. Cass., 2 fév. 1885, D. 85.1.286, S. 86.1.57 ; Agen, 10 juil.
1894, S. 95.2.177, *Rev. not.*, 9346 ; Caen, 12 nov. 1907 ; Duranton,
VII, 470 ; Dufresne, 9 ; Barafort, 18 ; Aubry et Rau, § 619, note 3.
2. *Dict. enreg.*, Hyp., 59 ; comp. Dufresne, 69 ; Vazeille, art. 878,
n° 12 ; Barafort, 147 ; Laurent, X, 32.
3. Agen, 23 janv. 1867.
4. L. 22 frim. an VII, art. 32 ; 16 avr. 1895, art. 7.
5. Pont, 34 ; J. G., *Enreg.*, 4121, 4127 ; Championnière et Rigaud,
IV, 3887 ; Duranton, XIX, 233 ; Orléans, 9 juin 1860.
6. Cass., 2 déc. 1862 ; 2 juin 1869 ; 24 nov. 1869, D. 70.1.339,
S. 70.1.88, J. E. 18893, *Rev. not.*, 2695 ; Persil, I, 27 ; Troplong,
97 ; Demante, 671 ; Aubry et Rau, § 263 *bis*, b.
7. Cass., 22 juil. 1903, D. 05.1.173, S. 05.1.193, J. E. 26359 ;
Rouen, 1er mars 1879, D. 80.2.168 ; *Dict. enreg.*, Succ., 2542.

386. Ce privilège n'a pas de droit de suite ; il ne peut atteindre les revenus à l'encontre des tiers acquéreurs, dès que les biens se trouvent hors des mains des héritiers, donataires ou légataires [1].

387. Quant au droit de préférence, la régie l'exerce à l'encontre des créanciers hypothécaires sur les intérêts du prix de vente, comme sur les revenus, tant que les créanciers ne sont pas appropriés [2] ; ainsi :

1° En cas de vente sur saisie immobilière, le privilège s'exerce sur les fruits et revenus recueillis ou courus antérieurement à la transcription de la saisie qui les immobilise [3].

2° Lorsque la vente est volontaire, le privilège ne frappe pas les revenus courant à compter, soit de la sommation de payer ou de délaisser faite par les créanciers hypothécaires à l'acquéreur, soit de la notification de la vente adressée par l'acquéreur, aux créanciers inscrits [4] ou seulement aux créanciers à hypothèque légale [5]. L'acceptation du prix par les créanciers, avec dispense de notification, équivaut d'ailleurs à une notification [6].

Les ventes judiciaires par licitation et celles faites à la requête

---

1. Cons. d'État, 21 sept. 1810 ; Cass., 8 mai 1811 ; 9 mars 1814 ; 21 juin 1815 ; Sol., 3 juin 1872 ; J. G., *Enreg.*, 5167 ; Aubry et Rau, § 263 *bis*, b ; Pallain, 340.

2. Grenoble, 28 juin 1871 ; Toulouse, 29 juin 1872 ; Nîmes, 9 févr. 1876 ; Aix, 19 juin 1893, S. 94.2.225.

3. C. pr., 682, 685 ; Cass., 24 juin 1857 ; Aix, 29 août 1867 ; Pau, 2 déc. 1890, S. 92.2.177. — Si le prix principal de l'adjudication était suffisant pour désintéresser les créanciers hypothécaires, la régie pourrait exercer son privilège sur les revenus par préférence aux créanciers chirographaires.

4. C. civ., 2176, 2183 ; Cass., 24 juin 1857 ; 28 nov. 1869 ; Bordeaux, 18 fév. 1892, S. 93.2.249.

5. C. civ., 2194 ; Cass., 13 mars 1870, S. 70.1.193, D. 70.1.362.

6. Cass., 15 mars 1876, S. 76.1.216, D. 78.1.64.

de l'héritier bénéficiaire, sont considérées comme ventes volontaires au respect de la régie [1].

S'il n'y avait eu ni sommation de payer ni notification aux créanciers, les revenus ne cesseraient d'être frappés du privilège de la régie qu'à partir de l'ouverture de l'ordre judiciaire et de la sommation de produire adressée aux créanciers inscrits, ou du règlement amiable [2].

Cependant, en cas de surenchère, le cours du privilège serait arrêté par l'adjudication sur surenchère [3].

3° Quand la vente des immeubles d'un failli a lieu à la requête du syndic, après union, le privilège n'atteint que les revenus antérieurs à l'adjudication [4], ceux postérieurs sont immobilisés au profit des créanciers hypothécaires [5].

4° L'expropriation pour cause d'utilité publique produisant l'immobilisation des fruits, à partir du jugement, arrête le cours du privilège fiscal [6].

388. Dans aucun cas, le privilège de la régie ne peut s'exercer sur les meubles ou immeubles héréditaires ; il est toujours restreint aux revenus [7].

389. Il est fort douteux que le privilège soit attaché aux droits en sus qui sont des peines [8].

1. Cass., 24 nov. 1869, S. 70.1.88, D. 70.1.339 ; Grenoble, 28 juin 1871, S. 72.2.51.

2. Grenoble, 28 juin 1871, J. E. 19113 ; Toulouse, 29 juin 1872, D. 74.2 17 ; Montpellier, 13 mars 1876 ; Avignon, 26 nov. 1879.

3. Pau, 17 mai 1877; *Dict. Enreg.*, Succ., 2525.

4. Cass., 2 déc. 1862, S. 63.1.97.

5. Cass., 8 avril 1867 ; 13 janv. 1869, S. 69.1.152.

6. Cass., 9 mai 1871 ; Nice, 22 fév. 1875, J. E. 19802.

7. Cass., 23 juin 1857 ; 2 déc. 1862 ; Lyon, 13 déc. 1866; Aubry et Rau, § 263 *bis*, b.

8. Pour le privilège des droits en sus: Gannat, 28 janv. 1876 ; Brioude, 29 nov. 1876 ; Langres, 26 mai 1880 ; Dijon, 22 août 1881 ; Bordeaux, 16 juin 1891, D. 93.5.265, S. 92.2.265 ; Seine, 26 déc.

André, *Régime hypothécaire* 10

390. Du reste ce privilège s'exerce sur tout ou partie des biens de la succession à l'encontre du légataire de l'usufruit [1], même par voie de restitution des fruits perçus [2], sauf recours de l'usufruitier contre les héritiers de la nue propriété [3].

391. Indépendamment de son privilège sur les revenus, le Trésor vient en concours avec les créanciers chirographaires sur les biens héréditaires et sur ceux de l'héritier, même dans le cas où il aurait accepté sous bénéfice d'inventaire [4].

Le Trésor a un privilège sur les immeubles de la succession ouverte, pour la garantie des droits dont le paiement est différé (n° 349).

392. Un privilège semblable à celui des droits de mutation par décès sur les revenus, est accordé au Trésor pour le recouvrement de la taxe d'accroissement à la charge des congrégations, sociétés et associations [5].

ARTICLE TROISIÈME.

PRIVILÈGE PORTANT SUBSIDIAIREMENT SUR LES IMMEUBLES.

393. Les créances privilégiées sur la généralité des meubles (frais de justice, funéraires, de dernière maladie, salaires des

---

1894, J. E. 24686 ; Demante, 668. — *Contrà* : Tr. Bordeaux, 1er mai 1872 ; Boulogne, 20 mars 1885 ; Laval, 3 juin 1887 ; Caen, 24 janv. 1888, D. 88.2.178, S. 90.2.193 ; Lyon, 23 juill. 1890 ; Pontoise, 15 janv. 1894, J. E. 24336, S. 90.2.194 ; Sol. 20 oct. 1890, D. 91.3. 64, S. 92.2.265, J. E. 23501 ; Baudry et de Loynes, 659 ; *Dict. Enreg.*, Succ., 2550.

1. Epinal, 30 mars 1878 ; Nancy, 25 avr. 1881 ; Lyon, 23 juil. 1890, S. 91.2.170.

2. Cass., 22 juil. 1903, D. 05.1.173, S. 05.1.193, J. E. 26559.

3. Cass., 3 avr. 1866, S. 66.1.223, D. 66.1.148.

4. Cass., 2 juin 1869 ; Paris, 6 janv. 1880, S. 81.2.105 ; Pallain, 342.

5. L. 16 avr. 1895, art. 7.

gens de service et fournitures de subsistances ¹) sont également privilégiées sur la généralité des immeubles, dans le cas seulement d'insuffisance du mobilier ²; de sorte que le créancier privilégié sur les meubles, qui négligerait de se présenter à la distribution du mobilier, serait déchu de son recours sur la masse immobilière, dans la mesure de la collocation qu'il aurait obtenue en faisant valoir ses droits sur la masse mobilière ³.

394. Quand la distribution des immeubles précède celle du mobilier, les créanciers à privilèges généraux sont fondés à demander une collocation éventuelle, réductible aux sommes dont ils ne seraient pas payés sur la masse mobilière, qu'ils devraient discuter dans le délai imparti par le juge ⁴.

395. Le privilège du Trésor public pour le recouvrement des frais de justice en matière criminelle, correctionnelle et de police, portant sur la généralité des meubles, affecte subsidiairement les immeubles des condamnés ⁵. Il est soumis aux mêmes conditions d'exercice sur les immeubles que les privilèges généraux du Code civil ⁶.

396. Il faut encore mentionner ici le privilège du Trésor, pour le recouvrement des débets des comptables, puisque ce privilège grève, sinon tous les immeubles, au moins certains immeubles des comptables, en même temps que le mobilier ⁷ (n° 335).

1. C. civ., 2101.
2. C. civ., 2104, 2105 ; Bruxelles, 21 août 1810 ; Aubry et Rau, § 262, note 3.
3. Lyon, 14 déc. 1832 ; Cass., 22 août 1836 ; Limoges, 9 juin 1842, J. G., *Priv.*, 503 ; Aubry et Rau, § 262 ; Pont, 244 ; Duranton, XIX, 200 ; — *Contrà*, Colmet de Santerre, IX, 61 *bis*, II.
4. Amiens, 24 avr. 1822 ; Agen, 28 août 1834 ; Pont, 243 ; Aubry et Rau, § 262, note 6 ; Thézard, 381.
5. L. 5 sept. 1807, art. 4 ; Pallain, 298 ; Aubry et Rau, § 263 *bis*, note 27.
6. Cass., 22 août 1836, S. 36.1.625 ; J. G., *Priv.*, 570.
7. L. 5 sept. 1807 ; Pallain, 259.

CINQUIÈME SECTION

CONSERVATION DES PRIVILÈGES.

397. En règle générale, les privilèges portant sur les immeubles ne sont efficaces, à l'égard des tiers, que par leur inscription sur les registres de la conservation des hypothèques. De sorte qu'en l'absence d'inscription valable, le créancier privilégié ne peut ni suivre les immeubles entre les mains des tiers acquéreurs, ni réclamer sur leur prix un droit de préférence au détriment des autres créanciers, même simplement chirographaires [1].

398. Quelques privilèges sont cependant dispensés de la formalité de l'inscription, savoir :

1° Les privilèges des frais de justice, funéraires, de la dernière maladie ; des mois de nourrice, des salaires des gens de service et des fournitures de subsistance [2]. Mais la dispense d'inscrire est limitée au droit de préférence ; ces privilèges sont soumis à la nécessité d'une inscription pour l'exercice du droit de suite contre les acquéreurs des biens de leur débiteur [3] ;

2° Le privilège du vendeur d'un immeuble est conservé à l'égard des tiers par le seul effet de la transcription de l'acte de vente [4].

399. Si les privilèges soumis à inscription n'ont pas été

1. C. civ., 2093, 2106 ; Cass., 19 déc. 1809 ; 11 juin 1817 ; Pont, 729 ; Laurent XXX, 66 ; Thézard, 298.
2. C. civ., 2101, 2107.
3. Pont, 1122 ; Aubry et Rau, § 269, note 5 ; Verdier, 498 ; Laurent, XXX, 242 ; Baudry-Lacantinerie et de Loynes, 809, 2087.
4. C. civ., 2108.

inscrits dans le délai imparti, ils dégénèrent en hypothèques légales ne prenant rang, à l'égard des tiers, qu'à la date de l'inscription [1].

400. En ce qui concerne les privilèges sur meubles, la dispense d'inscription est la règle, sauf pour les fonds de commerce [2].

ARTICLE PREMIER

VENDEUR D'IMMEUBLES.

401. Le vendeur d'immeuble conserve son privilège soit au moyen d'une inscription directe [2] soit, indépendamment de toute inscription, par la transcription, opérée par l'acquéreur ou le vendeur, du contrat de vente constatant que tout ou partie du prix est encore dû [4], ou n'a été payé qu'en effets de commerce ou valeurs à satisfaction [5].

Toutefois le vendeur, maître de ses droits, est libre de renoncer formellement au privilège et à l'action résolutoire en dispensant le conservateur de prendre l'inscription d'office, quoique le prix ne soit pas payé ou ait seulement été réglé en billets ou autres valeurs [6].

402. La transcription d'une dernière vente serait insuffisante pour conserver le privilège d'un précédent vendeur, alors même que sa créance aurait été mentionnée dans le contrat transcrit et accompagnée d'une indication de paiement [7].

1. C. civ., 2113 ; Pont, 307, 308.
2. L. 17 mars 1909.
3. Cass., 6 juil. 1807 ; 7 mai 1811 ; Aubry et Rau, § 278.
4. C. civ., 2108 ; Pont, 264 ; Flandin, II, 1097.
5. Paris, 9 mars 1893, J. C. 4387.
6. Cass., 27 mai 1895, J. C. 4675, Rev. not., 9451 ; Agen, 12 nov. 1906, J. E. 27380 ; Baudry-Lacantinerie et de Loynes, 818.
7. Cass., 29 avr. 1845 ; 7 mars 1865, D. 65.1.121, S. 65.1.165 ; Montpellier, 9 juin 1853 ; Paris, 30 nov. 1860 ; Pont, 265 ; Flandin, 1098.

403. Un délai de 45 jours, à partir du contrat de vente, est accordé au vendeur pour rendre son privilège public, par inscription directe ou par la transcription du titre, nonobstant toute transcription d'actes opérée dans ce délai [1]

À défaut d'inscription dans les 45 jours, le privilège du vendeur devient sans effet à l'égard des tiers acquéreurs ayant fait transcrire leur contrat d'acquisition [2].

404. Néanmoins, tant que l'immeuble vendu reste dans les mains de l'acquéreur ou de ses héritiers, le vendeur ne perd pas son privilège ; il peut toujours l'inscrire et l'opposer à tous les créanciers hypothécaires ou chirographaires de l'acquéreur [3], pourvu qu'il ne se trouve pas en présence d'un événement arrêtant le cours des inscriptions (n° 762).

405. En cas de revente de portions indivises de l'immeuble grevé du privilège du vendeur, celui-ci peut utilement le conserver tant que dure l'indivision, et ensuite le faire valoir contre les sous-acquéreurs partiels qui, par licitation ou partage, seraient devenus postérieurement propriétaires de la totalité de l'immeuble [4].

406. Quand le vendeur n'a pas rendu son privilège public, si l'acquéreur vient à être déclaré en faillite, le privilège ne peut plus être utilement inscrit ; le vendeur conserve son action résolutoire à l'encontre des créanciers de la faillite jusqu'à l'inscription syndicale, car la déclaration de faillite n'a pour effet que de rendre le privilège inopposable à la masse et non d'en opérer l'extinction [5] ; — n° 765.

---

1. L. 23 mars 1855, art. 6.
2. Même loi ; Aubry et Rau, § 278, note 16.
3. Cass , 14 fév. 1865 ; 6 mai 1868, S. 68.1.255 ; Alger, 24 juin 1870 ; Douai, 4 avr. 1895, J. C. 4645, S. 97.2.289 ; Caen, 24 avr. 1902, D. 04.2.425.
4. Cass , 20 mai 1866, S. 66.1.393 ; Aubry et Rau, §.278, note 7 ; Baudry-Lacantinerie et de Loynes, 2100.
5. L. 23 mars 1855, art. 7 ; Cass., 1ᵉʳ mai 1860 ; Grenoble, 24 mai

407. L'acceptation sous bénéfice d'inventaire ou la vacance de la succession de l'acquéreur prive aussi le vendeur de la faculté d'invoquer le privilège non inscrit [1].

En cas de vente, par suite de saisie immobilière contre l'acquéreur, le vendeur doit exercer son action résolutoire avant l'adjudication, à peine de déchéance [2].

Si l'immeuble vendu est exproprié pour cause d'utilité publique, le vendeur peut encore inscrire son privilège dans la quinzaine de la transcription du jugement d'expropriation [3].

408. Quoique le privilège du vendeur soit conservé par la transcription, le conservateur est tenu d'inscrire d'office ce privilège sur ses registres. Cependant, l'omission ou l'irrégularité de l'incription d'office ne porte aucune atteinte au privilège, tel qu'il résulte du titre [4].

409. Il ne peut exister de privilège au profit du vendeur, qu'autant que le prix de vente reste dû en totalité ou en partie. Si donc le prix est reconnu payé comptant, le conservateur n'étant pas chargé d'apprécier la validité des actes remis pour la transcription, ne pourrait, sans outre-passer ses droits, prendre une inscription d'office en prétextant de l'irrégularité du paiement provenant de la capacité du vendeur [5] (n° 1953).

410. Lors de la transcription d'un jugement d'expropriation publique, le conservateur n'est pas autorisé à faire l'inscription d'office du privilège du vendeur [6].

1860 ; Dijon, 18 juin 1864 ; Bordeaux, 4 mai 1892 ; Aubry et Rau, § 278, note 10 ; Thézard, 307.

1. Montpellier, 6 avr. 1859 ; 5 mai 1863 ; Cass, 27 mars 1861 ; 29 mai 1866 ; Aubry et Rau, § 278, note 13.

2. C. pr., 692, 717.

3. L. 3 mai 1841, art. 17 ; Aubry et Rau, § 209, note 43.

4. C. civ., 2108 ; Pont, 270.

5. Pont, 933 ; Mourlon, 675.

6. Cass., 13 janv. 1847 ; 5 avr. 1854 ; Inst. 1997 ; Déc. min. fin ., 25 sept. 1844, J. E. 22362 ; Boulanger, 538.

411. Ceux qui ont fourni des deniers pour l'acquisition d'un immeuble jouissent du privilège de vendeur ; ils le conservent, soit par une inscription prise en vertu des actes authentiques d'emprunt, indiquant la destination des deniers, et de quittance du vendeur, constatant l'emploi [1] ; soit au moyen de la transcription de l'acte authentique de vente établissant que le vendeur a été payé avec les deniers empruntés à cet effet, également par acte authentique [2].

412. Il est hors de doute que l'inscription du privilège du vendeur se trouve soumise au renouvellement décennal [.]

ARTICLE DEUXIÈME

COPARTAGEANT.

413. A la différence du privilège du vendeur qui produit effet par la seule transcription de l'acte, le privilège du cohéritier ou copartageant ne se conserve que par une inscription directe [4] prise par le créancier, ou en son nom par un tiers même sans justification de mandat [5].

414. Cette inscription doit être prise dans les quarante-cinq jours quant au droit de suite, et dans les soixante jours quant au droit de préférence [6].

415. Le délai court :

1° En cas de licitation, du jour même de la licitation et non

---

1. Cass., 16 mars 1813.
2. C. civ., 1250 ; Aubry et Rau, § 278, note 18.
3. Cass., 2 déc. 1863 ; 7 mars 1865 ; Thézard, 302 ; Troplong, 286.
4. C. civ., 2109 ; Cass., 23 juin 1890, D. 91.1.168, S. 93.1.502 ; Bourges, 26 janv. 1844 ; Montpellier, 21 déc. 1844 ; Aubry et Rau, § 278.
5. Cass., 26 nov. 1895, S. 96.1.73, J. C. 4671.
6. C. civ., 2109 ; L. 23 mars 1855, art. 6. Il en est ainsi pour la garantie des lots, Cass., 12 juil. 1853, S. 53.1.742.

pas du partage qui la suivrait, alors même que des incapables s'y trouveraient intéressés [1] ;

2° Au cas de partage en nature, à partir du partage, encore que la liquidation de l'indivision soit effectuée ultérieurement [2].

Il en serait ainsi, bien que des mineurs y fussent parties, et malgré toute clause contraire [3] ;

3° Quand le partage fait par un porte-fort est ratifié plus tard, du jour du partage, et non de celui de la ratification [4] ;

4° S'il s'agit d'un partage d'ascendant entre vifs, du jour où il est devenu définitif par l'acceptation de tous les enfants [5]. Lorsque le partage est fait par testament, le délai court du décès du testateur [6].

Ce dernier point nous laisse des doutes : il paraîtrait plus équitable ne ne faire courir le délai que du jour de l'exécution du partage testamentaire, car les enfants peuvent ignorer la disposition [7].

416. La mise en faillite du débiteur et son décès suivi d'acceptation bénéficiaire, ou de vacance déclarée, ne privent pas le créancier du délai accordé pour l'inscription du privilège [8].

1. Cass., 15 juin 1842 ; 19 oct. 1903, D. 06.1.273, J. E. 26789 ; Agen, 6 fév. 1852 ; Orléans, 18 janv. 1879 ; Aubry et Rau, § 278, note 20.

2. Cass., 23 juil. 1839 ; Orléans, 18 janv. 1879, S. 79.2.85 ; Flandin, 1132 ; Thézard, 311 ; Troplong, 318 bis.

3. Cass., 15 juin 1849 ; Montpellier, 4 janv. 1845 ; Agen, 6 fév. 1852 ; Aubry et Rau, § 278, note 23 ; — Contrà, Pont, 294.

4. Cass., 10 nov. 1862, S. 63.1.129 ; Orléans, 18 janv. 1879 ; Verdier, 566 ; Thézard, 311.

5. Cass., 30 juil. 1873, D. 74.1.106 ; Montpellier, 19 fév. 1853, S. 55. 2.669, D. 53.2.204 ; Verdier, 567 ; Pont, 292 ; Flandin, 1136.

6. Bourges, 14 mars 1899, D. 99.2.367 ; Flandin, 1137 ; Verdier, 567 ; Troplong, 315 ; Pont, 294.

7. Baudry et de Loynes, 833 ; Aubry et Rau, § 278.

8. Pont, 899, 927 ; Aubry et Rau, § 278, note 27 ; Thézard, 310, 314 ; Baudry-Lacantinerie et de Loynes, 836. — Contrà, Planiol, II, 3040 ; Guillouard, 1305 ; Lyon-Caen et Renault, 1088 ; Thaller, 2058.

417. Comme le vendeur, le copartageant jouit d'un délai de quarante-cinq jours à dater de la licitation ou du partage pour inscrire utilement son privilège, en conservant son droit de suite, malgré toute transcription d'acte d'aliénation volontaire fait pendant ce délai [1].

418. Le privilège du copartageant inscrit dans les soixante jours lui assure la préférence sur tous les créanciers hypothécaires de son débiteur, même antérieurement inscrits [2].

419. Après le délai de soixante jours, le privilège dégénère en hypothèque, ne prenant rang que par son inscription, et par suite se trouvant primée par les hypothèques des tiers inscrites auparavant [3], et par l'inscription du copartageant plus vigilant à inscrire son privilège dégénéré en hypothèque [4].

420. Mais le délai n'étant pas le même pour le droit de suite (quarante-cinq jours) que pour celui de préférence (soixante jours), il s'agit de savoir si le droit de préférence peut survivre au droit de suite. Supposons le privilège inscrit le cinquantième jour depuis le partage ou la licitation, et une vente consentie par le débiteur puis transcrite avant l'inscription, le copartageant créancier ne pouvant plus exercer le droit de suite, pourra-t-il néanmoins faire valoir sa créance privilégiée sur le prix à l'encontre des autres créanciers inscrits? Nous le croyons, car à l'égard des créanciers, le copartageant créancier a un délai de soixante jours pour s'inscrire [5]. Cependant la question

1. L. 23 mars 1855, art. 6.
2. C. civ., 2109 ; Agen, 11 juin 1894, S. 94.2.280 ; Toulouse, 18 nov. 1897, J. C. 4957 ; Thézard, 310.
3. C. civ., 2113 ; Cass., 24 août 1866.
4. Cass., 24 déc. 1866 ; comp. Pont, 296.
5. Agen, 21 juin 1894, S. 94.2.280 ; Aubry et Rau, § 278, note 28, § 283 ; Verdier, 577 ; Pont, 318 ; J. G., *Priv.*, 690 ; Troplong, 315 *bis* : Baudry-Lacantinerie et de Loynes, 837, 2101 ; — *Contrà*, Flandin, 1142 ; Thézard, 313 ; Bressolles, 84 ; Fons, 64 ; Lemarcis, 33 ; Mourlon, 381 ; Berger, 321.

étant controversée, les praticiens doivent avoir soin d'inscrire toujours dans les quarante-cinq jours.

ARTICLE TROISIÈME

ARCHITECTE.

421. En ce qui concerne les architectes, entrepreneurs et ouvriers, la conservation du privilège est soumise à une double inscription [1] :

1º Celle du procès-verbal constatant l'état des lieux avant le commencement des travaux, et qui doit être effectuée préalablement à tous travaux, sinon elle ne prend rang qu'à sa date et pour les travaux exécutés postérieurement [2]. Cette inscription serait inefficace si elle n'était prise qu'après déclaration de faillite du propriétaire, ou l'ouverture de sa succession acceptée bénéficiairement ;

2º Et celle du procès-verbal de réception des travaux exécutés, prise dans les six mois de leur achèvement ; faute de quoi le privilège dégénère en simple hypothèque [3].

422. En cas de vente, de faillite ou d'acceptation bénéficiaire avant l'expiration du délai de six mois, la deuxième inscription serait valablement opérée dans les six mois de l'achèvement des travaux [4].

Cependant une opinion enseigne que la deuxième inscription est utilement formulée tant que l'immeuble reste entre

---

1. C. civ., 2110.
2. Cass., 1er déc. 1893, S. 94.1.217, D. 94.1.225 ; 31 janv. 1898, S. 98.1.237, D. 98.1.233, J. E. 25440 ; Pont, 281 ; Thézard, 316 ; — *Contrà*, Aubry et Rau, § 278, note 34.
3. Cass., 7 févr. 1911, D. 11.2.259 ; Rouen, 12 juin 1841 ; Limoges, 1er mars 1847.
4. Aubry et Rau, § 278, note 41 ; Thézard, 318 ; comp. Lyon, 13 mars 1830 ; Verdier, 537 et suiv.

les mains du débiteur [1], mais il paraît douteux que le législateur ait entendu laisser au créancier la faculté de requérir la deuxième inscription quand bon lui semblerait.

423. Il faut remarquer encore que la double inscription est prescrite à peine de nullité, opposable par tous intéressés [2].

424. Ces règles sont d'ailleurs applicables à la conservation du privilège au profit de ceux qui ont fourni les deniers pour payer les architectes, entrepreneurs et ouvriers [3].

ARTICLE QUATRIÈME

SÉPARATION DES PATRIMOINES.

425. Le privilège des créanciers et légataires doit être inscrit sur chacun des immeubles de la succession dans les six mois à compter de l'ouverture de la succession [4] (n° 361), po ur la conservation du droit de préférence, et avant toute tra nscription d'aliénation pour conserver le droit de suite (n°s 370, 371).

426. Le privilège de séparation des patrimoines inscrit sur l es immeubles de la communauté ayant existé entre le débiteur décédé et sa veuve acceptante [5], n'atteint pas la part d'actif revenant à cette dernière [6].

---

1. Lyon, 13 mars 1830 ; Cass., 18 nov. 1868, S. 70.1.241 ; Pont, 279 ; Thézard, 317. — *Contrà*, Flandin, 1039.

2. Cass., 17 juill. 1848, S. 48.1.470.

3. Pont, 287 ; Aubry et Rau, § 278 ; Flandin, 1046.

4. C. civ., 2111.

5. Cass., 15 juill. 1891, J. C. 4216 ; Lyon, 27 déc. 1895, J. E. 24969.

6. Cass., 29 janv. 1900, D. 1900.1.269, J. E. 25990, J. C 5164, *Rev. not.*, 10676.

ARTICLE CINQUIÈME

TRÉSOR PUBLIC.

427. Le privilège du Trésor sur les immeubles des condamnés se conserve par une inscription prise dans les deux mois du jugement de condamnation [1].

428. À l'égard du privilège sur les immeubles acquis à titre onéreux par le comptable, l'inscription conservatoire doit être formalisée dans les deux mois de l'enregistrement de l'acte d'acquisition [2].

429. En cas d'aliénation des immeubles grevés, le droit de suite au profit du Trésor s'éteint à défaut d'inscription antérieure à la transcription de la vente ; mais le droit de préférence continue de subsister si l'inscription est prise dans le délai de deux mois fixé [3].

430. Si le débiteur du Trésor reste propriétaire, après l'expiration des deux mois, à défaut d'inscription, le privilège dégénéré en simple hypothèque peut encore être inscrit et prend rang à sa date [4].

La faillite du débiteur ne prive pas le Trésor de son privilège, inscrit dans le délai de deux mois indiqué, même après le jugement déclaratif de faillite [5].

431. Le privilège du Trésor sur les immeubles d'une succession, pour la garantie des droits de mutation dont le paiement a été différé, doit être inscrit dans les six mois à partir

1. L. 5 sept. 1807, art. 3.
2. L. 5 sept. 1807, art. 5 ; Pallain, 249, 250.
3. Pont, 303, 304 ; Flandin, 1068 ; Aubry et Rau, § 278, note 43 ; Baudry-Lacantinerie et de Loynes, 2091 ; — Contrà, Pallain, 303 ; comp. J. G., Priv., 576.
4. C. civ., 2113 ; L. 5 sept. 1807 ; Thézard, 319.
5. Besançon, 30 août 1856, S. 56.2.608.

du jour de la déclaration de succession, ou de l'expiration du délai légal pour la souscrire [1].

ARTICLE SIXIÈME

DESSÈCHEMENT.

432. Le privilège relatif aux travaux de dessèchement, sur la plus-value résultant de ces travaux, faits par l'État ou les concessionnaires, se conserve par la transcription du décret ordonnant le dessèchement ou de l'acte de concession [2].

433. Ce privilège prime toujours les créanciers inscrits antérieurement aux travaux ; quant à ceux ayant pris inscription depuis les travaux, ils ne seront primés par le privilège qu'autant que sa transcription aurait été opérée avant les inscriptions des créanciers [3].

Au surplus, les règles sur le privilège des constructeurs sont applicables à celui du dessèchement (n°s 421 et suivants).

ARTICLE SEPTIÈME

DRAINAGE.

434. Pour sa conservation, sur les terrains drainés, le privilège de la mieux-value résultant du drainage doit être inscrit dans le délai de deux mois à partir : — 1° De l'acte de prêt, à l'égard du Crédit foncier ou de tout autre prêteur ; — 2° De l'arrêté qui les constitue en ce qui concerne les syndicats ; — 3° Du procès-verbal constatant, avant le commencement des travaux, l'état, le périmètre et la valeur des terrains à drainer, à l'égard des entrepreneurs [4].

---

1. L. 13 juill. 1911, art. 7.
2. L. 16 sept. 1807, art. 23.
3. Aubry et Rau, § 278, note 35, § 290 ; Colmet de Santerre, IX, 71.
4. L. 17 juill. 1856, art. 7.

Lorsque les travaux sont exécutés par des entrepreneurs, il y a lieu de dresser un procès-verbal de vérification, dont mention doit être faite en marge de l'inscription dans les deux mois du procès-verbal [1].

D'ailleurs les règles analysées plus haut (n°ˢ 421 et suivants) sur le privilège de constructeur sont généralement applicables au privilège du drainage.

ARTICLE HUITIÈME

VENDEUR ET GAGISTE DE FONDS DE COMMERCE.

435. Le vendeur et le créancier gagiste d'un fonds de commerce sont obligés d'inscrire leur privilège au greffe du tribunal de commerce dans la quinzaine de l'acte, à peine de nullité [2].

SIXIÈME SECTION

CLASSEMENT DES PRIVILÈGES

ARTICLE PREMIER

GÉNÉRALITÉS.

436. Entre les créanciers privilégiés, la préférence se règle par les différentes qualités des privilèges [3].

437. Lorsque parmi les privilèges en conflit il s'en trouve plusieurs auxquels le même rang est assigné, ils sont payés par concurrence, c'est-à-dire au marc le franc des créances.

1. Même loi, art. 7 et 8.
2. L. 17 mars 1909, art. 2.
3. C. civ., 2096.

Ainsi, tous les fournisseurs ont un rang égal ; tous les domestiques sont de condition pareille entre eux [1].

438. Les cessionnaires de créances privilégiées exercent tous les mêmes droits que les cédants, en leur lieu et place [2].

439. En cas de cession partielle d'une créance privilégiée, le cédant et le cessionnaire n'ont aucune préférence l'un sur l'autre pour ce qui est dû à chacun d'eux [3].

Entre deux cessionnaires successifs de partie d'une même créance privilégiée, il n'y a aucune priorité quoique la cession de l'un soit antérieure à celle de l'autre, de sorte qu'ils doivent venir en concurrence pour leurs prétentions respectives [4].

Toutefois, les actes de cession peuvent contenir des stipulations particulières établissant un droit de préférence ; il est même d'une bonne pratique qu'ils s'expliquent à cet égard. Entre le cessionnaire partiel et le cédant, il y a égalité, mais le premier doit avoir la priorité si le second a cédé avec promesse de fournir et faire valoir, ou avec garantie de la solvabilité du débiteur [5].

440. Pour la préférence, le paiement avec subrogation diffère essentiellement de la cession, car le subrogeant qui n'a été payé qu'en partie de sa créance peut exercer ses droits privilégiés, pour ce qui lui reste dû, par préférence au subrogé dont il a reçu un paiement partiel ; cette priorité

1. C. civ., 2097, 2101, 3° ; Cass., 8 déc. 1825 ; Pont, 183 ; Troplong, 89 bis ; Aubry et Rau, § 289, note 7.

2. C. civ., 2112, 1692, 1249.

3. Pont, 239 ; Aubry et Rau, § 359 bis, 7° ; Demolombe, XXVII, 333 ; — Contrà, Troplong, 367.

4. Cass., 7 mars 1865 ; 29 mai 1866, D. 66.1.481 ; 12 août 1879, S. 80.1.57.

5. Cass., 4 août 1817 ; Paris, 17 avr. 1834 ; Amiens, 24 juill. 1841 ; Pont, 239 ; Aubry et Rau, § 359 bis, note 80 ; — Contrà, Nancy, 9 mars 1858, S. 58.2.369.

passe aux héritiers, légataires ou cessionnaires du créancier[1]. Mais entre différents subrogés il y a égalité de rang, pour la créance qu'ils ont payée, sans qu'il y ait de distinction à faire à raison de la date des subrogations, sauf convention contraire[2] (n°ˢ 1054, 1061).

441. Le créancier privilégié sur certains meubles qui, pour des raisons d'humanité et d'ordre public, judiciairement constatées, laisse payer avant lui les gens de service, peut revendiquer le bénéfice de la subrogation légale dans le privilège de ceux-ci, à l'encontre des créanciers hypothécaires[3].

ARTICLE DEUXIÈME

PRIVILÈGES SUR LES MEUBLES.

1° Privilèges généraux.

442. Les créances privilégiées sur la généralité des meubles s'exercent dans l'ordre suivant : 1° Frais de justice ; 2° Frais funéraires ; 3° Frais de la dernière maladie ; 4° Mois de nourrice[4] ; 5° Salaires des gens de service, ouvriers et commis ; 6° Fournitures de subsistances[5] ; 7° Accidents du travail[6] et règlement des assurances se rapportant à la vie humaine[7].

1. C. civ., 1252 ; Cass., 12 mars 1889 ; 13 févr. 1899, D. 99.1.246, S. 02.1.277 ; Pont, 240 ; Aubry et Rau, § 321, 1° ; Demolombe, XXVII, 662.
2. Dijon, 10 juill. 1848 ; Nancy, 28 juill. 1884 ; Lyon, 12 fév. 1890, D. 91.2.247 ; Gauthier, 68 ; Larombière, art. 1252, n° 36 ; Demolombe, XXVII, 667 ; Aubry et Rau, § 321, note 93 ; Pont, 240 ; — *Contrà*, Laurent, XVIII, 137 ; Colmet de Santerre, V, 197 *bis*, xv.
3. Cass., 15 mars 1875 ; Bordeaux, 31 déc. 1878, D. 79.2.246, S. 79.2.144.
4. L. 23 déc. 1874, art. 14.
5. C. civ., 2101 ; C. comm., 549 ; Planiol, II, 2623.
6. L. 9 avr. 1898, art. 23.
7. L. 17 mars 1905, art. 7.

André, *Régime hypothécaire.*   11

443. Cet ordre est modifié en cas de concours des privilèges généraux avec certains privilèges fiscaux :

1° Les contributions directes (non foncières) et les droits et amendes de timbre, viennent immédiatement après les frais de justice et avant les frais funéraires [1].

2° Les contributions indirectes passent après les frais de justice, les contributions directes et ce qui est dû pour six mois de loyer, sauf le droit de revendication du propriétaire [2].

3° Il y a encore le privilège des douanes qui paraît assimilé aux contributions indirectes [3] ; cependant, d'après la loi organisatrice, ce privilège ne doit passer qu'après les privilèges généraux de droit civil, six mois de loyer et le vendeur revendiquant sa chose [4].

2° Privilèges spéciaux.

444. L'énumération des privilèges spéciaux comprend, d'après le droit civil : 1° Les loyers et fermages des immeubles ; 2° Les sommes dues pour semences, frais de récoltes et ustensiles ; 3° La créance sur le gage dont le créancier est saisi ; 4° Les frais faits pour la conservation de la chose ; 5° Le prix d'effets mobiliers non payés ; 6° Les fournitures de l'aubergiste ; 7° Les frais de voiture et dépenses accessoires ; 8° Les créances résultant d'abus et prévarications commis par les fonctionnaires publics [5] ; 9° Les créances nées d'un accident au profit des tiers lésés ou de leurs ayants droit [6].

---

1. L. 12 nov. 1808 ; 28 avr. 1816, art. 76 ; Pallain, 313, 314.

2. Décr. 1er germinal an XIII, art. 47 ; Cass., 15 juill. 1835 ; 11 nov. 1884 ; 16 mai 1888, S. 88.1.321.

3. Comm. Seine, 17 mai 1882 ; comp. Cass., 9 mars 1885, S. 85.1.204.

4. D. 22 août 1791 ; 4 germinal an II ; C. civ., 2101 ; Pont, 33 ; Troplong, 34 ; Aubry et Rau, § 263 bis, note 3 ; Pallain, 332.

5. C. civ., 2102.

6. L. 28 mai 1913.

445. Ces divers privilèges se rattachent à deux causes :
1° Une gestion d'affaires utile à tous (frais de conservation,
sommes dues pour semences, récoltes ou ustensiles ; vendeur
non payé, bailleur de fonds de cautionnement) ; 2° Un nantissement exprès ou tacite (gagiste, bailleur, aubergiste, voiturier,
créancier pour faits de charge) [1].

446. Le législateur a opéré lui-même quelques classements
de privilèges spéciaux ; quant aux cas de conflits non prévus,
ils sont abandonnés à l'appréciation du juge, et il faut dire que
les circonstances particulières peuvent exercer une influence
décisive sur l'ordre d'exercice de ces privilèges.

447. À l'égard du locateur, plusieurs hypothèses sont réglées
par la loi :

1° En concours avec le vendeur de meubles non payés, le
locateur a la primauté [2], excepté dans le cas où il aurait eu
connaissance du non-paiement des meubles, ce que le vendeur
doit établir [3] :

2° Si le bailleur concourt sur le prix de la récolte de l'année
avec le vendeur de semences ou avec ceux qui ont travaillé à
la récolte, il passe le dernier, peu importe qu'il ait connu ou
ignoré l'existence des dettes pour semences ou frais de récoltes [4] ;

3° Sur le prix des ustensiles, le locateur en présence du créancier qui les a fournis ou raccommodés, est primé par celui-ci [5] ;

4° Les frais de distribution du prix des meubles saisis sur
le locataire ne viennent qu'après la créance du locateur [6], qui

1. Colmet de Santerre, IX, 49 *bis*, XII ; comp. Pont, 111 ; Aubry et
Rau, § 289.
2. C. civ., 2101, 4° ; Cass., 25 nov. 1907, S. 08.1.269.
3. Lyon, 13 mars 1849 ; Cass., 3 janv. 1883, S. 83.1.360.
4. C. civ., 2102, 1° ; comp. Cass., 10 juil. 1864, S. 64.1.311.
5. C. civ., 2102, 1° ; Grenier, 298 ; Duranton, XVIII, 509 ; Valette,
114.
6. C. pr., 662.

peut appeler la partie saisie et l'avoué plus ancien en référé pour faire statuer préalablement sur son privilège [1].

448. En thèse générale, les privilèges spéciaux en conflit pour lesquels le texte législatif n'a rien statué, doivent s'exercer dans l'ordre suivant :

1° Le créancier gagiste, l'aubergiste, le voiturier, dont le privilège a sa cause dans le nantissement, viendront au premier rang ;

2° Les frais de conservation de la chose auront le deuxième rang ; toutefois, si ces frais sont postérieurs à la constitution du gage, comme ils ont été utiles au créancier gagiste, ils le primeront [2] ;

3° En troisième rang le vendeur de meubles, sauf le cas où le gagiste aurait eu connaissance de la créance du vendeur [3].

449. Les privilèges établis en matière maritime sont classés par les articles 191, 280 et 308 du Code de commerce.

3° Conflit de privilèges généraux et spéciaux.

450. En cas de concours des privilèges généraux avec des privilèges spéciaux [4], comment doit se faire le classement entre eux ? La loi étant muette, trois systèmes ont été proposés :

Le premier donne la préférence aux privilèges généraux sur les privilèges spéciaux [5].

1. C. pr., 661 ; Paris, 17 janv. 1872.

2. Paris, 5 mars 1872; S. 73.2.14 ; Colmet de Santerre IX, 69 *bis*, VIII.

3. Pont, 182 ; Valette, 116 ; Troplong, 40 ; Aubry et Rau, § 289 ; Colmet de Santerre IX, 49 *bis*, VIII ; Thézard, 368.

4. C. civ., 2101, 2102.

5. Rouen, 30 janv. 1851 ; 2 août 1899, *Rev. not.*, 10478 ; Poitiers, 30 juil. 1830 ; Bordeaux, 12 avr. 1853, D. 53.2.242, S. 53.2.444 ; J. G., suppl., *Priv.*, 318 ; Troplong, I, 74 ; Pont, 178 ; Chauveau, 2177 ; Colmet de Santerre IX, 49 *bis*, V.

Le second, diamétralement opposé au premier, pose en principe la prééminence des privilèges spéciaux sur ceux généraux, sous la seule exception des frais de justice [1].

D'après le troisième, il n'y a pas lieu de tenir compte de la généralité ou de la spécialité des privilèges ; chacune des créances en concurrence doit être classée suivant le degré de faveur qu'elle mérite [2].

Ce système remonte au principe d'établissement des privilèges qui peuvent être rattachés à quatre causes :

1° Dépenses faites dans l'intérêt de la masse des créanciers (frais de justice, frais de conservation) ;

2° Détention résultant d'un nantissement exprès ou tacite (locateur gagiste, voiturier, aubergiste, cautionnement pour faits de charge) ;

3° Propriété retenue sous certains rapports (vendeur, bailleur de fonds de cautionnement) ;

4° Faveur accordée pour des motifs d'humanité ou d'ordre public (frais funéraires, frais de dernière maladie, salaires des gens de service, fournitures de subsistances) [3].

C'est le premier système qui semble préférable, à cause de la place que les privilèges généraux occupent, et qui fait présumer que la préférence du législateur était pour eux ; d'ailleurs tous les jurisconsultes qui, après avoir participé à la rédaction du Code civil l'ont ensuite commenté, donnent la primauté aux privilèges généraux [4] ; l'unanimité de leur opinion paraît décisive.

1. Paris, 25 fév. 1832 ; Rouen, 17 juin 1826 ; Cass., 20 mars 1849, D. 49.1.250, S. 50.1.106 ; Dijon, 10 mai 1893, D. 93.2.470 ; Persil, art. 2102 ; Delaporte, XV, 101 ; Valette, 119 ; Rolland de Villargues, Priv., 197 ; J. G., Priv., 10 ; Thézard, 380 ; Planiol, II, 2634.
2. C. civ., 2096 ; Cass., 19 janv. 1864 ; 15 mars 1875 ; 18 juin 1889, S. 90.1.68, D. 89.1.399 ; Bordeaux, 31 déc. 1878 ; Poitiers, 18 déc. 1890, S. 91.2.101, D. 92.2.377 ; Duranton, XIX, 203 ; Aubry et Rau, § 289, note 2 ; Thézard, 380.
3. Colmet de Santerre, IX, 47 ; comp. Aubry et Rau, § 289.
4. Tarrible, Favard, Grenier, Maleville.

Pourtant, il faut dire que le troisième système, malgré les difficultés d'application qu'il présente, est consacré par les dernières décisions de la Cour suprême[1].

451. C'est surtout avec le locateur que le conflit des autres privilèges est fréquent. À cet égard, il a été décidé que : — 1º Le privilège du propriétaire prime celui du fournisseur de subsistances[2], et ce dernier les domestiques pour leurs salaires[3] ; — 2º Les frais de justice passent avant les frais de récoltes et de conservation[4], et ceux-ci avant le propriétaire[5] ; — 3º Les frais de vente de meubles sont préférés au propriétaire[6]. mais non ceux de tentative de vente faits par un notaire[7].

ARTICLE TROISIÈME

PRIVILÈGES SUR LES IMMEUBLES.

452. Le classement des privilèges généraux ou spéciaux sur les immeubles présente peu d'obstacles, car le législateur a fixé généralement l'ordre d'exercice.

On trouve d'abord parmi les privilèges généraux : frais de justice, frais funéraires, frais de dernière maladie, mois de

---

1. Cass., 19 janv. 1864 ; 15 mars 1875 ; 18 juin 1889, S. 90.1.68, D. 89.1.399.

2. Caen, 8 mars 1838 ; Cass., 20 mars 1849 ; Douai, 21 janv. 1865 ; Sables-d'Olonne, 5 déc. 1889, S. 91.2.101 ; Duranton, XIX, 203 ; — Contrà, Rouen, 30 janv. 1851 ; Joigny, 20 janv. 1870.

3. Rouen, 17 juin 1826 ; Paris, 25 fév. 1832 ; Cass., 19 janv. 1864, S. 64.1.60 ; Douai, 21 janv. 1865 ; Montpellier, 10 mai 1897, Rev. not., 9869.

4. Bordeaux, 12 avr. 1853 ; Cass., 25 avr. 1854 ; Aubry et Rau, § 289.

5. Lyon, 16 janv. 1851 ; Paris, 5 mars 1872, D. 73.2.182, S. 73.2. 13 ; Bordeaux, 31 déc. 1878 ; Aubry et Rau, § 289, p. 481.

6. Lyon, 1er avr. 1841 ; Boulogne, 13 oct. 1869 ; Paris, 19 janv. 1864.

7. Paris, 11 juil. 1861, S. 61.2.566 ; comp. Pont, 69.

nourrice, salaires des gens de service, fournitures de subsistance, accidents du travail et assurance-vie qui grèvent également la généralité des meubles [1].

En cas d'insuffisance de la masse mobilière, ces privilèges sont préférés, dans la masse immobilière, aux privilèges spéciaux sur immeubles [2] (n°[os] 393, 394).

Il y a ensuite les privilèges du Trésor : 1e frais de justice criminelle ; 2° débets des comptables. Les lois organisatrices de ces privilèges exprimant qu'ils ne peuvent préjudicier aux privilèges spéciaux immobiliers [3], il n'y a aucune difficulté à cet égard.

453. Quant aux créanciers de l'héritier, leur privilège n'existe pas à l'encontre des créanciers du défunt [4] ; mais ils peuvent se trouver en conflit ; soit avec un constructeur, commandé par l'héritier, dans ce cas, le constructeur doit avoir la primauté [5] ; soit avec des privilèges généraux du chef de l'héritier ; ceux-ci ne peuvent refuser la préférence au privilège de la séparation des patrimoines [6]. Cependant les frais de justice obtiendraient le premier rang s'ils avaient profité à la masse héréditaire [7].

454. Les privilèges particuliers sur les immeubles se réduisent à trois : 1° vendeur ; 2° cohéritier ou copartageant ; 3° architecte, entrepreneur et ouvrier [8], parce que les bailleurs de fonds, dont parle le texte, sont simplement subrogés dans les privilèges de ceux qu'ils ont désintéressés.

De ces trois privilèges, les deux premiers ne peuvent se

1. C. civ., 2101, 2104 ; Planiol, II, 2628.
2. C. civ., 2105.
3. L. 5 sept. 1807 ; Cons. d'Etat, 25 fév. 1808.
4. C. civ., 878.
5. C. civ., 2103, 4° et 5° ; comp. 555.
6. C. civ., 2101.
7. Colmet de Santerre, IX, 65 bis, v ; comp. Dutruc, 471.
8. C. civ., 2103

trouver en conflit, car en cas de concours du privilège du vendeur avec celui de copartageant, le rang entre eux sera toujours fixé par la date des titres respectifs [1]

S'il y a eu plusieurs ventes successives du même immeuble, le premier vendeur est préféré au second, le second au troisième et ainsi de suite, en supposant que chacun des vendeurs a conservé son privilège [2].

Il en est de même pour les partages successifs [3].

455. Le privilège des architectes et ouvriers peut concourir avec celui du vendeur ou celui du copartageant, il l'emporte sur eux à concurrence de la plus-value résultant des constructions [4].

456. La dépense occasionnée par l'assainissement d'un immeuble est privilégiée sur les revenus de cet immeuble après les privilèges de l'article 2103 du Code civil [5].

ARTICLE QUATRIÈME

PRIVILÈGES DU TRÉSOR

457. Les créances privilégiées du Trésor public ne peuvent s'exercer au préjudice des droits antérieurement acquis à des tiers, et utilement conservés [6]. En d'autres termes, le Trésor est primé par ceux qui avaient acquis des droits de propriété ou de préférence sur les biens des redevables, avant la naissance du droit du Trésor [7]. Cette interprétation est la seule rationnelle ; pourtant on prétend que l'antériorité est limitée

1. Aubry et Rau, § 290 ; Pont, 232 ; Massé et Vergé, § 289.
2. C. civ., 2103 ; Thézard, 282 ; Mourlon, III, 1364.
3. Pont, 234 ; Colmet de Santerre, IX, 65 *bis*, 1.
4. C. civ., 2103 ; Cass., 22 juin 1837 ; Pont, 232 ; Aubry et Rau, § 290 ; Troplong, 80.
5. L. 15 fév. 1902, art. 14 et 15.
6. C. civ., 2098.
7. Aubry et Rau, § 263 *bis*, note 39 ; J. G., *Priv.*, 534.

aux droits acquis par les tiers au moment de la promulgation des lois organisatrices du privilège du Trésor [1].

1° Contributions directes.

458. Le privilège de la contribution foncière sur les récoltes et revenus des immeubles sujets à la contribution, et celui des autres contributions directes sur les meubles et effets mobiliers des redevables, pour l'année échue et l'année courante, s'exercent avant tout autre, à l'exception des frais de réalisation du gage et de sa distribution [2].

Ce privilège prime ceux du locateur et du créancier gagiste, s'ils n'ont pris naissance qu'après celui du Trésor [3].

2° Droits et amendes de timbre.

459. Les droits de timbre et les-amendes pour contraventions y relatives sont privilégiés au même rang que les contributions directes [4].

3° Douanes.

460. La régie des douanes exerce son privilège sur les meubles après ceux : 1° des frais de justice, frais funéraires et de dernière maladie, mois de nourrice, salaires des gens de service et-fournitures de subsistances ; 2° du propriétaire pour six mois de loyer [5] ; ceux payés d'avance n'entrent pas en compte.

Du reste la régie ne peut opposer son privilège au vendeur

1. Paris, 4 mars 1839 ; Pont, 29 ; Troplong, 99 ; Pallain, 237 ; Laurent, XXIX, 230.
2. L. 12 nov. 1808, art. 1 ; Cass., 25 avr. 1854 ; Pallain, 314.
3. Pont, 43 ; Aubry et Rau, § 263 *bis*, note 28.
4. L. 28 avr. 1816, art. 76 ; Paris, 12 janv. 1874, S. 74.2.230.
5. C. civ., 2101, 2102 ; Cass., 26 janv. 1852 ; Pont, 33 ; Aubry et Rau, § 263 *bis*, a ; Pallain, 324.

qui revendique les effets mobiliers ou marchandises par lui vendues[1].

461. Au surplus, le privilège des douanes frappe aussi bien le prix encore dû des meubles vendus que les meubles dont les redevables ont conservé la propriété[2].

462. Quand les marchandises sont entreposées dans ses magasins, la douane perd son droit de gage si elle consent à la prise de possession par les acheteurs[3].

4° Contributions indirectes.

463. Ce privilège prime celui de l'administration des douanes sur les meubles et effets mobiliers des redevables[4].

5° Comptables.

464. Aux termes de la loi organisatrice du privilège du Trésor sur les biens des comptables[5], ce privilège ne s'excerce qu'après les privilèges généraux et spéciaux de droit civil[6].

6° Frais de justice criminelle.

465. Quant à son exercice sur les meubles[7], le privilège des frais de justice criminelle est primé par les privilèges généraux et spéciaux de droit civil[8] et par les sommes dues pour la défense personnelle des condamnés[9], mais la défense

---

1. C. civ., 2102, 4°; C. comm., 576; Cass., 12 févr. 1845. D. 45. 1. 162; 11 nov. 1884, S. 85.1.164.

2. Aubry et Rau, § 263 *bis*, a; comp. Cass., 19 déc. 1859.

3. Cass., 3 déc. 1822; 19 déc. 1859; Pallain, 336.

4. Paris, 28 mai 1884; Cass., 9 mars 1885, S. 85.1.204; Troplong, 34 *bis*; Valette, 38. — *Contrà*. Pont, 37.

5. L. 5 sept. 1807, art. 2.

6. C. civ., 2101, 2102, 2103; L. 5 sept. 1807, art. 5; Pallain, 249.

7. L. 5 sept. 1807, art. 2.

8. C. civ., 2101, 2102.

9. L. 5 sept. 1807, art. 4; Pont, 46; Pallain, 312.

n'est pas privilégiée à l'égard des autres créanciers du con-damné [1].

466. A défaut de mobilier, ce privilège peut s'exercer sur les immeubles, après les privilèges spéciaux de droit civil [2], les hypothèques légales dispensées d'inscription et les autres hypothèques inscrites antérieurement au mandat d'arrêt ou au jugement de condamnation s'il n'a pas été décerné de man-dat [3].

467. En cas de faillite du condamné, le privilège du Tré-sor est efficace à l'égard des créanciers de la masse si les faits qui ont motivé la condamnation sont antérieurs à la déclara-tion de faillite [4].

7e Droits de mutation par décès.

468. Le privilège fiscal, sur les revenus des biens à déclarer, pour le paiement des droits de mutation par décès [5], s'exerce de manière à exclure toute créance rivale qui ne serait pas protégée par un privilège d'un ordre supérieur [6], mais seule-ment jusqu'à l'immobilisation des revenus ou leur transmis-sion régulière.

469. Le droit privilégié du Trésor, pour les droits de muta-tion par décès, n'a pas été atteint par la disposition restrictive de l'article 2 098 du Code civil; il prime tous les privilèges spéciaux [7]; quant aux privilèges généraux sur les meubles, il

1. Rennes, 13 août 1878, D. 79.2.75, S. 80.2.133 ; Troplong, 36.— *Contrà*, Pont, 46 ; Aubry et Rau, § 263 *bis,* texte et note 26 ; Laurent, XXX, 150.

2. C. civ., 2103 ; L. 5 sept. 1807, art. 4.

3. L. 5 sept. 1807 ; Cass., 7 janv. 1868, S. 68.1.63 ; Pallain, 299.

4. Metz, 28 fév. 1856 ; Besançon, 30 août 1856 ; Cass., 13 janv. 1874, S. 74.1.111, D. 74.1.169 ; Duverger, 428.

5. L. 22 frimaire an VII, art. 32.

6. Cass., 2 déc. 1862, S. 63.1.97.

7. Cass., 3 janv. 1809 ; Nîmes, 9 févr. 1876, J. E. 19956, S. 77.2. 317 ; *Dict. enreg.*, Succ., 2535.

faut distinguer : les contributions foncières et les frais de justice faits dans l'intérêt commun, passent avant les droits de mutation [1], tous les autres sont primés par les droits de mutation [2].

470. Pour les droits simples de mutation par décès non acquittés dans le délai légal, le Trésor a privilège sur les immeubles de la succession, à compter de son ouverture [3].

1. L. 12 nov. 1808 ; Sol. 11 févr. 1881 ; Pallain, 339.
2. Avignon, 26 nov. 1879 ; Déc. min. fin., 19 déc. 1879 ; *Dict.* *enreg.*, Succ., 2536 à 2540. — *Contrà*, Briey, 8 déc. 1880, J. E. 21772.
3. L. 13 juil. 1911, art. 7 ; Inst. 3350.

CHAPITRE TROISIÈME

HYPOTHÈQUES

PREMIÈRE SECTION

GÉNÉRALITÉS.

ARTICLE PREMIER

CARACTÈRES.

471. L'hypothèque est un droit réel et indivisible, emportant droits de suite et de préférence, en vertu duquel une chose se trouve affectée à l'acquittement d'une obligation [1].

Cependant, l'indivisibilité n'est pas de l'essence de l'hypothèque, en ce sens que le créancier pourrait y renoncer par une déclaration expresse.

Par sa nature propre, l'hypothèque est un droit accessoire ne survivant pas à l'extinction de l'obligation qu'il garantit [2].

472. De ce que l'hypothèque est indivisible et existe en entier sur tous et sur chacun des biens grevés, il ne résulte aucun obstacle à la division de l'obligation principale entre les héritiers du créancier ou du débiteur, car l'action hypothécaire et l'action personnelle sont distinctes [3].

---

1. C. civ., 2114, 2134, 2166.
2. C. civ., 2180 ; Planiol, II, 2650.
3. C. civ., 1220 ; Cass., 12 fév. 1829 ; 9 nov. 1847, D. 48.1.49, S. 48.1.289 ; Demolombe, XXVI, 560 ; Pont, 323 ; Aubry et Rau, § 284.

Ainsi, entre les héritiers du débiteur, le principe de la division des dettes n'empêche pas que celui qui se trouve détenteur des immeubles hypothéqués, ou de l'un d'eux, puisse être poursuivi pour le tout sur ces immeubles [1].

473. Un créancier peut, en conservant sa créance, céder son rang hypothécaire ou son hypothèque [2] ; ces cessions sont fréquentes à l'occasion de l'hypothèque légale de la femme (n° 1076).

474. Les hypothèques n'ont lieu que dans les cas et suivant les formes autorisées par la loi [3]. On peut les diviser en deux catégories : hypothèques générales, hypothèques spéciales.

475. Quand les biens d'une personne sont grevés d'hypothèques générales et d'hypothèques spéciales, le conflit entre les créanciers donne lieu à des difficultés sur lesquelles nous aurons l'occasion de revenir (n°s 972 et suiv.).

476. Le Code civil fait une division tripartite des hypothèques : légale, judiciaire, conventionnelle [4]. L'hypothèque légale résulte de la loi ; l'hypothèque judiciaire, des jugements ou actes judiciaires ; et l'hypothèque conventionnelle dépend des accords des parties et de la forme extérieure des actes et contrats [5].

477. En général, l'hypothèque n'est qu'un droit inerte, à l'égard des tiers, tant qu'il n'a pas été vivifié par la publicité résultant de l'inscription sur les registres hypothécaires [6] ; ce principe souffre quelques exceptions en faveur des hypothèques des femmes mariées, des mineurs et des interdits.

1. C. civ., 1221. 873, 1009, 1012 ; Laurent, XXX, 175 et suiv.
2. L. 23 mars 1855, art. 9 ; Cass., 31 janv. 1883, D. 83.1.314, S. 84.1.321 ; Bourges, 20 juil. 1832 ; Caen, 11 mars 1854 ; Pont, 334 ; Thézard, 35 ; comp. Aubry et Rau, § 288, note 2.
3. C. civ., 2115.
4. C. civ., 2116.
5. C. civ., 2117, 2121, 2122, 2124 ; comp. Planiol, II, 2755.
6. C. civ., 2134 ; comp. C. civ., 2135.

ARTICLE DEUXIÈME

BIENS SUSCEPTIBLES D'HYPOTHÈQUES.

478. Pour qu'un bien puisse être grevé d'hypothèque, il faut avant tout qu'il soit dans le commerce ; c'est ainsi que les choses du domaine public de l'Etat, des départements ou des communes, ne pourraient être hypothéquées [1].

Au contraire, les immeubles composant le domaine privé des communes sont susceptibles d'hypothèque judiciaire [2].

479. L'énumération limitative des biens susceptibles d'hypothèques comprend :

1° Les immeubles par nature et leurs accessoires réputés immeubles [3], c'est-à-dire les immeubles par destination ; toutefois ces derniers biens ne se trouvent en état d'être soumis à l'hypothèque qu'avec l'héritage dont ils dépendent, et s'ils en sont séparés, sans opposition de la part du créancier, ils cessent d'être frappés de son droit hypothécaire [4].

On peut hypothéquer des immeubles indivis ; mais la validité de l'hypothèque dépendra du partage si elle n'a pas été conférée par tous les copropriétaires [5] (n° 515) ;

2° L'usufruit des immeubles et accessoires pendant le temps de sa durée, de sorte que l'hypothèque s'éteint à la cessation de l'usufruit [6]. Cependant le droit hypothécaire conti-

1. C. civ., 2118, 538.
2. Cass., 18 déc. 1893, S. 94.1.456, *Rev. not.*, 9290.
3. C. civ., 2118, 524 ; Cass., 31 juil. 1879 ; 2 août 1886 ; Caen, 1er avr. 1879 ; Bordeaux, 24 oct. 1899, D. 01.2.20 ; Lyon, 31 déc. 1908 ; Laurent, V, 463.
4. Cass., 21 janv. 1870 ; 20 déc. 1875 ; 21 nov. 1894, S. 96.1.230 ; 2 juil. 1901, D. 09.1.342 ; 1er mai 1908 ; Caen, 21 juil. 1874 ; Douai, 16 déc. 1886, J. C. 3795, S. 88.2.115, D. 88.2.43 ; Pont, 376 ; Valette, 127 ; Troplong, 399.
5. Pont, 640 ; Laurent, XXX, 196.
6. C. civ., 2118, 526 ; Planiol, II, 2725.

nuerait de frapper l'usufruit s'il se consolidait avec la propriété dans la main de l'usufruitier [1]. Du reste, celui qui est plein propriétaire ne peut hypothéquer l'usufruit sans la propriété [2] ;

3° Les mines, considérées séparément et indépendamment de la surface du terrain [3] ;

4° La nue propriété séparée de l'usufruit [4] ;

5° Les actions immobilisées de la Banque de France [5] ;

6° Le droit résultant pour le preneur d'un bail emphytéotique [6], d'un contrat de superficie [7] ou d'un bail à domaine congéable [8] ;

7° Les navires de 20 tonneaux et au-dessus (seulement par convention) [9] ;

Au point de vue de l'hypothèque conventionnelle, il faut dire que plusieurs des biens compris dans cette énumération sont loin d'offrir sécurité au créancier, notamment l'usufruit.

480. Quant aux constructions élevées par le locataire sur un terrain qui lui a été donné à bail, il ne les grève valablement d'hypothèque que si le propriétaire a renoncé à son droit d'accession [10] ; une telle renonciation résulte de la clause par la-

1. Pont, 383 ; Duranton, XIX, 262.
2. Cass., 12 avr. 1836, S. 36.1.366 ; Thézard, 39 ; Aubry et Rau, § 259, note 6.
3. L. 21 avr. 1810, art. 19 ; Pont, 370 ; Laurent, XXX, 200.
4. Gauthier, 331 ; Mourlon, III, 1435 ; Baudry-Lacantinerie et de Loynes, 913.
5. Décr., 16 janv. 1808, art. 7.
6. L. 25 juin 1902, art. 1.
7. Cass., 27 avr. 1891, S. 91.1.309, D. 92.1.219 ; Pont, 389 ; Laurent, XXX, 214 ; Demolombe, IX, 483 quater.
8. L. 8 fév. 1897, art. 11 ; comp. Pont, 392 ; Aubry et Rau, § 223, 2°, c ; Le Cerf, 162.
9. L. 10 juill. 1885, art. 1 et 36.
10. Cass., 7 avr. 1862, D. 62.1.282 ; 13 fév. 1872, D. 72.1.256 ; Paris, 4 nov. 1886, S. 88.2.126, J. C. 3744 ; Aubry et Rau, § 164 ; Huc, IV, 136.

quelle le propriétaire s'est engagé soit à vendre le terrain au locataire après l'édification des constructions [1], soit à acquérir les constructions pour un prix déterminé ou à fixer par expert [2].

481. Ne peuvent être hypothéqués : 1° les droits d'usage et d'habitation [3]; 2° les servitudes sans l'immeuble auquel elles sont attachées [4]: 3° la jouissance légale des père et mère [5]: 4° la jouissance du mari sur les biens de la femme [6] ; 5° le droit résultant d'un bail ordinaire, même à long terme [7] : 6° la part d'un associé dans les immeubles d'une société subsistante [8] : 7° le bien de famille constitué [9]: 8° les biens meubles [10], excepté les navires ; 9° les actions tendant à revendiquer un immeuble [11]. Quelques auteurs enseignent que l'immeuble à revendiquer peut être hypothéqué [12]. Cette doctrine ne paraît pas exacte, sous réserve de certaines distinctions qui trouveront leur place plus loin (n° 506).

1. Paris, 9 août 1889, D. 90.2.119, J. C. 4019 ; comp. Cass., 19 juin 1895, S. 96.1.295 ; Pont, 634.

2. Paris, 8 fév. 1892, D. 92.2.409, J. C. 4323 ; comp. Dubois, Rev. prat., XIV, 175 : Baudry et de Loynes, 1300, 1301.

3. C. civ., 631, 634 ; Pont, 384 ; Demolombe, IX, 335 ; Valette, 128 ; Duranton, XIX, 266 ; Thézard, 39 ; Aubry et Rau, § 259 ; Laurent, VII, 114, XXX, 213 ; Colmet de Santerre, IX, 78 bis, III.

4. Pont, 393 ; Mourlon, III, 1439 ; Valette, 128 ; Planiol, II, 2729.

5. Bordeaux, 19 juin 1849, S. 49.2.681 ; Demolombe, VI, 527 ; Duranton, IV, 486 ; Thézard, 39 ; Pont, 379 ; Lepinois, III, 1253 ; Beudant, I, 323.

6. C. civ., 1428, 1531, 1549 ; Pont, 380 ; Aubry et Rau, § 227, § 535, note 32.

7. Cass., 21 fév. 1865 ; Lyon 1ᵉʳ juill. 1884, S. 83.2.212 ; Pont, 386 ; Thézard, 40 ; Flandin, 196.

8. Cass., 14 avr. 1824 ; 27 mai 1865 ; Pont, 401.

9. L. 12 juill. 1909, art. 10.

10. C. civ., 2119 ; Mourlon, III, 1441.

11. Cass., 14 avr. 1847, D. 47.1.217, S. 47.1.344 ; Grenoble, 14 janv. 1864 ; Pont, 395 ; Aubry et Rau, § 259 ; Thézard, 41 ; Laurent, XXX, 219.

12. Pont, 396 ; Mourlon, III, 1440 ; Baudry et de Loynes, 944.

ARTICLE TROISIÈME

ÉTENDUE DE L'HYPOTHÈQUE.

482. Qu'elle soit judiciaire, légale ou conventionnelle [1], l'hypothèque acquise s'étend à toutes les améliorations survenues à l'immeuble grevé [2], ce qui comprend : 1° les accroissements et atterrissements provenant de l'alluvion [3] ; 2° les constructions édifiées, les immeubles par destination, les plantations et assainissements [4], sauf l'exercice du privilège du constructeur [5] ; 3° les avantages résultant de l'extinction de charges telles que servitudes et usufruit [6].

Sont également comprises dans l'hypothèque du fonds : 1° les eaux de source qui y sont amenées [7] ; 2° la source non captée quoiqu'elle ne soit pas mentionnée [8].

L'hypothèque atteint aussi l'indemnité allouée par la compagnie d'assurance en cas d'incendie de constructions affectées [9].

---

1. Pont, 404 ; Duranton, XIX, 389 ; Martou, 726 ; Aubry et Rau, § 284.
2. C. civ., 2133, 2118 ; Alger, 23 mars 1896, D. 98.2.259.
3. C. civ., 556 à 563 ; Cass., 6 août 1849 ; Mourlon, III, 1503 ; Pont, 406 ; Thézard, 64.
4. Cass., 11 avr. 1838 ; 2 juill. 1901, D. 09.1.342 ; Bourges, 3 fév. 1851 ; Rennes, 26 nov. 1851 ; Aix, 26 mars 1885, D. 89.1.102, S.89. 2.49 ; Pont, 410 ; Grenier, I, 147 ; Laurent, XXX, 206. — *Contrà*, Paris, 6 mars 1834 ; 9 déc. 1890, J. C. 4161 ; Douai, 24 juin 1897, J. C. 4850 ; décidant que l'hypothèque conventionnelle ne frappe pas les constructions entièrement nouvelles. — Pour répondre à cette théorie, il faudrait hypothéquer les biens à venir et prendre une inscription spéciale sur les constructions après l'édification.
5. C. civ., 2103, 4° ; L. 16 sept. 1807 ; 17 juill. 1856.
6. Pont, 407 ; Duranton, XIX, 265.
7. Grenoble, 25 juin 1893, S. 94.1.257.
8. Cass., 30 mars 1892, J. C. 4326.
9. L. 19 fév. 1889, art. 2.

483. D'autre part, l'hypothèque ne saurait s'étendre : 1° à la nue propriété acquise par l'usufruitier [1] ; 2° aux adjonctions faites de terrains avoisinant la propriété hypothéquée [2], à moins qu'il ne s'agisse de parcelles insignifiantes, telles que celles provenant d'un chemin déclassé, acquises en vertu du droit de préemption [3] ; 3° au trésor découvert sur la propriété grevée [4] ; 4° à l'accroissement de part survenu, par partage ou licitation, au communiste qui n'aurait conféré hypothèque que sur sa portion aliquote [5] (n° 514).

DEUXIÈME SECTION

HYPOTHÈQUES CONVENTIONNELLES.

484. La loi reconnaît plusieurs hypothèques convention-nelles dont le type normal est l'affectation volontaire par acte notarié ; ensuite viennent les hypothèques maritimes, les hy-pothèques résultant d'actes administratifs et celles constituées par actes authentiques passés à l'étranger.

Nous nous occuperons d'abord de l'hypothèque conven-tionnelle ordinaire, qui est beaucoup plus fréquente que les autres.

1. Grenier, I, 146 ; Pont, 407 ; Troplong, 553 *bis.*
2. Poitiers, 1ᵉʳ juin 1875, D. 77.2.232 ; Pont, 411 ; Troplong, 552 ; Aubry et Rau, § 284 ; Mourlon, III, 1506 ; Planiol, II, 2745.
3. Cass., 3 déc. 1895, J. C. 4692.
4. Demolombe, XIII, 46 *bis* ; Proudhon, I, 404.
5. Cass., 6 décembre 1820 ; Caen, 18 août 1871 ; Pont, 640 ; Demo-lombe, XVII, 321.

A. — Hypothèques des actes notariés.

ARTICLE PREMIER

CAPACITÉ DU CONSTITUANT.

485. Pour constituer une hypothèque, il ne suffit pas d'avoir la capacité de s'obliger, il faut de plus être propriétaire ou usufruitier des immeubles que l'on entend affecter, et avoir la capacité de les aliéner [1].

L'hypothèque peut être conférée par le débiteur lui-même ou par un tiers se constituant caution, soit personnelle et hypothécaire, soit seulement hypothécaire.

486. Celui qui est propriétaire d'immeubles, avec interdiction temporaire d'aliéner, ne peut valablement les hypothéquer [2]; toutefois, cette défense ne met pas obstacle, à moins de clause précise, aux hypothèques légales ou judiciaires pour lesquelles la volonté du débiteur n'est pas nécessaire [3].

§ 1er

487. Les immeubles appartenant soit à un mineur, émancipé ou non, soit à un interdit, judiciairement ou légalement, ne peuvent être hypothéqués qu'avec l'autorisation du conseil de famille homologuée par le tribunal civil, sur les conclusions du procureur de la République [4].

488. Toutefois, le mineur émancipé autorisé à faire le

---

1. C. civ., 2124, 2118. Comp. L. 12 juillet 1911, art. 138, pour les mines.

2. Cass., 24 avr. 1894, S. 95.1.276, D. 95.1.91, J. C. 4591, *Rev. not.*, 9192.

3. Paris, 11 nov. 1812 ; Seine, 15 fév. 1890 ; Narbonne, 28 oct. 1890, *Rev. not.*, 8526 ; Avesnes, 31 mai 1891, J. C. 4591 ; comp. Cass., 11 juin 1913, *Rev. not.*, 15464.

4. C. civ., 2126, 457, 458, 509 ; comp. Riom, 27 mai 1884, D. 85. 2.229.

commerce a capacité pour hypothéquer ses immeubles, en ce qui concerne les faits relatifs à son commerce [1].

489. La personne pourvue d'un conseil judiciaire doit être assistée de son conseil pour conférer une hypothèque valable [2].

490. Toute femme divorcée (et dont le divorce a été transcrit) est maîtresse absolue de ses immeubles, et les hypothèques qu'elle confère sont valables.

Quant à la femme mariée séparée de biens, elle ne peut consentir une hypothèque sans l'autorisation de son mari, ou celle du tribunal si le mari la refuse ou est dans l'impossibilité de la donner [3].

Il y a exception en ce qui concerne la femme marchande publique, à l'égard des actes concernant son commerce et pour les immeubles non dotaux [4].

Par la séparation de corps, la femme recouvre le plein exercice de sa capacité civile, de sorte qu'elle peut conférer hypothèque sans aucune autorisation. En cas de réconciliation des époux, la femme perd le droit d'hypothéquer ses immeubles sans autorisation, à partir du moment où ce changement de situation a été constaté par acte notarié affiché dans la principale salle du tribunal de première instance [5].

491. La femme mariée sous le régime dotal ne peut, en général, hypothéquer ses biens dotaux, à moins que le con-

---

1. C. civ., 487 ; C. comm., 6 ; comp. Cass., 18 déc. 1883, S. 85.1. 417.

2. C. civ., 513 ; Dijon, 22 nov. 1867, S. 67.2.338.

3. C. civ., 217 à 219. Que l'autorisation émane du mari ou du tribunal, elle nécessite, pour sa validité, la spécialité des biens et des sommes. Cass., 3 janv. 1898 ; 16 mars 1898, S. 98.1.400 ; Aubry et Rau, § 472.

4. C. civ., 220 ; C. comm., 5 et 7.

5. C. civ., 311 ; comp. 1449.

trat de mariage ne lui en ait donné la faculté expresse [1]. La faculté d'aliéner n'emporte pas celle d'hypothéquer [2]. A ce point de vue, la séparation de corps reste sans influence [3].

Cependant la femme a la faculté d'hypothéquer ses biens dotaux : avec l'autorisation de son mari, pour l'établissement des enfants communs ; avec la même autorisation ou celle de justice, pour établir les enfants qu'elle aurait eus d'un précédent mariage [4].

Les immeubles dotaux peuvent encore être hypothéqués [5], avec permission de justice : 1° Pour tirer de prison, par suite de condamnation civile, le mari ou la femme ; 2° Pour fournir des aliments à la famille ; 3° Pour payer les dettes de la femme ou de ceux qui ont constitué la dot, lorsque ces dettes ont date certaine antérieure au contrat de mariage ; 4° Pour faire des grosses réparations indispensables à la conservation de l'immeuble dotal.

Si l'hypothèque de l'immeuble dotal avait été permise hors des cas où le juge a le droit de l'autoriser, elle serait nulle [6] ; mais il suffit que l'autorisation se trouve motivée sur l'une des causes prévues par la loi, pour que la femme ne soit pas recevable à prouver la fausseté du motif et à contester l'hypothèque donnée au prêteur de bonne foi [7].

1. C. civ., 1557 ; Cass., 18 nov. 1862 ; 13 déc. 1853.
2. Cass., 29 mai 1839 ; 1er déc. 1868, S. 69.1.59 ; Caen, 1er avril 1876 ; Aubry et Rau, § 537, note 107.
3. Baudry et de Loynes, 1328 ; Planiol, III, 719.
4. C. civ., 1555, 1556 ; Cass., 1er avr. 1845, D. 45.1.197, S. 45.1. 256 ; Pau, 16 avr. 1855 ; Nîmes, 7 juil. 1860 ; Lyon, 28 avr. 1875, D. 77.2.179.
5. C. civ., 1558 ; Cass., 24 août 1842 ; 7 juil. 1857, D. 58.1.405 ; Caen, 7 mars 1845 ; Bordeaux, 26 fév. 1855 ; Aubry et Rau, § 537, note 128.
6. Cass., 26 avr. 1842 ; 29 août 1861, D. 61.1.380 ; Rouen, 2 mai 1861.
7. Cass., 22 août 1855 ; 7 juil. 1857 ; 20 juin 1877 ; Caen, 9 mai

Les fonds provenant d'un emprunt par la femme dotale doivent toujours être versés directement aux personnes désignées pour les recevoir [1].

492. Sous le régime de la communeauté, la condition du contrat de mariage portant que les propres de la femme ne pourront être aliénés que sous condition de remploi, et alors même que les tiers acquéreurs seraient rendus responsables du remploi, ne saurait créer pour la femme une incapacité de s'engager envers les tiers et d'hypothéquer ses biens personnels [2]. Bien plus, cette incapacité expressément stipulée d'une manière absolue ne serait pas valable, sans une dotalité formelle [3].

493. Les immeubles acquis par la femme d'un commerçant en son nom personnel, durant le mariage, ne doivent être acceptés comme gage qu'avec l'affectation hypothécaire des deux époux, car ces immeubles sont réputés avoir été payés par le mari, à moins de preuve authentique contraire, et le droit de propriété de la femme peut s'évanouir en cas de faillite [4].

494. En ce qui concerne le failli, il faut observer : 1° Que l'hypothèque par lui consentie depuis la cessation de ses paiements, ou dans les dix jours qui ont précédé, même avant le jugement de déclaration de faillite, pour une dette antérieure à l'acte constitutif, serait frappée de nullité [5] ; 2° Que l'hypo-

---

1876, D. 77.2.145 ; Pau, 19 déc. 1871 ; Aubry et Rau, § 537, note 135 ; Rodière et Pont. 1868 ; Gauthier, 303.

1. Cass., 4 fév. 1856, D. 56.1.61 ; Nimes, 11 janv. 1878, D. 79.2. 55 ; Aubry et Rau, § 537 ; comp. Aix, 10 fév. 1832, S. 32.2.640.

2. Cass., 6 nov. 1854 ; 8 juin 1858.

3. Cass., 22 déc. 1879, S. 80.1.125 ; Challamel, *Rev. crit.*, 1880, p. 1.

4. C. comm., 558, 559. Comp. Tr. Bordeaux, 23 déc. 1912.

5. C. comm., 446 ; Cass., 18 juin 1862 ; 24 juin 1868 ; 11 juil. 1881, D. 82.1.296, S. 83.1.315 ; Ruben de Couder, *Faillite*, 374 ; Lyon-Caen et Renault, 2759 ; comp. Poitiers, 26 avr. 1885, D. 86.2.6, S. 87.1.173.

thèque valablement acquise, pour un prêt actuel, peut être annulée si elle a été inscrite plus de quinze jours après l'obligation, bien qu'antérieurement au jugement de déclaration de faillite [1] ; 3° Et que l'inscription prise le jour de ce jugement ou après est nulle [2].

495. Les mêmes règles sont applicables, en principe, à la liquidation judiciaire [3].

La nullité dont on vient de parler est uniquement dans l'intérêt de la masse, de sorte que le failli ne saurait l'invoquer ni en profiter [4] ; mais la nullité une fois prononcée, supprime l'hypothèque à l'égard de tous les créanciers, même de ceux hypothécaires inscrits après l'hypothèque annulée [5].

Le non commerçant en état de déconfiture n'est pas privé de la faculté d'hypothéquer ses immeubles [6], alors même qu'ils seraient saisis et la saisie transcrite [7].

496. Ceux qui sont envoyés en possession provisoire des biens d'un absent ne peuvent les hypothéquer sans autorisation de justice [8].

1. C. comm., 448 ; Cass., 24 déc. 1860 ; comp. Cass., 15 nov. 1891, D. 92.1.505.

2. C. civ., 2146 ; C. comm., 446 ; Amiens, 26 déc. 1855, D. 57.2. 35.

3. L. 4 mars 1889, art. 19 ; Douai, 4 nov. 1889, S. 91.2.30.

4. Cass., 2 août 1866, S. 66.1.388, D. 67.1.37 ; Laurin, 863 ; Lyon-Caen et Renault, 2967 ter.

5. Cass., 11 déc. 1889, S. 92.1.145, D. 90.1.193. — D'après un autre système, le créancier dont l'hypothèque a été annulée peut exercer son droit vis-à-vis des créanciers postérieurs, sous l'obligation de verser à la masse le bénéfice retiré de l'exercice de l'hypothèque (Paris, 29 déc. 1887).

6. Cass., 3 mars 1869 ; 22 août 1882, S. 83.1.25 ; Pont, 622 ; Aubry et Rau, § 266, note 32.

7. Pont, 623 ; Aubry et Rau, § 266, note 37 ; Battur, 181 ; Persil, p. 131 ; Boitard 932. — Contrà, Gillard, 164.

8. C. civ., 128, 2126 ; Demolombe, II, 111 ; Laurent, II, 181 ; Aubry et Rau, § 153.

497. Le propriétaire apparent d'un immeuble a le droit de le grever d'hypothèque [1], mais non celui qui ne posséderait qu'en vertu d'un acte faux ou radicalement nul [2].

498. Nous savons que le mandataire doit avoir un pouvoir exprès pour hypothéquer les immeubles du mandant [3]. Pour être valable, ce pouvoir sera donné par acte notarié [4], et les emprunts hypothécaires obligeront le mandant, quoique le mandat n'en indique pas la quotité [5]. Il est plus correct de préciser le chiffre total, et cette indication devient indispensable quand le mandat est donné par une femme mariée à l'effet d'emprunter ou de subroger dans son hypothèque légale [6].

499. Le gérant et le liquidateur d'une société n'ont capacité pour hypothéquer les immeubles sociaux qu'en vertu de pouvoirs résultant de l'acte de formation, même sous seing privé, ou des délibérations ou autorisations constatées dans les formes réglées par cet acte ; ensuite l'acte hypothécaire est passé en forme notariée.

Cette règle s'applique à toutes les sociétés commerciales et elle englobe les sociétés civiles ayant adopté l'une des formes commerciales [7].

1. Cass., 3 juill. 1877, S. 78.1.38, D. 77.2.427 ; 13 juill. 1879 ; 20 juill. 1910, D. 10.1.392 ; Paris, 29 janv. 1848 ; Aubry et Rau, § 616, 5°, note 32 ; Demolombe, II, 241 ; comp. Cass., 4 août 1885, S. 86.1.120 ; 26 janv. 1897, D. 1900.1.33 ; spécialement l'héritier apparent au profit d'un tiers de bonne foi.

2. Cass., 31 janv. 1844 ; 26 fév. 1867 ; Lyon, 15 mai 1868 ; Paris, 16 mars 1866.

3. C. civ., 1988.

4. Cass., 12 nov. 1855 ; 29 juin 1881 ; 23 déc. 1885, S. 86.1.145, D. 86.1.97 ; 29 janv. 1895, D. 95.1.430 ; Thézard, 58 ; Planiol, II, 2776.

5. Cass., 6 déc. 1858 ; 6 fév. 1861.

6. Cass., 10 mai 1853 ; 1er fév. 1854 ; Pont, 906 ; Demolombe, IV, 210.

7. L. 24 juill. 1867, art. 68 et 69, ajoutés le 1er août 1893.

500. Il y a liberté complète pour le mari d'hypothéquer ses biens personnels et ceux de la communauté pendant sa durée, sans le concours de la femme, sauf l'effet de l'hypoque légale de cette dernière [1].

501. S'il s'agit d'un immeuble appartenant par indivis à la femme et acquis par le mari, elle a le droit de retirer l'immeuble à la dissolution de la communauté, de sorte que l'hypothèque s'évanouirait dans ce cas: il y aurait donc un danger sérieux à l'accepter comme gage du mari seul [2].

§ 2

502. L'hypothèque constituée sur l'immeuble d'autrui est nulle et ne serait pas validée par l'acquisition que le constituant ferait ultérieurement de cet immeuble, à titre gratuit ou onéreux [3].

503. Si, en hypothéquant l'immeuble d'autrui, on se porte fort du propriétaire, la ratification de celui-ci fait produire effet à l'hypothèque du jour de l'inscription de l'acte constitutif, vis-à-vis des créanciers qui n'avaient pas d'inscription valable avant la ratification [4].

504. Quand un mineur ou une femme mariée non autorisée confère une hypothèque, qui a été inscrite, la confirmation donnée par le mineur devenu majeur ou par la femme devenue veuve rétroagit au jour de la constitution hypothécaire,

---

1. C. civ., 1421, 2121 ; de Folleville, I, 301.

2. C. civ., 1408 ; comp. Cass., 1er mai 1860 ; 17 fév. 1886 ; de Folleville, I, 210 bis ; Rodière et Pont, 641 ; Aubry et Rau, § 507, note 105.

3. Cass., 24 mai 1892, D. 92.1.327, S. 92.1.289, J. C. 4301, Rev. not., 8728 ; Montpellier, 10 fév. 1896, Rev. not., 9593, S. 96.2.128 ; Dijon, 25 avr. 1855 ; Aubry et Rau, § 266, note 4 ; Pont, 628 ; Thézard, 48. — Contrà, Gillard, 99 et 100.

4. Cass., 3 août 1859 ; 13 déc. 1875, S. 76.1.273 ; Pont, 626. — Contrà, Laurent, XXX, 473 ; Gillard, 102.

sans nouvelle inscription, et l'hypothèque prime les inscriptions prises postérieurement à la confirmation [1], mais non celles inscrites antérieurement [2].

505. Il n'est pas nécessaire, pour hypothéquer un immeuble, d'en avoir la propriété pure et simple et définitive : celui qui n'a qu'un droit suspendu par une condition, ou résoluble dans certains cas, ou sujet à rescision, peut conférer une hypothèque soumise aux mêmes conditions. Toutefois l'hypothèque consentie par tous les copropriétaires d'un immeuble indivis conserve son effet quel que soit ultérieurement le résultat de la licitation ou du partage [2].

506. Un immeuble vendu sous condition suspensive se trouve appartenir à deux propriétaires alternatifs et rien n'empêche que chacun d'eux l'hypothèque, mais l'événement de la condition décidera par lequel les hypothèques auront été valablement consenties [4]. Ce qui s'applique spécialement au vendeur et à l'acquéreur à réméré [5] : toutefois, un parti considérable enseigne que le vendeur à réméré ne peut pas hypothéquer avant l'exercice du retrait [6]. En tout cas, l'hypo-

1. C. civ., 1338 ; Cass., 25 nov. 1856, D. 56.1.385, S. 57.1.119 ; Demolombe, XXIX, 788 ; Verdier, 54. — *Contrà*, Flandin, 128 ; Berger, 40.

2. Paris, 23 juill. 1838 ; Douai, 18 mars 1840 ; Montpellier, 6 janv. 1866, D. 66.2.41, S. 66.2.380 ; Demolombe, XXIX, 800, 802. — *Contrà*, Aubry et Rau, § 266, note 31 ; Pont, 616.

3. C. civ., 2125 modifié le 31 déc. 1910 ; Duranton, XIX, 276 ; Pont, 642 ; Aubry et Rau, § 266, note 11.

4. Metz, 20 avr. 1836 ; Aubry et Rau, § 266, note 12 ; Thézard, 51 ; Demolombe, XXIV, 410 ; Pont, 625, 637.

5. Bruxelles, 15 juin 1818 ; Douai, 22 juill. 1820 ; Alger, 2 nov. 1885, S. 86.2.132, J. G., *Priv.*, 788 ; Duranton, XIX, 278 ; Duvergier, *Vente*, 29 ; Troplong, 469 ; Valette, p. 202 ; Pont, 639 ; Colmet de Santerre, V, 100 bis, III ; Larombière, II, art. 1181, n° 8 ; Demolombe, XXV, 411 bis ; Thézard, 51 ; Laurent, XXIV, 302.

6. Cass., 21 déc. 1825 ; Bordeaux, 5 janv. 1833 ; Montpellier, 4 mars

thèque par le cessionnaire du vendeur à réméré ne serait pas valablement conférée avant le retrait [1]. Il est bon d'ajouter, au point de vue pratique, que le créancier ne peut avoir sécurité, même en se faisant concéder l'hypothèque tout à la fois par le vendeur et par l'acquéreur, parce que le vendeur peut céder son droit de réméré à un tiers; s'il usait de cette faculté, l'hypothèque serait sans effet à l'égard du cessionnaire [2].

507. Les immeubles grevés de substitution rendue publique par la transcription, ne constituent pas une garantie certaine, car l'hypothèque conférée par le grevé est nulle à l'égard de l'appelé [3]. L'hypothèque conférée solidairement par le grevé et par l'appelé offrirait sécurité, sauf l'éventualité de survenance de nouveaux appelés [4].

508. Quand l'immeuble hypothéqué provient d'une donation, tant que vit le donateur, le donataire n'a qu'un droit résoluble, soit pour inexécution des conditions de la donation [5], survenance d'enfant légitime [6], ouverture du retour conventionnel [7]; soit en vertu de l'action en réduction [8], ou du rapport

---

1841 ; Caen, 29 juin 1870 ; Paris, 12 août 1871, D. 73.2.133, S. 71.2. 193 ; Aubry et Rau, § 266, note 14 ; comp. Cass., 23 août 1871, D. 73. 1.321.

1. Cass., 14 avr. 1847, D. 47.1.217, S. 47.1.341 ; Grenoble, 17 fév. 1849 ; Demolombe, XXV, 411 *bis* ; Pont, 516 : Troplong, 433.

2. Comp. Labbé, *Rev. crit.*, I, 197 ; Gillard, 109 ; Baudry-Lacantinerie et de Loynes, 1317, 1318.

3. C. civ., 1048 à 1074 ; Cass., 5 mai 1830 ; Paris, 25 juill. 1850, D. 51.2.170.

4. Seine, 7 déc. 1885, J. E. 22693 ; Compiègne, 3 août 1892, *Rev. not.*, 8856 ; Demolombe, XXII, 599.

5. C. civ., 953.

6. C. civ., 960 ; Cass., 2 fév. 1852 ; Toullier, V, 303.

7. C. civ., 951 ; comp. Cass., 19 janv. 1836.

8. C. civ., 920, 929 ; comp. Bordeaux, 29 déc. 1887, S. 88.2.41.

en nature auquel le donataire pourrait être tenu [1]. Enfin, l'immeuble donné sous condition d'incessibilité n'est pas valablement hypothéqué par le donataire [2].

509. Lorsque la donation n'a pas été transcrite, si l'hypothèque a été conférée conjointement par le donataire et le donateur, la garantie est certaine [3] ; mais en présence d'une donation transcrite, le concours du donateur serait insuffisant pour mettre le prêteur à l'abri de la révocation pour survenance d'enfants [4].

510. S'agit-il d'un immeuble provenant d'une vente, le droit de propriété du débiteur est soumis à l'action résolutoire et au privilège du vendeur, et même à l'action en folle enchère si la vente a eu lieu judiciairement ; l'hypothèque conférée ne donne donc sécurité au créancier que s'il est justifié du paiement du prix [5].

511. La même remarque s'applique à l'échange ; en outre, il faut observer que l'échangiste a une action en répétition de sa chose [6].

512. L'héritier bénéficiaire, autorisé par justice, peut contracter un emprunt dans l'intérêt de la succession, et, pour sûreté. donner hypothèque sur les immeubles en dépendant [7]; néanmoins à défaut d'autorisation, l'hypothèque des biens héréditaires conférée par l'héritier sous bénéfice d'inventaire reste valable.

---

1. C. civ., 859.
2. Cass., 27 juill. 1863, D. 64.1.494 ; 20 déc. 1864, D. 65.1.64.
3. C. civ., 941 ; Bordeaux, 13 août 1872 ; Pont, 639.
4. C. civ., 960, 1076 ; Cass., 21 déc. 1825.
5. C. civ., 1654, 2103 ; C. pr., 723 ; Cass., 14 fév. 1865 ; 6 mai 1868 ; Gauthier. 372 ; comp. Bourges, 12 janv. 1876 ; Verdier, 661.
6. C. civ., 1705 ; Troplong. 466.
7. Cass., 12 juin 1865 ; Douai, 29 janv. 1880 ; Demolombe, XV, 264 ; Bertin, II, 1189 ; Aubry et Rau, § 618. — *Contrà*, Rouen, 3 déc. 1826,

513. Les établissements publics (communes, hospices) et les congrégations religieuses reconnues ne peuvent hypothéquer leurs biens sans une autorisation de l'autorité [1].

514. Un immeuble indivis entre plusieurs personnes est susceptible d'être hypothéqué par chacun des copropriétaires, soit pour sa part indivise, soit pour la totalité. Quand le communiste hypothèque seulement sa part aliquote, si l'événement du partage ou de la licitation met l'immeuble au lot d'un cohéritier, l'hypothèque disparaît en entier ; si au contraire, tout l'immeuble est attribué au constituant, l'hypothèque demeure restreinte à la part qu'il a engagée [2]. Lorsque le communiste confère hypothèque sur la totalité de l'immeuble, l'efficacité de l'hypothèque est subordonnée à l'événement du partage, de la licitation, ou d'une cession de droits successifs faisant cesser l'indivision. Si l'immeuble entier ou une partie est attribuée au constituant, l'hypothèque a son effet dessus ; mais l'hypothèque s'évanouit si l'immeuble est dévolu à un autre copropriétaire [3] ou même à plusieurs conjointement [4].

Dans le cas d'adjudication de l'immeuble sur licitation à un tiers, une opinion décide que les hypothèques consenties par l'un des communistes continuent de grever l'immeuble entre les mains de l'adjudicataire, encore que le prix soit attribué ultérieurement à un communiste autre que celui ayant donné hypothèque [5]. Une autre opinion (actuellement suivie par la Cour suprême) enseigne que l'adjudication sur licitation au

---

1. L. 24 mai 1825 ; ord. 14 janv. 1831 ; L. 7 août 1831 ; 5 avr. 1884.

2. Cass., 6 déc. 1826 ; Caen, 18 août 1877 ; Pont, 640 ; Demolombe, XVII, 321 ; Thézard, 52.

3. Cass., 16 avr. 1888 ; Aix, 23 janv. 1835 ; Orléans, 30 nov. 1895 ; Pont, 640 ; Thézard, 52 ; Aubry et Rau, § 266 et 625 ; Gillard, 110.

4. Cass., 21 mai 1895, S. 95.1.350 ; Nancy, 7 juill. 1896, *Rev. not.*, 9792.

5. Cass., 14 déc. 1887 ; 17 fév. 1892, S. 94.1.417, D. 93.1.191 ; Laurent, X, 400 ; Gillard, 115 ; Baudry et Wahl, 4310.

profit de l'étranger est bien une vente pour lui, mais demeure, dans les rapports des cohéritiers entre eux une opération préli-minaire du partage, de sorte que si le prix est attribué en par-tage à quelques-uns des cohéritiers, ceux-là seulement sont vendeurs, et les autres réputés n'avoir eu aucun droit dans l'immeuble, de sorte que les hypothèques conférées par ces derniers deviennent sans effet[1].

515. Au point de vue pratique, il est important de faire toujours hypothéquer la totalité de l'immeuble indivis par le communiste emprunteur. Pour obvier au danger de la dévolu-tion de cet immeuble à un autre copropriétaire, l'emprunteur s'interdit de procéder au partage ou à la licitation sans y appe-ler le prêteur[2], et lui cède, par préférence, les prix de licita-tion ou soultes de partage ; puis cette convention est signifiée aux copropriétaires, afin d'approprier le cessionnaire[3].

Toutefois, ces précautions ne donnent qu'une sécurité rela-tive au prêteur, notamment parce que l'emprunteur peut se trouver rempli de ses droits par l'effet de rapports ; le prêteur n'obtient sécurité complète qu'en faisant constituer l'hypothè-que pour tous les copropriétaires[4].

Pour l'emprunt hypothécaire par un père tuteur de son en-fant mineur, tant au nom de ce dernier qu'en son nom person-nel, d'un immeuble indivis entr'eux, il faut que le prêteur soit subrogé dans l'hypothèque légale de l'enfant contre son père,

1. Cass., 18 juin 1834 ; 22 fév. 1881 ; 5 déc. 1907, D. 08.1.113, S. 08.1.5, *Rev. not.*, 13123 ; Paris, 3 juil. 1872 ; Dijon, 27 déc. 1905 ; Bordeaux, 26 juin 1906, S. 07.2.270 ; Demolombe, XVII, 273 ; Au-bry et Rau, § 625, note 45 ; Planiol, III, 2401.

2. Le prêteur pourrait encore se faire vendre à réméré une quote part des immeubles sur lesquels l'hypothèque est conférée (Cass., 13 juill. 1891, S.92.1.571).

3. Cass., 26 mai 1886, *Rev. not.*, 7427, S. 86.1.256, D. 86.1.281 ; 14 déc. 1887 ; 16 avr. 1888, S. 88.1.216, D. 88.1.249.

4. C. civ., 2125, du 31 déc. 1910.

cette hypothèque légale étant tout à fait indépendante de l'emprunt et de l'hypothèque conventionnelle, la délibération de famille en autorisant l'emprunt doit autoriser, en même temps, la subrogation.

Si c'est la mère tutrice qui emprunte pour elle et son enfant mineur, elle doit de plus subroger le prêteur dans son hypothèque légale contre la succession de son mari, décédé depuis moins d'un an.

516. N'est pas indivis l'immeuble appartenant à une société constituant une personne civile (n° 499), et aucun des associés individuellement n'a le droit d'hypothéquer cet immeuble social [1].

517. On ne peut, en général, hypothéquer que les biens présents [2]. Néanmoins, le débiteur dont les biens présents et libres sont insuffisants pour la sûreté de la créance peut, en exprimant cette insuffisance, consentir que chacun des immeubles qu'il acquerra par la suite, à titre gratuit ou onéreux, demeure, à mesure des acquisitions, affecté hypothécairement à son obligation [3],

L'hypothèque sur les biens à venir, autorisée pour le cas d'insuffisance des biens présents, subsiste alors même que par suite d'un partage ultérieur, les biens présents indivis ont cessé d'être la propriété de celui qui a constitué l'hypothèque [4].

L'hypothèque des biens à venir ne constitue qu'une garantie subsidiaire ou complémentaire valable seulement lorsque le débiteur affecte d'abord et principalement ses biens présents. Par suite, la faculté d'hypothéquer les biens à venir ne peut être exercée par le débiteur ne possédant actuellement

1. Cass., 28 fév. 1891, D. 91.1.337, S. 92.1.73.
2. C. civ., 2129.
3. C. civ., 2130 ; comp. Gillard, 276 ; Baudry et de Loynes, 1386.
4. Cass., 11 mars 1895, D. 95.1.305, S. 96.1.433, J. C. 4600.

aucun immeuble, ou qui, n'engageant pas ses immeubles présents, ne voudrait hypothéquer que ceux à venir[1].

Pourtant celui qui n'a pas d'immeubles présents prendrait valablement l'obligation d'hypothéquer ses biens à venir, dans un délai précis à partir des acquisitions, à peine d'exigibilité de la créance ; il est à observer qu'un pareil engagement ne constitue pas une garantie certaine (n° 523).

518. Il ne faut pas oublier que l'hypothèque conventionnelle sur les biens présents et à venir ne frappe les biens à venir qu'au moment de son inscription sur chacun de ces biens, après leur acquisition[2]. De là une inégalité de situation entre le créancier à hypothèque conventionnelle et celui qui est muni d'une hypothèque générale, légale ou judiciaire, portant sur tous biens présents et à venir, car l'hypothèque générale atteint les biens à venir, sans nouvelle inscription, au moment même où le débiteur en devient propriétaire[3], alors que l'hypothèque conventionnelle nécessite une inscription spéciale qui est forcément primée par l'hypothèque générale, légale ou judiciaire.

519. La restriction apportée par la loi à l'hypothèque conventionnelle des biens à venir est nuisible au crédit des personnes qui, n'ayant actuellement que leur bonne conduite, ont l'expectative de biens que l'ordre des successions doit leur transmettre ; d'ailleurs, cet obstacle légal ne protège aucune-

1. Cass., 30 janv. 1872, S. 73.1.404, D. 74.1.99 ; Caen, 4 avr. 1842 ; Lyon, 9 avr. 1845 ; Dijon, 25 avr. 1855 ; Nancy, 22 août 1867 ; Montpellier, 24 fév. 1902 ; Pont, 688 ; Aubry et Rau, § 266, note 27. — *Contrà*, Besançon, 29 août 1811 ; Colmet de Santerre, IX, 97 *bis*, II ; Gillard, 279.

2. Cass., 27 avr. 1846 ; 4 mars 1902, D. 02.1.214, J. E. 26431, J. C. 5435, *Rev. not.*, 11056 ; Grenoble, 17 fév. 1847 ; Caen, 18 août 1871 ; Aubry et Rau, § 273.

3. C. civ., 2122, 2123, 2148 ; Cass., 27 avr. 1846 ; Caen, 5 avr. 1856 ; Aubry et Rau, § 273 ; Pont, 1000 ; Planiol, II, 2788.

André, *Régime hypothécaire.* 13

ment les dissipateurs contre la cupidité des usuriers, puisque ceux-ci ont la ressource de l'hypothèque judiciaire.

ARTICLE DEUXIÈME

FORME DE LA CONSTITUTION.

520. L'hypothèque conventionnelle n'est valablement consentie que par acte passé en forme authentique devant notaire, suivant la forme générale des actes notariés [1].

Un procès-verbal dressé par le juge de paix, en bureau de conciliation, est insuffisant pour conférer hypothèque [2], aussi bien qu'un acte sous seings privés [3]. Cependant l'acte sous seings privés, contenant constitution d'hypothèque, deviendrait authentique par son dépôt devant notaire, effectué avec reconnaissance d'écriture et de signature, par le débiteur, en l'absence ou en la présence du créancier [4]. Le dépôt fait par le créancier, sans mandat régulier du débiteur serait inefficace [5].

521. L'acte constitutif d'hypothèque est valable quoique délivré en brevet, même sous forme de billet à ordre [6]. Cependant il est plus fréquent de fournir un titre exécutoire au créancier, car avec le brevet il n'est pas possible d'exercer des poursuites.

Avant de poursuivre, le brevet est rapporté pour minute au

---

1. C. civ., 2127 ; L. 25 ventôse an XI, art, 8 à 10.

2. C. pr., 54 ; Rennes, 12 août 1814 ; Pont, 662 ; Aubry et Rau, § 266, note 42.

3. Cass., 1er déc. 1852.

4. Cass., 15 fév. 1832 ; 3 déc. 1889, S. 91.1.525 ; Pont, 661 ; Duranton, XIX, 361 ; Larombière, art. 1317, n° 40 ; Aubry et Rau, § 266 ; Gillard, 229.

5. Metz, 24 mars 1819 ; Cass., 4 août 1864 ; Aubry et Rau, § 266, note 44 ; J. G., Obl., 3228.

6. Alger, 7 mai 1870 ; 1er mars 1893, Rev. not., 8923 ; Aubry et Rau, § 266, note 46. — Contrà, Ruffec, 24 juin 1895, Rev. not., 9732.

notaire qui délivre ensuite une grosse. Ce rapport doit être signé par le débiteur [1], à moins qu'il ait donné, dans le brevet, l'autorisation au créancier d'en faire délivrer une grosse [2].

522. Il va sans dire que l'hypothèque conférée par acte notarié peut garantir une créance constatée par acte sous seing privé [3].

523. La promesse de fournir une hypothèque peut résulter d'un acte sous seing privé, ou même d'une lettre, et elle produit en faveur du créancier une action pour contraindre le débiteur à constituer hypothèque [4].

524. La constitution est valablement acceptée pour le créancier par un tiers sans mandat exprès ; l'acceptation tacite du créancier serait même suffisante [5]. Mais le notaire rédacteur de l'acte ne peut, à peine de nullité, accepter au nom du créancier [6], et il lui est interdit, disciplinairement, de laisser intervenir un clerc sans mandat écrit [7].

525. Le notaire doit recevoir lui-même la signature du débiteur sur l'acte constitutif d'hypothèque ; cette signature, reçue par un clerc en l'absence du notaire, encore qu'il ait signé l'acte après coup, entraîne la nullité de l'hypothèque [8].

---

1. Privas, 5 nov. 1891, *Rev. not.*, 8598 ; Bône, 23 nov. 1894 ; Vannes, 24 nov. 1899, *Rev. not.*, 10440.

2. L. 25 vent. an XI, art. 20 ; C. civ., 2148 ; Alger, 7 mai 1870, S. 71.2.105.

3. Persil, art. 2127, n° 7 ; Baudry-Lacantinerie et de Loynes, 1408.

4. Cass., 5 nov. 1860, S. 61.1.858, D. 61.1.301 ; Pau, 16 juill. 1852 ; Pont, 658 ; Aubry et Rau, § 266, note 53.

5. Cass., 4 déc. 1867 ; 13 déc. 1875 ; Chambéry, 20 janv. 1872, S. 72.2.125, D. 73.2.146 ; Pont, 659 ; Gillard, 243.

6. Cass., 3 août 1847 ; 11 juil. 1859, S. 59.1.551 ; Besançon, 17 juil. 1844, D. 45.2.171 ; Aubry et Rau, § 266, note 52 ; Laurent, XXX, 448.

7. Décr. 30 janv. 1890, art. 1, 5°.

8. Caen, 16 avr. 1845 ; 9 janv. 1877, *Rev. not.*, 5443 ; Riom, 13 juin 1855 ; Lyon, 13 août 1867 ; Aubry et Rau, § 755 ; Demolombe, XXIX, 236.

526. La créance, civile ou commerciale, garantie par hypothèque, peut être stipulée payable à l'ordre du créancier ; dans ce cas, l'endossement du brevet original ou de la grosse du titre emporte subrogation dans l'hypothèque qui est accessoire de la créance, sans qu'il soit besoin d'en faire la signification au débiteur [1].

527. Les parties ont aussi la faculté de rendre la créance transmissible au porteur par la simple tradition du titre, sans écrit ni signification [2].

528. L'hypothèque peut également être attachée à une créance déterminée, divisée en un grand nombre de titres ou obligations, payables à ordre ou au porteur ; pour l'utilité pratique de l'opération, il est nécessaire de conférer, à une personne dénommée dans l'acte, les pouvoirs les plus étendus à l'effet de recevoir les remboursements partiels et de donner main-levée des inscriptions [3].

ARTICLE TROISIÈME
SPÉCIALITÉ DE L'HYPOTHÈQUE.

529. Il n'y a d'hypothèque conventionnelle valable que celle qui, dans le titre constitutif de la créance (ou dans un acte authentique postérieur), déclare spécialement la nature et la situation de chacun des immeubles actuellement appartenant au débiteur, sur lesquels il consent l'hypothèque de la créance. Chacun de tous ses biens présents peut être nominativement soumis à l'hypothèque [4].

---

1. Cass., 9 nov. 1876 ; 8 mai 1878 ; 7 mai 1879, *Rev. not.*, 5899 ; Nîmes, 23 nov. 1892, J. C. 4345, *Rev. not.*, 8867 ; Lyon, 11 mars 1897, *Rev. not.*, 10020.

2. Cass., 10 nov. 1829 ; 4 juin 1878 ; 9 nov. 1896 ; 18 janv. 1911.

3. Cass., 29 juin 1881, D. 82.1.106, S. 83.1.218 ; 20 oct. 1897, S. 97.1.489 ; comp. Boulanger, 83.

4. C. civ., 2129 ; Laurent, XXX, 502 ; comp. C. civ., 2148.

530. La nature des biens hypothéqués est indiquée en disant si ce sont des bâtiments, jardins, vignes, labours, herbages, prés, bois, etc.

La situation est la dénomination de la commune dans
laquelle se trouvent les biens hypothéqués [1].

531. Il y a désignation suffisante lorsque le débiteur donne
hypothèque sur tous ses immeubles situés en telle commune,
consistant en bâtiments, terres labourables, prés et bois, sans
autre détail [2].

Au contraire, est insuffisante l'hypothèque conférée sur
tous les immeubles situés dans un arrondissement déterminé,
ou dans plusieurs communes désignées [3].

Pour une ferme, un domaine ou une métairie, il suffit d'indiquer le nom particulier du fonds hypothéqué et la commune [4].

Mais un praticien soigneux ne doit pas se borner à fournir
les indications vagues admises par la jurisprudence ; il dési-
gnera toujours chaque immeuble séparément par la nature, la
contenance et les numéros du cadastre, ou les tenants et abou-
tissants ; c'est là un moyen bien simple d'éviter les actions en
nullité de l'hypothèque.

532. Du reste, l'indication de la nature et de la situation des
immeubles hypothéqués constitue une formalité essentielle
qui ne peut être suppléée ni par le renvoi à un acte antérieur

1. Cass., 26 avr. 1852 ; 12 mars 1867 ; 25 nov. 1868, D. 69.1.149,
S. 69.1.128 ; Grenier, 71 ; Pont, 674 ; Thézard, 63 ; J. G., *Priv.*,
1294.

2. Cass., 12 mars 1867 ; 25 nov. 1868 ; 27 nov. 1893, *Rev. not.*,
9142, D. 94.1.566, S. 94.1.349, J. G., *Priv.*, 1063.

3. Cass., 23 août 1808 ; 26 avr. 1852, D. 52.1.131, S. 52.1.513 ;
Aubry et Rau, § 266, note 40 ; Pont, 674.

4. Cass., 18 juil. 1825 ; 10 fév. 1829 ; Toulouse, 6 mars 1819 ; Riom,
24 fév. 1816 ; Aubry et Rau, § 266, note 59 ; J. G., *Priv.*, 1290.

contenant la désignation détaillée [1], ni par les indications de l'inscription prise postérieurement [2].

533. La question de savoir si la désignation contenue dans l'acte hypothécaire est suffisante, rentre dans les attributions des juges du fait, et leur décision échappe à la censure de la Cour suprême [3].

534. Par la force même des choses, la spécialité de l'hypothèque est étrangère aux biens à venir.

ARTICLE QUATRIÈME

SUPPLÉMENT D'HYPOTHÈQUE.

535. Lorsque les immeubles présents, soumis à l'hypothèque, viennent à périr ou éprouvent des dégradations telles qu'ils ne suffisent plus à la sûreté de la créance non exigible, le créancier peut exiger son remboursement immédiat, à moins que le débiteur ne lui consente un supplément d'hypothèque qui prend rang du jour de l'inscription formalisée sur les immeubles affectés nouvellement [4].

536. Cette règle s'applique seulement à la perte ou à la dégradation provenant de cas fortuit ou de force majeure, ou encore du fait d'un tiers : incendie, inondation [5]; mais non à celle provenant du fait du débiteur, par exemple : démolition de bâtiments, vente des immeubles par destination, abattage

1. Paris, 9 avr. 1869 ; Thézard, 63.
2. Cass., 20 fév. 1810 ; 26 avr. 1852, précité ; Pont, 672 ; J. G., *Priv.*, 1292, 1296 ; Martou, 998 ; Laurent, XXX, 499.
3. Cass., 15 fév. 1836 ; 8 avr. 1844 ; 25 nov. 1868 ; 12 juil. 1881, D. 82.1.264, S. 82.1.222 ; Aubry et Rau, § 266, note 60 ; Pont, 675.
4. C. civ., 2131 ; Paris, 6 avr. 1850, D. 50.5.276 ; Aubry et Rau, 286, 4° ; Pont, 696 ; Thézard, 67.
5. Demolombe, XXV, 688, 693 ; Aubry et Rau, § 286, note 29 ; Pont, 693.

anticipé d'un bois, défaut d'entretien des bâtiments ; dans ces cas, le débiteur peut être contraint à rembourser immédiatement, alors même qu'il offrirait une hypothèque supplémentaire [1].

Il en est de même si le débiteur vend en détail les biens hypothéqués [2]. La vente en bloc couvrant la créance hypothéquée, ne la rend exigible que si l'acquéreur purge [3].

537. Le créancier ne serait pas admis à demander son remboursement ou un supplément d'hypothèque, si la perte provient d'un fait prévu : coupe ordinaire d'un bois, extraction de minerai, rachat d'un immeuble acquis sous condition de réméré, licitation ou partage d'immeubles indivis [4].

538. Quand il y a expropriation publique de l'immeuble hypothéqué, le créancier conserve son droit de préférence sur l'indemnité, que le débiteur ne peut se faire verser en offrant un supplément d'hypothèque [5].

539. Si le gage était insuffisant lors de la constitution de l'hypothèque, ou si son insuffisance provient d'une diminution de valeur, sans détérioration ou dégradation matérielle, le créancier ne serait pas fondé à exiger son remboursement ou un supplément de garantie hypothécaire [6].

---

1. C. civ., 1188 ; Demolombe, XXV, 682 ; Pont, 692 ; Troplong, 542.

2. Cass., 4 mai 1812 ; Paris, 21 janv. 1814 ; Poitiers, 28 déc. 1831 ; Pau, 23 avr. 1834 ; Demolombe, XXV, 685. — *Contrà*, Pont, 694 ; Troplong, 544 ; Duranton, XIX, 384 ; Paris, 11 fév. 1815.

3. Cass., 9 janv. 1810 ; Angers, 28 fév. 1822 ; Poitiers, 13 janv. 1830 ; Pont, 694.

4. Caen, 25 fév. 1837 ; Orléans, 24 mars 1859, S. 61.2.673 ; Pont, 693 ; Larombière, II, art. 1188, nos 12 et 20 ; Demolombe, XXV, 688, 689.

5. L. 3 mai 1841, art. 18 ; Paris, 13 fév. 1858, S. 58.2.170, D. 58. 2.57 ; Pont, 698 ; Martou, 1009 ; Daffry de la Monnoye, 101.

6. Aubry et Rau, § 286 ; Duranton, XIX, 382, 383 ; Pont, 693 ; Persil, art. 2131, n° 5.

540. Enfin, ce qui précède est inapplicable à la perte ou dégradation atteignant les biens à venir, hypothéqués pour insuffisance des biens présents [1].

541. Du reste, les hypothèques judiciaires ou légales, réduites, soit par convention, soit par jugement, se trouveraient, comme celles conventionnelles, susceptibles d'un supplément dans le cas de perte ou de dégradation des immeubles sur lesquels elles auraient été spécialisées [2].

ARTICLE CINQUIÈME

TRANSLATION D'HYPOTHÈQUE.

542. Le créancier et le débiteur, d'accord entre eux, peuvent convenir que l'hypothèque grevant un immeuble sera reportée sur un autre.

543. Cette convention exige un double consentement : 1° le débiteur confère hypothèque, pour garantie de la créance, sur des immeubles déterminés ; 2° le créancier renonce à son hypothèque sur tel immeuble et consent à la radiation de l'inscription prise [3], toutefois avec cette restriction que la radiation ne pourra être opérée avant justification du rang promis pour la nouvelle hypothèque.

544. Quand la translation n'a pas été prévue et stipulée dans le titre constitutif de la créance, il est nécessaire que le créancier ait capacité de donner main-levée sans paiement, et le débiteur celle d'hypothéquer.

545. Une grosse de l'acte et un double bordereau sont remis à la conservation des hypothèques pour prendre inscription sur les nouveaux immeubles affectés par le débiteur ;

---

1. Pont, 693.
2. Pont, 700 ; Thézard, 67 ; Rouen, 6 juil. 1840, S. 40.1.537.
3. Landouzy, 191.

puis un extrait du même acte est déposé aux hypothèques pour rayer l'inscription sur les immeubles que l'on veut affranchir, après constatation de la réalisation de la condition accompagnant la main-levée [1].

546. Le transfert d'une hypothèque appartenant à un mineur ou autre incapable doit être autorisé par le conseil de famille dont la délibération est soumise à l'homologation du tribunal civil, par jugement sur requête, non soumis à appel [2].

ARTICLE SIXIÈME

APPLICATIONS DE L'HYPOTHÈQUE CONVENTIONNELLE.

547. Toutes les créances, quelles qu'en soient la nature et les modalités, peuvent être garanties par l'hypothéque conventionnelle [3].

548. Les principales créances résultent : 1° du prêt à intérêt [4] ; 2° de la constitution d'une rente perpétuelle [5] ; 3° de la constitution de rente viagère [6] ; 4° d'une ouverture de crédit ou promesse de prêt [7] ; 5° du trouble ou de l'éviction dont un acquéreur peut se trouver menacé [8] ; 6° des engagements pris par un fermier, un entrepreneur, un mandataire, etc. [9].

549. Il est utile de donner ici quelques renseignements pratiques sur l'hypothèque appliquée à ces diverses créances.

550. Et d'abord, lorsqu'il s'agit d'une créance éventuelle ou indéterminée, l'acte hypothécaire doit préciser la somme pour

1. Boulanger, 22.
2. L. 27 fév. 1880, art. 1 ; Boulanger, 342, 20°.
3. C. civ., 2132.
4. C. civ., 1905.
5. C. civ., 1911.
6. C. civ., 1968.
7. C. civ., 1130, 2132 ; Cass., 2 déc. 1812 ; 21 nov. 1849.
8. C. civ., 1626, 1630, 1560, 457.
9. C. civ., 1728 à 1735, 1792, 1993.

. laquelle le créancier pourra prendre inscription, afin d'éviter une action en réduction [1].

551. Au point de vue de l'intérêt du créancier, il est très important, dans tout engagement, de stipuler la solidarité entre les débiteurs conjoints et l'indivisibilité à l'égard de leurs héritiers et successeurs, car si l'hypothèque est indivisible, il n'en est pas de même pour la dette qu'elle garantit. A défaut de stipulation contraire, l'obligation contractée par plusieurs individus se divise de plein droit entre eux par portions égales, et leurs héritiers n'en sont tenus personnellement que chacun pour sa portion héréditaire [2]. Tout le monde comprend les ennuis d'un créancier obligé de s'adresser à plusieurs débiteurs pour obtenir de chacun sa part aliquote de la dette. La prudence conduira donc à dire toujours que *la dette sera solidaire et indivisible entre les débiteurs comme entre leurs héritiers ou représentants*.

552. Les immeubles donnés en gage hypothécaire doivent être désignés de manière à satisfaire amplement aux prescriptions légales (n°s 529 à 533); il faut aussi que le droit de propriété soit examiné avec soin en la personne de l'affectant et de ses auteurs pendant trente ans au moins, surtout quant au paiement du prix des acquisitions et à l'exécution des donations et partages d'ascendants (n°s 507 à 511).

553. Quand l'hypothèque repose sur des bâtiments ou des bois (spécialement s'ils comprennent des arbres résineux), il est nécessaire de demander une assurance contre l'incendie : L'affectant s'engage à maintenir et renouveler l'assurance jusqu'à sa libération, puis l'acte est signifié à la Compagnie d'assurances, afin qu'en cas d'incendie le créancier exerce

1. C. civ., 2132, 2148, 4e ; Cass., 9 juil. 1879, D. 80.1.293, S. 81. 1.61.
2. C. civ., 872, 1202, 1217, 1220 à 1225, 1487, 2114 ; Saintes, 14 juin 1894.

son droit de préférence sur les indemnités [1]. Ajoutons que ce procédé, adopté généralement par la pratique, n'est pas exempt des dangers résultant d'une résiliation de la police d'assurance, soit volontaire, soit à défaut d'exécution des conditions [2]. Le créancier éviterait, en partie, ce risque s'il avait soin de se faire représenter, chaque année, les quittances des primes, mais cette précaution est trop souvent négligée. Une police aux noms collectifs du débiteur et du créancier offrirait plus de sécurité. L'assurance au nom direct du créancier vaudrait encore mieux en ayant soin de la rappeler dans l'acte, et d'obliger le débiteur à indemniser le créancier du montant des primes.

554. L'affectant déclarera dans l'acte : 1° si les immeubles qu'il donne en garantie sont déjà grevés d'hypothèques conventionnelles, judiciaires ou légales ; 2° s'il est marié, divorcé, veuf, tuteur.

Supposons l'obligé marié. Sa femme a une hypothèque légale primant le créancier. Il est nécessaire d'exiger son concours solidaire et une subrogation dans l'hypothèque légale, à moins que la femme ne soit soumise à la dotalité avec constitution de tous biens présents et à venir, sans clause particulière permettant de subroger. Dans ce dernier cas, elle interviendra seulement pour détailler et affirmer les créances et droits garantis par l'hypothèque légale. Ce n'est pas à dire que l'intervention de la femme dotale donne sécurité au créancier, mais elle aura du moins cet effet de préciser les causes et le montant de l'hypothèque légale. Une fausse déclaration faite par la femme dotale n'est cependant pas considérée comme un quasi-délit engageant les biens dotaux.

En cas de dissolution du mariage (par décès ou divorce) ou

---

1. L. 19 fév. 1889, art. 2 ; comp. Paris, 31 mai 1905, D. 06.2.321.
2. Bordeaux, 11 juin 1895, S. 96.2.140.

de cessation de la tutelle depuis plus d'un an, les hypothèques légales se trouvent soumises à inscription pour prendre rang à l'égard des tiers.

. Pendant la tutelle, il n'existe aucun moyen pratique de mettre le créancier à l'abri des dangers résultant de l'hypothèque légale d'un mineur ou d'un interdit.

Au surplus, il sera quelquefois possible d'obtenir la restriction des hypothèques légales des femmes, mineurs et interdits.

555. Après avoir fait inscrire son hypothèque, le créancier délivre des certificats confirmatifs des déclarations passées par le débiteur : l'un de ces certificats est relatif aux transcriptions d'actes ; il a pour but d'établir que les biens donnés en garantie n'ont pas changé de propriétaire, et ne sont soumis à aucune restriction de propriété ; l'autre certificat concernant les inscriptions fait connaître s'il existe d'autres charges inscrites que celles déclarées.

1° Prêt à intérêt.

556. La stipulation des intérêts dans un prêt ne se supplée pas, elle doit être formelle et porter qu'ils courront jusqu'au remboursement effectif[1].

557. En matière civile, le taux légal de l'intérêt est fixé à 4 0/0 par an, et l'intérêt conventionnel ne peut dépasser 5 0/0[2] ; en matière commerciale, le taux légal est de 5 0/0 ; mais les conventions sur le taux de l'intérêt commercial sont entièrement libres[3].

558. Le caractère civil ou commercial d'un prêt se déter-

1. C. civ., 1907, 1162 ; Pont, *Prêt*, 246 ; Aubry et Rau, § 396 ; comp. Bourges, 28 mai 1827 ; Toulouse, 19 janv. 1844.
2. L. 3 sept. 1807 ; 19 déc. 1850 ; 7 avr. 1900.
3. L. 10 juil. 1885, art. 38 ; 12 janv. 1886 ; 7 avr. 1900.

mine par la destination de la somme prêtée[1], abstraction faite
de la qualité des parties ; tout au plus, cette qualité pourra-
t-elle former une présomption, selon que l'emprunteur sera
ou non commerçant[2]. Ainsi, on doit considérer comme prêt
commercial : celui fait par un non commerçant, soit à un négociant pour son négoce, soit à un non commerçant pour une
opération de commerce[3], et celui fait par un banquier à un
non commerçant[4].

559. On peut stipuler d'avance, dans une obligation, que
les intérêts non payés seront, à la fin de chaque année, capi-
talisés avec la somme principale, et produiront eux-mêmes
intérêt[5]. Cependant, la validité de cette stipulation étant contestée par des autorités considérables, il pourra être prudent,
lorsqu'en faisant un prêt, on aura des doutes sérieux sur le
paiement exact des intérêts, d'en opérer la défalcation jusqu'à
l'époque fixée pour le remboursement du capital.

560. En Algérie, l'intérêt conventionnel ne peut excéder 8 0/0
en matière civile et commerciale. L'intérêt légal est fixé à
5 0/0 en matière civile et commerciale[6].

1. Cass., 21 avr. 1852 ; 14 mai 1886, S. 87.1.345 ; Bourges, 27 janv.
1857 ; Lyon, 29 janv. 1858.

2. Cass., 7 mai 1845 ; Besançon, 4 juil. 1857 ; Montpellier, 13 août
1853 ; Pont, 277.

3. Bordeaux, 4 juil. 1857 ; Lyon, 29 nov. 1857 ; Aubry et Rau,
§ 396 ; Pont, 277.

4. Cass., 29 janv. 1868 ; 10 janv. 1870 ; 16 janv. 1888, S. 88.1.
457 ; Aubry et Rau, § 396.

5. C. civ., 1154 ; Cass., 11 déc. 1844 ; 11 août 1859 ; 15 juin
1868 ; 9 janv. 1877 ; Dijon, 26 avr. 1866 ; Nancy, 10 avr. 1878,
S. 79.2.132, D. 79.2.240 ; Amiens, 6 août 1902 ; Bordeaux, 2 déc.
1902 ; Montpellier, 7 déc. 1905 ; Douai, 25 mars 1906 ; Poitiers,
26 janv. 1914, Rev. not.,15677 ; Aubry et Rau, § 308, note 58. — Contrà,
Nancy, 16 déc. 1880 ; 21 nov. 1908 ; Paris, 4 mai 1905, S. 05.2.280 ;
Demolombe, XXIV, 656 ; Colmet de Santerre, V, 71 bis, III ; Laurent,
XVI, 344 ; Planiol, II, 2102.

6. L. 13 avr. 1898, art. 61.

D'ailleurs, la loi sur le taux de l'intérêt ne régit que les contrats réalisés en France et en Algérie ; ceux passés dans les autres colonies ou à l'étranger, sont régis par la législation du pays où ils doivent s'exécuter [1].

561. Le contrat de prêt doit fixer expressément la date et le lieu de remboursement ; et, en outre, prévoir si l'emprunteur pourra ou non anticiper sa libération, car le terme est toujours présumé en faveur du débiteur, et à défaut de convention contraire, le paiement a lieu au domicile de celui-ci [2].

Il est essentiel d'aviser au cas où le créancier serait forcé de recevoir avant terme ou de se déplacer pour toucher, et de fixer les indemnités en raison tant du déplacement que de la perte d'intérêt résultant d'un paiement anticipé.

562. Une autre mesure de précaution consiste à stipuler qu'à défaut de remboursement à l'époque convenue, le créancier aura : 1° une indemnité de tant (par exemple l'équivalant d'un semestre d'intérêt) ; 2° la faculté de transporter sa créance aux frais du débiteur, sans qu'il soit nécessaire de lui adresser une mise en demeure [3]. En effet, notre système hypothécaire est ainsi fait, qu'un créancier ayant besoin de son argent à l'échéance peut être forcé d'attendre deux ou trois ans l'expropriation du gage hypothécaire et la distribution du prix entre les créanciers,

563. Pour satisfaire à la volonté des prêteurs, les notaires insèrent souvent des clauses interdisant au débiteur de rembourser en billets ou autres signes représentatifs de la monnaie, et mettant à la charge de l'emprunteur les impôts qui seraient créés sur les créances hypothécaires. En principe, ces conventions n'ont qu'une valeur morale ; cependant nous pen-

1. Cass., 21 déc. 1874 ; Chambéry, 19 fév. 1875, S. 76.1.174.
2. C. civ., 1187, 1247.
3. C. civ., 1153 ; Cass., 10 juil. 1895, D. 96.1.119, S. 95.1.312.

sons qu'on pourrait valablement stipuler : 1° le remboursement en pièces d'or de 20 francs, ou la faculté pour le prêteur de proroger l'exigibilité de sa créance pendant un temps
déterminé ; 2° si le prêt était fait au-dessous de cinq pour
cent, qu'en cas d'impôts sur le capital ou le revenu des créances, le taux de l'intérêt serait porté à cinq pour cent.

564. Le prêt à intérêt donne lieu fréquemment à des actions
en responsabilité contre le notaire rédacteur de l'acte ; ce n'est
pas ici le lieu d'examiner les diverses circonstances dans
lesquelles le notaire est ou non responsable ; nous nous bornerons à rappeler, d'une part, que le notaire ne peut encourir
aucune responsabilité lorsqu'il se renferme strictement dans
l'exercice de son ministère de rédacteur des conventions [1] ;
d'autre part, que le notaire est responsable des suites d'un
placement hypothécaire conclu par lui, sans le concours de
son client, et après avoir pris personnellement les renseignements nécessaires [2]. Au surplus, dans chaque affaire, les
circonstances de fait ont une grande influence sur les décisions judiciaires.

2° Constitution de rente perpétuelle.

565. La constitution de rente perpétuelle peut résulter, soit
de l'aliénation d'un capital ou d'un immeuble, soit d'une disposition gratuite par donation ou legs [3].

Il est question ici principalement de la rente constituée
moyennant un capital.

566. La rente perpétuelle est rachetable à la volonté du
débiteur, sans avertissement préalable ; seulement, les parties

---

1. Cass., 20 oct. 1891, D. 93.1.170, S. 92.1.585 ; Rouen, 15 fév.
1905, *Rev. not.*, 12535.
2. Cass., 21 oct. 1885, D. 86.1.403, S. 86.1.173 ; 23 juin 1903.
3. C. civ., 1909.

peuvent convenir que le rachat n'aura pas lieu avant un délai
de dix ans (trente ans pour la vente d'un immeuble), ou que
le débiteur ne pourra racheter la rente sans avoir averti le
créancier au terme d'avance que les parties ont déterminé [1].

Il est toujours utile de stipuler un délai d'avis préalable, afin
que le créancier soit à même de trouver l'emploi de son capital.

567. Si le titre constitutif ne mentionne pas l'indivisibilité,
chacun des héritiers du débiteur est autorisé à se libérer isolément de la part lui incombant dans les arrérages et à effectuer
le remboursement de sa portion du capital [2].

568. De son côté, le créancier a le droit d'exiger le capital
de la rente :

1° Quand le débiteur cesse, pendant deux années consécu-
tives, le service des arrérages, sans qu'il soit besoin de mise
en demeure [3]. Toutefois, le débiteur ne pourrait être contraint
au remboursement si c'était par la faute du créancier qu'il
eût été empêché d'acquitter exactement les arrérages [4], ou,
si la rente étant quérable au domicile du débiteur, celui-ci
n'avait pas reçu sommation à ce domicile, par un huissier
porteur de pièces [5].

L'exigibilité résultant du défaut de paiement de deux années
d'arrérages ne s'applique pas aux rentes créées avant le Code,
ni à celles formant le prix d'une vente d'immeubles [6].

1. C. civ., 1911 ; Pont, *Prêt*, 342 ; Duranton, XVII, 611 ; Planiol,
II, 2094.

2. C. civ., 1220 ; Duranton, XVII, 613 ; Duvergier, 336 ; Pont, 345 ;
Aubry et Rau, § 398. — *Contrà*, Troplong, 463 ; Larombière, art.1281,
n° 37.

3. Cass., 12 nov. 1822 ; Duranton, XVII, 617 ; Aubry et Rau, § 398.

4. C. civ., 1912 ; Cass., 19 avr. 1831 ; 5 déc. 1833 ; Caen,18 avr.1824.

5. Cass.,28 avr. 1836 ; Caen, 20 mars 1839 ; Grenoble, 19 juil. 1827 ;
Poitiers, 19 août 1835 ; Rennes, 23 août 1879, S. 86.1.28, D. 81.2.158 ;
Aubry et Rau, § 398, note 8 ; Duvergier, 234.

6. Cass., 9 janv. 1865, D. 65.1.234, S. 65.1.136 ; Aubry et Rau,
§ 30, note 53, § 224 *ter* ; Demolombe, I, 55 ; Pont, 354, 356.

2ᵉ Lorsque le débiteur manque à fournir les sûretés promises ou qu'il diminue par son fait celles qu'il a fournies ; c'est le droit commun [1].

3° Si le débiteur tombe en faillite ou en déconfiture, ce qui est inapplicable à la rente créée pour prix de vente d'immeubles [2]; l'acceptation sous bénéfice d'inventaire de la succession du débiteur ne constitue pas l'état de déconfiture [2].

569. Quant au capital à rembourser, le cas échéant, il n'y aura pas de difficulté si le titre s'en explique ; le titre est-il muet, la rente en argent sera rachetée au denier vingt [4] ; il devrait en être de même pour la rente en nature, cependant on admet généralement que les juges du fait peuvent décider d'après l'usage local, que le capital est au denier vingt-cinq plus le dixième si la rente est exempte de retenue [5].

570. Les anciennes rentes foncières en argent sont rachetables au denier vingt et celles en nature au denier vingt-cinq. Il est ajouté un dixième à l'égard des rentes créées exemptes de retenue [6] : le tout à défaut d'indication contraire dans les titres.

3° Constitution viagère.

571. La rente viagère peut être constituée à titre onéreux, moyennant une somme d'argent, ou pour une chose mobilière

1. C. civ., 1912, 1188 ; Pont, 357.
2. C. civ., 1913 ; Nimes, 25 mai 1852 ; Caen, 5 août 1874, S. 75.2 . 327 ; Pont, 358.
3. Cass., 27 mai 1829 ; Aubry et Rau, § 398.
4. Paris, 5 août 1851 ; Besançon, 23 déc. 1891, D. 93.2.303 ; Pont, 343 ; Aubry et Rau, § 224 *ter*. — Depuis que le taux légal est de 4 0,0 le remboursement doit se faire au denier 25 (L. 7 avr. 1900).
5. Cass., 12 fév. 1866, S. 66.1.236 ; Caen, 16 nov. 1829 ; Montpellier, 29 déc. 1855 ; Demolombe, IX, 424 ; Pont, *Prêt*, 343 ; Aubry et Rau, § 224 *ter*.
6. L. 18-29 déc. 1790, art. 1 du titre 1ᵉʳ et 2 du titre 3.

appréciable ou pour un immeuble. Elle peut aussi résulter d'une disposition à titre gratuit [1].

572. A défaut de paiement des arrérages de la rente viagère onéreuse, le créancier ne peut demander le remboursement du capital, ni le renvoi en possession du fonds vendu ; il n'a que le droit de faire vendre les biens du débiteur, et de demander l'emploi d'une somme suffisante pour le service des arrérages [2]. Il est donc nécessaire de prévoir et de régler la résolution du contrat à défaut de paiement [3].

573. La constitution doit aussi dispenser le créancier de justifier de son existence pour toucher les arrérages de la rente viagère, au moins pendant qu'il signera les quittances [4].

574. Si des quittances notariées sont nécessitées parce que le créancier ne sait ou ne peut signer, le débiteur de la rente est néanmoins tenu d'en payer les frais, à moins de convention contraire [5].

575. Le prix de la constitution n'étant jamais suffisant pour assurer à tout événement le service de la rente, il est indispensable d'autoriser dans l'acte le créancier à inscrire son hypothèque pour un capital plus important afin qu'il ne soit pas exposé à une demande en réduction [6].

576. La levée de l'inscription hypothécaire, après l'extinction de la rente, offre des difficultés qu'on peut éviter, en insérant dans le titre constitutif et en mentionnant dans le bordereau que les inscriptions seront rayées sur la simple production de l'acte de décès du crédi-rentier, sans acte de main-levée ni justification du paiement des arrérages de la rente [7].

1. C. civ., 1968, 1969 ; Planiol, II, 2114.
2. C. civ., 1978 ; Pont, 757.
3. Cass., 18 déc. 1822 ; 23 août 1843 ; Paris, 8 déc. 1908 ; Pont, 763.
4. C. civ., 1983.
5. C. civ., 1248 ; Demolombe, XXVII, 296 ; Larombière, art. 1248, n° 1 ; Aubry et Rau, § 319.
6. C. civ., 2163.
7. Baudot, 942 ; Boulanger, 477 ; Primot, 111 *bis*.

4° Promesse de prêt.

577. L'engagement conditionnel de prêter ou de fournir une somme d'argent ou des objets spécifiés jusqu'à concurrence d'un chiffre déterminé, est connu en pratique sous deux acceptions différentes, qui vont être indiquées séparément.

I. — OUVERTURE DE CRÉDIT.

578. On appelle ouverture de crédit l'engagement que contracte un banquier ou un négociant de fournir à une personne, des fonds, des valeurs négociables ou des marchandises ou d'escompter ses effets[1].

Cette convention, qui peut avoir lieu entre non commerçants, engendre : pour le créditeur, l'obligation de tenir des fonds, valeurs ou marchandises à la disposition du crédité ; et, pour le crédité, l'obligation d'user du crédit, en totalité ou du moins en partie, à peine de dommages-intérêts basés sur le préjudice causé au créditeur ; le tout suivant les termes prévus par la convention[2].

579. L'ouverture de crédit donne lieu à des opérations qui s'établissent par compte-courant, suivant les règles de la comptabilité commerciale[3].

580. Les avances faites par le créditeur n'ont pas besoin d'être établies par des actes authentiques pour que l'hypothèque produise effet ; elles se prouvent par de simples actes sous seings privés[4] ou même par les registres, si le crédit est entre commerçants[5].

1. Rivière, p. 519 ; Pont, 711 ; Laurent, XXX, 528.
2. Pardessus, II, 471, 474 ; Lyon-Caen et Renault, 723.
3. Cass., 2 juil. 1845 ; Paris, 24 janv. 1857.
4. Cass., 10 avr. 1831 ; 21 nov. 1849 ; Besançon, 30 nov. 1848 ; Thézard, 69 ; Laurent, XXX, 529 ; Gillard, 313.
5. Cass., 8 mars 1853 ; Rouen, 3 août 1864, S. 66.2.127 ; Thézard, 69 ; Laurent, XXX, 537 ; Aubry et Rau, § 266, note 71 ; Lyon-Caen et Renault, 728.

581. L'hypothèque constituée pour sûreté d'un crédit ouvert est valable[1] ; elle prend rang du jour de son inscription, et non pas seulement à compter des avances faites[2].

582. Quand des effets de commerce ont été souscrits en vertu de l'ouverture de crédit, l'hypothèque constituée s'attache à ces effets, alors même qu'ils ne la mentionneraient pas, et passe avec eux aux tiers porteurs, par le simple endossement, pour venir en concurrence, à la date de l'inscription, sans égard à celle des endossements[3].

583. Mais l'hypothèque attachée à un crédit n'est valable qu'autant que l'engagement de prêter est réel et obligatoire ; elle serait nulle s'il était loisible au créditeur d'éluder la convention[4].

584. Du reste, il est bien entendu :

1° Que l'hypothèque garantissant le crédit ne s'applique pas à ce qui excède le chiffre fixé dans l'acte d'ouverture[5] ;

2° Que si le crédit est limité quant à sa durée, l'hypothèque ne conserve pas les sommes fournies après l'expiration du délai convenu, mais seulement le solde du compte balancé au terme fixé par l'acte d'ouverture ou les billets en renouvellement[6], sans cependant que les tiers soient admis à invoquer des compensations ou imputations de paiement pour prétendre que le compte s'est trouvé nivelé ultérieurement[7] ;

3° Qu'il est loisible aux parties de stipuler l'application du

---

1. Cass., 21 nov. 1849 ; 8 mars 1853, S. 53.1.214, D. 54.1.341 ; Laurent, XXX, 528 ; Thézard, 69 ; Baudry et de Loynes, 1280, 1281.

2. Cass., 8 mars 1853, D. 54.1.341 ; 3 août 1870 ; Poitiers, 9 janv. 1844 ; Thézard, 69 ; Laurent, XXX, 533 ; Planiol, II, 2652 ; Thaller, *Tr. dr. comm.*, 1619.

3. Paris, 6 janv. 1850 ; Cass., 1er fév. 1876 ; 26 déc. 1871 ; Toulouse, 18 mars 1885, D. 86.2.204.

4. Pont, 712 ; Thézard, 69 ; Laurent, XXX, 531.

5. Cass., 15 mars 1865, S. 65.1.272.

6. Cass., 9 mars 1869 ; 23 mars 1874, S. 74.1.355, D. 74.1.316.

7. Thézard, 69 ; comp. Paris, 21 déc. 1852 ; Martou, 1021.

crédit au paiement d'une dette antérieure [1] ; à défaut de convention spéciale, il appartiendrait au juge d'apprécier en fait si les parties ont entendu garantir par l'hypothèque les sommes dues avant l'ouverture de crédit, et si l'hypothèque est valable à l'égard des créanciers de la faillite du crédité [2].

II. — PRÊT CONDITIONNEL.

585. Dans le prêt soumis à une condition suspensive, l'emprunteur contracte l'engagement de prendre en entier la somme prêtée, de même que le prêteur est obligé de la livrer dès que la convention se trouve consommée par l'accomplissement de la condition [3].

586. Le contrat conditionnel renferme toutes les clauses ordinaires du prêt, et précise la condition à laquelle la réalisation de la convention est soumise.

En vertu du contrat conditionnel, le créancier est fondé à inscrire l'hypothèque conférée, et l'effet de l'inscription remonte à la date à laquelle elle a été prise [4].

A la réalisation de la condition, la délivrance du montant du prêt est constatée par un acte spécial devant notaire ou même sous seing privé.

587. Le contrat conditionnel de prêt est rare entre particuliers. Si la réalisation du prêt est seulement subordonnée à la vérification de la situation hypothécaire annoncée par l'emprunteur [5], la pratique notariale dresse un seul acte constatant le prêt, comme si les fonds étaient immédiatement remis au débiteur, bien qu'en fait ils restent souvent aux mains du prê-

1. Dijon, 7 nov. 1872 ; Cass., 2 juil. 1877 ; 12 avr. 1892, D. 93.1. 503.
2. Cass., 15 mars 1865 ; 17 mars 1873 ; 29 mars 1886, S. 86.1.301.
3. C. civ., 1180, 1181.
4. C. civ., 2132, 2134, 2148 ; Larombière, art. 1180, n° 2 ; Demolombe, XXV, 367, 380 ; Aubry et Rau, § 302.
5. Comp. C. Bordeaux, 11 juil. 1911, *Rev. not.*, 14829.

teur ou dans la caisse du notaire en attendant l'accomplissement des formalités nécessitées par l'opération. C'est une pratique défectueuse. Il serait plus régulier de faire deux actes comme le Crédit Foncier.

588. Tous les prêts faits par la Société de Crédit Foncier sont précédés d'un contrat conditionnel, en vertu de la législation exceptionnelle régissant cet établissement [1].

589. Le Crédit Foncier a reçu du législateur des faveurs de toute nature, parmi lesquelles il suffit de rappeler ici : 1° la dispense du renouvellement décennal des inscriptions ; 2° la faculté de purger les hypothèques légales connues et inconnues ; 3° la capitalisation, de plein droit, de chaque semestre d'annuité non payé à l'échéance ; 4° la mise sous séquestre et la vente des biens immeubles du débiteur, et la faculté d'en toucher le prix, sans l'accomplissement des formalités du droit commun [2].

590. Par la loi du 10 février 1914, art. 5, les privilèges accordés au Crédit Foncier, sauf la dispense du renouvellement des inscriptions, sont étendus aux Sociétés de crédit immobilier pour l'acquisition de la petite propriété.

5° Garantie de trouble ou d'éviction.

590 bis. Il arrive fréquemment dans la pratique qu'une personne confère hypothèque à une autre pour lui garantir l'exécution d'une vente ou toute autre convention entachée d'un vice quelconque ; ainsi :

1° Un immeuble est vendu par un porte-fort qui donne hypothèque sur ses biens pour assurer à l'acquéreur la ratification du propriétaire ;

2° Des biens grevés d'une rente viagère étant aliénés, si le créancier de la rente refuse la main-levée de son inscription,

1. Décr. 28 fév. 1852 ; L. 10 juin 1853.
2. Décr. 28 fév. 1852, art. 47 ; comp. Josseau, 523.

le vendeur qui possède d'autres immeubles peut les hypothéquer au profit de l'acquéreur, afin de le mettre à l'abri de tout recours de la part du crédi-rentier ;

3° Les biens immeubles d'une femme dotale sont vendus à l'amiable, en vertu de la réserve contenue au contrat de mariage, sans que le remploi prescrit soit fourni. Afin de garantir l'acquéreur contre l'action révocatoire de la femme, le mari donne hypothèque sur ses immeubles personnels.

Ou encore le contrat de mariage de la femme dotale, en autorisant la vente, impose la condition de garantir la reprise du prix par une hypothèque sur les immeubles du mari ; l'acquéreur du bien dotal doit, en général, assurer l'accomplissement de cette condition en prenant et renouvelant en temps utile, à son profit, des inscriptions sur les immeubles spécialement hypothéqués par le mari.

591. Dans ces divers cas, l'acte d'affectation hypothécaire doit déterminer la somme à concurrence de laquelle l'inscription sera prise pour les dommages-intérêts et indemnités de toute sorte que l'acquéreur, ou autre intéressé, pourrait avoir à prétendre en cas de trouble [1].

6° Loyers ou fermages.

592. Quand le preneur, ou sa caution, donne hypothèque au bailleur, pour sûreté des fermages et de l'exécution des conditions du bail, la garantie hypothécaire peut être limitée, sans inconvénient, à deux ou trois années de fermages à prendre au choix du bailleur.

S'il en est ainsi, le rédacteur de l'acte doit avoir soin de préciser la somme pour laquelle le bailleur aura la faculté d'inscrire l'hypothèque, tant à raison des fermages que pour les redevances, impôts, indemnités et restitutions de toute nature ; à défaut de détermination de la somme à inscrire,

1. C. civ., 2132.

le bailleur serait exposé à une réduction de son inscription.

593. Après l'expiration du bail, s'il est continué par tacite reconduction ou en vertu d'une nouvelle convention, l'hypothèque primitivement conférée ne garantit pas le paiement des fermages et l'exécution des conditions applicables au nouveau bail [1].

594. Un bail de 3, 6 ou 9 ans, au choix des parties, a en réalité une durée de 9 ans, puisqu'un congé est nécessaire pour le faire cesser à chacune des périodes [2].

7º Entreprise.

595. L'hypothèque donnée relativement à l'exécution d'un marché de travaux par l'une ou l'autre des parties [3], a une portée différente selon qu'elle est conférée par le propriétaire ou par l'entrepreneur.

Est-ce le propriétaire qui consent l'hypothèque au profit de l'entrepreneur, dans le but d'éviter les formalités compliquées prescrites pour le privilège de constructeur ? elle portera ordinairement sur le terrain à bâtir et sur les constructions qui y seront édifiées, et garantira le prix des matériaux et de la main-d'œuvre, qu'il sera nécessaire d'évaluer dans l'acte.

Au contraire, si l'entrepreneur fournit une hypothèque au propriétaire, son objet consistera à garantir la perte totale ou partielle de l'édifice, résultant des vices de construction ou malfaçons. La créance ainsi gagée est conditionnelle pour son existence, puisqu'elle ne naîtra que s'il y a vice de construction, et indéterminée dans sa valeur, car la responsabilité de l'entrepreneur ne deviendra appréciable que lors de la découverte des vices ou malfaçons. Par suite, il est indispensable d'évaluer

1. C. civ., 1740 ; Duranton, XVII, 125 ; Aubry et Rau, § 369, note 23 ; Troplong, 449 ; Agnel, 796 ; Laurent, XXV, 347.
2. Cass., 10 janv. 1882, S. 82.1.261 ; Troplong, *Louage*, 430 ; Laurent, XXV, 333.
3. C. civ., 1787.

dans l'acte constitutif de l'hypothèque la somme pour laquelle elle sera inscrite.

8° Mandat.

596. En matière de mandat salarié, la constitution d'une hypothèque par le mandataire garantira la restitution des sommes reçues et les fautes de la gestion [1].

597. Une hypothèque dans ces conditions est demandée par les compagnies d'assurances à leurs gérants et receveurs de primes, s'ils ne peuvent fournir un gage en numéraire ou en valeurs de bourse [2].

Il est toujours indispensable de préciser la somme à concurrence de laquelle l'hypothèque est conférée et sera inscrite [3].

9° Cautionnement

598. Le cautionnement est conventionnel, judiciaire ou légal selon qu'il est fourni en vertu d'une convention, d'un jugement ou d'une disposition légale [4].

599. Sont obligés par la loi de fournir un cautionnement, notamment : les envoyés en possession provisoire des biens d'un absent ; l'usufruitier ; l'époux survivant comme successeur irrégulier [5].

Toute personne tenue légalement, ou par condamnation, de fournir une caution est admise à donner à la place une garantie hypothécaire [6], ce qui s'applique à l'usufruitier [7], pour assurer la conservation des biens soumis à sa jouissance.

600. Des cautionnements immobiliers sont fréquemment

1. C. civ., 1991 à 1993.
2. Comp. Seine, 18 nov. 1887, Rev. not., 7833.
3. C. civ., 2132.
4. C. civ., 2011, 2040.
5. C. civ., 120, 601, 771.
6 C. civ., 2040.
7. Cass., 7 août 1882 ; 3 fév. 1897, Rev. not., 9783, S. 97.1.137.

constitués par les conservateurs des hypothèques pour répondre envers les particuliers des erreurs ou omissions commises dans l'accomplissement des formalités hypothécaires [1].

Le conservateur qui fournit son cautionnement en immeubles, soit par lui-même, soit par un tiers, est tenu d'en passer acte devant notaire, et, dans le mois de son installation, de faire recevoir ce cautionnement par le tribunal civil du lieu de la situation des biens, et de déposer une expédition du jugement d'admission au greffe du tribunal de sa résidence [2].

Qu'il soit fourni par le conservateur ou par un tiers, le cautionnement doit être consenti pour toute la durée des fonctions et dix ans après.

Il est nécessaire dans l'acte de cautionnement : 1o de désigner chacun des immeubles hypothéqués par nature, contenance, situation, avec les numéros du cadastre ; 2o d'établir le droit de propriété pendant trente ans au moins ; 3o de déclarer l'état civil de la caution et la situation hypothécaire des biens ; 4o de faire consentir par la femme de la caution, subrogation dans son hypothèque légale ; 5o de déclarer la police d'assurance contre l'incendie, s'il s'agit d'immeubles susceptibles d'être assurés [3].

Quand l'acte de cautionnement est régularisé : prise de l'inscription, délivrance de certificats négatifs d'inscriptions et de transcriptions, et, s'il y a lieu, signification à la compagnie d'assurances, une requête avec pièces à l'appui, est présentée au tribunal civil pour qu'il reçoive la caution [4].

601. Le cautionnement hypothécaire peut s'appliquer soit à

---

1. C. civ., 2197, 2198.
2. L. 21 vent. an VII, art. 5 et 8 ; 8 juin 1864, art. 26 ; 16 sept. 1871, art. 29 ; 22 mars 1873, art. 1 ; 28 déc. 1895, art. 51 ; 30 mai 1899.
3. J. enreg., 22332 et 22350.
4. L. 21 ventôse an VII, art. 5.

une obligation actuelle, soit à une obligation future ou conditionnelle [1], par exemple : le reliquat éventuel d'un crédit ouvert [2] ; les sommes qui pourront être dues à un banquier par suite d'escompte d'effets de commerce, sans limite de temps ni de quotité [3]. Toutefois, au point de vue hypothécaire, il est nécessaire dévaluer la somme cautionnée et pour laquelle inscription sera prise [4].

La même évaluation est indispensable pour l'engagement d'une femme mariée, car l'autorisation maritale n'est valable qu'à la condition d'être spéciale [5].

Faire accepter le cautionnement par le bénéficiaire est une bonne précaution.

602. Le cautionnement simplement hypothécaire, c'est-à-dire sans engagement personnel, relativement à une dette contractée par un tiers, serait considéré comme pacte sur succession future, si ses effets étaient limités à la part du débiteur dans la succession de la caution [6], mais non si l'exécution du cautionnement se trouve seulement ajournée au décès de la caution [7].

603. Il faut rappeler ici que la caution cesse d'être obligée lorsque la subrogation aux droits hypothécaires du créancier est devenue impossible par un fait positif ou par la négligence de ce dernier, préjudiciant à la caution, comme la mainlevée de l'inscription hypothécaire [8] ; la négligence de la renouveler

1. C. civ., 2011, 2012, 1129, 1130.
2. Paris, 13 mars 1816 : 29 déc. 1853, D. 54.2.156.
3. Cass., 16 juin 1846, S. 46.1.440, D. 46.1.284 ; 10 janv. 1870, S. 70.1.157 ; Pont, 28 ; Laurent, XXVIII, 130 ; Aubry et Rau, § 423.
4. C. civ., 2132.
5. C. civ., 217, 223 ; Cass., 3 janv. 1898 ; 16 mars 1898, S. 98.1.400.
6. Cass., 9 mai 1894, S. 95.1.336, Rev. not., 9238 ; Paris, 22 mai 1895, Rev. not., 9468.
7. Cass., 15 fév. 1897, Rev. not.,9788 ; Orléans, 15 juin 1861, D.61. 2.151.
8. Comp. Cass., 19 janv. 1863.

en temps utile [1] ; l'omission des mesures imposées pour la sauvegarde des droits de la caution dans une faillite [2].

B. — Hypothèques particulières.

ARTICLE PREMIER

ACTES ÉTRANGERS.

604. Les contrats reçus par des officiers publics étrangers ne peuvent conférer d'hypothèque conventionnelle sur des immeubles situés en France, excepté dans le cas où il existe des dispositions spéciales dans les lois politiques ou dans les traités [3].

Ainsi, d'après la législation française, s'il n'y a ni lois politiques, ni traités, l'hypothèque stipulée dans un contrat étranger est destituée de toute espèce d'effet.

Au contraire, en cas d'existence de lois politiques ou de traités, l'acte étranger permet au créancier de prendre inscription sur les immeubles de son débiteur, situés en France, dans les conditions déterminées par les traités [4].

605. Divers traités ont été faits avec les gouvernements voisins, mais ils ont trait aux jugements, et sont muets sur les conventions conférant hypothèque ; de sorte que les actes passés devant les officiers publics étrangers restent assimilés aux actes sous seings privés, au point de vue hypothécaire. Pourtant il existe : 1° un traité (du 24 mars 1760), avec la Sardaigne, devenu applicable à toute l'Italie ; 2° deux traités

---

1. C. civ., 2037 ; Cass., 13 janvier 1863 ; 2 fév. 1886, S. 87.1.5.
2. Cass., 2 déc. 1895, S. 96.1.65 ; comp. Cass., 29 avr. 1891, S. 94.1.443.
3. C. civ., 2128 ; comp. 2123.
4. Pont, 667 ; Thézard, 60 ; Aubry et Rau, § 266, 2°, § 769 *ter*.

avec la Suisse (28 mai 1777, 15 juin 1869), qui reconnaissent l'effet des hypothèques entre les nationaux de ces divers pays ; 3° un traité avec la Belgique (du 8 juillet 1899) donnant effet aux hypothèques, pourvu que les actes soient rendus exécutoires par le président du tribunal civil de la situation des biens.

Quant aux autres pays, le moyen pratique consiste, soit à passer l'acte hypothécaire devant un consul français [1], soit à obtenir d'un tribunal français, en vertu de l'acte authentique étranger, un jugement de condamnation qui conférera hypothèque judiciaire, à partir seulement de l'exigibilité de la dette [2].

ARTICLE DEUXIÈME

ACTES ADMINISTRATIFS.

606. Les actes des autorités administratives, relatifs à la gestion des domaines nationaux et aux marchés faits au nom de l'État, sont susceptibles de contenir constitution d'hypothèque pour sûreté des engagements contractés envers l'État [3].

Cependant les textes sur la matière étant antérieurs au Code civil, un parti considérable enseigne, avec raison selon nous, qu'ils sont abrogés [4], mais la jurisprudence est contraire [5] et

1. Ord. 26 oct. 1833 ; Inst. 30 nov. 1833. — Des conventions donnant compétence aux consuls français, de recevoir à l'étranger des actes intéressant des Français et des étrangers, ou même des étrangers seulement, ont été conclues avec la Bolivie (5 août 1897), le Brésil (10 déc. 1860), l'Espagne (7 janv. 1862), les Etats-Unis d'Amérique (11 sept. 1853), la Grèce (7 janv. 1876), l'Italie (26 juill. 1862), le Portugal (11 juil. 1866), la Russie (1er avr. 1874), Saint-Domingue (9 sept. 1882), le Salvador (5 juin 1878), le Vénézuéla (24 oct. 1856).
2. C. pr., 546 ; L. 3 sept. 1807 ; Boitard, 801 ; comp. Renault, *Rev. crit.*, X, 485.
3. L. 28 oct.-5 nov. 1790, titre 2, art. 14 ; 4 mars 1793, art. 3.
4. L. 11 brumaire an VII, art. 56 ; Duranton, XIX, 360 ; Pont, 663 ; Troplong, 505 *bis* ; Thézard, 59 ; Laurent, XXX, 46 ; Planiol, II, 2769.
5. Cass., 3 juill. 1817 ; 12 janv. 1835, S. 35.1.11, J. G., *Priv.*, 1276 ; Aubry et Rau, § 266, note 55 ; Gillard, 210 ; Berthélemy, 94.

décide même que l'hypothèque résulte de plein droit des adjudications administratives.

607. Quant aux baux des biens des communes, hospices et établissements de bienfaisance ou d'instruction publique, ils doivent être passés aux enchères devant notaire, et le droit d'hypothèque sur tous les biens du preneur y est stipulé par leur désignation [1]. Si ces baux sont faits sans le concours de notaire, ils ne peuvent conférer hypothèque et n'emportent point exécution parée.

ARTICLE TROISIÈME

NAVIRES.

608. Les navires de vingt tonneaux et au-dessus sont susceptibles d'être hypothéqués conventionnellement ; ils ne peuvent être frappés d'hypothèque légale ou judiciaire [2].

609. Un acte écrit est nécessaire pour constituer l'hypothèque maritime ; mais la forme authentique n'est point prescrite; l'acte sous seings privés suffit [3].

L'hypothèque est consentie par le propriétaire ou par son mandataire justifiant d'un pouvoir spécial, sous seing privé [4].

Si l'un des copropriétaires du navire veut hypothéquer sa part, il ne peut le faire qu'avec l'autorisation de la majorité.

Le navire ayant plusieurs propriétaires peut être hypothéqué par l'armateur titulaire, pour les besoins de l'armemen ou de la navigation avec l'autorisation de la majorité, et celle du juge [5].

---

1. Décr. 12 août 1807, art. 1 ; Ord. 7 oct. 1818, art. 4 ; L. 5 avr. 1884.
2. L. 10 juill. 1885, art. 1 et 36 ; Laurin, 196 ; de Valroger, 1159.
3. Même loi, art. 2.
4. Même loi, art. 3 ; comp. Rennes, 25 mars 1879, S. 82.1.357.
5. L. 10 juill. 1885, art. 3 ; C. comm., 220, 233.

L'hypothèque sur le navire ou sur portion de navire s'étend à tous les accessoires, à moins de conventions contraires [1].

610. On peut hypothéquer un navire en construction, après déclaration faite au receveur principal des douanes : du chantier où le navire est en construction, de la longueur de sa quille, et approximativement ses autres dimensions ainsi que son tonnage présumé [2].

611. Si le titre constitutif de l'hypothèque est à ordre, sa négociation par voie d'endossement emporte la translation du droit hypothécaire [3].

612. Par dérogation au droit commun, les hypothèques consenties durant l'indivision par un ou plusieurs des copropriétaires, sur une portion du navire, continuent de subsister après le partage ou la licitation [4].

613. L'hypothèque sur un navire étranger produit ses effets en France lorsqu'elle a été constituée suivant les formalités de la loi du pays auquel le navire appartient, car le navire étranger portant sa nationalité avec son pavillon est réputé faire partie de son pays d'origine [5].

TROISIÈME SECTION

HYPOTHÈQUES LÉGALES.

ARTICLE PREMIER

NOTIONS GÉNÉRALES.

614. Les hypothèques légales sont celles qui existent de plein

1. L. 10 juil. 1885, art. 4 ; Ruben de Couder, *Hyp. mar.*, 27 ; Mallet, 41.
2. Même loi, art. 5.
3. Même loi, art. 12 ; de Valroger 1236.
4. Même loi, art. 17 ; comp. C. civ., 883.
5. Grenoble, 11 mai 1881, S. 81.2.225, D. 83.2.65 ; Kluber, § 299 ; comp. Lyon-Caen, S. 80.1.257.

droit par la seule volonté du législateur, sans stipulation ni jugement, au profit de certaines personnes, en considératio n de leur condition juridique et des rapports établis par la loi entre ces personnes et celles sur les biens desquelles frappent ces hypothèques.

615. Les droits et créances auxquels l'hypothèque légal e est attribuée sont : 1° ceux des femmes mariées sur les biens de leurs maris ; 2° ceux des mineurs et interdits sur les biens de leurs tuteurs ; 3° ceux de l'Etat, des communes et des établissements publics sur les biens des receveurs et administrateurs comptables [1].

616. Il y a encore d'autres hypothèques légales qui diffèrent des précédentes sous le rapport de la garantie y attachée, ce sont :

1° L'hypothèque des légataires particuliers sur les immeu bles composant la succession du testateur [2] ;

2° Celle de la masse des créanciers sur les immeubles du failli et du commerçant en liquidation judiciaire [3] ;

3° Celle accordée aux créanciers privilégiés, faute d'avoi r pris inscription dans les délais légaux [4] ;

4° On peut encore citer celle de la régie des douanes, sur les immeubles des redevables [5].

617. Les hypothèques légales des femmes, des mineurs e t interdits, celles de l'Etat, des communes et établissements publics, frappent non seulement les immeubles que les maris,

1. C. civ., 2121.
2. C. civ., 1017 ; Cass., 22 janv. 1879 ; Toulouse, 23 déc. 1870 ; Bordeaux, 5 mai 1887, S. 90.2.124, D. 89.2.7 ; Thézard, 124 ; Colmet de Santerre, IX, 162 *bis*. — *Contrà*, Aubry et Rau, § 264, note 17.
3. C. comm., 490, 517 ; L. 4 mars 1889, art. 4 ; Lyon-Caen et Renault, 2095 ; Laurin, 992.
4. C. civ., 2113.
5. L. 22 août 1791, tit. 13, art. 23 ; Aubry et Rau, § 264 *quat.*, note 10.

tuteurs et comptables possédaient au moment où est née l'hy-pothèque légale, mais encore tous ceux qui leur adviennent, à titre gratuit ou onéreux, même après la dissolution du mariage, la cessation de la tutelle, la démission ou la révocation du comptable [1].

618. Quand le mari, le tuteur ou le comptable échange un immeuble, celui qu'il reçoit est affecté de l'hypothèque légale, sans que celui qu'il cède en soit affranchi, s'il n'y a eu ni purge, ni mainlevée [2].

619. Après le décès du mari, du tuteur ou du comptable, l'hypothèque légale qui grève leurs biens ne s'étend pas aux immeubles personnels de leurs héritiers [3].

620. Supposons qu'au moment où naît l'hypothèque légale, le mari, le tuteur ou le comptable fasse partie d'une société possédant des immeubles, l'hypothèque légale frappera-t-elle ces immeubles ? Non, puisqu'ils sont la propriété de la société, personne civile, et qu'en attendant la liquidation, les associés n'ont qu'un droit purement mobilier. Mais l'hypothèque légale atteindra les immeubles échus au mari, au tuteur ou au comptable par le partage de la société [4].

621. Les immeubles aliénés avant la naissance de l'hypothè-que légale, et qui rentrent, par l'effet d'une condition résolu-toire, soit un réméré, dans les mains du mari, du tuteur ou du comptable, sont soumis à l'hypothèque légale dès le jour où

---

1. C. civ., 2122 ; Cass., 17 juil. 1844 ; 24 mai 1869, S. 69.1.345 ; Lyon, 23 nov. 1850 ; Pont, 509 ; Aubry et Rau, § 264, note 3 ; Demo-lombe, VIII, 29, 31.

2. Cass., 9 nov. 1815 ; 11 fév. 1867, S. 67.1.111 ; J. G., *Priv.*, 1746 ; Pont, 515 ; Troplong, 434 *bis* ; Aubry et Rau, § 264. — *Contrà*, Gre-nier, 106.

3. Agen, 15 janv. 1825 ; Demolombe, VIII, 33 ; Valette, 133 ; Au-bry et Rau, § 264 ; Colmet de Santerre, IX, 81 *bis*, iv.

4. Cass., 17 juil. 1861 ; 29 mai 1865 ; Orléans, 26 août 1869, S. 70.2.113 ; Troplong, 434 ; Pont, 512.

elle a pris naissance [1] ; mais ils en restent affranchis si le retrait est exercé par un tiers cessionnaire, même en vertu d'un acte postérieur à l'époque à laquelle remonte l'hypothèque légale [2].

622. Les hypothèques légales des femmes, mineurs et interdits, jouissent d'une prérogative spéciale consistant en ce qu'elles sont efficaces à l'égard des tiers, sans inscription pendant le mariage et la tutelle, et durant l'année qui suit la dissolution du mariage ou la cessation de la tutelle, sauf les cas de purge, de saisie immobilière, d'expropriation publique [3].

Toutes les autres hypothèques légales sont soumises à la formalité de l'inscription.

623. En principe, l'hypothèque légale attribuée à la femme mariée, au mineur et à l'interdit est une institution du droit civil qui n'appartient pas aux étrangers, mais uniquement aux Français [4].

624. La Russie, l'Autriche, l'Angleterre, l'Allemagne ignorent les hypothèques légales des femmes, des mineurs et des interdits.

La femme et le mineur étrangers n'ont pas d'hypothèque légale sur les immeubles de leurs mari ou tuteur, situés en France, à moins qu'un traité international ne confère la réciprocité [5].

1. Cass., 21 déc. 1825 ; Aubry et Rau, § 264 ; Pont, 516 ; Troplong, 434 bis.

2. Cass., 21 déc. 1825 ; Pont, 516 ; Troplong, 434 bis ; Aubry et Rau, § 264, note 8 ; Massé et Vergé, § 794, note 1 ; comp. Cass., 23 août 1871, S. 71.1.118.

3. C. civ., 2135, 2195 ; Pr. 692 ; L. 3 mai 1841 ; 23 mars 1855, art. 8.

4. Cass., 20 mai 1862 ; 4 mars 1884, D. 84.1.205, S. 84.1.273 ; Paris, 13 août 1889, D. 90.2.161 ; Demolombe. I, 88 ; Aubry et Rau, § 78, note 62 ; Laurent, Dr. intern., III, 328 ; Thézard, 88. — Contra, Pont, 438.

5. Cass , 20 mai 1862 ; Grenoble, 23 avr. 1863 ; Alger, 31 mai 1868 ; Aix, 8 nov. 1875 ; Douai, 29 déc. 1881, S. 84.1.273 ; Demangeat, 82.

Des traités de cette nature ont été signés avec l'Espagne [1], la Suisse [2], l'Italie [3], la Turquie [4], la Serbie [5], de sorte que les femmes et les mineurs de ces pays peuvent réclamer l'hypothèque légale en France [6].

625. Quand une femme française d'origine épouse en France un étranger, et déclare par conventions matrimoniales se soumettre à la loi française, elle ne peut néanmoins réclamer une hypothèque légale sur les immeubles de son mari situés en France [7].

626. Mais la femme mariée à un étranger admis à établir son domicile en France, a hypothèque légale sur les biens de son mari situés en France [8], du moins pendant que les époux résident sur le territoire français.

Cependant, même dans ce dernier cas, nous n'admettons l'hypothèque légale que si la loi du pays du mari accorde cette garantie à la femme [9].

627. Du reste, la femme étrangère qui se marie en pays étranger avec un Français est assimilée à la femme française d'origine, encore bien que l'acte de mariage n'ait pas été transcrit en France [10].

1. Tr. 7 janv. 1862 ; 6 fév. 1882 ; comp. L. hyp. espagnole, 8 fév. 1861, art. 168.

2. Tr. 30 mai 1827 ; 30 juin 1864 ; 15 juin 1869 ; 23 fév. 1882, art. 1.

3. Tr. 24 mars 1760 ; Cass., 5 nov. 1878, S. 79.1.126, D. 78.1.476 ; comp. C. civ. ital., 1969 ; Seine, 31 déc. 1910, *Rev. not.*, 14513.

4. Tr. 9 juin 1868 ; Paris, 13 août 1889, J. C. 4047, D. 90.2.161, S. 92.1.521.

5. Tr. 18 juin 1883.

6. Cass., 5 fév. 1872 ; 5 nov. 1878 ; Grenoble, 19 juill. 1849 ; 27 août 1855 ; Aix, 8 nov. 1875.

7. Cass., 4 mars 1884, D. 84.1.205, S. 84.1.273 ; Aubry et Rau, § 78, note 64. — *Contrà*, Aix, 8 nov. 1875, S. 76.2.134.

8. Alger, 21 mars 1860 ; 31 janv. 1868 ; C. civ., art. 11.

9. Comp. Laurent, XXX, 253 ; Cubain, 679 ; Valette, 139 ; Durand, 210.

10. Cass., 23 nov. 1840 ; Bordeaux, 14 mars 1850 ; Douai, 25 août

628. En ce qui concerne le mineur étranger, il ne paraît pas possible d'admettre l'hypothèque légale, bien que le tuteur ait été nommé en France [1].

La législation belge accorde l'hypothèque légale au mineur et à la femme étrangère [2].

629. Ajoutons que toutes les législations étrangères, qui concèdent une hypothèque légale à la femme et au mineur, exigent qu'elle soit inscrite pour une somme déterminée, et sur immeubles désignés [3].

ARTICLE DEUXIÈME

FEMMES MARIÉES.

630. L'hypothèque légale de la femme est invariablement attachée au fait du mariage, qu'il y ait ou non un contrat en réglant les conditions civiles [4].

631. Cette hypothèque est accordée à toute femme, quelles que soient les stipulations contenues au contrat de mariage. Elle existe au profit de la femme contractuellement séparée de biens comme de celle mariée sous le régime dotal ou en communauté [5]. Bien plus, la femme séparée de corps et de

1851 ; Nice, 1er déc. 1873, S. 75.1.347 ; Aubry et Rau, § 648, note 30 ; Demolombe, III, 229. — *Contrà*, Montpellier, 3 juin 1830 ; Duranton, XX, 21.

1. Cass., 14 mars 1877 ; Rennes, 30 août 1843, D. 46.2.164, S. 45. 2.606 ; Thézard, 118 ; comp. Aubry et Rau, § 78, note 66.

2. L. hyp., 16 déc. 1851, art. 2 ; Laurent, XXX, 252.

3. L. hyp. belge, art. 46, 66 et suiv. ; C. civ. italien, 1982, 1983, 1988 ; L. hyp. espagnole, 159, 162, 171, 189.

4. C. civ., 2135, 2° ; Cass., 22 janv. 1878 ; Caen, 5 juin 1876 ; Nimes, 26 fév. 1834 ; Rodière et Pont, III, 1965 ; Aubry et Rau, § 264 *ter*, note 64 ; Pont, 753 ; Duranton, XX, 20. — *Contrà*, Montpellier, 7 janv. 1870 ; Troplong, II, 577, 582.

5. Colmar, 19 août 1834 ; Paris, 16 mars 1839 ; Pont, 429 ; Thézard, 89 ; Boulanger, 183.

biens conserve son hypothèque légale, alors même que la liquidation de ses droits n'a établi à son profit l'existence d'aucune créance [1].

1° Droits et créances garantis.

632. La femme a hypothèque contre son mari pour la généralité des faits ou actes relatifs à ses biens [2], ce qui comprend :

1° Les indemnités dues par le mari pour malversations ou fautes commises dans l'administration des biens personnels de la femme [3], encore que cette administration, appartenant à la femme en vertu des conventions matrimoniales, n'aurait été exercée par le mari qu'en vertu d'un mandat exprès ou tacite [4] ;

2° Les dépens auxquels le mari est condamné sur les demandes en séparation de biens ou de corps, en divorce, en autorisation maritale, et pour liquidation des reprises de la femme [5] :

3° La dot ou apport en mariage dont la femme s'est réservé la reprise, à la condition d'en justifier l'existence, mais il importerait peu que la dot ait été touchée par un tiers, par exemple le père du mari [6]. En ce qui concerne les biens meubles que la femme prétendrait avoir apportés en mariage, la justification s'en fait, dans les rapports des époux entr'eux, au

1. Cass., 20 mai 1878 ; Aubry et Rau, § 264 ter ; Thézard, 89 ; comp. Bordeaux, 22 juil. 1869 ; Nancy, 22 mai 1869.
2. C. civ., 2121, 2135 ; comp. Cass., 25 fév. 1891, S. 91.1.157, D. 91.1.201.
3. Cass., 27 déc. 1859 ; comp. Amiens, 11 déc. 1876.
4. Cass., 1er mai 1893, S. 95.1.281 ; Montpellier, 27 avr. 1846 ; Pont, 439 ; Troplong, 410. — Contrà, Grenoble, 18 juil. 1814.
5. Cass., 4 fév. 1868 ; 24 nov. 1903, D. 06.1.383 ; Chambéry, 1er mai 1864 ; Bordeaux, 22 mars 1889, S. 90.2.52, D. 89.2.280 ; Pont, 439 ; Aubry et Rau, § 264 ter, note 9. — Contrà, Rouen, 29 fév. 1840.
6. Cass., 30 mars 1831 ; Aubry et Rau, § 264 ter ; Thézard, 91.

moyen d'un état en forme ou d'une quittance du mari [1] ; quant au mobilier advenu pendant le mariage, la preuve peut avoir lieu par inventaire, par témoins ou par commune renommée [2].

Toutefois, au respect des tiers, surtout en cas de faillite du mari il n'est pas admis d'autre preuve que l'inventaire ou état en bonne forme [3].

4° Les créances de la femme contre le mari comme administrateur de ses biens, en vertu du mandat formel contenu dans le contrat de mariage, ou des pouvoirs résultant du régime matrimonial [4] ;

5° Le préciput conventionnel stipulé pour le cas de renonciation à la communauté [5] ;

Il n'y a pas d'hypothèque légale pour la part de la femme dans la communauté [6], ni pour le préciput à exercer sur les biens communs en cas d'acceptation [7] ;

6° La reprise d'apport franc et quitte, stipulée en cas de renonciation à la communauté légale [8] ;

7° Les avantages assurés à la femme par le contrat de mariage sur les biens du mari : donation pure et simple formant créance, institution contractuelle ou don d'une somme à prélever sur l'actif de la succession du mari [9].

---

1. Cass., 14 mars 1877, D. 77.1.353 ; 29 déc. 1902, S. 03.1.180.
2. C. civ., 1499, 1502 ; Aubry et Rau, § 264 *ter*, note 17.
3. C. comm., 560, 563 ; Cass., 16 janv. 1877 ; 22 nov. 1886, D. 87.1.113, S. 89.1.465 ; 24 janv. 1906, S. 06.1.80.
4. C. civ., 2135 ; Cass., 4 fév. 1868 ; Aubry et Rau, § 264 *ter*, note 19.
5. C. civ., 1515 ; Cass., 12 juin 1872 ; Rodière et Pont, 1568.
6. Cass., 9 janv. 1855 ; 27 déc. 1859 ; Bastia, 25 janv. 1862, S. 62.2.453 ; Pont, 435.
7. Aubry et Rau, § 264 *ter*, note 20 ; Pont, 435.
8. C. civ., 1514 ; Cass., 15 juil. 1902, *Rev. not.*, 11014 ; Thézard, 91.
9. Cass., 27 déc. 1859 ; Grenoble, 8 fév. 1879, S. 80.2.69 ; Pont, 436, 438 ; Aubry et Rau, § 264 *ter*, note 23 ; comp. Demolombe, XXIII, 415 ; Laurent, XXX, 344 ; C. Rouen, 18 juin 1913, *Rev. not.*, 15700.

Cependant, à raison de l'institution contractuelle et de la donation d'une somme à prendre sur la succession, la femme ne serait pas admise à rechercher les acquéreurs à titre onéreux, ni à contester le rang des hypothèques acquises sur le mari[1] ;

8° Le deuil de la femme[2] et, sous le régime dotal, les aliments qu'elle est fondée à exiger pendant l'année de deuil en renonçant aux intérêts de sa dot[2] ;

9° L'indemnité des dettes que la femme a contractées avec son mari, ou payées volontairement pour celui-ci[4], même dans les dix jours qui ont précédé la cessation de ses paiements, à moins qu'il ne soit prouvé que la femme a agi en connaissance de cause, et en vue d'assurer une préférence à un créancier au détriment des autres[5] ;

10° Les sommes perçues par le mari au cours du mariage, provenant de successions échues à la femme ou de dons à elle faits[6] ;

11° Le prix des propres de la femme aliénés pendant le mariage[7], même pour le remploi des paraphernaux vendus avec le concours du mari[8] ;

1. Cass., 21 déc. 1852 ; 16 mai 1855 ; 12 mai 1875, S. 76.1.77.

2. Cass., 20 août 1838 ; Pont, 437 ; Aubry et Rau, § 264 *ter*, note 25. — *Contrà*, Bordeaux, 25 janv. 1858 ; Benoît, II, 25.

3. Toulouse, 6 déc. 1824 ; Alger, 6 mars 1882, S. 84.2.137 ; Aubry et Rau, § 264 *ter*, note 25 ; Laurent, XXX, 345. — *Contrà*, Pont, 437.

4. Cass., 24 mai 1869 ; 29 août 1870 ; 31 mars 1879 ; 18 avr. 1887, S. 87.1.173 ; Agen, 20 mars 1889, D. 90.2.143. — *Contrà*, Cass., 26 déc. 1900, D. 01.1.129, à l'égard de la dette payée sans y être obligé.

5. Bourges, 1er avr. 1870 ; Lyon, 6 janv. 1876 ; Nancy, 19 mars 1879 ; Cass., 11 déc. 1876 ; 27 avr. 1881, S. 81.1.393 ; Thézard, 95 ; comp. Poitiers, 5 mai 1879.

6. Cass., 28 janv. 1879 ; Nîmes, 28 janv. 1879 ; Pau, 17 juin 1889, D. 90.2.24 ; Thézard, 94.

7. C. civ., 2135, 1450, 1560 ; Cass., 16 nov. 1847 ; 2 mai 1855 ; Thézard, 94.

8. Cass., 5 déc. 1832 ; 9 août 1852 ; Grenoble, 30 nov. 1870 ; Tou-

12° La responsabilité encourue par le mari pour défaut de transcription d'une donation faite à la femme[1], soit par un tiers, soit par lui-même[2] ;

13° Le prix de ses biens dotaux aliénés, et cela indépendamment de l'action révocatoire[3].

633. La pension alimentaire allouée à la femme, pour elle ou pour l'entretien de l'enfant commun, par le jugement qui prononce la séparation de corps ou le divorce, comporte évidemment une hypothèque judiciaire, mais cette pension ne doit pas être garantie par l'hypothèque légale, car elle ne dérive ni de l'administration du mari ni de la dépendance de la femme[4]. Il faut ajouter que l'opinion accordant l'hypothèque légale l'emporte maintenant[5].

2° Immeubles grevés.

634. L'hypothèque de la femme mariée frappe tous les immeubles possédés par le mari au jour du mariage, et ceux qu'il a recueillis depuis, n'importe à quel titre (n° 617) ; mais cette hypothèque subit, en général, l'influence des modalités affectant le droit de propriété, telles que conditions suspensives ou résolutoires[6]. Cependant deux modifications sont à noter :

louse, 7 avr. 1829 ; Troplong, 478 ; Aubry et Rau, § 264 *ter* ; Laurent, XXX, 338.

1. C. civ., 940 ; Aubry et Rau, § 264 *ter*, note 8 ; § 704, note 15 ; comp. Demolombe, XX, 274.

2. Cass., 10 mars 1840 ; Angers, 10 mars 1841 ; Laurent, XXX, 348.

3. Cass., 2 mai 1855 ; Nîmes, 2 avr. 1884 ; Pont, 439 ; Valette, 136.

4. Grenoble, 6 fév. 1868 ; Lyon, 16 juil. 1881 ; Caen, 21 août 1883 ; Rouen, 1er fév. 1888 ; Besançon, 21 déc. 1894, *Rev. not.*, 9404, S. 95. 2.28 ; Aubry et Rau, § 264 *ter*, note 6 ; Wable, *Rev. not.*, 9081 ; Troplong, 418 *bis* ; Thézard, 90.

5. Nancy, 3 juin 1882 ; 15 avr. 1899, *Rev. not.*, 10455 ; Dijon, 4 juin 1894 ; Douai, 16 mai 1895 ; Cass., 25 juin 1895, S. 95.1.348, *Rev. not.*, 9404, J. E. 24746 ; 15 déc. 1909, D. 11.1.25 ; Bordeaux, 16 mars 1909, D. 10.2.192 ; Laurent, XXX, 346 ; Baudry-Lacantinerie et de Loynes, 981.

6. C. civ., 2122, 2125.

1° Les biens donnés au mari, par le contrat de mariage, sous réserve d'un droit de retour, sont, malgré l'exercice du retour, soumis à l'hypothèque légale de la femme, à moins de clause contraire, pour sa dot et ses conventions matrimoniales qui ne se trouveraient pas suffisamment garanties par les autres biens du mari [1] ;

2° Les biens laissés à charge de substitution peuvent rester affectés à l'hypothèque légale de la femme du grevé, pour les capitaux qu'elle a apportés en mariage, dans le cas où le donateur ou disposant l'aura expressément ordonné, mais seulement en cas d'insuffisance des biens libres du mari [2].

635. Sous le régime de la communauté légale ou conventionnelle, l'hypothèque légale de la femme frappe les immeubles communs, comme ceux propres du mari [3] ; pourtant ce n'est que d'une manière conditionnelle :

1° Si la femme renonce à la communauté, toute différence disparaît entre les propres et les conquêts, et son hypothèque qui remonte, sur ces biens, au jour où sont nées ses créances, s'exerce à l'encontre de toute aliénation ou hypothèque consentie par le mari [4].

2° Quand la femme accepte la communauté, elle est tenue de respecter les actes passés par le mari comme chef de la communauté ; par suite, elle ne peut exercer son hypothèque contre les acquéreurs ou créanciers hypothécaires avec lesquels il a contracté, sans le concours effectif de la femme [5].

1. C. civ., 952 ; Demolombe, XX, 525 et suiv. ; Aubry et Rau, § 700, note 20 ; Grenier, I, 35 ; Baudry-Lacantinerie et Colin, 1516.

2. C. civ., 1054 ; Demolombe, XXII, 580 et suiv. ; Aubry et Rau, § 696 ; Duranton, IX, 593.

3. Cass., 8 nov. 1843 ; 16 nov. 1847, D. 48.1.46 ; Bordeaux, 28 juin 1870, S. 70.2.326 ; Pont, 524 ; Troplong, 433 ter.

4. Cass., 9 nov. 1819 ; 30 mars 1869 ; Orléans, 16 mars 1850 ; Rouen, 11 mars 1846, D. 46.2.182 ; Pau, 23 juin 1884 ; Laurent, XXX, 391 ; Pont, 521 ; Thézard, 98. — Contrà, Valette, 258 ; Labbé, S. 76.1.241.

5. Cass., 16 fév. 1841 ; Colmar, 1er 1845 ; Bordeaux, 28 juin 1870,

636. La solution qui précède est applicable au cas de société d'acquêts stipulée sous le régime dotal, bien que la femme n'ait pas la faculté de renoncer à son hypothèque légale pendant le mariage ; l'acceptation de la société après dissolution du mariage (mais non après séparation de corps ou de biens) implique adhésion complète aux actes du chef de la société [1].

637. D'ailleurs, la femme commune acceptante est fondée à faire valoir son hypothèque légale au préjudice des créanciers chirographaires du mari ou de la communauté, envers lesquels elle sera libérée de sa part contributive des dettes [2].

638. Les immeubles échus à la femme acceptante, dans le partage de la communauté, sont considérés comme n'ayant jamais été grevés de son hypothèque légale [3] ; par suite, les créanciers qu'elle y a subrogés (sans s'obliger personnellement envers eux) ne peuvent la faire valoir au préjudice des autres créanciers ou des tiers détenteurs [4].

639. Il en est de même des immeubles de communauté cédés à la femme pendant le mariage en remploi de ses propres ; mais la cession en remploi des biens de société d'acquêts faite à la femme dotale ne les affranchirait de l'hypothèque légale que si le contrat de mariage contenait une clause spéciale à cet égard, ou si plus tard, c'est-à-dire après la dissolution du mariage, elle acceptait la société (n° 654).

D. 71.2.99; Grenoble, 6 déc. 1878 ; Paris, 6 juin 1882, S. 85.2.116 ; J. G., *Suppl. Mari*, 503 ; Aubry et Rau, § 264 *ter*, note 31, — *Contrà*, Pont, 529 ; Bertauld, 37.

1. Cass., 28 juin 1847, D. 47.1.299, S. 47.1.493 ; Rodière et Pont, 2040 ; Aubry et Rau, § 541 *bis*, notes 7 et 9. — *Contrà*, Troplong, III, 1913.

2. Pont, 521 ; Aubry et Rau, § 264 *ter*, note 33 ; Thézard, 98 ; Baudry-Lacantinerie et de Loynes, 1008.

3. Cass., 1er août 1848 ; 4 fév. 1856, S. 56.1.225 ; Aubry et Rau, § 264 *ter*, note 34 ; Duranton, XIX, 328.

4. Aubry et Rau, § 264 *ter*, note 36. — *Contrà*, Pont, 502.

640. Du reste, il est bien entendu que la femme, acceptante ou renonçante, qui aurait vendu ou hypothéqué solidairement avec son mari, ne pourrait faire valoir son hypothèque légale contre les acquéreurs ou créanciers envers lesquels elle se serait obligée dans les limites de sa capacité [1].

641. Si, avant la dissolution de la communauté, un ordre est ouvert sur le mari, pour la distribution du prix de conquêts, la femme sera colloquée à titre provisoire : les fonds représentant ses reprises devront être consignés pour lui être attribués en cas de renonciation, et pour être versés aux créanciers hypothécaires du mari si elle accepte [2] (nos 1322, 1324).

Les créanciers subrogés à l'hypothèque légale de la femme et ses créanciers personnels ont à cet égard les mêmes droits [3] (nos 1082, 1659).

642. En cas de faillite ou de déconfiture du mari, les créanciers de la femme, subrogés ou non dans son hypothèque légale, sont fondés, malgré la continuation de la communauté entre les époux, à réclamer des collocations définitives dans l'ordre ouvert sur le mari, pour la distribution du prix des immeubles conquêts, comme sur ceux propres du mari [4].

3° Réduction de l'hypothèque légale de la femme.

I. — PAR CONTRAT DE MARIAGE.

643. Quand la femme est majeure au moment du contrat

---

1. Cass., 26 août 1862 ; 25 fév. 1862, S.62.1.356 ; Toulouse, 22 juin 1859 ; Thézard, 98.

2. Rouen, 11 mai 1846 ; Lyon, 7 avr. 1854 ; Bastia, 25 janv. 1862 ; Paris, 23 mars 1884, D. 85.2.253 ; Pont, 523 ; comp. Bertauld, II, 521. — *Contrà*, Metz, 31 déc. 1867, S. 69.2.5.

3. Cass., 24 mai 1869, S. 69.1.345 ; Metz, 22 janvier 1856 ; Aubry et Rau, § 264 *ter*, § 288 *bis*, note 42.

4. Cass., 4 fév. 1856 ; Colmar, 20 nov. 1855, S. 56.2.580 ; Aubry et Rau, 264 *ter*, note 39.

de mariage, les futurs époux ont la faculté de réduire l'hypothèque légale à un ou plusieurs immeubles du mari [1].

644. Cette réduction, qui doit résulter d'une clause du contrat de mariage, est permise quel que soit le régime adopté [2] ; mais la femme mineure ne peut la consentir, et il est défendu aux époux de supprimer complètement l'hypothèque légale [3].

645. La réduction de l'hypothèque a lieu suivant deux formules : soit au moyen de la spécialisation à un ou plusieurs immeubles déterminés ; soit par élimination de certains immeubles qui en sont affranchis [4].

646. Il est toujours nécessaire de dire si la réduction s'applique à tous les droits et créances présents et futurs de la femme, ou seulement à la dot et aux conventions matrimoniales. A défaut d'explication précise, la restriction ne s'appliquerait pas aux reprises futures et éventuelles de la femme [5].

647. Serait nulle la faculté réservée dans le contrat de mariage, de transporter pendant le mariage, sur d'autres immeubles, l'hypothèque légale restreinte [6].

II. — Pendant le mariage

648. Lorsque l'hypothèque n'a pas été réduite par contrat de mariage, le mari peut, du consentement de la femme ma-

1. C. civ., 2140 ; Cass., 19 juill. 1820 ; Caen, 15 juil. 1836 ; Grenoble, 25 juil. 1847 ; Limoges, 2 avr. 1887, S. 88.2.216 ; Pont, 551 ; Thézard, 100 ; comp. Cass., 25 janv. 1859.

2. C. civ., 1387 ; Aubry et Rau, § 264 *ter*, 4° ; Pont, 547.

3. C. civ., 2140 ; Colmet de Santerre, IX, 111 *bis*, iv.

4. Cass., 6 déc. 1865 ; Pont, 545 ; Aubry et Rau, § 264 *ter*, note 44 ; Baudry-Lacantinerie et de Loynes, 1021.

5. Cass , 18 août 1856, D. 56.1.365, S. 56.1.872 ; Thézard, 100 ; Pont, 546.

6. Cass., 5 mai 1852 ; 18 août 1850 ; Lyon, 26 janv. 1854, D. 54. 2.147 ; Nimes, 4 mai 1888, S. 89.2.238 ; Pont, 547 ; Aubry et Rau, § 264 *ter*, note 46.

jeure, et après avis des quatre plus proches parents de celle-ci,
— à défaut de parents des alliés ou amis — réunis en conseil
de famille, demander que l'hypothèque légale soit restreinte
aux immeubles suffisants pour la conservation entière des droits
de la femme [1].

649. Le consentement de la femme majeure, qui n'est soumis à aucune forme, est indispensable [2]. La femme dotale a
d'ailleurs capacité pour donner ce consentement [3]. Si elle était
interdite, son subrogé-tuteur la représenterait [4].

650. La demande en réduction est portée devant le tribunal
du domicile mari et jugée contradictoirement avec le procureur de la République [5], qui peut interjeter appel [6].

651. Il n'est pas nécessaire que l'avis des parents soit
favorable à la réduction : le tribunal a le droit de passer
outre [7], mais si la femme n'avait consenti la réduction que
sous certaines conditions, le tribunal devrait s'y conformer [8].

652. Du reste, les effets de la réduction ne sont pas irrévo-
cables : si les immeubles deviennent insuffisants, la femme est

1. C. civ., 2144 ; Grenoble, 18 janv. 1833 ; Agen, 28 déc. 1887,
S. 89.2.194 ; J. G., *Priv.*, 1566 ; Colmet de Santerre, IX, 115 *bis* ;
Pont, 558 ; Jouitou, 109.
2. Cass., 9 mars 1886, S. 88.1.241. — *Contrà*, Jouitou, 65.
3. Cass., 23 juin 1868, D. 68.1.318, S. 68.1.393 ; 18 juil. 1893 ;
Limoges, 9 mars 1859 ; Caen, 26 déc. 1867 ; Pont, 559 ; Troplong,
640 ; Aubry et Rau, § 282, note 15 ; J. G., *Priv.*, 2625.
4. Comp. Caen, 7 fév. 1863, D. 63.2.74 ; Aubry et Rau, § 282,
note 17 ; Boulanger, 140 ; Jouitou, 62.
5. Aubry et Rau, § 282, note 14 ; Troplong, 644 ; Pont, 555.
6. Cass., 3 déc. 1844 ; Grenoble, 7 août 1849, D. 50.2.157, S. 50.2.
288 ; Pont, 565 ; Massabiau, 902. — *Contrà*, Rouen, 8 déc. 1843 ;
comp. Baudry-Lacantinerie et de Loynes, 1034.
7. Chambéry, 28 mars 1874, S. 75.2.39 ; J. G., *Priv.*, 1568 ; Pont,
564 ; Cubain, 555 ; Jouitou, 75.
8. Cass., 2 juin 1862 ; Agen, 18 mars 1863, S. 63.2.116 ; Aubry et
Rau, § 282, note 18.

fondée à demander un supplément d'hypothèque, toutefois, les effets de la réduction restent acquis aux tiers [1].

653. L'hypothèque restreinte demeure dispensée d'inscription [2] ; si elle avait été inscrite, la radiation partielle en serait opérée, sur la seule production du jugement [3].

Il est douteux que ce jugement soit susceptible d'acquérir l'autorité de la chose jugée [4].

654. En pratique, la réduction de l'hypothèque légale est nécessaire lorsque le mari cède ses biens personnels en remploi, ou même des biens de société d'acquêts, sous un régime dotal n'autorisant pas formellement une pareille cession. En effet, dans la dotalité, on peut craindre une renonciation à la société, et l'absorption des biens du mari et des biens communs par des reprises antérieures à la créance ayant motivé la cession en remploi.

Quand le mari ne possède qu'un seul immeuble, il se trouve dans l'impossibilité de le céder à sa femme parce qu'il n'est pas permis de le dégrever de l'hypothèque légale. Cependant, des personnes sans scrupules obtiendraient un résultat identique au moyen d'une opération oblique consistant à vendre l'unique immeuble du mari à un homme de paille qui, après la purge de l'hypothèque légale, le revendrait à la femme.

Il est bien entendu que ce qui précède n'est applicable, en général, que dans le cas où la femme n'a pas capacité suffisante pour renoncer à son hypothèque légale [5].

655. Du reste, les formalités relatives à la restitution de

---

1. Cass., 6 nov. 1860 ; 28 avr. 1875, D. 75.1.316 ; Agen, 16 fév. 1897, S. 97.2.128.

2. Grenoble, 6 juil. 1882 ; Pont, 553 ; Aubry et Rau, § 264 *ter*, 4°.

3. Rouen, 16 août 1843, S. 44.2.76.

4. Cass., 9 mars 1886, et Agen, 28 déc. 1887, S. 89.2.194 ; J. G., *Priv.*, 1566.

5. Comp. Cass., 6 nov. 1860 ; Montpellier, 16 déc. 1851 ; Aubry et Rau, § 282.

l'hypothèque légale ne sont pas applicables aux renonciations consenties par la femme en faveur des créanciers du mari ou des acquéreurs des biens de celui-ci [1].

III. — FAILLITE DU MARI.

656. Le droit commercial déroge au droit civil, en ce qui concerne l'hypothèque légale de la femme, au cas de faillite ou de liquidation judiciaire, déclarée ou existant réellement, du mari, si celui-ci était commerçant lors du mariage, ou si, n'ayant pas alors d'autre profession déterminée, il est devenu commerçant dans l'année [2].

657. Dans ces cas, il existe une double restriction au droit hypothécaire de la femme, dans l'intérêt de la masse des créanciers chirographaires et hypothécaires [3].

658. D'une part, la femme n'a d'hypothèque que pour : 1° les deniers et effets mobiliers qu'elle a apportés en dot ou qui lui sont advenus depuis le mariage par succession, donation entre vifs ou testamentaire, à la charge de prouver la délivrance ou le paiement par acte ayant date certaine [4] ; 2° le

1. Cass., 28 nov, 1892, S. 93.1.191 ; Nîmes, 5 août 1862.

2. C. comm., 563, 564 ; L. 4 mars 1889, art. 24 ; Cass., 20 avr. 1869 ; 24 janv. 1872, D. 73.1.93 ; 18 avr. 1882 ; Alauzet, VI. 2797 ; Lyon-Caen et Renault, 3056.

3. Cass., 8 déc. 1897, S. 98.1.273, D. 98.1.161 ; Nancy, 27 mai 1865, S. 66.2.345 ; Nîmes, 17 juil. 1867, S. 68.2.149 ; Aubry et Rau, § 264 *ter*, note 30. — *Contrà*, Boistel, 1024.

4. La preuve par acte ayant date certaine de la délivrance ou du paiement fait au mari des deniers ou effets mobiliers de la femme, est exigée très rigoureusement (Angers, 23 déc. 1868 ; Poitiers, 21 juin 1881, D. 82.2.124 ; Cass., 21 nov. 1887, D. 88.1.204, S. 90.1.471 ; Lyon-Caen et Renault, 3054), à tel point que la femme se trouve privée non seulement de la faculté d'invoquer son hypothèque légale (Cass., 13 juin 1868, S. 69.1.348), mais encore du droit de concourir comme créancière chirographaire à la distribution des dividendes (Cass., 22 nov. 1886, D. 87.1.113, S. 89.1.465).

remploi des biens aliénés pendant le mariage ; 3° l'indemnité des dettes contractées avec son mari [1].

659. Quant aux conventions matrimoniales ou avantages faits par le mari à la femme dans le contrat de mariage, celle-ci ne peut les exercer dans la faillite [2].

660. D'autre part, l'hypothèque légale frappe seulement les immeubles appartenant au mari au jour de la célébration du mariage et ceux qui lui sont échus depuis, à titre de succession, donation ou legs [3]. Par suite, tout droit de préférence est refusé à la femme sur les immeubles acquis par le mari à titre onéreux [4].

661. On doit considérer comme affranchies de l'hypothèque légale :

1° Les constructions et améliorations faites pendant le mariage sur les immeubles du mari qui lui appartenaient avant le mariage ou lui sont advenus depuis à titre gratuit [5].

2° Les portions indivises, acquises par le mari, d'immeubles dont une part lui était échue à titre de propre [6]. Sauf le cas où ses copropriétaires auraient été remplis de leurs droits en valeurs indivises, sans soulte. Il faut dire cependant qu'un parti considérable admettant dans ce cas l'effet déclaratif du partage ou de la licitation, considère, à tort selon nous, comme biens recueillis par le mari à titre gratuit, la totalité des immeubles dans lesquels il avait des droits indivis et dont

1. C. comm., 563 ; Cass., 13 août 1868, S. 69.1.348, D. 70.1.126.
2. C. comm., 564 ; comp. Cass., 13 nov. 1838, S. 39.1.121.
3. C. comm., 563 ; Cass., 26 janv. 1876, D. 76.1.62, S. 76.1.241.
4. Thézard, 78 ; Rivière, 777.
5. Montpellier, 29 juil. 1867, S. 68.2.190 ; J. G., *Faillite*, 1163 ; Pont, 535 ; Aubry et Rau, § 264 *ter*, note 51 ; Massé, II, 1435 ; Alauzet, VI, 2084 ; Boistel, 1022 ; Lyon-Caen et Renault, 3052. — *Contrà*, Caen, 3 juin 1865 ; Rouen, 29 déc. 1855, S. 57.2.753, D. 57.2.197.
6. Paris, 8 avr. 1853 ; Caen, 21 avr. 1866, D. 69.2.43, S. 68.2.270 ; Massé, II, 1345 ; Démolombe, XVII, 328 ; Aubry et Rau, § 264 *ter*, note 52 ; Bertauld, I, 317.

il s'est rendu adjudicataire par licitation ou qui lui ont été attribués à titre de partage [1].

3° La valeur représentative de la soulte versée par le mari lors de l'échange de l'un de ses immeubles contre un immeuble plus considérable [2].

662. Les restrictions apportées par la faillite à l'hypothèque légale de la femme s'appliquent aux immeubles aliénés avant la déclaration de faillite [3].

663. Cette restriction reste aussi applicable après le concordat, tant qu'il n'a pas été entièrement exécuté [4].

664. Au surplus, la faillite du mari ne met pas obstacle à la compensation entre les reprises de la femme et les récompenses par elle dues ; il en est ainsi dans le cas où la liquidation de ses droits serait postérieure à la déclaration de faillite [5].

4° Date à laquelle remonte l'hypothèque légale.

665. Le point de départ de l'hypothèque légale de la femme mariée n'est point invariable [6] ; la loi a au contraire fixé des dates différentes, suivant le moment où se produit le principe de la créance, c'est-à-dire à l'époque où le mari est investi du pouvoir d'administrer un bien ou une valeur connue et déterminée appartenant à la femme, soit présentement, soit dans l'avenir [7].

1. Cass., 10 nov. 1869, D. 69.1.501, S. 70.1.5 ; Angers, 27 mai 1864 ; Alauzet, VI, 2804 ; Pont, 536.
2. Pont, 535 ; comp. Valette, 263 ; Lyon-Caen et Renault, 3051.
3. Agen, 22 juil. 1859 ; Nancy, 27 mai 1865, S. 66.2.345 ; Aubry et Rau, § 264 ter, note 60 ; Massé, II, 1350 ; Bédarride, Faill., III, 996.
4. Cass., 1er déc. 1858 ; Toulouse, 7 avr. 1865, D. 65.2.77, S. 65. 2.212 ; Massé, II, 1350 ; Aubry et Rau, § 264 ter, note 59 ; Bédarride, II, 996.
5. Caen, 27 juin 1874 ; Amiens, 16 mai 1877, S. 79.2.145.
6. C. civ., 2135.
7. Thézard, 226 ; Aubry et Rau, § 264 ter, 6°.

666. Il n'est pas au pouvoir des parties d'assigner à l'hypothèque légale une date antérieure ou postérieure à celle fixée par la loi [1].

667. En ce qui concerne les apports mobiliers, les constitutions de dot, les conventions matrimoniales et les indemnités résultant de l'administration des biens de la femme, l'hypothèque remonte au jour du mariage, quoique les apports et dot n'aient été touchés par le mari qu'à une époque postérieure [2].

668. Pour les sommes provenant de successions échues à la femme et de donations à elle faites durant le mariage, la date de l'hypothèque est fixée au jour de l'ouverture des successions et à celui où les donations ont eu leur effet [3].

669. L'hypothèque pour l'indemnité des dettes que la femme a contractées avec son mari et pour le remploi de ses propres aliénés, avec son concours, prend rang du jour des obligations (et non du paiement) ou des ventes [4] (et non du versement du prix), excepté dans deux cas : 1° si le mari se porte fort de la femme, l'hypothèque ne date que de la ratification [5] ; 2° quand les obligations ou aliénations sont constatées par des actes sous seings privés, l'hypothèque de la femme ne prend rang que du jour où ces actes ont acquis date certaine [6].

---

1. Grenoble, 7 mars 1868, S. 68.2.339 ; Aubry et Rau, § 264 ter, note 63 ; Pont, 760.

2. Cass., 19 août 1840 ; 27 déc. 1859 ; 4 fév. 1868, D. 68.1.57 ; Grenoble, 8 fév. 1879, S. 80.2.69 ; Caen, 5 juin 1876 ; Pont, 531, 753.

3. Cass., 5 mai 1841 ; 26 déc. 1900, D. 01.1.129 ; Caen, 18 août 1871, S. 72.2.273, D. 73.2.228 ; Aubry et Rau, § 264 ter, note 67.

4. Cass., 16 nov. 1829 ; 27 avr. 1852 ; Grenoble, 25 nov. 1870, S.71. 2.12, D. 71.2.173 ; Poitiers, 26 déc. 1901, Rev. not., 10920.

5. Cass., 6 juill. 1831 ; Aubry et Rau, § 264 ter, note 69 ; J. G., Priv., 1230. — Contrà, Paris, 18 juin 1863, S. 64.2.208.

6. Cass., 5 fév. 1851 ; 15 mars 1859, D. 59.1.105 ; Bordeaux, 1er mars 1887, J. C. 3835, D. 88.2.96, S. 89.2.131 ; Pont, 761 ; Demolombe, XXIX, 636. — Contrà, Amiens, 26 mars 1860 ; Duranton, XX, 34.

670. L'hypothèque légale à raison de l'indemnité d'assurance touchée par le mari après l'incendie d'un immeuble propre à la femme, remonte au jour où cet immeuble est devenu la propriété de la femme, et non au jour où s'est ouvert le droit à l'indemnité d'assurance [1].

671. Quand le contrat de mariage, contenant adoption du régime dotal, confère au mari le pouvoir de vendre les immeubles dotaux sans le concours de la femme, et à charge de remploi, l'hypothèque prend rang du jour du mariage, ou au moins au jour de la donation, ou à celui de l'ouverture de la succession d'où proviennent les immeubles [2].

Au contraire, si le contrat de mariage ne déclare pas les immeubles aliénables, ou s'il ne permet l'aliénation que du consentement de la femme, avec ou sans charge de remploi, l'hypothèque devrait remonter seulement à la date des actes d'aliénation [3], mais la jurisprudence se fixe en ce sens que l'hypothèque légale prend rang du jour du mariage, malgré la signature nécessaire de la femme pour la vente [4].

672. A raison des créances extra-dotales ou paraphernales touchées par le mari, en vertu du mandat à lui conféré par le contrat de mariage, l'hypothèque légale prend rang du jour du mariage même [5]. Il en serait autrement dans le cas où le

1. Nancy, 20 juil. 1880, S. 80.2.155.
2. Cass., 27 juil. 1826 ; 16 mai 1865, D. 65.1.265, S. 65.1.345 ; Aubry et Rau, § 264 ter, note 77 ; Thézard, 227 ; comp. Pont. 767.
3. Caen, 7 juil. 1851 ; 28 nov. 1872, S. 73.2.134, D. 72.2.107 ; Agen, 10 juin 1859 ; Grenoble, 23 nov. 1870 ; Aubry et Rau, § 264 ter, note 74 ; Thézard, 227 ; Baudry-Lacantinerie et de Loynes, 1488 ; Colmet de Santerre, IX, 105 bis, VI.
4. Cass., 16 mai 1865 ; 10 fév. 1892, D. 92.1.181 ; 17 mars 1896, Rev. not., 9615 ; Grenoble, 26 nov. 1902 ; Toulouse, 12 juin 1860 ; Riom, 16 juin 1877, S. 78.2.295 ; Nîmes, 28 janv. 1879 ; Bordeaux, 16 mars 1909, D. 10.2.192 ; Troplong, 589 bis ; Rodière et Pont, 1968 ; Aubry et Rau, § 264 ter, note.
5. Cass., 4 fév. 1868, S. 68.1.113 ; Pont, 772 ; Thézard, 228.

mari aurait opéré le recouvrement en vertu d'un mandat exprès ou tacite donné par la femme durant le mariage ; alors l'hypothèque ne remonte qu'à l'encaissement [1].

673. Quant à la pension alimentaire allouée à la femme par le jugement qui prononce la séparation de corps ou le divorce, elle est garantie par l'hypothèque légale à la date du mariage[2].

674. A l'égard des frais de séparation de biens, l'hypothèque légale de la femme existe à partir de la date des créances dont la séparation a pour but d'assurer le paiement, et proportionnellement à chacune d'elles [3].

Les frais de séparation de corps auxquels le mari a été condamné sont garantis par l'hypothèque légale au jour de l'union [4] ; il en est de même pour les frais du divorce obtenu par la femme [5].

675. Si, dans un ordre ouvert sur le mari, la femme obtient collocation utile pour la totalité de ses apports et reprises, elle ne peut être admise ultérieurement à faire valoir son hypothèque légale de ce chef, à la date du mariage, alors même qu'en fait la collocation ne lui profite pas personnellement, mais à un créancier colloqué en sous-ordre, en vertu de l'obligation solidaire contractée envers lui par le mari et la femme.

---

1. Cass., 1er mai 1893, S. 93.1.281 ; Aubry et Rau, § 264 ter, note 78 ; Thézard, 228.

2. Cass., 25 juin 1895, D. 97.1.553 ; Dijon, 4 juin 1894, S. 95.2. 25 ; Nancy, 15 avr. 1899, Rev. not., 10445 ; Colmet de Santerre, IX, 105 bis, XVI ; Huc, XIII, 269 ; Aubry et Rau, § 264 ter, note 79. — Contrà, Caen, 21 août 1883 ; Rouen, 1er fév. 1888, Rev. not., 7909.

3. Cass., 4 fév. 1868 ; 10 fév. 1892, S. 92.1.181 ; Grenoble, 6 juin 1882 ; Colmet de Santerre, IX, 105 bis, XV ; Aubry et Rau, § 285, note 29 ; Guillouard, II, 783.

4. Cass., 25 juin 1895, S. 95.1.348, Rev. not., 9404 ; Paris, 28 juil. 1853, S. 54.2.303, D. 55.2.64.

5. Colmet de Santerre, IX, 105 bis, XVI ; Baudry-Lacantinerie et de Loynes, 1495. — Contrà, Nontron, 20 déc. 1888, S. 90.2.52, D. 89.2. 28, fixant la date de l'hypothèque au premier acte de poursuite.

Seulement, la femme se trouvant avoir acquitté la dette de son mari, a son hypothèque légale à la date de l'obligation solidaire souscrite par les époux [1].

ARTICLE TROISIÈME

MINEURS ET INTERDITS.

1° Personnes jouissant de cette hypothèque.

676. L'hypothèque légale des mineurs et interdits contre leurs tuteurs s'attache au fait même de la tutelle [2], de sorte que cette hypothèque n'appartient pas :

1° Au pourvu d'un conseil judiciaire contre son conseil [3] ;

2° A la personne, non interdite, placée dans un établissement d'aliénés sur les biens de l'administrateur provisoire nommé par le tribunal, ni sur ceux des membres de la commission de surveillance de l'établissement public [4] ;

Mais en nommant l'administrateur, le tribunal pourrait cons- tituer une hypothèque judiciaire sur tout ou partie de ses biens [5] ;

3° A la personne dont l'interdiction est poursuivie, contre l'administrateur provisoire commis pour prendre soin de ses biens [6] ;

4° Au mineur émancipé sur les biens de son curateur [7] ;

1. Paris, 3 déc. 1838 ; Bourges, 30 juil. 1853 ; Aubry et Rau, § 264 *ter*, note 80.

2. C. civ., 2121.

3. C. civ., 513 ; Troplong, II, 423 ; Valette, 142 ; Pont, 496 ; Aubry et Rau, § 264 *bis*, note 2 ; Thézard, 116.

4. L. 30 juin 1838, art. 31 à 33 ; Thézard, 118 ; Planiol, II, 2843.

5. L. 30 juin 1838, art. 34 ; Aubry et Rau, § 127 *bis*, 264 *bis*, note 3.

6. C. civ., 497 ; Cass., 27 avr. 1824 ; Paris, 12 déc. 1833, S. 34.2. 103 ; Pont, 496 ; Thézard, 116 ; Valette, 142.

7. C. civ., 480 ; Valette, 142 ; Pont, 496 ; de Freminville, II, 1125 ; Aubry et Rau, § 264 *bis*, note 8 ; Colmet de Santerre, IX, 82 *bis*, IV.

5° A l'enfant légitime, pendant le mariage, sur les immeubles de son père administrateur légal[1] ; ni après le mariage dissous par le divorce, tant que le père et la mère vivent[2].

677. D'un autre côté, ne sont pas soumis à l'hypothèque légale :

1° Le subrogé-tuteur[3], même dans le cas où il aurait, soit rempli les fonctions de tuteur pour une affaire dans laquelle le pupille avait des intérêts opposés avec son tuteur[4], soit géré provisoirement la tutelle après le décès du tuteur[5] ;

2° Le tuteur *ad hoc* donné au mineur dont l'état est contesté[6], ou qui a des intérêts opposés avec un autre mineur, représenté par le même tuteur[7] ;

3° Le tuteur à la substitution[8] ;

4° Ceux qui gèrent volontairement la tutelle, sans titre effectif[9].

678. L'hypothèque légale profite au mineur contre son tuteur principal[10].

---

1. Cass., 3 déc. 1821 ; Bordeaux, 19 mars 1875, S. 76.2.97, D. 77.
2.23 ; Grenoble, 4 fév. 1850 ; Toulouse, 2 janv. 1865 ; Demolombe, VI,
420 ; Pont, 493. — *Contrà*, Toulouse, 23 déc. 1818 ; J. G., *Priv.*,
1035 ; Battur, 365.

2. Baudry-Lacantinerie et de Loynes, 1178.

3. C. Bordeaux, 26 mai 1898, *Rev. not.*, 10389 ; C. Alger, 9 déc.
1898, *Rev. not.*, 10223 ; Grenier, 274 ; Troplong, 422 ; Valette, 142 ;
Pont, 497 ; Demolombe, VII, 389.

4. C. civ., 420 ; Demolombe, VII, 390 ; Mourlon, III, 1456.

5. Aubry et Rau, § 264 *bis*, note 5 ; Planiol, II, 2838 ; comp. Demolombe, VIII, 29 ; Laurent, XXX, 269.

6. C. civ., 318 ; Pont, 496.

7. C. civ., 838 ; Pont, 496 ; Laurent XXX, 268.

8. C. civ., 1055, 1056 ; Aubry et Rau, § 264 *bis*, note 2 ; Colmet de
Santerre, IX, 82 *bis*, v.

9. Grenier, 273 ; Aubry et Rau, § 264 *bis*, note 9 ; Thézard, 116 ;
Baudry-Lacantinerie et de Loynes, 1182. — *Contrà*, Troplong, 421 ;
Pont, 500 ; Demolombe, VII, 390.

10. C. civ., 2121.

Sont placés sur la même ligne le protuteur [1] et le cotuteur [2].

679. Du reste, l'hypothèque légale s'attache aux tutelles testamentaires, datives, officieuses, comme aux tutelles légales [3].

Après déchéance des père et mère, le tuteur de l'enfant abandonné est exempt d'hypothèque légale ; toutefois le tribunal pourrait le grever d'hypothèque judiciaire [4].

680. Le père survivant est tenu d'accepter la tutelle de ses enfants [5] ; au contraire, la mère est libre de la refuser ; elle doit seulement en remplir les devoirs en attendant la nomination d'un tuteur ; c'est alors une simple gestion provisoire à laquelle l'hypothèque légale n'est point attachée [6].

681. La déclaration d'absence de l'un des époux donne ouverture à la tutelle, le conjoint présent s'en trouvant investi est par là même grevé de l'hypothèque légale de ses enfants mineurs [7].

682. Quand la mère survivante convole à de secondes noces sans se faire maintenir dans la tutelle par le conseil de famille, et continue de fait à la gérer, l'hypothèque légale qui grève ses biens s'applique à la gestion postérieure au second mariage [8] ; elle s'étend aussi aux biens du second mari, qui

1. C. civ., 417 ; Troplong, II, 421 ; Planiol, II, 2836 ; Aubry et Rau, § 264 bis, note 11 ; Pont, 499 ; Colmet de Santerre, IX, 82 bis ; Thézard, 117. — Contrà, Grenier, 273 ; Magnin, 494.

2. C. civ., 396 ; Cass., 23 avr. 1902, Rev. not., 11053 ; Demolombe, VII, 135 ; Duranton, III, 431 ; Pont, 499.

3. C. civ., 361, 390, 397, 402, 405 ; Duranton, XIX, 310 ; Valette, 142 ; Aubry et Rau, § 264 bis, note 12 ; Thézard, 117 ; Colmet de Santerre, IX, 82 bis, 11 ; Planiol, II, 2834 ; Baudry et de Loynes, 1185. — Contrà, Pont, 435.

4. L. 24 juil. 1889, art. 10.

5. Aubry et Rau, § 99 bis ; Demolombe, VII, 107.

6. C. civ., 394 ; Planiol, II, 2839.

7. C. civ., 141 à 143 ; Demolombe, II, 334 et suiv. ; Aubry et Rau, § 160, note 8 ; Laurent, II, 145, 219.

8. Cass., 15 déc. 1825 ; 27 juin 1877, D. 78.1.412 ; Demolombe, VII, 124 ; Pont, 500 ; Thézard, 117. — Contrà, Laurent, XXX, 264.

est solidairement responsable des suites de la tutelle [1], même pour la gestion antérieure à son mariage [2], et par préférence à l'hypothèque légale de la mère [3].

683. L'hypothèque légale accordée aux interdits s'applique aux interdits légalement en vertu de condamnations pénales [4], comme aux interdits judiciairement.

2° Date de l'hypothèque.

684. En principe, l'hypothèque légale des mineurs et interdits prend rang au jour où commence la responsabilité du tuteur par l'obligation où il se trouve de gérer les biens de l'incapable [5], ainsi :

1° Pour le tuteur datif, c'est à la date même de sa nomination, lorsqu'il est présent à la délibération qui lui défère la tutelle, et, au cas contraire, à la date de la notification à lui faite de cette délibération [6] ;

2° Pour le tuteur légal, la responsabilité commence le jour de l'événement qui donne ouverture à la tutelle, quand il se trouve sur les lieux ; en cas d'absence, l'obligation de gérer ne commencera que du jour où il en aura eu connaissance [7] ;

3° Pour le tuteur testamentaire, à l'instant même de l'ouverture du testament qui lui défère la tutelle, s'il y était pré-

---

1. C. civ., 395 ; Cass., 27 juin 1877, S. 79.1.55, D. 78.1.412 ; Seine, 3 mai 1892, J. C. 4308 ; Demolombe, VIII, 128 ; Aubry et-Rau, § 264 *bis*, note 14. — *Contrà*, Pont, 500 ; Laurent, XXX, 264 ; Duranton, XIX, 312.

2. Nimes, 30 nov. 1831 ; Caen, 22 mars 1860, S. 60.2.610 ; Aubry et Rau, § 99 *bis*. — *Contrà*, Demolombe, VII, 126 ; Laurent, IV, 389.

3. Cass., 22 nov. 1836, S. 37.1.83..

4. Pau, 19 août 1850, S. 50.2.587, D. 51.2.5 ; Aubry et Rau, § 244 *bis* ; Valette, 142 ; Baudry et de Loynes, 1183 ; Planiol, II, 2835.

5. C. civ., 2135 ; Thézard, 226 ; Pont, 747.

6. C. civ., 418 ; C. pr., 882 ; Laurent, V, 6.

7. Aubry et Rau, § 110 ; de Freminville. I, 186. — *Contrà*, Trop-long. II, 428 ; Demolombe, VII, 523.

sent, où dans le cas contraire, du jour où il en sera informé[1].

685. En cas de non-présence du tuteur légitime ou testamentaire, nous croyons qu'une notification légale est nécessaire[2].

686. C'était un point très controversé que celui de savoir si les père et mère naturels avaient la tutelle légale de leurs enfants naturels reconnus[3] ou si la tutelle des enfants naturels était toujours dative[4]. Ce point a été tranché par la loi du 2 juillet 1907 modifiant l'article 389 du Code civil. D'après le nouveau texte, celui des parents naturels qui exerce la puissance paternelle n'administre toutefois les biens de son enfant mineur qu'en qualité de tuteur légal, et sous le contrôle d'un subrogé tuteur qu'il doit faire nommer dans les trois mois de son entrée en fonctions, ou qui est nommé d'office par le tribunal civil.

687. Le point de départ de l'hypothèque légale est invariablement fixé au jour où le tuteur a dû entrer en gestion, et pour tous les droits et créances du pupille, sans distinction entre les diverses causes d'où procèdent ces droits et les époques auxquelles ils ont pris naissance[5].

Sous ce rapport, l'hypothèque légale des mineurs et interdits diffère de celle des femmes mariées.

1. Thézard, 225 ; Demolombe. VII, 525 ; Pont, 748.
2. De Freminville, I, 186 ; comp. Aubry et Rau, § 110 ; Demolombe, VII, 525.
3. Cass., 29 avr. 1850 ; Caen, 20 mars 1860 ; Douai, 15 mars 1865 ; Poitiers, 1er août 1870 ; Alger, 17 mars 1875, S. 75.2.176 ; J. G., *Tutelle*, 686 ; Aubry et Rau, § 571, note 12.
4. Lyon, 8 mars 1859 ; Rennes, 6 janv. 1867 ; Toulouse, 11 mars 1868 ; Paris, 28 juill. 1893, *Rev. not.*, 8876 ; Nîmes, 15 fév. 1887, S. 87.2.172 ; Caen, 14 déc. 1896, S. 97.2.37 ; Demolombe, VIII, 385 ; Demante, II, 138 *bis*.
5. C. civ., 2135, 2194 ; Cass., 15 nov. 1892, J. C. 4337 ; Pont, 747 ; Troplong, II, 572.

688. L'hypothèque des mineurs et interdits survit à l'apurement du compte de tutelle pour tous redressements, et à la date de l'ouverture de la tutelle [1], mais sous réserve de l'effet des mainlevées qui auraient été données [2], et à la charge d'inscrire dans le délai légal, sinon l'inscription n'a rang qu'à sa date [3].

3° Créances garanties.

689. L'hypothèque légale des mineurs et interdits garantit toutes les créances, indemnités, et même les dommages-intérêts, qui peuvent leur appartenir contre leurs tuteurs, comme se rattachant à l'administration de ces derniers.

690. Ainsi, on doit comprendre parmi les créances conservées par l'hypothèque légale :

1° Les sommes que le tuteur a réellement perçues et celles qu'il aurait dû toucher, à cause de leur exigibilité pendant ses fonctions [4] ;

2° Les sommes dont le tuteur était redevable envers le pupille avant de commencer sa gestion [5], et celles dont il est devenu débiteur durant la tutelle, pour des causes indépendantes de la gestion [6], si d'ailleurs, ces sommes étant arrivées à échéance, il était tenu d'en opérer le recouvrement en qualité de tuteur [7].

1. Cass., 21 fév. 1838 ; 18 août 1840 ; 23 fév. 1856 ; 9 août 1882, D. 83.1.134, S. 83.1.402 ; Aubry et Rau, § 264 bis, 4° ; Demolombe, VIII, 140.
2. Toulouse, 18 juil. 1839 ; Aubry et Rau, § 264 bis, note 32 ; Demolombe, VIII, 147 ; cep., Douai, 22 avr. 1857.
3. L. 23 mars 1855, art. 8 ; Poitiers, 31 juil. 1893 ; Paris, 16 mars 1888, Rev. not., 7978, 9025.
4. Thézard, 119 ; Pont, 501 ; Laurent, XXX, 273.
5. Cass., 12 mars 1811 ; Pau, 11 juin 1837, S. 38.2.161 ; Thézard, 119.
6. Cass., 23 nov. 1898, Rev. not., 10168 ; Pont, 501 ; Mourlon, III, 1457 ; Aubry et Rau, § 263 bis, note 20 ; comp. Douai, 4 mai 1846.
7. Paris, 26 mars 1836, S. 36.2.259 ; J. G., Priv., 1047 ; Aubry et

691. Notamment à l'égard du père tuteur, l'hypothèque légale existe pour : 1° les sommes dont il est redevable en qualité d'adjudicataire d'immeubles indivis, pour soultes et retours de lots [1] ; 2° celles qu'il a touchées en qualité d'usufruitier, avec dispense de caution, comme donataire de son conjoint, et dont il a négligé de faire emploi [2] : 3° les revenus qu'il devrait à ses enfants, à défaut d'inventaire après le décès de sa femme [3].

692. L'hypothèque légale s'applique aussi au paiement des sommes dont un tiers ou même le tuteur aurait fait donation au pupille [4].

693. Tous les dommages-intérêts que le pupille peut avoir à exercer contre le tuteur pour faute, négligence, malversation dans l'exercice de la gestion, sont couverts par l'hypothèque pupillaire [5].

694. L'hypothèque du mineur ou de l'interdit garantit même la gestion postérieure à la cessation de la tutelle, à moins qu'il ne résulte des circonstances que cette gestion ne se lie pas à l'administration tutélaire, ce qui est laissé à l'appréciation du juge [6].

Rau, § 264 *bis*, note 20 ; Laurent, XXX, 263 ; Colmet de Santerre, IX, 81 *bis*.

1. Cass., 16 janv. 1878 ; 30 janv. 1883, S. 85.1.109 ; Bordeaux, 18 déc. 1878.

2. Bourges, 6 mars 1855, S. 55.2.353 ; Aubry et Rau, § 264 *bis*, 23.

3. C. civ., 1442 ; Cass., 9 août 1865, D. 66.1.33, S. 66.1.447.

4. Rouen, 18 janv. 1839 ; Cass., 9 juin 1829 ; Aubry et Rau, § 264 *bis*, 3°.

5. Cass., 23 déc. 1856 ; 24 fév. 1879 ; 23 juil. 1902, D. 02.1.309 ; Alger, 12 mai 1880 ; Pont, 501 ; Laurent, XXX, 274.

6. Pau, 9 août 1850 ; Rouen, 29 mars 1870, D. 73.2.70 ; Thézard, 119 ; Demolombe, VIII, 27 ; Pont, 502 ; Aubry et Rau, § 120, note 3 ; Martou, II, 785 ; comp. Angers, 23 fév. 1853, D. 53.2.43, S. 53.2.289.

4° Réduction de l'hypothèque.

695. L'hypothèque légale pupillaire n'est pas, en cas de faillite du tuteur, soumise à la restriction établie par le droit commercial pour l'hypothèque légale de la femme ; elle frappe indistinctement tous les immeubles dont le tuteur était propriétaire au jour de l'ouverture de la tutelle, et ceux qu'il a acquis depuis à un titre quelconque [1].

696. Quand le père devient tuteur de son enfant par suite du décès de la mère, les reprises de celle-ci se trouvent garanties, non seulement par son hypothèque légale soumise à inscription [2], mais aussi par l'hypothèque légale du mineur qui reste dispensée d'inscription pendant la minorité et un an après [3].

697. Comme l'hypothèque légale de la femme mariée (n° 648), celle du mineur ou de l'interdit est susceptible d'une double réduction :

1° Le conseil de famille appelé à nommer un tuteur peut, dans l'acte de nomination, restreindre l'hypothèque légale à certains immeubles ou dégrever des immeubles désignés ; mais son droit ne va pas jusqu'à lui permettre de dégrever tous les immeubles présents [4].

Si le tuteur n'a pas assisté à la délibération du conseil de famille, il est fondé à demander la réduction de l'hypothèque dans le délai que la loi lui accorde pour réclamer contre sa nomination [5].

---

1. Grenoble, 7 juin 1834 ; Colmar, 2 fév. 1857, D. 58.2.61, S. 57.
2.682 ; Aubry et Rau, § 264 *bis*, note 25 ; Baudry-Lacantinerie et de Loynes, 1194.
2. Cass., 2 mai 1866 D. 66.1.241, S. 66.1.233.
3. Alger, 12 mai 1880, S. 81.2.37 ; Aubry et Rau, *loc. cit.*
4. C. civ., 2141 ; Pont, 543 ; Aubry et Rau, § 264 *bis*, note 15.
5. C. civ., 439.

Ce mode de réduction ne s'applique pas aux tutelles légales ou testamentaires [1].

2° Dans la tutelle dative, quand l'hypothèque légale n'a pas été réduite par l'acte de nomination, et dans les tutelles légale ou testamentaire, le tuteur peut, pendant sa gestion, demander que l'hypothèque soit restreinte aux immeubles suffisants pour opérer une pleine garantie en faveur du mineur ou de l'interdit [2].

698. La demande se forme contre le subrogé-tuteur ; elle doit être précédée d'un avis du conseil de famille et jugée, en la forme contentieuse, par le tribunal du domicile de la tutelle [3], sur les conclusions du ministère public, qui peut interjeter appel du jugement admettant la réduction [4].

699. Le jugement doit être signifié non seulement au subrogé-tuteur, défendeur au procès, et qui se trouve remplir les fonctions de tuteur, mais encore à un subrogé-tuteur *ad hoc*. A défaut de cette seconde signification, le délai d'appel ne court pas contre le mineur ou l'interdit et l'appel peut être interjeté quel que soit le temps écoulé [5].

700. Si la réduction n'avait laissé que des sûretés insuffisantes dès l'origine, ou devenues telles, le subrogé-tuteur pourrait demander à prendre inscription sur la généralité des immeubles du tuteur, et cette nouvelle inscription resterait sans influence sur les droits précédemment acquis à des tiers [6].

1. Aubry et Rau, § 264 *bis*, note 17 ; J. G., *Priv.*, 2631 ; Planiol, II, 2842 ; Colmet de Santerre, IX, 112 *bis*, II. — *Contrà*, Pont, 549.
2. C. civ., 2143, 2145 ; Pont, 562 ; comp. Grenoble, 18 janv. 1833.
3. Cass., 3 juin 1834, S. 34.1.434 ; Pont, 563.
4. Cass., 3 déc. 1844 ; Grenoble, 7 avr. 1849 ; Pont, 565 ; Troplong, II, 644. — *Contrà*, Aubry et Rau, § 282, note 10.
5. C. pr., 444 ; Cass., 1er avr. 1833 ; 1er juin 1833 ; 3 déc. 1889, S. 90.1.261. D. 90.1.21 ; Caen, 10 mars 1871 ; Paris, 27 juin 1879 ; Chauveau, 1590 *ter*.
6. Paris, 10 janv. 1857, S. 57.2.124 ; Pont, 552 ; Aubry et Rau, 264 *bis*, note 19 ; Thézard, 121 ; Colmet de Santerre, IX, 115 *bis*, III.

ARTICLE QUATRIÈME

ÉTABLISSEMENTS PUBLICS.

701. Les personnes morales jouissant d'une hypothèque légale sur les biens de leurs receveurs et administrateurs comptables, sont l'État, les départements, les communes et les établissements publics, notamment : hospices et hôpitaux, bureaux de bienfaisance, universités [1], etc.

702. Ne sont pas compris dans cette catégorie les établissements d'origine privée, bien qu'ils soient autorisés comme d'utilité publique. Ces êtres moraux ne jouissent d'aucune hypothèque sur les biens de leurs receveurs ou caissiers ; tels sont en particulier ; les Caisses d'épargne, les Sociétés de secours mutuels, les Associations de tout genre reconnues [2].

703. Il n'y a plus à s'occuper des fabriques, menses curiales et épiscopales, chapitres, séminaires diocésains, consistoires protestants et israélites, tous ces établissements étant supprimés [3].

704. Quant aux personnes mêmes dont les biens sont soumis à l'hypothèque, il faut entendre par receveurs ou administrateurs comptables, tous les fonctionnaires qui ont une gestion en deniers dont ils doivent compte à la personne morale à qui ces deniers appartiennent : tels sont les receveurs, caissiers, trésoriers-payeurs, agents comptables [4], etc. Cette définition exclut les fonctionnaires qui n'ont pas de maniement de

1. C. civ., 2121 ; L. 5 sept. 1807 ; 7 frim. an V ; 10 août 1871 ; 5 avr. 1884 ; 15 juil. 1893 ; 10 juil. 1896.

2. L. 5 juin 1835 ; 1er avr. 1898 ; 1er juil. 1901 ; Cass., 5 mars 1856 ; 8 juil. 1856, S. 56.1.878, D. 56.1.268 ; Ducrocq, II, 1338 ; Aubry et Rau, § 264 quater, note 4 ; Lamache, *Rev. crit.*, 1861, p. 385. — Contrà, Pont, 505.

3. L. 9 déc. 1905.

4. L. 5 sept. 1807 ; Av. Cons. d'Etat, 25 fév. 1808.

fonds : ordonnateurs, inspecteurs, vérificateurs, contrôleurs, comptables en matières [1]. Les percepteurs des contributions directes, simples préposés des trésoriers-payeurs généraux, ne rendent pas compte au Trésor et ne sont pas soumis à ce titre à l'hypothèque légale ; mais ceux qui cumulent les fonctions de receveurs municipaux se trouvent grevés d'hypothèque légale au profit des communes [2].

705. Celui qui, sans autorisation légale, s'est ingéré dans le maniement des deniers publics, est constitué comptable et soumis à l'hypothèque légale [3].

706. L'hypothèque légale dont nous parlons est générale c'est-à-dire qu'elle s'étend à tous les immeubles possédés par les comptables lors de leur nomination, et à tous ceux acquis depuis [4]. Sur les biens acquis par les comptables à titre onéreux, l'État a un privilège spécial (n° 335), et sur tous autres immeubles l'hypothèque légale [5].

707. L'hypothèque légale dont il s'agit ne produit effet que par son inscription sur les immeubles du comptable [6].

708. D'ailleurs, elle est susceptible de réduction par arrêt de la Cour des comptes [7].

ARTICLE CINQUIÈME

LÉGATAIRES.

709. Le légataire particulier acquiert, dès le jour du décès

---

1. Cass., 19 fév. 1856 ; Grenier, 287 ; Troplong, 430 ; Pont, 505.

2. Comp. Colmar, 10 juin 1820 ; Nancy, 8 mars 1884, S. 84.2.9 ; Pont, 39.

3. Décr. 31 mai 1862, art. 25 ; L. 5 avr. 1884, art. 155 ; Bordeaux, 1er juil. 1890, S. 92.2.33.

4. C. civ., 2122 ; L. 5 sept. 1807 ; Thézard, 122.

5. L. 5 sept. 1807, art. 5.

6. Même loi, art. 6 ; Pallain, 252, 256.

7. L. 16 sept. 1807, art. 15 ; Décr. 31 mai 1862, art. 421 ; Boulanger, 554.

du testateur, le privilège de la séparation des patrimoines (n° 351), et, en outre, une hypothèque légale sur les immeubles de la succession [1].

710. Cette hypothèque ne prend rang et n'a d'effet qu'à dater de son inscription [2]; elle est accordée non seulement contre les héritiers du testateur, mais encore contre tous autres débiteurs du legs.

711. Il résulte de l'hypothèque légale du légataire une conséquence pratique importante, contre les débiteurs du legs : d'une part, celui qui n'est tenu personnellement du legs que pour partie, peut être forcé hypothécairement d'abandonner les immeubles de la succession compris dans son lot, si mieux il n'aime acquitter le legs pour le tout; d'autre part, celui que le testateur aurait affranchi de l'obligation de contribuer à l'acquittement du legs, n'en serait pas moins tenu hypothécairement pour le tout, à moins que le testateur n'eût déclaré l'affranchir aussi de l'action hypothécaire du légataire [3].

712. L'hypothèque légale est susceptible de réduction si elle porte sur plus de domaines qu'il n'est nécessaire pour la sûreté du legs, mais seulement dans le cas où le testateur ne l'a pas spécialisée [4].

713. Nous devons constater ici, en ce qui concerne cette hypothèque légale : 1° que le testateur est libre de priver le

---

1. C. civ., 1017 ; Toulouse, 23 déc. 1870, D. 72.5.271 ; Rennes, 21 mai 1875 ; Bordeaux, 5 mai 1887, S. 90.2.124 ; Troplong, III, 432 *ter* ; Demolombe, XVI, 673 ; Colmet de Santerre, IV, 162 *bis*, III ; Pont, 424 ; Thézard, 124. — *Contrà*, Aubry et Rau, § 722, note 24 ; Toullier, V, 567 ; Demante, *Rev. crit.*, 1854, p. 179. L'hypothèque ne porte pas sur les immeubles légués à titre particulier (C. Rouen, 24 déc. 1907).

2. C. civ., 2134.

3. Demolombe, XXI, 675 ; Duranton, IX, 384.

4. Angers, 23 juil. 1880, S. 81.2.15. — *Contrà*, Rennes, 21 mai 1875, D. 79.1.121, S. 79.1.252, admettant la réduction dans tous les cas.

légataire de toute action hypothécaire [1] ; 2° que le légataire ne puise dans son hypothèque légale aucun droit de préférence sur les créanciers du défunt [2] ; 3° que le légataire ne pourrait plus se prévaloir de l'hypothèque légale s'il avait été rempli de son legs, alors même que la somme à lui attribuée serait soumise à un usufruit [3].

714. En définitive, l'hypothèque légale du légataire sur tous les immeubles du testateur constitue un droit exorbitant, car elle assure, à celui qui n'a d'autre titre que la libéralité du défunt, une condition préférable à celle des créanciers chirographaires du testateur.

Tout rédacteur d'un testament doit donc prévoir cette hypothèque légale, et insérer des clauses précises en vue d'éviter aux héritiers les ennuis qu'elle peut occasionner, particulièrement pour les legs de rentes viagères.

ARTICLE SIXIÈME

FAILLITE.

715. Une hypothèque légale, attachée au fait même de la déclaration de liquidation judiciaire ou de faillite, est accordée aux créanciers du commerçant failli ou liquidé sur les immeubles qu'il possède au moment du jugement déclaratif [4] et sur ceux à venir [5].

1. Bordeaux, 27 fév. 1840 ; Angers, 22 nov. 1850, D. 51.2.19; S. 51.2.308 ; Demolombe, XXI, 674. — Contrà, Paris, 28 avr. 1865, D. 67.2.156.
2. Bordeaux, 26 avr. 1864.
3. Cass., 9 août 1882, S. 83.1.402 ; Orléans, 4 mai 1833 ; comp. Poitiers, 2 juil. 1884.
4. C. comm., 490, L. 4 mars 1889, art. 4 ; Aubry et Rau, § 264, note 11..
5. Cass., 29 déc. 1858 ; Paris, 24 avr. 1861 ; 27 mai 1865, D. 65. 2.174, S. 65.2.227 ; Besançon, 16 avr. 1862 ; Dijon, 5 août 1862 ;

716. L'efficacité de cette hypothèque est subordonnée à la prise d'une inscription, au nom de la masse des créanciers, par les syndics qui encourraient une responsabilité en n'inscrivant pas sur les immeubles dont ils connaissent l'existence[1].

717. L'hypothèque ainsi prise profite à chacun des créanciers individuellement par l'homologation du concordat, qui doit être mentionnée, à moins qu'il n'en ait été décidé autrement, au bureau des hypothèques, soit en marge de la première inscription, soit par inscription nouvelle. Si une deuxième inscription est prise elle ne frappe pas les biens à venir à défaut de mention expresse[2].

ARTICLE SEPTIÈME

PRIVILÈGES DÉGÉNÉRÉS EN HYPOTHÈQUES.

718. Quand les créances privilégiées sur les immeubles n'ont pas été inscrites suivant les prescriptions légales, elles gardent néanmoins leur nature hypothécaire, mais l'hypothèque ne date, à l'égard des tiers, que du jour de l'inscription. En d'autres termes, le droit de préférence résultant du privilège dégénère en hypothèque légale[3].

719. Cette règle est applicable seulement aux créances privilégiées soumises à la formalité de l'inscription. Ainsi déchoient en hypothèques légales, à défaut d'inscription en temps utile, les privilèges : 1° du Trésor public (n°* 427 à 431) ; 2° des créanciers et légataires demandant la séparation

---

Alauzet, IV, 1752 ; Boistel, 194. — *Contrà*, Aubry et Rau, § 264, note 14 ; Thézard, 126 ; Lyon-Caen et Renault, 2707 ; Baudry-Lacantinerie et de Loynes, 1217. Ces auteurs pensent que l'hypothèque frappe seulement les biens présents.

1. C. civ., 2134 ; C. comm., 490 ; Cass., 13 janv. 1874, D. 74.1. 169, S. 74.1.111.

2. C. comm., 517 ; Paris, 27 mai 1865.

3. C. civ., 2113.

des patrimoines [1] (n° 367) ; 3° des cohéritiers, copartageants ou colicitants [2] (n° 419) ; 4° des ouvriers (n° 422).

720. Quant aux privilèges généraux de l'article 2101 et au privilège du vendeur, ils ne perdent pas leurs qualités primitives en l'absence d'inscription, mais le défaut de publicité en entraîne l'extinction à l'égard des tiers détenteurs [3] (n°s 398 à 404).

QUATRIÈME SECTION

HYPOTHÈQUES JUDICIAIRES.

ARTICLE PREMIER

SOURCE DE L'HYPOTHÈQUE.

721. L'hypothèque judiciaire s'établit par l'autorité de la loi, en dehors de toute manifestation de la volonté des parties. C'est une garantie attachée, de plein droit, aux jugements et aux actes judiciaires, destinée à en assurer l'exécution [4].

722. Pour qu'un jugement emporte hypothèque, il suffit qu'en reconnaissant à la charge de l'une des parties l'existence d'une obligation appréciable en argent, ce jugement contienne, au profit de l'autre, le germe ou le principe d'une condamnation, même future ou éventuelle [5].

Ainsi emportent hypothèque les jugements : 1° ordonnant la

1. Metz, 27 mai 1868, S. 68.2.281.
2. Cass., 24 déc. 1866 ; Toulouse, 20 mai 1881 ; Aubry et Rau, § 278, note 32.
3. Pont, 308 ; Thézard, 305.
4. C. civ., 2117, 2123 ; Colmet de Santerre, IX, 86 bis, III.
5. Cass., 31 déc. 1867 ; 6 mai 1868 ; 20 nov. 1895 ; Pont, 574 ; Aubry et Rau, § 265 ; Baudry et de Loynes, 1229 ; de Vareilles-Sommières, 62.

reddition d'un compte [1] ; 2° ordonnant la liquidation d'une société dont l'existence était niée par l'un des associés, et le condamnant à compter [2] ; 3° validant une saisie-arrêt [3] ; 4° homologuant un partage en reconnaissant à l'une des parties un droit de créance contre l'autre [4].

Le jugement imposant aux parties des obligations réciproques et prononçant contre chacune d'elles des condamnations directes et personnelles, peut servir légalement de base à l'hypothèque judiciaire [5].

723. Il importe peu d'ailleurs que le jugement soit par défaut ou contradictoire, provisoire ou définitif, convenu ou sur contestation sérieuse [6].

Il faut observer cependant : 1° que l'opposition formée à un jugement par défaut, l'anéantit et entraîne nullité de l'hypothèque comme de l'inscription [7] ; 2° que l'hypothèque résultant d'un jugement par défaut devient nulle, faute d'exécution de ce jugement dans les six mois, ou d'acquiescement par acte enregistré [8].

724. Les actes et jugements, émanés d'une juridiction française, produisent hypothèque aussi bien en faveur des étrangers que des Français [9].

1. Cass., 16 fév. 1842, S. 42.1.714 ; Aubry et Rau, § 265.

2. Cass., 23 mars 1868, D. 68.1.423, S. 68.1.154.

3. Cass., 1er août 1881, S. 82.1.337.

4. Cass., 4 janv. 1911, D. 11.1.249 ; C. Nancy, 12 juil. 1902, J. E. 26514 ; Planiol, II, 2859.

5. Lyon, 20 avr. 1894, J. C. 4517 ; Aubry et Rau, § 265, note 16.

6. C. civ., 2123 ; Cass., 6 janv. 1845 ; Rouen, 20 mars 1877 ; Pont, 596 ; Aubry et Rau, § 265, note 16 ; Thézard, 75.

7. Cass., 6 mars 1889 ; 3 fév. 1892, D. 92.1.115 ; Paris, 15 juin 1904, J. E. 26801. — *Contrà*, Cass., 4 août 1913 ; Pau, 27 juil. 1898, D. 99.2.499 ; Guillouard, 897 ; Baudry et de Loynes, 1265, selon lesquels l'opposition suspend seulement l'effet du jugement.

8. C. pr., 156 ; Paris, 10 janv. 1895, J. C. 4625 ; comp. Cass., 21 juil. 1846, S. 46.1.679, D. 46.1.289.

9. Troplong, 429 ; Seligman, 60 ; Demangeat, 79 ; Aubry et Rau, § 78, note 56.

725. Les jugements rendus à l'étranger par des magistrats français, par exemple des consuls, emportent hypothèque comme les jugements rendus en France par une juridiction française [1].

726. Quant aux décisions émanées de juges étrangers, elles ne produisent hypothèque sur les immeubles situés en France qu'autant que l'effet hypothécaire y est attaché par des traités diplomatiques, et qu'elles ont été déclarées exécutoires par un tribunal civil français, alors même qu'elles auraient statué en matière commerciale [2].

En principe, le tribunal français a toujours le droit et le devoir de réviser la décision étrangère au fond et en la forme [3].

Des traités ont été conclus avec l'Italie [4], la Suisse [5], le duché de Bade dont l'Alsace-Lorraine partage la condition [6], la Belgique [7] ; par suite, les jugements de leurs tribunaux sont

1. Troplong, 452 ; Aubry et Rau, § 265, note 5 ; Pont, 583.

2. C. civ., 2123 ; C. pr., 546 ; Paris, 16 avr. 1855 ; Bordeaux, 16 déc. 1867 ; Boitard, 801 ; Demolombe, I, 263.

3. Cass., 20 août 1872 ; 28 juin 1881 ; 21 août 1882 ; 9 fév. 1892, S. 92.1.201, D. 92.1.609 ; Pau, 17 janv. 1872 ; Aix, 3 août 1885, S. 87.2.217 ; Colmet de Santerre, IX, 89 *bis*, IV ; Ruben de Couder, DICT., *Jug.*, 13 et 14 ; Boitard, 801 ; Baudry-Lacantinerie et de Loynes, 1255. Un autre système distingue entre les jugements étrangers rendus contre des Français et ceux rendus contre un étranger, pour soumettre les premiers à la révision et les seconds à l'exequatur (Angers, 4 juil. 1866 ; 23 juil. 1869, D. 69.2.218 ; Paris, 8 avr. 1866, S. 67.2.101 ; Griolet, *Autor.*, 95 ; Aubry et Rau, § 769 *ter*, notes 4 à 8). Enfin, d'après un troisième système, le tribunal français doit se borner dans tous les cas à la formalité de l'exequatur (Aix, 9 fév. 1888, D. 89.2.281, S. 91.1.389 ; Pont, 585 ; Bonfils, *Compét.*, 262 ; de Vareilles-Sommières, 115).

4. Traités, 24 mars 1760 ; 10 sept. 1860 ; comp. Paris, 29 août 1864 ; Montpellier, 10 juil. 1872, D. 72.2.240, S. 72.2.139.

5. Traités, 28 mai 1777 ; 15 juin 1869 ; Aix, 16 déc. 1869, D. 71. 2.15.

6. Traités, 3 juin 1846 ; 10 mai 1871 ; 11 déc. 1871 ; comp. Tr. Nancy, 8 janv. 1873.

7. Traité, 8 juillet 1899.

dispensés de la révision, ils doivent seulement obtenir l'exequatur des tribunaux français, au point de vue de la compétence, sans examen du fond [1].

727. Les sentences rendues par des arbitres français peuvent servir de base à l'hypothèque judiciaire, après qu'elles
ont été revêtues de l'ordonnance d'exécution du président
du tribunal [2].

728. Toutes les décisions émanées des tribunaux français ou
des autorités investies du pouvoir judiciaire en France, peuvent produire l'hypothèque : arrêts des cours d'appel [3], jugements des tribunaux de première instance [4], sentences des
tribunaux de commerce [5], des conseils de prud'hommes [6], et
des juges de paix, même avec prorogation de juridiction [7] ;
arrêtés rendus en matière contentieuse par les ministres [8], le
conseil d'État [9] et les conseils de préfecture [10] ; arrêts ou jugements des tribunaux de répression [11] ; ordonnance de taxe des
frais des notaires, avoués et huissiers [12].

729. Les contraintes décernées par l'administration des

1. Paris, 31 janv. 1873 ; Cass., 27 avr. 1870 ; Nancy, 7 déc. 1872 ;
Montpellier, 10 juil. 1872 ; Milhaud, 79.
2. C. civ., 2123 ; C. pr., 1020, 1021 ; Battur, 332 ; Aubry et Rau,
§ 265, note 7.
3. Pont, 579 ; Comp. Cass., 31 déc. 1867.
4. Aubry et Rau, § 265, 1°.
5. C. comm., 639 ; comp. Cass., 6 mars 1894, S. 96.1.41.
6. L. 27 mars 1907.
7. C. pr., 7 ; Caen, 26 mai 1875 ; Cass., 6 janv. 1845 ; Pont, 579.
Sur conclusions écrites des deux parties (Paris, 15 mai 1902, J. E.
26334).
8. Pont, 580.
9. L. 24 mai 1872.
10. L. 29 floréal an X, art. 4 ; L. 21 juin 1865 ; L. 22 juil. 1889,
art. 49 ; Cass., 18 déc. 1893, Rev. not., 9290 ; Ducrocq, I, 235.
11. C. Inst. crim., 358, 359.
12. L. 24 déc. 1897, art. 4 et 5.

douanes sont assimilées à des jugements de condamnation et emportent à ce titre hypothèque judiciaire [1].

730. Mais l'hypothèque judiciaire ne résulte pas : des jugements préparatoires ou interlocutoires [1] ; des actes de soumission de caution faits au greffe [3] : des bordereaux de collocation délivrés dans un ordre [4] : des jugements portant nomination de curateurs à succession [5], de conseils judiciaires ou d'administrateurs provisoires [6] : des jugements d'adjudication sur expropriation forcée [7] : des jugements ordonnant une mise en cause [8] ; ou se bornant à renvoyer les parties devant notaires ou arbitres pour compter [9] : des procès-verbaux dressés par les juges de paix en bureau de conciliation, quoiqu'ils contiennent des aveux, des conventions ou des reconnaissances de signatures [10] : des contraintes décernées par les administrations de l'enregistrement, [11] des contributions directes ou indirectes [12].

1. L. 22 août 1791, titre 13, art. 23 : Cons. d'Etat, 12 nov. 1811 ; Cass., 14 nov. 1893, S. 94.1.397 ; Pallain, 288.
2. Cass., 8 déc. 1857 ; 22 fév. 1864, D. 64.1.276, S. 64.1.418 ; Thézard, 76.
3. Troplong, 411 ; Pont, 588 ; Aubry et Rau, § 265, note 10 ; Thézard, 77.
4. Grenoble, 28 mai 1831 ; Paris, 10 août 1850 ; Duranton, XIX, 337 bis ; Thézard, 77 ; de Vareilles-Sommières, 84. — Contrà, Limoges, 30 juil. 1889, S. 92.1.301.
- 5. Bordeaux, 25 mars 1834 ; Troplong, 440 ; Pont, 575 ; de Freminville, 1126 ; Thézard, 77
6. Persil, art. 2123, n° 13 ; Troplong, 440 : Pont, 575 : Aubry et Rau, § 265, note 13. — Contrà, Paris, 12 déc. 1833 ; comp. L. 30 juin 1838, art. 34.
7. Limoges, 3 mars 1854, D. 55.2.291 ? Battur, 324 ; Grenier, 200 ; Troplong, 441 ter : Pont, 577 ; Colmet de Santerre, IX, 87 bis, ii.
8. Toulouse, 30 juin 1840.
9. Cass., 18 avril 1855, D. 55.1.258, S. 55.1.361 ; Paris,26 août 1844.
10. C. pr., 74 ; Grenier, 202 ; Battur, 328 : Troplong, 448 : Boitard et Glasson, 118 : Pont, 588 ; Thézard, 75 ; de Vareilles-Sommières, 60.
11. Cass., 28 janv. 1828 ; 17 juin 1901, D. 03.1.77, S. 03.1.147, J. E. 26154 : Dict. enreg., Inst., 136.
12. Cass., 9 nov. 1880, D. 81.1.251, S. 81.1.249 ; Montpellier, 15 mai 1899, J. E. 25875 ; Durieu, 466 ; J. G., Contr., 23.

731. Du reste, les vices ou nullités dont un jugement peut se trouver entaché n'empêchent pas qu'il ne confère hypothèque, mais le sort définitif de l'hypothèque demeure subordonné à celui du jugement [1].

ARTICLE DEUXIÈME

ÉTENDUE.

732. Relativement à son étendue, l'hypothèque judiciaire garantit l'exécution complète du jugement tant pour le principal que pour les intérêts, frais et autres accessoires [2].

733. Les jugements portant reconnaissance ou vérification des signatures apposées à un acte obligatoire sous seing privé, entraînent l'hypothèque judiciaire, même lorsqu'ils émanent d'un juge de paix dont les parties ont prorogé la juridiction [3].

Lorsque le jugement portant reconnaissance ou vérification de signature est obtenu avant l'exigibilité de l'obligation, l'hypothèque ne peut être inscrite qu'à partir de l'échéance de la dette, à moins qu'il n'y ait eu convention contraire [4].

734. L'hypothèque judiciaire est acquise de plein droit par le seul fait du jugement, sans que la partie ait à la requérir, ni le juge à la formuler [5].

735. Elle affecte les biens à venir, comme ceux présents du débiteur, du jour de son inscription [6].

736. Lorsqu'un jugement est rendu contre le mari pendant le mariage, l'hypothèque judiciaire frappe les acquêts aussi

---

1. Pont, 578 ; Aubry et Rau, § 265, note 17.
2. Thézard, 80 ; Aubry et Rau, § 265, 2°, c.
3. Cass., 6 janv. 1845 ; Caen, 26 mars 1875 ; Troplong, 446 ; Grenier, 102.
4. C. civ., 2123 ; L. 3 sept. 1807 ; Nîmes, 23 févr. 1829 ; Pont, 597.
5. Pont, 596 ; Grenier, 194 ; Duranton, XIX, 338 ; Troplong, 444.
6. C. civ., 2123, 2134 ; Cass., 5 nov. 1873, D. 74.1.373, S. 74.1.81 ; Caen, 5 avr. 1856, S. 57.263 ; Aubry et Rau, § 265.

bien que les propres du mari, même après la dissolution de la communauté, et encore que les biens fussent échus dans le lot de la femme[1].

S'il s'agissait d'une hypothèque résultant d'un jugement rendu contre le mari avant le mariage, les biens échus à la femme dans le partage de la communauté même conventionnelle n'en seraient pas affranchis[2].

737. Le créancier porteur d'un titre exécutoire, contenant hypothèque conventionnelle, est fondé, après l'exigibilité de sa créance, à provoquer un jugement pour se procurer l'avantage d'une hypothèque générale, alors que la condamnation a un intérêt véritable pour lui[3]. Cette solution, qui paraît incontestable, a été cependant rejetée par des décisions judiciaires qui ont rétorqué contre le créancier les avantages attachés à son titre, en prétextant de ce que le débiteur ne contestait pas la dette[4].

738. Quoique résultant de plein droit des jugements, l'hypothèque judiciaire n'existe réellement que par l'inscription ; la date de cette inscription lui donne la préférence sur les immeubles à venir comme sur ceux présents à l'égard des hypothèques judiciaires ou légales d'une origine postérieure à l'inscription[5].

1. C. civ., 1409 ; Aubry et Rau, § 265, notes 27 et 28.

2. Douai, 6 janv. 1846 ; Duranton, XIX, 498 ; Pont, 593 ; Valette, 991. — *Contrà*, Aubry et Rau, § 265, note 29 ; Delvincourt, III, 65.

3. Cass., 23 avr. 1823 ; 12 déc. 1824 ; 20 avr. 1825 ; 1er fév. 1830 ; 13 déc. 1871 ; Nîmes, 5 janv. 1831 ; Orléans, 14 mars 1837 ; Colmar, 24 juil. 1851 ; Nancy, 8 mars 1854 ; Paris, 8 déc. 1854 ; 15 mai 1865 ; 3 juil. 1879 ; 11 nov. 1889, *Rev. not.*, 8323 ; 14 déc. 1899, *Rev. not.*, 10436 ; Seine, 9 avr. 1891, *Rev. not.*, 8491 ; Pont, 594 ; Aubry et Rau, § 265, note 30.

4. Montpellier, 12 janv. 1832 ; Seine, 23 mai 1876 ; 14 juill. 1877 ; 16 mai 1878 ; Angoulême, 18 janv. 1873.

5. C. civ. 2134 ; Cass., 5 nov. 1873, S. 74.1.81, D. 74.1.373 ; Caen, 5 avr. 1866 ; Pont, 599.

ARTICLE TROISIÈME

RÉDUCTION.

739. Les hypothèques judiciaires sont susceptibles de deux sortes de réductions : 1° si elles frappent sur plus d'immeubles présents qu'il n'est nécessaire, pour sûreté de la créance [1] ; 2° quand la condamnation est indéterminée et que le créancier a fait une évaluation exagérée en requérant inscription [2].

740. A défaut de réduction convenue à l'amiable entre le créancier et le débiteur, la demande est portée : dans le premier cas (réduction quant aux immeubles grevés), devant le tribunal dans le ressort duquel l'hypothèque a été inscrite [3] ; dans le second (réduction du chiffre de la créance), devant le tribunal qui serait appelé à connaître de la liquidation de la créance [4].

741. La demande en réduction de l'hypothèque judiciaire est soumise au préliminaire de conciliation [5].

742. Et le jugement ordonnant la réduction doit être signifié à domicile réel [6].

1. C. civ., 2161, 2165.
2. C. civ., 2163, 2164.
3. C. civ., 2159, 2161 ; Cass., 19 févr. 1866.
4. C. civ., 2159 ; Cass., 5 mai 1812.
5, Caen, 13 nov. 1839 ; Pont, 1086 ; Thézard, 264. — Contrà, Troplong, 744 bis.
6. Cass., 29 août 1815 ; Paris, 8 janv. 1831 ; Pau, 21 janv. 1834 ; Aubry et Rau, § 281, note 26 ; Chauveau, 1907 ; Baudot, 984 ; Boulanger, 646.

CINQUIÈME SECTION

RANG DES HYPOTHÈQUES.

ARTICLE PREMIER

RÈGLES LÉGALES.

743. L'ordre hypothécaire, ou droit de préférence des créanciers entre eux, se détermine, en général, par la date de la publicité des hypothèques résultant de leur inscription sur les registres du conservateur [1].

744. À défaut d'inscription, les hypothèques sont inefficaces à l'égard des tiers, acquéreurs ou créanciers du débiteur commun [2], excepté cependant les hypothèques légales des femmes mariées, des mineurs et des interdits durant qu'elles sont dispensées de publicité [3]; mais cette exception est étrangère aux créanciers subrogés dans l'hypothèque légale de la femme mariée, qui ne peuvent invoquer la préférence sans inscription de cette hypothèque prise à leur profit, même pendant qu'elle est dispensée de la publicité [4].

745. L'hypothèque générale, légale ou judiciaire, prend rang par son inscription tant sur les immeubles que le débiteur possédait au moment où elle a été opérée que sur ceux qu'il a acquis ultérieurement; de sorte qu'à moins de restriction dans le bordereau d'inscription, la priorité de rang sur les biens présents implique priorité sur les biens à venir [5].

1. C. civ., 2134 ; comp. 2166.
2. Cass., 19 déc. 1809 ; 11 juin 1817 ; 17 août 1868, S. 68.1.377, D. 68.1.398 ; Pont, 729 ; Grenier, 60 ; Troplong, 568 ; Thézard, 137.
3. C. civ., 2135 ; L. 23 mars 1855, art. 8.
4. L. 23 mars 1855, art. 9 ; Cass., 1er juin 1859 ; Bordeaux, 11 juin 1861 ; Aix, 19 nov. 1863 ; Verdier, 773 ; Flandin, 1516.
5. Caen, 5 avr. 1856 ; Lyon, 18 févr. 1829 ; Cass., 5 nov. 1873,

Il en est ainsi pour les hypothèques légales dispensées d'inscription : celle qui se trouve être la première en date a la préférence, même sur les biens que le débiteur n'a acquis qu'après la naissance de la seconde [1].

L'hypothèque légale du mineur a une date unique pour toutes les créances : le jour de l'entrée en gestion du tuteur (n° 687) ; celle de la femme a des dates variables, suivant les créances qu'elle garantit (n° 665).

746. Quant aux hypothèques conventionnelles constituées sur les biens présents et à venir, elles n'affectent les immeubles advenus au débiteur qu'à la date des inscriptions prises sur chaque immeuble nouvellement acquis [2] ; d'où il suit que ces hypothèques sont toujours primées, sur les immeubles à venir, par les hypothèques légales ou judiciaires précédemment inscrites, fussent-elles postérieures en date à l'hypothèque conventionnelle des biens à venir.

747. C'est à la date de l'inscription que prennent rang les hypothèques éventuelles, conditionnelles ou sous condition suspensive, quelle que soit l'époque à laquelle l'obligation sera devenue certaine [3].

748. Toutes les hypothèques inscrites le même jour viennent par concurrence et à rang égal, sans distinction entre l'inscription du matin et celle du soir, quand même la différence serait marquée par le conservateur, et sans égard pour la date du titre constitutif [4].

S. 74.1.81, D. 74.1.373 ; Pont, 598 ; Troplong, 436 ; Baudry-Lacantinerie et de Loynes, 1450.

1. Aubry et Rau, § 291. note 2 ; Pont, 732 ; Thézard, 130.
2. C. civ., 2130 ; Cass., 27 avr. 1846 ; Paris, 20 juin 1846 ; Grenoble, 17 févr. 1847 ; Pont, 685 ; Aubry et Rau, § 273, note 4 ; Thézard, 66.
3. C. civ., 1178, 1184 ; Cass., 21 nov. 1849 ; Rouen, 3 août 1864 ; Agen, 3 janv. 1844, S. 45.2.405 ; Demolombe, XXV, 380, 392 ; Pont, 705, 718 ; Aubry et Rau, § 266, note 71, § 291 ; Thézard, 68,234 ; comp. Laurent, XXX, 533.
4. C. civ., 2147 ; L. 10 juill. 1885, art. 10.

Cette règle s'applique à toutes les hypothèques soumises à inscription et aux privilèges dégénérés en hypothèques faute d'avoir été conservés en temps utile [1].

Elle s'applique également au conflit des hypothèques légales dispensées d'inscription soit entre elles, soit avec des hypothèques soumises à l'inscription, quand ces dernières ont été inscrites le jour auquel remonte l'effet des premières [2].

ARTICLE DEUXIÈME

RÈGLES CONVENTIONNELLES.

1° Concurrence.

749. Lorsqu'une personne emprunte de plusieurs, par un seul acte, les droits hypothécaires et autres conférés par le débiteur, profitent aux divers créanciers concurremment entre eux ; cela ne peut faire aucun doute ; cependant, pour éviter tout malentendu, la pratique notariale a toujours soin d'exprimer la concurrence.

Il est d'autres circonstances dans lesquelles l'égalité de rang, entre plusieurs créanciers, ne résulte que de stipulations formelles. Par exemple, une personne a besoin de cent mille francs, elle s'adresse à un notaire qui, ne pouvant fournir de suite la somme entière, prête 50.000 fr. et demande un délai pour compléter. Il sera alors nécessaire de dresser deux actes hypothécaires dont les inscriptions seront prises à des dates différentes. Pour assurer le même rang à tous les prêteurs, il faut : 1° dans le premier acte, réserver la faculté d'emprunter encore une somme de..... pour venir en concurrence avec celle empruntée, pourvu qu'il n'existe aucune inscription dans

---

1. Pont, 735, 736 ; Troplong, 664 ; Thézard, 125, 220 ; Aubry et Rau, § 291 ; Marlou, 1033 ; comp. Laurent, XXX, 249.

2. Aubry et Rau, § 291 ; comp. Thézard, 220.

l'intervalle de la première à la seconde ; puis mentionner cette réserve dans l'inscription du premier créancier ; 2° dans le deuxième acte, déclarer que l'emprunteur use de la réserve ainsi faite par acte du ... en faveur du nouveau prêteur ; et, ensuite, en faire mention dans la deuxième inscription [1] ; 3° enfin, quand les formalités sont remplies sur les deux prêts, dresser un acte déclaratif autorisant le conservateur à mentionner la concurrence en marge des deux inscriptions.

La concurrence hypothécaire résultera aussi d'un consentement donné par le créancier, après la régularisation de son titre, en faveur d'un créancier postérieur en rang ; un pareil consentement ne peut émaner que d'une personne ayant capacité de renoncer à l'hypothèque, ce qui n'est pas nécessaire dans la première hypothèse, puisque la concurrence forme une condition du titre constitutif.

2° Antériorité.

750. Tout créancier hypothécaire, ayant capacité de donner mainlevée sans paiement [2], peut consentir à ce qu'un autre créancier d'un rang hypothécaire postérieur lui soit préféré, c'est-à-dire passe avant lui pour l'exercice de son hypothèque [3] (n° 1083).

Il est évident qu'une cession d'antériorité est limitée à la créance hypothécaire spécialement énoncée dans l'acte, de sorte que si le cédant a déjà ou acquiert ensuite une autre créance, la priorité cédée ne s'y étendra pas [4].

751. Quand les créances du cédant et du cessionnaire portent entièrement sur les mêmes immeubles et qu'il n'existe

1. Cass., 20 déc. 1911, D. 12.1.486.
2. Cass., 1ᵉʳ août 1866 ; 21 juill. 1868 ; Lyon, 28 avr. 1869.
3. Cass., 31 janv. 1883 ; 9 janv. 1893, S. 94.1.73 ; Paris 15 déc. 1881, D. 83.1.316, S. 84.1.321.
4. Paris, 17 août 1875.

pas de créanciers intermédiaires, la convention d'antériorité
ne donne lieu à aucune difficulté ; dans le cas contraire, les
inscriptions venant à produire leur effet légal, si les deux créanciers ne se trouvaient pas entièrement désintéressés, il est douteux que le cédant puisse invoquer la subrogation légale dans
l'hypothèque du cessionnaire. Nous pensons qu'il est nécessaire, dans cette circonstance, de recourir à une subrogation
conventionnelle.

752. La cession de rang hypothécaire n'a d'effet qu'entre le
cédant et le cessionaire : elle est étrangère au débiteur et à ses
autres créanciers [1].

753. Cette cession doit avoir lieu par acte authentique ;
elle constitue une stipulation unilatérale qui n'a pas besoin
d'être acceptée par le cessionnaire [2] ; mais la pratique recom-
mande l'acceptation.

Pour la sécurité de l'antériorité, à l'égard des tiers, elle doit
être mentionnée sur les registres du conservateur, en marge
des deux inscriptions [3].

La mention n'est cependant pas indispensable pour que la
cession d'antériorité soit opposable à un deuxième cessionnaire, alors du moins que la première cession est rappelée
dans celle ultérieure [4].

754. Celui qui a cédé l'antériorité ne peut plus donner
mainlevée de son inscription sans le consentement du cessionnaire [5], lorsque les deux créances ne se suivent pas immédiatement.

1. Cass., 31 janv. 1883 ; 9 janv. 1893 précité ; Pont, 334 ; Verdier,
721 ; Thézard, 103 ; Mérignhac, 120.
2. C. civ., 2129, 2158 ; Bourges, 20 févr. 1852 ; Aix, 15 févr. 1879.
3. Cass., 21 mai 1901, D. 01.1.321 ; 20 déc. 1911, D. 12.1.486.
4. Caen, 26 mars 1888, J. C. 3871, Rev. not., 7832.
5. Bordeaux, 12 mai 1841, J. C. 275 ; Boulanger, 70 ; Vassor. Cess.
d'ant., 1896.

CHAPITRE QUATRIÈME

PREMIÈRE SECTION

GÉNÉRALITÉS.

755. Les privilèges immobiliers et les hypothèques restent généralement à l'état de droits inertes, à l'égard des tiers, tant qu'ils n'ont pas été inscrits sur les registres de la conservation des hypothèques [1].

C'est donc la publicité par voie d'inscription qui, vivifiant les privilèges et hypothèques, assure au créancier le double effet qu'ils doivent produire : droit de suivre les immeubles grevés entre les mains des tiers détenteurs, et droit de préférence au détriment d'autres créanciers [2].

En conséquence, l'inscription est, en principe, indispensable pour que le droit privilégié ou hypothécaire soit opposable aux tiers, ce qui comprend les créanciers chirographaires.

756. L'inscription ne serait pas suppléée par la connaissance personnelle que les tiers auraient eue, par une voie quelconque, de l'existence du privilège ou de l'hypothèque [3]; sauf le cas de fraude ou de dol.

---

1. C. civ., 2106, 2134, 2146, 2154, 2166.
2. Troplong, 568 ; Pont, 729 ; Thézard, 137.
3. Cass., 27 mars 1849, S. 49.1.509, D. 49.1.168 ; Pont, 728 ; Aubry et Rau, § 267, note 9 ; J. G., *Priv.*, 1371 ; Thézard, 137 ; Baudry-Lacantinerie et de Loynes, 1441.

757. Cependant il faut rappeler que la loi dispense, dans certaines limites, de la formalité de l'inscription : 1° les hypothèques légales des femmes mariées, des mineurs et des interdits[1] (n° 622) ; 2° les privilèges généraux sur les meubles[2] (n° 398) ; 3° le privilège du vendeur[3] (n°s 401 à 404).

758. Par rapport au débiteur personnel et à ses héritiers ou successeurs universels, les droits privilégiés et hypothécaires sont opposables sans inscription[4]. De là suivent deux conséquences :

1° Le débiteur ne pourrait demander la radiation d'une inscription irrégulière, incomplète ou non renouvelée en temps utile[5] ;

2° Le créancier hypothécaire est fondé, sans avoir pris inscription, à poursuivre pour le tout l'un des héritiers du débiteur, s'il est détenteur de tout ou partie des immeubles hypothéqués[6].

759. Simple instrument de la publicité des privilèges et hypothèques, l'inscription ne répare pas les vices ou omissions du titre constitutif, comme, d'un autre côté, les irrégularités de l'inscription ne sont pas susceptibles d'être couvertes par les énonciations de l'acte d'où résulte le privilège ou l'hypothèque[7].

760. Les inscriptions conservent l'hypothèque et le privilège

1. C. civ., 2135 ; L. 23 mars 1855, art. 8.
2. C. civ., 2101, 2107.
3. C. civ., 2108 ; L. 23 mars 1855, art. 6.
4. Cass., 16 avr. 1839, S. 39.1.311 ; J. G., *Priv.*, 1404 ; Laurent, XXX, 553 ; Thézard, 137.
5. Paris, 16 mai 1833 ; Grenier, 66 ; Battur, 383 ; Laurent, XXX, 546, 553 ; Pont, 730.
6. C. civ., 873, 1221, 2114 ; Aubry et Rau, § 267, note 8 ; Thézard, 137.
7. Cass., 8 fév. 1810 ; 18 déc. 1822 ; 26 avr. 1852 ; J. G., *Priv.*, 1296 ; Pont, 672.

André, *Régime hypothécaire*   18

pendant dix ans ; leur effet cesse si elles n'ont pas été renouvelées avant l'expiration de ce délai. Mais la péremption de l'inscription n'a pas pour effet d'éteindre le privilège ou l'hypothèque ; le créancier conserve le droit de prendre une inscription
nouvelle qui aura effet à compter de sa date, si l'immeuble
grevé n'a pas été aliéné par le débiteur, ou si l'acte d'aliénation
n'est pas transcrit [1].

761. Dès que le droit privilégié ou hypothécaire existe, on
peut en général le faire inscrire [2] ; la loi s'en rapporte à la
vigilance du créancier intéressé à requérir immédiatement
l'inscription.

762. Si, en général, le créancier a le droit d'inscrire le privilège ou l'hypothèque tant qu'ils existent, il y a cependant trois
circonstances dans lesquelles les inscriptions ne sont plus utilement prises : 1° transcription d'aliénation ; 2° acceptation
bénéficiaire ou vacance de succession ; 3° faillite ou liquidation judiciaire.

763. Les privilèges et hypothèques procédant du chef du
vendeur peuvent être inscrits jusqu'à la transcription de l'acte
constatant l'aliénation volontaire ou par expropriation forcée
de l'immeuble grevé ; après cette transcription ils seraient
destitués d'effets, alors même que la vente se trouverait réso-
lue par la survenance d'une surenchère suivie d'adjudication
au bénéfice d'une tierce personne [3]. En cas d'expropriation
pour cause d'utilité publique, le créancier est fondé à inscrire
pendant la quinzaine qui suit la transcription du jugement [4].

1. Cass., 16 janv. 1884 ; Alger, 24 juin 1870 ; Pont, 1035 ; Martou,
III, 1149 ; Verdier, 522 ; Aubry et Rau, § 272, c. ; Laurent, XXXI,
124, 126.
2. Comp. C. civ., 2130 ; L. 3 sept. 1807, art. 1 ; L. 24 déc. 1897,
art. 4.
3. L. 23 mars 1855, art. 6 ; Cass., 27 juil. 1894, S. 94.1.408, J.
C. 4543.
4. L. 3 mai 1841, art. 17 ; comp. Cass., 3 août 1865, D. 65.1.256,
S. 65.1.458.

Toutefois, les privilèges : 1° du vendeur et du copartageant produisent effet lorsqu'ils sont inscrits dans les quarante-cinq jours de la vente ou du partage, nonobstant toute transcription d'aliénation [1] ; 2° de la séparation des patrimoines dans les six mois du décès du débiteur, même après la transcription de la vente consentie par l'héritier, mais uniquement pour le droit de préférence sur le prix [2].

Enfin, les hypothèques légales des femmes et des mineurs sont valablement inscrites après la transcription d'une aliénation volontaire, jusqu'à l'expiration de l'année qui suit la dissolution du mariage ou la cessation de la tutelle, sauf le cas de purge [3].

764. Les inscriptions effectuées depuis l'ouverture de la succession du débiteur grevé, ne produisent aucun effet entre les créanciers héréditaires : 1° lorsque la succession est acceptée sous bénéfice d'inventaire [4], peu importe que l'acceptation en cette forme ait lieu volontairement de la part de l'héritier, ou soit imposée à un mineur ou à un interdit [5] ; 2° quand la succession est vacante [6].

D'ailleurs, les inscriptions prises dans ces circonstances deviendraient efficaces si l'héritier bénéficiaire était déclaré

1. L. 23 mars 1855, art. 6.
2. C. civ., 2111 ; C. Aix, 4 déc. 1893, S. 96.2.17 ; Ducruet, 25 ; Troplong, 288 ; Pont, 314 et 1125 ; Aubry et Rau, § 619, notes 47 et 67 ; Baudry-Lacantinerie et de Loynes, 869. — *Contrà*, Flandin, 1034 ; Labbé, S. 72.1.153.
3. C. civ., 2135, 2195 ; L. 23 mars 1855, art. 8.
4. C. civ., 2146.
5. Toulouse, 2 mars 1826 ; Bordeaux, 24 juin 1826 ; Pont, 917 ; Aubry et Rau, § 272, note 31 ; Thézard, 154. — *Contrà*, Grenier, 122.
6. Paris, 24 juin 1862 ; Orléans, 26 août 1869, S. 70.2.113 ; Pont, 916 ; Demolombe, XV, 461 ; Aubry et Rau, § 272, note 39. — *Contrà*, Grenoble, 28 janv. 1818 ; Mourlon, 660.

héritier pur et simple [1], ou si la vacance de la succession ces-sait [2].

Par l'acceptation bénéficiaire ou la vacance d'une succession, le privilège du vendeur d'immeubles et celui de copartageant ne peuvent plus être utilement inscrits, de sorte que celui du copartageant est paralysé ; quant au vendeur il reste armé de l'action résolutoire puisque les créanciers n'ont acquis aucun droit spécial sur les immeubles héréditaires [3].

Du reste, ces événements — bénéfice d'inventaire et vacance — ne mettent aucun obstacle : 1° au renouvellement dans le délai légal des inscriptions de privilège ou d'hypothèque [4] ; 2° à l'inscription des hypothèques légales de femme ou de mineurs pendant qu'elles sont dispensées de publicité [5] ; 3° à l'inscription des intérêts d'une créance précédemment inscrite [6].

765. Les inscriptions opérées après la cessation des paie-ments d'un commerçant en faillite ou en liquidation judiciaire ou dans les dix jours qui ont précédé, peuvent être déclarées nulles s'il s'est écoulé plus de quinze jours entre la date de l'acte constitutif du privilège ou de l'hypothèque et celle de l'inscrip-tion. Ce délai est augmenté d'un jour à raison de 5 myriamè-

---

1. Caen, 16 juil. 1834, S. 35.2.559 ; Pont, 920 ; Aubry et Rau, § 272, note 35 ; Demolombe, XV, 397 ; Colmet de Santerre, IX, 119 *bis*, III. — *Contrà*, Grenoble, 26 déc. 1891, S. 93.2.33 ; comp. Toulouse, 28 mai 1896, *Rev. not.*, 9650, S. 98.2.174.

2. Orléans, 26 août 1869, D. 69.2.185 ; Aubry et Rau, § 272, p. 336.

3. Cass., 27 mars 1861, S. 61.1.758 ; Aubry et Rau, § 278, note 13 ; comp. Baudry-Lacantinerie et de Loynes, 1606. — *Contrà*, Flandin, 1206.

4. Colmet de Santerre, IX, 120 *bis*, v ; Thézard, 154.

5. Aubry et Rau, § 269, note 20 ; Pont, 890 ; Mourlon, *Transc.*, 873.

6. Cass., 20 fév. 1850, D. 50.1.102, S. 50.1.185 ; Aubry et Rau, § 272, note 27 ; Colmet de Santerre, IX, 131 *bis*, x ; Lyon-Caen et Renault, 2714. — *Contrà*, Boistel, 916 ; Weber, *Rev. prat.*, XLVI, 338.

tres de distance entre le lieu où le droit réel a été créé et celui où l'inscription est prise[1].

En outre, les privilèges et hypothèques valablement acquis sur les immeubles d'un failli ou d'un liquidé resteraient sans effet à l'égard des créanciers de la masse s'ils n'avaient pas été inscrits au plus tard la veille du jour où a été rendu le jugement déclaratif de la faillite ou de la liquidation judiciaire[2].

Ces principes sont étrangers : 1° aux inscriptions ayant pour objet la conservation des intérêts d'une créance inscrite[3]; 2° aux renouvellements en temps utile d'inscriptions antérieures[4]; 3° aux hypothèques légales des femmes mariées, des mineurs et des interdits pendant qu'elles sont dispensées d'inscription[5], encore que l'inscription soit prise par un créancier subrogé[6]; 4° au privilège de la séparation des patrimoines inscrit dans les six mois, quoique le défunt ou son héritier soit déclaré en faillite[7]; 5° au privilège du copartageant inscrit dans les soixante jours du partage[8].

1. C. civ., 2146 : C. comm., 448 ; comp. Cass., 10 fév. 1863, S. 63.1.262.

2. C. comm., 443, 448 ; L. 4 mars 1889, art. 5 : Amiens, 26 déc. 1855, S. 56.2.503, D. 57.2.35 ; Lyon-Caen et Renault, 2656 et 2710 : Baudry-Lacantinerie et de Loynes, 1563 ; comp. Cass., 18 fév. 1873, D. 74.1.166.

3. C. civ., 2151 : Cass., 20 fév. 1850, S. 50.1.185, D. 50.1.102 : Laurin, 982 ; Lyon-Caen et Renault, 2714. — *Contrà*, Boistel, 916 : Ruben de Couder, Dict., *Faillite*, 452 ; Weber, *Rev. prat.*, XLVI, 338.

4. Cass., 2 déc. 1863 ; 24 mars 1891, S. 91.1.209, D. 91.1.145 : Lyon-Caen et Renault, 2712.

5. C. civ., 2135 ; L. 23 mars 1855, art. 8 : Caen, 27 janv. 1870, S. 70.2.331, D. 71.2.229 ; Bordeaux, 4 avr. 1876, S. 77.2.257 ; Pont, 926.

6. Poitiers, 28 nov. 1892, *Rev. not.*, 9002.

7. C. civ., 2111 ; Cass., 22 juin 1841 ; 29 déc. 1858 ; Paris, 30 nov. 1861 ; Montpellier, 2 avr. 1868 ; Bordeaux, 19 fév. 1895, S. 96.2.27 ; Demolombe, XVII, 198 ; Pont, 899, 927 ; Baudry-Lacantinerie et de Loynes, 868. — *Contrà*, Lyon-Caen et Renault, 2715 ; Colmet de Santerre, IX, 120 *bis*, VIII : Boistel, 918.

8. Pont, 899 et 927 ; Aubry et Rau, § 278, note 27 : Thézard, 314 ;

A l'égard du privilège du vendeur, l'équité commande de lui accorder, pour l'inscrire, le délai de quarante-cinq jours, à partir de la vente, malgré la faillite de l'acheteur[1]. Cette règle n'est cependant pas admise ; on décide généralement que la faillite ou la liquidation judiciaire, enlevant au vendeur le droit d'inscrire son privilège, le font passer au rang de simple créancier chirographaire, payable en monnaie de faillite[2].

Mais un expédient ingénieux avait été trouvé pour sauver la situation du vendeur ; on disait la faillite ou la liquidation judiciaire, en privant le vendeur de la faculté d'inscrire, paralysent son privilège sans l'éteindre, de sorte qu'il conserve son action résolutoire et a le droit de l'exercer contre la faillite[3]. Toutefois, le privilège et l'action résolutoire s'étant trouvés solidarisés par l'article 7 de la loi du 23 mars 1855, on en conclut maintenant que l'action résolutoire elle-même est éteinte lorsque les syndics ont requis inscription au profit de la masse[4].

Cette solution est d'une sévérité excessive ; la faillite peut survenir quelques jours seulement après la vente, sans que le vendeur ait eu le temps nécessaire pour inscrire son privilège.

Ruben de Couder, *Dict. Faillite*, 457 ; Laurin, 989 ; Baudry-Lacantinerie et de Loynes, 1595. — *Contrà*, Boistel, 918 ; Demangeat, 295 ; Lyon-Caen et Renault, VII, 295 ; Colmet de Santerre, IX, 120 *bis*, VIII ; J. G., *Priv.*, 739 ; Thaller, 2059.

1. Pont, 903 ; Aubry et Rau, § 278, note 8 ; *Encycl. du not.*, *Priv.*, 601 *bis*.

2. Cass., 7 fév. 1898, D. 98.1.459, *Rev. not.*, 10025 ; Nancy, 6 août 1859, S. 59.2.594 ; Flandin, 1177.

3. Cass., 1er mai 1860, D. 60.1.236, S. 60.1.602 ; Bordeaux, 4 mai 1892 ; Dijon, 13 juin 1864 ; Lyon, 6 avr. 1865, S. 66.1.194 ; Verdier, 651 ; Colmet de Santerre, IX, 120 *bis*, XII ; Dumolard, *Rev. prat.*, XI, 401.

4. Cass., 24 mars 1891, D. 91.1.145, S. 91.1.209 ; 7 fév. 1898, *Rev. not.*, 10025, D. 98.1.459, S. 99.1.307 ; Riom, 1er juin 1859 ; Orléans, 22 mai 1896, *Rev. not.*, 9606, J. C. 4747 ; C. Rouen, 13 août 1902, *Rev. not.*, 11513 ; Lyon-Caen et Renault, 2717 ; Rivière, *Rev. crit.*, XV, 433 ; Thaller, 2062.

Il y a là une situation malheureuse qui mérite l'attention du législateur.

Le même principe s'applique, à plus forte raison, au renouvellement de l'inscription de privilège ayant plus de dix ans de date [1].

766. Ce qui concerne la faillite et la liquidation judiciaire ne saurait être étendu à la déconfiture, pour l'inscription des privilèges et hypothèques [2].

767. C'est au bureau de la conservation des hypothèques, dans l'arrondissement duquel sont situés les biens soumis au privilège ou à l'hypothèque, que les inscriptions doivent être opérées [3]. La compétence du conservateur étant territoriale, si une même exploitation est située sur plusieurs arrondissements, il est indispensable de prendre inscription dans les divers bureaux [4].

Il va sans dire que l'inscription formalisée dans un bureau autre que celui où elle devait être faite serait dépourvue de tout effet.

Pour les inscriptions sur les actions immobilisées de la Banque de France, la formalité est accomplie au premier bureau des hypothèques de la Seine [5].

768. Toute inscription est opérée sur la présentation d'un bordereau fait double ; l'un des originaux est gardé dans les archives du conservateur qui remet l'autre, au pied duquel il certifie avoir fait l'inscription [6].

1. Cass., 2 déc. 1863 ; Alger, 17 mai 1865, S. 65.2.187 ; Aix, 4 mars 1896, Rev. not., 9654.
2. Cass., 11 fév. 1813, J. G., Priv., 1428 ; Troplong, 661 ; Pont, 876 ; Laurent, XXXI, 25 ; Baudry et de Loynes, 1569 ; Planiol, II, 2617.
3. C. civ., 2146.
4. Pont, 867 ; Laurent, XXXI, 1.
5. L. 17 mai 1834, art. 5 ; Pont, 868 ; Aubry et Rau, § 268 ; Buchère, 222 ; J. G., Priv., 1448, 2057.
6. C. civ., 2148, 2250. Une loi du 8 mars 1910 dispense provisoire-

Quoique la rédaction des bordereaux soit très simple, les praticiens doivent y apporter une grande attention, car la plus légère omission pouvant entraîner la nullité de l'inscription, aurait des conséquences désastreuses pour le créancier aussi bien que pour le rédacteur[1].

769. Les hommes d'affaires ont un grande tendance à élire domicile en leurs études, pour les inscriptions qu'ils requièrent au nom de leurs clients. Ils ne doivent pas oublier qu'en agissant ainsi ils acceptent un mandat les obligeant à faire parvenir au créancier les actes de procédure adressés au domicile élu[2].

770. Le notaire qui reçoit un acte contenant constitution d'hypothèque ou création d'un privilège, n'est obligé de remplir la formalité d'inscription que s'il a reçu mandat à cet effet[3] ; mais la preuve d'un pareil mandat étant admise sur le moindre indice par les tribunaux, le notaire ne doit jamais oublier qu'il s'expose à être actionné en responsabilité par le créancier à défaut d'inscription[4].

771. Le conservateur des hypothèques n'est pas obligé de prendre d'office inscription des privilèges et des hypothèques dont les actes présentés à la transcription lui révéleraient l'existence : il n'y a d'obligation que pour le privilège du vendeur

ment le conservateur des hypothèques à Aix de copier sur son registre les bordereaux des inscriptions requises par le Crédit foncier de France.

1. Cass., 26 mars 1872, D. 72.1.425 ; 28 janv. 1895, D. 95.1.184.

2. Cass., 9 mars 1837 ; 1er mars 1886, D. 86.1.457 ; 24 juin 1902, *Rev. not.*, 10975 ; Paris, 15 juin 1850 ; Nancy, 22 déc. 1853 : Demolombe, I, 372.

3. Cass., 14 févr. 1855, S. 55.1.171, D. 55.1.170 ; 18 nov. 1895, D. 96.1.16 ; Montpellier, 30 juin 1890, D. 91.2.181 ; Eloy, *Resp.*, 854 ; *Encycl. not. Resp.*, 328 ; comp. Pont, 292 ; Baudry et de Loynes, 826, 1620.

4. Cass., 18 janv. 1892, *Rev. not.*, 8967 ; 10 mai 1898, S. 98.1.398 ; Poitiers, 17 févr. 1896 ; Nancy, 9 févr. 1894, D. 95.2.393.

d'immeuble ; en dehors de ce cas, il doit attendre les réquisitions des parties, mais s'il prenait des inscriptions sans en
être requis, elles ne seraient pas nulles ; le créancier pourrait
en profiter [1].

772. La loi ne prescrit pas de signer les bordereaux
(excepté pour les inscriptions maritimes) : c'est une lacune
regrettable ; nous désirerions au moins que celui qui requiert
une inscription d'hypothèque légale de femme, de mineur ou
d'interdit fût obligé de fournir, au bas du bordereau, sa signature et son adresse.

773. Les frais d'inscription et de renouvellement sont à la
charge du débiteur, s'il n'y a convention contraire : l'avance
en est faite par le requérant [2].

Cependant la tutelle étant une charge gratuite, le tuteur
est autorisé à répéter contre son pupille les frais d'inscription
de l'hypothèque légale de celui-ci [3].

Les frais à réclamer au débiteur comprennent les droits et
salaires versés au conservateur : le créancier ne serait pas
fondé à répéter les honoraires payés pour les bordereaux, à
défaut d'une convention spéciale dans le titre hypothécaire.

774. Pour participer à l'hypothèque ou au privilège du capital, les frais d'inscription doivent être évalués dans le bordereau, soit sous un article spécial, soit avec les frais d'acte relatifs à la créance [4].

---

1. Cass., 26 nov. 1895, J. C. 4671 ; Aubry et Rau, § 270, note 21 ;
Thézard, 141 ; Baudry-Lacantinerie et de Loynes, 1621. — Contrà,
Nimes, 29 nov. 1854, S. 55.2.512 ; Les Andelys, 5 mars 1895, J. C.
4671.

2. C. civ., 2155.

3. Taulier, VII, 355 ; Aubry et Rau, § 275, note 9 ; Colmet de Santerre, IX, 135 bis, II ; Martou, 1175 ; Laurent, XXXI, 39. — Contrà,
Troplong, 730 bis ; Pont, 1065.

4. Cass., 14 août 1883, S. 84.1.24 ; Troplong, 730 ; Pont, 991 ; Baudry-Lacantinerie et de Loynes, 1636.

775. Les inscriptions des hypothèques légales des incapables et des personnes morales ont lieu sans paiement des droits et salaires, pour raison desquels le conservateur a son recours contre le débiteur. Il est enjoint au conservateur de poursuivre le recouvrement dans les vingt jours de l'inscription [1].

Quand une inscription à raison du caractère de la créance, a eu lieu sans paiement du droit proportionnel, si ce droit devient exigible plus tard, la régie a action aussi bien contre le créancier que contre le débiteur pour le recouvrement [2].

776. Les actions en nullité des inscriptions sont intentées devant le tribunal civil dans l'arrondissement duquel se trouvent les immeubles grevés, et par exploits donnés au créancier, soit à personne ou à domicile réel, soit au dernier des domiciles élus sur le registre des hypothèques [3].

DEUXIÈME SECTION

HYPOTHÈQUES CONVENTIONNELLES.

777. Le conservateur des hypothèques opère l'inscription sur la représentation soit de l'original en brevet, soit d'une grosse ou d'une expédition ou encore d'un extrait littéral de l'acte authentique qui donne naissance à l'hypothèque [4].

L'inscription est requise, soit par le créancier lui-même, soit par un tiers porteur du titre, sans justification de mandat [5].

1. C. civ., 2135 ; L., 21 ventôse an VII, art. 3 et 24 ; Arr. 24 pluviôse an XIII ; Déc. min. fin., 8 mai 1827 ; Saint-Omer, 8 juil. 1859 ; Inst. 2156.

2. Cass., 19 janv. 1869, S. 69.1.234 ; Jalouzet, 107.

3. C. civ., 2156, 2159 ; Caen, 19 fév. 1866, S. 66.2.253 ; Pont, 1084.

4. C. civ., 2148 ; Déc. min. fin., 8 août 1838 ; Inst. 1569 ; Caen, 18 janv. 1837.

5. Cass., 13 juil. 1841 ; 29 oct. 1897, D. 02.1.49, J. C. 5444 ; J. G.,

778. Il est joint au titre deux bordereaux, écrits sur papier libre, dont l'un peut être porté sur le titre présenté [1].

779. Obéissant à des préoccupations fiscales, l'administration de l'Enregistrement enjoint aux conservateurs d'exiger la représentation du titre avant d'opérer l'inscription, et prescrit, sur les registres de dépôts, certaines mentions qui nécessitent cette représentation ; mais l'inscription n'en serait pas moins valable si le conservateur consentait à la faire sans production du titre ou avant son enregistrement [2].

780. Plusieurs créanciers, non solidaires, en vertu d'un titre commun, peuvent faire inscrire leurs créances contre le débiteur, ou les débiteurs solidaires, par un seul bordereau collectif [3].

Quant au créancier ayant, en vertu d'un même acte, plusieurs débiteurs non solidaires, il doit présenter un bordereau pour chaque créance [4].

781. Le double bordereau contient l'indication : du créancier, du domicile élu, du débiteur, du titre, de la créance et de son exigibilité, des biens grevés [5].

Reprenons successivement les divers éléments du bordereau présenté pour l'inscription.

Priv., 1456 ; Pont, 936 ; Aubry et Rau, § 270, note 16 ; Baudot, 217 ; Landouzy, 134.

1. C. civ., 2148 ; L. 27 juil. 1900.

2. Cass., 19 juin 1833, S. 33.1.641 ; Toulouse, 12 déc. 1835 ; Pont, 940, 664 ; Aubry et Rau, § 275, note 4 ; Inst. 2309, S. 66.2.35.

3. L. 21 ventôse an VII, art. 21 ; Décr. 21 sept. 1810 ; Cass., 17 déc. 1845, S. 46.1.185, D. 46.1.42 ; 20 nov. 1902, J. E. 26339 ; Pont, 963 ; Thézard, 146, Inst. 1755. — *Contrà*, Baudot, 356.

4. Sol. 30 avr. 1856, J. E. 20191 ; 22 juin 1877 ; *Dict. enreg.*, Hyp., 721.

5. C. civ., 2148 ; comp. Jalouzet, 34 ; Planiol, II, 2952.

I. — *Créancier.*

782. Le bordereau doit renfermer les nom, prénoms, profession et domicile du créancier [1].

L'indication de la raison sociale et du siège suffit pour l'inscription d'une créance appartenant à une société en nom collectif, en commandite, anonyme [2].

783. Une inscription est valablement prise au nom d'un créancier décédé [3]. Quand le décès est connu, l'inscription est formée au nom de la succession et des héritiers ; il est convenable, non nécessaire, de nommer et domicilier les héritiers. Du reste, l'inscription prise par un héritier profite aux autres si le bordereau ne renferme pas de restriction [4].

Cette règle ne saurait être étendue à d'autres cas, ainsi : l'inscription prise par l'usufruitier en son nom personnel ne profite pas au nu propriétaire [5] ; celle prise par un créancier pour une rente viagère, reversible après son décès sur la tête d'un tiers, ne profite pas à ce dernier [6].

784. Le cessionnaire d'une créance peut prendre inscription à son profit avant la signification du transport [7]. Mais une

1. C. civ., 2148, 1° ; comp. Cass., 5 déc. 1854, S. 55.1.282.
2. Cass., 1er mars 1810 ; Rennes, 7 mars 1820 ; Pont, 963 ; Laurent, XXXI, 47.
3. Cass., 19 février 1809.
4. Cass., 17 mars 1852, D. 52.1.116 ; 25 février 1869 ; 4 août 1890, J. C. 4127, J. E. 23519, S. 90.1.456, D. 91.1.359 ; Persil, art. 2148, § 1.
5. Troplong, 675 ; Aubry et Rau, § 670, note 10 ; J. G., *Priv.*, 1493. L'usufruitier qui néglige d'inscrire au nom du nu-propriétaire est responsable envers celui-ci.
6. Poitiers, 26 janv. 1832, S. 32.2.209 ; Aubry et Rau, § 270, note 12 ; Baudry-Lacantinerie et de Loynes, 1619.
7. Cass., 20 janv. 1867 ; Paris, 16 nov. 1840 ; Bourges, 12 fév. 1841, S. 41.2.617 ; Pau, 9 juin 1862 ; Pont, 931.

délégation ou une indication de paiement ne permettrait pas au délégataire de prendre inscription avant l'acceptation de la délégation [1].

785. Si le titre de la créance est au porteur, l'inscription contient les nom, prénoms, profession et domicile du requérant et premier bénéficiaire [2].

786. Tout créancier peut inscrire les créances appartenant à son débiteur, au nom de celui-ci [3], à moins que le créancier ne soit approprié par une saisie validée, auquel cas il inscrit en son propre nom [4].

787. Une erreur dans les prénoms du créancier, l'omission de son domicile réel, ne sont pas des causes de nullité de l'inscription [5].

II. — *Domicile élu.*

788. L'inscription doit comprendre l'élection d'un domicile pour le créancier, dans un lieu quelconque du ressort du tribunal civil de première instance de la situation des biens ; peu importe que le créancier ait son domicile réel dans ce ressort ; l'élection peut d'ailleurs être faite à ce domicile réel [6].

Le meilleur domicile d'élection est l'étude d'un notaire, d'un avoué, etc., — avec indication du correspondant si le titre pro-

---

1. Cass., 21 fév. 1810 ; 9 mars 1865, D. 65.1.121, S. 65.1.165 ; Aix, 27 juillet 1846 ; Grenier, 388. Une acceptation tacite suffit, Cass., 29 janv. 1856, S. 56.1.605.

2. Poitiers, 15 déc. 1829 ; Bordeaux, 22 janv. 1839 ; Paris, 15 mai 1878 ; Aix, 8 avril 1878 : Jalouzet, 44. — *Contrà*, Baudry-Lacantinerie et de Loynes. 1614.

3. C. civ., 1166 ; C. pr., 775 ; Pont, 932 ; Aubry et Rau, § 270, notes 9 et 10.

4. Cass., 20 mai 1839 ; Duranton, XX, 90 ; comp. Garsonnet, § 820.

5. Cass., 26 juil. 1825 ; 9 fév. 1891, S. 92.1.113 ; Rennes, 27 janv. 1874 ; Pont, 969 ; Aubry et Rau, § 276, note 20. — *Contrà*, Cass., 6 juin 1810 ; Duranton, XX, 107 ; Persil, art. 2148, § 1 ; Solon, I, 362.

6. C. civ., 2148, 1° ; Pont, 966, Aubry et Rau, § 276, note 2.

vient d'un autre ressort. Il serait imprudent d'élire domicile à la mairie d'une commune, ou même au bureau des hypothèques, car le maire, ni le conservateur ne sont obligés de transmettre à l'intéressé les significations faites à ce domicile élu, ni même d'en donner avis [1].

789. Doit-on considérer l'élection d'un domicile, dans l'inscription hypothécaire, comme une formalité dont l'omission emporte nullité ?

Il y a sur ce point trois opinions :

Une première opinion enseigne que l'élection de domicile est une formalité substantielle dont l'omission entraîne la nullité de l'inscription, alors même que le créancier domicilié dans l'arrondissement hypothécaire a indiqué ce domicile [2].

D'après une autre opinion, diamétralement opposée, l'élection de domicile n'est qu'une formalité réglementaire dont l'omission n'entraîne pas la nullité de l'inscription, surtout lorsque les tiers n'en ont éprouvé aucun préjudice [3].

Enfin, une opinion intermédiaire décide que le défaut d'élection de domicile n'emporte pas nullité quand le créancier est domicilié dans l'arrondissement du bureau des hypothèques et que l'inscription indique expressément ce domicile [4].

---

1. Douai, 4 mai 1880, D. 81.2.109 ; Rennes, 25 févr. 1892, D. 92.2.517, Rev. not., 8775, J. E. 23879, J. C. 4287.

2. Cass., 11 déc. 1843 ; 26 juil. 1858 ; 28 mars 1882 ; Douai, 4 juil. 1884 ; Nancy, 9 avr. 1889 ; Paris, 8 juil. 1852 ; Chambéry, 22 mars 1872 ; Agen, 23 mars 1892, Rev. not., 8713, S. 93.2.243, D. 93.2.406 ; Massé et Vergé, § 814, note 5 ; Laurent, XXXI, 48 ; Encyc. du not., Insc., 221 ; Colmet de Santerre, IX, 130 bis, vii.

3. Agen, 7 févr. 1861 ; Alger, 20 avr. 1896 ; Aix, 2 fév. 1860 ; Orléans, 4 juin 1860 ; Rennes, 27 janv. 1874 ; Poitiers, 10 juin 1878, S. 79.2.109 ; Amiens, 3 mars 1882, D. 84.1.64 ; Troplong, III, 679 ; Pont, 970 ; Aubry et Rau, § 276, note 21 ; Thézard, 145 ; Mourlon, III, 1567 ; Baudry-Lacantinerie et de Loynes, 1694.

4. Aix, 8 fév. 1860 ; Cass., 14 janv. 1863, S. 63.1.73, D. 63.1.101 ; Paris, 25 avr. 1891 ; Douai, 27 déc. 1892, D. 93.2.525.

- La mention du domicile réel du créancier dans l'arrondissement du bureau des hypothèques nous semble contenir virtuellement élection de domicile au domicile réel ; en dehors de ce cas, nous pensons que l'omission de l'élection de domicile a pour conséquence forcée la nullité de l'inscription. Toutefois, en présence des incertitudes de la jurisprudence, les praticiens ne devront jamais oublier de faire une élection de domicile pour les créanciers domiciliés dans le ressort, aussi bien que pour ceux habitant en dehors.

790. Il est loisible au créancier de changer le domicile élu, par une déclaration formelle. A défaut de déclaration, le domicile élu n'est pas modifié par le décès, soit du créancier, soit de la personne chez laquelle il a fait élection [1].

III. — *Débiteur.*

791. Il est indispensable que le bordereau contienne les nom, prénoms, domicile du débiteur, sa profession, s'il en a une connue, ou une désignation individuelle spéciale telle que le conservateur puisse reconnaître et distinguer, dans tous les cas, l'individu grevé d'hypothèque [2].

792. Le débiteur dont les noms et qualités doivent être énumérés dans l'inscription est celui qui a créé l'hypothèque, comme obligé principal ou comme caution [3]. Lorsque les immeubles grevés ont été aliénés, il n'est pas prescrit de désigner le tiers détenteur, à moins qu'il n'ait été chargé de la dette [4], mais ce renseignement sera toujours utile.

1. C. civ., 2152, 2156 ; Comp. Dijon, 22 janv. 1847, D. 48.2.206 ; Montpellier, 4 juil. 1888, *Rev. not.*, 8228.
2. C. civ., 2148, 2° ; 2153, 2°.
3. Cass., 5 avr. 1892, J. C. 4284, J. E. 23878 ; Pont, 976 ; Martou, 1074 ; Laurent, XXXI, 11 ; Aubry et Rau, § 271, note 1.
4. Cass., 27 mai 1816 ; Caen, 6 mai 1812 ; Aubry et Rau, § 271, note 5 ; Pont, 975.

En cas de décès de la personne sur laquelle l'inscription devait être prise, le créancier a le choix de la prendre sur le défunt même ou sur ses héritiers désignés individuellement [1] ; cependant il est bon de nommer le défunt et ses héritiers.

793. Une erreur portant sur la désignation du débiteur n'entraîne pas la nullité de l'inscription, si l'indication prise dans son ensemble contient une désignation individuelle et spéciale permettant sans difficulté de reconnaître et distinguer le débiteur [2]. Ainsi, une erreur de prénom n'entache pas la validité de l'inscription alors qu'il n'y a aucun doute sur l'identité du débiteur [3].

Si l'erreur dans la désignation du débiteur a pu tromper les tiers, il y a nullité de l'inscription à leur égard [4].

794. Dans l'inscription prise contre plusieurs personnes, il est nécessaire de rappeler la solidarité, surtout pour des époux mariés en communauté [5].

IV. — *Titre.*

795. L'inscription doit énoncer la date et la nature du titre constitutif de l'hypothèque [6].

796. L'erreur sur la date du titre ne vicie pas l'inscription,

1. C. civ., 2149 ; Cass., 3 mars 1812 ; Pont, 973 ; Aubry et Rau, § 271, note 3 ; Jalouzet, 58 ; J. G., *Priv.*, 1511.
2. Cass., 8 juil. 1840 ; 13 juil. 1841 ; Bordeaux, 20 mai 1892, D. 92.2.416 ; Rouen, 24 avr. 1874, S. 74.2.277 ; Pont, 978 ; J. G., *Priv.*, 1475 ; Aubry et Rau, § 276, note 14 ; Thézard, 145.
3. Rouen, 24 avr. 1874 ; Toulouse, 24 août 1883, S. 84.2.4 ; Bordeaux, 20 mai 1892, D. 92.2.416.
4. Caen, 19 févr. 1875 ; Toulouse, 24 août 1883 ; *Encyc. du not.*, Insc., 236 ; Jalouzet, 62, 63.
5. Comp. C. civ., 1202, 1487 ; Paris, 28 juin 1865 ; Nantes, 13 fév. 1911, *Rev. not.*, 14611.
6. C. civ., 2148, 3° ; Bordeaux, 6 mai 1848 ; Pont, 982 ; J. G., *Priv.*, 1557.

si elle renferme des indications pouvant y suppléer, ou si l'erreur n'a causé aucun préjudice à celui qui s'en prévaut [1]. L'absence de date entraîne nullité de l'inscription [2].

Quant à la nature du titre, elle consiste dans l'indication du nom de l'engagement donnant naissance à l'hypothèque ; prêt, cautionnement, crédit, bail, constitution de rente, etc. Cependant on considère généralement que l'omission de la nature du titre n'emporte pas nullité de l'inscription [3].

Si le titre constitutif de l'hypothèque est irrégulier et a été suivi d'une ratification ou d'une confirmation, il est nécessaire d'énoncer les deux actes [4].

797. C'est toujours le titre créatif de l'hypothèque qui doit être énoncé. Il n'est pas nécessaire de relater les divers titres qui ont suivi, tels que transports, prorogations, titres nouvels [5]; mais l'énumération des actes de mutation a une utilité évidente, et il est correct de les rappeler.

V. — Créance.

798. Il faut mentionner le montant du capital des créances exprimées dans le titre, ou évaluées par l'inscrivant, pour les rentes et prestations, ou pour les droits éventuels, condition-

---

1. Cass., 17 août 1813 ; 9 nov. 1815 ; Toulouse, 27 mai 1830 ; Lyon, 20 juil. 1847 ; Troplong, 682. — Contrà, Cass., 7 sept. 1807.

2. Cass., 1er mai 1860 ; 9 janv. 1888, S. 88.1.101 ; 4 mars 1912, D. 13.1.137, J. E. 28722 ; Limoges, 28 fév. 1879 ; Aubry et Rau, § 276, note 15. — Contrà, Troplong, 682 ; Pont, 984 ; Jalouzet, 67.

3. Cass., 1er fév. 1825 ; 26 juil. 1825 ; Lyon, 23 déc. 1881, D. 83. 2.204 ; Aubry et Rau, § 276, note 15 ; J. G., Priv., 1521. — Contrà, Troplong, 682 ; Baudry-Lacantinerie et de Loynes, 1699.

4. Paris, 11 août 1808 ; Grenier, 46 ; Pont, 981. — Contrà, Laurent, XXXI, 61.

5. Cass., 11 août 1819 ; 30 mai 1843, S. 43.1.476 ; Bordeaux, 6 mai 1848 ; Pont, 981 ; Aubry et Rau, § 276, note 4.

André, *Régime hypothécaire.*   19

nels ou indéterminés, comme aussi le montant des accessoires de ces capitaux, et l'époque de l'exigibilité [1].

Ainsi, trois choses sont à déclarer : 1° le montant de la créance en capital, soit par la somme portée au titre s'il la détermine, soit par une somme à laquelle l'inscrivant évalue sa créance, si le titre ne précise pas de somme ; 2° les accessoires du capital ; 3° l'époque de l'exigibilité de la créance.

799. En ce qui concerne le capital, si l'inscription porte une somme supérieure ou inférieure à celle due, l'erreur ne vicie pas l'inscription : mais, dans le premier cas, il est évident que le créancier ne peut prétendre qu'à la somme qui lui est réellement due, sans compter qu'il s'expose à subir les frais d'une action en réduction de la part du débiteur [2] ; dans le second cas, le créancier n'aura droit, hypothécairement, qu'à la somme portée dans son inscription ; pour le surplus, il sera simple créancier chirographaire, à moins qu'il n'ait fait une inscription rectificative qui prendra rang du jour de sa date [3].

800. Pour une rente viagère, l'évaluation d'un capital est aussi nécessaire [4], et il faut le porter au chiffre mentionné dans l'acte (n° 575) :

Lorsque la créance est éventuelle et indéterminée dans sa valeur, ou a pour objet des prestations en nature ou en argent, l'inscrivant doit faire une évaluation en capital [5].

---

1. C. civ., 2148, 4° ; Riom, 18 janv. 1844, D. 51.2.206, S. 44. 2.166.

2. C. civ., 2132 ; Cass., 9 juil. 1879, S. 81.1.61, D. 80.1.293.

3. Toulouse, 3 avr. 1840 ; Pont, 987 ; Aubry et Rau, § 266, note 23.

4. Caen, 24 janv. 1851 ; Poitiers, 7 déc. 1885 ; Douai, 19 mai 1895, S. 95.2.269 ; Pont, 988. — *Contrà*, Aubry et Rau, § 274, note 3 ; Jalouzet, 76 ; Laurent, XXVII, 323 ; Thézard, 143 ; Baudry et de Loynes, 1655

5. Pau, 16 juin 1832 ; Riom, 18 janv. 1844, D. 51.2.206 ; Caen, 24 janv. 1851 ; Chambéry, 22 déc. 1879, S. 80.2.241 ; Pont, 988, 990 ; Jalouzet, 74. — *Contrà*, Toulouse, 20 mai 1881, S. 83.2.81.

801. Par accessoires de la créance, on entend les intérêts ou arrérages échus, les frais de l'acte, ceux d'inscription, les indemnités et les dommages-intérêts [1].

Il faut aussi chiffrer les frais de poursuites qui n'aboutiraient pas à la réalisation du gage : saisie-arrêt, procès relatifs à la validité du titre, etc. [2]; une mention pour mémoire serait insuffisante [3].

802. L'inscription conserve de plein droit trois années d'intérêts au jour où elle produit son effet ; il est inutile de les évaluer dans l'inscription, mais il faut dire que la créance produit des intérêts à tel taux, sinon ils ne sont pas conservés [4].

803. Quant aux intérêts échus au jour de l'inscription, ils doivent être mentionnés et chiffrés, à défaut de quoi le créancier ne peut les réclamer hypothécairement en sus de ceux conservés de droit.

804. Les autres accessoires à estimer dans l'inscription comprennent, s'il s'agit d'un prêt : les intérêts des intérêts, les droits de commission, les indemnités de remboursement anticipé, celle de déplacement du créancier, les frais de cession de la créance après exigibilité, etc. [5].

805. Pour un bail, l'évaluation à faire comprendra les impôts, redevances en nature, restitutions de paille et engrais, dégradations, dommages-intérêts, etc.

En résumé, il faut chiffrer dans l'inscription tout ce que le

1. Cass., 30 déc. 1868 ; 14 août 1883, D. 84.1.64, S. 84.1.24 ; Persil, art. 2148 ; Pont, 991.
2. Cass.. 9 mars 1870, S. 70.1.207, D. 70.1.298 ; Thézard, 143 ; Laurent, XXXI, 64 à 67 ; Colmet de Santerre, IX, 128 bis, IV.
3. Cass., 14 août 1883 précité ; Troplong, 683 ; Pont, 991 ; Aubry et Rau, § 274, note 8.
4. C. civ., 2151 ; Cass., 13 mars 1874 ; 13 nov. 1893, J. C. 4550 ; Aubry et Rau, § 285 : comp. Cass., 7 avr. 1880, D. 80.1.209, S. 80.1.220.
5. Cass., 8 juil. 1879 ; Melun, 24 mai 1878 ; Grenoble, 20 mai 1870.

créancier peut avoir à réclamer en sus du principal et des intérêts conservés de plein droit.

806. Il y a nullité absolue de l'inscription si elle ne mentionne pas l'époque d'exigibilité de la créance ¹, alors du moins que cette époque est précisée dans le titre ².

807. L'erreur, dans l'énonciation de l'époque d'exigibilité, ne vicie pas l'inscription, s'il n'en est résulté aucun préjudice pour les tiers ³.

D'un autre côté, la mention de l'époque d'exigibilité peut résulter d'équipollents ⁴. Il suffit qu'elle puisse s'induire des termes non équivoques de l'inscription ⁵.

808. Ajoutons que la mention d'exigibilité ne s'applique pas aux intérêts ou arrérages ⁶ ; cependant cette solution ayant été contestée, la prudence commande à la pratique d'indiquer les époques de paiement de ces intérêts ou arrérages.

809. Si la date d'exigibilité est passée, il suffit de dire dans l'inscription que la créance est exigible, sans indication de l'époque ⁷.

1. C. civ., 2148, 4° ; L. 4 sept. 1807 ; Cass., 15 juil. 1864 ; 26 mars 1872, D. 72.1.425, S. 74.1.313 ; Dijon, 17 juin 1903, J. E. 26940 ; Nancy, 27 déc. 1879 ; Limoges, 28 fév. 1879 ; Caen, 23 juil. 1863 ; Grenoble, 10 mars 1865 ; Alger, 13 fév. 1869 ; Bordeaux, 12 janv. 1887, S. 87.2.108, D. 87.2.191 ; Rennes, 21 juil. 1888, J. G., Priv., 830 ; Chambéry, 31 juil. 1899, Rev. not., 10456 ; Baudot, 285 ; Pont, 993 ; Aubry et Rau, § 276. note 25. — Contrà, Cass., 5 déc. 1814 ; 15 janv. 1817 ; Rolland, Rép., Insc., 238 ; Troplong, 685 ; Toullier, VII, 510.
2. Cass., 1ᵉʳ mai 1876, S. 76.1.303 ; Limoges, 31 oct. 1896.
3. Cass., 3 janv. 1814 ; Toulouse, 1ᵉʳ avr. 1816 ; Bourges, 20 nov. 1852. — Contrà, Cass., 9 avr. 1811 ; Pont, 993.
4. Cass., 15 nov. 1852 ; 8 mars 1853 ; Grenoble, 10 mars 1865 ; Chambéry, 22 déc. 1879, S. 80.2.241.
5. Cass., 1ᵉʳ mai 1876 ; 15 mars 1864 ; Nancy, 27 déc. 1879 ; Limoges, 28 fév. 1879, S. 80.2.265.
6. Cass., 2 avr. 1811 ; Nîmes, 28 nov. 1832 ; Duranton, XX, 126 ; Troplong, 688 ; Pont, 994. — Contrà, Caen, 25 juil. 1863.
7. Cass., 1ᵉʳ fév. 1825 ; 26 juil. 1825 ; Grenier, 82 ; Troplong, 686 ; Aubry et Rau, § 276, note 7.

810. D'ailleurs l'inscription prise pour une rente perpétuelle ou viagère énoncera les époques de paiement des arrérages, ainsi que les conditions du titre constitutif pouvant autoriser le créancier à demander le capital ; pour l'exigibilité du capital, on se borne à dire qu'il est inexigible, *excepté dans les cas prévus par la loi et ceux stipulés dans l'acte de constitution* [1].

811. Quand l'inscription est prise pour des fermages ou loyers, il est nécessaire d'indiquer : le point de départ et la durée du bail ; les époques d'échéance de ces loyers ou fermages ; en outre, si l'hypothèque ne comprend qu'une partie des fermages, on doit dire que cette partie est à prendre au choix du bailleur [2].

812. Les conditions du titre modifiant l'exigibilité du capital sont à rappeler en quelques mots, et bien entendu, sans copier l'acte.

VI. — *Biens grevés.*

813. Enfin l'inscription doit contenir l'indication de l'espèce et de la situation des biens sur lesquels le créancier entend conserver son hypothèque [3].

L'omission de cette formalité entraîne la nullité de l'inscription, mais il n'y a point de formes sacramentelles ; l'essentiel est que les immeubles grevés soient désignés de telle sorte qu'ils puissent être distingués de tous autres. Les juges du fait apprécient souverainement si la désignation de l'inscription est suffisante [4].

1. C. civ., 1912, 1978 ; Cass., 2 avr. 1811 ; Caen, 17 juin 1825 ; Pont, 994 ; Thézard, 143.
2. Cass., 15 nov. 1852, D. 53.1.99, S. 52.1.793 ; Riom, 13 mai 1854.
3. C. civ., 2148, 5° ; Cass., 1ᵉʳ mai 1860, D. 60.1.540, S. 61.1.267.
4. Cass., 15 fév. 1836 ; 8 avr. 1844 ; 4 mars 1873 ; 12 nov. 1890, D. 91.5.306, S. 91.1.199 ; Bordeaux, 6 mai 1848 ; J. G., *Priv.*, 1295 ; Pont, 1005.

En général, le mieux est de copier la désignation contenue dans l'acte constitutif de l'hypothèque.

814. Quant à la situation des biens, elle se fait en dénommant la commune où ils sont situés. La jurisprudence décide que l'indication erronée de la commune n'emporte pas nullité si les tiers n'en ont pas éprouvé de préjudice [1].

815. Pour l'espèce elle est assez précisée lorsqu'on dit que les biens consistent en : *maison, jardin, pré, vigne, labour, bois*, etc. Il y a même indication suffisante de l'espèce, lorsque l'inscription est prise sur *tous les biens* apppartenant au débiteur dans telle commune déterminée [2], avec rappel des numéros du cadastre [3] ; ou encore sur tous bâtiments, maisons, cours, jardins, terres labourables, prés, bois appartenant au débiteur dans tel arrondissement [4]. Toutefois, l'inscription prise sur *différents immeubles*, appartenant au débiteur dans telle commune ou dans tel arrondissement, ne serait pas valable [5], parce que l'espèce ne s'y trouve pas.

A l'égard de l'hypothèque sur les biens à venir, l'inscription doit toujours les désigner spécialement pour être valable [6].

1. Cass., 6 fév. 1821 ; 14 juin 1831 ; Aix, 13 nov. 1812 ; Caen, 16 janv. 1814 ; Nancy, 28 avr. 1826 ; Pont, 1005.

2. Cass., 28 août 1821 ; 15 fév. 1836 ; 4 mars 1873, D. 73.1.247, S. 73.1.306 ; Bourges, 23 avr. 1841 ; Nancy, 30 mai 1843 ; Bordeaux, 6 mai 1848 ; Paris, 21 fév. 1850.

3. Lyon, 21 juil. 1853 ; Bourges, 23 avr. 1841 ; Montpellier, 7 juin 1849. — *Contrà*, Aubry et Rau, § 266, note 63 ; Jalouzet, 90.

4. Cass., 12 nov. 1890, précité ; Planiol, II, 2960.

5. Cass., 19 fév. 1828 ; Grenoble, 10 juil. 1823 ; Angers, 16 août 1826 ; Pont, 1005.

6. Cass., 27 avr. 1846, D. 46.1.224, S. 46.1.369 ; Colmet de Santerre, IX, 97 *bis* ; Thézard, 66 ; Gillard, 277.

TROISIÈME SECTION

HYPOTHÈQUES JUDICIAIRES.

816. L'inscription de l'hypothèque judiciaire est valablement prise en vertu d'un jugement contradictoire ou par défaut, aussitôt après la prononciation du jugement et avant qu'il ait été expédié, enregistré ou signifié [1].

Il y a cependant exception pour : 1° les jugements portant reconnaissance de signature, relativement à une créance conditionnelle ou à terme (n° 733) ; 2° les ordonnances de taxe obtenues par les notaires, avoués et huissiers : elles ne peuvent être exécutées et l'inscription valablement prise qu'après l'expiration du délai d'opposition [2]. Mais, pour les frais, non liquidés par le jugement, réclamés par un avoué distractionnaire des dépens contre la partie adverse, l'ordonnance de taxe est exécutoire immédiatement et inscription régulièrement prise de suite [3].

817. Le créancier est fondé à prendre inscription sans attendre l'expiration du délai de huitaine pendant lequel l'exécution du jugement est suspendue, car l'inscription constitue une mesure simplement conservatoire [4].

818. S'il y a opposition ou appel du jugement en vertu duquel l'inscription est prise, elle suit le sort de ce jugement :

---

1. Cass., 29 nov. 1824 ; 19 juin 1833 ; Toulouse, 27 mai 1830 ; Paris, 23 juil. 1840 ; Rouen, 20 mars 1877, S. 77.2.258 ; Duranton, XIX, 338.
2. L. 24 déc. 1897, art. 4.
3. Même loi, art. 5.
4. Bordeaux, 22 août 1854 ; Chambéry, 22 déc. 1879, S. 80.2.241 ; Favard, V, 917 ; Boitard, 319 ; Thézard, 80.

elle subsiste avec lui s'il est maintenu, elle tombe s'il est réformé [1].

Dans le cas où le jugement serait réformé, l'inscrivant pourrait être condamné à des dommages-intérêts pour le préjudice causé à son débiteur par l'inscription, si la créance a été évaluée avec exagération [2].

819. Le mandataire *ad litem* est obligé de prendre inscription en vertu du jugement qu'il a obtenu [3]. Cependant le contraire a été décidé plusieurs fois, mais à raison de circonstances particulières qui laissent le principe intact [4].

820. L'inscription de l'hypothèque judiciaire est opérée sur la représentation au conservateur du jugement qui donne naissance à l'hypothèque [5].

821. Le requérant exhibe une expédition ou un extrait littéral du jugement, mais le conservateur peut opérer l'inscription sur le vu de la minute non enregistrée [6].

822. Au jugement d'où résulte l'hypothèque, le requérant doit joindre deux bordereaux sur papier libre ; l'un des bordereaux peut être porté sur l'expédition ou l'extrait du jugement [7].

823. Les bordereaux contiennent :

1° Les nom, prénoms, profession et domicile du créancier ;

2° L'élection de son domicile dans l'arrondissement du bureau des hypothèques ;

---

1. Cass., 17 mars 1880, S. 82.1.405 ; Baudot, I, 442 ; Pont, 596.
2. Paris, 9 janv. 1861 ; 7 févr. 1866, S. 66.2.234.
3. Cass., 24 janv. 1849 ; 6 août 1855 ; 5 août 1879 ; Paris, 28 juil. 1851 ; Toulouse, 15 mai 1875, S. 75.2.140.
4. Cass., 23 nov. 1857 ; Agen, 18 févr. 1873, J. A. 77, p. 244, S. 73.2.167.
5. C. civ., 2148.
6. Sol. 31 mai 1877 ; Limoux, 13 juil. 1857, J. E. 20479.
7. C. civ., 2148 ; L. 27 juil. 1900.

3° Les nom, prénoms, profession et domicile ou désignation précise du débiteur ;

4° La date et la nature du titre ;

5° L'indication du montant de la dette avec ses accessoires et celle de l'époque de son exigibilité [1].

824. Ce qui a été dit plus haut (n°s 782 à 811) pour l'inscription des hypothèques conventionnelles est en général applicable aux inscriptions d'hypothèques judiciaires. Néanmoins, il est nécessaire de présenter quelques observations particulières à ces dernières inscriptions.

Disons d'abord qu'on remarque trop souvent dans les inscriptions judiciaires l'absence de prénoms, aussi bien pour le créancier que pour le débiteur, et la qualification vague de commerçant donnée à ce dernier, alors qu'il n'a jamais fait aucun commerce. Ces négligences présentent des dangers sérieux au point de vue de la validité des inscriptions, sans compter les ennuis résultant : 1° du défaut d'indication des prénoms du créancier, qui est obligé de fournir une notoriété lorsqu'il donne mainlevée de son inscription, pour arriver à la radiation ; 2° de l'absence de prénoms pour le débiteur quand il existe plusieurs personnes ayant un nom semblable, domiciliées dans la même commune, car si on délivre un état d'inscriptions, le conservateur ne pouvant distinguer l'individu grevé de l'hypothèque judiciaire des autres qui portent le même nom, délivre toutes les inscriptions, ce qui occasionne toujours des frais de mainlevée et pourrait, de plus, donner lieu à des actions en dommages-intérêts contre l'inscrivant.

825. L'obligation imposée au créancier qui prend inscription pour sûreté d'une créance indéterminée, d'évaluer le montant de sa créance, est applicable à l'hypothèque judiciaire, car c'est un élément nécessaire à la réalisation complète du

1. C. civ., 2148.

principe de publicité, et sa détermination n'est pas plus difficile pour la créance dérivant d'un jugement que pour celle
qui résulte d'une convention [1]. Il nous semble qu'il n'y a pas
de distinction à faire à cet égard entre les hypothèques conventionnelles et les hypothèques judiciaires, bien que le contraire ait été admis par diverses décisions [2].

826. En ce qui concerne la mention de l'époque d'exigibilité de la créance, elle doit être faite dans l'inscription d'hypothèque judiciaire à peine de nullité [3] ; néanmoins cette
mention n'est pas assujettie à une forme sacramentelle ; il
suffit qu'elle résulte des indications contenues dans le bordereau.

Il a été jugé que la mention d'exigibilité résulte suffisamment de l'énonciation que l'inscription est prise : — 1° pour
un *capital exigible* ou pour *effets de commerce protestés* [4] ; —
2° en vertu d'un jugement *par défaut*, portant condamnation
en principal au paiement d'une somme productive d'intérêts à partir d'une époque déterminée [5] ; — 3° pour une
créance exigible à la fin de l'instance pendante entre les parties [6].

827. En principe, l'hypothèque judiciaire est générale, il
n'est donc pas nécessaire d'indiquer les immeubles grevés. Il

1. Cass., 11 nov. 1811 ; Chambéry, 22 déc. 1879, S. 80.2.241 ; J. G.,
Priv., 1567 ; Baudot, 275 ; Pont, 989 ; Aubry et Rau, § 274, note 7 ;
Thézard, 143 ; Jalouzet, 74.

2. Cass., 4 août 1825 ; Paris, 16 mars 1822 ; Rouen, 8 févr. 1851,
S. 51.2.715 ; Limoges, 5 déc. 1839 ; Duranton, XX, 117 ; Troplong,
684.

3. Cass., 30 juin 1863 ; 26 mars 1872, S. 74.1.313 ; Paris, 19 mars
1903.

4. Cass., 23 juil. 1812 ; 1er févr. 1825 ; 26 juil. 1825 ; Riom, 21 févr.
1810 ; Toulouse, 26 mars 1810.

5. Nancy, 27 déc. 1879, S. 80.2.174 ; Rouen, 8 févr. 1851 ; Cass.,
8 mars 1853.

6. Chambéry, 22 déc. 1879, S. 80.2.241 ; Cass., 15 mars 1852.

suffit que l'inscription énonce qu'elle est prise sur la généralité des immeubles présents et à venir [1]. Ainsi formulée, l'inscription frappe à sa date tous les immeubles que le débiteur possède ou qu'il pourra acquérir, à un titre quelconque, dans l'arrondissement du bureau où elle est prise, sans qu'il soit nécessaire de requérir des inscriptions successives à mesure des acquisitions [2].

Il est indispensable d'exprimer dans l'inscription judiciaire qu'elle est prise sur *tous les biens présents et à venir*, car le défaut d'explication précise pourrait faire décider que l'inscription ne frappe pas les biens à venir [3]. Ainsi, l'inscription formée sur tous les biens appartenant au débiteur ne porte pas sur ceux acquis depuis.

828. Rappelons que l'hypothèque judiciaire est susceptible de réduction par la convention des parties ou par jugement [4] (n°s 739 à 742).

QUATRIÈME SECTION

HYPOTHÈQUES LÉGALES.

ARTICLE PREMIER

FEMMES MARIÉES.

1° Inscription au profit de la femme.

829. L'hypothèque légale de la femme existe indépendam-

---

1. C. civ., 2148 ; Pont, 1000 ; Aubry et Rau, § 273, note 1.
2. Cass., 5 nov. 1873 ; Rouen, 22 mai 1818 ; Metz, 23 avr. 1853 ; Agen, 5 avr. 1856 ; Grenier, I, 193 ; Troplong, 690 ; comp. Cass., 26 févr. 1883, S. 84.1.275.
3. Limoges, 3 juin 1871, S. 71.1.84 ; Cass., 21 nov. 1827 ; Troplong, 436 ; Pont, 598 ; Jalouzet, 83.
4. C. civ., 2159, 2161.

ment de toute inscription pendant le mariage et jusqu'à l'expiration de l'année qui suit sa dissolution [1] : décès de l'un des époux ou divorce transcrit [2].

Dans le calcul du délai d'un an, on compte le *dies ad quem*, mais non le *dies a quo* ; ainsi la dissolution du mariage étant arrivée le 2 février 1914, l'inscription devra être prise le 2 février 1915 au plus tard [3].

830. La dispense d'inscription cesse en cas de purge, de saisie immobilière ou d'expropriation pour cause d'utilité publique [4].

831. Sont toutefois les maris tenus de rendre publiques les hypothèques dont leurs biens sont grevés, et, à cet effet, de requérir eux-mêmes inscription aux bureaux à ce établis, sur les immeubles à eux appartenant et sur ceux qui pourront leur appartenir par la suite.

Le mari qui, ayant négligé de prendre inscription sur lui-même, aurait consenti ou laissé prendre des privilèges ou des hypothèques sur ses immeubles, sans déclarer expressément qu'ils étaient affectés à l'hypothèque légale de sa femme, serait réputé stellionataire et devenait autrefois contraignable par corps [5]. La contrainte par corps étant abolie en matière civile, le stellionat, délit civil, n'a plus d'autre sanction que la déchéance du terme encourue par le mari, comme n'ayant pas fourni les sûretés implicitement promises par la convention au créancier [6].

1. C. civ., 2135 ; L. 23 mars 1855, art. 8.

2. C. civ., 227 ; Tr. Bordeaux, 15 janv. 1894, S. 94.2.256, D. 94. 2.577 ; Aix, 9 mai 1898, *Rev. not.*, 10122, J. C. 4955, J. E. 25485 ; Carpentier, 345 ; Planiol, II, 2999.

3. Troplong, 312 ; Bressolles, 99 ; Pont, 827 ; Verdier, 703.

4. C. civ., 2193, 2195 ; C. pr., 717 ; Cons. d'Etat, 8 mai 1812 ; L. 3 mai 1841, art. 17.

5. C. civ., 2136 ; L. 22 juil. 1867 ; comp. Pont, 854.

6. C. civ., 1188 ; Bordeaux, 13 fév. 1851 ; Demolombe, XXV, 677 ; Aubry et Rau, § 303, note 15 ; Thézard, 157.

832. A défaut par les maris de faire inscrire les hypothèques légales, elles sont requises par le procureur de la République, près le tribunal civil de première instance du domicile du mari, ou du lieu de la situation des biens [1].

Les procureurs de la République n'ont à intervenir qu'après s'être assurés *qu'il y a lieu* de prendre inscription afin de ne pas exposer les parties à des frais frustratoires, et les tiers qui auraient légitimement contracté, à de vaines difficultés et à des lenteurs préjudiciables [2]. C'est spécialement dans le cas de mise en vente d'immeubles saisis sur le mari, que le procureur doit inscrire l'hypothèque légale de la femme sur les biens compris dans la saisie [3].

833. D'ailleurs, les parents du mari ou de la femme et les créanciers de cette dernière sont autorisés à requérir l'inscription, que la femme peut aussi prendre sans le consentement de son mari [4].

834. Aucune autre personne n'a qualité pour inscrire l'hypothèque légale de la femme, et le tiers qui aurait pris l'inscription sans mandat pourrait être actionné en dommages-intérêts [5]. Mais le conservateur n'est pas en droit de refuser l'inscription requise [6].

835. Si l'hypothèque légale de la femme n'a pas été inscrite avant l'expiration de l'année qui suit la dissolution du mariage par décès ou divorce, elle ne date à l'égard des tiers que du jour de l'inscription prise ultérieurement [7].

---

1. C. civ., 2138.
2. Circ. min. just., 15 sept. 1806.
3. C. pr., 692.
4. C. civ., 2139 ; C. pr., 775 ; Paris, 31 août 1810 ; 18 avr. 1855 ; Pont, 846 ; Aubry et Rau, § 472 ; Demolombe, IV, 131.
5. Cass., 4 août 1874, S. 74.1 462 ; Boulanger, 236.
6. Cass., 29 juin 1870, D. 71.1.225.
7. L. 23 mars 1855, art. 8 ; Cass., 11 mars 1901, *Rev. not.*, 10738 ;

836. La dissolution du mariage résulte seulement du décès de l'un des.époux ou du divorce transcrit, de sorte que la séparation de corps ou de biens ne fait pas cesser la dispense d'inscription [1].

837. Si la succession du mari était acceptée sous bénéfice d'inventaire, l'inscription qui serait prise après l'expiration de l'année du décès, se trouverait entachée de nullité [2].

838. Quand le mariage est dissous par la mort de la femme, ses héritiers sont tenus de prendre inscription dans l'année, encore qu'ils soient mineurs sous la tutelle légale du mari [3]. En ce qui concerne les héritiers mineurs sous la tutelle du mari, leur créance pour les reprises de la femme se trouve garantie aussi par l'hypothèque pupillaire et prend rang du jour de l'ouverture de la tutelle [4].

839. Les droits d'hypothèque légale des femmes mariées contre leurs époux sont inscrits sur la représentation de deux bordereaux contenant seulement :

1° Les nom, prénoms, profession et domicile réel du créancier, et le domicile par lui, ou pour lui, élu dans l'arrondissement ;

Aix, 9 mai 1898, D. 98.2.509 ; Tr. Bordeaux, 15 janv. 1894, J. C. 4569, S. 94.2.256, D. 94.2.577 ; Carpentier, 345.

1. Pont, 808 ; Ducruet, 33 ; Grosse, 245 ; Flandin, 1259 ; Lebaron, 442 ; Baudry-Lacantinerie et de Loynes, 1511.

2. Seine, 4 août 1891, *Rev. not.*, 8600 ; Aubry et Rau, § 269, note 21 ; Troplong, 317.

3. Cass., 2 juil. 1877, D. 78.1.408 ; 27 juin 1899, D. 1900.1.194 ; Bourges, 17 fév. 1872 ; Paris, 22 nov. 1894, J. C. 4579 ; Aix, 9 janv. 1875 ; Alger, 12 mai 1880 ; Douai, 22 juil. 1879 ; Caen, 18 juin 1908, D. 08.2.361. — *Contrà*, Toulouse, 9 juil. 1875 ; Lyon, 11 janv. 1876, S. 76.2.203 ; Pont, 809 ; Nicollet, *Rev. crit.*, XIII, 548.

4. Cass., 27 juin 1899, précité ; Pau, 19 août 1850 ; Bourges, 17 fév. 1872 ; Paris, 21 janv. 1875 ; Aix, 9 janv. 1875 ; Alger, 12 mai 1880, S. 81.2.37.

2° Les nom, prénoms, profession, domicile ou désignation précise du débiteur.

3° La nature des droits à conserver et le montant de leur valeur quant aux objets déterminés ', sans être tenu de la fixer quant à ceux qui sont conditionnels, éventuels ou indéterminés².

Les droits et reprises de la femme sont indéterminés lorsqu'ils n'ont pas été réglés au moyen d'une liquidation faite après la dissolution du mariage, ou à la suite d'une séparation judiciaire³.

Dans tous les cas où on croirait utile d'indiquer le montant des créances connues de la femme, il serait indispensable d'ajouter un article spécial pour tous les autres droits et créances indéterminés, sinon, l'inscription ne garantirait que les choses spécifiées et pour le chiffre porté⁴.

840. On n'est jamais tenu dans une inscription d'hypothèque légale d'indiquer l'exigibilité de la créance⁵.

841. L'indication de l'espèce et de la nature des biens n'est pas nécessaire dans l'inscription de l'hypothèque légale de la femme : cette inscription frappe tous les immeubles présents et à venir du mari compris dans l'arrondissement du bureau⁶.

1. Aix, 20 nov. 1891, S. 92.2.17, D. 92.2.585 ; Montpellier, 4 août 1890, S. 96.1.318, D. 91.2.134. — Ces arrêts ont annulé, à tort selon nous, des inscriptions d'hypothèques légales prises au profit de femmes dotales, pendant le mariage et avant séparation, pour défaut d'indication du montant des créances résultant d'une dot en argent, et d'un legs en deniers.
2. C. civ., 2153 ; Cass., 20 mars 1872 ; 25 avr. 1882, S. 82.1.441 ; Saint-Omer, 24 déc. 1885.
3. Cass., 2 mai 1904, Rev. not., 11963 ; 24 nov. 1908, D. 09.1.173 ; 5 nov. 1912, Rev. not., 15065 ; Caen. 2 mai 1899, Rev. not., 10591 ; Aubry et Rau, § 276, note 12. — Contrà, Aix, 20 nov. 1891 ; Montpellier, 4 août 1890, précités ; Baudry et de Loynes, 1683.
4. Cass., 20 mars 1872 ; 25 avr. 1882, S. 82.1.441, D. 82.1.371.
5. C. civ., 2153 ; Caen, 21 fév. 1887, J. C. 3763 ; Baudry-Lacantinerie et de Loynes, 1680.
6. C. civ., 2148 ; Paris, 9 déc. 1890, D. 91.2.308.

A l'égard des immeubles déjà sortis des mains du mari, en vertu d'un acte transcrit, au moment où l'inscription est prise, cette inscription ne les atteint pas, à moins qu'elle ne porte *sur tous les biens possédés par le mari depuis le mariage.*

Quand l'hypothèque légale a été restreinte par le contrat de mariage ou par jugement, elle devient spéciale et il est alors obligatoire de désigner les immeubles grevés ou d'éliminer ceux qui ont été dégrevés [1].

842. Si l'inscription est requise antérieurement à toute liquidation, les reprises, créances et droits matrimoniaux de la femme mariée, sont à considérer comme indéterminés, aussi bien pour ses apports en mariage que pour les actes ou faits déjà consommés [2].

Au contraire, si les droits de la femme ont été fixés, l'inscription doit en indiquer le chiffre [3].

843. L'hypothèque légale de la femme qui n'a pas été inscrite dans le délai imparti par la loi, dégénère en simple hypothèque, ne prenant rang qu'à sa date [4], et soumise aux conditions de publicité édictées dans l'intérêt des tiers ; par suite, cette inscription doit contenir l'indication du montant de la créance, et ne produit effet qu'à concurrence de la somme indiquée [5].

---

1. C. civ., 2140 à 2142.
2. Cass., 4 fév. 1856 ; Rouen, 13 juin 1850, D. 50.2.120 ; Pont, 997 ; Aubry et Rau, § 276, texte et note 12 ; Baudry-Lacantinerie et de Loynes, 1685. — *Contrà,* Aix, 20 nov. 1891 ; Montpellier, 4 août 1890, précités.
3. Caen, 18 juin 1879, S. 80.2.206.
4. Cass., 27 juin 1899, D. 1900.1.194,
5. Cass., 20 mars 1872, D. 72.1.401, S. 72.1.164. — *Contrà,* Caen, 18 juin 1879, S. 81.2.201 ; Bordeaux, 18 nov. 1890, *Rev. not.,* 8495 ; de Loynes, D. 95.2.42, selon lesquels l'hypothèque conserve son caractère d'hypothèque légale.

844. L'inscription de l'hypothèque légale de la femme mariée a toujours lieu sans représentation d'aucun titre [1].

845. Il est à remarquer que la femme séparée de corps, qui
après renonciation à communauté, a reçu le montant de ses
reprises, est néanmoins fondée à inscrire son hypothèque
légale, alors même qu'elle n'aurait aucune créance actuelle
contre son mari [2].

2° Inscription au profit des créanciers subrogés.

846. Quand la femme cède ses reprises et créances contre
son mari à un tiers et le subroge dans son hypothèque légale
(n° 1081), le créancier subrogé n'en est saisi à l'égard des
tiers que par une inscription de cette hypothèque prise à son
profit, ou par une mention de la subrogation en marge d e
l'inscription préexistante.

Les dates des inscriptions ou mentions déterminent l'ordre
dans lequel ceux qui ont obtenu des cessions exercent les
droits hypothécaires de la femme [3].

Ainsi, l'hypothèque est-elle inscrite, l'acte contenant la subrogation l'énonce, et un extrait de cet acte est déposé au bureau des hypothèques pour faire mentionner le droit du créancier subrogé.

Au contraire, si l'hypothèque n'est pas inscrite, — c'est le
cas le plus fréquent — le créancier doit faire opérer l'inscription directement à so. profit ; à cet effet, un bordereau collectif de l'hypothèque conventionnelle et de l'hypothèque

---

1. Pont, 939 ; Aubry et Rau, § 275 ; Jalouzet, 9 ; Landouzy, 137.
2. Cass., 20 mai 1878, S. 79.1.49 ; Paris, 16 mars 1839 ; Seine,
13 mai 1884 ; *Encycl. du not.*, HYP.. 914. — *Contrà*, Nancy, 22 mai
1869 ; Bordeaux, 22 juil. 1869.
3. L. 23 mars 1855, art. 9.

André, *Régime hypothécaire.* 20

légale est suffisant. Le conservateur ne serait pas fondé à exiger un bordereau pour chacune des hypothèques [1].

847. Lorsque le créancier subrogé requiert l'inscription, il n'est pas nécessaire d'énoncer dans le bordereau, le montant et la cause des reprises de la femme, car le créancier a les mêmes droits qu'elle, et les exerce comme elle aurait fait elle-même. Par suite, le créancier se borne à requérir inscription des créances, reprises et droits matrimoniaux de la femme contre son mari, à concurrence du montant de la créance de l'inscrivant subrogé, avec mention : de la date avec nature du titre contenant subrogation ; du montant de la créance du subrogé et de l'exigibilité de cette somme [2].

Du moment où le subrogé a inscrit l'hypothèque légale à son profit direct, l'inscription ne profite qu'à lui, et il peut ultérieurement en donner main-levée définitive [3].

Mais, si le créancier requérait l'inscription de l'hypothèque légale au nom de la femme, avec mention de la subrogation consentie à son profit, la femme bénéficierait de l'inscription et le subrogé ne pourrait plus en donner main-levée définitive ; il ne serait fondé qu'à consentir la radiation de la subrogation [4].

On voit que ce dernier procédé peut occasionner des difficultés dans la pratique, aussi est-il complètement abandonné.

---

1. Cass., 9 déc. 1872, S. 73.1.146 ; Orléans, 20 fév. 1857 ; Dijon, 13 juil. 1858 ; Pont, 781 ; Aubry et Rau, § 288 bis, note 22 ; Thézard, 233.

2. Cass., 4 fév. 1856 ; 9 déc. 1872 ; Douai, 7 déc. 1893, J. C. 4215 ; Chambéry, 11 août 1903, J. E. 26739 ; Pont, 998.

3. Cass., 5 fév. 1861 ; 21 juill. 1863 ; 1er mai 1866, S. 66.1.187 ; Rouen, 26 décembre 1862 ; Orléans, 9 août 1874 ; Thézard, 233 ; Boulanger, 238 ; Mérignhac, 57.

4. Cass., 25 fév. 1862 ; 1er mai 1866 ; 3 juil. 1866, S. 66.1.345 ; Aubry et Rau, § 288 bis, 3°.

848. Du reste, la subrogation à l'hypothèque légale peut porter, au choix des parties, sur des biens déterminés, ou sur tous les biens présents, ou encore sur les biens qui sont susceptibles d'être grevés.

Quand la subrogation ne contient aucune restriction et a été suivie d'une inscription prise dans les mêmes termes, les biens advenus postérieurement au mari, même après la dissolution du mariage, sont frappés au profit du subrogé, sans qu'il soit besoin de prendre de nouvelles inscriptions [1].

Toutefois l'inscription au profit du subrogé ne frappe pas les immeubles sortis du patrimoine du mari au moment de la subrogation, à moins d'une clause formelle la faisant porter sur tous les biens que le mari a possédés depuis le mariage.

ARTICLE DEUXIÈME

MINEURS ET INTERDITS.

849. Pendant la minorité ou l'interdiction et jusqu'à l'expiration de l'année qui suit la majorité du mineur ou la mainlevée de l'interdiction, l'hypothèque légale du mineur et de l'interdit existe indépendamment de toute inscription [2].

La dispense d'inscription cesse dans trois cas : purge de l'hypothèque légale ; expropriation forcée ; expropriation publique des biens du tuteur [3].

En cas de décès du pupille, ses héritiers, même mineurs, doivent inscrire l'hypothèque légale dans l'année de sa mort [4].

---

1. Cass., 24 mai 1869 ; Paris, 18 août 1876 ; Lyon, 27 déc. 1882, S. 84.2.62 ; Limoges, 19 fév. 1897, D. 99.2.122 ; comp. Boulanger, 142.
2. L. 23 mars 1855, art. 8.
3. C. civ., 2195 ; C. pr., 717 ; L. 3 mai 1841, art. 17.
4. Cass., 22 août 1876, S. 76.1.471, D. 78.1.212, *Rev. not.*, 5275.

Si le mineur était simplement émancipé, le délai courrait seulement de sa majorité[1].

Le décès, la démission ou la destitution du tuteur ne font pas courir le délai d'un an[2].

850. La loi enjoint aux tuteurs eux-mêmes de prendre, sans aucun délai, inscription de l'hypothèque légale sur tous les immeubles qu'ils possèdent au moment de l'entrée en gestion, et sur tous ceux qui pourront leur appartenir par la suite. Le tuteur qui, ayant manqué de faire inscrire l'hypothèque légale, aurait consenti ou laissé prendre des privilèges ou des hypothèques sur ses immeubles sans déclarer l'hypothèque légale de son pupille, serait réputé stellionataire[3].

851. Les subrogés-tuteurs sont obligés de veiller à ce que les inscriptions soient prises sans délai, et, si elles ne l'étaient pas, de les effectuer eux-mêmes. Le subrogé-tuteur est personnellement responsable du préjudice que le défaut d'inscription peut occasionner, soit au pupille[4], soit aux tiers qui ont traité hypothécairement avec le tuteur dans l'ignorance de l'hypothèque légale[5], alors du moins que le subrogé-tuteur connaissait l'existence des immeubles du tuteur[6].

---

1. Amiens, 6 fév. 1864 ; Grenoble, 10 juil. 1867 ; Alger, 26 avr. 1880, J. G., *Priv.*, 1138, S. 81.2.264 ; Thézard, 229 ; Aubry et Rau, § 269, note 16 ; Pont, 814 ; Grosse, 246 ; Fons, 73 ; Flandin, 1525.

2. Grenoble, 10 juil. 1867 ; Pont, 814 ; Colmet de Santerre, IX, 107 *bis*, III ; Rivière et Huguet, 379 ; Flandin, 1525. — *Contrà*, Verdier, 693 ; Audier, *Rev. prat.*, XX, 181.

3. C. civ., 2136.

4. C. civ., 2137 ; Grenoble, 14 mai 1895, S. 96.2.111 ; Cass., 15 nov. 1892, *Rev. not.*, 8830 ; Angers, 19 janv. 1892, *Rev. not.*, 8636, S. 93.1.145, D. 92.2.212 ; Nancy, 26 fév. 1880 ; Pont, 859, 861 ; Aubry et Rau, § 269, 2° ; Thézard, 157.

5. Cass., 12 déc. 1898, D. 99.1.305, S. 99.1.333 ; Paris, 26 févr. 1891, J. C. 4183, *Rev. not.*, 8635, J. G., *Priv.*, 1115.

6. Paris, 30 avr. 1894 ; Cass., 23 déc. 1895, *Rev. not.*, 9596, S. 96.1. 181, D. 96.1.481.

852. D'ailleurs, les inscriptions peuvent être requises, soit par les mineurs et interdits eux-mêmes, soit par leurs parents, amis ou créanciers[1]; mais ces derniers n'encourent pas de responsabilité lorsqu'ils négligent de prendre inscription[2].

853. Enfin, les mêmes inscriptions sont requises, s'il y a lieu, par le procureur de la République, près le tribunal de première instance du domicile du tuteur ou de la situation des biens[3].

854. Les droits d'hypothèque légale des mineurs et interdits sur les biens de leurs tuteurs sont inscrits, sans production de titre, sur la représentation de deux bordereaux contenant les mêmes indications que celles prescrites (n° 837) pour les inscriptions des hypothèques légales des femmes mariées[4].

Tant qu'il n'y a pas eu compte de tutelle rendu et approuvé, la créance pupillaire est éventuelle et indéterminée, de sorte que l'évaluation dans le bordereau n'est aucunement nécessaire[5].

855. Il n'est nécessaire de désigner les biens que dans le cas où l'hypothèque a été restreinte.

856. Si l'inscription est prise après l'expiration du délai d'un an, à partir de la cessation de la tutelle, elle ne vaut qu'à sa date à l'égard des tiers[6].

Dans ce cas il est nécessaire d'évaluer le montant de la créance et de désigner les biens grevés. Cependant le contraire est plus généralement enseigné[7].

---

1. C. civ., 2139 ; C. pr., 775 ; Bordeaux, 2 avr. 1884.
2. Pont, 847 ; Aubry et Rau, § 269, note 34.
3. C. civ., 2138.
4. C. civ., 2153.
5. Cass., 3 avr. 1913, *Rev. not.*, 15508.
6. L. 23 mars 1855, art. 8 ; Cass., 11 mars 1901, *Rev. not.*, 10733.
7. Cass., 20 mars 1872, S. 72.1.164, D. 72.1.401. — *Contrà*, Caen, 18 juin 1879, S. 80.2.201 ; Baudry-Lacantinerie et de Loynes, 1685.

ARTICLE TROISIÈME

ÉTAT ET ÉTABLISSEMENTS PUBLICS.

857. L'hypothèque légale de l'Etat, des communes et des établissements publics contre les receveurs et administrateurs comptables, pour la garantie de leur gestion, frappe tant les immeubles qui appartenaient au comptable avant sa nomination, que ceux qu'il a acquis postérieurement, autrement qu'à titre onéreux [1].

858. Cette hypothèque, indépendante du privilège sur les immeubles acquis à titre onéreux, n'existe qu'à la charge de l'inscription qui doit être prise à peine de destitution et de dommages-intérêts, par les receveurs d'enregistrement et les conservateurs des hypothèques, au vu des actes déclaratifs ou translatifs de propriété passés par les comptables [2].

859. Pour opérer l'inscription de l'hypothèque légale au profit de l'État ou d'un établissement public, le requérant présente trois bordereaux contenant : l'indication du créancier : l'élection d'un domicile dans l'arrondissement ; la désignation précise du débiteur et la nature des droits à conserver [3].

Le défaut de mention de domicile, de la part de l'agent du Trésor, dans une inscription par lui prise au nom du Trésor, ne vicie pas l'inscription [4].

L'article 5 de la loi du 5 septembre 1807 paraît rendre obligatoire la désignation des immeubles sur lesquels l'hypothèque légale du Trésor est inscrite.

Du reste, cette hypothèque est inscrite sans production de titre [5].

1. C. civ., 2121, 2134 ; L. 5 sept. 1807, art. 6.
2. L. 5 sept. 1807, art. 7 ; Pallain, 252, 255 ; Landouzy, 114.
3. C. civ., 2153 ; Inst. 350, 868.
4. Rouen, 22 mai 1818.
5. Pont, 930 ; Aubry et Rau, § 275 ; Jalouzet, 18.

860. Aussitôt après avoir pris l'inscription, le conservateur adresse un des bordereaux au procureur de la République et un autre à l'agent du Trésor [1].

ARTICLE QUATRIÈME

LÉGATAIRES.

861. L'hypothèque légale conférée au légataire sur les biens de la succession du testateur [2], s'inscrit sur la production d'un double bordereau contenant :

1° Les nom, prénoms, profession et domicile du légataire ;

2° L'élection d'un domicile dans un lieu quelconque de l'arrondissement du bureau hypothécaire ;

3° Les noms, prénoms, profession du défunt ;

4° La date du testament ;

5° Le montant du legs, ou son évaluation pour les rentes et prestations, l'époque de l'exigibilité et les accessoires ;

6° La nature et la situation des immeubles grevés [3].

862. Nous croyons que le conservateur est fondé à demander la représentation d'un extrait littéral du testament donnant naissance à l'hypothèque du légataire, et la restreignant.

863. Quoique l'énonciation de la nature et de la situation des immeubles grevés ne paraisse pas indispensable pour la validité de l'inscription [4], la prudence commande aux patriciens de fournir ce renseignement. Du reste, il devient obliga-

---

1. Baudot, 421.
2. C. civ., 1017 ; Demolombe, XVII, 217 ; XXI, 673.
3. C. civ., 2111, 2148, 2153.
4. Cass., 20 nov. 1901, *Rev. not.*, 10923 ; 2 juin 1908, D. 08.1.475 ; Toulouse, 23 déc. 1870 ; Rennes, 21 mai 1875 ; Nîmes, 20 janv. 1889, Bordeaux, 5 mai 1889, J. C. 4061, S. 90.2.124, D. 89.2.7. — *Contrà*, Pont, 1001.

toire quand le testateur a limité l'action hypothécaire du légataire [1].

ARTICLE CINQUIÈME

CRÉANCIERS DE LA FAILLITE.

864. C'est au syndic qu'incombe l'obligation de prendre
inscription, au profit de la masse des créanciers de la faillite,
sur les immeubles du failli [2].

Pour opérer l'inscription, le syndic représente un double
bordereau contenant :

1° Les nom, prénoms, qualités et domicile du syndic ;

2° L'élection de son domicile dans l'arrondissement du
bureau des hypothèques ;

3° Les nom, prénoms, profession et domicile du failli ;

4° La date du jugement déclaratif de la faillite et le nom du
tribunal qui l'a rendu ;

5° La nature et la situation des immeubles du failli dont le
syndic connaîtrait l'existence.

L'inscription, au profit de la masse des créanciers, est prise
pour la généralité des sommes dues par le failli, sans indication de chiffre.

865. Le syndic peut se borner à prendre inscription sur
tous les immeubles présents et à venir du failli, situés dans
l'arrondissement de tel bureau des hypothèques, car cette
hypothèque est légale [3] ; mais si le syndic connaît l'existence
de certains immeubles, il est plus correct de les indiquer.

---

1. Bordeaux, 27 févr. 1840 ; Angers, 22 déc. 1850 ; J. G., *Priv.*,
3896.

2. C. comm., 490 ; Rivière, p. 728.

3. Dijon, 5 août 1862 ; Paris, 27 mai 1865, S. 66.2.227 ; Rouen,
13 août 1902, J. E. 26480 ; Boulanger, 97. — *Contrà*, Pont, 1001 ;
Aubry et Rau, § 264, note 16.

866. Dans l'usage général de la pratique, le syndic joint au bordereau d'inscription un extrait littéral du jugement déclaratif de la faillite, quoique la production de cette pièce ne soit pas légalement obligatoire [1].

CINQUIÈME SECTION

PRIVILÈGES.

ARTICLE PREMIER

VENDEUR.

867. La transcription du titre transférant la propriété à l'acquéreur et constatant que la totalité ou partie du prix est due au vendeur, conserve, sur l'immeuble vendu, le privilège de ce dernier, qui n'a pas besoin de prendre une inscription particulière, encore que le conservateur des hypothèques ait omis d'inscrire d'office ce privilège [1].

868. Quant à la transcription d'un acte de revente, elle serait insuffisante pour conserver le privilège du vendeur originaire, malgré l'énonciation contenue dans cet acte que le prix de la première vente reste dû [2].

869. Les mêmes règles sont applicables au bailleur de fonds authentiquement subrogé dans le privilège du vendeur [4].

---

1. Déc. min. fin., 12 et 26 janv. 1813 : Aubry et Rau, § 275 ; Baudot, 480 ; Jalouzet, 18.
2. C. civ., 2108 ; Pont, 268 à 272 ; Verdier, 512.
3. Cass., 14 janv. 1818 ; 29 avr. 1845 ; Montpellier, 9 juin 1853 ; Paris, 30 nov. 1860 ; Pont, 265 ; Flandin, 1098, 1099 ; Aubry et Rau, § 278.
4. C. civ., 2108 ; Pont, 227 ; Aubry et Rau, § 278, note 18.

870. Le privilège peut aussi être rendu public, sans transcription préalable, au moyen d'une inscription prise au profit du vendeur ou du créancier subrogé [1].

871. Cette inscription est soumise aux conditions de forme prescrites pour les inscriptions d'hypothèques conventionnelles [2] et indiquées plus haut (n°ˢ 777 et suiv.). Cependant l'élection d'un domicile n'est pas indispensable [2], mais son utilité est manifeste dans le cas de purge (n° 1228).

872. En cas de vente sur saisie immobilière, la mention sommaire du jugement d'adjudication, en marge de la transcription de la saisie, ne suffit pas pour conserver le privilège du vendeur [4] ; il est indispensable de faire transcrire l'adjudication ou de prendre une inscription particulière.

873. En matière d'expropriation pour cause d'utilité publique, la transcription du jugement d'expropriation conserve le privilège, et le conservateur des hypothèques n'a pas à formaliser d'inscription d'office [5].

874. Le notaire qui reçoit un contrat de vente peut, comme créancier du vendeur, prendre inscription, même en son nom personnel, à l'effet de conserver le privilège attaché aux frais de vente [6] (n° 310).

Une inscription spéciale est nécessaire pour conserver le privilège des frais de vente, à moins que le contrat ne fasse connaître le montant de ces frais et dise que le vendeur en fera l'avance [7].

---

1. Cass., 6 juil. 1807.
2. C. civ., 2148.
3. Douai, 27 déc. 1892, J. C. 4375, D. 93.2.525. — *Contrà*, Bourganeuf, 22 juin 1894, J. C. 4623.
4. Cass., 14 déc. 1864, S. 65.1.188.
5. Cass., 13 janv. 1847 ; 5 avr. 1854, S. 54.1.733, D. 54.1.311 ; Delalleau et Jousselin, 289.
6. Cass., 7 nov. 1882, D. 82.1.473, S. 83.1.151 ; Aix, 29 févr. 1876 ; Limoges, 27 déc. 1878, D. 79.2.178.
7. Cass., 1ᵉʳ avr. 1863 ; 9 nov. 1898 ; 22 févr. 1909, D. 12.1.347 ;

875. Pour être opposable à tous, le privilège du vendeur doit être inscrit dans les quarante-cinq jours de l'acte de vente[1].

876. Il est unanimement admis qu'on peut inscrire le privilège du vendeur en vertu d'un acte sous seings privés[2].

877. Rappelons encore que l'inscription d'office serait sans valeur si le contrat de vente ne désignait pas les immeubles[3]. On remarque souvent l'absence de désignation dans les cessions de droits successifs.

ARTICLE DEUXIÈME

COHÉRITIER ET COPARTAGEANT.

878. Le privilège du cohéritier ou copartageant — pour la soulte, le prix de licitation, les dettes mises à la charge d'un copartageant, et la garantie des lots, — est conservé au moyen d'une inscription prise, à dater du partage ou de la licitation, dans les soixante jours, pour garantir le droit de préférence vis-à-vis des autres créanciers hypothécaires du débiteur[4], et dans les quarante-cinq jours, afin de conserver le droit de suite, malgré toute transcription d'aliénation[5].

879. Le point de départ du délai est toujours l'adjudication sur licitation ou le tirage des lots, alors même que ces actes devraient être suivis de formalités judiciaires[6] ; par exemple, la licitation d'une liquidation (n° 415).

Nîmes, 14 déc. 1872, Rev. not., 4327 ; Aubry et Rau, § 263, note 5.
1. L. 23 mars 1855, art. 6.
2. Cass., 6 juil. 1807 ; Pont, 266 ; Aubry et Rau, § 271 ; Flandin, 1107 ; Baudot, 700.
3. Cass., 4 mars 1873 ; Pau, 30 novembre 1876, S. 77.2.247 ; Pont, 2 70.
4. C. civ., 2109 ; Agen, 11 juin 1894, J. C. 4562 ; Pont, 318 ; Aubry et Rau, § 278, note 28.
5. L. 23 mars 1855, art. 6.
6. Cass., 15 juin 1849 ; 17 nov. 1851 ; 19 oct. 1903 ; Orléans,

880. S'il s'agit d'un partage d'ascendant entre vifs, le délai courra du jour de l'acceptation ; pour le partage testamentaire, le décès de l'ascendant donnera cours au délai [1].

881. Pour opérer l'inscription du privilège de copartageant, le requérant représente l'original ou une expédition de l'acte qui donne naissance au privilège ; il y joint deux bordereaux contenant les énonciations prescrites pour les inscriptions des hypothèques conventionnelles [2] (nos 782 et suiv.).

L'inscription du privilège de copartageant ne profite qu'à ceux des copartageants nettement désignés, les autres ne sauraient en tirer avantage [3].

882. Cette inscription de privilège est valablement prise en vertu d'un acte sous signatures privées [4].

883. Le notaire qui a procédé à une licitation judiciaire d'immeubles n'est pas obligé d'inscrire le privilège de copartageant sur les immeubles adjugés à l'un des cohéritiers [5], à moins qu'il ne s'agisse de personnes illettrées et clientes habituelles de l'étude [6].

ARTICLE TROISIÈME

CONSTRUCTEURS.

884. Pour conserver le privilège de constructeur, une double inscription est nécessaire :

18 janv. 1879 ; Caen, 2 mai 1899, *Rev. not.*, 10591 ; Verdier, 568 ; Flandin, 1132.

1. Flandin, 1135, 1136 ; Pont, 294 ; Troplong, 315.
2. Cass., 6 juil. 1807 ; Grenier, 286 ; Aubry et Rau, § 271 ; J. G., *Priv.*, 656.
3. Cass., 28 fév. 1900, D. 1900.1.295, J. E. 26207, J. C. 5216, *Rev. not.*, 10216 ; comp. n° 783.
4. C. civ., 2148 ; Verdier, 562 ; Flandin, 1116.
5. Orléans, 18 janv. 1879, D. 79.2.243. S. 79.2.85, *Rev. not.*, 5780.
6. Paris, 13 juin 1854, D. 55.2.252 ; Amiens, 31 déc. 1896, S. 98.1.398 ; comp. Lyon, 20 mars 1900.

La première inscription doit être prise avant tout travail en vertu du procès-verbal constatant l'état des lieux [1] ; elle indique : le créancier, l'élection de son domicile, le débiteur, le procès-verbal de constat, la nature et la situation de l'immeuble grevé [2].

Cette inscription, requise pour sûreté des sommes qui seront dues après exécution des travaux, ne mentionne aucun capital.

Quant à la deuxième inscription, requise après la réception des travaux, et dans les six mois au plus de leur perfection [3], elle doit rappeler la première et contenir toutes les énonciations prescrites pour l'inscription des hypothèques conventionnelles (n°s 782 et suiv.).

Ce qui vient d'être dit s'applique à la conservation du privilège de ceux qui ont fourni les deniers pour payer les constructeurs. Cependant les prêteurs doivent, en outre, énoncer dans leur inscription : 1° les actes authentiques constatant la destination et l'emploi des sommes prêtées ; 2° le capital prêté, la date de l'exigibilité et les intérêts et autres accessoires.

ARTICLE QUATRIÈME

SÉPARATION DES PATRIMOINES.

885. Les créanciers du défunt et les légataires qui veulent conserver le privilège de la séparation des patrimoines, c'est-à-dire jouir d'un droit de préférence sur tous les créanciers de l'héritier, doivent prendre inscription dans les six mois, à dater de l'ouverture de la succession [4].

---

1. C. civ., 2103, 2110.
2. C. Toulouse, 13 févr. 1906 ; comp. Aubry et Rau, § 278, note 33 bis.
3. C. civ., 2110 ; Flandin, 1039 ; Aubry et Rau, § 278, note 38.
4. C. civ., 878; 2111.

886. Pour opérer l'inscription, les créanciers et légataires présentent un double bordereau contenant les énonciations prescrites pour les inscriptions des hypothèques conventionnelles (nos 782 et suiv.).

Toutefois, ce privilège étant accordé à tous les créanciers sans exception, celui qui n'aurait pas de titre est admis à prendre inscription en vertu seulement de l'article 2111 du Code civil [1].

887. Il suffit d'indiquer dans l'inscription les nom, prénoms, profession et domicile du défunt, avec la date du décès [2]; cependant si l'inscrivant connaît les héritiers, il est bon de les nommer pour éviter toute erreur.

888. Le bordereau doit, à peine de nullité, faire connaître l'espèce et la situation des immeubles grevés [3].

ARTICLE CINQUIÈME

TRÉSOR PUBLIC.

1o Sur les comptables.

889. Le privilège du Trésor public sur les immeubles acquis à titre onéreux, par les comptables ou par leurs femmes, postérieurement à leur nomination, se conserve par une inscription prise dans les deux mois de l'enregistrement de l'acte d'acquisition, à la diligence des receveurs d'enregistrement et des conservateurs des hypothèques [4].

890. Pour opérer l'inscription, il est présenté un triple bor-

---

1. Agen, 18 juill. 1894, J. C. 4563, *Rev. not.*, 9346, S. 95.2.176; Sol., 6 avr. 1896, J. E. 24890; comp. Cass., 2 févr. 1885, S. 86.1.57.

2. C. civ., 2149.

3. C. civ., 2111; Cass., 30 juill. 1878; 28 janv. 1895, *Rev. not.*, 9381; Dijon, 23 déc. 1876; Lyon, 24 déc. 1862; Agen, 23 janv. 1867; Caen, 7 févr. 1888, *Rev. not.*, 7906, S. 88.2.136; Aubry et Rau, § 619, note 41; Laurent, X, 32,

4. L. 5 sept. 1807, art. 4, 5 et 7; Inst., 22 juill. 1809, no 442.

dereau contenant : 1° les nom, prénoms, qualité et domicile du requérant ; 2° l'élection de son domicile dans le ressort du bureau des hypothèques ; 3° les nom, prénoms, profession et domicile du comptable grevé ; 4° la date et la nature du titre donnant lieu à l'inscription ; 5° l'espèce et la situation des immeubles sur lesquels doit porter le privilège.

891. Cette inscription étant indéfinie ne mentionne aucun capital ; elle est prise pour sûreté des sommes dont le comptable pourra être constitué débiteur envers le Trésor.

892. Le défaut d'indication d'un domicile de la part de l'agent du Trésor ne vicierait pas l'inscription [1].

2° Sur les condamnés.

893. Pour conserver le privilège du Trésor sur les biens du condamné, pour le remboursement des frais de justice, une inscription est prise dans les deux mois du jugement de condamnation [2].

894. L'inscription de ce privilège est effectuée sur la production d'un double bordereau, contenant les indications prescrites pour les inscriptions d'hypothèques conventionnelles (n°s 782 et suiv.).

Cependant il est inutile d'indiquer l'espèce et la situation des biens grevés, car le privilège est général et frappe tous les immeubles compris dans l'arrondissement du bureau hypothécaire [3].

3° Sur les successions.

895. Le privilège accordé au Trésor public sur les immeubles des successions, se conserve au moyen d'une inscription prise dans les six mois à partir du jour de la déclaration de

1. Rouen, 22 mai 1818.
2. L., 5 sept. 1807, art. 3.
3. Pallain, 297.

succession ou de l'expiration du délai légal pour la souscrire, et contenant : 1° les nom, qualité et domicile du requérant ; 2° élection de son domicile dans le ressort du bureau hypothécaire ; 3° les noms, profession, et domicile tant du *de cujus* que de ses héritiers et légataires ; 4° le montant de la créance. des époques d'exigibilité, avec la productivité d'intérêt, et cause de déchéance ; 5° l'espèce et la situation des immeubles sur lesquels doit porter le privilège.

Cette inscription est valable pendant dix ans [1].

SIXIÈME SECTION

INTÉRÊTS CONSERVÉS PAR L'INSCRIPTION.

896. En règle générale, l'inscription garantit les intérêts ou arrérages comme le capital de la créance, hypothécaire ou privilégiée, pour sûreté de laquelle elle est prise.

L'inscription posée pour un capital, avec mention qu'il est productif d'intérêts ou d'arrérages, conserve de plein droit, au même rang que le capital, les intérêts ou arrérages postérieurs à l'inscription, pour trois années [2].

897. Pour les intérêts ou arrérages déjà échus lors de l'inscription, ils sont garantis par elle dès qu'ils y sont énoncés [3], et en sus de ceux conservés légalement.

898. Quant aux trois années d'intérêts ou d'arrérages que l'inscription relative au capital conserve de plein droit, elles s'entendent, non pas des trois années qui suivent immédiatement l'inscription, mais bien des trois années quelconques [4]

1. L. 13 juil. 1911, art. 7 ; Inst. 3350 du 1er août 1912.
2. C. civ., 2151.
3. Thézard, 147 ; Laurent, XXXI, 67 ; Aubry et Rau, § 285, note 20.
4. Cass., 27 mai 1816 : Angers, 18 janv. 1827 ; Pont, 1016 ; Thézard, 147 ; Colmet de Santerre, IX, 131 *bis*, VII.

courues jusqu'au jour où l'inscription produit son effet légal, c'est-à-dire au jour de l'adjudication si l'aliénation est forcée (saisie ou faillite)[1], et au jour de la notification aux créanciers inscrits quand l'aliénation est volontaire[2].

899. Après ce moment, les intérêts qui courront jusqu'au paiement seront dus au même rang que le capital et s'ajouteront aux trois années[3].

900. La collocation des intérêts a lieu au taux indiqué dans l'inscription, à moins qu'il ne soit supérieur à celui fixé dans le titre de la créance[4].

901. En ce qui concerne les intérêts des intérêts : 1° la somme formant le montant d'un crédit est conservée par l'inscription, de quelque manière qu'elle se compose[5]; 2° le créancier inscrit pour l'intérêt des intérêts peut en réclamer collocation d'après l'évaluation faite dans son inscription[6] (n°s 559, 804).

En dehors de ces deux cas, la collocation ne peut comprendre les intérêts des intérêts stipulés conventionnellement ou dus par suite d'une demande judiciaire[7].

902. La limitation des effets de l'inscription en ce qui con-

1. Cass., 30 juil. 1873 ; 6 mai 1878 ; 7 avr. 1880, S. 80.1.220 ; Bordeaux, 26 août 1868 ; Alger, 9 mars 1870 ; Paris, 27 avr. 1877 ; Caen, 16 mars 1880 ; Aubry et Rau, § 285, note 22. — Contrà, Lyon, 9 juin 1865 ; Orléans, 7 déc. 1858 ; Pont, 1019 ; Colmet de Santerre, IX, 13 bis, IV ; J. G., Priv., 2431.

2. Caen, 16 mars 1880 ; Aubry et Rau, § 285, note 22 ; Thézard, 148. — Contrà, Nancy, 12 août 1874.

3. Cass., 12 juin 1876 ; Aubry et Rau, § 285, note 23 ; Thézard, 148 ; Pont, 1020 ; Laurent, XXXI, 73.

4. C. civ., 2148, 2151 ; Cass., 13 mai 1874, S. 75.1.5.

5. Douai, 10 fév. 1853 ; Pont, 1028 ; Thézard, 149 ; Aubry et Rau, § 266, note 68 ; Laurent, XXXI, 74.

6. Comp. Cass., 11 déc. 1844 ; Montpellier, 20 juin 1839 ; Dijon, 26 janv. 1866 ; Nancy, 10 avr. 1878 ; Aubry et Rau, § 308, note 58. — Contrà, Demolombe, XXIV, 656 ; Laurent, XVI, 344 ; XXXI, 72.

7. Pont, 1027 ; Aubry et Rau, § 285, note 9.

André, Régime hypothécaire 21

cerne les intérêts ne s'applique pas aux hypothèques des femmes mariées, des mineurs et des interdits ; pendant le mariage ou la tutelle et même durant la dispense d'inscription, elles conservent tous intérêts qui forment des articles d'un compte indivisible [1] ; mais à partir de l'année suivant la dissolution du mariage ou la cessation de la tutelle, les intérêts courus ne sont conservés par l'inscription que pour trois années [2].

903. Le créancier subrogé dans l'hypothèque légale de la femme étant obligé d'inscrire cette hypothèque, ne peut réclamer que les intérêts de trois années [3].

904. Les privilèges inscrits conservent trois années d'intérêts ; il en est ainsi pour le privilège du vendeur [4], du copartageant et de la séparation des patrimoines.

905. D'un autre côté, l'inscription prise en vertu d'un jugement ordonnant une reddition de compte ou une liquidation de société, conserve tous les intérêts courants jusqu'au moment de la fixation définitive du reliquat, et, en outre, trois années d'intérêts [5].

906. Quant aux inscriptions de l'État, des communes et établissements publics, sur les biens d'un comptable, elles garantissent tous les intérêts courus depuis l'origine du débet jusqu'à l'arrêt qui l'a constaté, plus trois années d'intérêts de ce débet tel qu'il a été fixé [6].

---

1. Cass., 26 janv. 1875 ; Caen, 23 nov. 1842 ; Bordeaux, 10 août 1849 ; Rouen, 15 avr. 1869, S. 70.2.149 ; Pont, 1030 ; Aubry et Rau, § 285, note 43 ; Colmet de Santerre, IX, 131 *bis*, xiv.

2. Cass., 17 nov. 1879 ; Agen, 14 janv. 1868, D. 68.2.81 ; Pont, 1032 ; Aubry et Rau, *loc. cit.* — *Contrà*, Metz, 26 août 1863 ; Troplong, *Transc.*, 318.

3. Cass., 17 nov. 1879 ; 27 janv. 1885, S. 86.1.109. — *Contrà*, Thézard, 150.

4. Cass., 30 nov. 1847 ; 11 mai 1863 ; 4 août 1873, S. 74.1.19, D. 74.1.25 ; Pont, 192 et 1030 ; Aubry et Rau, § 285, note 15.

5. Aubry et Rau, § 285, p. 422 ; comp. Cass., 9 janv. 1867 ; 19 déc. 1871

6. Cass., 12 mai 1829 ; Pont, 1031 ; Aubry et Rau, § 285, note 18 ;

907. Outre les intérêts conservés par la première inscription, le créancier est fondé à prendre des inscriptions particulières, portant hypothèque de leur date, pour tous autres intérêts et arrérages échus qui peuvent lui être dus [1], encore bien que le débiteur soit en faillite, sa succession vacante ou acceptée bénéficiairement [2].

908. En cas de faillite, les intérêts des créances hypothécaires continuent de courir, mais les créanciers inscrits avant la faillite n'ont le droit d'être colloqués au rang du principal que pour trois années [3].

909. A défaut d'inscriptions particulières, les intérêts non conservés de droit par l'inscription relative au capital ne jouissent d'aucune garantie hypothécaire : ce qui peut être soutenu par les créanciers simplement chirographaires [4], ainsi que par le tiers détenteur qui, même sans purger, offre d'acquitter le montant de la dette hypothécaire [5].

SEPTIÈME SECTION

RENOUVELLEMENT DES INSCRIPTIONS.

ARTICLE PREMIER

DURÉE DES INSCRIPTIONS.

910. Toutes les inscriptions conservent l'hypothèque et le

Thézard, 150 ; Colmet de Santerre, IX, 131 *bis*, VII. — *Contrà*, Troplong, 701 *bis* ; Duranton, XX, 154.

1. C. civ., 2151.

2. Cass., 20 fév. 1849 : Pont, 889, 1025 ; Aubry et Rau, § 285, note 27 ; Alauzet, VII, 2537. — *Contrà*, Weber, *Rev. prat.*, XLVI, 338.

3. Cass., 24 fév. 1852 ; Poitiers, 30 janv. 1878 ; 7 déc. 1885 ; Pont, 1025 ; Alauzet, 2492.

4. Cass., 15 avr. 1846 ; Nimes, 8 avr. 1876 ; Pont, 1033 ; Aubry et Rau, § 285, note 11.

5. Bordeaux, 28 fév. 1850 ; Aubry et Rau, § 285, note 12 ; Pont,

privilège pendant dix années, à compter du jour de leur date ; leur effet cesse, si ces inscriptions n'ont été renouvelées avant l'expiration de ce délai [1].

911. Trois opinions différentes se sont produites sur le mode de supputation du délai de dix ans :

D'après la première opinion, il faudrait comprendre dans le calcul le jour où l'inscription a été prise (*dies a quo*) et celui de l'expiration du délai (*dies ad quem*), de sorte que l'inscription prise le 1er mai 1914 devrait être renouvelée le 30 avril 1924 [2].

Selon la seconde opinion, au contraire, il ne faudrait calculer aucun des jours termes ; ainsi l'inscription opérée le 1er mai 1914 serait utilement renovée le 2 mai 1924 [3].

Enfin, la troisième ne fait pas entrer en calcul le jour auquel l'inscription a été prise, mais y compte le jour de l'expiration du délai, en ce sens que c'est le dernier jour utile ; par exemple, l'inscription du 1er mai 1914 est renouvelée valablement le 1er mai 1924 [4].

C'est à la dernière opinion qu'il faut se rattacher, car elle est conforme à la règle générale d'après laquelle le premier des deux jours termes n'est pas à comprendre dans le délai [5].

1132 ; Troplong, 788 ; Martou, 1256 ; Thézard, 173. — *Contrà*, Bruxelles, 4 avr. 1806 ; Grenier, 101.

1. C. civ., 2154 ; L. 10 juil. 1885, art. 11 ; Cons. d'Et., 15 déc. 1807 ; Cass., 3 déc. 1863 ; Alger, 17 mai 1865 ; Pau, 17 mai 1875 ; Caen, 18 déc. 1878.

2. Colmar, 30 juill. 1813 ; Toulouse, 2 janv. 1841, S. 41.2.465 ; Merlin, *Insc. hyp.*, § 8 *bis* ; Duranton, XX, 160 ; comp. Seine, 19 déc. 1913, *Rev. not.*, 15582.

3. Paris, 21 mai 1814 ; Persil, art. 2154, n° 10 ; Delvincourt, III, 583.

4. Cass., 5 avr. 1825 ; Limoges, 3 juil. 1824 ; Nîmes, 7 mars 1826 ; Riom, 8 avr. 1843 ; Paris, 6 août 1868, S. 69.2.13 ; J. G., *Priv.*, 1072 ; Pont, 1039 ; Aubry et Rau, § 280, note 28 ; Troplong, 714 ; Grenier, 107 ; Mourlon, III, 1586 ; Thézard, 151 ; Laurent, XXXI, 111 ; Guillouard, 1391.

5. Cass., 20 janv. 1863, S. 63.1.11 ; 4 déc. 1865 ; Rouen, 12 déc. 1862, D. 63.2.183 ; 20 mai 1863 ; comp. Paris, 6 août 1868 ; Planiol, II, 3408.

912. Quand même le dernier jour des dix ans se trouverait être férié, l'inscription ne serait pas utilement renouvelée le lendemain ; elle doit l'être la veille [1].

La loi du 13 avril 1895 prorogeant au lendemain les délais de procédure expirant un jour férié n'est pas applicable aux inscriptions.

913. L'inscription qui en renouvelle une précédente est soumise au renouvellement dans les dix ans à partir, non pas du jour où expirait la première période décennale, mais bien où a été effectuée l'inscription en renouvellement [2].

914. La prescription de l'inscription non renouvelée en temps utile entraîne la perte du rang qui y était attaché ; le droit hypothécaire lui-même est perdu si le créancier ne se trouve plus dans les délais pendant lesquels une première inscription peut être valablement prise ; dans le cas contraire, le créancier a la faculté de prendre une nouvelle inscription qui aura rang du jour de sa date [3]. En définitive, le défaut de renouvellement, en temps légal, met le créancier dans la même position que s'il n'avait pris aucune inscription.

915. Le créancier hypothécaire d'un failli qui a négligé de renouveler son inscription, n'est pas considéré comme ayant renoncé à son hypothèque, si d'ailleurs il n'a pris aucune part au concordat. Il peut donc inscrire de nouveau, pour prendre rang à la date de la nouvelle inscription sur les immeubles qui adviendraient au failli [4].

---

1. Bordeaux, 24 juin 1826 ; Riom, 8 avr. 1843 ; Troyes, 9 mars 1892, J. C., 4348, S. 92.2.295, J. E., 23880 ; Tarbes, 15 juin 1904, *Rev. not.*, 12114 ; Duranton, XX, 261 ; Pont, 1040 ; Aubry et Rau, § 280, note 29.

2. Bourges, 30 avr. 1853, D. 54.2.52 ; Pont, 1064 ; Laurent, XXXI, 112 ; Baudry-Lacantinerie et de Loynes, 1771.

3. Cass., 2 déc. 1863, S. 64.1.57 ; Aubry et Rau, § 280, note 37 ; Thézard, 151.

4. Cass., 1er mars 1848 ; 18 fév. 1878, D. 78.1.291, S. 78.1.165 ; Bordeaux, 6 fév. 1868 ; Dutruc, *Faillite*, 1310.

916. Les péremptions en matière d'inscriptions hypothécaires ont été suspendues depuis le 19 juillet 1870, jusqu'au 12 juin 1871. L'application de cette mesure transitoire a cessé depuis le 20 décembre 1880 [1].

917. Par une faveur spéciale, les inscriptions prises au profit de la société de Crédit foncier sont dispensées du renouvellement décennal, pendant toute la durée du prêt pouvant atteindre soixante-quinze ans [2]; et cette dispense profite au tiers subrogé dans les droits du Crédit foncier [3].

918. Il n'y a pas de délai de rigueur pour renouveler l'inscription du privilège du vendeur, alors du moins que l'immeuble reste aux mains de l'acquéreur ou de ses héritiers [4], et pourvu qu'il ne se soit produit ni faillite ou liquidation judiciaire, ni succession bénéficiaire ou vacante.

919. Sous la législation sarde, les inscriptions prises dans les départements de la Savoie, de la Haute-Savoie et dans les arrondissements de Nice et de Puget-Théniers conservaient

1. Décr. 9 sept. et 3 oct. 1870 ; L. 26 mai 1871 ; 20 déc. 1879.
2. Décr. 28 fév. 1852, art. 47 ; L. 28 mai 1858.
3. C. Toulouse, 1er mars 1889, D. 90.2.70, S. 90.2.129, Rev. not., 10265, J. C., 4058 ; Josseau, 525 ; Aubry et Rau, § 280, note 10 bis ; Planiol, II, 3055 ; Huc, XIII, 356. — Contrà, Tr. Pau, 27 mai 1899, D. 01.2.263, J. E., 26051, J. C., 5126 ; Seine, 17 déc. 1910, D. 11.5.59, J. E., 28188, Rev. not., 14341 ; Baudry-Lacantinerie et de Loynes, 1758 ; Beudant, II, 756. Si la loi avait défendu la subrogation dans les droits du Crédit foncier, on comprendrait la reprise du droit commun en matière de renouvellement d'inscription, mais il n'existe nulle part une restriction aux effets légaux découlant de la subrogation. En attendant la fixation d'une jurisprudence, la prudence commande, avant de rembourser un prêt du Crédit foncier remontant à plus de 10 ans, de renouveler l'inscription, puis de mentionner la subrogation : le procédé, en augmentant un peu les frais, donnera du moins sécurité. Comp. Besnard, Rev. not., 14341.
4. Cass., 6 mai 1868, S. 68.1.255, D. 68.1.316 ; 1er août 1904, Rev. not., 12357, J. E., 26916 ; Paris, 17 août 1877 ; Nancy, 3 fév. 1891, D. 92.2.349 ; Pau, 24 juin 1892 ; Douai, 4 avr. 1895, J. C., 4645, S. 97.2.289 ; Flandin, 1104.

l'hypothèque pendant quinze ans ; elles ont été soumises au renouvellement décennal depuis le 25 août 1860 [1].

920. En Belgique, les inscriptions ne se prescrivent que par quinze ans [2] ; en Italie, leur effet ne cesse qu'après trente ans [3].

ARTICLE DEUXIÈME

FORMALITÉ DU RENOUVELLEMENT.

921. Le conservateur des hypothèques n'est jamais obligé de veiller au renouvellement des inscriptions [4]. Le soin de faire renouveler incombe au créancier ou à ses représentants.

922. Quand un avoué a reçu le dossier d'une créance hypothécaire pour en opérer le recouvrement, il est obligé de renouveler l'inscription, à peine d'engager sa responsabilité [5].

Un notaire a été déclaré responsable du défaut de renouvellement de l'inscription prise en vertu d'un acte de prêt reçu par lui, et qu'il avait négocié ou dont la grosse était restée en sa possession [6].

Le créancier nanti est responsable s'il néglige de renouveler l'inscription relative à la créance qu'il a reçue en gage [7].

923. Pour opérer le renouvellement, le requérant remet au conservateur un bordereau en double ; la représentation du titre de la créance ne peut être exigée [8].

---

1. L. 3 juin 1865.
2. L. hyp. belge, 16 déc. 1851, art. 90.
3. C. civ. ital., 2001.
4. Av. Cons. d'Etat, 15 déc. 1807.
5. Cass., 30 oct. 1889 : 25 fév. 1891, S. 95.1.351.
6. Cass., 29 mars 1909 ; 7 juin 1910, J. E., 28153 ; Rouen, 13 mars 1854, S. 55.2.261 ; comp. Angers, 28 janv. 1895.
7. Cass. 29 juin 1904, J. E., 26881, *Rev. not.*, 11964, S. 04.1.416.
8. Cass., 14 avr. 1817 ; Paris, 27 déc. 1831, S. 32.2.49 ; Inst. 2 avr. 1834, n° 1453 ; 13 avr. 1865, n° 2309 ; Pont, 1051 ; Baudot, 218 ; Jalouzet, 18.

924. L'inscription prise en renouvellement doit contenir les énonciations et indications exigées pour la première inscription [1]. Cependant, la jurisprudence admet que le renouvellement réitérant et continuant une inscription précédente, la régularité de celle-ci suffit pour assurer la conservation du droit, alors même que le renouvellement ne contiendrait pas toutes les mentions requises pour la première inscription [2].

D'ailleurs, il est indispensable de rappeler dans le renouvellement la date, le volume et le numéro de la précédente inscription, sinon le renouvellement ne vaudrait que comme inscription nouvelle [3].

Il suffit, pour un deuxième ou troisième renouvellement, de rappeler l'inscription qui précède immédiatement ; l'énonciation de toutes les inscriptions antérieures est une bonne mesure de précaution, mais la loi ne la prescrit pas [4].

925. Du reste le renouvellement est valablement fait au nom du créancier originaire, même s'il est décédé ou a cédé la créance [5]. Le créancier qui a reçu la créance en nantissement

---

1. Cass., 14 janv. 1818 ; Lyon, 22 févr. 1890, J. G., *Priv.*, 1835 ; Marton, III, 1146 ; Laurent, XXXI, 117.

2. Il n'y a pas nullité du renouvellement pour : erreur dans la désignation du créancier, Cass., 9 fév. 1891, D. 92.1.11, S. 92.1.113 ; erreur de prénom du débiteur, Cass., 25 oct. 1899, D. 1900.1.52, J. E., 26127, *Rev. not.*, 10516 ; 23 avr. 1902, D. 02.1.309 ; défaut d'élection de domicile, Douai, 27 déc. 1892 ; Cass., 23 avr. 1894, S. 94.1.224, *Rev. not.*, 9148 ; non désignation des tiers détenteurs, Cass., 5 avr. 1892, D. 92.1.283, S. 92.1.489 ; absence d'indication de la date et de la nature du titre, Cass., 22 fév 1825 ; non mention de l'époque d'exigibilité, Rennes, 22 juil. 1888, J. G., *Priv.*, 830.

3. Cass., 6 juil. 1881, S. 82.1.455 ; 28 juil. 1902, D. 02.1.396, S. 03.1.393, J. C., 5487 ; Riom, 27 mars 1884, D. 85.2.229 ; Aubry et Rau, § 280, note 36.

4. Cass., 6 juil. 1881 ; Paris, 6 août 1868 ; Laurent, XXXI, 118. — *Contrà*, Blois, 9 mai 1889.

5. Cass., 16 nov. 1840 ; 9 fév. 1891, S. 92.1.113 ; Caen, 21 fév. 1887, J. G., 22870, *Rev. not.*, 7660 ; Aubry et Rau, § 280, note 32 ; Grenier, 74.

est autorisé à renouveler l'inscription, tant à son profit qu'au profit du titulaire. Le cessionnaire peut aussi faire le renouvellement en son nom, avant d'avoir signifié le transport [1] (n° 784).

ARTICLE TROISIÈME

UTILITÉ DU RENOUVELLEMENT.

926. Tant qu'elles n'ont pas produit leur effet légal, les inscriptions sont soumises au renouvellement.

La nécessité du renouvellement ne cesse pas : 1° en cas de faillite [2] ou de décès suivi d'acceptation bénéficiaire ou de vacance de la succession [3] ; 2° par la saisie immobilière et sa dénonciation aux créanciers inscrits [4] ; 3° par la vente au créancier de l'immeuble grevé de son hypothèque [5] ; 4° en cas de vente faite à l'amiable ou avec autorisation de justice de l'immeuble grevé, bien que l'inscription du créancier ait été révélée à l'acquéreur, par l'état sur transcription [6] ; 5° par la sommation faite au tiers détenteur de payer ou de délaisser, même suivie soit d'un jugement le condamnant au paiement ou au délaissement, soit du délaissement [7].

1. Paris, 24 mars 1860 ; Bourges, 12 fév. 1841.

2. Cass., 2 déc. 1863 ; 24 mars 1891, S. 91.1.209, D. 91.1.145 ; Paris, 19 août 1841 ; Pont, 1054 ; Baudot, 880 ; Aubry et Rau, § 280 note 13. — *Contra*, Paris, 7 déc. 1831 ; Persil, art., 2154, n° 7.

3. Cass., 29 juin 1830 ; Aubry et Rau, § 280, note 13 ; Pont, 1054 ; Laurent, XXXI, 146 ; J. G., *Priv.*, 1670.

4. Cass., 31 janv. 1821 ; 18 août 1838 ; Nimes, 11 juil. 1884, S. 84.2.155 ; Pont, 1054 ; Troplong, 718. — *Contra*, Rouen, 30 mai 1817.

5. Cass., 1er mai 1828 ; Rouen, 30 mai 1825 ; Caen, 30 janv. 1826 ; Bourges, 28 mai 1827 ; Grenoble, 10 mars 1832 ; Paris, 21 août 1862, S. 62.2.345 ; Pont, 1054 ; comp. Cass., 27 janv. 1885, S. 86.2.109.

6. Rouen, 18 déc. 1858 ; Cass., 14 nov. 1866.

7. Cass., 3 févr. 1824 ; 24 févr. 1830 ; 31 janv. 1854 ; Pont, 1062 ; Marlou, 1163.

927. S'il y a aliénation des immeubles grevés, l'inscription est considérée comme ayant produit son effet légal, indépendamment de tout paiement, et le créancier se trouve dispensé d'opérer le renouvellement, dans les circonstances suivantes :

1° Au cas de vente sur saisie immobilière, à partir, non du jour de l'adjudication, mais bien de sa transcription [1], quand bien même la vente serait suivie de surenchère [2] ou de folle enchère [3]; toutefois la dispense de renouvellement cesserait si le jugement d'adjudication était annulé ou infirmé sur appel [4].

2° Si l'immeuble est exproprié pour cause d'utilité publique, à l'expiration de la quinzaine qui suit la transcription du jugement d'expropriation [5], même dans le cas où le propriétaire a traité à l'amiable avec l'expropriant [6];

3° En cas de vente amiable, ou par suite de conversion de saisie, ou encore avec autorisation de justice, à compter du jour où l'acquéreur a notifié son contrat aux créanciers inscrits[7], quoiqu'il y ait eu surenchère et adjudication à un nouvel ac-

1. C. pr. 717 ; Cass., 4 mai 1891, S. 91.1.373 ; Aix, 10 juin 1884 ; Nîmes, 11 juil. 1884 ; Bordeaux, 1er déc. 1885 ; Amiens, 4 juil. 1901, J. E., 26280 ; Bressolles, 80 ; Troplong, *Trans.*, 272 ; Seligman, 82 ; Thézard, 152 ; Baudry-Lacantinerie et de Loynes, 1791. — *Contrà*, Bordeaux, 19 déc. 1868 ; Caen, 9 mai 1871 ; Agen, 16 nov. 1886 ; Toulouse, 1er mars 1889, S. 90.2.129 ; Aubry et Rau § 280, note 14 ; Colmet de Santerre, IX, 134 *bis*, xvii ; Garçonnet, § 709.

2. Cass., 30 mars 1831 ; 19 juil. 1858, S. 59.1.25 ; Aubry et Rau, § 280, note 15 ; Dalmbert, 60. — *Contrà*, Troplong, 720 ; Duranton, XX, 167.

3. C. pr., 779 ; Troplong, 722 ; Martou, III, 1158 ; Laurent. XXXI, 132 ; Aubry et Rau, § 280, note 16. — *Contrà*, Pont, 1058.

4. Aubry et Rau, § 280 ; Pont, 1057 ; Thézard, 152.

5. L. 3 mai 1841, art. 17.

6. Cass., 30 janv. 1865, S. 65.1.141 ; Aubry et Rau, § 280, note 17.

7. Cass., 19 juil. 1858, D. 58.1.345, S. 59.1.23 ; Aubry et Rau, § 280, note 24 ; Thézard, 152 ; Baudry et de Loynes, 1806. — *Contrà*, Colmar, 27 avr. 1853, D. 55.2.338, S. 53.2.572 ; Pont, 1061 ; Laurent, XXXI, 142.

quéreur [1]. L'inscription aurait aussi produit son effet légal par l'acceptation des créanciers du prix de la vente, et leur consentement à l'ordre, car cette acceptation a la même portée que la notification [2]. S'il n'y a eu ni notification aux créanciers, ni acceptation par eux du prix de la vente, la dispense de renouvellement ne cesse que par la demande en collocation dans un ordre [3].

928. L'effet légal produit par les inscriptions et entraînant dispense de renouvellement, s'étend tant aux rapports respectifs des créanciers entre eux qu'aux rapports des créanciers avec l'acquéreur ; mais, en cas de revente, les créanciers ne conservent le droit de suite à l'encontre des sous-acquéreurs, et le droit de préférence vis-à-vis des créanciers personnels de ces derniers, qu'à la condition de renouveler en temps utile leurs inscriptions [4].

929. Il en serait ainsi même si les créanciers avaient obtenu des bordereaux de collocation sur l'acquéreur ou adjudicataire originaire, parce que ces titres ne confèrent aux créanciers aucune action personnelle et directe contre les sous-acquéreurs [5].

Au point de vue pratique, il est prudent de renouveler toujours les inscriptions tant que les créanciers ne sont pas désintéressés ; en agissant ainsi, on évite les questions controversées auxquelles donne lieu l'effet légal des inscriptions.

1. Cass., 15 mars 1876, D. 78.1.164., S. 76.1.214 ; Caen, 16 mars 1880.
2. Cass., 15 mars 1876, S. 76.1.216 ; Grenoble, 12 mai 1869 ; Paris, 22 déc. 1892, D. 93.2.325.
3. Cass., 20 avr. 1875, S. 75.1.304.
4. Cass., 21 mars, 1848, S. 48.1.273 ; Dijon, 13 août 1855, S. 55. 2.618, D. 56.2.101 ; Troplong, III, 722 ; Aubry et Rau, § 280, note 25 ; Lépinois, IV, 1743.
5. Cass., 17 mai 1859, S. 59.1.527, D. 59.1.209 ; 6 juin 1887, S. 89.1.17, D. 88.1.33 ; Pau, 2 mars 1891, D. 92.2.223, J. C., 4209 ; Chauveau, 2608, 4° ; Seligman, 546 ; Aubry et Rau, § 280, note 26. — *Contrà*, Toulouse, 4 mars 1864, S. 64.2.104, D. 64.2.72.

930. Les frais des inscriptions prises en renouvellement sont à la charge du débiteur, comme ceux de l'inscription primitive [1] (n° 773).

Pour renouveler aux frais du débiteur, le créancier n'est pas obligé d'attendre la veille de l'expiration de son inscription. Il peut faire le renouvellement après neuf ans et quatre mois de la date de sa dernière inscription [2].

HUITIÈME SECTION

MODIFICATION DES INSCRIPTIONS.

ARTICLE PREMIER

CHANGEMENT DE CRÉANCIER.

931. La transmission à titre gratuit ou onéreux des privilèges et hypothèques (n°s 1047 et suiv.), doit être rendue publique par des mentions, en marge des inscriptions existantes, énonçant les noms, prénoms, professions et domiciles des nouveaux créanciers, et les titres d'où résultent leurs droits.

Ces mentions, connues en pratique sous le nom de subrogations, ne sont pas légalement obligatoires pour que les nouveaux créanciers exercent les droits des anciens, mais elles ont une grande utilité en cas de saisie immobilière, de purge des hypothèques inscrites et d'état d'ordre ; à défaut de mention, le créancier n'étant pas touché par les actes de procédure serait exposé à perdre sa créance [3].

932. Après une transmission onéreuse, le défaut de men-

1. C. civ., 2155. Compris les honoraires, Seine, 2 juin 1905, Rev. not., 12354 ; Civray, 27 oct. 1910, Rev. not., 14582.
2. Arg., C. civ., 2263.
3. C. civ., 2183 ; C. pr., 692, 753.

tion présenterait un autre danger : si le créancier primitif ou ses héritiers étaient de mauvaise foi, ils pourraient, en donnant mainlevée de l'inscription, causer un grave préjudice au nouveau créancier [1].

933. Pour faire mentionner la subrogation, on doit déposer au bureau des hypothèques une expédition ou un extrait littéral de l'acte authentique la contenant. Le conservateur conserve cette pièce pour sa garantie [2].

Il faut joindre les pièces justificatives de la qualité de celui qui a subrogé [3].

ARTICLE DEUXIÈME

ANTÉRIORITÉ ET CONCURRENCE.

934. Les cessions de priorité ou de concurrence hypothécaire ne sont efficaces, à l'égard des tiers, que par des mentions faites en marge des inscriptions des créanciers entre lesquels ces conventions ont eu lieu (n°s 749 à 754).

ARTICLE TROISIÈME

PROROGATION DE DÉLAI.

935. Quand un créancier convient avec son débiteur de proroger l'exigibilité de la dette de celui-ci, le droit hypothécaire continue de subsister même à l'égard de la caution [4], mais il est nécessaire que le nouveau délai soit porté à la connaissance des tiers pour que le créancier ne soit pas exposé à recevoir un remboursement anticipé [5].

1. Baudot, 738 ; Landouzy, 174 ; Boulanger, 67.
2. Délib. 30 juin 1828 ; Baudot, 739, 742 ; Landouzy, 175.
3. Amiens, 16 mai 1890, J. E., 23456, J. C., 4078.
4. C. civ., 2039 ; comp. Cass., 17 août 1859.
5. C. civ., 1251.

936. Il nous paraît suffisant de faire mentionner le délai en marge de l'inscription au moyen du dépôt d'une expédition de l'acte de prorogation [1].

Cependant l'efficacité d'une telle mention est contestée : plusieurs auteurs enseignent qu'une nouvelle inscription est indispensable, parce que la mention de prorogation de délai n'a pas été prévue dans notre système hypothécaire [2] ; on pourrait en dire autant des mentions de subrogation et d'antériorité, dont nos lois civiles ne parlent pas ; tout au plus sont-elles indiquées dans les tarifs fiscaux, et pourtant personne n'en a jamais critiqué la validité. Notre conclusion est donc pour la validité de la mention d'un nouveau délai en marge de l'inscription existante [3].

ARTICLE QUATRIÈME

CHANGEMENT DE DOMICILE ÉLU.

937. Il est loisible à celui qui a requis une inscription, ainsi qu'à ses représentants, ou cessionnaires par acte authentique, de changer sur le registre des hypothèques le domicile par lui élu, à la charge d'en choisir et indiquer un autre dans le même arrondissement [4].

938. Le changement de domicile élu s'opère par une mention en marge de l'inscription, signée par le requérant, qui doit représenter son bordereau [5].

Si le requérant agit en qualité de mandataire, d'héritier ou

---

1. Arg., C. civ., 2152 ; Inst. 1751, § 2 ; Sol. 15 mai 1847, J. C., 291.
2. Baudot, 798, 799.
3. Sol. 15 mai 1847 ; Géraud, 3713 ; de France, 374.
4. C. civ., 2152 ; Pont, 967.
5. Baudot, 722 ; Thézard, 143 ; Inst. 316.

de cessionnaire, il doit déposer au conservateur les pièces justificatives de sa qualité, comme pour une radiation [1].

Quand le créancier ne sait ou ne peut signer, il est tenu de faire une déclaration par acte notarié et de la remettre au conservateur des hypothèques [2].

939. Lorsque la personne qui requiert le changement de domicile élu n'est pas connue du conservateur, celui-ci est fondé à exiger que l'identité du requérant soit certifiée par un homme d'affaires [3].

ARTICLE CINQUIÈME

RECTIFICATION DES INSCRIPTIONS.

940. Quand une inscription contient des erreurs ou omissions, la rectification en est opérée au moyen d'une nouvelle inscription portée sur les registres hypothécaires et relatant l'inscription précédente [4].

L'inscription rectificative ne valide pas rétroactivement l'inscription primitive ; elle n'a d'effet que pour l'avenir [5].

941. L'irrégularité provient-elle d'une erreur commise par le conservateur, il est responsable envers le créancier du préjudice souffert. Dans ce cas, le conservateur doit opérer la rectification d'office, sans qu'il soit besoin d'une autorisation judiciaire [6].

942. Si l'irrégularité est imputable au créancier, l'inscription est rectifiée sur sa demande, au moyen de la production de nouveaux bordereaux [7].

1. *Dict. enreg.*, Hyp., 119.
2. Baudot, 726 ; Landouzy, 165.
3. Baudot, 732 ; comp. Laurent, XXXI, 53.
4. Av. Cons. d'Etat, 26 déc. 1810 ; Grenier, II, 530.
5. Aubry et Rau, § 227 ; Pont, 1012 ; Landouzy, 148 ; Baudot, 96.
6. Av. Cons. d'Etat, 26 déc. 1810 ; Laurent, XXXI, 598, 611 ; Thézard, 156.
7. Pont, 1012 ; Aubry et Rau, § 277 ; Landouzy, 149 ; Baudot, 98.

ARTICLE SIXIÈME

RÉDUCTION DES INSCRIPTIONS.

943. La réduction d'une inscription et par suite du privilège ou de l'hypothèque dont elle est, en général, la condition
d'efficacité à l'égard des tiers, se présente sous deux aspects :
réduction quant aux immeubles sur lesquels frappe l'inscription ; réduction de la somme pour laquelle elle a été prise.

944. Il est à observer d'abord que toutes les hypothèques,
comme tous les privilèges, sont susceptibles de réduction par
la volonté des bénéficiaires, lorsqu'ils ont capacité à cet effet

945. A défaut de consentement du créancier, ou quand il
n'a pas capacité suffisante, le débiteur peut s'adresser à la justice pour obtenir la réduction dans deux cas : 1° lorsque l'inscription frappe sur plus d'immeubles différents qu'il n'est
nécessaire pour la sûreté de la créance ; 2° si l'évaluation de
la créance inscrite est excessive [1].

946. Nous avons indiqué plus haut les règles relatives à la
réduction des hypothèques légales des femmes mariées(n° 645),
des mineurs et interdits (n° 695), de l'Etat (n° 708), et des légataires (n° 712).

Ce qui concerne les hypothèques judiciaires a été également
rappelé n°s 739 à 742.

Quant à la réduction des hypothèques conventionnelles,
nous verrons à la suite des radiations dans quelles circonstances et comment elle a lieu en justice (n° 1888).

947. Pour les privilèges, quelques distinctions sont nécessaires : 1° ceux du vendeur et du copartageant étant spéciaux,
ne sont pas susceptibles de réduction judiciaire ; 2° au contraire, les privilèges de l'article 2101 frappent la généralité
des immeubles et, par suite, donnent lieu à l'action en réduc-

1. C. civ., 2161, 2163.

tion ; 3° celui de la séparation des patrimoines porte non pas sur la généralité des biens de l'héritier, mais uniquement sur les immeubles provenant du *de cujus* ; il semble donc qu'on ne saurait le faire réduire [1].

NEUVIÈME SECTION

INSCRIPTIONS DIVERSES.

ARTICLE PREMIER

HYPOTHÈQUE MARITIME.

948. Les hypothèques conventionnelles sur les navires ne produisent effet que par l'inscription sur un registre spécial, tenu par le receveur des douanes du lieu où le navire est en construction, ou de celui où il est immatriculé [2].

949. Pour opérer l'inscription, il est présenté au receveur des douanes un des originaux du titre constitutif d'hypothèque, lequel reste déposé au bureau s'il est sous seing privé ou reçu en brevet, ou une expédition s'il en existe minute.

Il est joint deux bordereaux sur timbre, signés par le requérant, dont l'un peut être porté sur le titre présenté ; ils contiennent :

1° Les nom, prénoms, profession et domicile du créancier ;

2° Les nom, prénoms, profession et domicile du débiteur ;

3° La date et la nature du titre ;

4° Le montant de la créance exprimée dans le titre ;

1. Tr. Rouen, 30 avr. 1883, J. E., 22295 ; Paris, 17 avr. 1884. D. 86.2.81, S. 86.2.197 ; Baudry-Lacantinerie et de Loynes, 1921, — *Contrà*, Mérignhac, D. 86.2.81 ; comp. Colmet de Santerre, IX, 151 *bis*, XIII.

2. L. 10 juil. 1885, art. 6.

André, *Régime hypothécaire.*   22

5° Les conventions relatives aux intérêts et au remboursement ;

6° Le nom et la désignation du navire hypothéqué, la date
de l'acte de francisation ou de la déclaration de sa mise en
construction ;

7° Election de domicile, par le créancier, dans le lieu de la
résidence du receveur des douanes [1].

Le receveur des douanes fait mention sur son registre du
contenu aux bordereaux, et remet au requérant l'expédition
du titre authentique et l'un des bordereaux au pied duquel il
certifie avoir fait l'inscription [2].

950. L'inscription d'hypothèque maritime a son effet pendant dix ans ; elle garantit, au même rang que le capital, deux
années d'intérêts en sus de l'année courante [3].

ARTICLE DEUXIÈME

PRIVILÈGE SUR FONDS DE COMMERCE.

951. Le privilège du vendeur et celui du créancier gagiste
sur un fonds de commerce doivent être inscrits, à peine de
nullité, dans la quinzaine de l'acte, au greffe du tribunal de commerce dans le ressort duquel le fonds est situé [4].

952. Pour prendre l'inscription il faut représenter au greffier
soit l'acte de vente ou de nantissement sous seing privé, soit
une expédition s'il existe en minute. L'acte sous seing reste déposé au greffe.

Il est joint deux bordereaux, écrits sur papier libre, dont

1. L. 10 juil. 1885, art. 8 ; Desjardins, V, 1219 ; de Valroger,
1204.
2. L. 1885, art. 9.
3. L. 10 juil. 1885, art. 11, 13 ; comp. Lyon-Caen et Renault, 1654.
4. L. 17 mars 1909, art. 2 et 11 ; Décr. 28 août 1909 ; Paris, 12 avr.
1910, D. 11. 5. 12.

l'un peut être porté sur l'expédition du titre, et contenant : 1° les noms, prénoms, professions et domiciles du vendeur et de l'acquéreur, ou du créancier et du débiteur, ainsi que du propriétaire du fonds si c'est un tiers ; 2° la date et la nature du titre ; 3° les prix de la vente établis distinctement pour le matériel, les marchandises et les éléments incorporels du fonds, ainsi que les charges évaluées, ou le montant de la créance exprimée dans le titre, les conditions relatives aux intérêts et à l'exigibilité ; 4° la désignation du fonds de commerce et de ses succursales, avec l'indication précise des éléments qui les constituent et sont compris dans la vente ou le nantissement, la nature de leurs opérations et leur siège. Si la vente ou le nantissement s'étend à d'autres éléments du fonds que l'enseigne, le nom commercial, le droit au bail et la clientèle, ces éléments doivent être nommément désignés, notamment le matériel, l'agencement et l'outillage [1] ; 5° élection de domicile par le vendeur ou le créancier dans le ressort du tribunal de la situation du fonds.

953. Le greffier transcrit sur son registre le contenu des bordereaux et remet au requérant tant l'expédition du titre que l'un des bordereaux, au pied duquel il certifie avoir fait l'inscription.

954. L'inscription conserve le privilège pendant cinq années à compter du jour de sa date. Elle garantit deux années d'intérêts au même rang que le principal [2].

1. Comp. Paris, 17 janv. 1911 ; Lyon, 30 juin 1911 ; Bourges, 5 nov. 1913, *Rev. N.*, 15638.
2. L. 17 mars 1909, art. 24, 25, 28.

CHAPITRE CINQUIÈME

EFFETS DES PRIVILÈGES ET HYPOTHÈQUES

PREMIÈRE SECTION

EFFETS GÉNÉRAUX

955. Outre le droit appartenant à tout créancier chirographaire de saisir et faire vendre les biens entre les mains du débiteur, les créanciers privilégiés et hypothécaires ont, sur les immeubles affectés à leurs créances, deux droits spéciaux : le droit de suite consistant à pouvoir saisir et faire vendre les immeubles entre les mains d'un tiers détenteur ; le droit de préférence qui leur procure l'avantage d'être payés sur le prix des immeubles grevés, par priorité aux créanciers inférieurs en rang et à tous créanciers chirographaires [1].

956. En général, le droit de préférence est subordonné comme le droit de suite, à la condition d'une inscription prise et renouvelée utilement.

Cependant le droit de préférence survit au droit de suite pour les hypothèques légales des femmes, des mineurs et des interdits, dans le cas d'expropriation publique, de vente sur saisie immobilière et de vente volontaire suivie de la purge des hypothèques légales [2].

Le droit de préférence du copartageant ou colicitant survit

1. C. civ., 2114, 2166.
2. C. civ., 2194 ; C. pr., 717, 838 ; L. 3 mai 1841, art. 17.]

aussi au droit de suite quand l'inscription est prise entre le quarante-cinquième et le soixantième jour [1].

957. Mais le droit de préférence qui a survécu au droit de suite s'éteint dès que l'acquéreur a payé son prix ou que le débiteur a cédé ce prix à un tiers ou l'a délégué à d'autres créanciers [2]. Néanmoins le créancier déchu du droit de suite pourrait empêcher le paiement, la cession ou la délégation, au moyen d'une saisie-arrêt aux mains de l'acquéreur avant le versement du prix, la signification de la cession ou l'acceptation des délégataires [3].

958. Si le prix encore dû est l'objet d'un ordre, le créancier peut, en vertu du droit de préférence, se faire colloquer à son rang hypothécaire à la condition de produire, avant l'expiration du délai de quarante jours dans le cas d'ordre judiciaire, ou avant la clôture de l'ordre s'il est réglé à l'amiable [4]. Quand il y a eu vente volontaire, suivie de la purge des hypothèques légales, la femme, le mineur ou l'interdit qui n'ont pas pris inscription, ne peuvent invoquer le droit de préférence à l'ordre qu'autant qu'il est ouvert dans les trois mois qui suivent l'expiration des deux mois impartis pour inscrire. Ils sont d'ailleurs fondés à provoquer l'ordre ou le règlement judiciaire [5].

Mais le délai imparti ne court pas à défaut de purge des hypothèques inscrites [6].

959. D'ailleurs, en cas de saisie immobilière, les créanciers

---

1. C. civ., 2109 ; L. 23 mars 1855, art. 6 ; Aubry et Rau, § 278, note 28 ; Pont, 318 ; J. G., *Priv.*, 696 ; Verdier, 577. — *Contrà*, Flandin, 1143 ; Bressolles, 84 ; Thézard, 313.

2. C. civ., 2198 ; C. pr., 717, 772 ; Grenoble, 8 févr. 1842 ; Cass., 14 nov. 1882, S. 83.1.177 ; Montpellier, 27 mai 1872 ; Seligman, 297.

3. C. pr., 557 ; Aubry et Rau, § 283, note 5 ; Dalmbert, 187.

4. C. pr., 717, 755.

5. C. pr., 772 ; Aubry et Rau, § 283, note 7 ; Seligman, 104.

6. Cass., 24 juin 1891, S. 93.1.119, D. 92.1.93.

à hypothèque légale non inscrits peuvent exercer leurs droits de préférence sur le prix, quand même l'ordre serait ouvert plus de trois mois après la transcription du jugement d'adjudication [1].

960. En l'absence d'ordre ou de règlement judiciaire, les créanciers à hypothèque légale pourraient invoquer le droit de préférence sur le prix, alors même qu'il aurait été encaissé par le syndic de la faillite du mari ou du tuteur, et ce jusqu'au jour de sa distribution entre ses créanciers [2].

961. Le droit de préférence porte sur le prix total de l'immeuble grevé, même sur la portion qui aurait été dissimulée au contrat [3].

962. Quant à l'indemnité due par une Compagnie d'assurance à raison de l'incendie qui a frappé l'immeuble grevé, le créancier privilégié ou hypothécaire exerce son droit de préférence en le faisant connaître à l'assureur [4].

963. Lorsque le droit hypothécaire d'un créancier porte sur un usufruit ou une nue propriété, et que la propriété pleine a été vendue pour un seul prix, le créancier est fondé à provoquer la ventilation du prix entre l'usufruit et la nue propriété et à réclamer collocation du capital afférent à son gage [5].

964. Le droit réel privilégié ou hypothécaire autorise le créancier à poursuivre, par voie de saisie, la vente des immeubles grevés pour se faire payer sur le prix, mais le créancier ne peut se les approprier à défaut de paiement, ni même

1. Toulouse, 30 déc. 1875 ; Chambéry, 12 déc. 1888 ; Aubry et Rau, *loc. cit.* ; Chauveau, 2403. — *Contrà*, Houyvet, 41 ; Pont, 1422.
2. Rouen, 15 avr. 1861, S. 61.2.337 ; Aubry et Rau, § 283, note 8 ; Baudry-Lacantinerie et de Loynes, 2242.
3. Poitiers, 26 juin 1831 ; Bordeaux, 28 mai 1832 ; Paris, 6 fév. 1866.
4. L. 19 fév. 1889.
5. Paris, 2 fév. 1832 ; 20 mai 1832 ; Cass., 24 nov. 1858 ; comp. Lyon, 7 nov. 1863.

convenir avec le débiteur qu'en cas d'inexécution des engagements, le créancier aura le droit de vendre les immeubles sans remplir les formalités légales [1] (n° 1389).

965. Quel que soit le rang hypothécaire du créancier, il est fondé à poursuivre la vente des immeubles de son débiteur par voie de saisie, sans que les créanciers d'un rang préférable puissent s'y opposer [2].

966. L'indivisibilité de l'hypothèque s'applique à la créance garantie comme aux immeubles sur lesquels l'hypothèque frappe [3].

967. L'étendue du privilège comme de l'hypothèque sur l'immeuble grevé comprend les accessoires mobiliers réputés immeubles par destination, les accessions naturelles ainsi que les constructions et améliorations provenant du fait du propriétaire [4].

968. A l'égard des fruits naturels ou civils de l'immeuble grevé, le créancier hypothécaire ne jouit d'aucune préférence ; ces fruits constituent une valeur mobilière qui se répartit au marc le franc entre tous les créanciers indistinctement [5].

969. Cependant, par la saisie, les fruits et revenus de l'immeuble hypothéqué sont immobilisés à partir de la transcription de la saisie, et la distribution en est faite avec le prix de l'immeuble, entre les créanciers hypothécaires. Pour en empê-

1. C. pr., 742 ; Boitard, 1007.
2. C. civ., 2169 ; Pont, 1143 ; Troplong, 804.
3. C. civ., 2114, 2133 ; Cass., 6 mai 1818 ; 31 janv. 1844.
4. C. civ., 2133 ; Cass., 2 juil. 1901, D. 09.1.342 ; Rennes, 18 fév. 1866 ; Nancy, 19 fév. 1881, S. 82.2.161 ; Laurent, XXX, 206 ; Colmet de Santerre, IX, 160 *bis*, I ; Baudry et de Loynes, 1943 ; Pont, 410 ; Troplong, 551 ; Aubry et Rau, § 284. note 2. — *Contrà*, Paris, 6 mars 1834 ; 9 déc. 1890, J. C., 4161, pour les constructions nouvelles au cas d'hypothèque conventionnelle ne frappant pas les biens à venir.
5. Troplong, 400; Pont, 382 ; Laurent, XXX, 229 ; comp. Cass., 23 juin 1862 ; 1er mars 1870, S. 70.1.193.

cher la réception ou la disposition, les créanciers hypothécaires peuvent : soit provoquer la nomination d'un séquestre chargé de percevoir les fruits et revenus des immeubles non loués, soit faire un simple acte d'opposition aux mains des locataires ou fermiers des immeubles loués [1].

Quand la vente a eu lieu à l'amiable, l'immobilisation des fruits commence au jour de la sommation adressée au tiers détenteur de payer ou de délaisser, ou des notifications faites par ce dernier aux créanciers inscrits [2].

970. L'immobilisation des fruits ne prive pas le locataire ou fermier du droit de retenir les indemnités qui peuvent lui être dues par le locateur, relativement à l'exécution du bail [3].

971. Le créancier ayant une hypothèque générale ou une hypothèque portant sur plusieurs immeubles est fondé à demander une collocation sur le prix de tous les immeubles affectés à sa créance, ou à choisir celui des immeubles sur le prix duquel il entend être colloqué pour toute sa créance, sans que les créanciers hypothécaires postérieurs puissent l'obliger à diviser sa demande en collocation pour la répartir au marc le franc sur le prix de tous les immeubles qui s'y trouvent affectés [4].

972. En cas de vente, soit d'un seul des immeubles hypothéqués, soit de tous les immeubles dont le prix fait l'objet d'ordres séparés ouverts dans des tribunaux différents, le créancier postérieur exposé à perdre sa garantie par une demande en collocation sur le prix de l'immeuble affecté à sa créance,

---

1, C. pr., 681, 683, 685.

2. C. civ., 2176 ; Pont, 1212 ; Thézard, 184 ; Colmet de Santerre, IX, 157 bis, 1.

3. Cass., 8 avr. 1863, D. 63.1.411, S. 63.1.372 ; Aubry et Rau, § 284, note 14 ; Baudry-Lacantinerie et de Loynes, 1954.

4. Cass., 18 juil. 1893, S. 94.1.335 ; 9 mai 1905, Pand., 05.2.44, D. 09.1.325 ; Lyon, 10 août 1880, D. 81.2.160 ; Aubry et Rau, § 284, notes 29 et 30.

préviendra ce résultat en désintéressant le créancier qui le
prime, aux droits duquel il se trouvera légalement subrogé [1].
Il ne pourra cependant profiter de cette subrogation pour amé-
liorer sa position au détriment d'un créancier à hypothèque
spéciale antérieure à la sienne propre [2].

973. Quand le prix de la totalité ou d'une partie des immeubles soumis à des hypothèques générales et spéciales, se
distribue par un seul ordre, les collocations des hypothèques
générales doivent être réparties au marc le franc sur tous les
immeubles, sans égard à la date des inscriptions spéciales qui
les grèvent [3].

974. Toutefois, si le créancier à hypothèque générale avait
une hypothèque spéciale primée par d'autres créanciers,
ceux-ci ne pourraient l'empêcher d'exercer sa première hypothèque de manière à dégrever autant que possible les immeubles affectés à son hypothèque postérieure [4].

975. D'ailleurs, le créancier qui a dégrevé une partie des
biens affectés à sa créance, peut néanmoins exercer son droit
hypothécaire contre le tiers détenteur des immeubles restant
grevés, quoique par le dégrèvement partiel il se soit mis dans
l'impossibilité de subroger le tiers détenteur dans ses droits
contre les détenteurs des biens dégrevés [5], mais sauf le cas
de fraude.

976. Comme l'hypothèque garantit, non seulement les
créances pures et simples, mais aussi les créances à terme,

1. Cass., 3 mars 1856, S. 57.1.55 ; Nimes, 24 fév. 1845, S. 46.2.253.
2. Grenoble, 20 août 1853 ; Bourges, 18 janv. 1854, S. 54.2.197,
D. 56.2.59 ; Aubry et Rau, § 284, note 24. — Contrà, Pont, 341.
3. Cass., 5 août 1847 ; 26 déc. 1853, S. 54.1.86 ; comp. Pont,
345 ; Colmet de Santerre, IX, 100 bis, v.
4. Cass., 16 août 1847, D. 47.1.304 ; 29 janv. 1855 ; 18 juil. 1893,
D, 94.1.113, S. 94.1.335 ; Aubry et Rau, § 284, note 22.
5. Cass., 17 fév. 1852 ; Chambéry, 31 août 1861, S. 62.2.219. —
Contrà, Bastia, 22 déc. 1847 ; comp. Troplong, 807.

conditionnelles ou éventuelles, est-ce à dire que les titulaires de pareilles créances sont fondés à demander des collocations définitives aussi bien que ceux dont les créances sont échues? Il faut distinguer :

1° S'agit-il d'une créance non échue, le titulaire peut demander une collocation actuelle et définitive sur le prix de l'immeuble qui lui est hypothéqué, peu importe que le prix provienne d'une vente volontaire ou sur saisie, ou d'une expropriation publique [1] ;

2° Pour une créance soumise à une condition résolutoire ou suspensive, le créancier a le droit de demander une collocation éventuelle dont le montant restera provisoirement entre les mains de l'adjudicataire, ou sera consigné pour être remis aux ayants droit à l'accomplissement de la condition [2] ;

3° À l'égard d'une rente viagère, le crédirentier venant en ordre utile est fondé à exiger que le capital nécessaire pour produire des intérêts équivalents aux arrérages de la rente reste entre les mains de l'acquéreur, ou soit placé avec des sûretés suffisantes [3].

Quand la collocation ne fournit pas un capital suffisant pour le service des arrérages, le crédirentier est autorisé à prélever annuellement sur ce capital le complément des arrérages [4]. Un pareil résultat est nuisible aux créanciers postérieurs ; aussi bien ont-ils le droit de se substituer au débiteur pour le service de la rente, en fournissant des sûretés

---

1. C. civ., 2184 ; Paris, 13 fév. 1858, S. 58.2.170 ; Pont, 698 ; Martou, 1009 ; Aubry et Rau, § 285, notes 3 et 4.

2. Cass., 4 avr. 1815 ; Troplong, 959 *ter* ; Aubry et Rau, § 285, note 6.

3. C. civ., 1878 ; Cass., 5 nov. 1862 ; 29 août 1870, S. 71.1.157 ; Caen, 12 mars 1864 ; Troplong, 959 ; Pont, 757 ; comp. Poitiers, 7 déc. 1885, S. 86.2.81.

4. Agen, 3 janv. 1844 ; Grenoble, 4 déc. 1855 ; Riom, 24 août 1863, S. 64.2.65, D. 63.2.101.

hypothécaires suffisantes à concurrence de la somme colloquée [1].

En pratique, on a quelquefois recours: soit à l'adjudication
au rabais d'une somme moyennant laquelle une personne
se charge de servir la rente [2]; soit au versement à la caisse
des retraites de la somme nécessaire pour obtenir une rente
viagère égale.

Ce qui vient d'être dit suppose que l'acte constitutif de la
rente viagère ne contient aucune clause résolutoire spéciale,
mais les parties stipulent souvent que le défaut de paiement
d'un terme d'arrérages entraînera la résolution du contrat; il
est même permis de convenir que la résolution aura lieu de
plein droit, avec ou sans mise en demeure [3].

Dans ces circonstances, le crédirentier qui a aliéné, soit
un capital, peut en réclamer la restitution [4], soit un immeuble,
est fondé à exiger la résolution de la vente [5].

Si la rente viagère a été créée comme condition d'une donation, le créancier est en droit de demander la révocation de la
donation [6].

Toutefois, lorsque la résolution n'a pas lieu de plein droit,
les créanciers postérieurs peuvent arrêter l'action résolutoire,
en payant avec subrogation les arrérages dus [7].

---

1. C. civ., 1166 ; Rouen, 13 juil. 1815 ; Agen, 3 fév. 1836, S. 37.2,
272 ; Aubry et Rau, § 285, note 7.
2. Caen, 18 mai 1813 ; J. G., *Priv.*, 2309.
3. Cass., 26 mars 1817 ; 23 août 1843 ; 9 juin 1869, S. 69.1.105 ;
Bordeaux, 18 fév. 1835 ; Pont, 763 ; Aubry et Rau, § 290, note 23 ;
Troplong, 310.
4. Pont, 763 ; Troplong, 310.
5. Aubry et Rau, § 390, note 22.
6. C. civ., 1977, 953, 954 ; Rouen, 27 août 1846 ; Pau, 6 août 1861 ;
Nancy, 22 fév. 1867, S. 68.2.50 ; Aubry et Rau. § 390 ; note 21 ;
Pont, 751.
7. C. civ., 1251, 1°.

DEUXIÈME SECTION

EFFETS SUR LES DROITS DU PROPRIÉTAIRE GREVÉ.

977. Le débiteur, propriétaire de l'immeuble hypothéqué, a le droit de disposer et de jouir de sa chose, pourvu qu'il ne lèse pas les droits des créanciers [1].

978. Que leurs créances soient pures et simples, à terme ou conditionnelles, les créanciers peuvent prendre les mesures nécessaires pour sauvegarder leurs intérêts compromis par les actes du débiteur [2].

979. Si le propriétaire entreprend la démolition des bâtiments, fait des coupes de bois avant terme, ou abat les arbres d'une forêt, les créanciers sont fondés à demander : 1° la nomination d'un séquestre chargé de veiller à la conservation du gage ; 2° le versement du prix des matériaux et bois à la caisse des consignations, pour être distribué avec le prix de l'immeuble [3].

Le propriétaire a-t-il vendu les bâtiments pour être démolis ou les arbres pour être abattus, les créanciers hypothécaires peuvent s'opposer à l'exécution du contrat, même en supposant que l'acquéreur soit de bonne foi [4]. Si la démolition est faite ou l'abattage consommé, sans que les créanciers s'y soient opposés, ils sont dépourvus d'action contre le tiers possesseur [5].

1. C. civ., 2131, 2175 ; Laurent, XXX, 221 ; Demolombe, IX, 187.
2. Orléans, 24 mars 1859, S. 59.2.673 ; J. G., *Priv.*, 1222 ; Baudry-Lacantinerie et de Loynes, 2002.
3. Paris, 26 août 1809 ; Delvincourt, III, 292 ; Aubry et Rau, § 286, note 7 ; comp. Dijon, 6 juil. 1883, S. 84.2.44.
4. Cass., 10 juin 1841 ; 5 juil. 1880 ; Alger, 19 mars 1884, D. 85. 2.134 ; Pont, 364 ; Demolombe, IX, 188.
5. C. civ., 2119, 2279 ; Cass., 9 août 1825 ; 3 août 1831 ; Demolombe, IX, 189.

Il en serait de même en cas de vente d'immeubles par destination suivie de tradition [1].

Le congément, l'exponse et la vente sur bannie rendent exigibles les créances hypothécaires consenties sur les droits convenanciers [2].

Mais les créanciers hypothécaires déchus du droit de suite sur les objets vendus et livrés, pourraient exercer leur droit de préférence sur le prix encore dû à leur débiteur [3].

980. D'ailleurs, la diminution de valeur du gage autorise les créanciers à poursuivre leur remboursement immédiat en faisant déclarer le débiteur déchu du bénéfice du terme [4].

981. Les servitudes créées par le propriétaire sur les immeubles grevés ne sont pas opposables aux créanciers hypothécaires inscrits antérieurement [5].

Il en serait ainsi de la remise en antichrèse des immeubles hypothéqués [6] (n° 345).

982. Le débiteur peut vendre ses immeubles, mais s'il les aliène au profit d'un grand nombre d'acquéreurs non solidaires, la réalisation du gage devenant plus difficile, les créanciers à hypothèques conventionnelles pourraient poursuivre la déchéance du terme [7].

---

1. Cass., 17 juil. 1838 ; Bourges, 31 janv. 1843, S. 44.2.67 ; Aubry et Rau, § 286, note 12 ; comp. Cass., 21 nov. 1894, D. 95.1.277.

2. L. 8 fév. 1897, art. 11.

3. Cass., 4 fév. 1817, J. G., Priv., 1501 ; Caen, 21 juil. 1874, S.75. 2.135 ; Aubry et Rau, § 286, note 13. — Contrà, Vaiette, 220 ; Laurent, XXX. 226.

4. C. civ., 1188, 2131 ; Demolombe, XXV, 687 ; Colmet de Santerre, V, 111 bis ; Laurent, XVII, 203.

5. L. 23 mars 1855, art. 2 ; Verdier, 229.

6. C. civ., 2091 ; L. 23 mars 1855, art. 2 ; Cass., 24 janv. 1872 ; Verdier, 242 et suiv.

7. Cass., 9 janv. 1810 ; 4 mai 1812 ; Poitiers, 28 déc. 1841 ; Pau, 23 août 1834 ; Aubry et Rau, § 286, note 14 ; Colmet de Santerre, V, 112 bis, vi. — Contrà, Pont, 694 ; Duranton, XI, 126.

983. Pour les créances éventuelles ou conditionnelles, les actes consommés par le débiteur qui entraîneraient diminution du gage, autorisent les créanciers à demander un supplément d'hypothèque, ou la consignation d'une somme égale à l'estimation des dégradations commises [1].

984. Celui dont l'immeuble a été frappé de saisie ne peut plus, après la transcription de la saisie, aliéner cet immeuble au préjudice du saisissant et des créanciers hypothécaires [2].

Toutefois, la vente consentie par le saisi ne pourrait pas être attaquée si, avant le jour fixé pour l'adjudication, l'acquéreur consignait une somme suffisante pour désintéresser complètement les créanciers inscrits et le saisissant [3].

985. Tant que les créanciers ne saisissent pas les immeubles hypothéqués, le débiteur perçoit les fruits ; c'est seulement à partir de la transcription de la saisie que les fruits naturels ou civils sont immobilisés au profit des créanciers hypothécaires et leur prix distribué entre eux avec celui de l'immeuble [4].

986. Les quittances ou cessions de loyers ou fermages non échus sont soumises à certaines restrictions à l'égard des créanciers inscrits :

1° La cession inférieure à trois années, signifiée avant les inscriptions des créanciers, leur est opposable pour toute sa durée [5]. Quand la cession portant sur trois années ou plus a été signifiée et transcrite à une date antérieure aux inscriptions des créanciers, elle peut, sauf fraude, leur être opposée pour sa durée entière [6]. En ce qui concerne la cession postérieure

1. Orléans, 24 mars 1859, S. 59.2.673 ; Aubry et Rau, § 286, note 15.
2. C. pr., 686 ; Boitard, 930.
3. C. pr., 687 ; Cass., 3 mai 1858, S. 58.1.737 ; 23 avr. 1903, D. 05.1.121 ; Chauveau, 2318.
4. C. pr., 682, 685.
5. C. civ., 1690 ; Baudry et de Loynes, 2031 ; Garsonnet, § 668.
6. L. 23 mars 1855, art. 2, 5° ; Bordeaux, 27 mars 1895, D. 95.2.

aux inscriptions des créanciers, si elle est de moins de trois ans et signifiée avant leur mainmise, soit par transcription de saisie, soit par sommation au tiers acquéreur amiable, elle leur reste opposable [1]. Lorsqu'elle comporte plus de trois années, elle n'est opposable pour aucune partie, quoique signifiée et transcrite, à partir de la mainmise des créanciers [2].

2° Les mêmes règles sont applicables aux quittances anticipées, avec cette différence que la signification leur est étrangère [3].

A l'égard du Crédit foncier, créancier hypothécaire, la quittance de moins de trois ans de fermages non échus, antérieure à son prêt. lui est opposable ; au contraire, si la quittance est postérieure à l'inscription du Crédit foncier, elle cesse de pouvoir lui être opposée lorsqu'il prend possession de l'immeuble hypothéqué, en vertu de son droit spécial de séquestre [4].

987. Les baux consentis par le propriétaire de l'immeuble saisi peuvent être annulés, à la demande des créanciers ou de

385 ; Aubry et Rau, § 286, note 25 ; Baudry et de Loynes, 2032 ; Glasson, § 156.

1. Cass., 6 mai 1867 ; 30 mars 1868, S. 68.1.201 ; 19 juin 1897, *Rev. not.*, 9861, S. 98.1.169, D. 1900, 1.577 ; 14 mai 1907, D. 07.1.341 ; Bordeaux, 27 mars 1895 ; Dijon, 3 août 1896, S. 97.2.1 ; Pont, 366 ; Thézard, 218. — *Contrà*, Cass., 23 mai 1859 ; Metz, 30 avr. 1863, S. 64.2.191 ; Caen, 20 déc. 1874, D. 76.2.81 ; Aubry et Rau, § 286, notes 22 et 23 ; Garsonnet, § 663 ; Boitard, 928, selon lesquels la cession reste sans effet à partir de la transcription de la saisie.

2. Riom, 11 déc. 1860, S. 62.2.405 ; Caen, 6 juin 1893, D. 94.2.289 ; Dijon, 3 août 1896, précité ; Aubry et Rau, § 286, note 21. — *Contrà*, Cass., 12 fév. 1902, D. 02.1.337, S. 03.1.169, *Rev. not.*, 10972 ; Bordeaux, 21 nov. 1894, S. 97.2.1 ; Garsonnet, § 663 ; Lesenne, 80, d'après lesquels la cession est réductible à trois ans moins un jour.

3. Cass., 19 juin 1897, précité ; Baudry et de Loynes, 2037 ; Planiol, II, 3086.

4. Aix, 2 mars 1891, S. 94.2.172 ; Josseau, 425.

l'adjudicataire, lorsqu'ils n'ont pas acquis date certaine avant le commandement servant de base à la saisie [1].

Quant aux baux antérieurs au commandement tendant à la saisie, les créanciers sont obligés de les respecter s'ils n'excèdent pas le terme de dix-huit ans, qu'ils soient antérieurs ou postérieurs aux inscriptions des créanciers ; si leur durée dépasse dix-huit ans, ils ne sont opposables aux créanciers que pour le restant de la période de dix-huit ans dans laquelle se trouve le preneur à la date du commandement [2].

Les baux de plus de dix-huit ans, transcrits avant les inscriptions des créanciers hypothécaires, sont opposables pour toute la durée [3].

988. Quand les immeubles hypothéqués par convention viennent à périr ou subissent des dégradations telles qu'ils ne suffisent plus à la sûreté de la créance, le débiteur est obligé de rembourser immédiatement la créance, à moins de fournir un supplément d'hypothèque [4]. Cette solution s'applique seulement au cas fortuit ou de force majeure ; si les sûretés diminuent par le fait du débiteur, ou du tiers détenteur, il est privé du bénéfice du terme, et ne peut arrêter l'action en remboursement par l'offre d'un supplément d'hypothèque [5].

989. La déchéance du terme encourue par le débiteur n'atteint pas la caution [6].

---

1. C. pr., 684 ; comp. Cass., 22 mai 1878 ; 9 déc. 1878, D. 79.1.310 ; 1er juin 1892, D. 92.1.384, S. 92.1.312 ; Boitard, 925.

2. Cass., 8 avr. 1863, S. 63.1.372 ; 17 juin 1897, S. 97.1.169 ; Pont, 369 ; Aubry et Rau, § 286, note 17 ; Glasson, § 156.

3. L. 23 mars 1855, art. 2 ; Flandin, 1252 ; comp. Pont, 368.

4. C. civ., 2131 ; Troplong, 542 ; Pont, 692 ; J. G., *Priv.*, 1333 ; Aubry et Rau, § 286, note 29.

5. Orléans, 24 mars 1859, S. 59.2.673 ; Aubry et Rau, § 286, note 30.

6. Cass., 3 juil. 1890, S. 91.1.445, *Rev. not.*, 8358 ; Rouen, 29 juin 1871 ; Demolombe, XXV, 707 ; Laurent, XVII, 201. — *Contrà*, Aubry et Rau, § 303, note 18.

TROISIÈME SECTION

ARTICLE PREMIER

DROIT DE POURSUITE.

990. En vertu du droit de suite engendré par les privilèges immobiliers et les hypothèques, la charge de la créance reste sur les immeubles et les suit en quelques mains qu'ils passent, par suite des aliénations consenties par le débiteur [1].

Quand les immeubles grevés ont passé entre les mains d'un tiers détenteur, le créancier inscrit peut les saisir contre ce tiers, comme il eût pu le faire contre le débiteur personnel de la créance [2].

991. Nous verrons plus loin (n° 1211), que les adjudications sur saisie immobilière et plusieurs autres anéantissent le droit de suite pour ne laisser subsister que le droit de préférence sur le prix, de sorte que les explications de la présente section sont étrangères aux aliénations transformant le droit de suite sur l'immeuble en un droit sur le prix.

992. Dans les aliénations ordinaires, le tiers détenteur jouissant des délais accordés au débiteur, le recouvrement de la dette hypothécaire ne peut être poursuivi que lorsqu'elle est devenue exigible [3].

Mais les créanciers sont fondés, avant l'exigibilité de leurs créances, à prendre des mesures contre le tiers détenteur pour

---

1. C. civ., 2114, 2166 ; Laurent, XXXI, 236.
2. C. civ., 2169 ; Pont, 1122 ; Colmet de Santerre, IX, 147 *bis*, ix.
3. C. civ., 2167 ; Troplong, 788 ; Pont, 1131 ; Baudry et de Loynes, 2178.

empêcher l'exécution d'actes de nature à diminuer leur gage (n° 979).

993. Avant la poursuite contre le tiers détenteur, le créancier doit faire au débiteur direct un commandement tendant à saisie immobilière [1] ; ensuite, le créancier adresse au tiers détenteur une sommation de payer la dette ou de délaisser l'immeuble [2], dont la désignation doit être contenue dans la sommation [3].

On dit généralement que la sommation est soumise à la forme ordinaire des exploits, et non aux formalités spéciales prescrites pour le commandement tendant à saisie [4] ; cependant il est préférable de donner dans la sommation, comme dans le commandement, copie des titres du créancier.

994. Trente jours après le commandement au débiteur et sommation au tiers détenteur, il peut être donné suite à la saisie [5].

Si le commandement n'a pas été suivi de saisie dans les quatre-vingt-dix jours de sa date, et non de celle de la sommation (sans augmentation à raison des distances), il est atteint de péremption et doit être renouvelé [6].

La péremption du commandement entraîne celle de la sommation au tiers détenteur [7].

1. C. civ., 2169 ; C. pr., 673 ; Cass., 2 mars 1840 ; 7 mars 1893, S. 96.1.348 ; Nîmes, 28 janv. 1856 ; comp. J. G., *Obl.*, 1098.

2. C. civ., 2169. — La sommation par l'un des créanciers inscrits profite aux autres (Paris, 17 mars 1896, D. 98.2.513).

3. Cass., 6 juin 1860, S. 61.1.356 ; Riom, 29 janv. 1859 ; Pont, 1151.

4. Douai, 18 mai 1836 ; Bordeaux, 15 mai 1839 ; Bourges, 17 avril 1839 ; Alger, 24 juin 1870, D. 73.2.23 ; Pont, 1150 ; Chauveau, 2203.

5. C. civ., 2169 ; Cass., 4 oct. 1814 ; comp. Cass., 6 juil. 1881, D. 82. 1.456.

6. C. pr., 674 ; Cass., 25 nov. 1862, D. 63.1.209 ; 17 mars 1886, S. 86.1.207 ; Paris, 23 juin 1882 ; Pont, 1147 ; Laurent, XXXI, 256.

7. Cass., 25 nov. 1862 ; 17 mars 1886 précités ; Limoges, 5 mars

995. D'ailleurs, la saisie et la vente de l'immeuble devant être suivies contre le tiers détenteur lui-même, il s'en suit qu'il a qualité tant pour opposer la nullité ou la péremption du commandement fait au débiteur direct que pour contester la validité et l'étendue du droit hypothécaire du poursuivant [1].

996. A défaut par le tiers détenteur de faire les notifications aux fins de purger son acquisition dans les trente jours qui suivent la sommation, il doit payer l'intégralité de la dette hypothécaire ou délaisser l'immeuble hypothéqué, sinon il est obligé de subir l'expropriation forcée de ce qu'il détient [2].

997. Ce serait une grave erreur de croire que les créanciers hypothécaires puissent obtenir des condamnations personnelles contre le tiers détenteur ; les effets de l'hypothèque relativement au tiers, ne lui imposent aucune obligation personnelle envers le créancier hypothécaire ; à défaut de paiement, purge ou délaissement, le créancier n'a que le droit de faire vendre l'immeuble soumis à son hypothèque [3].

ARTICLE DEUXIÈME

EXCEPTIONS.

998. Le tiers détenteur peut s'opposer à la vente de l'immeuble qui lui a été transmis, au moyen des exceptions de discussion et de garantie [4].

1842 ; Chauveau, *Quest.*, 2218 ; Boitard, 915 ; comp. J. G., *Vente pub.*, 441. — *Contrà*, Paris, 23 juin 1882, S. 83.1.71 ; Aubry et Rau, § 287, note 12 ; Baudry et de Loynes, 2136, disant que la sommation ne se périme que par trois ans (C. civ., 2176).
1. Cass., 14 mai 1839 ; 17 mars 1886, précité ; Bordeaux, 28 fév. 1850 ; Troplong, 788 ; Pont, 1132 ; Aubry et Rau, § 285, note 12 ; Martou, 1256.
2. C. civ., 2168, 2172, 2183.
3. Cass., 27 avr. 1812 ; 29 juin 1896, S. 97.1.177 ; Aubry et Rau, §.287, note 16 ; Laurent, XXXI, 262.
4. C. civ., 2170 ; Thézard, 170 ; Pont, 1167.

1° Discussion.

999. L'exception de discussion déroge au principe de l'indivisibilité de l'hypothèque ; en effet, elle permet au tiers détenteur d'arrêter la saisie des immeubles se trouvant entre ses mains jusqu'après la vente des immeubles, hypothéqués à la même dette et restés en la possession du débiteur direct, mais non de la caution, à moins qu'elle ne soit solidaire[1].

Cette exception n'est opposable qu'au créancier à hypothèque générale (légale ou judiciaire)[2] ; le tiers détenteur ne serait pas fondé à l'opposer au créancier privilégié ni à celui dont l'hypothèque est spéciale, sans qu'il y ait à distinguer entre l'hypothèque conventionnelle ordinaire et celle constituée sur les biens à venir en cas d'insuffisance des biens présents[2].

1000. Le tiers détenteur ne jouit pas du bénéfice de discussion lorsqu'il se trouve personnellement obligé à la dette en qualité de débiteur principal, de codébiteur, ou de caution solidaire[4].

1001. Quand un débiteur meurt laissant plusieurs héritiers ou légataires, celui qui détient les immeubles hypothéqués se trouve personnellement obligé à la dette, et ne peut forcer le créancier à recevoir sa part divise, et s'assurer pour le surplus le bénéfice de discussion[5]. Il n'en serait autrement que dans

---

1. Comp. Troplong, III, 801 ; Pont, 1164 ; Duranton, XX, 246 ; Aubry et Rau, § 287, note 20 ; Thézard, 168.

2. C. civ., 2171 ; comp. Cass., 14 nov. 1881, D. 82.1.168, S. 82.1.257.

3. Grenoble, 10 janv. 1870, S. 72.2.307, J. G., *Priv.*, 1232 ; Troplong, 808 ; Aubry et Rau, § 287, note 21 ; Pont, 1161 ; Mourlon, III, 1645.

4. C. civ., 2170 ; Aix, 10 fév. 1832 ; Duranton, XX, 245 ; Troplong, 797 ; Pont, 1160 ; Thézard, 168.

5. C. civ., 1221, 873 ; Cass., 17 janv. 1882, S. 84.1.317 ; Aubry et Rau, § 287, note 18.

le cas où le créancier aurait accepté le paiement de la part proportionnelle de l'héritier.

1002. Il faut que le détenteur oppose l'exception de discussion aussitôt après la dénonciation de la saisie ; qu'il indique les biens à discuter, situés dans le ressort de la Cour d'appel [1], et non litigieux, et qu'il avance, sur la réquisition du créancier, les fonds nécessaires pour la discussion [2].

Enfin, l'exception de discussion ne devrait pas être admise si les biens restés en la possession du principal obligé étaient grevés d'hypothèques préférables à celle du créancier poursuivant, et pour une somme devant en absorber le prix [3].

2° Garantie.

1003. En ce qui concerne l'exception de garantie, elle est admise en faveur du tiers détenteur, lorsque le créancier poursuivant se trouve personnellement obligé envers lui à la garantie de l'éviction qu'il lui ferait subir, soit comme héritier du vendeur, soit en qualité de caution de l'aliénation [4].

1004. Mais le tiers détenteur ne peut s'opposer aux poursuites dirigées contre lui en se fondant sur l'existence d'hypothèques antérieures à celles du poursuivant, et dont le chiffre absorberait en entier le prix de l'immeuble [5] ; peu importe

---

1. Troplong, 801 ; Pont, 1164. — *Contrà*, Thézard, 168.
2. C. civ., 2170, 2023 ; comp. Bordeaux, 6 déc. 1839 ; Bourges, 6 déc. 1839, S. 40.2.311 ; J. G., *Priv.*, 1942 ; Pont, 1165 ; Aubry et Rau, § 287, note 24.
3. Bordeaux, 6 août 1833 ; Toulouse, 30 avr. 1836, S. 37.2.23 ; Duranton, XX, 246 ; Troplong, 802 ; Pont, 1158 ; Colmet de Santerre, IX, 151 *bis*, VI.
4. Battur, 518 ; Grenier, 234 ; Troplong, 805 ; Pont, 1167 ; Thézard, 170 ; Laurent, XXXI, 264.
5. Cass., 10 févr. 1818 ; Paris, 8 févr. 1819 ; Pont, 1143 ; Aubry et Rau, § 287, note 27 ; Baudry-Lacantinerie et de Loynes 2167.

que les hypothèques ayant la priorité profitent au tiers détenteur de son chef ou par subrogation [1].

1005. A moins de prouver une fraude à ses droits, le tiers
détenteur ne serait pas recevable à repousser les poursuites
par le motif que le créancier aurait renoncé à une partie des
sûretés attachées à sa créance, ou négligé de les conserver [2].

1006. D'un autre côté, le tiers détenteur n'a pas de droit de
rétention à raison des impenses nécessaires ou utiles par lui
faites sur l'immeuble hypothéqué [3].

1007. Enfin pour résister aux poursuites, le tiers détenteur
ne pourrait se prévaloir des clauses de son contrat relatives à
l'époque de paiement de son prix [4].

1008. Cependant il a la faculté de former opposition à la
sommation de payer ou délaisser, pour mettre en cause les détenteurs des autres immeubles hypothéqués à la même dette,
afin de les faire contribuer au paiement de cette dette en
proportion de la valeur des immeubles détenus par chacun
d'eux [5].

ARTICLE TROISIÈME

ALTERNATIVES ACCORDÉES AU TIERS DÉTENTEUR.

1009. Lorsque le tiers détenteur poursuivi par les créanciers inscrits ne pourra ou ne voudra opposer les exceptions

---

1. Pont, 1143 ; Martou, 1272 ; Aubry et Rau, § 287, note 28 ; Laurent, XXXI, 265.

2. Cass., 22 av. 1856 ; Bourges, 11 juin 1855 ; Chambéry, 31 août
1861 ; Caen, 26 nov. 1870, S. 71.2.265 ; Pont, 1168 ; Laurent, XXXI,
267 ;

3. Cass., 14 nov. 1881, S. 82.1.257 ; Bastia, 2 fév. 1846 ; Troplong, 836 ; Pont, 1208 ; Aubry et Rau, § 287, note 32. — *Contrà*,
Glasson, 140.

4. Cass., 7 juin 1859, S. 60.1 277 ; Aubry et Rau, § 287, note 33.

5. Douai, 27 mai 1840 ; Angers, 10 mars 1841 ; Troplong, 788 *bis* ;
Laurent, XXXI, 269.

de discussion ou de garantie, il aura à choisir l'un des quatre partis suivants :

1° Payer la totalité des dettes inscrites pour conserver l'immeuble ;

2° Délaisser l'immeuble aux créanciers et, par là même se trouver libéré ;

3° Purger les hypothèques, pour libérer l'immeuble des charges qui se trouveront transférées sur le prix ;

4° Se laisser exproprier de l'immeuble grevé.

1° Paiement.

1010. Tout tiers détenteur a la faculté absolue, avant ou après la mise en demeure des créanciers, d'acquitter les dettes exigibles auxquelles l'immeuble est affecté, pour être subrogé de plein droit dans les créances qu'il paie [1],

1011. En cas de transmission par vente de l'immeuble grevé, lorsque les créances hypothécaires n'atteindront pas le prix dû par le tiers détenteur, le paiement des créances permettra souvent d'éviter des frais de procédure.

Au contraire, si les hypothèques dépassent le prix, le tiers détenteur usera rarement de la faculté de payer ; toutefois, en payant les créanciers premiers inscrits, à concurrence de ce qu'il doit, il y trouverait probablement l'avantage de ne pas être attaqué par les créanciers d'un rang inférieur qui ne viendraient pas en ordre utile, en supposant que le prix de la vente représente la valeur réelle de l'immeuble.

1012. Ce que le tiers détenteur doit payer aux créanciers inscrits, ce sont les sommes en capitaux et accessoires conservées hypothécairement [2], quand même le débiteur personnel

1. C. civ., 2167, 1251, 2°.
2. C. civ., 2151, 2168 ; Bordeaux, 28 fév. 1850, D. 52.2.90 ; Pau, 19 janv. 1892, S. 92.2.140 ; Pont, 1130 ; Laurent, XXXI, 272 à 274 ; Aubry et Rau, § 285 ; J. G., *Priv.*, 2411 ; Planiol, II, 3226.

devrait. davantage, car en acquittant des sommes qui ne
seraient pas garanties par l'inscription, le tiers n'aurait qu'un
recours personnel contre le débiteur.

Il sera bon d'appeler le débiteur au paiement, afin de lui
faire reconnaître la légitimité de la dette.

1013. Si le tiers détenteur paie les créances avant la purge
des hypothèques inscrites, ou l'acceptation par les créanciers
de la délégation contenue dans son contrat, il acquitte, non sa
dette, mais celle de son vendeur, envers lequel il ne se trouve
libéré que jusqu'à concurrence de la somme réellement dé-
boursée [1].

1014. A l'égard du Crédit foncier, créancier hypothécaire,
le tiers acquéreur, sur aliénation volontaire ou sur saisie immobilière, est obligé, dans la huitaine de la vente, de payer à
titre de provision, le montant des annuités dues. Après les
délais de surenchère, le surplus du prix doit être versé au
Crédit foncier jusqu'à concurrence de ce qui lui est dû, malgré
toutes oppositions et inscriptions. D'ailleurs le Crédit foncier
renonce à invoquer ces conditions en acceptant un cahier des
charges disant le contraire [2].

2° Délaissement.

1015. On entend par délaissement l'abandon de la possession de l'immeuble hypothéqué, fait par le tiers détenteur aux
créanciers inscrits, pour éviter que la poursuite en saisie soit
dirigée contre lui-même [3].

Quand le délaissement doit-il se faire? Il semble que c'est dans
les trente jours qui suivent la sommation de payer ou de dé--

1. Comp. Cass., 19 déc. 1876, S. 77.1.56 ; Pont, 1129, 1218.
2. Décr., 28 fév. 1852, art. 38 ; L. 10 juin 1853, art. 7 ; Paris,
7 juin 1893, D. 94.2.23 ; Cass., 25 juin 1901, D. 03.1.271.
3. C. civ., 2172 ; Troplong, 785 ; Laurent, XXXI, 275.

laisser [1]. Cependant on admet généralement que le tiers détenteur peut délaisser même après qu'une procédure en saisie a été commencée contre lui, mais à la charge de payer au saisissant le coût des formalités régulièrement accomplies, en tant que les actes ne profiteraient pas au saisissant [2].

1016. Il n'y a pas obstacle au délaissement par cela seul que le tiers détenteur a reconnu la dette hypothécaire, ou s'est laissé condamner à la payer en qualité de détenteur [3].

1017. Si le tiers détenteur se trouvait personnellement engagé au paiement de toute la dette comme codébiteur ou caution solidaire, il ne pourrait être admis à délaisser [4] ; il en serait autrement si le tiers n'était que caution hypothécaire, sans engagement personnel, ou débiteur conjoint, à la charge, dans ce cas, d'offrir sa part de la dette [5].

1018. Le tiers détenteur mettrait lui-même obstacle au délaissement, à l'égard des créanciers envers lesquels il prendrait l'engagement de les satisfaire, ou auxquels il aurait fait l'offre de payer son prix, ou encore s'il était soumis à la folle enchère [6].

L'héritier partiaire du débiteur, détenteur d'immeubles hypothéqués par le défunt, peut, après avoir payé sa part aliquote de la dette, s'affranchir du paiement du surplus en délaissant les immeubles hypothéqués qui se trouvent en sa possession [7].

1. Duranton, XX, 262 ; Bioche, *Hyp.*, 55 ; Laurent, XXXI, 278.

2. Paris, 10 janv. 1851 ; 17 fév. 1853 ; Angers, 14 juil. 1855 ; Lyon, 4 déc. 1860, S. 61.2.515 ; Pont, 1186 ; Martou, 1304 ; Aubry et Rau, § 287, note 35.

3. C. civ., 2173.

4. C. civ., 2172 ; Cass., 1er juil. 1850, D. 50.1.177, S. 53.1.303 ; Laurent, XXXI, 286 ; Martou, 1284.

5. Laurent, XXXI, 287 ; Colmet de Santerre, IX, 152 *bis*, xv.

6. Cass., 4 fév. 1857, D. 57.1.83 ; Paris, 17 janv. 1816 ; Orléans, 25 juil. 1849 ; 28 mai 1851 ; Pont, 1187 ; Martou, 1295 ; Chauveau, 2432 ; Troplong, 815.

7. C. civ., 873 ; Cass., 2 déc. 1867, S. 68.1.161 ; Laurent, XXXI, 287.

1019. Quand un contrat de vente contient délégation aux créanciers inscrits, s'ils acceptent, expressément ou implicitement, la délégation et poursuivent le tiers détenteur en paiement, il ne saurait recourir au délaissement [1].

1020. D'ailleurs, étant autorisé uniquement pour que le possesseur ne soit pas tenu, contre sa volonté, envers les créanciers au-delà de son prix, le délaissement ne peut être un moyen pour l'acquéreur de rompre le contrat, quand les charges hypothécaires sont inférieures au prix [2], ou, si les charges étant supérieures, les créanciers déclarent accepter le prix comme définitif [3].

1021. Dans ces cas et en l'absence de toute délégation, les créanciers sont fondés, en exerçant les droits de leur débiteur, à contraindre le tiers détenteur au paiement de son prix [4]. De son côté, le vendeur pourrait, en pareil cas, s'opposer au délaissement [5].

1022. Le délaissement doit émaner d'une personne ayant capacité d'aliéner, de sorte que le tuteur ne peut délaisser au nom de son pupille sans une autorisation du conseil de famille homologuée par le tribunal [6] ; ni la femme mariée sans être autorisée de son mari [7].

---

1. Cass., 21 mai 1807 ; 6 juil. 1881 ; Paris, 12 mars 1812 ; Rouen, 12 juil. 1823 ; Pont, 1180 ; Laurent, XXXI, 291.

2. Cass., 9 mai 1836 ; 1er juil. 1850 ; Riom, 30 juin 1852, S. 53. 2.634 ; Pont, 1135. — *Contrà*, Orléans, 28 mai 1851, S. 51.2.521, D. 52.2.135.

3. Cass., 12 fév. 1867, S. 67.1.111 ; Laurent, XXXI, 281 ; Baudry-Lacantinerie et de Loynes, 2987.

4. Cass., 9 mai 1836 ; 12 fév. 1867, S. 67.1.111 ; Grenoble, 13 juil. 1865 ; Troplong, 823 ; Martou, 1297.

5. Cass., 1er juil. 1850 ; Orléans, 16 avr. 1847 ; Pont, 1135 ; Martou, 1299.

6. C. civ., 2173 ; Battur, 482 ; Martou, 1288 ; Aubry et Rau, § 287, note 43 ; Thézard, 175. — *Contrà*, Pont, 1172 ; Troplong, 820, qui se contentent d'une délibération sans homologation.

7. Laurent, XXXI, 295 ; Pont, 1171 ; Planiol, II, 3236.

1023. Quant à la forme, le délaissement a lieu par le tiers détenteur au greffe du tribunal de première instance dans le ressort duquel l'immeuble est situé [1] ; il est signifié au créancier poursuivant et au vendeur, avec sommation de se présenter à l'audience pour en voir donner acte [2]. Le délaissement reçu, le tribunal, sur la demande de la partie la plus diligente, nomme un curateur à l'immeuble délaissé [3]. C'est contre ce curateur et contre le vendeur que la procédure de vente doit être dirigée [4].

1024. Le délaissement n'est qu'une abdication de la possession ; le droit de propriété dans la personne du tiers détenteur ne cesse pas avant le jugement d'adjudication. De là découlent les conséquences suivantes :

1° Le tiers détenteur peut, jusqu'à l'adjudication, reprendre l'immeuble en payant les frais du délaissement et les sommes dues aux créanciers hypothécaires [5] ;

2° Si l'immeuble périt par cas fortuit avant l'adjudication, la perte est pour le compte du tiers détenteur [6] ;

3° Lorsque le prix d'adjudication est supérieur au montant des créances hypothécaires, l'excédent appartient au délaissant [7] ;

4° Le vendeur peut contraindre le tiers détenteur à reprendre l'immeuble et à exécuter les conditions de la vente s'il parvient, avant l'adjudication, à dégrever l'immeuble ou à réduire les charges à une somme inférieure au prix [8] ;

1. C. civ., 2174 ; Planiol, II, 3238.
2. Riom, 8 déc. 1852, D. 54.5.420, S. 53.2.634 ; Pont, 1189 ; Chauveau, *Form.*, n° 1095.
3. C. civ., 2174 ; Pont, 1190 ; comp. Dijon, 23 avr. 1869.
4. Chauveau, 2198 ; Pont, 1192.
5. C. civ., 2173 ; Cass., 24 fév. 1830 ; Bordeaux, 14 août 1828 ; Pont, 1062.
6. Pont, 1193 ; Laurent, XXXI, 297 ; Thézard, 178.
7. Colmar, 22 nov. 1831, S. 32.2.271 ; Pont, 1193 ; Aubry et Rau, § 287.
8. Cass., 28 avr. 1874, D. 74.1.287 ; Orléans, 16 avr. 1847 ; 28 mai 1851 ; Paris, 24 mars 1847 Pont, 1196 ; Aubry et Rau, § 287, note 48.

5° Le délaissant n'est pas assujetti au droit de mutation, pour l'adjudication prononcée à son profit, même sur ce qui dépasse le prix de la première vente [1].

3° Purge.

1025. La purge des privilèges et hypothèques est le troisième parti offert au tiers détenteur pour prévenir ou arrêter les poursuites auxquelles l'expose le droit de suite.

Par la purge, le tiers détenteur offre aux créanciers le prix de l'immeuble ou sa valeur estimative [2]. Si les créanciers trouvent l'offre insuffisante, ils portent une surenchère qui est suivie d'une adjudication. A défaut de surenchère, le droit des créanciers n'affecte plus que le prix offert qui se trouve ainsi définitif.

Les détails de la purge seront indiqués sous le chapitre huitième (n° 1225).

4° Expropriation.

1026. Enfin, si le tiers détenteur n'a ni payé, ni délaissé, ni purgé, l'immeuble est exproprié sur lui par voie de saisie [3].

La poursuite en saisie contre le tiers détenteur a lieu suivant les règles de la procédure, pour aboutir à une adjudication publique dont le prix sera versé aux créanciers (n°s 1492 et suiv.).

ARTICLE QUATRIÈME

RAPPORTS DU TIERS DÉTENTEUR AVEC LES CRÉANCIERS.

1027. Tant que le tiers détenteur n'a pas reçu la sommation de payer ou délaisser, il fait les fruits siens, comme conséquence de son droit de propriété, sauf clause contraire dans

1. *Dict. enreg.*, DÉLAISS., 13.
2. C. civ., 2167, 2179, 2183.
3. C. civ., 2169, 2204 ; C. pr., 673.

son titre. Au contraire, à partir de la sommation, le tiers détenteur doit compte aux créanciers, comme étant immobilisés : des fruits naturels recueillis, et des fruits civils courus, ou des intérêts de son prix représentatifs des fruits, mais pourvu que les poursuites n'aient pas été interrompues pendant trois ans, car, dans ce cas, il faudrait une nouvelle sommation pour immobiliser les fruits [1].

Quant aux intérêts courus avant la sommation, ils constituent une valeur mobilière à répartir entre tous les créanciers, c'est-à-dire qu'ils peuvent être réclamés par les créanciers chirographaires [2].

1028. Les détériorations, procédant du fait ou de la négligence du tiers détenteur, donnent lieu contre lui à une action en indemnité qui peut être exercée par tout créancier hypothécaire, avant l'exigibilité de sa créance : l'action appartient même à ceux dont le droit serait conditionnel. Le montant de l'estimation est consigné pour être distribué avec le prix de l'immeuble [3].

1029. D'un autre côté, le tiers détenteur peut répéter ses impenses et améliorations, dans la limite de la plus-value en résultant au moment de l'adjudication sur expropriation [4].

Pour la garantie de son action en répétition, le tiers déten-

1. C. civ., 2176, 547 ; Thézard, 184 ; Pont, 1212 ; Colmet de Santerre. IX, 157 bis.

2. Cass., 9 août 1859 ; 23 juin 1862 ; 1er mars 1870, D. 70.1.262, S. 70.1.193 ; Rouen, 16 juil. 1844 ; Laurent, XXXI, 313 ; Thézard, 204. — Contrà, Troplong, 929 ; comp. Orléans, 11 janv. 1853, S. 53. 2.393.

3. C. civ., 2175 ; Orléans, 24 mars 1859, S. 59.2.673 ; Pont, 1200 ; Merville, Rev. prat., 1859, p. 162 ; Thézard, 181 ; Colmet de Santerre, IX, 156 bis, v ; Laurent, XXXI, 303 ; Aubry et Rau, § 287, note 55.

4. C. civ., 2175 ; Cass., 28 nov. 1838, S. 38.1.951 ; Pont, 1206 ; Martou, 1319 ; Aubry et Rau, § 287, note 56. — Contrà, Cass., 11 nov. 1824 ; comp. Thézard, 182 ; Nancy, 19 fév. 1881, S. 82.2.161.

teur n'a ni privilège [1], ni droit de rétention [2]; il jouit d'une
créance qu'il exerce par voie de distraction d'une partie du
prix, soit au moyen d'un dire dans le cahier des charges, soit
par une demande lors de l'état d'ordre [3].

1030. Les aliénations faites par le tiers détenteur, les constitutions de droits réels par lui consenties et les baux qu'il a
passés antérieurement à la sommation de payer ou délaisser,
subissent le sort des actes de même nature émanant du débiteur originaire.

ARTICLE CINQUIÈME

EFFETS DE L'EXPROPRIATION.

1031. Les suites de l'expropriation sont les mêmes, que
l'immeuble ait été vendu sur le tiers détenteur ou sur le curateur au délaissement.

1032. Malgré l'éviction résultant du jugement d'expropriation, le tiers détenteur a été propriétaire depuis son acquisition jusqu'au jugement d'adjudication, et les conséquences de
la propriété ne sont effacées que dans les limites nécessaires
aux droits du tiers détenteur et des créanciers.

Par suite de ce principe :

1° Les servitudes constituées par le tiers détenteur ne
s'éteignent pas de plein droit par l'expropriation, mais les
créanciers hypothécaires du précédent propriétaire sont auto-

---

1. Aubry et Rau, § 287, note 57 ; Laurent, XXXI, 309 ; Thézard,
183. — *Contrà*, Troplong, 836 ; Grenier, 336 ; Persil, *Rég. hyp.*,
art. 2175, n° 6.

2. Bastia, 2 fév. 1846, S. 48.2.10 ; Pont, 1208. — *Contrà*, Montpellier, 25 nov. 1852, D. 56.2.20, S. 53.2.191 ; Colmet de Santerre, IX,
156 *bis*, III.

3. Cass., 24 nov. 1868, D. 71.5.214 ; Bourges, 3 fév. 1851, D.
55.2.16 ; Nancy, 19 fév. 1881, S. 82.2.161 ; Thézard, 183 ; Martou,
1322 ; Aubry et Rau, § 287, note 58 ; Laurent, XXXI, 309.

risés à demander que l'immeuble soit vendu en exemption de ces servitudes [1] ;

2° Les hypothèques procédant du chef du tiers détenteur continuent de subsister, et ses créanciers peuvent faire valoir leurs droits à l'ordre ouvert pour la distribution du prix de l'immeuble exproprié, après tous ceux inscrits sur les précédents propriétaires [2] ;

3° Après le paiement des créanciers inscrits l'excédent du prix appartient au tiers détenteur, à l'exclusion du précédent propriétaire et de ses créanciers chirographaires [3] ;

4° Si le tiers détenteur a aquis des hypothèques sur l'immeuble exproprié, il peut les faire valoir dans l'ordre, pourvu qu'elles aient été dûment conservées [4] ;

5° Les servitudes actives ou passives de l'immeuble exproprié revivent après l'adjudication au profit ou contre le tiers détenteur évincé [5] ;

6° Après l'expropriation, le tiers détenteur évincé peut demander indemnité aux détenteurs des autres immeubles hypothéqués, à chacun dans la proportion de la valeur de l'immeuble qu'il détient [6].

ARTICLE SIXIÈME

RECOURS DU TIERS DÉTENTEUR.

1033. Quand le tiers détenteur a payé la dette hypothécaire, délaissé l'immeuble, ou subi l'expropriation, il est fondé à

1. Demolombe, XII, 748, 749 ; Laurent. XXXI, 318 ; Aubry et Rau, § 287, 5° ; comp. Colmet de Santerre, IX, 158 *bis*, i.

2. C. civ., 2177.

3. Cass., 15 déc. 1862, S. 63.1.57 ; Colmar, 22 nov. 1831 ; Pont, 1193 ; Martou, 1330 ; Colmet de Santerre, IX, 159 *bis*, ii.

4. C. civ., 2177 ; Laurent, XXXI, 314.

5. Pont, 1215 ; Martou, 1328 ; Thézard, 186.

6. Douai, 27 mai 1840 ; Angers, 10 mars 1841 ; Aubry et Rau, § 287, note 65.

recourir contre le débiteur principal [1]. L'étendue et les effets du recours sont subordonnés au point de savoir quel est le titre en vertu duquel le tiers détenteur est devenu propriétaire.

1034. Dans les transmissions gratuites, les successeurs à titre universel sont soumis à l'action personnelle des créanciers dans la proportion de leur part héréditaire, et les successeurs à titre particulier n'y sont pas astreints, mais l'action hypothécaire modifie profondément cette double règle, car chaque portion de l'immeuble hypothéqué se trouvant affectuée au paiement intégral de la dette, quiconque en détient une portion, même la plus minime, peut être poursuivi hypothécairement pour le tout.

D'ailleurs, il est incontestable que celui qui paie, en tout ou en partie, par l'effet de l'action hypothécaire, une dette dont il n'était pas tenu personnellement, est fondé à exercer un recours contre ceux auxquels le paiement a profité, et, pour l'efficacité du recours, la loi lui accorde de plein droit subrogation aux droits du créancier qu'il a payé.

La position du légataire particulier est celle d'un tiers détenteur ordinaire : s'il acquitte la dette hypothécaire, pour les héritiers ou successeurs universels, il a une action personnelle contre chacun de ceux auxquels le paiement a été utile, et une action hypothécaire contre ceux qui détiennent les immeubles hypothéqués à la dette du créancier par lui payé.

A l'égard des créanciers hypothécaires, les héritiers et successeurs à titre universel sont tenus personnellement pour leur portion héréditaire et hypothécairement pour le tout, comme détenteurs des immeubles grevés.

Si un cohéritier ou successeur à titre universel a été, par l'effet de l'hypothèque, forcé de payer au delà de sa part dans la dette commune, il a recours contre ses cohéritiers pour

1. C. civ., 2178.

la part que chacun d'eux doit personnellement en supporter.

En cas d'insolvabilité d'un des cohéritiers ou successeurs universels, sa part dans la dette hypothécaire est répartie sur tous les autres au marc le franc[1].

1035. Mais l'héritier bénéficiaire qui a payé avec subrogation la dette hypothécaire acquiert tous les droits du créancier, il peut donc réclamer le paiement à tous détenteurs des immeubles hypothéqués, sauf à ses cohéritiers à le faire contribuer au paiement jusqu'à concurrence des biens qu'il recueille[2].

1036. Le donataire actionné par un créancier hypothécaire peut recourir contre le donateur : 1° lorsque celui-ci a formellement promis la garantie[3]; 2° quand il s'agit d'une donation faite à titre de constitution de dot[4]; 3° si la donation est onéreuse, dans la proportion du montant des charges à la valeur des biens donnés[5]; 4° dans le cas où la donation est rémunératoire, à concurrence des services appréciables en argent[6]; 5° en cas d'éviction procédant d'un fait imputable au donateur, dans la limite du dommage que la donation a pu causer au donataire[7].

1037. Le tiers détenteur de l'un des immeubles hypothéqués qui a payé la totalité de la dette ne peut exercer l'action hypothécaire contre les détenteurs des autres immeubles grevés, que dans la proportion de la valeur comparative de ces immeubles et du sien propre[8].

---

1. C. civ., 870, 871, 873 à 876.

2. C. civ., 873 à 876, 1009, 1012, 1020 ; comp. Demolombe, XVII, 66.

3. Toulouse, 24 mars 1866 ; Besançon, 25 juin 1866, S. 66.2.352 ; Demolombe, XX, 546 ; Duranton, VIII, 526.

4. C. civ., 1440, 1547 ; Rouen, 3 juil. 1828 ; Aubry et Rau, § 705, note 15.

5. Demolombe, XX, 548 ; Duranton, VIII, 531.

6. Demolombe, XX, 549 ; Aubry et Rau, § 705, note 6.

7. Riom, 7 sept. 1848 ; Demolombe, XX, 550 à 552 ; Aubry et Rau, § 705, note 12.

8. Cass., 8 déc. 1903, S. 04.1.161 ; Paris, 19 déc. 1835 ; Douai,

André, *Régime hypothécaire.*   24

1038. Le vendeur est obligé légalement de garantir l'acquéreur de l'éviction qu'il souffre dans l'objet vendu par suite de délaissement, d'expropriation ou de paiement [1].

1039. Quand par suite de l'existence de charges hypo thé-caires l'acquéreur est évincé en totalité, le vendeur est tenu de restituer le prix qu'il a reçu et d'indemniser l'acquéreur : 1° des frais de contrat ; 2° des fruits ou intérêts dont il serait obligé de tenir compte aux créanciers contrairement aux stipulations de son contrat ; 3° du préjudice que l'éviction cause à l'acheteur en le privant de l'augmentation de valeur que la chose peut avoir acquise depuis la vente, soit par des événements indépendants du fait de ce dernier, soit par suite d'améliorations qu'il a effectuées et pour lesquelles il ne recevrait qu'une indemnité incomplète des créanciers ; 4° des frais occasionnés tant par la demande principale que par la demande en garantie [2].

1040. Entre les héritiers du vendeur, la restitution du prix et le paiement des dommages-intérêts sont divisibles, de sorte que chacun d'eux n'en est tenu que pour sa part héréditaire [3].

L'obligation de garantie cesse lorsque l'éviction provient d'une faute imputable à l'acheteur, par exemple : 1° s'il se laisse condamner sans avoir appelé en cause le vendeur et que celui-ci prouve qu'il y avait des moyens de faire rejeter la demande [4] ; 2° si, ayant dissimulé une partie du prix dans le contrat de vente, il est établi que la dissimulation est la cause unique de l'éviction [5].

27 mai 1840 ; Angers, 10 mars 1841, S. 41.2.187 ; Aubry et Rau, § 321, note 83 ; Planiol, II, 3270.

　1. C. civ., 2178.
　2. C. civ., 1630, 1633, 1634.
　3. Cass., 18 avr. 1860 ; 22 déc. 1873, S. 74.1.72 ; Grenoble, 24 fév. 1861 ; Aubry et Rau, § 355, note 11 ; Laurent, XXIV, 213.
　4. C. civ., 1640 , comp. Marcadé, art. 1629, VI.
　5. Dijon, 5 août 1879 ; Laurent, XXIV, 263.

1041. Un acquéreur n'a jamais à se faire juge du mérite des inscriptions délivrées sur la transcription de son titre ; la prudence exige que, sans attendre les poursuites des créanciers, il dénonce les inscriptions aux vendeurs, avec sommation d'avoir à en rapporter la mainlevée ; au moyen de cet acte, les vendeurs ne pourront impugner le parti qu'il aura choisi ultérieurement parmi ceux que lui accorde la loi en présence des créanciers [1].

1042. Il faut remarquer aussi que l'indivisibilité de l'obligation de garantie entre les vendeurs subsiste même après le partage amiable ou judiciaire qu'ils feraient postérieurement à la vente ; par suite ils restent, malgré ce partage, indivisiblement tenus de dégrever l'immeuble vendu de toutes les charges hypothécaires, peu importe qu'elles soient prises contre tous ou contre l'un d'eux, à moins toutefois d'une stipulation formelle contraire dans le contrat de vente [2].

QUATRIÈME SECTION

EFFETS DIVERS

ARTICLE PREMIER

HYPOTHÈQUES MARITIMES.

1043. Les créanciers ayant hypothèque inscrite sur un navire ou portion de navire le suivent, en quelque main qu'il passe, pour être colloqués et payés suivant l'ordre de leurs inscriptions.

1. C. pr., 777 ; Cass., 21 juin 1881 ; 19 mars 1884, S. 86.1.204 ; Limoges, 18 déc. 1840 ; Nancy, 5 mars 1873 ; Lyon, 8 mai 1873 ; Duvergier, 425.
2. Cass., 18 avr. 1860 ; 11 janv. 1881, S. 83.1.208 ; Besançon, 14 juil. 1875.

Si l'hypothèque ne grève qu'une portion de navire, le créancier ne peut saisir et faire vendre que la portion qui lui est affectée. Toutefois, si plus de la moitié du navire se trouve hypothéquée, le créancier pourra, après saisie, le faire vendre en totalité, à charge d'appeler à la vente les copropriétaires.

Dans tous les cas de copropriété, par dérogation à l'article 883 du Code civil, les hypothèques consenties durant l'indivision par un ou plusieurs des copropriétaires, sur une portion du navire, continuent à subsister après le partage ou la licitation.

Toutefois, si la licitation s'est faite en justice, le droit des créanciers n'ayant hypothèque que sur une portion du navire, sera limité au droit de préférence sur la partie du prix afférente à l'intérêt hypothéqué [1].

ARTICLE DEUXIÈME

PRIVILÈGE SUR FONDS DE COMMERCE.

1044. Les privilèges du vendeur et du créancier gagiste suivent le fonds de commerce dans quelques mains qu'il passe.

En cas de déplacement du fonds de commerce, les créances inscrites deviendront de plein droit exigibles si le propriétaire du fonds n'a pas fait connaître aux créanciers inscrits, quinze jours au moins d'avance, son intention de déplacer le fonds et le nouveau siège qu'il entend lui donner.

L'inscription prise par le vendeur et le créancier gagiste est opposable à la faillite et à la liquidation judiciaire de l'acquéreur, ainsi qu'à sa succession bénéficiaire [2].

---

1. L. 10 juil. 1835, art. 17 ; comp. Cass., 31 mars 1886, D. 86.1. 313, S. 86.1.269 ; Lyon-Caen et Renault, 1744.
2. L. 17 mars 1909, art. 2, 13, 22.

ARTICLE TROISIÈME

PRIVILÈGE DU WARRANT AGRICOLE.

1045. Les porteurs de warrants agricoles ont sur les indemnités d'assurances dues en cas de sinistre, les mêmes droits et privilèges que sur les produits assurés.

L'emprunteur conserve le droit de vendre les produits warrantés à l'amiable et avant le paiement de la créance, sans le concours du prêteur, mais la tradition à l'acquéreur ne peut être opérée que lorsque le créancier a été désintéressé.

Même avant l'échéance, l'emprunteur peut rembourser la créance garantie par le warrant. Si le porteur du warrant refuse les offres, le débiteur consigne la somme offerte. Sur le vu d'une quittance de consignation régulière et suffisante, le juge de paix du canton où le warrant est inscrit rend une ordonnance transférant le gage sur la somme consignée [1].

ARTICLE QUATRIÈME

PRIVILÈGE DU WARRANT HÔTELIER.

1046. Tout porteur de warrant hôtelier a, sur les indemnités d'assurance dues en cas de sinistre, les mêmes droits et privilèges que sur les objets assurés.

La vente des objets warrantés peut avoir lieu par l'emprunteur à l'amiable et avant le paiement de la créance, sans le concours du prêteur, mais leur tradition à l'acquéreur ne saurait être opérée qu'après désintéressement du créancier. C'est une situation identique à celle résultant du warrant agricole.

Faculté appartient à l'emprunteur de rembourser avant l'échéance la créance garantie par warrant. En cas de refus des offres par le porteur, le débiteur consigne la somme offerte.

1. L. 30 avr. 1906, art. 5, 8.

Sur le vu de la quittance de consignation, le président du tribunal de commerce dans le ressort duquel le warrant est inscrit rend une ordonnance transférant le gage sur la somme consignée[1].

1. L. 8 août 1913, art. 8, 10.

CHAPITRE SIXIÈME

PREMIÈRE SECTION

NOTIONS GÉNÉRALES.

1047. Simples accessoires de la créance au paiement de laquelle ils sont affectés, les privilèges et hypothèques se transmettent avec cette créance à ceux qui ont le droit de l'exercer comme successeurs universels ou particuliers du créancier : héritiers, donataires, légataires, cessionnaires [1].

Le principe *accessorium sequitur principale* ne s'oppose pas à ce que les privilèges et hypothèques soient l'objet d'une cession au profit d'un autre créancier du même débiteur, c'est-à-dire cédés indépendamment des créances qu'ils garantissent[2]; du reste, il est bien entendu que les droits ainsi cédés ne survivent pas à l'extinction de la créance du cédant[3].

Ces cessions isolées des droits privilégiés et hypothécaires résultent des conventions connues en pratique sous les noms de cession d'antériorité (n° 750), cession de concurrence

1. C. civ., 883, 938, 1004, 1249, 1692, 2112.
2. L. 23 mars 1855, art. 9 ; Bourges, 20 juil. 1832 ; Caen, 11 mars 1854, S. 55.2.69 ; Pont, 334 ; Thézard, 35 ; Valette, 129. — *Contrà*, Aubry et Rau, § 288, note 2 ; Larombière, III, p. 226 ; Laurent, XXXI, 324.
3. Cass., 25 janv. 1853, S. 53.1.423 ; Orléans, 16 mars 1849 ; Pont, 334.

(n° 749), et de subrogation dans l'hypothèque légale de la femme (n° 1076).

1048. Pour son efficacité complète, toute transmission des privilèges immobiliers et des hypothèques doit être rendue publique par une mention spéciale en marge des inscriptions existantes au bureau des hypothèques.

A défaut d'accomplissement de cette formalité, les subrogés seraient exposés à ne pas recevoir les actes de procédure signifiés au domicile élu, en cas de purge, saisie et ordre [1].

1049. La transmission, au point de vue hypothécaire, doit résulter d'actes authentiques. Si elle était constatée par actes sous seings privés, ils ne pourraient être mentionnés sur les registres hypothécaires qu'après avoir été vérifiés en justice et reconnus sincères ou déposés à un notaire avec reconnaissance de signature par toutes les parties [2].

Cependant le tiers subrogé par acte sous signatures privées serait fondé à requérir une inscription en son nom personnel, pour renouveler celle dans laquelle il aurait obtenu subrogation [3].

DEUXIÈME SECTION

SUCCESSEURS A TITRE GRATUIT.

1050. Les partages, donations ou délivrances de legs ayant pour objet des créances ou droits auxquels sont attachés des privilèges ou hypothèques, emportent légalement dévolution de ces privilèges et hypothèques au profit des copartageants, donataires ou légataires ; néanmoins, il est utile de formuler la transmission ou subrogation par l'énonciation des dates,

1. C. civ., 2183 ; C. pr., 692, 753.
2. C. civ., 1322 ; Baudot, 740 ; Landouzy, 179 ; Boulanger, 28.
3. Cass., 11 août 1819 ; Bourges, 12 fév. 1841 ; Baudot, 740 ; Aubry et Rau, § 270, note 5 ; Troplong, 364.

volumes et numéros des inscriptions, afin qu'elle puisse être mentionnée sur les registres de la conservation des hypothèques, en marge de chacune des inscriptions..

Cette mention est nécessaire aussi bien pour mettre le nouveau créancier à l'abri d'un paiement, d'une cession ou d'une main-levée frauduleux (n° 1010), que pour lui faciliter la réception de tous actes de procédure relatifs à l'inscription.

1051. D'ailleurs les substitutions faites soit par donation, soit par testament, doivent être mentionnées en marge des inscriptions hypothécaires [1].

1052. Pour faire opérer la subrogation, le requérant dépose au conservateur des hypothèques les actes justificatifs de la qualité du successeur (n° 1960).

Un seul héritier est admis à faire mentionner la subrogation résultant de sa qualité héréditaire, sur la production d'un acte de notoriété ou d'un intitulé d'inventaire, mais comme le conservateur pourrait refuser d'opérer la subrogation en marge des inscriptions sans une réquisition formelle, l'unique héritier devra faire dresser un acte spécial requérant les subrogations et rappelant les dates, volumes et numéros des inscriptions à émarger.

TROISIÈME SECTION

SUBROGÉS.

ARTICLE PREMIER

PAIEMENT AVEC SUBROGATION.

1053. En cas de paiement avec subrogation, les privilèges et hypothèques attachés à la créance passent, avec tous autres

---

1. C. civ., 1069.

droits et actions du créancier, au tiers qui fait le paiement ou a fourni au débiteur les deniers nécessaires pour l'effectuer [1].

La subrogation a lieu tant contre les cautions que contre les débiteurs ; elle ne peut nuire au créancier lorsqu'il n'a été payé qu'en partie ; en ce cas, il exerce ses droits, pour ce qui lui reste dû sur la créance remboursée en partie, par préférence à celui dont il n'a reçu qu'un paiement partiel [2] (n° 440).

1054. Il est évident que le droit de préférence qui appartient au subrogeant est transmissible à ses successeurs à titre gratuit et à ses cessionnaires.

Mais il ne peut pas être transmis par de nouvelles subrogations ; en conséquence, si plusieurs personnes ont payé avec subrogation diverses portions d'une même créance, elles concourent entre elles dans la proportion des sommes dont elles sont devenues créancières.

1055. La subrogation se produit conventionnellement :

1° Lorsque le créancier recevant son paiement d'une tierce personne veut bien la subroger dans ses droits ; cette subrogation doit être consentie expressément par le créancier dans l'acte même qui constate le paiement instantané ; elle peut s'opérer en l'absence du débiteur [3] ;

2° Quand le débiteur emprunte une somme à l'effet de payer sa dette et de subroger le prêteur dans les droits du créancier ; il faut pour la validité de cette subrogation : que l'acte d'emprunt et la quittance soient passés devant notaire ; que dans l'acte d'emprunt il soit déclaré que la somme a été empruntée pour faire le paiement ; et que dans la quittance il soit déclaré, par le débiteur ou son mandataire, que le paiement a été fait des deniers fournis à cet effet par le nouveau créancier.

1. C. civ., 1249.
2. C. civ., 1252.
3. C. civ., 1250, 1° ; Planiol, II, 482 ; Baudry et Barde, 1523.

Cette subrogation s'opère sans le concours de la volonté du créancier [1] ; toutefois, si la quittance n'est pas contenue dans l'acte d'emprunt, il est opportun de faire consentir la subrogation par le créancier, afin d'éviter le dépôt à la conservation hypothécaire d'un extrait de l'acte d'emprunt.

1056. La subrogation a lieu de plein droit, mais au point de vue hypothécaire il est utile de l'exprimer [2] :

1° Au profit du créancier, hypothécaire ou chirographaire [3], remboursant un autre créancier qui lui est préférable, à raison de ses privilèges et hypothèques [4].

Ce premier cas de subrogation légale joue un rôle important dans le concours d'une hypothèque générale avec des hypothèques spéciales, affectant plusieurs immeubles profitant à des créanciers différents (n°s 971 à 975) ;

2° Au profit de l'acquéreur d'un immeuble qui emploie le prix de son acquisition au paiement des créanciers ayant privilège ou hypothèque inscrits sur cet immeuble [5] ;

3° Au profit de celui qui, étant tenu avec d'autres ou pour d'autres au paiement de la dette, aurait intérêt de l'acquitter [6], par exemple, un codébiteur solidaire, une caution, un tiers détenteur de l'immeuble hypothéqué [7]. Cette subrogation s'applique en matière fiscale [8].

---

1. C. civ., 1250, 2° ; comp. Cass., 5 août 1891, D. 92.1.217, S. 92. 1.57.

2. Cass., 15 janv. 1833 ; 21 déc. 1836, D. 37.1.164, S. 37.1.54.

3. Douai, 20 nov. 1839 ; Caen, 26 nov. 1870, D. 73.2.181, S. 71.2. 263 ; Gauthier, 223 ; Larombière, 1251, n° 5 ; Colmet de Santerre, V, 193 *bis* ; Demolombe, XXVII, 459 ; Aubry et Rau, § 321, note 45.

4. Même le Crédit foncier (Cass., 28 juil. 1908, J. E., 27802).

5. C. civ., 1251, 2° ; Cass., 28 juin 1882, S. 82.1.447.

6. C. civ., 1251, 3°.

7. C. civ., 874, 1200, 1214, 1222, 2025, 2033, 2168 ; comp. Cass., 6 juil. 1896.

8. Cass., 4 janv. 1888 ; 14 nov. 1893, S. 94.1.397.

La caution d'une partie de la dette qui paie le montant de son cautionnement ne vient qu'après le créancier pour ce qui lui reste dû [1].

La caution de l'un des débiteurs solidaires est, par le paiement de la dette, subrogée légalement dans tous les droits qu'avait le créancier contre les autres codébiteurs [2] ;

4° Au profit de l'héritier bénéficiaire qui paie de ses deniers les dettes de la succession, en l'absence d'opposition [3].

1057. Le paiement de frais funéraires et de dernière maladie par un tiers qui se serait porté garant des héritiers débiteurs ou aurait commandé, autoriserait assurément le payant à réclamer la subrogation dans le privilège en vertu de l'article 1251, 3°, du Code civil [4].

Il en serait de même s'il avait payé les créanciers avec l'intention de faire un prêt aux débiteurs [5]; mais en remettant l'argent aux débiteurs pour payer, le tiers perdrait tout privilège.

1058. La substitution du subrogé à tous les droits du créancier s'applique aussi à l'action résolutoire appartenant au vendeur pour défaut de paiement du prix [6]. Ce point ne fait plus aucun doute, même en ce qui concerne la subrogation légale au profit soit du créancier de l'acquéreur qui paie le vendeur, soit de l'acquéreur payant un précédent vendeur [7].

1. C civ., 1252 ; Cass., 29 janv. 1861 ; 5 déc. 1866 ; 29 mai 1878, D. 78.1.427, S. 80.1.59.
2. C. civ., 2029 ; Cass., 6 juil. 1896, D. 97.1.51, S. 97.1.6 ; comp. Aubry et Rau, § 428, note 7 ; Laurent, XXXVIII, 251.
3. C. civ., 1251, 4° ; Cass., 4 juil. 1892, S. 97.1.502.
4. Pont, 74 ; Martou, 359.
5. Duranton, XIX, 51 ; Troplong, 56 bis. — Contrà, Baudry-Lacantinerie et de Loynes, 329.
6. Cass., 28 fév. 1894 ; 22 oct. 1894, S. 95.1.321 ; Grenoble, 5 janv. 1826 ; 13 mars 1858 ; Bourges, 19 juin 1838 ; Rouen, 15 mai 1852 ; Paris, 30 juin 1853 ; Caen, 23 avril 1890 ; Larombière, 1251, n° 13 ; Aubry et Rau, § 321, note 75.
7. Cass., 28 fév. 1894 ; 22 oct. 1894, précités.

1059. Au point de vue hypothécaire, l'effet de la subrogation est subordonné à la conservation des privilèges et hypothèques par le subrogé, quel qu'il soit, même l'acquéreur [1].

1060. Il ne suffit pas au subrogé de veiller au renouvellement des inscriptions ; il lui importe, de plus, de se faire connaître aux tiers en déposant une expédition de son titre au bureau des hypothèques pour qu'il en soit fait mention en marge des inscriptions existantes.

En négligeant cette formalité, le subrogé serait exposé à voir le subrogeant donner main-levée des inscriptions [2].

1061. Le subrogé n'est pas tenu de signifier son titre au débiteur ou de le lui faire accepter par acte authentique [3], cependant la prudence exige qu'il remplisse cette formalité pour empêcher un paiement entre les mains du créancier originaire [4].

ARTICLE DEUXIÈME

CESSIONNAIRES.

1062. La cession (ou transport) des choses incorporelles telles que créances, droits litigieux, droits successifs, fait passer au cessionnaire tous les accessoires qui y sont attachés comme cautionnement, privilèges et hypothèques [5].

1. Cass., 1er juil. 1857, S. 58.1.206 ; 22 nov. 1893, J. C., 4483, S. 95.1.337 ; Rouen, 30 mai 1825 ; Demolombe, XXVII, 556, 644 ; Aubry et Rau, § 280, note 22. — Le créancier nanti est obligé de veiller au renouvellement de l'inscription conservant la créance qu'il a reçue en gage (Civ., 2080 ; Cass., 29 juin 1904, S. 04.1.416, *Rev. not.*, 11964).

2. Landouzy, 175 ; comp. Cass., 19 fév. 1895, J. C. 4690.

3. Paris, 12 mars 1888, *Rev. not.*, 8002 ; Larombière, 1250, n° 35 ; Aubry et Rau, § 321, note 21 ; Demolombe, XXVII, 329 ; Colmet de Santerre, V, 189 *bis*, x. — *Contrà*, Toullier, VII, 127 ; Duvergier, *Vente*, II, 237.

4. Larombière, 1250, n°s 40 et 42 ; Aubry et Rau, § 321, note 22.

5. C. civ., 1692.

1063. En ce qui concerne les créances, le cessionnaire n'est saisi à l'égard des tiers que par la signification du transport au débiteur cédé, à personne ou à domicile réel, ou au moyen de son acceptation par un acte authentique [1].

L'acceptation du débiteur offre beaucoup plus de sécurité au cessionnaire que la signification ; en effet : par l'acceptation le débiteur reconnaît que la créance n'est pas éteinte, et renonce au droit d'opposer la compensation du chef du cédant ; la signification ne met pas obstacle à ce que le cédé compense des créances devenues compensables avant cette signification [2]. L'huissier chargé de signifier au débiteur devra donc l'interpeller formellement et faire mention de la réponse sur son original, avec signature.

1064. Il n'est pas nécessaire que la signification d'un transport de créance contienne la copie littérale de cet acte, il suffit qu'elle fasse connaître les parties essentielles [3].

1065. A partir de la signification du transport, la somme cédée n'appartenant plus au cédant, ne saurait être utilement frappée de saisie-arrêt ; s'il en est fait, le débiteur ne peut en exiger la mainlevée [4].

1066. La cession d'une créance sur une commune est valablement signifiée au maire, et non au receveur municipal [5] ; sur une succession vacante, à la caisse des consignations et non au curateur [6].

1. C. civ., 1690, 1295 ; Cass., 4 mai 1874, D. 74.1.489, S. 75.1. 69 ; Demolombe, XXVIII, 572 ; Desjardins, 128.

2. C. civ., 1295.

3. Cass., 19 juin 1889, S. 89.1.468, *Rev. not.*, 8105 ; Aubry et Rau, § 350 *bis*, note 8 ; Laurent, XXI, 485 ; Huc, *Cession*, 389, 200.

4. Cass., 17 fév. 1896, *Rev. not.*, 9586, S. 96.1.280.

5. L. 5 av. 1884, art. 152 et 153 ; Cass., 16 avr. 1913 ; Chambéry, 17 janv. 1873, S. 73.2.79, D. 73.2.163 ; Huc, *Cession*, 332 ; — *Contrà*, Douai, 15 mars 1894, S. 94.2.215, disant que la signification doit être faite au receveur municipal.

6. Seine, 9 mai 1895, J. E., 24734.

1067. Quand la créance cédée est due par plusieurs débiteurs solidaires, la signification faite à l'un d'eux ou son acceptation ne donne pas sécurité complète au cessionnaire, car la solidarité n'empêchant pas la division de l'obligation entre les débiteurs, les paiements faits par les débiteurs non avertis légalement du transport, entre les mains du cédant ou d'un second cessionnaire, devraient être maintenus [1].

1068. On peut signifier le transport après le décès du cédant, encore que sa succession ait été acceptée sous bénéfice d'inventaire [2], mais le transport signifié après la déclaration de faillite du cédant est nul à l'égard des créanciers de la masse [3].

1069. En cas de cession partielle d'une créance, le cédant et le cessionnaire exercent leurs droits en concurrence ; il en est de même entre différents cessionnaires successifs de portions d'une même créance, à moins de stipulations contraires dans les actes de cession (n⁰ˢ 439, 1054).

On admet généralement qu'il y a cession virtuelle de priorité quand le cédant s'oblige à payer à défaut du débiteur cédé, ou garantit la solvabilité du débiteur.

1070. Il est bon de rappeler ici que la cession des créances hypothécaires appartenant à un mineur ne peut avoir lieu sans une autorisation du conseil de famille, et, si la créance dépasse 1.500 fr., la délibération du conseil doit être homologuée par le tribunal civil, dont le jugement est en dernier ressort [4].

1071. Le cessionnaire d'une créance privilégiée ou hypothécaire doit déposer une expédition de son transport au bureau des hypothèques pour faire émarger les inscriptions de

1. C. civ., 1213 ; Rouen, 14 juin 1847, D. 49.2.241, S. 49.2.25 ; Aubry et Rau, § 359 *bis*, note 6.

2. Douai, 17 juil. 1833 ; Bordeaux, 10 fév. 1837 ; Montpellier, 3 mai 1841.

3. Cass., 4 janv. 1847 ; 26 janv. 1859, D. 59.1.97 ; 24 juin 1868, S. 68.1.363.

4. L. 27 fév. 1880, art. 1 et 2.

la subrogation résultant de cet acte, et cela même avant la signification.

1072. Si un acte notarié contenant constitution de privilège ou d'hypothèque énonce que la créance se trouve représentée par des lettres de change ou des billets à ordre souscrits par le débiteur, le bénéfice du privilège ou de l'hypothèque passe, par le seul effet de l'endossement, et sans signification, au porteur de ces billets ou lettres de change [1], de sorte que les paiements faits au créancier primitif ne pourraient être opposés aux tiers auxquels les effets auraient été passés, même postérieurement aux paiements [2].

1073. Le cessionnaire de droits successifs [3] n'est pas obligé de signifier l'acte de cession [4], mais il est prudent qu'il fasse cette signification tant aux cohéritiers qu'aux débiteurs de créances et, en outre, mentionner la subrogation résultant de la cession en marge des inscriptions hypothécaires, afin d'être à l'abri de toute fraude [5].

1074. Le transport de droits litigieux [6] est soumis à la signification pour produire son effet contre le débiteur [7].

L'apport en société d'une créance doit de même être signifié au débiteur [8].

1075. La vente d'une propriété louée transmet à l'acquéreur le privilège du locateur ; s'il est dû des fermages en

1. Cass., 20 juin 1854 ; 2 juil. 1877 ; 15 mars 1892, S. 94.1.495 ; Colmar, 29 mars 1852 ; Nîmes, 28 nov. 1892 ; Paris, 18 janv. 1901, Rev. not., 10921 ; Bertauld, 181 ; Aubry et Rau, § 288.

2. Cass., 15 mars 1825.

3. C. civ., 1690.

4. Cass., 6 juil. 1858 ; 26 mars 1886, S. 86.1.250 ; Chambéry, 14 août 1868 ; Laurent, XXIV, 478 ; Aubry et Rau, § 359, note 24.

5. Nancy, 28 juin 1856, D. 56.2.280 ; Bordeaux, 19 juin 1856.

6. C. civ., 1690 ; Rouen, 27 févr. 1885, S. 86.2.127.

7. Cass., 3 janv. 1820 ; Troplong, 998.

8. Cass., 24 déc. 1894, S. 95.1.69, Rev. not., 9399 ; Aubry et Rau, § 378, note 11 ; Huc, Cession, 385.

retard (ce qui arrive souvent pour les propriétés rurales) non cédés à l'acheteur, les vendeurs doivent avoir soin de les réserver formellement et de se faire consentir une subrogation, à due concurrence, et par préférence dans le privilège du locateur. Sans cette précaution, les vendeurs n'auraient qu'une action personnelle contre le fermier, car le privilège du propriétaire ne peut plus être exercé par celui qui a cessé de l'être [1].

QUATRIÈME SECTION

SUBROGATION DANS L'HYPOTHÈQUE LÉGALE.

ARTICLE PREMIER

FEMME MARIÉE.

1076. La femme mariée, autorisée de son mari ou de justice, a la faculté de subroger à son hypothèque légale les tiers envers lesquels elle s'est engagée conjointement avec son mari, aussi bien que les créanciers de celui-ci, et ses créanciers à elle-même [2].

1077. Cependant la femme soumise au régime dotal ne peut ni subroger à son hypothèque légale, ni même céder la priorité de son rang hypothécaire [3]. Il en serait ainsi, alors même que la femme aurait la faculté d'aliéner ses biens dotaux [4].

1. Cass., 14 déc. 1892, S. 93.1.169, *Rev. not.*, 8947 ; Grenoble, 30 janv. 1864 ; Chauveau, *Quest.*, 2793 ; Martou, II, 389 ; Aubry et Rau, § 261, note 4.
2. L. 23 mars 1855, art. 9 ; Aubry et Rau, § 288 *bis*, 1° ; Mérignhac, 95.
3. Cass., 26 mai 1836, S. 37.1.775 ; 13 fév. 1866 ; 14 nov. 1866 ; Aubry et Rau, § 537 *bis*.
4. Cass., 16 déc. 1856 ; 4 juin 1866 ; 7 avr. 1868 ; Lyon, 3 fév. 1883, S. 85.2.154 ; Caen, 21 juil. 1874, D. 76.2.57.

André, *Régime hypothécaire.*   25

Pour que la femme dotale ait le droit de subroger à son hypothèque légale, il faut qu'il s'agisse de l'établissement de ses enfants ; hors ce cas, elle ne peut subroger qu'en vertu d'une réserve formelle dans le contrat de mariage [1] ; excepté en ce qui concerne ses reprises et créances paraphernales [2].

Cette incapacité de la femme dotale ne cesse pas par la séparation de biens [3], ni par celle de corps.

1078. Sous tout autre régime, la femme jouit de la faculté de subroger à son hypothèque légale, elle n'en serait pas privée par la réserve de reprendre son apport en exemption de toute dette [4], ni par l'interdiction absolue de s'obliger, car une telle clause est nulle [5].

1079. A défaut de limitation des effets de la subrogation dans l'hypothèque légale, elle porte sur tous les immeubles présents et à venir du mari [6].

Quoique dans la pratique les effets de la subrogation soient souvent limités aux biens spécialement hypothéqués par le mari, il faut se garder de faire une telle restriction, quand l'hypothèque conventionnelle doit porter subsidiairement sur les biens à venir.

D'ailleurs, la subrogation ne pourrait être étendue aux immeubles aliénés, avec le concours solidaire de la femme, par acte contenant abdication d'hypothèque légale, et transcrit avant l'inscription de la subrogation [7].

---

1. Cass. 18 juin 1895 ; Grenoble, 15 janv. 1909.

2. Cass., 14 nov. 1866 ; 6 déc. 1882, S. 84.1.27, D. 83:1.219 ; Baudry-Lacantinerie et de Loynes, 1044 ; Mérignhac, 29 ; Colmet de Santerre, VI, 230 bis, xi.

3. Cass., 14 nov. 1846 ; 29 juil. 1862, S. 63.1.443.

4. Cass., 29 juil. 1866 ; 21 déc. 1869 ; 14 juil. 1879, S. 80.1.448.

5. Cass., 21 déc. 1869, 22 déc. 1879 ; Paris, 19 juin 1884.

6. Cass., 3 juil. 1866 ; Paris, 18 août 1876 ; Lyon, 27 déc. 1882 ; Dijon, 4 août 1880, S. 80.2.323.

7. Amiens, 11 nov. 1858, S. 59.2.316 ; Mérignhac, 128.

1080. Quand la femme s'oblige solidairement avec son mari qui confère une hypothèque, l'engagement de la femme emporte virtuellement subrogation à son hypothèque légale au profit du créancier, mais seulement sur les immeubles compris dans l'affectation hypothécaire [1].

En pareil cas, à défaut de constitution d'hypothèque, le créancier ne peut prétendre à une subrogation non formulée [2], quand même il obtiendrait plus tard une condamnation solidaire contre les deux époux [3].

1081. Les subrogations, expresses ou tacites, à l'hypothèque légale ne sont efficaces à l'égard des tiers [4], que du jour où elles ont été rendues publiques par inscription directe, au profit des subrogés ou par la mention de la subrogation en marge de l'inscription préexistante. Les dates de ces inscriptions ou mentions déterminent l'ordre dans lequel les subrogés exercent les droits hypothécaires de la femme [5].

1082. Quant à ses effets, la subrogation est irrévocable [6], mais elle ne confère au subrogé, ni la propriété des créances de la femme, ni de l'hypothèque légale : elle ne l'investit que du droit d'exercer éventuellement, jusqu'à concurrence de sa créance, les droits hypothécaires de la femme [7] : en d'autres

---

1. Cass., 4 fév. 1839 ; 26 juin 1855 ; 25 févr. 1862, D. 62.1.240, S. 62.1.356 ; 3 déc. 1883, S. 84.1.232 ; Laurent, XXXI, 335.

2. Paris, 8 av. 1851 ; Amiens, 26 mai 1874, D. 76.2.130 ; Aubry et Rau, § 288 *bis*, note 11. — *Contrà*. Cass., 17 avril 1827 ; Bourges. 4 mars 1831.

3. Cass., 14 mars 1865 ; Caen, 15 juil. 1840 ; Orléans, 9 juin 1874, S. 74.2.302 ; Mérignhac, 126 ; Baudry-Lacantinerie et de Loynes, 1063.

4. Tels sont les créanciers chirographaires de la femme, Caen, 18 déc. 1878, D. 79.2.292, S. 79.2.297 ; Verdier, 685 ; Colmet de Santerre, IX, 107 *bis*, ix. — *Contrà*, Bertauld, *Subr.*, 95.

5. L. 23 mars 1855, art. 9 ; Verdier, 673 ; Thézard, 112.

6. Bordeaux, 10 août 1853, S. 54.2.98 ; Thézard, 107 ; Mérignhac, 97.

7. Cass., 8 août 1854 ; 22 janv. 1900, D. 1900.1.139 ; Pont, 475 ; Aubry et Rau, § 288 *bis*, 4° ; Laurent, XXXI, 355 ; Planiol, II, 3494.

termes. c'est une délégation en garantie consentie au subrogé.

1083. Au lieu d'une subrogation, la femme peut se borner à consentir en faveur du créancier : soit une cession d'antériorité, de sorte que celui-ci exercerait les droits de la femme au rang de son hypothèque légale, et cette dernière au rang de l'hypothèque du créancier [1] ; soit encore une renonciation au droit d'exercer son hypothèque légale au préjudice du créancier [2]. Ces stipulations sont moins sûres que la subrogation formelle, et doivent être abandonnées comme susceptibles de donner lieu à des interprétations contraires à la volonté des parties [3].

Les praticiens éviteront tout commentaire défavorable au créancier en ayant soin de dire que la femme cède ses reprises et créances, présentes et futures, et subroge le créancier dans tous ses droits d'hypothèque légale, par préférence à elle-même et à tous autres.

1084. Il est à remarquer : d'une part, que la subrogation par la femme dans son hypothèque légale ne peut résulter d'un acte sous seing privé [4], et que cette subrogation n'est valable qu'autant qu'elle émane d'une femme majeure [5] ; d'autre part, que le mandat donné par la femme à l'effet de subroger dans son hypothèque légale doit être spécial et authentique [6].

1085. Après la dissolution du mariage, si la femme ou ses héritiers subrogent un tiers créancier dans l'effet de l'hypothèque légale, l'acte sera soumis à la formalité de l'authenticité et de l'inscription, comme s'il avait lieu durant le mariage.

Cette subrogation ne constituant pas un transport ne saurait

1. Lyon, 4 août 1853 ; 11 août 1855 ; Pont, 480.

2. Cass., 8 août 1854 ; 26 juin 1855 ; 25 fév. 1862, D. 62.1.240 ; Toulouse, 29 fév. 1892, D. 92.2.227.

3. Cass., 8 août 1854, S. 54.1.321 ; Pont, 476 ; Ducruet, 38.

4. L. 23 mars 1855, art. 9 ; Verdier, 754 ; Mourlon, 1005 ; Flandin, 1547.

5. Seine, 24 avr. 1883 ; comp. Cass., 19 juin 1850 ; Mérignhac, 27.

6. Cass., 24 mai 1886, J. E., 22722 ; Verdier, 796 ; Ducruet, 40.

·être assujettie à la signification ; cependant, en pratique, c'est
une précaution à ne pas négliger [1].

ARTICLE DEUXIÈME

MINEUR.

1086. Le mineur devenu majeur et l'interdit relevé de l'interdiction peuvent subroger un tiers dans l'effet de leur hypothèque légale contre l'ancien tuteur, comme garantie d'un
emprunt qu'ils font. Ils ont aussi la faculté de consentir subrogation ou antériorité en faveur d'un tiers à l'occasion d'un prêt
qu'il fait à l'ancien tuteur. Cette opération n'est pas prohibée
par la loi : d'ailleurs il est certain qu'une telle subrogation est
utile seulement pendant l'année accordée pour inscrire l'hypothèque légale [2]. Au surplus, si l'hypothèque était inscrite, il
faudrait procéder par cession de priorité.

1. Toulouse, 29 fév. 1892, S. 93.2.105, J. G., *Priv.*, 533 ; Pont,
796 ; Verdier, 767 ; Comp. Cass., 6 juin 1887, S. 89.1.17, *Rev. not.*,
7707.
2. Comp. C. civ., 472 ; L. 23 mars 1855, art. 8 ; Cass., 10 avr.
1849 ; Bourges, 20 fév. 1852 ; Riom, 9 janv. 1860, S. 60.2.612 ; Aubry et Rau, § 121, note 23.

CHAPITRE SEPTIÈME

EXTINCTION DES PRIVILÈGES ET HYPOTHÈQUES

PREMIÈRE SECTION

GÉNÉRALITÉS.

1087. L'extinction des privilèges et hypothèques anéantit le droit de suite à l'encontre des tiers détenteurs et, dans certains cas, le droit de préférence contre les créanciers.

On trouve dans le texte légal, quatre causes extinctives des privilèges et hypothèques : l'extinction de l'obligation principale ; la renonciation par le créancier à son hypothèque ou à son privilège ; l'accomplissement des formalités de purge, et la prescription [1].

En doctrine, on signale d'autres causes d'extinction, résultant des principes généraux du droit : perte de l'immeuble hypothéqué [2] ; résolution du droit de propriété [3] ; réduction prononcée en justice [4] ; défaut d'inscription en même temps utile [5] ; déchéance pour défaut de production à l'ordre [6] ; effet d'une collocation devenue inutile [7] ; omission de l'inscription

1 C. civ., 2180 ; Aubry et Rau, § 292, 293 ; Laurent, XXXI, 357.
2. C. civ., 1302, 1303 ; Thézard, 255.
3. C. civ., 2125.
4. C. civ., 2143, 2161 et suiv.
5. C. civ., 2146.
6. C. pr., 754, 755 ; Boitard, 1027.
7. C. pr., 759.

par le conservateur dans l'état requis par l'acquéreur après la transcription de son titre [1].

1088. Il ne faut pas oublier que l'annihilation des privilèges et hypothèques, excepté lorsqu'elle a lieu par extinction de l'obligation principale ou par prescription au profit du débiteur direct, n'anéantit pas le droit de créance, c'est-à-dire l'action personnelle contre le débiteur.

DEUXIÈME SECTION

EXTINCTION DE L'OBLIGATION PRINCIPALE.

1089. Quand une dette est garantie par un privilège ou une hypothèque, le créancier a deux droits : un droit principal qui est l'action personnelle contre le débiteur ; un droit accessoire qu'il tient du privilège ou de l'hypothèque.

Comme le privilège et l'hypothèque sont des droits accessoires, ils suivent le sort de l'obligation principale : lorsque l'obligation est éteinte, la garantie hypothécaire, qui est destinée à en assurer l'exécution, n'a plus de raison d'être [2].

1090. L'extinction implique anéantissement complet de l'obligation, mais si l'extinction n'est que partielle, l'hypothèque subsistera sur tous les biens grevés, en vertu du principe d'indivisibilité [3], à moins que les parties n'y aient dérogé.

Il est évident que l'extinction de l'obligation doit être définitive pour anéantir les privilèges et hypothèques, car on ne peut pas dire qu'une dette soit éteinte quand la cause productive d'extinction est susceptible de disparition.

Les principaux modes d'extinction de l'obligation sont : le

1. C. civ., 2198 ; comp. Martou, 1622 ; Troplong, 1006.
2. C. civ., 2181, 1°.
3. C. civ., 2114.

paiement, la consignation, la remise de dette, la novation, la compensation, la confusion et la collocation.

1° Paiement.

1091. Le paiement fait par le débiteur, ou par un tiers sans subrogation, éteint l'obligation [1], si toute la dette est payée.

Quand le paiement est partiel, il s'impute non pas comme le veut l'article 1254 du Code civil d'abord sur tous les intérêts, mais seulement sur les intérêts conservés par l'inscription et ensuite sur le capital [2].

1092. En cas de paiement avec subrogation, l'obligation subsiste, au profit du payant, avec les privilèges et hypothèques qui y sont attachés [3].

1093. L'application du paiement aux hypothèques légales des femmes mariées, des mineurs et des interdits, donne lieu à des particularités qu'il faut signaler ici :

1° Quand une liquidation intervient entre le mari et les héritiers de la femme, il arrive fréquemment que le mari reste en possession des reprises garanties par l'hypothèque légale, en qualité de donataire ou de légataire en usufruit des biens de sa femme. L'hypothèque légale ne garantit plus les sommes conservées par le mari, qui ne continue pas de détenir en cette qualité, mais bien comme usufruitier [4] ;

2° L'apurement du compte de tutelle et le paiement du reliquat n'éteignent pas l'hypothèque légale du mineur qui peut

---

1. C. civ., 1236.
2. Cass., 27 oct. 1908 ; C. Caen, 9 déc. 1839.
3. C. civ., 1249 à 1252.
4. Cass., 27 juin 1876, S. 77.1.241, D. 77.1.121 ; 15 nov. 1886, S. 90.1.339 ; Paris, 9 mars 1844 ; Douai, 4 mai 1846 ; Grenoble, 4 janv. 1854 ; Bourges, 6 mars 1855 ; Limoges, 28 fév. 1879 ; Pont, 441 ; Aubry et Rau, § 264 *ter*, note 83 ; Martou, 1334 ; Thézard, *Rev. crit.* 1888, p. 240. — *Contrà*, Toulouse, 14 fév. 1879, S. 80.2.51.

l'invoquer pendant dix ans, à compter de la majorité, pour faire rectifier le compte [1].

1094. Nous avons vu (n°s 896 et suiv.), que les inscriptions conservent, au rang du capital, trois années d'intérêts et que le créancier doit prendre des inscriptions particulières pour avoir rang hypothécaire, à l'égard des intérêts d'une période plus longue. L'utilité des inscriptions est indubitable en matière de faillite, car si le créancier hypothécaire n'est pas entièrement désintéressé dans la masse immobilière, le paiement partiel qu'il aura reçu ne sera pas imputé sur la totalité des intérêts de sa créance, mais seulement sur ceux garantis hypothécairement ; de sorte que, dans la masse chirographaire, il ne pourra réclamer les intérêts non inscrits [2] (n° 908).

2° Consignation.

1095. Les offres réelles, suivies de consignation, tiennent lieu de paiement et libèrent le débiteur, mais le débiteur peut retirer la consignation tant qu'elle n'a pas été acceptée par le créancier, ou déclarée valable suivant jugement passé en force de chose jugée. C'est donc l'acceptation de la consignation par le créancier, ou le jugement de validité ayant acquis l'autorité de la chose jugée, qui éteint définitivement la dette, avec les privilèges ou hypothèques qui y étaient attachés [3] (n°s 1638 et suiv.).

1096. L'acquéreur d'immeubles hypothéqués au Crédit fon-

---

1. Cass., 21 fév. 1838 ; 9 août 1882, S. 83.1.402 ; Rouen. 10 mai 1875 ; Poitiers, 31 juil. 1893, D. 95.2.41 ; comp. L. 23 mars 1855, art. 8.

2. C. civ., 1234, 2151 ; C. comm., 545, 552 ; Poitiers, 30 janv. 1878, S. 78.2.176 ; Alauzet, 2492, 2537.

3. C. civ., 1257, 1261 à 1263 ; C. pr., 814 ; Cons. d'État, 16 mai 1810 : comp. C. civ., 2186 ; C. pr., 687, 738, 777 ; Chauveau, 2785 à 2788.

cier n'a pas la faculté de consigner son prix : la consignation serait nulle à l'égard de cet établissement[1].

3° Remise de dette.

1097. La remise volontaire de la dette, consentie par le créancier et acceptée expressément ou tacitement par le débiteur, éteint l'obligation à l'égard de celui auquel elle a été accordée, comme à l'égard de ses cautions et des autres codébiteurs solidaires[2].

1098. La remise volontaire de la grosse au débiteur fait présumer la remise de la dette ou le paiement, sauf preuve contraire[3].

1099. Cependant la remise accordée par le créancier au failli dans un concordat, moyennant un dividende, ne libère pas les coobligés solidaires parce qu'elle n'est pas considérée comme volontaire. La solution est applicable au créancier hypothécaire, bien qu'il renonce virtuellement à son hypothèque en prenant part au concordat[4].

4° Novation.

1100. La novation éteint l'ancienne obligation et les hypothèques ou autres accessoires qui s'y trouvaient attachés[5].

Nous avons rappelé (n° 1093), un cas de novation relatif aux

1. Décr. 28 fév. 1852, art. 38 ; L. 10 juin 1853, art. 7 ; Moulins, 8 mars 1894.
2. C. civ., 1285, 1287.
3. C. civ., 1283 ; Cass., 6 août 1894, S. 94.1.392, Rev. not., 9234. — Le notaire remettant à son client la grosse ou même l'expédition d'un acte est légalement présumé avoir reçu ses frais (Cass., 14 mai 1888, D. 89.1.257, S. 89.1.12).
4. C. comm., 508, 545 ; Paris, 16 av. 1864, S. 64.2.289 ; Aubry et Rau, § 322, note 25 ; Demolombe, XXVIII, 464 ; Larombière, art. 1237, n° 4.
5. C. civ., 1271, 1279, 1280.

reprises de la femme attribuées en usufruit au mari survivant comme légataire ; voici une autre espèce très intéressante.

L'époux survivant commun en biens et donataire avec dispense de caution et d'emploi de l'usufruit, de tous les biens de son conjoint, se rend adjudicataire sur licitation d'un immeuble de la communauté et attribution lui est faite en partage de son prix dont la nue propriété reste à ses colicitants. Il résulte de cet abandonnement une novation, puisque l'époux survivant possède désormais à titre d'usufruit les sommes qu'il devait comme adjudicataire ; en conséquence, le privilège de copartageant est éteint s'il n'a pas été expressément réservé dans le partage [1].

1101. En cas de novation par dation en paiement, l'éviction de l'immeuble que le créancier a reçu ne fait pas revivre à son profit l'ancienne obligation ; elle ne donne lieu qu'à un recours en garantie contre celui qui a livré l'immeuble [2].

1102. Si la novation a lieu par délégation, l'insolvabilité du tiers délégué laisse subsister tous les effets de la novation [3].

1103. La novation opérée à l'égard du débiteur principal libère des codébiteurs solidaires, et les cautions [4] ; mais celle intervenue entre le créancier et la caution, même solidaire, n'emporte pas libération du débiteur principal [5].

1104. Les privilèges et hypothèques qui garantissaient l'ancienne créance ne passent pas à la nouvelle, à moins d'une réserve expresse dans le contrat même de novation [6].

1. Cass., 9 nov. 1891, S. 92.1.59, *Rev. not.*, 8692.
2. C. civ., 1275, 1276 ; Aubry et Rau, § 292, note 4 ; Laurent, XVIII, 323 ; Colmet de Santerre, IX, 162 *bis*, II ; Baudry-Lacantinerie et de Loynes, 2251. — *Contrà*, Thézard, 243.
3. Aubry et Rau, § 324, 5° ; Grenier, II, 501 ; Larombière, art. 1278, n° 6 ; Demolombe, XXVIII, 291.
4. C. civ., 1281.
5. Cass., 18 juil. 1866, S. 66.1.429.
6. C. civ., 1278 ; Cass. 27 nov. 1855, S. 56.1.534.

1105. L'acceptation par le vendeur de billets en paiement du prix de vente n'opère par novation, alors du moins que le contrat de vente mentionne la souscription des billets et la réserve du privilège [1] (n° 301).

1106. N'opère pas non plus novation, la souscription de billets par un tuteur pour le paiement du reliquat de son compte [2].

1107. En pratique : 1° la dation d'un immeuble en paiement d'une créance, garantie par une hypothèque, doit être faite conditionnellement pour ne devenir définitive qu'après l'accomplissement des formalités de transcription et de purge ; 2° la délégation d'une créance est aussi acceptée avec réserve de tous droits contre le délégant ; par suite elle n'opère pas novation [3].

1108. Rappelons que l'indication de paiement individuelle contenue dans un contrat de vente ne devient délégation parfaite que par l'acceptation du créancier délégataire, signifiée au délégué [4].

5° Compensation.

1109. La compensation tient lieu de paiement, de sorte qu'elle éteint, au moment où elle s'opère, les deux créances avec leurs privilèges et hypothèques [5].

1110. La caution est fondée à se prévaloir de la compensation opérée entre le créancier et le débiteur principal ; mais le débiteur principal n'a pas la faculté d'opposer la compensation

1. Cass., 24 juil. 1828 ; 22 juin 1841 ; Amiens, 1er sept. 1838 ; Caen, 3 janv. 1849, D. 51.2.103 ; Lyon, 9 mars 1858, S. 58.2.523.
2. Cass., 5 août 1878, S. 79.1.301.
3. C. civ., 1275.
4. Cass., 7 mars 1865, S. 65.1.163 ; Agen, 2 déc. 1851 ; Orléans, 23 déc. 1861 ; Pont, 931 ; Aubry et Rau, § 359 bis.
5. C. civ., 1289, 1290, 1299 ; comp. Cass., 7 fév. 1883, S. 85.1.300 ; Baudry-Lacantinerie et de Loynes, 2252.

de ce que le créancier doit à la caution ; quant aux codébiteurs-solidaires, ils ne peuvent opposer la compensation de ce que le créancier doit à l'un d'eux, si ce n'est pour la part de ce dernier dans la dette commune [1].

1111. Celui qui a payé une dette qui était de droit éteinte par la compensation ne peut plus, en exerçant la créance dont il n'a point opposé la compensation, se prévaloir, au préjudice des tiers, des privilèges ou hypothèques qui y étaient attachés, à moins qu'il n'ait eu une juste cause d'ignorer la créance qui devait compenser sa dette [2].

1112. La compensation n'a pas lieu au préjudice des droits acquis à des tiers; en vertu d'une hypothèque [3], d'une saisie-arrêt [4], d'une acceptation ou signification de cession [5], de la faillite du débiteur [6], de l'acceptation sous bénéfice d'inventaire ou de la vacance de sa succession [7].

6° Confusion.

1113. La confusion a pour effet de dégager de l'obligation le débiteur dans la personne duquel elle s'opère [8] ; c'est ce

1. C. civ., 1294 ; Desjardins, 136 ; Aubry et Rau, § 298 *ter*, note 18 ; Larombière, art. 1294, n° 5. — *Contrà*, Cass. (Belgique), 13 juin 1872 ; Demolombe, XXVIII, 554 ; Colmet de Santerre, V, 142 *bis*.

2. C. civ., 1299.

3. Cass., 27 janv. 1885, S. 86.1.109 ; Metz, 6 juin 1866 ; Larombière, art. 1298, n° 4 ; Desjardins, 123 ; Aubry et Rau, § 280, note 21.

4. C. civ., 1298 ; Cass., 27 janv. 1864 ; 8 nov. 1882, S. 84.1.333 ; Demolombe, XXVIII, 629 ; Colmet de Santerre, V, 250 *bis* ; Duranton, XII, 442.

5. C. civ., 1295 ; Cass., 3 déc. 1851, S. 52.1 241 ; Duranton, XII, 437 ; Larombière, art. 1295, n° 11 ; Desjardins, 109.

6. C. comm., 446 ; Cass., 27 juin 1876, D. 77.1.121 ; 13 mars 1882, S. 82.1.515 ; Laurent, XVIII, 413 ; Demolombe, XXVIII, 540, 636.

7. C. civ., 808 ; Cass., 28 juin 1856, S. 56.1.797 ; Larombière, art. 1298, n° 7 ; Aubry et Rau, § 326, note 35. — *Contrà*, Desjardins, 123.

8. C. civ., 1300 ; Duranton, XII, 447 ; Toullier, VII, 441 ; Larom-

qui a lieu, le débiteur succédant au créancier, ou le créancier au débiteur.

1114. Quand la confusion est produite par la réunion dans la même personne des qualités de créancier et de débiteur solidaire, elle ne profite aux autres codébiteurs solidaires que pour la portion dont se trouvait tenu à leur égard, celui du chef ou dans la personne duquel la confusion s'est opérée [1].

1115. Produite par la réunion dans la même personne des qualités de créancier et de débiteur principal, la confusion profite à la caution ; mais celle résultant du concours des qualités de créancier et de caution ne profite pas au débiteur principal [2].

D'ailleurs, le bénéfice d'inventaire fait obstacle à la confusion [3], ainsi que la présence d'un usufruitier de la créance [4].

1116. Si la cause qui avait produit la confusion vient à disparaître, la créance est à considérer comme ayant toujours subsisté avec ses privilèges et hypothèques [5].

1117. Au surplus, la confusion produite par la réunion des qualités de créancier et de propriétaire de l'immeuble hypothéqué n'éteint l'hypothèque que dans le cas où il n'y a pas d'autres créanciers ; s'il en existe plusieurs, les droits hypothécaires sont maintenus jusqu'au règlement à faire entre tous ceux dont l'immeuble est le gage [6].

bière, art. 1300, n° 1 ; Labbé, *Diff. relat. à confus.*, n° 130 ; Laurent, XVIII, 485 ; Colmet de Santerre, V, 252 *bis* ; J. G., *Oblig.*, 2788.
1. C. civ., 1301 ; Pau, 3 août 1859, S. 59.2.583 ; Demolombe, XXVIII, 729.
2. C. civ., 1301 ; Demolombe, XXVIII, 726 ; Duranton, XII, 476.
3. C. civ., 802 ; Demolombe, XVIII, 706 ; Aubry et Rau, § 618.
4. Cass., 19 déc. 1838, S. 39.1.133 ; Aubry et Rau, § 330.
5. Colmet de Santerre, V, 255 *bis*, III ; Laurent, XXXI, 367 ; Thézard, 243.
6. Cass., 27 janv. 1885, S. 86.1.109 ; 12 fév. 1900, *Rev. not.*, 10669 ; 29 janv. 1902, J. E., 26338 ; Demolombe, XXVIII, 713 ; Larombière, art. 1300, n° 9 ; Thézard, 257 ; Pont, 1223.

7° Collocation.

1118. La collocation pure et simple obtenue dans un ordre ne libère pas le débiteur ; elle ne constitue qu'une indication de paiement ; par suite, les droits hypothécaires du créancier continuent de subsister jusqu'à la réalisation du paiement [1].

Bien plus, le créancier peut, soit renoncer au bénéfice de la collocation et poursuivre le recouvrement de ce qui lui est dû sur les autres biens du débiteur, soit en réservant le bénéfice de la collocation obtenue, demander une collocation éventuelle dans un nouvel ordre ouvert sur son débiteur [2] (n° 1626 et suiv.).

TROISIÈME SECTION

RENONCIATION.

1119. La renonciation directe par le créancier à l'hypothèque ou au privilège n'entraîne pas extinction de la créance elle-même. Il faut se garder de confondre cette renonciation avec la remise de la dette (n° 1097). En effet, quand le créancier renonce à sa dette entière, la remise de la dette entraîne extinction de la sûreté hypothécaire ; tandis que la renonciation au privilège ou à l'hypothèque laisse subsister la créance [3].

1120. La renonciation par acte unilatéral est parfaite et efficace vis-à-vis de tous, pourvu qu'elle émane d'une personne ayant la libre disposition de la créance [4].

1. C. civ., 1277 ; Cass., 18 mai 1808 ; comp. Limoges, 25 janv. 1878.

2. Cass., 25 fév. 1839 ; 18 déc. 1851 ; Bourges, 11 juin 1855, S. 55.2.636 ; Aubry et Rau, § 292 ; Laurent, XXXI, 371, J. G., *Priv.*, 2321.

3. C. civ., 2180, 2° ; Pont, 1231 ; Aubry et Rau, § 292 ; Thézard 244.

4. C. civ., 2157 ; Cass., 19 nov. 1855 ; Orléans, 29 nov. 1889, D. 90.2.153, S. 90.2.35 ; Martou, 1339 ; Pont, 1232 ; Troplong, 868.

1121. Comment se fait la renonciation? La loi n'ayant rien prescrit, on reste sous l'empire du droit commun, de sorte que la renonciation peut avoir lieu par acte privé [1]; mais si le privilège ou l'hypothèque est inscrit, la radiation ne pourra être opérée qu'en vertu d'un acte authentique ou d'un jugement [2].

D'ailleurs, il ne faut pas perdre de vue que la renonciation par la femme à son hypothèque légale est soumise à la forme authentique et que cette renonciation au profit de l'acquéreur d'un immeuble de son mari ou de la communauté, conserve le droit de préférence sur le prix qui ne doit pas être payé sans le consentement de la femme [3].

1122. La renonciation, en général, peut être tacite, ainsi : le consentement du créancier à la vente de l'immeuble hypothéqué implique renonciation au droit de suite, au profit de l'acquéreur, mais non au droit de préférence à l'égard d'autres créanciers [4].

1123. Quand le créancier concourt dans un acte par lequel le débiteur consent une nouvelle hypothèque sur l'immeuble qui lui est affecté, il en résulte une priorité de rang en faveur du nouveau créancier, plutôt qu'une renonciation à l'hypothèque [5].

1124. Si dans la faillite du débiteur le créancier hypothécaire ou privilégié prend part aux opérations du concordat, son vote emporte, de plein droit, renonciation définitive, absolue au droit hypothécaire [6].

1. Paris, 23 avr. 1853, S. 54.2.336 ; Pont, 1235 ; Thézard, 244 ; Laurent, XXXI, 374 ; comp. Cass., 31 juil. 1877, S. 78.1.422.
2. C. civ., 2157, 2158.
3. L. 23 mars 1855, art. 9.
4. Troplong, 869 ; Martou, 1340 ; Pont, 1237 ; Thézard, 245 ; Laurent, XXXI, 377 ; Baudry-Lacantinerie et de Loynes, 2262.
5. Troplong, 871 ; Pont, 1238 ; Aubry et Rau, § 292 ; Thézard, 245.
6. C. comm., 508 ; Cass., 6 mars, 1894, S. 96.1.41 ; Bordeaux, 19 août 1858 ; Lyon-Caen et Renault, 2280 ; Pont, 1236 ; Laurent,

1125. Au surplus, la main-levée de l'inscription hypothécaire, sans extinction de la créance, n'emporte pas renonciation à l'hypothèque elle-même, à moins de clause contraire [1]
(n° 1665).

QUATRIÈME SECTION

PURGE.

1126. L'extinction des privilèges et hypothèques résulte de
l'accomplissement des formalités de purge [2]. Toutefois, la
purge doit plutôt être considérée comme un acheminement à
l'affranchissement de l'immeuble que comme entraînant par
elle-même l'extinction des privilèges et hypothèques, parce
qu'elle n'éteint que le droit de suite, et laisse subsister le
droit de préférence sur le prix, jusqu'au paiement aux créanciers ou la consignation qui en tient lieu [3].

Il y a deux sortes de purge : celle des hypothèques inscrites
et celle des hypothèques légales non inscrites [4].

Les formalités de purge seront indiquées dans le chapitre
huitième (n° 1225).

CINQUIÈME SECTION

PRESCRIPTION.

1127. Les privilèges et hypothèques sont soumis à la règle

XXXI, 379. — *Contrà*, Bourges, 15 mars 1865 ; Alauzet, 2664 ; Ruben
de Couder, *Dict. Concordat*, 44.
  1. Cass., 2 mars 1830 ; 1er déc. 1852, D. 54.1.275, S. 54.1.92.
  2. C. civ., 2180, 3°.
  3. Pont, 1240 ; Thézard, 246 ; Laurent, XXXI, 414 ; Martou, 1343.
  4. C. civ., 2183, 2193.

André, *Régime hypothécaire.*   26

générale d'après laquelle toutes les actions s'éteignent par la prescription [1].

Le laps de temps déterminé par la loi pour la prescription diffère selon que l'immeuble grevé est dans les mains du débiteur ou dans celles d'un tiers détenteur.

1128. Il est à observer que les inscriptions prises par le créancier n'interrompent pas le cours de la prescription établie en faveur du débiteur ou du tiers détenteur [2].

ARTICLE PREMIER

IMMEUBLE EN LA POSSESSION DU DÉBITEUR.

1129. Dans le cas où l'immeuble reste aux mains du débiteur ou de ses successeurs à titre universel, le droit hypothécaire se prescrit en même temps que la créance dont il est l'accessoire [3].

1130. En général, la prescription de l'action personnelle attachée à la créance est acquise au bout de trente ans [4].

1131. Lorsqu'il s'agit d'une créance, sans terme, productive d'intérêts, d'une rente perpétuelle ou viagère, la prescription court de la date même du titre [5].

1132. En ce qui concerne les créances conditionnelles et les créances à terme, la prescription ne commence à courir que de l'accomplissement de la condition ou de l'échéance du terme [6] ; ainsi pour une créance stipulée exigible au bout de

---

1. C. civ., 2180, 4°, 2262 ; Pont, 1241 : Baudry et de Loynes, 2306.
2. C. civ., 2180.
3. C. civ., 2180, 2257, 2262 ; Pont, 1242, 1244 ; Aubry et Rau, § 292, note 11 ; Laurent, XXXI, 386.
4. C. civ., 2262 ; Pont, 1243.
5. Cass., 5 août 1829 ; Toulouse, 23 juin 1828 ; Troplong, 182, 840 ; Marcadé, art. 2262 ; Aubry et Rau, § 213, note 8.
6. C. civ., 2257 ; J. G., *Presc.*, 771.

cinq ans, l'action personnelle durera trente-cinq ans de la date du titre.

1133. Par exception, l'hypothèque légale du mineur ou de l'interdit se prescrit, comme l'action en reddition de compte, par dix années à compter de la majorité ou de la main-levée d'interdiction [1].

1134. Une citation en justice, un commandement ou une saisie signifiés au débiteur, le paiement des intérêts, interrompent la prescription [2].

1135. A l'égard des rentes perpétuelles ou viagères, le moyen normal d'interrompre la prescription consiste à faire passer un titre nouvel de la rente, aux frais du débiteur.

Le titre nouvel est exigible après vingt-huit ans de la date du précédent titre, tant du débiteur hypothécaire que du débiteur personnel de la rente [3].

1136. Pour les créances, le créancier n'est pas fondé à exiger du débiteur la passation d'un titre nouvel [4] ; son droit se borne à une demande de remboursement ; au surplus il peut convenir d'un nouveau délai avec le débiteur.

L'acte prorogeant l'exigibilité de la créance donne sécurité au créancier, pourvu qu'il ait soin de s'assurer, au préalable, qu'il n'a été fait aucune transcription relative à son gage.

---

1. C. civ., 475 ; Toulouse, 7 mars 1855, S. 55.2.267 ; Nancy, 2 juin 1900. D. 1900.2.462 ; Demolombe, VIII, 149 ; Aubry et Rau, § 121, note 38.

2. C. civ., 2244 à 2248 ; Cass., 12 mars 1883 ; 19 mai 1884, S. 85. 1.113.

3. C. civ., 2263 ; Cass., 23 fév. 1831 ; Nancy, 14 juin 1837 ; Troplong, 842 ; Leroux de Bretagne, 841.

4. Paris, 12 juin 1866, S. 67.2.33 ; Aubry et Rau, § 245, note 52 ; Troplong, 844 ; Colmet de Santerre, VIII, 370 bis.

ARTICLE DEUXIÈME

IMMEUBLE AUX MAINS D'UN TIERS DÉTENTEUR.

1137. Quand l'immeuble grevé de privilège ou d'hypothèque a passé dans la main d'un tiers détenteur qui n'est pas personnellement obligé à la dette, l'action hypothécaire se prescrit à son profit par une possession continue et non interrompue, paisible, publique, non équivoque et à titre de propriétaire [1].

1138. La prescription est accomplie au profit du tiers détenteur au bout de trente ans, du jour où il a pris possession, en vertu de la possession même, sans qu'il soit obligé d'en rapporter un titre [2].

1139. Si le tiers détenteur a acquis à juste titre et de bonne foi l'immeuble grevé, il prescrira l'hypothèque par dix à vingt ans, commençant à courir du jour de la transcription du titre d'acquisition [3].

1140. Il suffit que la bonne foi ait existé au moment de l'acquisition [4]. D'ailleurs, la bonne foi est toujours présumée en faveur du tiers détenteur, et c'est aux créanciers hypothécaires à prouver la mauvaise foi [5].

1141. En cette matière, la bonne foi consiste dans l'igno-

---

1. Glasson, *Rev. prat.*, XXXVI, 202.
2. C. civ., 2229, 2262 ; comp. Cass., 2 janv. 1895, S. 95.1.496 ; Laurent, XXXI, 388 ; Demolombe, XXIV, 462 ; Verdier, 372.
3. C. civ., 2180, 4°, 2265 ; Alger, 15 nov. 1890, D. 91.5.405, S. 91.2.53, J. C., 4151 ; Demolombe, XXII, 462 ; Flandin, 905, — *Contrà*, Bastia, 5 fév. 1890, D. 90.2.363 ; Caen, 17 mars 1891, S. 91.2.118 ; Montpellier, 8 nov. 1881, S. 84.2.169 ; Aubry et Rau, § 209, selon lesquels la transcription du titre n'est pas nécessaire ; comp. Planiol, I, 1429.
4. C. civ., 2269 ; Bourges, 31 déc. 1830 ; Grenier, 512 ; Troplong, 879 ; Pont, 1250 ; Aubry et Rau, § 393, note 4.
5. C. civ., 2268 ; Laurent, XXXII, 414.

rance des charges hypothécaires dont l'immeuble acquis se trouve grevé [1].

On ne saurait voir la mauvaise foi dans la seule existence d'inscriptions au moment de la vente, non déclarées dans le contrat, car elles peuvent subsister alors que l'hypothèque est éteinte [2].

1142. Mais il y a mauvaise foi quand le tiers détenteur a connu positivement l'existence des charges hypothécaires, soit par une déclaration expresse dans son titre, soit de toute autre manière appréciable par le juge [3]; la question est de fait plutôt que de droit.

1143. Le cours de la prescription par le tiers détenteur est suspendu : 1° pour les créances hypothécaires, soumises à une condition ou à un terme, jusqu'à l'arrivée de la condition ou du terme [4]; 2° pour les hypothèques légales des femmes mariées, des mineurs ou interdits, pendant le mariage ou la tutelle [5].

1144. Quant au calcul du délai de dix à vingt ans, on doit prendre en considération le domicile du créancier hypothécaire; ainsi : la prescription sera acquise au bout de dix ans, si pendant ce temps le créancier a eu son domicile dans le ressort de la Cour d'appel où se trouve situé l'immeuble grevé; elle

---

1. Bourges, 17 avr. 1839. S. 39.2.419 ; Thézard, 249 ; Baudry-Lacantinerie et de Loynes, 2285.

2. Riom, 19 avr. 1837 ; Bordeaux, 15 janv. 1835, S. 35.2.248 ; Aubry et Rau. § 293, note 6 ; Pont, 1250.

3. Bourges, 31 déc. 1830 ; 17 avr. 1839 ; Rouen, 10 mai 1875 ; Riom, 12 janv. 1882, S. 83.2.81 ; Troplong, 881 ; Pont, 1250.

4. C. civ. 2257 ; Cass., 24 fév. 1847 ; 17 janv. 1853 ; 16 nov. 1857 ; 30 déc. 1879, D. 80.1.338 ; 8 janv. 1900, J. E., 26175 ; Paris, 25 av. 1891 ; Dijon, 3 janv. 1878 ; Bordeaux, 12 mai 1879 ; Agen, 12 juil. 1897, J. E., 4857. — Contrà, Pont, 1255.

5. C. civ., 2252, 2256 ; Bordeaux, 29 nov. 1833 ; Troplong, 885 ; Aubry et Rau, § 273, note 10 ; Laurent, XXXI, 393.

ne sera acquise qu'au bout de vingt ans, lorsque ce créancier aura toujours été domicilié en dehors du ressort de la Cour d'appel ; enfin le créancier a-t-il eu son domicile tantôt dans le ressort de la Cour, tantôt en dehors, il faudra compter chaque année d'absence pour une demi-année de présence [1].

En supposant plusieurs copropriétaires d'une créance hypothécaire, les uns domiciliés dans le ressort de la Cour d'appel, les autres en dehors, la prescription sera acquise par dix ans à l'égard des premiers pour leur part [2].

1145. La prescription de l'hypothèque est interrompue : 1° par l'interruption de la possession [3] ; 2° par une sommation de payer ou de délaisser [4] ; 3° par une reconnaissance formelle de la part du tiers détenteur des droits du créancier hypothécaire [5].

Cette reconnaissance peut résulter d'un acte spécial contenant déclaration d'hypothèque [6], mais non de la notification de son titre par le tiers détenteur aux créanciers [7].

1146. Dès que le tiers détenteur a été chargé de l'hypothè-

---

1. C. civ., 2265, 2266 ; comp. Grenoble, 12 juil. 1834 ; Duranton, XXI, 377 ; Aubry et Rau, § 218, note 38 ; Troplong, 866 ; Leroux de Bretagne, 940.

2. Comp. Cass., 12 nov. 1833 ; Aubry et Rau, *loc. cit.*, Troplong, 868 ; Laurent, XXXI, 422 ; Leroux de Bretagne, 945.

3. C. civ., 2242 ; Leroux de Bretagne, 564 ; Troplong, 238 ; Aubry et Rau, § 179, note 17.

4. Cass., 27 déc. 1854, D. 55.1.52 ; Grenier, 517 ; Pont, 1259 ; Mourlon, III, 1677 ; Leroux de Bretagne, 977 ; Colmet de Santerre, VIII, 351 *bis*, IX.

5. C. civ., 2248 ; Agen, 1er mars 1893, S. 97.2.18 ; comp. Cass., 27 janv. 1868 ; Leroux de Bretagne, 455 ; Laurent, XXXI, 399 ; Aubry et Rau, § 293.

6. Caen, 25 mars 1847, S. 48.2.760, D. 49.2.52 ; Laurent, XXXI, 398 ; Leroux de Bretagne, 754 ; Pont, 1126.

7. Cass., 6 mai 1840, S. 40.1.809 ; J. G., *Priv.*, 2523 ; Martou, 1365 ; Laurent, XXXI, 400 ; Pont, 1260.

que ou l'a reconnue, il ne prescrit plus que par trente ans [1].

1147. On ne doit pas perdre de vue : 1° que la prescription par le tiers détenteur est tout à fait indépendante de l'action du créancier contre son débiteur ; malgré l'acquisition de cette prescription, les droits du créancier contre le débiteur peuvent subsister [2]; 2° Que l'action hypothécaire contre le tiers détenteur n'interrompt pas la prescription de la créance, invocable par ce tiers [2].

1148. Pour conserver pleinement ses droits, le créancier devra donc faire souscrire le titre recognitif de la dette hypothécaire tant par le débiteur personnel ou ses représentants que par le tiers détenteur des immeubles grevés.

ARTICLE TROISIÈME

PRESCRIPTIONS PARTICULIÈRES.

1149. A titre d'appendice à la prescription hypothécaire, nous croyons utile de rappeler sommairement quelques prescriptions spéciales, applicables aux privilèges mobiliers et aux accessoires des créances garanties par une hypothèque ou un privilège immobiliers.

1150. Ces diverses prescriptions sont, en général, fondées sur une présomption légale de paiement qui est détruite par un aveu contraire.

1° Prescription de cinq ans.

1151. La prescription quinquennale [3] s'applique : aux inté-

---

1. Cass., 11 mai 1863, S. 64.1.357 ; Bourges, 17 avril 1839 ; Pont, 1250 : Troplong, 797, 813 ; Martou, 1296.
2. Pont, 1246 ; Laurent, XXXI, 389.
3. Cass., 25 avr. 1836 ; 7 nov. 1838 ; Toulouse, 18 déc. 1874, S. 75. 2.100 : Pont, 1253 ; Laurent, XXXI, 387 ; Martou, 1349 ; Leroux de Bretagne, 543. — *Contrà*, Grenoble, 2 juin 1831.
4. C. civ., 2277 : comp. Douai, 4 janv. 1854.

rêts d'un prix de vente d'immeubles [1], d'une créance hypothécaire [2], d'un reliquat de compte de tutelle rendu et apuré [3],
ou d'un compte de gestion approuvé [4], d'une condamnation [5],
d'un bordereau de collocation [6], d'une dot [7] ; aux arrérages
des rentes et pensions perpétuelles ou viagères [8] ; aux loyers
et fermages [9].

1152. Les cinq années auxquelles le créancier est réduit se
comptent en remontant du jour de la demande par lui formée,
sans tenir compte de l'échéance annuelle [10].

1153. Cette prescription est inapplicable aux intérêts : d'une
créance non liquidée [11] ; des sommes dont un cohéritier est débiteur à la masse commune pour dettes, rapports, ou restitution [12] de fruits ; d'un compte non arrêté [13]. Dans ces cas, la

1. Cass., 16 août 1853 ; Orléans, 2 fév. 1849 ; Paris, 5 août 1852 ;
2 mai 1861, S. 61.2.283, D. 61.2.89 ; Troplong, 1023 ; Leroux de
Bretagne, 1241 ; Laurent, XXXII, 459. — Contrà, Paris, 7 déc. 1831 ;
Bruxelles, 19 nov. 1859 ; Duranton, XXI, 433.

2. C. civ., 2277 ; Aubry et Rau, § 774, note 18.

3. Comp. Cass., 30 avr. 1835 ; Magnin, 688 ; Leroux de Bretagne,
1252.

4. Cass., 5 juin 1872 ; 12 mars 1878, S. 81.1.71, D. 78.1.273.

5. Cass., 2 juin 1835 ; 29 janv. 1838 ; Amiens, 14 juin 1871 ;
Leroux de Bretagne, 1239 ; Laurent, XXXII, 448.

6. Paris, 12 nov. 1836 ; Cass., 17 avr. 1849 ; Nancy, 12 août 1874,
S. 75.2.22.

7. Limoges, 26 janv. 1828 ; Toulouse, 14 déc. 1850, S. 51.2.102,
D. 51.2.85 ; Leroux de Bretagne, 1243.

8. C. civ., 2277 ; Paris, 10 fév. 1826 ; Bordeaux, 21 mars 1846 ;
Laurent, XXXII, 476 ; Leroux de Bretagne, 552.

9. C. civ., 2277 ; Leroux de Bretagne, 1237 ; comp., Cass., 2 juil.
1879.

10. Cass., 5 fév. 1868 ; 4 mars 1878, S. 78.1.469, D. 78.1.168 ; Bordeaux, 21 fév. 1838 ; Leroux de Bretagne, 1236 ; Aubry et Rau, § 774,
note 37.

11. Cass., 9 janv. 1867 ; 19 déc. 1871, S. 72.1.223.

12. Cass., 13 déc. 1830 ; 26 juin 1839 ; Bordeaux, 21 mars 1866 ;
Dijon, 27 nov. 1893, S. 95.2.249 ; Leroux de Bretagne, 1251.

13. Cass., 12 déc. 1838 ; Caen, 3 mai 1843 ; Lyon, 20 nov. 1857 ;
Laurent, XXXII, 472.

prescription ne compte qu'à partir du règlement intervenu entre les parties intéressées.

1154. D'ailleurs, la prescription dont il s'agit est susceptible d'interruption [1], mais l'acte interruptif n'a pas pour effet de la convertir en prescription trentenaire [2].

1155. L'action des notaires en paiement des sommes dues pour les actes de leur ministère se prescrit par cinq ans, à partir de la date de chaque acte ou du décès de l'auteur de la disposition subordonnée au décès [3].

1156. En ce qui concerne les avoués, leur action, pour les affaires non terminées, se prescrit par cinq années, qui se comptent du jour de chaque acte de procédure [4].

2° Prescription de deux ans.

1157. L'action des avoués pour le paiement de leurs frais et salaires se prescrit par deux ans à compter du jugement des procès ou de la conciliation des parties, ou encore de la cessation du mandat de l'avoué par révocation, décès, démission [5].

Quand un avoué a été chargé de plusieurs affaires successives par le même client, la prescription court à partir de la fin de chaque instance [6].

1158. D'ailleurs, cette prescription est inapplicable aux honoraires spéciaux dus à l'avoué comme mandataire ordinaire, ou pour plaidoiries et soins particuliers [7].

---

1. C. civ., 2244.

2. Toulouse, 18 déc. 1874. S. 75.2.109 ; Leroux de Bretagne, 519 ; Laurent, XXXII, 580 ; comp. Cass., 4 mars 1878.

3. L. 24 déc. 1897, art. 2.

4. C. civ., 2273.

5. C. civ., 2273 ; Cass., 19 août 1816 ; Leroux de Bretagne, 1268 et suiv. ; Laurent, XXXII, 489 ; comp. Cass., 14 juil. 1875, S. 75.1.408.

6. L. 24 déc. 1897, art. 1.

7. Cass., 22 juil. 1835 ; Douai, 21 mars 1863 ; Colmar, 9 juin 1870 ; Orléans, 30 juin 1842 ; Laurent, XXXII, 492 ; Troplong, 985

1159. Les avocats, greffiers, agréés, agents d'affaires ne subissent pas la prescription de deux ans[1].

1160. Sont soumises à la prescription de deux ans les actions des médecins, chirurgiens, chirurgiens-dentistes, sages-femmes et pharmaciens pour leurs visites, opérations et médicaments, à partir de la fin de la maladie, même chronique.

1161. Les marchands pour les marchandises qu'ils vendent aux particuliers non marchands, sont soumis à la prescription de deux ans[2].

3o Prescription d'un an.

1162. La prescription annale est applicable aux huissiers pour les salaires et débours des actes qu'ils signifient et des commissions qu'ils exécutent, peu importe qu'ils aient remis ou conservé les actes[3].

1163. Cette prescription ne s'étend pas aux avances et débours faits par l'huissier en dehors de ses fonctions, par exemple en qualité de mandataire[4].

1164. L'action des maîtres de pension pour le prix de la pension de leurs élèves, et des autres maîtres pour le prix de l'apprentissage[5], se prescrit par un an.

1165. Il en est de même à l'égard des domestiques qui se louent à l'année, pour le paiement de leurs salaires[6].

1166. Les secrétaires, clercs, commis ne sont ni des gens

---

1. Cass., 18 mars 1818 ; Pau, 7 juin 1828 ; Leroux de Bretagne, 827, 1275 ; Troplong, 982, 984 ; Laurent, XXXII, 493 ; Duranton, XXI, 411.
2. C. civ., 2272, al. 6. du 20 fév. 1911.
3. C. civ., 2272, al. 1 ; Cass., 10 mai 1836 ; 23 juin 1863, S. 63.1. 349 ; Leroux de Bretagne, 1276 ; Laurent, XXXII, 496.
4. Cass., 18 fév. 1873 ; 9 mars 1875 ; 25 fév. 1884, S. 84.1.188 ; Rouen, 14 déc. 1878.
5. C. civ. 2272 ; comp. Troplong, 766 ; Leroux de Bretagne, 1285.
6. C. civ., 2272 ; comp. Cass., 31 oct. 1894, S. 95.1.26.

de travail ni des domestiques, par suite leur action ne se prescrit que par cinq ans [1].

4° Prescription de six mois.

1167. La prescription de six mois[2] s'applique à l'action des maîtres et instituteurs des sciences et arts pour les leçons qu'ils donnent au mois ou à tant par cachet [3].

Quant aux leçons données à l'année, la prescription de cinq ans est seule applicable [4].

1168. Sont soumis à la prescription de six mois les hôteliers et traiteurs à raison du logement et de la nourriture qu'ils fournissent à des commerçants ou à des non commerçants[5].

1169. Cette prescription n'est pas applicable au chef d'institution qui fournit le logement et la nourriture à ses employés[6], ni à celui qui, par pure obligeance, a consenti à loger et à nourrir une personne [7].

1170. Les ouvriers et gens de travail pour le paiement de leurs journées, fournitures et salaires, sont déchus de leur action au bout de six mois.

Mais les entrepreneurs et même les artisans qui exécutent des travaux à prix fait ne subissent pas cette prescription [8].

---

1. Paris, 14 janv. 1825 ; Bourges, 30 mai 1829 ; Grenoble, 29 nov. 1861, S. 62.2.111 ; Laurent, XXVII, 503 et suiv. ; Aubry et Rau, § 774, note 66.

2. C. civ., 2271.

3. Troplong, 947 ; Leroux de Bretagne, 1245 ; Colmet de Santerre, VIII, 379 bis.

4. Cass., 12 janv. 1820 ; Troplong, 945 ; Laurent, XXXII, 504 ; Aubry et Rau, § 774, note 67.

5. Cass., 20 juin 1838 ; Leroux de Bretagne, 1289.

6. Besançon, 21 fév. 1844 ; Laurent, XXXII, 505.

7. Cass., 7 mai 1866, S. 66.1.280 ; Troplong, 978.

8. Cass., 19 juil. 1882 ; 13 juil. 1885 ; 4 juin 1889, S. 89.1.415 ; Paris, 16 août 1866 ; Leroux de Bretagne, 1295 ; Laurent, XXXII, 511.

SIXIÈME PARTIE

CAUSES DIVERSES D'EXTINCTION.

ARTICLE PREMIER

PERTE DE LA CHOSE GREVÉE.

1171. Les privilèges et hypothèques s'éteignent par la perte de la chose qui en est grevée.

Il va sans dire que si la perte est seulement partielle, ce qui reste de la chose continue d'être soumis au privilège ou à l'hypothèque.

1172. Quand un bâtiment grevé est incendié, le sol demeure affecté au privilège ou à l'hypothèque. L'indemnité due par la compagnie d'assurance est attribuée aux créanciers privilégiés ou hypothécaires selon leur rang depuis la loi du 19 février 1889, pourvu qu'ils se fassent connaître à l'assureur.

1173. En cas d'expropriation publique, le droit de préférence du créancier se reporte sur le prix[1], de sorte que cette hypothèque rentre dans la purge.

1174. La perte totale ou partielle des immeubles hypothéqués, provenant d'une cause indépendante de la volonté du débiteur, autorise le créancier à exiger son remboursement, si mieux n'aime le débiteur fournir des sûretés nouvelles[2] (n° 537).

---

1. L. 3 mai 1841, art. 18 ; Thézard, 255 ; Pont, 698.
2. C. civ., 2131 ; Orléans, 24 mars 1859 ; Rouen, 6 juil. 1840 ; 8 mai 1852 ; Troplong, 542 ; Pont, 692, 695 ; Aubry et Rau, § 286, note 29.

ARTICLE DEUXIÈME

RÉSOLUTION DE LA PROPRIÉTÉ.

1175. L'hypothèque conférée par un propriétaire dont les droits sont résolubles, est soumise à la même condition, de sorte que l'hypothèque tombe lorsque la résolution s'accomplit [1].

1176. Il est ainsi des hypothèques consenties : par l'acheteur si la vente est rescindée pour cause de lésion [2], par un donataire quand la donation est révoquée pour inexécution des conditions, survenance d'enfant, retour conventionnel (n° 508).

1177. La résolution de la vente à défaut de paiement du prix, anéantit les hypothèques constituées par l'acheteur [3].

La résolution volontairement consentie par l'acheteur, qui reconnaît être dans l'impossibilité de payer le prix, a le même effet qu'un jugement [4], sauf le cas de fraude.

1178. En ce qui concerne la vente à réméré, lorsque le retrait est exercé par le vendeur, les hypothèques tombent avec le droit de propriété de l'acheteur (n° 506).

1179. Dans le cas où l'immeuble indivis hypothéqué par l'un des copropriétaires est mis au lot d'un autre, la résolution du droit de propriété du constituant résultant du partage

1. C. civ., 865, 929, 952, 954, 963, 1054, 1673, 2125 ; Paris, 9 mars 1893, J. C., 4387.

2. Pont, 645 ; Troplong, 446 ; Persil, Reg., art. 2157, n° 27 ; Massé et Vergé, § 799, note 10.

3. Cass., 17 juil. 1848, S. 48.1.470 ; Aubry et Rau, § 220 bis, note 12.

4. Cass., 10 mars 1836 ; Bourges, 12 fév. 1853 ; Riom, 11 déc. 1865, D. 66.2.179, S. 66.2.362 ; J. G., Priv., 1743 ; Flandin, 222 ; Aubry et Rau, § 302, note 72. — Contrà, Duvergier, II, 5 ; Laurent, XXIV, 371.

ou de la licitation entraîne l'extinction de l'hypothèque, même légale [1].

Lorsque l'adjudication sur licitation est prononcée au profit d'un étranger ; l'hypothèque consentie sur l'un des communistes pendant l'indivision, continue de subsister quelle que soit l'attribution ultérieure du prix [2] ; mais cette opinion n'est plus en majorité [3] (n° 514).

1180. Par exception, il y a des révocations qui ne rétroagissent pas, ainsi :

1° La révocation d'une donation pour ingratitude laisse subsister les hypothèques créées avant l'action en révocation [4].

2° Les hypothèques consenties à un tiers de bonne foi par l'héritier apparent sont valables, et ne peuvent être attaquées par l'héritier véritable, peu importe qu'il soit héritier du-sang ou testamentaire [5] (n° 497).

3° Sont efficaces les hypothèques conférées à un tiers de bonne foi par l'héritier resté seul détenteur des immeubles héréditaires, après renonciation de son cohéritier qui plus tard fait annuler sa renonciation [6].

4° L'annulation d'une vente, pour fraude aux droits des

1. C. civ., 883 ; Cass., 12 mai 1875 ; 8 fév. 1893 ; 21 mai 1895, S. 95.1.173 et 350 ; Laurent, XXXI, 403.

2. Cass., 14 déc. 1887, D. 88.1.385 ; 17 fév. 1892, S. 94.1.417, J. E., 23797 ; 19 oct. 1896, *Rev. not.*, 9710 ; Laurent, X, 401 ; Colmet de Santerre, *Rev. crit.*, XXIV, p. 490.

3. Cass., 18 juin 1834 ; 22 fév. 1881 ; 5 déc. 1907, D. 08.1.113, S. 08.1.5 ; Dijon, 27 déc. 1905 ; Bordeaux, 26 juin 1906 ; Dijon, 20 mars 1889 ; Orléans, 25 juil. 1890 ; Grenoble, 19 juin 1863 ; Douai, 5 juin 1886 ; Toulouse, 30 juil. 1888 ; Demolombe, XVII, 273 ; Aubry et Rau, § 625, note 25 ; Planiol, III, 2401.

4. C. civ., 958 ; Duranton, XX, 341 ; Laurent, XXXI, 403.

5. Cass., 3 juil. 1877, S. 78.1.38, D. 77.2.427.

6. Cass., 13 mai 1879, S. 80.1.26 ; Demolombe, XIV, 569, XV, 103.

créanciers du vendeur, ne porte pas atteinte à l'hypothèque consentie par l'acquéreur à un prêteur de bonne foi [1].

1181. En ce qui concerne l'hypothèque consentie à un tiers de bonne foi par un donataire, lorsque la donation est annulée comme faite en fraude des droits des créanciers du donateur, nous croyons qu'elle doit être maintenue [2].

ARTICLE TROISIÈME

RÉDUCTION DE L'HYPOTHÈQUE.

1182. Les hypothèques s'éteignent partiellement par l'effet de leur réduction prononcée en justice ou consentie par le créancier [3] (n°s 643, 648, 656, 695, 708, 712, 943, 1882).

ARTICLE QUATRIÈME

DÉFAUT D'INSCRIPTION DANS LES DÉLAIS PRESCRITS.

1183. Le créancier est déchu du droit hypothécaire quand il ne prend pas inscription en temps utile ; ainsi :

1° L'inscription non opérée avant la transcription de l'aliénation consentie par le débiteur, ou de l'adjudication sur saisie ou dans la quinzaine qui suit la transcription du jugement d'expropriation publique, est inefficace.

2° Le défaut d'inscription avant la mort du débiteur, lorsque la succession est acceptée bénéficiairement ou déclarée vacante, ou avant la déclaration de faillite, prive le créancier hypothécaire de tout droit de préférence [4] (n°s 762 à 765).

---

1. Orléans, 10 fév. 1876 ; Dijon, 31 juil. 1878, S. 79.2.21.
2. Comp. Cass., 24 mars 1830 ; 18 nov. 1861 ; Aubry et Rau, § 266, note 24 ; Demolombe, XXV, 196.
3. C. civ., 2140 à 2145, 2161, 2163 ; L. 16 sept. 1807, art. 23.
4. Comp. Baudry-Lacantinerie et de Loynes, 2311.

ARTICLE CINQUIÈME

DÉFAUT DE PRODUCTION A UN ORDRE.

1184. Si le créancier hypothécaire néglige de produire à l'ordre ouvert pour la distribution du prix de l'immeuble grevé, dans les quarante jours de la sommation signifiée à cet effet, il est déchu aussi bien du droit de suite que du droit de préférence à l'égard des créanciers qui ont produit [1] ; néanmoins il demeure fondé à exercer son droit de priorité sur les fonds non absorbés par les créances des produisants, à l'encontre des créanciers chirographaires, ou même hypothécaires, qui n'auraient pas produit (n° 1610).

1185. Toutefois, la femme dotale ne pouvant compromettre ses droits à l'égard du mari, son défaut de production à l'ordre ouvert pour la distribution du prix des immeubles de ce dernier, ne lui ferait encourir aucune déchéance [2] (n° 1611).

ARTICLE SIXIÈME

COLLOCATION DEVENUE INUTILE.

1186. Emporte extinction du droit hypothécaire sur les immeubles dont le prix est en distribution, l'effet d'une collocation déclarée inutile à raison de l'épuisement des sommes à distribuer [3].

Pourtant ce mode d'extinction ne serait pas définitif si l'un des créanciers utilement colloqués avait été désintéressé sur le prix d'un autre immeuble et que la somme à lui attribuée fût

---

1. C. pr., 754, 755 ; Cass., 10 juin 1879, D. 80.1.409, S. 81.1.419.
2. Cass., 8 fév. 1879 ; 6 déc. 1882, S. 84.1.27 ; Rennes, 4 mars 1880 ; Nimes, 11 janv. 1882 ; Grosse et Rameau, 128.
3. C. pr., 759, 769 ; comp. Cass., 6 avr. 1875, D. 75.1.247, S. 75.1.296.

ainsi devenue disponible. Dans ce cas, le créancier inutilement colloqué conserverait son droit de préférence sur la somme restée libre, à l'égard des créanciers hypothécaires postérieurs en rang et du vendeur [1].

ARTICLE SEPTIÈME

OMISSION DE L'INSCRIPTION.

1187. Le créancier hypothécaire dont l'inscription a été omise par le conservateur dans l'état délivré à l'acquéreur, après la transcription de son titre (*état sur transcription*), se trouve déchu du droit de suite ; l'acquéreur est dispensé de lui notifier son contrat, et, comme conséquence, le créancier est privé de la faculté de surenchérir [2].

1188. Cette déchéance étrangère aux hypothèques dispensées d'inscription, ne porte pas atteinte au droit de préférence : le créancier oublié est fondé, en cas d'état d'ordre, à intervenir avant la clôture pour y être colloqué à la date de son inscription [3] ; à défaut d'ordre, à exercer son droit de préférence sur le prix tant qu'il reste aux mains de l'acquéreur [4].

1189. De ce qui précède on peut tirer les conclusions suivantes :

Le droit de suite du créancier omis ne serait pas perdu si l'acquéreur avait requis l'état d'inscriptions avant la transcription de son contrat [5] ; en effet, l'omission d'une inscription

---

1: Cass., 8 août 1836 ; 20 juin 1838 ; 23 nov. 1885, S. 88 1.328.

2. C. civ., 2198 ; Thézard, 256 ; Aubry et Rau, § 293, note 19 ; Troplong, 1007 *bis*. — *Contrà*, Laurent, XXXI. 600 ; comp. Paris, 30 déc. 1836 ; Cass., 9 avr. 1839 ; Dijon, 16 mai 1876, S. 76.2.263.

3. Cass., 14 nov. 1882, D. 83.1.271, S. 83.1.177 ; Montpellier, 27 mai 1872, D. 73.2.18.

4. Aubry et Rau, § 283, note 5 ; Laurent, XXXI, 600 ; Pont, 1447.

5. C. civ., 2197 ; Grenoble, 21 août 1822 ; J. G., *Priv.*, 2981 ; Troplong, 1006 ; Pont, 1448 ; Aubry et Rau, § 293, note 19 ; Thézard, 256 ; Laurent, XXXI, 601 ; Martou, 1622.

André, *Régime hypothécaire* 27

dans un *état individuel* n'a aucune influence sur les droits hypothécaires du créancier omis, mais le tiers victime de l'erreur du conservateur a, contre lui, une action en responsabilité.

Après la clôture de l'ordre, le créancier omis n'a le droit ni de former opposition à l'ordre [1], ni de répéter des créanciers colloqués dont l'hypothèque est postérieure à la sienne, les sommes par eux touchées [2].

Le droit de préférence est aussi éteint lorsque, sans état d'ordre, l'acquéreur a payé son prix au débiteur hypothécaire, ou que ce prix a été, soit cédé à un tiers, soit délégué à d'autres créanciers [3].

1190. Au surplus, le créancier omis a une action en responsabilité contre le conservateur des hypothèques pour la réparation complète du préjudice éprouvé, toutes les fois que l'omission est imputable à ce fonctionnaire [4] (nos 2015 à 2017).

1. Bruxelles, 15 janv. 1812 ; comp. Audier, 84 ; Seligman, 297.

2. Cass., 18 janv. 1853 ; Angers, 27 mars 1878, D. 78.2.164, S. 78. 2.185 ; Seligman, 165 ; Houyvet, 148. — *Contrà,* Aix, 21 juil. 1874 ; Chauveau, 2549, 7°.

3. Grenoble, 8 fév. 1842 ; Aubry et Rau, § 283, note 5 ; Grenier, 443 ; Troplong, 1007 *bis.*

4. C. civ., 2198 ; Cass., 26 avr. 1882, S. 82.1.251 ; Montpellier, 24 nov. 1875 ; Martou, 1624 ; comp. Rouen, 20 mai 1885, S. 87.2.139.

CHAPITRE HUITIÈME

PURGE DES PRIVILÈGES ET HYPOTHÈQUES

PREMIÈRE SECTION

GÉNÉRALITÉS.

ARTICLE PREMIER

OBJET DE LA PURGE.

1191. Le tiers détenteur d'un immeuble grevé de privilèges ou hypothèques a la faculté d'offrir aux créanciers le prix de cet immeuble ou sa valeur estimative, pour les mettre en demeure de surenchérir, s'ils ne veulent pas accepter l'offre.

Quand les créanciers surenchérissent, l'immeuble est mis en adjudication ; si, au contraire, ils gardent le silence pendant le délai légal, l'immeuble se trouve purgé des droits hypothécaires.

1192. Cependant la purge n'éteint pas définitivement les privilèges et hypothèques, et ne modifie pas non plus les droits de préférence des créanciers entre eux : son unique effet est de substituer au droit de suite sur l'immeuble un droit qui n'affecte que le prix offert.

1193. On distingue deux espèces de purge : celle qui a lieu quand il n'existe sur l'immeuble que des hypothèques inscrites ; et celle qui doit être faite lorsqu'il y a des hypothèques légales non inscrites de femmes mariées, de mineurs ou d'interdits [1].

1194. Cette dernière purge est sans objet du moment où les hypothèques légales, dispensées d'inscription, ont cependant été inscrites [2].

Il en serait de même dans le cas où ces hypothèques légales se trouveraient soumises à l'inscription par l'expiration de l'année à partir de la dissolution du mariage ou de la cessation de la tutelle [3].

1195. Quand l'immeuble aliéné se trouve grevé cumulativement de privilèges ou hypothèques inscrits, et d'hypothèques légales dispensées d'inscription et non inscrites, l'acquéreur doit remplir tout à la fois les formalités prescrites pour les deux purges [4].

1196. Si les hypothèques légales dispensées de publicité sont inscrites sur les formalités spéciales accomplies pour leur purge, l'acquéreur n'est pas obligé de faire ensuite les notifications édictées pour la purge des hypothèques inscrites [5].

1197. L'acquéreur qui veut purger les privilèges et hypothèques rendus publics, ou les hypothèques légales non inscrites, doit faire transcrire son acte d'acquisition [6]

1. C. civ., 2181 à 2192, 2193 à 2195 ; C. pr., 832.
2. Cass., 21 août 1833 ; Caen, 1er mars 1832 ; Troplong, IV, 975, 997 ; Aubry et Rau, § 293, note 38 ; Pont, 1267, 1402 ; Massé et Vergé, § 836, note 1.
3. L. 23 mars 1855, art. 6 et 8.
4. C. civ., 2181, 2194 ; Aubry et Rau, § 293 bis, note 41 ; Pont, 1267.
5. Metz, 14 juin 1837 ; Alger, 12 janv. 1854 ; Paris, 26 nov. 1857 ; Bordeaux, 1er juin 1863, S. 64.2.142 ; Troplong, 921, 982 et 995 ; Aubry et Rau, § 293 bis, note 42 ; Pont, 1419. — Contrà, Caen, 12 avr. 1826 ; Orléans, 17 juil. 1829 ; Limoges, 9 avr. 1845 ; Massé et Vergé, § 836, note 13.
6. C. civ., 2181 ; L. 23 mars 1855, art. 1 et 2 ; Aubry et Rau, § 293 bis, note 44 ; Pont, 1288 ; Thézard, 213.

1198. Lorsqu'un acquéreur qui a rempli les formalités de purge se trouve évincé soit par une surenchère, soit au moyen du retrait de réméré exercé par un cessionnaire du vendeur, le nouveau propriétaire n'est pas obligé de procéder à une nouvelle purge [1].

1199. Différents modes d'acquisition emportent par eux-mêmes la purge des hypothèques de toute nature, sans aucune formalité autre que la transcription (n° 1211 et suiv.).

ARTICLE DEUXIÈME

ACQUÉREURS ADMIS A PURGER.

1200. Pour avoir la faculté de purger, le tiers détenteur ne doit pas être obligé personnellement au paiement de la dette hypothécaire [2] ; mais peu importe que son acquisition soit à titre onéreux ou à titre gratuit.

1201. Le droit de purger appartient à l'acquéreur [3], à l'échangiste [4], au donataire de biens présents [5], et au légataire à titre particulier [6].

Du reste la capacité requise pour remplir valablement la purge n'a rien de particulier, ainsi peuvent purger : le tuteur, au nom de son pupille, sans autorisation du conseil de famille ; la femme mariée avec la seule autorisation maritale [7].

1. C. pr., 838 ; Cass., 14 avr. 1847 ; 23 août 1871, D. 73.1.321 ; Grenoble, 17 fév. 1849 ; Massé et Vergé, § 688, note 20 ; Troplong, 908, 965 ; Aubry et Rau, § 293 bis, note 7 ; Pont, 1349 ; Colmet de Santerre, IX, 169 bis, xix.

2. Cass., 5 déc. 1882, D. 83.1.378, S. 85.1.115 ; Planiol, II, 3295.

3. C. civ., 2184 ; Laurent, XXXI, 421 ; Baudry et de Loynes, 2331.

4. Aubry et Rau, § 293 bis, note 18 ; Pont 1270 ; Thézard, 136.

5. C. civ., 943, 2184 ; Pont, 1276 ; Martou, 1378.

6. Cass., 6 fév. 1889, S. 89.1.385, D. 89.1.299 ; Laurent, XXXI, 425 ; Pont, 1276 ; Colmet de Santerre, IX, 160 bis, xi et xii.

7. Troplong, 923 ; Martou, 1438. — Contrà, Grenier, II, 439, pour le tuteur.

1202. L'acquéreur de la nue propriété ou de l'usufruit d'un immeuble est fondé à purger comme l'acquéreur de la pleine propriété [1].

Il en est de même pour l'acquéreur d'une portion divise d'un immeuble [2].

Ce droit appartient à celui qui a acquis sous condition résolutoire, par exemple à pacte de réméré, aussi bien qu'à l'acquéreur pur et simple [3].

1203. L'acheteur sous condition suspensive ne pourrait purger qu'après la condition réalisée ; en attendant il a seulement l'espérance de la propriété [4].

1204. Les acquéreurs de droits d'usage et d'habitation ou de servitudes ne sont pas autorisés à purger [5].

1205. Il en est de même pour celui qui a constitué une hypothèque pour la dette d'un autre, sans s'obliger personnellement, car il n'est pas nouveau propriétaire [6].

---

1. Thézard, 195 ; Grenier, 324 ; Pont, 1283 ; Labbé, *Rev. crit.*, 1856, p. 231.

2. Aix, 6 mars 1839, S. 40.2.449 ; Laurent, XXXI, 433 ; Colmet de Santerre, IX, 169 *bis*, xxi.

3. Cass., 14 avr. 1847 ; 23 août 1871, D. 73.1.321, S. 71.1.118 ; Grenoble, 17 févr. 1849 ; Aubry et Rau, § 293 *bis*, note 21 ; Pont, 1285 ; Thézard, 195. De la purge accomplie par l'acquéreur à pacte de réméré, il est déduit deux conséquences : 1° les hypothèques purgées ne revivent pas si le retrait est exercé par un cessionnaire du vendeur (Cass., 14 avr. 1847 ; Grenoble, 17 févr. 1849, S. 49.2.543, D. 51.2.235) ; 2° le prix moyennant lequel le vendeur renonce au retrait est une valeur mobilière formant le gage commun de tous ses créanciers et distribuable au marc le franc (Caen, 29 juin 1870 et Cass., 23 août 1871, précité).

4. Aubry et Rau § 293 *bis*, note 22 ; Thézard, 195 ; Baudry-Lacantinerie et de Loynes, 2338 ; Labbé, *Rev. crit.*, 1856, p. 220. — *Contrà*, Pont, 1285.

5. Pont, 1116 ; Demolombe, XII, 670, 748 ; Colmet de Santerre, IX, 169 *bis*, xxiii ; Dalmbert, *Tr. de la purge*, 89.

6. Pont, 1271, 1272 ; Aubry et Rau, § 293 *bis*, note 24 ; Laurent,

Ne saurait non plus purger l'acquéreur de l'immeuble hypothéqué par un fermier à la garantie de l'exécution du bail, et qui prend en même temps la cession du droit de bail parce qu'il succède aux obligations personnelles du preneur[1]. De même aussi l'acheteur qui, demeuré débiteur d'une partie du prix, rachète, après l'avoir vendu, l'immeuble qu'il avait acquis, ne peut purger le privilège du vendeur envers lequel il est resté débiteur personnel[2].

1206. Quand le débiteur primitif est décédé, son obligation personnelle passe aux héritiers ; s'il en a laissé plusieurs, l'un d'eux ne serait pas admis, en offrant sa part aliquote dans la dette, à purger pour le surplus, l'immeuble dont il serait devenu propriétaire par le partage ou la licitation[3].

1207. Cependant l'héritier bénéficiaire, devenu adjudicataire d'un immeuble de la succession, peut purger les hypothèques en offrant l'intégralité de son prix[4].

De même le légataire d'une part indivise dans un immeuble qui se rend adjudicataire sur licitation de l'immeuble entier, a le droit de purger[5].

1208. Si un héritier cède ses droits successifs à un tiers,

XXXI, 424 ; Baudry-Lacantinerie et de Loynes, 2347. — *Contrà*, Troplong, 816.

1. Cass., 5 déc. 1882, S. 85.1.115.

2. Paris, 9 juil. 1892, D. 93.2.569, S. 93.2.137.

3. Grenier, 356 ; Pont, 1273 ; Aubry et Rau, § 293 *bis*, note 25 ; Vavasseur, *Rev. prat.*, XXX, 173 ; Colmet de Santerre, IX, 169 *bis*, VI ; Dalmbert. 106, B. — *Contrà*, Laurent, XXXI, 422 ; Baudry-Lacantinerie et Wahl, 3963.

4. Cass., 27 nov. 1872 ; 12 janv. 1876, S. 76.1.81, D. 76.1.52 ; 5 mars 1894, S. 95.1.149 ; Pont, 1274 ; Demolombe, XV, 191 *bis* ; Labbé, *Rev. crit.*, 1856, p. 216. — *Contrà*, Colmet de Santerre, IX, 169 *bis*, x.

5. Cass., 6 fév. 1889, D. 89.1.299, S. 89.1.385 ; Dalmbert, 111, note 1 ; Testoud, *Rev. crit.*, 1880, p. 263 ; Baudry-Lacantinerie et Wahl, 4435. — *Contrà*, Demante, S. 89.1.385.

celui-ci ne sera admis à purger qu'après la cessation de l'indivision [1].

1209. L'obligation contractée par l'acquéreur de verser son prix aux créanciers hypothécaires en ordre de le recevoir, ne le prive pas de la faculté de purger si les inscriptions dépassent son prix, tant que ce prix n'a pas été accepté par tous les créanciers hypothécaires [2].

1210. Quant à l'acquéreur obligé par son titre, soit de souffrir des hypothèques spécialement déclarées, soit de s'abstenir de toute formalité de purge avant une époque déterminée, il serait passible de dommages-intérêts envers le vendeur, s'il purgeait les hypothèques inscrites sans avoir reçu une sommation de la part d'un créancier [3].

ARTICLE TROISIÈME

ACQUISITIONS DISPENSÉES DE PURGE.

1211. Plusieurs modes d'acquisition ne comportent pas la nécessité d'une purge à faire par le nouveau propriétaire : au contraire, ils opèrent eux-mêmes cette purge par la transcription, sans que l'acquéreur ait aucune autre formalité à remplir [4].

1212. Les jugements d'expropriation pour cause d'utilité publique, et même les cessions amiables consenties après la déclaration d'utilité publique, purgent toutes les hypothèques [5].

1213. Emportent aussi la purge de toutes les hypothèques, par la transcription, les jugements d'adjudication sur saisie

---

1. Cass., 29 mai 1876, S. 76.1.297 ; Orléans, 31 mai 1859 ; Aubry et Rau, § 293 *bis*, note 29 ; Thézard, 194. — *Contrà*, Pont, 1270.
2. Cass., 13 fév. 1867, D. 67.1.172, S. 67.1.157 ; Orléans, 25 juil. 1849 ; 28 mai 1851 ; Aubry et Rau, § 293 *bis*, note 33.
3. Cass., 30 déc. 1891, S. 93.1.341 ; Martou, 1383 *bis*.
4. C. civ., 2182.
5. L. 3 mai 1841, art. 17 et 19 ; Planiol, II, 3378.

immobilière, poursuivie contre le débiteur lui-même, contre le tiers détenteur, ou contre le curateur à l'immeuble délaissé[1].

1214. Il en est ainsi de l'adjudication sur saisie poursuivie par le Crédit foncier, au moyen de formalités particulières.

1215. Et des adjudications prononcées après surenchère, soit du dixième, sur aliénation volontaire suivie de purge, soit du sixième sur les ventes faites en justice : licitations, ventes de biens de mineurs ou de successions bénéficiaires ou vacantes[2].

1216. Ces jugements, et adjudications (1212 à 1215), purgent les privilèges et hypothèques du chef des précédents propriétaires comme du chef du vendeur.

1217. La revente sur folle enchère après adjudication judiciaire volontaire (licitation, biens de mineurs, succession bénéficiaire), n'emporte pas purge virtuelle des privilèges et hypothèques[3]. Par exception, l'adjudicataire sur folle enchère est dispensé de purger lorsque le fol enchérisseur avait acheté sur saisie ou après surenchère, ou avait lui-même purgé[4].

1218. En outre, l'adjudication après surenchère opère la purge des hypothèques procédant du chef de l'acquéreur ou adjudicataire dépossédé ; mais s'il se rend lui-même adjudicataire, son droit de propriété se trouvant confirmé, les hypo-

1. C. pr., 717 ; Chauveau, 2403 ; Aubry et Rau, § 293 *bis*, note 4 ; Pont, 1280 ; Colmet de Santerre, IX, 169 *bis*, XVIII ; Thézard, 196 ; Boitard, 967.

2. C. pr., 717, 838 ; Cass., 24 juil. 1882 ; 31 mars 1884, D. 84.1. 401 ; Rouen, 4 juil. 1884 ; Riom, 26 mars 1892, S. 94.2.105 ; Troplong, 908, 965 ; Aubry et Rau, § 293 *bis*, note 7 ; Colmet de Santerre, IX, 169 *bis*, XIX ; Thézard, 198, 201.

3. Cass., 6 juil. 1864, D. 64.1.279 ; Bordeaux, 3 mai 1867, S. 67. 2.279 ; Aubry et Rau, § 293 *bis*, note 14 ; Pont, 1350.

4. Colmar, 13 mai 1857 ; Pau, 18 mars 1860, D. 60.2.183, S. 64. 2.57.

thèques efficaces, à partir de la première vente, sont maintenues [1].

1219. Les adjudications prononcées sur les poursuites des syndics d'une faillite, après union ou avant, emportent purge des hypothèques [2].

Toutefois, les adjudications, avant ou après union, ne purgent que les hypothèques des créanciers du failli, et non celles des créanciers des précédents propriétaires [3].

1220. Cependant les hypothèques légales dispensées d'inscription et non inscrites ne sont pas purgées par les adjudications : 1° après surenchère du dixième sur aliénation volontaire ; 2° du sixième sur les ventes en justice, autres que l'expropriation forcée ; 3° de biens de failli, avant ou après union. Les créanciers n'étant pas avertis de la procédure, ils doivent être mis en demeure, par les formalités de la purge légale, non pas de surenchérir, mais seulement de réclamer leur droit sur le prix [4].

1221. Les adjudications à la suite d'une conversion de saisie, purgent les hypothèques, quand le jugement de conversion a été rendu avec le concours de tous les créanciers inscrits [5].

---

1. Cass., 9 fév. 1881 ; Besançon, 14 déc. 1877 ; comp. Thézard, 210.

2. C. comm., 573 ; Cass., 17 juin 1878 ; 6 juil. 1881 ; 4 juin 1889, D. 90.1.133, S. 90.1.65, J. C., 3985 ; Caen, 1er juil. 1864 ; Thézard, 200 ; Lyon-Caen et Renault, 2934. — *Contrà*, Douai, 18 août 1865, D. 66.2.38, S. 66.2.148 ; Aubry et Rau, § 293 *bis*, note 15 ; Colmet de Santerre, IX, 169 *bis*, xvi ; Baudry-Lacantinerie et de Loynes, 2385, disant que la vente, même après union, n'opère pas purge.

3. Cass., 13 août 1867, D. 67.1.375, S. 67.1.390 ; Labbé, *Rev. crit.*, 1856, p. 301.

4. C. pr., 838 ; Colmet de Santerre, IX, 183 *bis*, iv et v ; Baudry-Lacantinerie et de Loynes, 2385, 2388.

5. Dijon, 24 mars 1847, D. 54.2.60, S. 47.2.410 ; Aubry et Rau, § 293 *bis*, note 16 ; Colmet de Santerre, IX, 169 *bis*, xvii ; Chauveau, 2403, 2436.

Si la conversion avait eu lieu en l'absence des créanciers inscrits, l'adjudication ne purgerait pas leurs hypothèques [1].

1222. Les communes et les commissions administratives des hospices et autres établissements publics de bienfaisance peuvent être autorisés par délibérations, à ne pas remplir les formalités de purge pour les acquisitions d'immeubles faites à l'amiable ou en vertu de l'expropriation publique, lorsque le prix n'excède pas 500 francs [2].

ARTICLE QUATRIÈME

FRAIS DE PURGE.

1223. Les frais de la purge des hypothèques inscrites sont, sauf stipulation contraire, supportés par le vendeur [3], lorsque les offres faites par l'acheteur n'ont pas été suivies de surenchère [4], car ces frais ont moins pour but d'assurer la transmission de la propriété que de faire exécuter l'obligation contractée par le vendeur de mettre l'acheteur à l'abri d'éviction [5].

Ces frais sont nécessairement avancés par l'acquéreur ; il est autorisé à les retenir sur son prix, lors du paiement amiable, ou à en demander collocation par préférence en cas d'ordre ou de règlement judiciaire [6].

1. Cass., 11 nov. 1862 ; 14 nov. 1882, S. 83.1.177; D. 83.1.271 ; Orléans, 11 fév. 1859 ; Chauveau, 2436 ; Colmet de Santerre, IX, 169 bis, XVII ; Garsonnet, 746.

2. L. 3 mai 1841, art. 19 ; Décr. 14 juil. 1866 ; 7 juin 1875.

3. Cass., 22 avr. 1856, D. 56.1.210, S. 56 1.849 ; 10 juin 1907, D. 07.1.319 : Limoges, 18 déc. 1840 ; Toulouse, 27 fév. 1856 ; Aubry et Rau, § 293 bis, note 35 ; Thézard, 208. — Contrà, Pau, 27 janv. 1855 ; Toulouse, 29 nov. 1855 ; Grenoble, 7 janv. 1857, D. 58.5.304, S. 58.2.560 ; Troplong, 164 ; Bioche, Dict., PURGE, 220, qui mettent les frais à la charge de l'acheteur.

4. En cas de surenchère, l'adjudicataire rembourse à l'acquéreur les frais de purge (C. civ., 2188).

5. Baudry-Lacantinerie et de Loynes, 2363.

6. C. pr., 774 ; Cass., 8 avr. 1874, S. 74.1.297, Rev. not., 5013.

1224. Quant aux frais occasionnés par la purge des hypothèques légales non inscrites, ils sont supportés par l'acquéreur [1]. Cependant, si le vendeur avait dissimulé l'existence des hypothèques de cette nature, ou si la purge était suivie d'inscription, les frais incomberaient au vendeur [2].

Au surplus, les praticiens ont toujours soin de dire dans les ventes que les frais extraordinaires de transcription, purge et notification seront prélevés sur le prix.

DEUXIÈME SECTION

PURGE DES HYPOTHÈQUES INSCRITES.

ARTICLE PREMIER

FORMALITÉS A REMPLIR PAR LE TIERS DÉTENTEUR.

1225. Avant tout, le tiers détenteur fait transcrire son contrat d'acquisition au bureau de hypothèques (n°s 13) et lève un état des inscriptions grevant l'immeuble qui lui a été transmis, du chef de son auteur et des précédent propriétaires [3]. Cet état révèle les noms des créanciers à l'égard desquels la purge doit être faite.

1226. Le nouveau propriétaire peut remplir les formalités de purge sans attendre une sommation des créanciers ; il n'est pas nécessaire non plus qu'il mette au préalable son auteur en demeure de lui rapporter main-levée des inscriptions [4]. Cepen-

---

1. Mont-de-Marsan, 4 août 1854, S. 56.2 851 ; Grenoble. 7 janv. 1857, D. 58.5.304, S. 58.2 560 ; Chauveau, *Quest.*, 2616 ; Verdier, 520.

2. Comp. Aubry et Rau, § 293 *bis*, notes 36 et 37 : Baudry-Lacantinerie et de Loynes, 2364.

3. C. civ., 2181 ; Pont, 1292 ; Aubry et Rau, § 294, note 1.

4. Limoges, 18 déc. 1840, S 41.2.185 ; J. G., *Vente*, 1100 ; Pont, 1296 ; Planiol, II, 3302.

dant, en matière de vente, les inscriptions sont toujours dé-
noncées au précédent propriétaire avant la purge, et même, il
est souvent stipulé que la dénonciation préalable sera obligatoire [1].

1227. Quand le tiers détenteur se laisse devancer par les
créanciers, il est tenu de faire les notifications aux fins de
purge dans les trente jours [2] qui suivent la première sommation de payer ou délaisser adressée par l'un ou l'autre des
créanciers [3], car la sommation faite par l'un profite aux autres
pour faire courir le délai [4].

A défaut de notification dans ce délai, le tiers détenteur
serait déchu de la faculté de purger [5] et obligé de subir l'expropriation.

1228. Les notifications sont adressées à tous les créanciers
inscrits avant la transcription du titre du tiers détenteur, et
portés sur l'état délivré par le conservateur des hypothèques.

Elles doivent être faites aux domiciles élus dans les inscriptions [6], sinon à la personne des créanciers ou à domicile réel [7].

Il faut que les notifications soient adressées à chacun des

---

1. Comp. Cass., 30 déc. 1891, S. 93.1.341.
2. Si le dernier jour était férié, le délai serait prorogé au lendemain (C. pr., 1033).
3. C. civ., 2169, 2183 ; Cass., 25 nov. 1862, D. 63.1.209, S. 63.1.
149 ; Troplong, 793 bis ; Pont, 1149 ; Chauveau, Quest., 2458 ; Thézard, 203.
4. Cass., 30 juil. 1822 ; Limoges, 14 juil. 1847, S. 47.2.625 ; Caen,
1er déc. 1849, D. 52.2.73 ; Pont, 1299 ; Troplong, 795 bis ; Massé et
Vergé, § 832, note 6 ; Chauveau, Quest., 2198.
5. Caen, 17 juin 1823 ; Toulouse, 29 juin 1836 ; Bordeaux, 11 déc.
1839, S. 40.2.198 ; Aubry et Rau, § 294, note 6.
6. C. civ., 2183 ; Pont, 1303 ; Troplong, 920 ; Aubry et Rau,
§ 294, note 8 ; Laurent, XXXI, 459.
7. Cass., 26 nov. 1884, S. 86.1.63, D. 85.1.115 ; Grenier, 439 ;
Martou, 1404 ; Aubry et Rau, § 294, note 13 ; comp. Cass., 12 août
1868.

créanciers individuellement, même pour une inscription commune à plusieurs et renfermant une seule élection de domicile [1].

Le défaut de notification à l'un des créanciers rendrait la purge inefficace à son égard, tout en restant valable au respect des autres créanciers [2].

1229. Nous devons rappeler ici que l'élection de domicile en l'étude d'un avoué, notaire ou autre homme d'affaires, faite par lui ou avec son aveu tacite, l'oblige à transmettre au créancier toutes les significations aux fins de purge [3].

1230. Lorsqu'il a pris le parti de purger, le tiers détenteur charge un avoué de présenter requête au président du tribunal civil de la situation de l'immeuble, pour faire commettre un huissier par le ministère duquel les notifications et offres seront adressées aux créanciers inscrits [4].

1231. Les notifications qui sont préparées par l'avoué [5], contiennent :

1° Extrait du titre d'acquisition indiquant : la date et la qualité de l'acte ; le nom et la désignation précise du vendeur ou donateur ; la nature et la situation de la chose vendue ou donnée, et, s'il s'agit d'un corps de biens, la dénomination générale seulement du domaine et des arrondissements dans lesquels il est situé ; le prix et les charges faisant partie du prix de la vente, ou l'évaluation de la chose si elle a été donnée ou reçue en échange [6] ;

1. Bourges, 9 janv. 1857, S. 57.2.254 ; Pont, 1301 ; Martou, 1405 ; Thézard, 203 ; Dalmbert, 119.
2. Cass., 25 avr. 1888, S. 89.1.49, D. 89.1.102 ; Toulouse, 29 juin 1836 ; Grenier, 440 ; Pont, 1302 ; Aubry et Rau, § 294, notes 11 et 12.
3. Cass., 1er mars 1886, S. 86.1.314 ; 24 juin 1902, *Rev. not.*, 11304 ; Douai, 20 fév. 1892, S. 92.2.119. — Le mandat résultant du domicile élu se transmet même au successeur (Nancy, 22 déc. 1853).
4. C. pr., 832 ; Chauveau, 2461.
5. Cass., 22 mars 1838 ; 20 août 1845, S. 45.1.735, D. 45.1.392.
6. C. civ., 2183, 1° ; Paris, 28 juin 1847, S. 47.2.409 ; Pont, 1307 ; Chauveau, 2457.

Lorsque l'acquéreur a traité contrat en main, il est nécessaire qu'il fasse taxer les frais d'acte et indique dans les notifications la somme à défalquer sur le prix porté au contrat [1].

2º Un extrait de la transcription de l'acte, c'est-à-dire la copie du certificat du conservateur attestant l'accomplissement de cette formalité [2];

3º Un tableau sur trois colonnes, la première contenant la date des hypothèques et celle des inscriptions ; la seconde, le nom des créanciers ; la troisième, le montant des créances inscrites [3].

Dans la pratique, la première colonne est divisée en deux parties : l'une contient la date des hypothèques et l'autre la date des inscriptions.

4º Déclaration par le tiers détenteur qu'il est prêt à acquitter sur le champ, les dettes et charges jusqu'à concurrence du prix, sans distinction des dettes exigibles et de celles qui ne le sont pas [4];

5º Constitution d'avoué près le tribunal où la surenchère et l'ordre seront portés [5].

1232. La nullité de la notification adressée à l'un ou l'autre des créanciers est purement relative et se couvre par la renonciation du créancier admis à la proposer ; elle serait couverte par la poursuite d'ordre sur le prix offert, mais non par une réquisition de mise aux enchères [6].

1. Comp. Cass., 14 nov. 1894, D. 96.1.513, S. 96.1.137 ; Grenoble, 20 janv. 1894, *Rev. not.*, 9348, D. 94.2.473, S. 95.2.201 ; Baudry et de Loynes, 2408.

2. C. civ., 2183, 2º ; Thézard, 203.

3. C. civ., 2183, 3º ; Laurent, XXXI, 451.

4. C. civ., 2184 ; Cass., 21 mars 1885, S. 85.1.255, D. 86.1.119 ; Caen, 24 janv. 1827 ; Troplong, 959.

5. C. pr., 832 ; Boitard, 1094 ; Planiol, II, 3318.

6. Cass., 9 nov. 1858 ; 4 mai 1892, S. 92.1.575 ; Orléans, 14 juil. 1846 ; Pont, 1323 ; Laurent, XXXI, 455.

ARTICLE DEUXIÈME

VENTILATION DES ALIÉNATIONS COMPLEXES.

1233. Les règles générales qui précèdent supposent l'acquisition d'un immeuble hypothéqué à divers créanciers. Elles sont insuffisantes quand le titre du propriétaire comprend plusieurs biens, grevés d'inscription s particulières, aliénés pour un prix unique [1].

On peut supposer que le titre a pour objet : des meubles et des immeubles ; des immeubles situés dans plusieurs arrondissements [2] ; différents immeubles dans le même arrondissement, les uns libres et les autres grevés ; plusieurs immeubles grevés d'inscriptions générales et d'inscriptions spéciales [3] ; ces dernières au profit de créanciers différents ou d'un créancier unique en vertu de plusieurs titres distincts [4] ; enfin un immeuble grevé d'hypothèques portant seulement sur l'usufruit [5].

1234. En cas de vente judiciaire de plusieurs immeubles pour des prix distincts, les frais de justice en diminution de prix doivent, autant que possible, être payés par les divers adjudicataires au marc le franc, afin d'éviter toutes critiques en présence d'inscriptions spéciales.

1235. Comme les créanciers ne peuvent surenchérir d'autres immeubles que ceux formant leur gage [6], le tiers détenteur est tenu, à peine de nullité de la purge, opposable par tout créan-

---

1. C. civ., 2192.
2. Lyon, 13 janv. 1836, J. G., *Priv.*, 2126, S. 36.2.33.
3. Paris, 17 août 1859, S. 60.2.192, D. 60.5.310 ; 15 nov. 1888, J. G., *Priv.*, 1337 ; Grenoble, 27 mai 1868 ; Chambéry, 28 nov. 1870. — *Contrà*, Bourges, 1ᵉʳ avr. 1837, J. G., *Priv.*, 2134 ; Martou, 1567.
4. Caen, 17 juin 1823 ; Thézard, 211.
5. Paris, 20 mai 1831 ; comp. Cass., 24 nov. 1868, S. 69.1.177.
6. Pont, 1362 ; Martou, 1570 ; Laurent, XXXI, 570.

cier, mais non par le vendeur [1], de ventiler son prix, dans
les notifications aux créanciers, tant pour leur faciliter l'exercice du droit de surenchère qui peut être limité à un seul immeuble [2], que pour prévenir les contestations qui pourraient
s'élever dans l'ordre sur la portion de prix afférente au gage
spécial de chaque créancier.

1236. Les créanciers hypothécaires et le vendeur sont admis
à critiquer la ventilation faite par le tiers détenteur [3].

1237. D'un autre côté, si les créanciers ne sont pas fondés
à surenchérir les immeubles non affectés du droit de suite à
leur profit, il en est autrement pour le créancier qui a hypothèque sur la part indivise de son débiteur dans un immeuble
adjugé à un étranger ; ce créancier peut étendre sa surenchère
à la totalité de l'immeuble [4].

1238. Quand, par suite de la surenchère, le tiers détenteur
se trouve dépossédé de partie seulement des objets acquis, il
a deux actions contre son auteur : le recours en garantie fondé
sur l'éviction et le recours en réparation du dommage éprouvé [1]. L'acheteur pourrait même demander la résolution du

1. Cass., 18 juin 1815 ; Lyon, 13 janv. 1836 ; Toulouse, 12 août
1857, D. 60.1.253, S. 60.1.337 ; Pont, 323 ; Troplong, 984 ; Laurent, XXXI, 569.
2. Cass., 21 nov. 1843 ; 6 nov. 1894, S. 96.1.185 ; Orléans, 21 déc.
1832 ; Angers, 30 avr. 1840 ; Paris, 30 avr. 1853 ; Pont, 1361 ; Martou, 1567 bis.
3. Orléans, 14 juil. 1846 ; Agen, 10 juin 1885 ; Chauveau, Quest.,
2499 bis ; Troplong, 973 ; Martou, 1574 ; Pont, 1309 ; Encycl. du
not., PURGE, 70 ; Baudry-Lacantinerie et de Loynes, 2424. — Contrà,
Thézard, 213.
4. Paris, 16 juil. 1834 ; Besançon, 5 mai 1855 ; Paris, 26 déc. 1873,
S. 74.2.20 ; Pont, 1309 ; Aubry et Rau, § 294, note 124. — Contrà,
Paris, 3 mars 1820 ; J. G., Surench., 36 ; Martou, 1571 ; Petit, 295 ;
Laurent, XXXI, 571 ; Baudry-Lacantinerie et de Loynes, 2457.
5. C. civ., 2192 ; Thézard, 211.

André, Régime hypothécaire. 28

contrat, si la partie dont il se trouve évincé était telle qu'il n'eût pas acheté sans elle [1].

ARTICLE TROISIÈME

PORTÉE ET EFFET DE L'OFFRE.

1239. Nous avons dit que le tiers détenteur devait offrir de verser son prix et les charges [2]; ajoutons qu'on doit considérer comme charges faisant partie du prix tout ce que l'acquéreur s'est obligé de payer ou de fournir en sus du prix proprement dit [3].

1240. Si le prix consiste en prestations en nature ou en une rente viagère, l'acquéreur est obligé d'en faire l'évaluation en argent ou en capital, afin que les créanciers soient à même d'apprécier exactement l'offre qui leur est faite [4]. On ne voit pas comment les créanciers pourraient user de leur droit, si l'acquéreur n'offrait pas une somme fixe.

1241. La notification serait nulle si l'acquéreur offrait un prix inférieur à celui porté dans le contrat [5]; au contraire, si l'acquéreur offre un prix supérieur à celui stipulé, l'offre est

1. C. civ., 1636 ; comp. Lyon, 13 août 1852.

2. C. civ., 2183.

3. Cass., 3 avr. 1815 ; Nancy, 18 mai 1827 ; Bordeaux, 4 mai 1833 ; Montpellier, 5 déc. 1835.

4. Paris, 5 fév. 1814 ; Troplong, 925 ; Martou, 1396 ; Aubry et Rau, § 294, note 24 ; Laurent, XXXI, 463 ; Colmet de Santerre, IX, 172 *bis*, VII ; Baudry-Lacantinerie et de Loynes, 2411. — *Contrà*, Cass., 2 nov. 1813 ; 11 mars 1829 ; Grenoble, 19 mai 1852, D. 54.2. 151, S. 52.2.654 ; Duranton, XX, 397 ; Pont, 1312 ; Chauveau, *Quest.*, 2457 ; Dalmbert, 121 *bis*.

5. Massé et Vergé, § 832, note 10 ; Duranton, XX 387, ; Aubry et Rau, § 294, note 26 ; Dalmbert, 123 ; Baudry-Lacantinerie et de Loynes, 2417, — *Contrà*, Paris, 23 mars 1850, D. 50.2.106 ; Troplong, 924 ; Thézard, 203.

valable et oblige l'acquéreur à verser la totalité du prix par lui
déclaré [1], sauf la preuve d'une erreur matérielle.

1242. En purgeant, l'acquéreur renonce au bénéfice des
termes que son contrat lui accordait ; par suite, son offre de
payer doit être pure et simple [2].

1243. Dès lors qu'il notifie son titre aux créanciers, l'acquéreur contracte l'engagement personnel et irrévocable de payer
les créanciers à concurrence de son prix, et dans la mesure
de leurs droits hypothécaires qu'il a d'ailleurs la faculté de
discuter [3].

1244. Le prix offert par l'acquéreur n'est susceptible de
réduction que dans le cas d'éviction partielle survenue postérieurement [4].

1245. Au surplus, l'offre du nouveau propriétaire l'oblige à
tenir compte aux créanciers hypothécaires des intérêts de son
prix, au taux légal, à partir de la notification, ou de la sommation que les créanciers auraient faite avant [5].

L'acquéreur ne pourrait se soustraire au paiement des intérêts, quand même son contrat contiendrait dispense d'en
payer au vendeur [6].

1. Cass., 3 avr. 1815 ; 9 avr. 1878, S. 78.1.319, D. 78.1.372 ;
Troplong, 924 ; Duranton, XX, 387 ; Thézard, 203.

2. C. civ., 2184 ; Toulouse, 17 juin 1844 ; Bordeaux, 8 juil. 1844 ;
Caen, 24 juin 1827 ; Thézard, 203 ; Aubry et Rau, § 294, note 28 ;
J. G., *Priv.*, 2151.

3. Cass., 4 fév. 1857 ; 9 avr. 1878, S.78.1.319 ; Pont, 1187,1320 ;
Grenier, 458 ; Colmet de Santerre, IX, 172 *bis*, XVII. — *Contrà*, Troplong, 931.

4. Grenoble, 25 mai 1863 ; Pont, 1320 ; Aubry et Rau, § 294,
note 38.

5. Cass., 15 fév. 1847 ; 1er mars 1870, S. 70.1.193 ; Orléans,
11 janv. 1853 ; Bordeaux, 21 fév. 1893, D. 93.2.361 ; Troplong, 930 ;
Colmet de Santerre, IX, 172 *bis*, XV.

6. C. civ., 2176 ; C. pr. 682,685 ; Montpellier, 13 mars 1841, S. 41.
2.447 ; comp. cep. Cass., 9 août 1859 ; 4 nov. 1863, D. 63.1.471,
S. 64.1.121 ; Laurent, XXXI, 464 ; Pont, 1319.

1246. En supposant une vente de nue propriété pour un prix payable sans intérêt au décès du vendeur, l'acquéreur ne pourrait recourir à la purge sans être obligé de payer des intérêts aux créanciers [1] ; par suite, le seul parti à prendre consisterait à délaisser l'immeuble.

ARTICLE QUATRIÈME

SUITES DES NOTIFICATIONS.

1247. Par l'effet des notifications, les créanciers hypothécaires se trouvent mis en demeure, soit de requérir la mise aux enchères des immeubles aux mains du tiers détenteur, soit d'accepter expressément ou tacitement les offres faites [2].

1° Surenchère.

I. — Créanciers admis à surenchérir.

1248. C'est seulement après la notification aux fins de purge que les créanciers peuvent requérir la mise aux enchères des immeubles, passés aux mains d'un nouveau propriétaire ; la mise aux enchères requise avant toute notification serait sans effet [3].

1249. En principe, le droit de surenchérir appartient à tout créancier inscrit utilement sur l'immeuble, sans qu'il y ait à distinguer entre les créances exigibles et celles à terme ou soumises à une condition non réalisée [4].

---

1. Comp. Cass., 4 nov. 1863, précité ; Dalmbert, 126.
2. C. civ., 2185, 2186.
3. Cass., 17 août 1869, D. 69.1.64, S. 69.1.396 ; Limoges, 24 avr. 1863 ; Dijon, 16 mai 1876 ; Paris, 8 déc. 1884 ; Pont, 1354 ; Aubry et Rau, § 294, note 48 ; Martou, 1498 ; Thézard, 205. — Contrà, Rennes, 6 août 1849 ; Limoges, 20 fév. 1858, S. 58.2.246.
4. C. civ., 2185 ; Rouen, 7 mars 1892, D. 93.2.24, S. 93.2.78 ; Thézard, 205, J. G., Surench., 216 ; Pont, 1340 ; Laurent, XXXI, 492.

1250. La faculté de surenchère est accordée aux créanciers à l'hypothèque légale dispensée d'inscription, sans inscription préalable [1] (n° 1317).

1251. Elle appartient également au vendeur dont le contrat a été transcrit, quoique son privilège n'ait pas été inscrit d'office [2].

1252. Le même droit est reconnu : au cessionnaire de la créance hypothécaire dûment conservée, même avant la signification du transport [3] ; à celui qui a été subrogé au droit hypothécaire [4] ; et aux créanciers, même chirographaires, du créancier hypothécaire, exerçant les droits de leur débiteur [5].

1253. Au contraire, la faculté de surenchère doit être refusée : au créancier, non dispensé d'inscription, et qui ne serait pas inscrit avant la transcription du contrat [6] ; au créancier inscrit, mais dont l'inscription aurait été omise sur le certificat délivré par le conservateur des hypothèques [7] ; au créancier ayant renoncé expressément ou tacitement à son droit [8] ; à celui qui se trouverait tenu à un titre quelconque de garantir l'acquéreur contre l'éviction [9] ; à la caution du débiteur hypothécaire qui ne serait pas, par le paiement de la créance, subrogée

---

1. Caen, 23 août 1839, S. 40.2.111 ; Duranton, XX, 391 ; Aubry et Rau, § 294, note 49 ; Pont, 1120 et 1419 ; Thézard, 205 ; Colmet de Santerre, IX, 174 *bis*, VI. — *Contra*, Dalmbert, 144, 5°.

2. C. civ., 2108 ; Thézard, 205.

3. Cass., 22 juil. 1828 ; Martou, 1490 ; Aubry et Rau, § 359 *bis*, note 3.

4. Cass., 30 mai 1820 ; Grenier, II, 461.

5. Cass., 13 janv. 1873, D. 73.1.151, S. 73.1.145 ; Dijon, 25 déc. 1871.

6. C. civ., 2185 ; Thézard, 205.

7. C. civ., 2198 ; Aubry et Rau, § 294, note 50 ; Thézard, 205.

8. Pont, 1345 ; Aubry et Rau, § 294, note 57 ; comp. Cass., 9 avr. 1839.

9. Cass., 8 juin 1853 ; 30 janv. 1861, S. 61.1.337 ; Pont, 1346.

aux droits d'un créancier [1] ; au créancier dont le titre ou l'inscription se trouverait entaché de nullité [2].

1254. Le tiers détenteur ne saurait écarter la réquisition de mise aux enchères en prétextant que le prix est suffisant pour acquitter toutes les charges hypothécaires ; il ne le pourrait qu'en offrant réellement une somme suffisante pour assurer le remboursement intégral des créances inscrites [3].

II. — *Capacité requise.*

1255. Il règne une grande incertitude sur le point de savoir quelle est la capacité requise pour surenchérir. Sans entrer dans le détail de la controverse, nous croyons qu'on doit suivre les règles suivantes :

1° Le tuteur du créancier mineur ou interdit pourra surenchérir après avoir obtenu l'autorisation du conseil de famille [4] ;

2° Le mineur émancipé sera assisté de son curateur [5], et l'individu pourvu de conseil judiciaire assisté de son conseil [6] ;

3° La femme mariée, même séparée de biens, devra être autorisée de son mari ou de justice [7] ;

1. Grenoble, 8 juil. 1834 ; Aubry et Rau, 294, note 54 ; Martou, 1459 ; J. G., *Surench.*, 60.

2. Douai, 5 fév. 1874, S. 75.2.267 ; Martou, 1456 ; Laurent, XXXI, 486 ; J. G., *Surench.*, 49 ; Troplong, 956 ; Chauveau, 2477.

3. Grenoble, 11 juin 1825 ; Paris, 3 avr. 1832, J. G., *Surench.*, 51 ; Martou, 1520 ; Pont, 1339. — *Contrà*, Laurent, XXXI, 490.

4. Riom, 6 déc. 1865 ; Toulouse, 26 mai 1883, D. 84.2.97, S. 84.2. 97 ; Grenier, 459 ; Freminville, I, 348 ; Aubry et Rau, § 294, note 66 ; Demolombe, VII, 719. — *Contrà*, Bourges, 2 avr. 1852, S. 53.2.385 ; Pont, 1343 ; Colmet de Santerre, IX, 174 *bis*, xi, qui déclarent l'autorisation inutile.

5. Thézard, 205 ; Laurent, XXXI, 501 ; Colmet de Santerre, IX, 174 *bis*, x.

6. Pont, 1344 ; Aubry et Rau, § 294, note 65.

7. Cass., 14 juin 1824 ; Caen, 9 janv. 1843 ; Grenoble, 30 août 1850, Troplong, 954 ; Pont, 1344 ; Aubry et Rau, § 294, note 62 ; Laurent,

4° Le mari de la femme dotale créancière peut surenchérir sans le concours de la femme [1]. Sous le régime de la communauté, si la créance est restée propre à la femme, c'est cette dernière qui doit surenchérir, avec l'autorisation de son mari ou de justice [2] ;

5° Le syndic d'une faillite ne peut surenchérir [3] ;

6° Enfin les personnes morales ont besoin d'une autorisation spéciale pour surenchérir [4].

III. — *Forme de la surenchère.*

1256. Quant à sa forme, la surenchère est soumise à plusieurs prescriptions :

1° Elle doit avoir lieu dans les quarante jours de la notification faite par le tiers détenteur au créancier qui la porte [5].

Ce délai court contre toute personne [6], et il s'augmente d'un jour par cinq myriamètres de distance entre le domicile élu et le domicile réel, en France, du créancier requérant [7].

Pour la supputation du délai de distance, les fractions infé-

XXXI, 501. — *Contrà*, Cass., 29 mars 1853, S. 53.1.442 ; Demolombe, IV, 292, disant que la femme séparée de biens n'a pas besoin d'autorisation.

1. Montpellier, 22 mai 1807 ; Caen, 20 juin 1827 ; Aubry et Rau, § 294, note 67 ; Thézard, 205. — *Contrà*, Riom, 21 août 1824 ; Grenoble, 11 juin 1825 ; Colmet de Santerre, IX, 174 *bis*, XIII ; Baudry et de Loynes, 2431.

2. Cass., 14 juin 1824 ; 16 déc. 1840 ; Cubain, 207 ; Aubry et Rau, § 294, note 69 ; Laurent, XXXI, 500 ; Colmet de Santerre, IX, 174 *bis*, XII.

3. Chambéry, 31 déc. 1874, S. 74.2.50 ; comp. Dalmbert, 147.

4. Chauveau, 2465 ; comp. Nimes, 19 mai 1858.

5. C. civ., 2185 ; Cass., 10 mai 1853, D. 53.1.153, S. 53.1.702 ; Troplong, 933 ; Pont, 1354 ; Martou, 1501 ; Laurent, XXXI, 504.

6. Thézard, 206 ; Dalmbert, 137.

7. C. pr., 1033 ; Orléans, 15 fév. 1859, D. 59.2.44, S. 59.2.361 ; Pont, 1355 ; Laurent, XXXI, 506 ; Chauveau, 2497 *bis*.

rieures à quatre myriamètres ne comptent pas, celles de quatre myriamètres et au-dessus comptent pour un jour [1].

Le jour de la notification ne compte pas dans le délai de quarante jours [2] ; et si le dernier jour du délai est férié, le délai est prorogé au lendemain [3].

2° La réquisition de mise aux enchères contient soumission de la part du requérant de faire porter l'immeuble à un dixième en sus du prix déclaré par l'acquéreur et des charges qui en font partie, quand même elles seraient éteintes, par exemple une rente viagère [4] ;

3° Le créancier surenchérisseur doit aussi offrir de donner caution à concurrence du prix, des charges et du dixième en sus, et indiquer nominativement la personne ou les personnes présentées comme caution [5].

Il est nécessaire que la caution ait la capacité de contracter, qu'elle soit domiciliée dans le ressort de la Cour d'appel où elle doit être reçue, et qu'elle possède des immeubles d'une valeur libre suffisante pour répondre de l'obligation [6].

Le créancier peut se dispenser de fournir caution en déposant à la caisse des consignations (et pas au greffe), un nantissement en espèces ou en rentes sur l'État et non en autres valeurs [7]. Dans la pratique, le créancier surenchérisseur a presque toujours recours au nantissement.

1. C. pr., 1033 ; Boitard, 1216.
2. Paris, 18 juil. 1819 ; Pont, 1354 ; Chauveau, 2459 ; Laurent, XXXI, 505.
3. C. pr., 1033.
4. C. civ., 2185, 2° ; Cass., 6 juil. 1881, S. 82.1.51, D. 82.1.449 ; Chauveau, 2457 ; Pont, 1363 et suiv. ; Martou, 1468 et suiv.
5. C. civ., 2185 ; C. pr., 832 ; Cass., 4 avr. 1836 ; 31 mai 1864, D. 71.1.222, S. 70.1.305 ; Pont, 1372 ; Chauveau, 2480.
6. C. civ., 2185, 2018, 2019, 2040 ; Cass., 22 fév. 1853 ; Amiens, 10 janv. 1840 ; Orléans, 5 août 1853, S. 53.2.503 ; Pont, 1374 ; Chauveau, 2483 ; Martou, 1481.
7. C. pr. 832 ; Cass., 4 janv. 1865 ; 19 mai 1890, S. 90.1.329, D.

La caution ou le nantissement est fourni ou complété dans le délai de quarante jours, accordé pour surenchérir [1].

Par exception, l'État se trouve dispensé de l'obligation de fournir caution [2].

4° La surenchère doit être signifiée d'abord au nouveau propriétaire, ensuite aux précédents propriétaires et au débiteur principal [3].

S'il y avait plusieurs acquéreurs, ou précédents propriétaires ou débiteurs principaux, le créancier devrait signifier la surenchère à chacun d'eux, par copies séparées, alors même qu'il y aurait solidarité [4].

Cette signification est faite : à l'acquéreur, au domicile de l'avoué qu'il a constitué dans sa notification aux fins de purge ; au précédent propriétaire et au débiteur principal, à personne ou à domicile général [5].

La loi exige que les significations soient faites par huissier commis par le président du tribunal civil de l'arrondissement où elles ont lieu [6], et qu'elles contiennent assignation à trois jours, pour la réception de la caution, devant le tribunal qui doit connaître de la surenchère [7].

90.1.329 ; Pont, 1378 ; Martou, 1483 ; Chauveau, 2487, 2482 ; L. 28 juil. 1875, art. 1er. — Le titre de rente nominatif remis en nantissement doit être de libre disposition et accompagné d'une procuration pour le transférer (Cass., 6 déc. 1887, S. 88.1.165).

1. Cass., 15 mai 1877, précité ; Rouen, 2 déc. 1844 ; Bourges, 2 avr. 1852 ; Besançon, 16 mars 1877, D. 77.2.192, S. 77.2.291 ; Aubry et Rau, § 294, note 86.

2. L. 21 févr. 1827 ; Chauveau, 2489 ; Pallain, 37 à 39.

3. C. civ., 2185.

4. Cass., 12 mai 1810 ; 4 août 1813 ; Rennes, 6 août 1849, D. 52. 2.68, S. 52.2 285 ; Grenier, 450 ; Laurent, XXXI, 524.

5. C. pr., 832 ; Paris, 6 août 1844 ; J. G., *Surench.*, 101 ; Laurent, XXXI, 528 ; Martou, 1497.

6. C. pr., 832, 838 ; Poitiers, 9 janv. 1884, S. 84.2.205.

7. C. pr., 832 ; Cass., 16 nov. 1853, S. 54.1.768 ; Boitard 1094.

De plus, il est donné copie de la soumission de la caution et du dépôt au greffe des titres destinés à justifier de sa solvabilité, ou du récépissé de la caisse des consignations constatant la réalisation du nantissement en deniers ou rentes sur l'État[1].

5° La dernière formalité prescrite est la signature du créancier surenchérisseur, sur l'original et les copies ; ou de son mandataire spécial qui est tenu de donner copie de sa procuration[2].

1257. Toutes les formalités pour la réquisition de mise aux enchères sont substantielles, par suite l'omission de l'une ou l'autre entraîne la nullité qui peut être proposée par tout intéressé, avant le jugement de validité de la caution[3].

1258. Il est de principe que la surenchère faite par l'un des créanciers devient commune aux autres. Il suit de là que la surenchère une fois portée ne peut plus être révoquée ni par la volonté du créancier de qui elle émane, ni du consentement du surenchérisseur et du tiers détenteur. En définitive, il faut le consentement de tous les créanciers (sans celui du tiers détenteur) ou leur désintéressement[4].

2° Mise en vente.

1259. La réquisition du créancier surenchérisseur tend à ce que l'immeuble soit mis aux enchères publiques. La vente est poursuivie par le surenchérisseur, ou par tout créancier qui se serait fait subroger à la poursuite, ou même par le tiers détenteur[5].

1. C. pr., 832 ; Boitard, 1094 ; comp. Aubry et Rau, § 294, p. 581.
2. C. civ., 2185.
3. C. civ., 2185 ; C. pr., 833, 838 ; Cass., 13 mars 1865, D. 65.1.124, S. 65.1.233 ; Chauveau, 2489 ; Pont, 1380 ; Thézard, 207.
4. C. civ., 2190 ; Cass., 24 mars 1855 ; 18 janv. 1860, S. 60.1. 226, D. 60.1.172 ; Pont, 1385 ; Aubry et Rau, § 294, note 98 ; Martou, 1549, 1557 ; Thézard, 207 ; Laurent, XXXI, 531.
5. C. pr., 833.

1260. Jusqu'au jugement d'adjudication, le tiers détenteur reste propriétaire ; il peut même empêcher la vente en payant ou en consignant le montant de toutes les créances avec les frais de surenchère [1].

En conséquence, la perte de l'immeuble ou les détériorations qu'il subirait avant l'adjudication restent à la charge du tiers détenteur et autorisent le surenchérisseur à rétracter ou à restreindre ses offres [2].

1261. La revente a lieu suivant les formes établies par le Code de procédure [3].

1262. Les enchères sont ouvertes sur le prix offert par le surenchérisseur, qui reste adjudicataire s'il ne se présente pas d'autre enchérisseur [4].

1263. On ne peut, pour l'adjudication sur surenchère, ni diviser par lots les immeubles acquis par le tiers détenteur en masse et en un seul lot, ni réunir en un seul lot les immeubles d'abord vendus par lots [5].

1264. Le tiers détenteur a la faculté de se porter adjudicataire ; dans ce cas, son droit de propriété est considéré comme dérivant de son contrat d'acquisition, qui se trouve confirmé par le jugement d'adjudication sur surenchère, lequel n'est pas soumis à transcription [6] — (n° 63).

1265. Quand il reste propriétaire par suite de la revente, le

1. Cass., 3 févr. 1808 ; Bordeaux, 21 juil. 1830 ; Chauveau, 2837 ; Troplong, 956 ; Thézard, 209 ; Laurent, XXXI, 539 ; J. G., Surench., 264.

2. Cass., 12 févr. 1828 ; Troplong, 749 ; Pont, 1386 : Martou, 1551 ; Aubry et Rau, § 294, notes 103 à 106 ; Laurent, XXXI, 540.

3. C. pr., 836 à 838 ; Boitard, 1097, 1098 ; Chauveau, 2498, 2499.

4. C. civ., 2187 ; C. pr., 838.

5. Rouen, 15 juil. 1807 ; Orléans, 23 août 1861, D. 61.5.472 ; Chauveau, 2499 ; J. G., Surench., 234 ; Petit, 297. — Contrà; Troplong, 961 ter.

6. C. civ., 2189 ; Cass., 9 fév. 1881, S. 81.1.104, D. 81.1.208 ; Besançon, 14 déc. 1877 ; Pont, 1338 ; Verdier, 198.

tiers détenteur a néanmoins été évincé, de sorte qu'il a recours contre son vendeur pour le remboursement de toutes les sommes qu'il est obligé de verser en sus du prix porté au contrat, et pour leurs intérêts [1].

Le tiers détenteur conserve, comme lui appartenant, à l'exclusion des créanciers chirographaires du précédent propriétaire, la somme restée disponible entre ses mains après le paiement des créances hypothécaires [2].

1266. Si l'immeuble surenchéri est adjugé à un tiers, la position du détenteur évincé n'est pas semblable à celle résultant de l'adjudication après délaissement. Par l'adjudication sur surenchère, le contrat primitif est résolu, et la personne de l'acquéreur dépossédé s'efface complètement [3] : de là dérivent les conséquences suivantes :

1° La somme disponible sur le prix de revente, après paiement des créanciers inscrits, appartient aux créanciers chirographaires du débiteur originaire, et l'acquéreur évincé viendra seulement en concours avec eux sur cet excédent pour l'indemnité qui lui est due [4] ;

2° Les hypothèques grevant du chef du tiers détenteur tombent par la résolution du contrat [5] ;

1. C. civ., 2191 ; Bordeaux, 27 fév. 1829 ; 21 avr. 1836 ; Paris, 8 janv. 1848 ; Aubry et Rau, § 294, note 108 ; Laurent, XXXI, 543.

2. Bordeaux, 27 fév. 1829 ; Grenier, 469 ; Troplong, 971 ; Pont, 1394 ; Martou, 1561 ; Thézard, 209.

3. Cass., 10 avr. 1848 ; 15 déc. 1862 ; 19 avr. 1865 ; 13 déc. 1887, D. 88.1.337, S. 89.1.473 ; Troplong, 962 : Martou, 1569 ; — Contrà, Vernet, Rev. prat., 1865, p. 126 ; Flandin, 572 ; Pont, 1396 ; Colmet de Santerre, IX, 177 bis, IV, refusant tout effet résolutoire au jugement d'adjudication.

4. Cass., 12 nov. 1834 ; 28 mars 1843 ; 15 déc. 1862 ; Montpellier, 21 nov. 1864, S. 65.2.30, — Contrà, Aubry et Rau, § 294, note 110 ; Laurent, XXXI, 545 ; Pont, 1395 ; Verdier, 212 ; Baudry-Lacantinerie et de Loynes, 2516, qui accordent la somme disponible à l'acheteur évincé.

5. Cass., 13 déc. 1887 précité ; Troplong, 962 ; Bioche, Surench.,

3° Les fruits perçus par le tiers détenteur jusqu'au jugement d'adjudication sont restituables, et il n'est pas comptable des intérêts stipulés par son contrat[1] ;

4° Le tiers acquéreur dépossédé a droit au remboursement de ses impenses, dans la mesure de la mieux-value qui en est résultée, et ce par voie de distraction sur le prix de l'adjudication[2].

5° Enfin, le tiers acquéreur dépossédé a un recours contre son vendeur pour l'éviction subie[3].

1267. L'adjudicataire sur surenchère est tenu, en sus de son prix, de rembourser au tiers acquéreur les frais et loyaux coûts du contrat et ceux de transcription, notification et autres[4].

1268. Sauf clause contraire, l'adjudicataire sur surenchère ne doit les intérêts de son prix qu'à compter de l'adjudication à son profit, et ne peut être recherché pour ceux antérieurs[5].

3° Défaut de surenchère.

1269. Quand les créanciers hypothécaires ont laissé écouler

243 à 247. — *Contrà*, Aubry et Rau, § 294, note 111 ; Flandin, 575 ; Laurent, XXXI, 546 ; Labbé, *Rev. crit.*, 1861, 297.

1. Cass., 10 avr. 1848 ; Agen, 21 janv. 1852 ; Lyon, 27 déc. 1858, S. 59.2.441 ; Chauveau, *Quest.*, 2394, 7°. — *Contrà*, Cass., 19 av. 1865 D. 65.1.209, S. 65.1.280 ; Bordeaux, 13 mars 1863 ; Aubry et Rau, § 294, note 112, selon lesquels il doit les intérêts du prix et non les fruits perçus.

2. Cass., 14 nov. 1881 ; Orléans, 19 juill. 1843 ; Paris, 26 déc. 1873 ; 24 juill. 1886, S. 87.2.39 ; Pont, 1397 ; Colmet de Santerre, IX, 177 *bis*, II ; comp. Toulouse, 30 mai 1873, D. 74.2.187, S. 73.2.301.

3. Cass., 28 mars 1843 ; 15 déc. 1862 ; Montpellier, 21 nov. 1864, S. 65.2.30 ; Troplong, 967 ; Martou, 1562.

4. C. civ. 2188 ; Paris, 17 avr. 1874, S. 76.1.163 ; Chauveau, 2616 *bis* ; Pont, 1396.

5. Cass., 14 août 1833 ; Paris, 15 juill. 1837 ; 3 août 1844, S. 45.2.563, D. 52.1.520 ; Grenier, 471 ; Aubry et Rau, § 294, note 117. — *Contrà*, Paris, 1er juill. 1852, S. 52.2.350. D. 52.2.236.

le délai de quarante jours, à partir de l'offre du tiers détenteur, sans requérir la mise aux enchères de l'immeuble dont
la purge est poursuivie, l'offre est par là même acceptée et la
valeur de l'immeuble reste définitivement fixée au prix déclaré
dans la notification [1].

Il en serait de même, s'il y avait eu surenchère déclarée
nulle [2].

1270. Le prix définitif est versé par le tiers détenteur à la
caisse des consignations, puis distribué aux créanciers par la
voie de l'ordre [3].

Cependant les créanciers peuvent dispenser l'acquéreur de
consigner et procéder à la distribution amiable du prix [4].

1271. Nonobstant l'expiration du délai de quarante jours
sans surenchère, les créanciers conservent le droit d'attaquer,
pour cause de fraude ou de simulation, le titre d'acquisition
du tiers détenteur [5].

D'autre part, si les créanciers découvrent qu'en dehors du
prix déclaré et par eux accepté, il y a un supplément dissimulé, ils sont recevables à demander que ce supplément leur
soit également versé, à l'exclusion du vendeur et de ses créanciers chirographaires [6].

---

1. C. civ., 2186 ; Cass., 23 nov. 1885, D. 87.1.213, S. 88.1.325 ;
Pont, 1326 ; Thézard, 208 ; Laurent, XXXI, 553.
2. Pont, 1329 ; comp. Cass., 15 mars 1837 ; Bordeaux, 10 mai 1842.
3. C. civ., 2136 ; C. pr., 777 ; Cass., 24 août 1847, D. 47.1.329 ;
Caen, 29 avr. 1864, S. 65.2.73 ; Chauveau, 2619 bis ; Houyvet, 66 ;
Pont, 1336.
4. Laurent, XXI, 562 ; J.G., Priv., 2164 ; Thézard, 208 ; Pont, 1334.
5. Cass., 2 août 1836 ; 18 fév. 1878, S. 78.1.165, D. 78.1.291 ;
Riom, 15 janv. 1839 ; Toulouse, 30 déc. 1884 ; Troplong, 957 ; Larombière, art. 1167, n° 50 ; Demolombe, XXV, 238 ; — Contrà, Douai,
28 avr. 1814 ; Bourges, 25 mai 1827.
6. Cass., 29 avr. 1839 ; 27 nov. 1855, D. 56.1.27, S. 56.1.482 ;
Bordeaux, 28 mai 1832 ; Paris, 8 fév. 1836 ; Troplong, 957 ; Aubry et
Rau, § 294, note 102.

1272. En ce qui concerne la purge des privilèges et hypothèques inscrits par l'Etat contre les comptables, si le Trésor public juge utile de ne pas surenchérir, il est tenu dans le délai de trois mois, à compter de la notification qui lui est faite, de fournir et de déposer au greffe du tribunal de l'arrondissement des biens vendus, un certificat constatant la situation du comptable ; à défaut de quoi, ce délai expiré, la main-levée de l'inscription a lieu de plein droit sans qu'il soit besoin de jugement ; elle a également lieu de droit si le certificat constate que le comptable n'est pas débiteur envers le Trésor public [1].

ARTICLE CINQUIÈME

RENONCIATION A SURENCHÈRE.

1273. Il est rare qu'un acquéreur remplisse les formalités de purge des hypothèques inscrites quand son prix paraît suffisant pour désintéresser les créanciers ; mais, si le règlement du prix ne doit avoir lieu qu'à une époque éloignée, il sera prudent de faire signer par tous les créanciers un acte contenant dispense de notification et acceptation formelle du prix porté au contrat [2].

Le même acte pourrait évidemment être dressé sur le consentement de tous les créanciers, quand même le prix serait insuffisant pour les désintéresser.

1274. Lorsqu'il y a eu notification de contrat et surenchère portée par l'un des créanciers, il est encore possible, avec le concours de tous [3], de ne pas donner suite à la surenchère ; dans ce cas, les créanciers consentent l'annulation de la surenchère et déclarent accepter le prix de vente, en présence du vendeur et de l'acquéreur [4].

1. L. 5 sept. 1807, art. 9 ; J. G., *Priv.*, 2749 ; Boulanger, 555.
2. Cass., 4 mai 1892, S. 92.1.575.
3. C. civ., 2190 ; Cass., 18 janv. 1860, S. 60.1.225.
4. Comp. Cass., 24 avril 1855, S. 57.1.137.

1275. Du reste, il est bien entendu que la renonciation à surenchère doit émaner de toutes personnes capables d'aliéner et ne peut être donnée que pour une vente volontaire [1].

1276. Est licite l'engagement pris par l'acquéreur, envers un créancier inscrit, de lui payer sa créance, pour qu'il ne surenchérisse pas sur la procédure de purge [2].

TROISIÈME SECTION

PURGE DES CRÉANCES NON FONCIÈRES.

ARTICLE PREMIER

HYPOTHÈQUES MARITIMES.

1277. L'acquéreur d'un navire ou d'une portion de navire hypothéqué, qui veut se garantir des poursuites des créanciers, est tenu, avant la poursuite ou dans le délai de quinzaine, de notifier à tous les créanciers inscrits sur le registre du port d'immatricule, au domicile élu dans leurs inscriptions :

1° Un extrait de son titre indiquant seulement la nature de l'acte, le nom du vendeur ; le nom, l'espèce et le tonnage du navire, et les charges faisant partie du prix ;

2° Un tableau sur trois colonnes, dont la première contiendra la date des inscriptions, la seconde le nom des créanciers, la troisième le montant des créances inscrites.

Cette notification contiendra constitution d'avoué.

L'acquéreur déclarera par le même acte qu'il est prêt à acquitter, sur-le-champ, les dettes hypothécaires jusqu'à con-

---

1. C. pr., 709 ; Alger, 7 nov. 1853 ; Boitard, 972.
2. Bordeaux, 17 nov. 1854, S. 55.2.306, D. 55.2.109 ; Garraud, V, 430. — *Contrà*, Cass., 18 déc. 1875, S. 76.1.143, D. 76.1.253.

currence de son prix, sans distinction des dettes exigibles ou non exigibles.

Tout créancier peut requérir la mise aux enchères du navire ou portion de navire, en offrant de porter le prix à un dixième en sus et de donner caution pour le paiement du prix et des charges.

Cette réquisition, signée du créancier, doit être signifiée à l'acquéreur dans les dix jours des notifications. Elle contiendra assignation devant le tribunal civil du lieu où se trouve le navire, ou s'il est en cours de voyage, du lieu où il est immatriculé, pour voir ordonner qu'il sera procédé aux enchères requises.

La vente aux enchères a lieu à la diligence soit du créancier requérant, soit de l'acquéreur, dans les formes établies pour les ventes sur saisie [1].

ARTICLE DEUXIÈME

PRIVILÈGES SUR FONDS DE COMMERCE.

1278. L'acquéreur d'un fonds de commerce est tenu, avant poursuite ou dans la quinzaine de la sommation de payer à lui adressée, de notifier à tous les créanciers inscrits, au domicile élu dans leurs inscriptions : 1° les noms du vendeur, la désignation précise du fonds, le prix et les frais exposés ; 2° un tableau sur trois colonnes contenant : la première la date des ventes ou nantissements antérieurs ou des inscriptions prises ; la seconde, les noms des créanciers inscrits ; la troisième, le montant des créances. La notification contiendra élection de domicile dans le ressort du tribunal de commerce de la situation du fonds. Dans le cas où le titre du nouveau propriétaire contiendrait divers éléments d'un fonds, les uns grevés d'inscriptions, les autres non grevés, aliénés pour un

1. L. 10 juil. 1885, art. 18 à 22 ; Lyon-Caen et Renault, 1662.

seul prix ou pour des prix distincts, le prix de chaque élément sera déclaré dans la notification par ventilation du prix total exprimé dans le titre.

Tout créancier inscrit peut requérir la mise aux enchères publiques du fonds, en offrant de porter le prix principal à un dixième en sus et de donner caution pour le paiement des prix et charges. Cette réquisition signée du créancier doit être signifiée à l'acquéreur et au débiteur précédent propriétaire dans la quinzaine des notifications avec assignation devant le tribunal de commerce de la situation du fonds, pour voir statuer sur la validité de la surenchère et ordonner qu'il sera procédé à la mise aux enchères publiques du fonds avec le matériel et les marchandises qui en dépendent, et que l'acquéreur surenchéri sera tenu de communiquer son titre et l'acte de bail à l'officier public commis. Les formalités de la vente seront accomplies par le surenchérisseur. A défaut d'enchère, le créancier surenchérisseur est déclaré adjudicataire [1].

QUATRIÈME SECTION

PURGE DES HYPOTHÈQUES LÉGALES NON INSCRITES.

ARTICLE PREMIER

QUI PEUT PURGER.

1279. La procédure de la purge légale s'applique uniquement aux hypothèques légales dispensées d'inscription : femmes, mineurs et interdits, lorsqu'elles n'ont pas été inscrites [2] ; dans le cas contraire, la purge ordinaire est applicable.

---

1. L. 17 mars 1909, art. 22 et 23.
2. C. civ., 2193, 2183 ; Cass., 21 août 1833, S. 33.1.612 ; J. G., *Priv.*, 2196.

Cette purge a lieu soit pendant le mariage ou la tutelle, soit dans l'année accordée pour inscrire après la dissolution du mariage ou la cessation de la tutelle [1].

1280. L'hypothèque légale de la femme mariée peut être purgée sous quelque régime qu'elle ait contracté mariage, même sous le régime dotal [2].

1281. La purge légale, comme celle des hypothèques inscrites, n'est organisée qu'en cas d'aliénation, pour les tiers détenteurs ou nouveaux propriétaires; ni le grevé ni les prêteurs de deniers ne peuvent y recourir, excepté le Crédit foncier qui, pour ses prêts, a la faculté de purger au moyen de formalités particulières [2].

1282. Cette purge ne serait pas valablement employée pour l'hypothèque légale de la femme sur les immeubles que son mari lui cède en remploi : si la femme n'a pas capacité pour dégrever les biens cédés, il est indispensable de faire restreindre l'hypothèque légale (n° 654).

Sur la vente d'un immeuble indivis entre le tuteur et son pupille (père et enfant), il est nécessaire de purger l'hypothèque légale de ce dernier, car son engagement de vendeur ne saurait nuire à ses droits de créancier hypothécaire. Au surplus, personne n'a capacité de renoncer, au nom du mineur, à l'hypothèque qu'il tient de la loi.

1283. D'ailleurs, les dispositions du système hypothécaire français admettant les hypothèques légales occultes et instituant une procédure coûteuse pour les purger, sont contraires à toutes les législations voisines (n° 629), même à celles qui avaient adopté notre Code civil à l'origine. L'Italie [4] et la

1. Av. Cons. d'Et., 8 mai 1812 ; L. 23 mars 1855, art. 8.
2. Cass., 20 fév. 1894, D. 95.1.73 ; Paris, 7 juil. 1874, S. 76.1.313, D. 74.2.65 ; Chambéry, 15 mars 1892, D. 93.2.275 ; Huc, XIV, 164 ; Beudant, II, 1015.
3. Décr. 28 fév. 1852 ; L. 10 juin 1853 : comp. Cass., 23 juin 1868.
4. L. ital., 2 avril 1865 ; C. civ. italien, 1982, 1983.

Belgique [1] notamment, prescrivent depuis longtemps l'inscription des hypothèques légales, ce qui rend la purge spéciale inutile. Nous faisons des vœux pour que toutes les hypothèques légales soient soumises à inscription ou du moins pour que la purge du Crédit foncier soit déclarée de droit commun (n° 1335). En attendant, nous devons expliquer la procédure du Code civil.

1284. Si la purge des hypothèques inscrites est du ressort exclusif des avoués, il en est autrement de la purge légale ; ainsi le tiers détenteur a le choix ou d'accomplir lui-même cette purge ou d'en charger qui bon lui semble [2]. Néanmoins, dans la pratique, les notaires, pour les aliénations volontaires et les avoués pour les aliénations judiciaires, ont généralement mission de purger les hypothèques légales.

ARTICLE DEUXIÈME

FORMALITÉS A REMPLIR PAR LE TIERS DÉTENTEUR.

1° Dépôt de copie collationnée.

1285. L'acquéreur ou nouveau propriétaire, après avoir transcrit son titre [3], doit d'abord faire le dépôt, au greffe du tribunal civil de la situation des biens qu'il s'agit de purger, d'une copie collationnée du contrat translatif de propriété [4].

1286. La copie collationnée à déposer est délivrée, soit par le notaire qui a reçu l'acte, soit par le greffier s'il s'agit d'un jugement d'adjudication [5].

---

1. L. belge, 15 déc. 1851.
2. Cass., 31 mars 1840 ; Limoges, 9 avr. 1845, S. 45.2.577, D. 46. 2.12.
3. L. 23 mars 1855 ; Aubry et Rau, § 295, note 1 ; Thézard, 213.
4. C. civ., 2194.
5. Dalmbert, 166 ; Baudry-Lacantinerie et de Loynes, 2539.

En conséquence, la copie de la transcription, collationnée et certifiée par le conservateur des hypothèques, ne satisferait pas au vœu de la loi ; la purge faite avec une pareille copie serait nulle [1].

On se demande si l'avoué a qualité pour dresser et certifier une copie collationnée en vue de la purge des hypothèques légales : ce point est vivement controversé ; cependant, puisqu'il s'agit d'engager une procédure, l'intervention de l'avoué paraît légitime [2].

1287. Cette copie est faite sur papier de toute dimension et soumise à l'enregistrement avant le dépôt [3].

1288. Si son titre est sous signatures privées, l'acquéreur a le choix de déposer l'un des originaux, ou une copie collationnée par un notaire [4].

1289. Le dépôt qui se constate au moyen d'un acte dressé par le greffier, en minute ou en brevet [5], est fait par la partie elle-même ou par un fondé de pouvoir verbal, même par le vendeur [6], sans assistance d'avoué [7] ; du reste un avoué, ou

1. Cass., 14 juil. 1868 ; 29 janv. 1891, D. 91.1.341, S. 92.49, J. C., 4166, *Rev. not.*, 8653.

2. Nîmes, 19 mai 1857, D. 57.2.149, S. 57.2.230 ; Pont, 1408 ; Colmet de Santerre, IX, 184 *bis*, 11. — *Contrà*, Amiens, 31 mai 1839, J. G., *Priv.*, 2237 ; St-Yrieix, 13 fév. 1856, D. 56.3.17 ; Aubry et Rau, § 295, note 3.

3. Déc. min. fin., 9 prairial an XII ; Castel-Sarrazin, 29 août 1842, J. E., 13131 ; Sol. 6 août 1872. — On remplace parfois la copie collationnée par une expédition ordinaire. C'est une pratique à éviter.

4. Aubry et Rau, § 295, note 3 ; Bioche, *Purge*, 175, J. G., *Priv.*, 2241 ; Dalmbert, 166. — *Contrà*, Duranton, XX, 416 ; Colmet de Santerre, IX, 184 *bis*, III, disant que l'acte sous seing privé doit être déposé au notaire.

5. Déc. min. just. et fin., 24 vendémiaire an XIII ; 14 nivôse an XIII.

6. Toulouse, 23 juin 1829.

7. Cass., 31 mars 1840. S. 40.1.306 ; Limoges, 9 avr. 1845, D. 46.2.18, S. 45.2.577 ; Pont, 1408 ; Thézard, 213.

autre officier ministériel, pourrait être mandataire à cet effet.

1290. Lorsque plusieurs ventes ont été consenties séparément par la même personne à des acquéreurs distincts, ceux-ci ont la faculté de réunir sur une même feuille de papier toutes les copies collationnées [1], et de les déposer en commun au greffier, pour qu'il dresse un seul acte de dépôt et perçoive un unique émolument [2].

2° Notifications.

1291. La deuxième formalité à remplir consiste dans la notification, par un huissier au choix de l'acquéreur [3], de l'acte de dépôt dressé par le greffier, à la femme ou au subrogé-tuteur et au procureur de la République près le tribunal civil de l'arrondissement dans lequel les immeubles sont situés [4].

L'original de la notification est visé par le procureur de la République [5].

1292. Quand la purge est notifiée à la femme mariée, l'huissier remet aussi une copie au mari comme administrateur et pour l'autorisation, mais c'est une simple mesure de précaution dont l'omission, dans la circonstance, nous paraît ne pas entacher la validité de la purge, puisque la femme peut inscrire sans autorisation [6].

---

1. Nîmes, 19 mai 1857 ; Riom, 22 juil. 1860, S. 60.2.482 ; Orange, 30 mai 1856 ; Sol., 31 juil. 1854. — *Contrà*, Agen, 1er juin 1859 ; 22 juil. 1860, S. 60.2.482.

2. Les copies collationnées donnent ouverture à autant de droits d'enregistrement qu'il y a d'actes ou d'extraits collationnés (L. 22 frimaire an VII, art. 68, § 1, n° 18 ; Sol., 29 sept. 1894, J. E., 24582).

3. Troplong, 988 ; Aubry et Rau, § 295, note 6 ; Pont, 1409.

4. C. civ., 2194, Cass., 14 janv. 1817 ; Bordeaux, 13 août 1844 ; Pont, 1410. — La signification est nulle si l'huissier a omis de signer la copie (C. Riom, 10 janv. 1907).

5. C. pr., 1039 ; Boitard, 1221.

6. Arg., C. civ., 2139 ; Baudry-Lacantinerie et de Loynes, 2546.

1293. Il est correct de ne pas remettre au mari la copie destinée à la femme [1] ; en l'absence de la femme, sa copie est remise à un serviteur ou à un parent : cependant il a été décidé : que la signification, en parlant au mari, est inattaquable si aucune collusion n'est alléguée contre l'acquéreur [2] ; que la signification faite à la femme au domicile conjugal et en parlant au mari, est valable au cas même où la femme serait séparée de biens ou séparée de fait [3].

1294. En cas de séparation de corps, la femme n'étant plus domiciliée chez son mari, la notification doit avoir lieu au domicile légal choisi par elle [4].

1295. Le domicile de la femme est-il inconnu ? Sa copie est remise au parquet du procureur de la République [5].

1296. Quand la purge a lieu dans l'année qui suit la dissolution du mariage ou la cessation de la tutelle, les notifications sont adressées à la femme, à l'ancien mineur, ou à leurs représentants [6].

1297. Si le mineur était émancipé, c'est à lui et à son curateur que les notifications seraient faites [7].

1298. Dans le cas où la femme a subrogé un créancier dans son hypothèque légale, il n'est pas nécessaire de signifier au créancier qui est obligé d'inscrire à son profit [8].

1299. Lorsque les mineurs connus et contre lesquels il s'agit

---

1. Paris, 25 fév. 1819 ; Troplong, 978 ; Duranton, 19 ; Pont, 1410.
2. Cass., 14 juil. 1830 ; Massé et Vergé, § 836, note 7.
3. Rouen, 15 fév. 1828 ; Aubry et Rau, § 293, note 6.
4. C. civ., 108 ; comp. Cass., 19 août 1872 ; Orléans, 25 nov. 1848 ; Demolombe, I, 358.
5. C. pr., 69, 8° ; Cass., 14 janv. 1817 ; Bordeaux, 13 août 1844, S. 45.2.377 ; Troplong, 979 ; Duranton, 418 : Pont, 1410.
6. Cons. d'État, 8 mai 1812 ; comp. L. 23 mars 1855, art. 8.
7. C. civ., 482 ; Rolland, Rép., *Purge*, 27.
8. Amiens, 10 juil. 1843, S. 46.2.395 ; Pont, 1410. — *Contrà*, Angers, 3 avr. 1835.

de purger n'ont pas de subrogé-tuteur, il doit leur en être nommé un pour que la purge soit utilement faite [1].

1300. S'il y avait purge sur une vente consentie par le tuteur au subrogé-tuteur, il serait nécessaire de nommer un subrogé-tuteur *ad hoc* pour recevoir la signification. D'ailleurs, on pourrait recourir à la restriction de l'hypothèque légale (n° 697).

Il peut arriver qu'une vente d'immeubles indivis entre le tuteur et le mineur ait lieu avec le concours du subrogé-tuteur remplissant les fonctions de tuteur ; malgré cette circonstance, la signification aux fins de purge devra s'adresser à ce subrogé-tuteur ordinaire chargé de surveiller la gestion du tuteur.

1301. En cas de minorité de la femme, la signification doit être faite à un curateur *ad hoc*, à raison de l'opposition d'intérêts existant entre elle et son mari [2]. Le contraire a été jugé pour la purge spéciale relative à un prêt du Crédit foncier [3], mais il ne faut pas oublier que la purge du Crédit foncier n'a pas les mêmes conséquences que celle par un tiers détenteur (n° 1340).

1302. Il est bien entendu que les notifications doivent avoir lieu pour toutes les hypothèques légales connues, procédant du chef des précédents possesseurs comme pour celles grevant du chef du dernier propriétaire,

3° Affiche.

1303. Un extrait, dressé par le greffier, du contrat trans-

1. Cass., 8 mai 1844, S. 44.1.412 ; Besançon, 12 juil. 1837 ; Rouen, 13 mars 1840 ; Grenoble, 8 fév. 1842 ; Limoges, 5 mai 1843 ; Nimes, 25 mai 1857, J. G., *Priv.*, 1389, S. 57.2.66 ; Dalmbert, 170. — *Contrà*, Grenoble, 29 nov. 1837 ; de Fréminville, 1135.

2. Paris, 7 juil. 1874, D. 74.2.65 ; Josseau, I, 339 ; Bioche, *Purge*, 33 ; Lyon-Caen, S. 76.1.314. — *Contrà*, Pont, 1410 *bis* ; Dalmbert, 168 ; Baudry-Lacantinerie et de Loynes, 2550.

3. Cass., 8 fév. 1876, S. 76.1.313 ; 24 juin 1878, D. 79.1.54.

latif de propriété est affiché dans l'auditoire du tribunal, pendant deux mois [1].

Cet extrait contient la date du contrat translatif : les noms, prénoms, professions et domiciles des contractants, la désignation de la nature et de la situation des biens : le prix et les autres charges de la vente [2].

1304. L'affichage de l'extrait est constaté par le greffier dans l'acte de dépôt, et à l'expiration du délai, le greffier certifie par un acte spécial, en brevet (certificat d'exposition), que le contrat est resté affiché durant le temps prescrit [3].

En délivrant ce dernier certificat, le greffier rend la copie collationnée qui avait été déposée [4].

Dans la pratique, on néglige souvent de délivrer le certificat d'exposition, et par suite, d'opérer le retrait de la copie collationnée. Cette irrégularité n'a aucune conséquence fâcheuse ; elle peut d'ailleurs se réparer à toute époque.

4e Insertion.

1305. Dans tous les cas où il peut exister des hypothèques légales du chef de mineurs, d'interdits ou de femmes mariées que l'acquéreur ne connaît pas, la signification qui devait leur être faite est remplacée par une double formalité : 1° dans la notification au procureur de la République, l'acquéreur fait connaître les noms, prénoms, professions et domiciles de tous les précédents propriétaires indiqués au contrat, et déclare que tous ceux du chef desquels il pourrait être pris inscription à raison d'hypothèques légales dispensées de cette formalité n'étant pas connus, il fera publier la notification dans un jour-

1. C. civ., 2194 ; Décr., 21 mai 1854, art. 1.
2. Lyon, 19 nov. 1850, D. 51.2.13, S. 51.2.484 ; Pont, 1412.
3. C. civ., 2194.
4. Déc. min. fin., 14 nivôse an XIII.

nal d'annonces judiciaires ; 2° une insertion a lieu dans l'un
dès journaux autorisés à recevoir les annonces légales de l'arrondissement où sont situés les biens aliénés. Cette insertion
doit rappeler les notifications qui ont été faites et contenir les
mêmes renseignements que l'extrait affiché [1].

1306. La loi veut que l'acquéreur cherche les créanciers à
hypothèque légale, et leur fasse des notifications individuelles ;
c'est seulement dans le cas où il lui est impossible de les découvrir qu'il aura recours à la publicité par insertion [2].

1307. On voit fréquemment des insertions ne rappelant pas
le prix ; cette indication paraît cependant indispensable pour
l'insertion comme pour l'extrait à afficher, afin que les créanciers à hypothèque légale soient à même d'apprécier la situation sans avoir à faire un voyage au tribunal [3].

1308. Il est justifié de l'insertion par un exemplaire du journal, certifié par l'imprimeur, dont la signature est légalisée
par le maire de sa commune [4].

1309. Si, par exception, il n'existait pas de journal d'annonces dans le département, un certificat du procureur de la République, constatant ce fait, tiendrait lieu d'insertion [5].

1310. Il sera toujours bon pour une vente un peu importante de faire l'insertion au journal après les significations aux
créanciers à hypothèque légale connus, parce qu'il est impossible de savoir exactement s'il existe ou non des hypothèques
occultes.

1. Cons. d'Etat, 1er juin 1807 ; comp. décret 28 déc. 1870.
2. Cass., 14 janv. 1817 ; Bordeaux, 13 août 1844 ; Lyon, 19 nov.
1850 ; Pau, 23 juin 1884, D. 85.2.253 ; comp. Caen, 24 déc. 1842,
S. 43.2.214.
3. C. civ., 2194 ; C. pr., 696. — *Contrà*, Grenoble, 17 avril 1883,
disant que l'insertion a pour but unique de mettre le créancier en
demeure de venir consulter au greffe du tribunal la copie déposée.
4. Arg., C. pr., 698.
5. Cons. d'Etat, 1er juin 1807.

ARTICLE TROISIÈME

PREUVE DE LA PURGE.

1311. L'acquéreur ou ses ayants cause ne sont admis à prouver la régularité de la purge des hypothèques légales qu'en produisant les pièces, notamment les significations faites aux femmes et aux tuteurs [1] ; il est donc important d'assurer la conservation des pièces de purge au moyen d'un dépôt authentique ou de leur annexe à un acte notarié.

1312. Mais, lorsque la purge est invoquée par des créanciers inscrits qui n'ont pas eu les moyens de se procurer la preuve littérale de son accomplissement, ceux-ci sont admis à prouver que la purge a eu lieu, au moyen de documents tirés notamment du répertoire de l'huissier qui a fait la notification, et des registres de l'enregistrement [2].

ARTICLE QUATRIÈME

EFFETS DE LA PURGE.

1313. Lorsque les formalités indiquées sous l'article deuxième ont été remplies, elles font cesser la dispense d'inscription accordée aux femmes mariées, aux mineurs et aux interdits pour leurs hypothèques légales [3].

1314. Ces personnes doivent prendre inscription dans le délai de deux mois qui court : 1° pour celles à qui des notifications individuelles ont été adressées, du jour de l'affichage dans l'auditoire du tribunal ; 2° pour celles averties seulement par l'insertion, du jour de cette insertion ou du certificat du

1. Comp. Agen, 12 juin 1854, S. 54.2.354 ; Bordeaux, 9 mai 1848.
2. Cass., 21 juil. 1863 ; 2 janv. 1866, S. 66.1.165, D. 66.1.165.
3. C. civ., 2195 ; Pont, 1414.

procureur portant qu'il n'existe pas de journal dans le département[1].

Quoique la loi dise positivement que le délai de deux mois part du jour où l'extrait du contrat a été affiché, la pratique ne suit pas cette prescription ; car, si en fait l'apposition de l'affiche a lieu le jour même du dépôt du contrat, elle constitue une publicité illusoire : les notifications ne sont adressée s que quinze ou vingt jours plus tard, et il suffirait de les faire la veille de l'expiration du délai pour mettre les créanciers dans l'impossibilité d'inscrire. Aussi est-il de règle de ne calculer les deux mois, à l'égard des créanciers connus, qu'à partir des notifications qui leur sont adressées[2].

1315. Dans aucun cas, le délai de deux mois n'est susceptible d'augmentation à raison des distances, encore que les créanciers seraient domiciliés hors France[3].

1316. A défaut d'inscription dans les deux mois, les immeubles aliénés se trouvent définitivement affranchis des hypothèques légales au respect de l'acquéreur[4] ; en d'autres termes le droit de suite est éteint définitivement, alors même que le droit de l'acquéreur serait anéanti par une condition résolutoire[5].

Néanmoins, tant que le prix n'a pas été payé par l'acquéreur, la femme, le mineur ou l'interdit peuvent, malgré le défaut d'inscription, exercer leur droit de préférence sur le prix de l'immeuble vendu par le mari ou tuteur (n° 958).

1317. Qu'ils aient inscrit ou non, les créanciers à hypo-

1. C. civ., 2195 ; Cons. d'Etat, 1er juin 1807 : Pont. 1415 ; Aubry et Rau, § 293, 2° ; Thézard, 214 ; comp. *Rev. not.*, 15567.
2. Tr. Nîmes, 6 juin 1898, J. C., 4979.
3. Grenoble, 8 mars 1855, S. 55.2.603, D. 56.2.69 ; Seine, 21 mars 1860 ; Pont, 1417. — *Contrà*, Bergerac, 23 févr. 1854, D. 54.3.20.
4. C. civ., 2195.
5. Cass., 14 avr. 1847 ; 21 juill. 1863, S. 63.1.489 ; Baudry-Lacantinerie et de Loynes, 2557.

thèque légale jouissent du droit de requérir la mise aux enchères des immeubles transmis, dans le délai de deux mois qui leur est imparti pour prendre inscription [1].

1318. S'il a été pris des inscriptions au profit des créanciers à hypothèque légale, les intérêts du prix de vente courront à leur bénéfice à partir de la notification qui leur a été adressée [2], et l'acquéreur n'obtiendra une libération régulière qu'en faisant procéder à un état d'ordre, ou en consignant.

1319. Lorsque les hypothèques légales inscrites se trouvent primées par d'autres créanciers antérieurs en rang qui absorbent le prix en totalité ou en partie, l'acquéreur est libéré du prix ou de la portion du prix par lui payée aux créanciers placés en ordre utile, et les inscriptions du chef des femmes, mineurs et interdits, sont rayées en totalité ou réduites à due concurrence [3].

Pour la portion restée libre du prix après paiement des créances antérieures aux hypothèques légales, les choses se règlent d'après la marche dont nous allons parler.

1320. Si les hypothèques légales inscrites sont les premières en rang, l'acquéreur ne peut faire aucun paiement au préjudice des femmes, mineurs ou interdits, et comme ceux-ci n'ont pas capacité pour toucher, l'acquéreur est obligé de conserver le prix ou de le consigner, et les inscriptions des créanciers ne venant pas en ordre utile sont rayées [4].

1321. Mais les hypothèques légales des mineurs et interdits, datant, pour tous les faits de la gestion du tuteur, du jour de

1. Paris, 16 déc. 1840 ; 26 nov. 1857 ; Alger, 12 janv. 1854 ; Bordeaux, 1er juin 1863 ; Rouen, 7 mai 1892, D. 93.2.24, S. 93.2.78 ; Troplong, 982 ; Pont, 1419. — Contrà, Duranton, XX, 423 ; Allard, Rev. prat., 1875, p. 237.
2. Cass., 1er mars 1870, S. 70.1.193.
3. C. civ., 2195.
4. C. civ., 2195 ; C. pr., 777 ; comp. Cass., 22 févr. 1841 ; Pont, 1045 ; Troplong, 993 ; Thézard, 237.

son entrée en fonctions (n° 687), le chiffre de la créance ne peut être réglé que lors de la cessation de la tutelle, de sorte que les droits des créanciers postérieurs resteraient longtemps en souffrance, si en pratique on n'avait reconnu à ces créanciers la faculté de demander la distribution entre eux du prix de l'immeuble, en fournissant une caution ou des sûretés suffisantes pour en assurer la restitution le cas échéant [1].

1322. A l'égard de la femme mariée dont l'hypothèque légale remonte à des époques variables suivant les droits et créances (n° 665), la situation est plus facile à régler, car pour les droits déjà nés, elle obtiendra une collocation actuelle dont elle touchera le montant si elle est séparée, sinon il sera consigné [2]; quant aux droits subordonnés à une condition quelconque, la femme n'aura qu'une collocation provisoire, sauf encore aux créanciers postérieurs la faculté de demander la distribution à leur profit des sommes colloquées éventuellement pour la femme, en offrant des sûretés hypothécaires suffisantes [3].

Et après les collocations actuelles et provisoires de la femme, la portion de prix restant libre est distribuée aux autres créanciers suivant le rang [4].

1323. Au lieu d'être consigné, le prix a-t-il été alloué provisoirement, sous caution, aux créanciers postérieurs en rang ;

---

1. Cass., 24 juil. 1821 ; 16 juil. 1832 ; 9 janv. 1855, D. 55.1.28, S. 55.1.125 ; Grenier, 271 ; Troplong, 993 ; Pont, 1426 ; Aubry et Rau, § 295, note 15 ; Thézard, 235 ; comp. Alger, 13 mai 1880, S. 81.2.37.

2. Cass., 21 juil. 1847 ; 19 nov. 1872, S. 73.1.193 ; Aubry et Rau, § 295, note 16 ; Pont, 1427 ; Planiol, II, 3350.

3. Cass., 16 juil. 1832 ; 25 mars 1834 ; 2 janv. 1838 ; Orléans, 1er déc. 1836 ; Paris, 30 juin 1853, S. 55.2.177 ; Pont, 1426 ; Troplong, 993.

4. Cass., 21 juill. 1847 ; Agen, 17 déc. 1866 ; Aubry et Rau, § 295, note 16 ; Thézard, 236.

alors ceux-ci, après fixation définitive de la créance des incapables, devront compte tant du capital que des intérêts courus depuis l'encaissement [1].

1324. D'ailleurs, les créanciers subrogés à l'hypothèque légale de la femme mariée sont fondés à réclamer, à concurrence de leurs créances, les diverses collocations auxquelles la femme a droit [2], pourvu que la subrogation procède régulièrement, car il est certain que si une femme dotale avait subrogé un créancier dans son hypothèque légale, celui-ci ne pourrait réclamer la collocation [3] (n° 1084).

1325. Lorsque sur la purge faite par l'acquéreur de biens du mari ou du tuteur, l'inscription a été requise dans le délai légal, elle n'est pas soumise au renouvellement décennal pour opposer l'hypothèque légale à l'acquéreur, au vendeur et à ses créanciers [4], mais il en serait autrement à l'égard soit des créanciers de l'acquéreur, soit d'un sous-acquéreur [5].

ARTICLE CINQUIÈME

RENONCIATION PAR LA FEMME A SON HYPOTHÈQUE LÉGALE.

1326. La femme renonce valablement à ses droits d'hypothèque légale en faveur des tiers acquéreurs des biens de son

---

1. Cass., 28 juill. 1874, S. 76.1.337, D. 75.1.121.

2. Cass., 22 janv. 1900, D. 1900.1.139 ; Aubry et Rau, § 293, note 21 : Troplong, 610 ; Thézard, 238 ; Baudry et de Loynes, 2577. Ils doivent établir les reprises de la femme.

3. Grenoble, 16 déc. 1882 ; Cass., 3 déc. 1883, S. 84.1.232.

4. Cass., 1er mars 1831 ; Metz, 14 juin 1837 ; Grenoble, 8 août 1857 ; S. 57.2.479, D. 58.2.9 ; Baudry-Lacantinerie et de Loynes, 1776, 2578. — Contrà, Aubry et Rau, § 280, note 41 ; Pont, 1046, disant que l'inscription ne conserve pas le droit hypothécaire à défaut de renouvellement dans l'année à partir de la dissolution du mariage ou de la cessation de la tutelle.

5. Nancy, 28 juil. 1853, D. 53.2.355, S. 53.2.574 ; Dalmbert, 178, note 19.

mari ou de la communauté, sans qu'il y ait lieu de remplir les formalités prescrites par les articles 2144 et 2145 concernant uniquement la restriction de l'hypothèque légale sur la demande du mari et dans son intérêt[1].

1327. Pour l'efficacité de la renonciation, il est nécessaire que la femme soit majeure, autorisée de son mari et non soumise à la dotalité ; en effet, à l'égard des biens dotaux, la femme ne serait capable de renoncer qu'en vertu d'une réserve expresse contenue dans son contrat de mariage[2].

1328. La renonciation de la femme a donné lieu à diverses difficultés occasionnées par les termes amphibologiques de la loi du 23 mars 1855, art. 9 ; elles ont été tranchées par celle du 13 février 1889.

1329. Le texte de la loi du 13 février 1889, précise les conditions dans lesquelles le concours de la femme à l'acte d'aliénation, entraîne renonciation à son hypothèque légale et les conséquences de cette renonciation[3].

1330. Il faut que la renonciation soit contenue dans un acte authentique, sinon elle est sans valeur[4].

La renonciation résulte tacitement du concours de la femme à l'acte de vente, soit à titre de covenderesse, soit à titre de garante ou de caution.

La renonciation expresse peut se produire dans l'acte de vente ou dans un acte séparé.

1331. Pour avoir effet à l'égard des tiers, la renonciation doit être rendue publique[5].

1. Cass., 24 janv. 1838 ; 30 juil. 1845 ; 28 nov. 1892, S. 93.1.191.
2. Cass., 4 juin 1866, D. 66.1.321, S. 66.1.281 ; 19 nov. 1888, D. 90.1.55.
3. Tissier, *Rev. crit.*, XVIII, 649 ; de l'Epine, *Rev. not.*, 8295 ; Planiol, II, 3434.
4. L. 23 mars 1855, art. 9 ; Cass., 22 nov. 1880, D. 81.1.58, S. 81.1.473 ; Montpellier, 14 janv. 1909 ; Planiol, II, 3475.
5. L. 23 mars 1855, art. 9 ; Wable, 108 ; César Bru, 130.

Au cas de renonciation expresse ou tacite dans la vente, la transcription de l'acte suffit pour remplir les conditions de publicité.

Si la renonciation a lieu par acte séparé, il faut qu'elle soit mentionnée en marge de la transcription de l'acte d'aliénation.

1332. Que la renonciation ait lieu dans l'acte de vente transcrit, ou dans un acte séparé et mentionné en marge de la transcription, elle a pour effet de dispenser l'acquéreur des formalités de purge.

1333. Toutefois l'hypothèque légale ne se trouve pas complètement éteinte : le droit de suite seul disparaît, tandis que le droit de préférence est conservé au profit de la femme, pendant trente ans [1].

La survie du droit de préférence s'oppose à ce que l'acquéreur paie son prix sans le concours de la femme ; c'est en cela que la renonciation diffère de la purge de l'hypothèque légale. Au surplus, rien n'empêche à la femme de consentir expressément à l'avance au paiement du prix entre les mains du mari, sans qu'elle ait à intervenir [2].

1334. Quand la femme a inscrit l'hypothèque légale avant la renonciation ou depuis, elle est tenue d'en donner main-levée sur l'immeuble aliéné avec son concours [3].

1335. Si l'acquéreur en payant avec le consentement de la femme, soit dans la vente, soit postérieurement, est en présence de créanciers hypothécaires, il sera de plein droit subrogé, à due concurrence, dans l'hypothèque légale sur l'immeuble par lui acquis [4]. Alors il devra faire inscrire cette

1. Agen, 16 mars 1908 ; Aubry et Rau, § 288 *bis* ; Wable, 108 ; Planiol, II, 3502.
2. Louviers, 14 janv. 1893, *Rev. not.*, 8988 ; C. Rennes, 30 avr. 1807, *Rev. not.*, 14155 ; Baudry et de Loynes, 1146.
3. Cass., 26 août 1862.
4. L. 23 mars 1855, art. 9 ; Wable, 143 ; César Bru, 159.

André, *Régime hypothécaire.* 30

hypothèque à son profit, ou faire mentionner la subrogation en marge de l'inscription préexistante, pour opposer l'hypothèque légale aux tiers.

ARTICLE SIXIÈME

PURGE LÉGALE PAR LE CRÉDIT FONCIER.

1336. Parmi les importants privilèges conférés à la société de Crédit foncier, nous devons rappeler celui de purger les hypothèques légales qui peuvent grever les immeubles hypothéqués.

Les formalités de la purge par le Crédit foncier sont beaucoup plus simples et plus expéditives que celles prescrites par le Code civil.

1337. S'agit-il de purger les hypothèques légales connues ? un extrait de l'acte constitutif d'hypothèque au profit du Crédit foncier est signifié à la femme et au mari ; au tuteur et au subrogé-tuteur du mineur ou de l'interdit ; au mineur émancipé et son curateur ; à tous les créanciers non inscrits ayant hypothèque légale [1].

1338. L'extrait de l'acte constitutif contient : la date du contrat ; les nom, prénoms, profession et domicile de l'emprunteur ; la désignation de la situation de l'immeuble, et la mention du montant du prêt. L'extrait contient, en outre, l'avertissement que pour conserver le rang de l'hypothèque légale vis-à-vis du Crédit foncier, il est nécessaire de la faire inscrire dans les quinze jours à partir de la signification, outre les délais de distance [2].

1339. La signification doit être remise à la personne de la femme, si l'emprunteur est son mari, sinon les formalités de

---

1. Décr. 28 fév. 1852, modifié par la loi du 10 juin 1853, art. 19.
2. Décr. 28 fév. 1852, art. 20 ; C. pr., 1033.

purge des hypothèques inconnues doivent être remplies. Toutefois, quand la femme présente au contrat de prêt a été avertie par le notaire, qui en a fait mention dans l'acte, d'avoir à inscrire son hypothèque légale dans les quinze jours de la signification outre les délais de distance, il est inutile de purger les hypothèques inconnues, peu importe que la signification n'ait pas été remise à la femme elle-même [1].

1340. Alors même que la femme de l'emprunteur serait mineure, il n'est pas nécessaire que la notification soit faite à un curateur *ad hoc* ; celle faite au mari et à la femme suffit [2].

1341. Quand l'emprunteur est, au moment du prêt, tuteur d'un mineur ou d'un interdit, la signification est faite au subrogé-tuteur et au juge de paix du lieu dans lequel la tutelle s'est ouverte. Dans la quinzaine de la signification, le juge de paix convoque le conseil de famille, en présence de subrogé-tuteur. Ce conseil délibère sur la question de savoir si l'inscription doit être prise. En cas d'affirmative, l'hypothèque est inscrite par le subrogé-tuteur, sous sa responsabilité, par les parents ou amis du mineur, ou par le juge de paix, dans la quinzaine de la délibération, outre le délai de distance [3].

1242. Pour purger les hypothèques légales inconnues, l'extrait de l'acte constitutif d'hypothèque doit être notifié tant au procureur de la République près le tribunal de l'arrondissement du domicile de l'emprunteur, qu'à celui de l'arrondissement dans lequel l'immeuble est situé. Cet extrait doit être inséré, avec la mention des significations faites, dans l'un des journaux désignés pour la publication des annonces judiciaires de l'arrondissement dans lequel l'immeuble est situé. Le délai

1. Art. 21 et 22 même décret.
2. Cass., 8 fév. 1876 ; 24 juin 1878, D. 79.1.54 ; Josseau, 339.
3. Décr. 28 fév. 1852, art. 23 ; J. G., *Soc. de Crédit*, 159 ; Josseau, 392.

pour prendre inscription est de quarante jours de cette insertion, plus le délai à raison des distances [1].

1343. La purge opérée par le Crédit foncier n'emporte pas extinction des hypothèques légales, elle confère seulement priorité de rang au Crédit foncier sur les hypothèques purgées [2].

1344. Cette purge spéciale ne profite pas aux tiers qui deviendraient acquéreurs des immeubles ; ils ne sont pas dispensés, après la purge du Crédit foncier, de recourir aux formalités prescrites par le Code civil pour se mettre à l'abri des hypothèques légales [3].

1345. Mais le tiers, qui en remboursant la société du Crédit foncier obtiendrait subrogation dans ses droits, jouirait de la priorité de rang acquise au Crédit foncier à l'égard des personnes dont il aurait purgé les hypothèques légales. Ce point est incontestable pour la subrogation légale, aussi bien que pour celle qui s'opère sans le concours de la volonté du créancier [4]. A l'égard de la subrogation émanant du créancier [5], si, comme nous croyons le savoir, le Crédit foncier refuse de s'y prêter, il faut recourir à la subrogation consentie par le débiteur.

1. Même décret, art. 24 ; J. G., 165 ; Josseau, 392.
2. Art. 25, décr. 28 février 1852.
3. Art. 23 ; Mérignhac, 131. Les sociétés de crédit immobilier pour l'acquisition de la petite propriété, ont la faculté de purger comme le Crédit foncier (L. 10 février 1904, art. 5).
4. C. civ., 1250, 2°, 1251 ; Josseau, 407 ; comp. Toulouse, 1er mars 1890, S. 90.2.129 ; Baudry et de Loynes, 2575.
5. C. civ., 1250, 1°.

CHAPITRE NEUVIÈME

ACTIONS ET EXÉCUTIONS

PREMIÈRE SECTION

GÉNÉRALITÉS.

1346. Toute personne obligée personnellement est tenue de remplir son engagement sur tous ses biens mobiliers et immobiliers présents à venir [1], sauf les exceptions admises par les lois (n°s 1380 à 1387).

Abstraction faite des causes de préférence résultant des privilèges et hypothèques, les biens du débiteur forment le gage commun de ses créanciers [2].

A défaut d'exécution ponctuelle de l'obligation, les créanciers sont autorisés à poursuivre la saisie des biens de leur débiteur, pour arriver à la vente et à la distribution du prix en provenant.

Nous devons aussi rappeler l'action résolutoire et l'action en folle enchère, qui appartiennent à certains créanciers privilégiés [3].

1347. La saisie des biens meubles ou immeubles du débiteur est un moyen coercitif, une voie d'exécution forcée, qui est toujours précédée d'un commandement, et ne peut être

1. C. civ., 2092.
2. C. civ., 2093, 2094.
3. C. civ., 1654 à 1657 ; C. pr., 624, 649, 734, 779.

employée que par un créancier porteur d'un titre authentique et exécutoire.

1348. Indépendamment des saisies-exécutions, les créanciers ont la faculté de recourir aux saisies de précaution et à diverses autres mesures conservatoires de leurs droits sur le patrimoine du débiteur.

Les créanciers sont aussi admis : d'une part, à exercer, au nom de leur débiteur, les droits et actions qui lui appartiennent, et, d'autre part, à demander la révocation des actes faits par le débiteur au préjudice ou en fraude de leurs droits [1].

1349. En général, les actes de poursuite ne sont susceptibles d'être faits que pour une créance liquide et exigible, tandis que les mesures conservatoires peuvent être prises par des personnes dont les créances seraient conditionnelles ou non échues [2].

Après les exécutions, il est procédé à la distribution de leurs résultats outre les divers ayants droit.

L'objet principal de cet ouvrage étant le droit civil, nous nous bornerons à donner des indications sommaires sur les actions et exécutions qui rentrent dans la procédure, et dont plusieurs appartiennent aux créanciers simplement chirographaires, aussi bien qu'à ceux pourvus de privilèges ou hypothèques.

DEUXIÈME SECTION

MESURES CONSERVATOIRES.

1350. En principe, les créanciers sont admis à exercer tous

1. C. civ., 1166, 1167.
2. C. civ., 1180 ; C. pr., 125 ; Demolombe, XXV, 51 et suiv., 612 ; Aubry et Rau, § 311, note 6 ; Chauveau, 2001.

les actes conservatoires du patrimoine de leur débiteur, que
les circonstances justifieraient.

Parmi ces actes, nous ne voulons rappeler ici que ceux
relatifs aux scellés, à l'inventaire et au partage.

ARTICLE PREMIER

SCELLÉS ET INVENTAIRE.

1351. Les créanciers du défunt ont le droit de requérir
l'apposition des scellés sur les meubles de la succession, sans
avoir besoin d'autorisation s'ils ont un titre exécutoire ; dans
le cas contraire, ils doivent se faire autoriser, soit par le président du tribunal de première instance, soit par le juge de
paix du canton où le scellé doit être apposé [1].

1352. Quant aux créanciers de l'héritier, ils sont aussi
fondés à requérir la mise des scellés, au nom et du chef de
leur débiteur [2] ; leur intérêt est évident ; mais ils doivent
obtenir la permission du juge, quoiqu'ils aient un titre exécutoire [3].

1353. Il est permis aux créanciers de la succession et à
ceux d'un héritier de former opposition à ce que les scellés
apposés soient levés hors la présence de l'opposant, ou au
moins sans qu'il ait été appelé [4].

---

1. C. civ., 820 ; C. pr., 909 ; Comp. Cass., 23 juil. 1872 ; Glasson,
§ 194, B.
2. C. civ., 1166 ; Bourges, 10 mai 1842, S. 43.2.126 ; Agen,
23 oct. 1893, S. 94.2.293 ; De Belleyme, II, p. 238 ; Jay, 64 ; Dutruc,
58 ; Chauveau, 3062 ; Demolombe, XV, 627 ; Boitard, 1128. — Contrà, Nancy, 9 janv. 1817 ; Douai, 26 mars 1824 ; Caen, 29 août 1876,
S. 76.2.314 ; Paris, 30 nov. 1892, S. 93.2.46 : Bilhard, 41 ; Bioche,
Dict., Scellés, 20.
3. Paris, 17 juil. 1867, S. 68.2.49.
4. C. civ., 821 ; C. pr., 927 ; Chauveau, 3096 bis, 3102 bis ; Boitard, 1136 ; André, Inc., 422.

Cette opposition aux scellés est faite, soit par exploit signifié au greffier du juge de paix qui vise l'original, soit par
une déclaration sur le procès-vercal des scellés, énonçant la
cause de l'opposition[1].

1354. Pour former opposition, le créancier n'a besoin ni
d'être porteur d'un titre exécutoire, ni de se faire autoriser
par le juge, à défaut de titre[2].

1355. Les créanciers qui ont requis l'apposition des scellés
ou se sont opposés à leur levée, ne peuvent forcer l'héritier à
faire la levée des scellés avec description ; pour arriver à ce
résultat ils doivent s'opposer formellement à la levée pure et
simple des scellés[3].

1356. Tous les opposants aux scellés sont considérés comme
ayant un intérêt commun ; en conséquence, ils ne peuvent
assister qu'à la première vacation de la levée des scellés ; pour
les vacations suivantes, ils doivent tous se faire représenter par
un unique mandataire dont ils conviennent, sinon il est nommé
d'office par le juge[4].

1357. S'il n'y a pas apposition de scellés, les créanciers sont
fondés à s'opposer, par acte extra-judiciaire, à ce qu'il soit
procédé à l'inventaire hors leur présence[5] ; ils ont le droit
d'assister à la première vacation comme pour les scellés.

1358. Mais les créanciers opposants aux scellés ou à l'inventaire pour la conservation des droits de leur débiteur ne
peuvent assister à la première vacation ni concourir au choix
du mandataire commun[6].

1. C. pr., 926, 927 ; Chauveau, 3100.
2. C. civ., 821 ; Chauveau, 3099 ; Boitard, 1136.
3. C. pr., 940 ; Boitard, 1140 ; Chauveau, 3139.
4. C. pr., 932 ; Boitard, 1139.
5. Chauveau, 3142 ; Rolland, RÉP. *Inv.*, 146.
6. C. pr., 934.

ARTICLE DEUXIÈME

1359. Les créanciers d'un cohéritier et tous ses ayants cause [1] ont le droit de surveiller et contrôler les opérations du partage, et, à cet effet, d'y intervenir à leurs frais, ou de former opposition à ce qu'il soit fait sans eux [2].

1360. L'opposition n'est soumise à aucune forme spéciale ; il suffit, pour la validité, qu'elle soit signifiée à tous les cohéritiers ou au notaire commis pour procéder à un partage judiciaire [3].

1361. D'ailleurs, elle est valablement remplacée par une demande en intervention formée avant la clôture des opérations du partage [4] ; une saisie-arrêt pratiquée sur des créances héréditaires [5] (n° 1421) ; une saisie immobilière dirigée contre l'un des cohéritiers [6], pourvu que ces actes soient dénoncés à tous les cohéritiers [7].

1362. Une opposition aux scellés, sans notification aux cohéritiers, équivaut à une opposition au partage [8].

---

1. Cass., 14 août 1840 ; Nimes, 5 juil. 1848 ; Douai, 11 janv. 1854, S. 54.2.367 ; Aubry et Rau, § 626, note 44 ; Demolombe, VII, 226.

2. C. civ., 882 ; Cass., 27 août 1838 ; Orléans, 28 mars 1843.

3. Cass., 18 fév. 1862, S. 62.1.415 ; Paris, 15 mars 1860 ; Aubry et Rau, § 626, note 59 ; Demolombe, XVII, 231.

4. Cass., 3 fév. 1878 ; Aubry et Rau, § 626, note 61 ; Demolombe, XVII, 232 ; Dutruc, 534.

5. Cass., 24 janv. 1837 ; 19 nov. 1838.

6. Bourges, 27 août 1852 ; Agen, 11 déc. 1854, S. 55.2.56 ; Demolombe, XVII, 234 ; Aubry et Rau, § 626, note 60.

7. C. pr., 339 ; Cass., 10 août 1825 ; Grenoble, 21 avr. 1818 ; Boitard, 530.

8. Cass., 9 juil. 1838 ; Paris, 10 août 1858 ; Aubry et Rau, § 626, note 62 ; Chauveau, 3102 *bis* ; Dutruc, 525.

Mais la simple réquisition d'apposition de scellés [1] et l'inscription prise sur les immeubles indivis par le créancier de l'un des héritiers [2], ne valent pas comme opposition à partage.

1363. Du reste, l'acte d'opposition ne profite qu'à celui des créanciers qui l'a fait ; les autres créanciers ne sauraient s'en prévaloir [3].

1364. Quand le créancier d'un copartageant a formé opposition au partage, il ne peut y être procédé sans appeler l'opposant ; si le partage a été fait sans sommation adressée au créancier, celui-ci est fondé à demander un nouveau partage, sous la seule condition d'avoir intérêt à le faire [4].

1365. L'opposition à partage ne met pas obstacle à ce que l'héritier débiteur cède ses droits ou confère l'hypothèque à des tiers de bonne foi [5], ni à la vente des biens indivis au profit d'un étranger [6].

1366. L'opposition équivaut à une saisie-arrêt ; elle ne crée pas un droit de préférence au profit de l'opposant, sur des opposants ou cessionnaires postérieurs [7].

1367. Il importe de ne pas confondre l'effet d'une simple opposition avec celui d'une hypothèque des biens héréditaires.

1. Cass., 6 juil. 1858, S. 59.1.217, D. 58.1.414.
2. Rouen, 17 janv. 1849, S. 50.2.23, D. 50.2.97 ; Dutruc, 526 ; Aubry et Rau, § 628, note 61.
3. Cass., 6 juil. 1858 ; Bordeaux, 3 mai 1833.
4. Cass., 22 déc. 1869 ; 4 fév. 1889, S. 90.1.21 ; Douai, 26 déc. 1853 ; Pau, 3 fév. 1855 ; Orléans, 11 mai 1861 ; Aubry et Rau, § 626, note 45.
5. Douai, 24 mai 1850 ; Bordeaux, 4 déc. 1872, D. 73.2.107, S. 73. 2.78 ; Massé et Vergé, § 393, note 33. — Contrà, Paris, 10 juin 1858 ; Cass., 30 juil. 1895, D. 96.1.369, S. 97.1.29 ; Demolombe, XVII, 238 ; Aubry et Rau, § 626, note 66 ; Dutruc, 538.
6. Cass., 10 mars 1825 ; Caen, 25 fév. 1837 ; Nimes, 2 août 1838 ; Grenoble, 27 janv. 1859 ; Demolombe, XVII, 272.
7. Cass., 10 juin 1902, D. 04.1.425 ; Paris, 15 mars 1860 ; Aubry et Rau, § 266, note 67 ; comp. Cass., 11 juin 1846.

conférée par l'un des cohéritiers avec cession éventuelle, et par préférence, des soultes de partage et prix de licitation : la notification d'une convention de cette nature, faite à tous les cohéritiers, confère priorité au créancier (n° 515).

1368. Malgré l'opposition d'un créancier, les héritiers majeurs et capables sont libres de procéder à un partage amiable ; il leur suffit d'appeler l'opposant par un acte extrajudiciaire [1].

1369. Lorsque le partage a été consommé sans opposition, les créanciers d'un héritier ne peuvent l'attaquer [2], excepté dans le cas où il serait simulé [3] ou aurait été fait avec une précipitation frauduleuse, telle qu'il eût été impossible au créancier de former opposition [4].

TROISIÈME SECTION

EXERCICE DES DROITS DU DÉBITEUR.

1370. Pourvu qu'ils aient un intérêt sérieux [5], les créanciers [6]

---

1. Cass., 30 janv. 1843 ; 10 janv. 1887, S. 87.1.377 ; Poitiers, 10 juin 1851 ; Besançon, 31 juil. 1896, *Rev. not.*, 9729 ; Demolombe, XVI, 604 ; XVII, 629 ; Aubry et Rau, § 623, note 7.

2. Cass., 9 juil. 1866 ; 17 fév. 1874, S. 75.1.399 ; Lyon, 9 juin 1876 ; 12 juin 1879 ; Caen, 24 avr. 1863 ; Paris, 10 août 1877 ; Laurent, X, 538 ; Demolombe, XVII, 241. — *Contrà*, Grenoble, 1er juin 1850 ; Amiens, 17 mars 1869 ; comp. Dutruc, 532 ; Aubry et Rau, § 626, note 49.

3. Cass., 24 mai 1854 ; Caen, 24 avr. 1863 ; Lyon, 9 août 1876 ; Paris, 10 août 1877 ; Rennes, 28 juin 1878, S. 78.2.316 ; Demolombe, XVII, 242.

4. Cass., 4 fév. 1857 ; 14 fév. 1870 ; 17 nov. 1890, D. 91.1.25, S. 94.1.399 ; Caen, 24 avr. 1863 ; Paris, 10 août 1877 ; 9 janv, 1879 ; Dijon, 24 juin 1896, S. 97.2.175 ; Demolombe, XVII, 243 ; Baudry et Wahl, 4241 ; Huc, V, 435.

5. Cass., 13 janv. 1873, D. 73.1.151, S. 73.1.145 ; Colmet de Santerre, V, 81 *bis*, III.

6. Même sans titre exécutoire (Cass., 1er juin 1858, D. 58.1.236).

peuvent exercer, au nom de leur débiteur, tous les droits et actions qui lui appartiennent [1], sans avoir besoin de son consentement, ni d'une autorisation ou subrogation par justice [2].

1371. Comme les créanciers ne doivent pas entraver le débiteur dans le légitime exercice de ses droits et actions, ils ne sont autorisés à agir qu'après l'exigibilité de leur créance [3], et la mise en demeure du débiteur [4].

1372. D'un autre côté, il est interdit aux créanciers d'exercer les droits et actions exclusivement attachés à la personne [5].

1373. On considère comme pouvant être exercés par les créanciers :

1° Une faculté de retrait [6] ;

2° L'action en reconnaissance des droits de propriété, d'usufruit ou de servitude appartenant au débiteur, spécialement en ce qui concerne l'immeuble hypothéqué [7] ;

3° L'inscription d'une hypothèque conventionnelle, judiciaire ou légale, appartenant au débiteur [8] ;

1. C. civ., 1166. — Ce droit ne passe pas aux créanciers du créancier, C., Lyon, 14 mars 1913, *Rev. not.*, 15268.

2. Cass., 23 janv. 1849 ; 2 juil. 1851 ; Bourges, 21 mai 1859 ; Grenoble, 24 mai 1867, S. 68.2.104 ; Demolombe, XXV, 106 ; Massé et Vergé, § 554, note 1 ; Larombière, art. 1166, note 22 ; Colmet de Santerre, V, 81 *bis*, IV.

3. Cass., 26 juil. 1854, D. 54.1.303 ; Aubry et Rau, § 312, note 12 ; Colmet de Santerre, V, 81 *bis*, III ; Demolombe, XXV, 100 ; Marcadé, art. 1166, n° 1 ; Huc, VII, 186. — *Contrà*, Larombière, art. 1166, n° 210.

4. Cass., 29 juil. 1867 ; 14 avr. 1886, S. 87.1.77 ; Orléans, 16 août 1882, D. 84.2.36 ; Grenoble, 19 mai 1908 ; Demolombe, XXV, 102, 103 ; Aubry et Rau, § 312, note 2. — *Contrà*, Laurent, XVI, 392 ; comp. Cass., 13 janv. 1873, S. 73.1.145, D. 73.1.151.

5. C. civ. 1166 ; Demolombe, XXV, 56 ; Planiol, II, 286.

6. Grenoble, 9 janv. 1858, S. 59.1.172 ; Toulouse, 16 janv. 1835 ; Poitiers, 4 déc. 1899, *Rev. not.*, 10590 ; Laurent, XVI, 383.

7. Cass., 10 août 1825.

8. C. civ., 1166 ; Paris, 18 avr. 1885 ; Aubry et Rau, § 270, note 9.

4° La poursuite en paiement d'une créance due au débiteur [1] ;

5° Le paiement d'un prix dû par le débiteur, pour arrêter une demande en résolution [2] ;

6° L'action en partage d'une propriété ou d'une succession indivise [3], et les rapports dont les héritiers sont tenus [4] ;

7° La demande en réduction des dispositions portant atteinte à la réserve [5].

1374. Le tiers défendeur peut évidemment mettre fin à l'action du créancier en le désintéressant ; s'il agit ainsi avant toute opposition de la part d'autres créanciers, la somme versée profitera exclusivement au créancier en cause. Au contraire, dans le cas où il y aurait eu intervention des autres créanciers ou opposition de leur part, le profit de l'action sera le gage commun de tous les créanciers et distribué suivant les règles du droit commun [6].

QUATRIÈME SECTION

ACTION PAULIENNE OU RÉVOCATOIRE.

1375. Tout créancier, hypothécaire ou chirographaire [7], peut demander en son nom personnel, la révocation des actes

1. C. pr., 775.
2. Agen, 3 fév. 1836.
3. C. civ., 2205 ; Cass., 30 mai 1877, S. 78.1.102, D. 78.1.109 ; comp. Cass., 29 juil. 1867.
4. Colmar, 19 janv. 1813 ; Nimes, 6 mai 1861 ; Hureaux, IV, 61 ; Demolombe, XIV, 282, 300.
5. Aubry et Rau, § 685, p. 219 ; Marcadé, art. 921, III ; Saintespès-Lescot, II, 451.
6. Cass., 18 juil. 1838, S. 38.1.606 et 603 ; Larombière, art. 1166, n° 24 ; Colmet de Santerre, V, 81 *bis*, v ; Demolombe, XXV, 131, 132.
7. Dijon, 26 nov. 1816 ; Capmas, 67 ; Laurent, XVI, 457 ; Larombière, art. 1167, n° 23.

faits par son débiteur au préjudice ou en fraude de ses droits [1].

La révocation des actes du débiteur n'est prononcée que dans l'intérêt du créancier demandeur et jusqu'à concurrence du montant de sa créance [2].

D'ailleurs le défendeur à l'action peut en arrêter le cours en désintéressant le créancier qui l'a formée [3].

1376. Pour qu'un créancier soit admis à exercer l'action révocatoire, il faut nécessairement que sa créance soit antérieure à l'acte attaqué [4].

1377. L'action paulienne ou révocatoire est expressément autorisée contre : la renonciation de l'usufruitier [5], celle de l'héritier [6] ; le partage frauduleux (n° 1370) ; l'abandon de sa jouissance par le grevé de restitution [7] ; la séparation de biens [8] ; la renonciation à communauté [9], la renonciation à prescription [10] ; le déplacement d'immeubles par destination compris dans une hypothèque [11] ; les aliénations, paiements et hypothè-

1. C. civ., 1167 ; Aubry et Rau, § 313 ; Cass., 6 mai 1857, D. 57. 1.299.

2. Cass., 28 août 1871 ; Poitiers, 16 janv. 1862 ; 2 juil. 1890, S. 91.2.9 ; Aubry et Rau, § 313, note 41 ; Demolombe, XXV, 266 ; Planiol, II, 331. — Contrà, Cass., 12 avr. 1836 ; 30 juin 1903, S. 04.1.136 ; Pont, 18 ; Laurent, XVI, 488, selon lesquels la nullité profite à tous les créanciers.

3. Aubry et Rau, § 313, note 7 ; Demolombe, XXV, 247.

4. Cass., 2 mai 1855 ; Rennes, 27 mars 1858 ; Toulouse, 30 déc. 1884 ; Agen, 3 fév. 1885, S. 86.2.31 ; Demolombe, XXV, 232 ; Larombière, art. 1167, n° 30 ; comp. Bourges, 18 juil. 1892, S. 93.2.210 ; Mimerel, Rev. crit., II, 412.

5. C. civ., 622 ; comp. Demolombe, X, 735 ; Planiol, II, 313.

6. C. civ., 788 ; Bourges, 19 déc. 1821 ; Rennes, 6 avril 1875.

7. C. civ., 1053 ; comp. Demolombe, XXII, 632 et suiv.

8. C. civ., 1447 ; Cass., 10 mai 1875 ; Orléans, 10 mars 1894, S. 95.2.145.

9. C. civ., 1464 ; comp. Cass., 26 avr. 1869 ; Rodière et Pont, 1198 et suiv.

10. C. civ., 2225 ; Comp. Bordeaux, 13 déc. 1848 ; Leroux de Bretagne, 37.

11. Cass., 21 nov. 1894, S. 96.1.230.

ques faits par le débiteur failli ou liquidé depuis la cessation de ses paiements ou dans les quinze jours qui ont précédé [1].

1378. Dans tous les cas, l'action paulienne ne se prescrit que par trente ans [2], même à l'égard du tiers détenteur [3].

1379. On doit se garder de confondre l'action paulienne dirigée contre des actes réels et sérieux, avec l'action en déclaration de simulation ayant pour but de faire tomber des actes fictifs et simulés.

En effet, la demande en déclaration de simulation peut être formée par des créanciers postérieurs aux actes qu'ils entendent attaquer [4], sans que ces créanciers aient à justifier que les actes attaqués ont amené ou aggravé l'insolvabilité du débiteur [5] ; la preuve du préjudice suffit [6]. Ainsi l'affectation hypothécaire consentie en apparence pour sûreté d'une ouverture de crédit, mais en réalité à raison d'une dette préexistante, peut, lorsqu'elle a porté préjudice aux autres créanciers, être annulée pour tout ce qui excède les sommes fournies depuis l'ouverture de crédit [7].

1. C. comm., 446 et suiv. ; comp. Cass., 28 mars 1892, S..96.1.220.

2. Cass., 9 janv. 1865, S. 65.1.65, D. 65.1.19 ; Riom, 3 août 1840 ; Demolombe, XXV, 240 ; Larombière, art. 1167, n° 54 ; Aubry et Rau, § 313, note 44 ; Colmet de Santerre V, 82 *bis*, XIX, — *Contrà*, Colmar, 17 fév. 1830 ; Duranton, X, 585, suivant lesquels l'action ne durerait que dix ans.

3. Cass., 9 janv. 1865 ; Massé et Vergé, § 555, note 12 ; Demolombe, XXV, 224. — *Contrà*, Larombière, art. 1167, note 54.

4. Cass., 25 juil. 1864, S. 64.1.452 ; Bordeaux, 20 juil. 1848 ; Aubry et Rau, § 313, note 49 ; Larombière, art. 1167, note 63 ; Demolombe, XXV, 235 ; Laurent, XVI, 497. — *Contrà*, Nimes, 18 déc. 1849.

5. Laurent XVI, 497 ; Demolombe, XXV, 236 ; Aubry et Rau, § 313, note 49 ; Varambon, *Rev. prat.*, 1857, p. 147.

6. Cass., 25 juil. 1864, S. 64.1.452 ; Larombière, art. 1167, n° 63.

7. Cass., 14 déc. 1858, S. 60.1.987.

CINQUIÈME SECTION

SAISIES.

ARTICLE PREMIER

GÉNÉRALITÉS.

1380. En principe, tous-les biens du débiteur forment le gage de ses créanciers, qui peuvent les saisir et faire vendre afin d'obtenir le paiement de ce qui leur est dû. Il y a pourtant certains biens soustraits à l'action des créanciers, en vertu de dispositions législatives spéciales.

1381. Sont insaisissables : 1° les provisions et pensions alimentaires constituées à titre gratuit [1] ; 2° les sommes et objets déclarés insaisissables par un donateur ou testateur dans les limites de la quotité disponible [2] ; 3° Les pensions et les traitements de réforme [3].

Cependant les rentes et pensions alimentaires sont soumises à l'action des créanciers pour fournitures d'aliments postérieures au titre de la rente ou pension [4].

Les revenus d'un débit de tabac peuvent être considérés comme alimentaires, pour le tout ou pour partie, et insaisissables d'après l'appréciation des juges du fond [5].

1382. Au nombre des biens insaisissables, échappant par conséquent à l'action des créanciers se trouvent les rentes

1. C. pr., 581 ; Cass., 8 déc. 1908, D. 09.1.245.
2. C. pr., 581 ; comp. C. civ., 913 à 915.
3. Arr. 7 thermidor an X ; Cons. d'Et., 6 févr. 1808.
4. C., pr. 582 ; Chauveau, 1986 ; Boitard, 838 ; comp. Cass., 11 juin 1913, *Rev. not.*, 15464.
5. Cass., 20 déc. 1899 ; 3 avr. 1901, *Rev. not.*, 10719 ; Paris, 4 mars 1893, D. 93.2.267.

sur l'Etat [1], qui ne peuvent être frappées d'opposition [2]. Ce principe entraîne des conséquences tellement iniques, dans beaucoup de circonstances, que la jurisprudence a été amenée à en atténuer la portée, comme nous allons le dire.

Le prix provenant de l'aliénation d'un titre de rente, et les arrérages sont susceptibles de saisie aux mains de l'agent de change, du mandataire, du dépositaire, et de tout tiers [3].

En cas de succession bénéficiaire du propriétaire d'un titre de rente, l'héritier chargé de liquider le patrimoine dans l'intérêt des créanciers, est tenu de réaliser les rentes sur l'Etat et d'en rendre compte, sinon les créanciers sont autorisés à le poursuivre sur ses biens personnels [4].

Quant au failli titulaire de rentes sur l'Etat, comme il est dessaisi de l'administration de sa fortune, qui passe au syndic, celui-ci est autorisé à aliéner les rentes en qualité de mandataire des créanciers et du failli [5].

Le principe de l'insaisissabilité des rentes sur l'État n'empêche pas : 1° que les créanciers se fassent attribuer par justice les rentes recueillies par leur débiteur dans une succession, du moment où le transfert ne nécessite aucune saisie préalable [6] : 2° que les tribunaux ordonnent la vente de rentes dépendant

1. L. 8 nivôse an VI, art. 4 ; 22 floréal an VII, art. 7 ; 11 juin 1878, art. 3 ; 27 avr. 1883, art. 3 ; 17 janv. 1894, art. 3.

2. Rennes, 31 janv. 1889 ; Paris, 19 déc. 1889 ; Angers, 10 janv. 1893, D. 93.2.111, S. 93.2.186 ; Mollot, 303.

3. Cass., 21 juin 1883 ; 2 juil. 1894 ; 26 juill. 1894 ; 23 nov. 1897 ; 18 fév. 1901, Rev. not., 10702 ; Paris, 28 déc. 1840, S. 41.2.91.

4. Paris, 22 nov. 1855 ; 13 juin 1856, S. 57.2.212 ; Seine, 26 fév 1885 ; Buchère, 167. — Contrà, Paris, 14 avr. 1849, S. 49.2.413, D. 49.2.190.

5. Cass., 8 mars 1859 ; Orléans, 9 avr. 1878 ; Amiens, 16 janv. 1894, D. 94.2.208, S. 94.2.236 ; comp. Bédarride, Faillite, 776 bis ; Alauzet, VI, 2739 ; Lyon-Caen et Renault, II, 2672.

6. Cass., 2 juill. 1894, D. 94.1.497, S. 95.1.5, Rev. not., 9231 ; 23 juin 1903, Rev. not., 11738.

d'une succession pour arriver à l'exécution d'un legs [1] ; 3° que le transfert ait lieu lorsqu'il est rendu nécessaire pour égaliser les rapports entre les héritiers [2] ; 4° que les créanciers d'un héritier fassent opposition entre les mains du notaire liquidateur de la succession, à la remise des titres à l'héritier dans le lot duquel ils ont été placés [3].

1383. Pour les obligations émises par le Crédit foncier, elles ne peuvent non plus être frappées de saisie entre les mains de cet établissement [4].

1384. Les traitements des fonctionnaires civils, les appointements des employés ou commis ne sont saisissables que pour un cinquième sur les premiers mille francs, un quart sur les sommes excédant jusqu'à 5.000 fr., et un tiers sur le surplus [5].

Quant aux salaires des ouvriers et gens de service, quel qu'en soit le montant, ils ne sont saisissables que jusqu'à concurrence du dixième ; les appointements ou traitements des employés ou commis et des fonctionnaires ne peuvent être saisis que pour un dixième, lorsqu'ils ne dépassent pas deux mille francs par an ; ces restrictions sont étrangères aux dettes alimentaires [6].

1385. Sont entièrement insaisissables : 1° les salaires des marins, capitaines et chirurgiens à bord des navires [7] ; 2° les

1. Cass., 2 juil. 1894 précité.

2. Cass., 2 juil. 1894, D. 94.1.497, S. 95.1.5 ; Baudry-Lacantinerie et de Loynes, 268,269.

3. Tr. Bordeaux, 11 mai 1887, D. 88.3.56. — Contrà, Paris, 19 déc. 1889, D. 91.2.19.

4. Décr. 28 févr. 1852, art. 18.

5. Décr. 19 pluviose an III ; L. 21 ventôse an IX ; comp. Cass., 29 mai 1878, S. 79.1.64 ; 13 fév. 1884, S. 86.1.25 ; Chauveau, Quest., 1984.

6. L. 12 janv. 1895, art. 1 et 3.

7. Ord. 1er nov. 1745 ; Ord. 17 juil. 1816, art. 37 ; Décr. 4 mars 1862 ; Rennes, 13 juin 1889 ; Seine, 2 juil. 1892, S. 94.2.182 ; comp. Lyon-Caen et Renault, 1720.

habits, le coucher, les outils et équipements du débiteur [1] ; 3° les lettres missives [2] ; 4° les manuscrits non livrés à la publicité [3] ; 5° les navires prêts à faire voile [4].

1386. Echappent encore au droit de gage des créanciers : 1° la jouissance légale des père et mère [5] ; 2° les droits d'usage et d'habitation [6] ; 3° les rentes viagères sur la Caisse des retraites pour la vieillesse, à concurrence de 360 fr. [7] ; 4° les offices ministériels [8] ; 5° les cautionnements des fonctionnaires publics et officiers ministériels, pendant la durée de leurs fonctions [9], excepté pour faits de charge ; 6° le bien de famille [10].

1387. Les biens dotaux sont soustraits à l'action des créanciers, même après la dissolution du mariage, pour les dettes créées durant le mariage [11], à moins qu'elles ne l'aient été en vertu des exceptions à l'inaliénabilité de la dot [12], ou par suite des délits ou quasi-délits commis par la femme [13].

Il faut encore signaler quelques distinctions relatives aux biens dotaux : 1° les créanciers en vertu de titres ayant date certaine antérieurement au mariage, ont action sur ceux des biens dotaux que la femme s'est elle-même constitués [14] ; 2° les

1. C. pr., 592.
2. Angers, 4 févr. 1869 ; Dijon, 18 févr. 1870.
3. Paris, 11 janv. 1828.
4. C. comm., 215.
5. C. civ., 384 ; Bordeaux, 19 juin 1849 ; Douai, 4 mars 1859.
6. C. civ., 634, 639 ; comp. Caen, 29 mai 1853, D. 55.2.347.
7. L. 20 juil. 1886, art. 8.
8. Cons. d'Etat, 30 juin 1876 ; Glasson, § 140.
9. Bordeaux, 25 avr. 1833 ; Bourges, 5 juin 1852.
10. L. 12 juil. 1909, art. 10.
11. C. civ., 1554 ; Cass., 18 août 1869 ; 13 févr. 1884, S. 86.1.25.
12. C. civ., 1555, 1556, 1558 ; Cass., 1er avr. 1845, D. 45.1.197.
13. Cass., 29 juil. 1869 ; 19 janv. 1886, S. 89.1.212 ; 29 mars, 1893, D. 93.1.285 ; Agen, 6 févr. 1865.
14. Cass., 20 août 1861 ; Rouen, 10 janv. 1867 ; Montpellier, 13 nov. 1878.

dettes contractées par la femme dans son contrat de mariage, comme charges des donations à elle faites, peuvent être poursuivies sur tous les biens dotaux [1] ; 3° pour les dettes grevant une succession échue à la femme dotale, les créanciers ont action sur les biens qui en dépendent [2] ; 4° les revenus des biens dotaux ne sont saisissables, pour dettes contractées pendant le mariage, avant séparation de biens, que dans la limite de ce qui excède les besoins de la famille, excepté cependant lorsqu'il s'agit de dettes ayant pour cause des fournitures alimentaires [3].

1388. Le créancier d'une commune ou autre établissement public ne peut exercer de poursuites contre son débiteur ; il doit s'adresser à l'autorité administrative qui reste juge des mesures à prendre pour désintéresser les créanciers de ces établissements [4].

1389. En principe, le créancier n'est autorisé à faire vendre les biens de son débiteur qu'en observant les formes légales, prescrites pour les différentes saisies. Ainsi la loi déclare nulle et non avenue toute convention portant qu'à défaut d'exécution des engagements pris envers lui, le créancier aurait le droit de faire vendre les immeubles de son débiteur sans remplir les formalités de la saisie immobilière [5].

1390. Toutefois cette prohibition s'applique seulement à la vente des immeubles. On doit considérer comme valable et entièrement irrévocable le pouvoir donné par un débiteur à son créancier de faire vendre lui-même les récoltes de son

1. Cass., 12 mars 1861 ; Riom, 7 déc. 1859.
2. Nîmes, 6 mai 1861 ; Caen, 18 juin 1880, S. 81.2.1 ; Aubry et Rau, § 538.
3. Cass., 17 mars 1856 ; 14 août 1883 ; 2 juill. 1885, S. 85.1.420 ; Aix, 5 mars 1884 ; comp. Cass., 13 fév. 1884 ; 24 mars 1885.
4. Cons. d'Etat, 18 août 1807 ; 26 mai 1813 ; Paris, 11 janv. 1889, S. 90.2.91 ; Rennes, 23 janv. 1892, D. 93.2.380 ; Chauveau, 1924.
5. C. pr., 742 ; Boitard, 1007 ; comp. Rev. crit., XVII, 13.420.

fonds ou ses meubles dans les formes ordinaires, et sans suivre les formalités de la saisie, au cas où il ne paierait pas sa dette à échéance [1].

1391. D'ailleurs, le débiteur peut donner au créancier, dans l'acte hypothécaire, un mandat de faire vendre ses immeubles par adjudication publique devant notaire, sans aucune formalité judiciaire [2]; il pourrait même lui conférer ultérieurement un mandat irrévocable [3].

Seraient également valables les conventions contenant : 1° vente par le débiteur au créancier, pour le cas où la dette ne serait pas acquittée à l'échéance [4]: 2° promesse de vente à dire d'expert, aussi à défaut d'acquittement de l'obligation à l'exigibilité [5].

1392. A partir de l'exigibilité de la dette, le débiteur est contraignable sur tous ses biens [6], soit parce que le terme fixé pour l'exécution de l'obligation est arrivé [7], soit par la déchéance du terme résultant de la faillite du débiteur, de sa déconfiture, ou de la diminution, par son fait, des sûretés du créancier [8].

1. Douai, 22 déc. 1848 ; Pont, *Mandat*, 1141, 1159 : Aubry et Rau, § 777.

2. Bordeaux, 22 nov. 1849, D. 52.2.2, S. 52.2.97 : Aubry et Rau, § 777.

3. Cass., 25 mars 1903, D. 04.1.273 ; Bordeaux, 27 avr. 1885, D. 86.2.263 ; Baudry-Lacantinerie et de Loynes, 1290 ; Glasson, § 134.

4. Cass., 22 août 1847, D. 49.1.273 ; 26 févr. 1856, S. 56.1.667 ; 13 juill. 1891, S. 92.1.570 ; Pont, 1260 ; Aubry et Rau, § 266, note 74.

5. Montpellier, 1er mars 1855, D. 56.2.219 : Cass., 24 fév. 1856, S. 56. 1.667.

6. C. civ., 1186 ; Demolombe, XXIV, 642.

7. C. civ., 1185 ; Aubry et Rau, § 303.

8. C. civ., 1188 ; C. pr., 124 ; C. comm., 444 ; Cass., 10 mars 1845 ; Nimes, 18 mars 1862 ; Agen, 20 févr. 1860 ; Rouen, 29 juin 1871, S. 71.1.220 ; comp. Cass., 24 juil. 1878 ; Lyon, 6 fév. 1881.

1393. Cependant le débiteur, non déchu du terme, peut obtenir du juge un délai pour se libérer, sauf le droit appartenant au créancier de prendre toutes mesures conservatoires [1].

On décide même que les juges peuvent accorder un sursis au débiteur, poursuivi par un créancier agissant en vertu d'un acte notarié ou d'un jugement revêtu de la formule exécutoire [2] : mais, en matière de saisie immobilière, le seul droit du débiteur est de demander le renvoi de l'adjudication à soixante jours au plus [3].

1394. En cas de décès du débiteur, ses héritiers ont trois mois et quarante jours pour faire inventaire et prendre qualité : pendant ce délai, il ne peut être obtenu de condamnation contre eux, le droit des créanciers se borne à l'introduction de demandes à l'effet d'empêcher des prescriptions ou déchéances [4].

Ce qui vient d'être dit ne s'applique pas aux porteurs de titres exécutoires contre le débiteur décédé : ceux-ci peuvent poursuivre l'exécution des biens héréditaires huit jours francs après avoir notifié leurs titres à l'héritier [5], qui, de son côté, peut former opposition aux poursuites, pour qu'elles restent en suspens jusqu'à l'expiration des délais accordés par la loi, à l'effet de prendre qualité [6].

1. C. civ., 1244 ; C. pr., 122, 125 ; Demolombe, XXV, 596.
2. Cass., 1er févr. 1830 ; Paris, 2 août 1849, D. 52.2.239 ; Alger, 27 fév. 1864, S. 64.2.184 ; Aubry et Rau, § 319, note 29 ; Larombière, art. 1244, n° 23 ; Demolombe, XXV, 593. — Contrà, Boitard, 256 ; Bioche, Dict., Délai, 55 ; Paris, 25 sept. 1884, S. 86 2.193.
3. C. pr., 703 ; Caen, 7 mars 1849 ; Amiens, 16 avr. 1850 ; Limoges, 16 juin 1851 ; Dijon, 11 janv. 1878, S. 78.2.68.
4. C. civ., 797 ; C. pr. 774 ; Cass., 10 juin 1807 ; Bordeaux, 30 juil. 1834 ; Aubry et Rau, § 614 ; Demolombe, XIV, 279 ; Boitard, 265.
5. C. civ., 877 ; Paris, 29 déc. 1814 ; Pau, 3 sept. 1829 ; Demolombe, XIV, 281 ; Aubry et Rau, § 614.
6. Bordeaux, 30 juil. 1834 ; Angers, 17 août 1848 ; Aubry et Rau, § 614.

1395. La signification préalable du titre exécutoire à l'héritier, à personne ou domicile, est indispensable pour la poursuite par la voie parée, mais elle devient inutile pour diriger une demande en condamnation contre l'héritier [1].

D'ailleurs, la notification aux héritiers peut contenir en même temps commandement de payer, pourvu que l'injonction leur laisse le délai de huitaine [2].

1396. Il nous paraît incontestable que les frais de la signification sont à la charge des héritiers, puisqu'elle est prescrite dans leur intérêt [3].

1397. Quant aux héritiers, donataires ou légataires du créancier, comme le débiteur ignore leur existence, ils doivent se faire connaître par la mention des titres qui leur donnent le droit d'agir.

1398. Il y a deux genres bien distincts de saisies : les unes telles que la saisie-exécution, la saisie-brandon, la saisie des rentes et la saisie immobilière, constituent des voies d'exécution forcée ; les autres : saisie-gagerie, conservatoire et foraine, la saisie-revendication et la saisie-arrêt ne sont que des mesures de précaution [4].

Cependant il faut dire dès maintenant que la saisie-arrêt forme un type particulier : mesure conservatoire au début, elle conduit à une exécution forcée à l'égard d'un tiers.

1399. Des différences profondes subsistent entre les saisies exécutoires et les saisies conservatoires.

Ainsi, une saisie exécutoire ne peut être exercée qu'en vertu

---

1. Rennes, 10 févr. 1875, S. 77.2.38 ; Chauveau, 1896 ; Demolombe, XVII, 57 ; Aubry et Rau, § 617, note 11.

2. Rouen, 9 av. 1834 ; Grenoble, 22 juin 1826. — *Contrà*, Riom, 26 août 1879 ; Besançon, 8 déc. 1884, S. 85.2.124.

3. Chartres, 14 août 1877 ; Tr. Grenoble, 2 fév. 1884, S. 85.2.118 ; Chauveau, 1896 *ter* ; Audier, *J. avoués*, 1884, p. 246.

4. Boitard, 812, 813.

de la grosse d'un jugement ou d'un acte notarié, et doit être précédée d'un commandement adressé au débiteur [1].

Ce commandement contient, outre la copie du titre, celle de la formule exécutoire en vigueur, à peine de nullité [2].

Au contraire, la saisie conservatoire est faite sans titre authentique, même sans titre privé, en vertu d'une autorisation, sur requête, du président du tribunal ou du juge de paix. En général, cette saisie ne comporte pas de commandement préalable, mais celui qui l'a pratiquée est obligé d'agir ensuite en justice pour la faire déclarer valable [3].

1400. Nous devons encore mentionner : la saisie conservatoire relative aux lettres de change et billets à ordre [4] ; la saisie-contrefaçon en matière de brevets d'invention [5], et en matière d'imprimerie et de librairie [6] ; l'opposition concernant les titres au porteur perdus ou volés [7].

1401. Les diverses saisies sont de la compétence des huissiers ; la remise des titres leur vaut pouvoir pour toutes les exécutions autres que la saisie immobilière, à raison de laquelle il est besoin d'un pouvoir spécial [8].

---

1. C. pr., 551, 583, 636, 673, 780.
2. C. pr., 146, 545 ; Poitiers, 17 juin 1875 ; Chinon, 5 août 1886, *Rev. not.*, 7610 ; Chambéry, 12 fév. 1887, *Rev. not.*, 7673 ; Chauveau, 1893, 2204 ; Boitard, 799 ; Bioche, *Exéc.*, 90 ; comp. Toulouse, 16 mars 1877.
3. Boitard, 833 ; Rousseau et Laisney, *Saisie cons.*, 1 et suiv.
4. C. comm., 172, 187 ; C. pr., 417.
5. L. 5 juil. 1844 ; Ruben de Couder, *Contrefaçon*, 46 et suiv.
6. C. pén., 425, 427 ; L. 19 juil. 1793.
7. L. 15 juin 1872 ; Décr. 10 avr. 1873.
8. C. pr., 556 ; Chauveau, 1918 ; Sol., 25 sept. 1884.

ARTICLE DEUXIÈME.

SAISIE-ARRÊT.

I. — *Règles générales.*

1402. La saisie-arrêt (ou opposition) est l'acte par lequel un créancier fait défense aux débiteurs de son débiteur, de remettre ce qu'ils doivent, en d'autres mains que celles du saisissant [1].

1403. Celui qui est à la fois créancier et débiteur d'une même personne, peut valablement saisir-arrêter, entre ses propres mains, les sommes dont il est débiteur pour avoir paiement de celles dont il est créancier [2].

1404. Tout créancier porteur d'un titre authentique ou sous seing privé, est fondé à pratiquer une saisie-arrêt [3].

Si le créancier n'a pas de titre, la saisie-arrêt doit être autorisée par une ordonnance sur requête énonçant la somme due, rendue par le juge de paix dans les limites de sa compétence, sinon par le président du tribunal civil du domicile du débiteur, ou de celui du tiers saisi [4].

Quand la créance est commerciale, la permission de saisir-arrêter est donnée par le président du tribunal de commerce [5].

1405. Pour qu'un créancier soit admis à pratiquer une

---

1. C. civ., 2092 ; C. pr., 557 ; comp. Garsonnet, § 588 ; Glasson, § 143.
2. Cass., 27 juil. 1891, D. 92.1.430, S. 92.1.225, *Rev. not.,* 8535 ; Toulouse, 13 nov. 1890, *Rev. not.,* 8415 ; Chauveau, 1923 ; Bioche, *Saisie,* 52. — *Contrà,* Rennes, 7 fév. 1889, S. 91.2.39, *Rev. not.,* 8088 ; Rodière, II, 291 ; Boitard, 817.
3. C. pr., 557 ; Cass., 5 août 1885 ; 1er mai 1889, S. 89.1.460.
4. C. pr., 558 ; L. 12 juil. 1905, art. 14 ; Cass., 16 mai 1882 ; 20 mai 1590, S. 93.1.511.
5. Paris, 26 janv. 1861 ; Boitard, 815.

saisie-arrêt, il faut que sa créance soit exigible et non conditionnelle [1].

Mais on peut saisir-arrêter pour une créance résultant d'un jugement non signifié ou même frappé d'appel [2].

1406. Le cédant d'office non payé a le droit d'invoquer son privilège par voie d'opposition entre les mains du cessionnaire de son cessionnaire, sans attendre la prestation de serment et quoique sa créance ne soit pas encore exigible [3].

1407. L'exploit de saisie-arrêt doit énoncer la somme pour laquelle la saisie est faite et si la créance n'est pas liquide, il sera nécessaire que le juge l'évalue avant la saisie [4].

1408. Dans la huitième, outre les délais de distance, la saisie est dénoncée au débiteur saisi, avec assignation en validité devant le tribunal [5].

1409. Dans un pareil délai, à compter du jour de la demande en validité, cette demande doit être dénoncée au tiers saisi (contre-dénonciation) [6].

1410. Faute de demande en validité, la saisie est nulle ; faute de dénonciation de cette demande au tiers saisi, les paiements par lui faits seront valables [7].

Si l'assignation en validité n'a pas été suivie de jugement, elle se trouve atteinte par la péremption au bout de trois ans,

1. C. pr., 551 ; Cass., 23 juin 1870 ; 27 avr. 1885 ; 4 juin 1896, S. 97.1.41 ; Poitiers, 12 déc. 1876 ; Grenoble, 26 mai 1882, D. 83.2. 126 ; Boitard, 816 ; Chauveau, 1926.

2. Cass., 10 août 1881, D. 82.1.307, S. 82.1.71 ; Paris, 11 mars 1880 ; 28 mars 1896, S. 97.2.8 ; Roger, 76. — *Contrà*, Paris, 24 nov. 1887, S. 89.2.51.

3. Cass., 21 juin 1864 ; Paris, 26 avr. 1850 ; Poitiers, 4 avr. 1881, D. 81.2.156, S. 82.2.61.

4. C. pr., 559 ; comp. Cass., 16 mai 1882, S. 84.1.154, D. 82.1.175.

5. C. pr., 563 ; comp. Limoges, 4 juin 1856, S. 56.2.467.

6. C. pr., 564 : comp. 1033.

7. C. pr., 565 ; Cass., 6 nov. 1872, S. 72.1.363.

à moins qu'elle n'ait fait l'objet d'un règlement, enregistré, entre le saisissant, la partie saisie et le tiers saisi [1].

1411. Souvent le créancier forme une saisie-arrêt en vertu d'un document informe, sans autorisation, et se borne à l'exploit de saisie-arrêt, surtout lorsque le tiers saisi est un officier public qui ordinairement ne veut pas se faire juge de la validité de la saisie ; mais il faut dire que cette pratique est irrégulière et dangereuse, le débiteur pouvant demander la main-levée de la saisie, ou, ce qui est plus grave, céder la créance [2]. Rappelons encore que les saisies-arrêts pratiquées aux mains des officiers ministériels qui ont fait des ventes amiables de meubles à crédit ne sont pas régulières, même quand l'officier vendeur est chargé du recouvrement, car il n'a qu'un mandat révocable ; pour être à l'abri de tout risque, la saisie-arrêt devrait être faite aux mains de tous les acheteurs, malgré les grands frais qui en résulteront.

1412. L'huissier qui fait une saisie-arrêt sans titre ou permis de saisir, s'expose à des peines disciplinaires et même à des dommages-intérêts [3].

1413. Si la saisie-arrêt n'a pas lieu en vertu d'un titre authentique, le créancier doit appeler le saisi (son débiteur) devant le tribunal, en condamnation au paiement de la somme due ; quand la saisie est formée en vertu d'un titre exécutoire, le saisi est seulement appelé en validité [4].

1414. La dénonciation au tiers saisi contient assignation en déclaration affirmative, lorsque la créance du saisissant est établie par titre authentique [5]. Dans le cas contraire, l'assi-

1. C. pr., 397, 401 ; Cass., 12 fév. 1853 ; Caen, 25 oct. 1892, S. 94.2.33.
2. Caen, 11 fév. 1884, S. 86.2.33 ; comp. C. civ., 1382 ; Cass., 17 mars 1873.
3. Rouen, 22 août 1878 ; Dijon, 9 fév. 1894, S. 94.2.262.
4. Cass., 28 juin 1881, S. 82.1.105 ; Chauveau, 1945 *sept*.
5. Chauveau, 1956 *quinq*. ; Garsonnet, § 607.

gnation au tiers saisi, en déclaration des sommes dont il est débiteur, n'a lieu qu'après le jugement de condamnation rendu contre la partie saisie [1].

1415. La déclaration du tiers saisi est faite par lui-même ou par mandataire spécial, au greffe du tribunal chargé de juger la validité de la saisie, ou devant le juge de paix de son domicile et, ensuite, déposée, avec pièces à l'appui, au greffe du tribunal [2].

1416. Une fois la déclaration affirmative faite et signifiée, si elle est contestée, un jugement rendu entre le saisissant, le tiers saisi et le débiteur saisi, statue sur les contestations [3].

1417. Jusqu'au jour où le jugement de validité acquiert l'autorité de la chose jugée, de nouvelles saisies peuvent être formées entre les mains du tiers saisi ; il doit les dénoncer au premier saisissant [4].

En cas de non-survenance de nouvelles oppositions, le saisissant obtient paiement, en vertu du jugement de validité. S'il y a d'autres oppositions, le tiers saisi dépose les sommes qu'il doit à la caisse des consignations, pour être distribuées par contribution [5].

1418. Une saisie-arrêt peut avoir pour objet des objets mobiliers, animaux, etc. [6] ; après le jugement de validité, ils sont vendus dans la forme de la saisie-exécution (n° 1444), et le produit en deniers est partagé comme il vient d'être dit.

1419. Les saisies-arrêts ou oppositions formées entre les mains des receveurs, dépositaires ou administrateurs de cais-

---

1. C. pr., 568 ; comp. Paris, 19 janv. 1867, D. 68.2.142.
2. C. pr., 570 à 574, 577.
3. C. pr., 570, 576 ; Cass., 22 avr. 1857.
4. C. pr., 575 ; Cass., 28 fév. 1880, S. 81.1.155, D. 81.1.427 ; 27 juin 1892, D. 93.1.25 ; 14 fév. 1899, D. 99.1.227.
5. C. pr., 579, 656.
6. C. pr., 578.

ses ou deniers publics, sont soumises à quelques règles particulières :

L'exploit de saisie n'est valable qu'à la condition d'être
visé, sur l'original, par le fonctionnaire préposé pour le recevoir ; en outre, copie du titre du saisissant est remise avec
celle de l'exploit [1].

Les fonctionnaires publics ne sont pas assignés en déclaration ; ils doivent seulement délivrer au saisissant un certificat
énonçant la somme due au saisi et mentionnant les oppositions
antérieures [2].

Quand le saisissant est seul opposant, il obtient paiement
du comptable, sur le vu du jugement de validité passé en
force de chose jugée. S'il y a plusieurs opposants, une distribution par contribution est ouverte et les bordereaux de collocation sont délivrés sur la caisse qui les solde [3] (n° 1548).

1420. La saisie-arrêt de sommes dues par une commune,
est faite aux mains du maire (n° 1066).

1420 bis. La saisie-arrêt de sommes dues par l'État se prescrit au bout de cinq ans [4] (n° 1410).

1421. Quel est l'effet de la saisie-arrêt régulièrement pratiquée, à l'égard, soit des paiements faits par le tiers saisi, soit
de la cession de la créance par le saisi ?

Supposons une somme de 10.000 fr. due par Pierre à Louis,
et frappée de saisie-arrêt pour 3.000 fr. par Jacques, créancier
de Louis. Pierre, tiers saisi, peut payer ou compenser les
7.000 fr. formant la différence entre la créance du saisissant
et la créance saisie ; de même Louis, débiteur saisi, peut

---

1. C. pr., 561 ; Décr. 18 août 1807 ; L. 5 juin 1835 ; 9 juillet 1836 ;
comp. Toulouse, 15 mai 1894, S. 94.2.200.

2 C. pr., 560 ; Décr., 18 août 1807 ; Pallain, 60.

3. Ord. 3 juil. 1816, art. 17 ; L. 12 juil. 1905.

4. L. 9 juil. 1836, art. 14 ; déc. 31 mai 1862, art. 149 ; Cass.,
9 juil. 1892, Rev. not., 8770 ; Agen, 2 mai 1894, S. 94.2.203.

transporter les 7.000 fr. Cela n'est pas douteux, car la saisie ne rend la créance indisponible qu'à l'égard du saisissant [1].

Mais, si postérieurement au paiement, à la compensation ou à la cession, il survient de nouveaux opposants, ceux-ci auront le droit de concourir avec le premier saisissant sur la somme de 3.000 fr. encore due par le tiers saisi ; par suite, le paiement, la compensation ou la cession ayant lieu au préjudice de la saisie, le saisissant primitif pourra recourir contre le cessionnaire pour la différence entre la collocation qui lui sera attribuée sur 3.000 fr. et celle qu'il aurait obtenue sur 10.000 fr., montant intégral de la créance saisie-arrêtée [2].

Ce système est rationnel ; nous pensons qu'il ne faut pas s'arrêter à l'opinion d'après laquelle l'effet de la saisie doit être limité au chiffre de la créance du saisissant, et celui-ci privé de recours à raison du paiement ou de la cession du surplus, en cas de survenance de nouvelles saisies-arrêts [3].

1422. En tout état de cause, la partie saisie-arrêtée peut se pourvoir en référé afin d'obtenir l'autorisation de toucher du tiers saisi, nonobstant la saisie, à la condition de verser à la caisse des dépôts et consignations, ou aux mains d'un tiers commis à cet effet, somme suffisante, arbitrée par le juge des référés, pour répondre éventuellement des causes de la saisie-arrêt dans le cas où le saisi se reconnaîtrait ou serait jugé débiteur. Le dépôt ainsi ordonné sera effecté spécialement aux mains du tiers détenteur à la garantie des créances pour sû-

---

1. C. civ., 1242, 1298 ; C. pr., 557 ; Paris, 26 juil. 1843 ; Riom, 23 janv. 1862, S. 62.2.530. comp. Caen, 13 fév. 1882, D. 83.2.63, S. 83.2.141.

2. Cass., 18 juil. 1843 ; 15 juin 1898, S. 99.1.401, D. 1900.1.45 ; Riom, 23 janv. 1862 précité ; Aubry et Rau, § 317, note 20 ; § 359 *bis*, notes 41, 44 ; Glasson, § 150.

3. Aix, 21 mai 1844 ; Orléans, 11 mai 1859, D. 59.2.172, S. 59. 2.534 ; Troplong, *Vente*, 927 ; J. G., *Saisie-arrêt*, 425 ; Laurent, XXIV, 527 *bis*.

rcté desquelles la saisie-arrêt aura été opérée, et privilège exclusif de tout autre leur sera attribué sur ce dépôt. A partir de l'exécution de l'ordonnance de référé, le tiers saisi sera déchargé et les effets de la saisie-arrêt transportés sur le tiers détenteur [1].

1423. Les créances actives et passives se divisant de plein droit entre les héritiers, si le créancier personnel de l'un des héritiers forme, du chef de son débiteur, une saisie-arrêt et qu'un jugement ait ordonné avant le partage, au débiteur de la succession, de verser entre les mains du saisissant, le montant de la dette jusqu'à concurrence de la part héréditaire de son débiteur, l'effet déclaratif du partage qui aurait lieu ensuite ne serait pas opposable au saisissant [2].

II. — *Saisie des petits salaires.*

1424. Les salaires des ouvriers et gens de service ne sont saisissables que jusqu'à concurrence du dixième, quel que soit leur montant.

Les appointements ou traitements d'employés, commis et fonctionnaires ne sont saisissables qu'à concurrence d'un dixième, lorsqu'ils ne dépassent pas 2.000 francs par an [3].

Si le créancier a un titre, il doit le faire viser par le greffier de la justice de paix du domicile du débiteur saisi, avant de saisir-arrêter. A défaut de titre, la saisie-arrêt n'a lieu que sur autorisation du juge de paix du domicile du débiteur saisi [4].

Le juge de paix peut autoriser l'un des époux à saisir-arrêter

1. C. pr., 567, du 17 juil. 1907 ; L. 1er août 1913.
2. Cass., 4 déc. 1866, S. 67.1.5 ; Pau, 11 mars 1861 ; Massé et Vergé, § 392, note 6 ; Larombière, art. 1220, n° 9 ; Dutruc, 547.
3. L. 28 déc. 1910, art. 61.
4. Même loi, art. 64.

les salaires de l'autre pour sa contribution à l'entretien du ménage [1].

La validité de la saisie, la déclaration affirmative et la distribution des salaires et appointements saisis-arrêtés, sont de la compétence du juge de paix [2].

ARTICLE TROISIÈME

SAISIE-GAGERIE.

1425. Le droit de faire pratiquer la saisie-gagerie est accordé aux propriétaires [3] et principaux locataires d'une maison ou d'un bien rural, pour loyers et fermages exigibles, et pour toutes créances résultant de l'exécution du bail [4], sur les effets et fruits étant dans les maisons, les bâtiments ruraux et sur les terres [5] formant l'objet de la location, qu'elle soit écrite ou verbale.

C'est seulement un jour franc, après une sommation de payer, que la saisie-gagerie peut avoir lieu.

S'il y a nécessité de saisir immédiatement, le créancier fait présenter une requête à l'effet d'être autorisé à saisir-gager sur l'heure, sans sommation préalable [6].

La permission de saisir-gager est accordée par le juge de paix du lieu où la saisie doit être faite, toutes les fois que le

1. Cass., 1er fév. 1909, D. 09 1.85.
2. L. 28 déc. 1910, art. 65 à 73.
3. Celui qui a cessé d'être propriétaire des immeubles loués perd le droit de saisir-gager (Cass., 14 déc. 1892, S. 93.1.149).
4. C. pr., 819 ; Lyon, 9 juil. 1860 ; Alger, 25 juin 1878 ; Tr. Bordeaux, 17 juin 1895, S. 96.2.254 ; comp. Aix, 6 fév. 1822 ; Paris, 26 déc. 1871 ; Douai, 26 avr. 1884 ; Chauveau, 2793 *bis* ; Glasson, § 165.
5. Caen, 3 av. 1894, S. 94.2.312.
6. C. pr., 819 ; Cass., 14 mars 1883, D. 83.1.338, S. 83.1.204.

prix annuel du bail n'excède pas 600 fr. ; dans les autres cas, c'est le président du tribunal civil qui a compétence [1].

1426. La saisie-gagerie est une mesure conservatoire qui ne devient saisie-exécution qu'en vertu du jugement de validité ; en conséquence, le propriétaire ayant un bail notarié a intérêt à procéder de préférence par voie de saisie-exécution [2].

1427. Après la saisie-gagerie, le locataire est assigné en validité devant le juge de paix pour une location ne dépassant pas 600 fr., et devant le tribunal civil pour celle d'un chiffre supérieur [3].

1428. L'assignation en validité peut demander l'expulsion du fermier, la résiliation du bail, la relocation des lieux aux risques et périls du saisi, la nomination d'experts pour les réparations et dégradations, etc [4].

1429. Dans les cas urgents, le bailleur a la faculté d'obtenir l'expulsion avant le jugement de validité, par ordonnance de référé [5].

1430. Quand la saisie-gagerie est validée, l'affaire suit les formes de la saisie-exécution [6].

1431. D'ailleurs, un propriétaire peut même saisir-gager pour loyers ou fermages à échoir, en cas de déplacement frauduleux et lorsque les circonstances prouvent que l'intention du locataire est de soustraire peu à peu son mobilier aux poursuites du propriétaire [7].

1. C. pr., 819 ; L. 12 juil. 1905, art. 3 ; Caen, 22 nov. 1882, S. 83 2.81.
2. Paris, 25 mai 1867, S. 68.2.9 ; Boitard, 1081 ; Chauveau, 2807 bis, 2812.
3. C. pr., 824 ; L. 12 juil. 1905, art. 3.
4. Comp. Cass., 25 mai 1870 ; Paris, 11 fév. 1874, S. 74.2.107.
5. C. pr., 808 et suiv. ; Agnel, 992 ; De Belleyme, 574.
6. C. pr., 821, 824.
7. Douai, 8 fév. 1854 ; Chauveau, 2799 ; Bioche, Dict., Saisie-gag., 5.

André, *Régime hypothécaire.* 32

L'annonce, par le locataire commerçant, d'une liquidation de marchandises, autorise le propriétaire à prendre des mesures conservatoires de son privilège sur le prix des marchandises [1].

1432. En aucun cas, le propriétaire ne peut mettre la main sur les meubles de son locataire sans une saisie [2].

ARTICLE QUATRIÈME

SAISIE FORAINE.

1433. Tout créancier, même dépourvu de titre, peut, sans commandement préalable, mais avec permission du président du tribunal civil du lieu où sont les effets, ou du juge de paix (pour n'importe quelle somme), faire saisir les effets trouvés dans la commune qu'il habite, — appartenant à son débiteur forain [3].

On doit considérer comme débiteur forain celui qui n'a ni domicile, ni établissement sérieux dans la commune du créancier, où il ne s'est trouvé qu'accidentellement [4].

1434. Le jugement de validité de la saisie foraine est toujours de la compétence du tribunal civil du lieu de la saisie [5].

1435. Après la validité, les règles à suivre sont celles de la saisie-exécution [6].

ARTICLE CINQUIÈME

SAISIE-REVENDICATION.

1436. La voie de la saisie-revendication peut être exercée

1. Paris, 23 fév. 1884 ; 15 avr. 1885, S. 87.2.183.
2. Cass., 14 mars 1883, S. 83.1.204.
3. C. pr., 822 ; Chauveau, 2808 ; Glasson, § 166.
4. Cass., 7 août 1877, D. 78.1.150, S. 78.1.317 ; Paris, 25 août 1842 ; Chauveau, 2807 *ter* ; Bertin, 493 ; Bouchon, 161. — *Contrà*, J. G., *Sais. for.*, 3 ; Rousseau et Laisney, *eod.* V°, 2.
5. Boitard, 1088 ; Chauveau, 2811.
6. C. pr., 825.

tant par le propriétaire de la chose que par celui qui prétend avoir un privilège sur cette chose, se trouvant en la possession d'un tiers [1].

1437. Pour saisir-revendiquer, le créancier, même porteur d'un titre, est obligé à peine de nullité et de dommages-intérêts, d'en demander autorisation au président du tribunal civil du domicile du détenteur actuel. Ce magistrat, en cas d'urgence, peut permettre de saisir un jour férié [2].

1438. La requête au président doit contenir la désignation sommaire des objets revendiqués [3].

1439. Après la saisie, il est nécessaire de former une demande en validité [4].

L'action est introduite contre celui chez lequel les objets ont été saisis et devant le tribunal de son domicile ; s'il ne prétend exercer aucun droit sur les objets et n'en être que simple détenteur, c'est contre celui qui allègue en être propriétaire ou créancier-gagiste que la demande est intentée.

1440. En cas de saisie-revendication de meubles enlevés par un locataire, on assigne celui-ci pour voir déclarer la saisie valable et convertie en saisie-exécution ; en même temps, on assigne le propriétaire chez lequel les meubles ont été transportés pour voir dire qu'ils n'ont pas cessé d'être le gage du saisissant, à moins que ce propriétaire ne déclare qu'il ne conteste pas la validité de la revendication ; dans ce cas, le locataire seul est mis en cause [5].

1441. Quand la saisie-revendication est faite par le propriétaire des objets, le jugement de validité lui restituant la pro-

---

1. C. civ., 2102, 2279 ; Glasson, § 167 ; Chauveau, 2812 *ter* ; Joccoton, *Act.*, 37.
2. C. pr., 826, 828 ; Chauveau, 2816.
3. C. pr., 827 ; Chauveau, 2818.
4. C. pr., 831 ; Boitard, 1092.
5. Chambéry, 29 avr. 1872 ; Versailles, 14 déc. 1856, *J. av.*, 56, 652.

priété, clôt la procédure ; mais le locateur qui revendique les meubles déplacés par son locataire peut avoir intérêt, au lieu de se borner à la réintégration dans son immeuble, à suivre la procédure de saisie-gagerie pour arriver à la vente.

1442. Ce qui précède s'applique aux revendications en matière civile.

La revendication en matière de faillite donne lieu à beaucoup de difficultés, dont l'examen ne rentre pas dans le plan de cet ouvrage. Bornons-nous à dire que la revendication peut être demandée amiablement au syndic et au juge de la faillite ; en cas de refus, la demande est portée contre le syndic devant le tribunal de commerce, par simple assignation, sans ordonnance préalable du juge [1].

ARTICLE SIXIÈME

SAISIE-EXÉCUTION.

1° Meubles matériels.

1443. Le créancier d'une somme liquide, certaine et exigible, porteur d'un titre exécutoire, judiciaire ou notarié, est autorisé à saisir-exécuter les meubles de son débiteur pour arriver à leur vente [2].

De ce qu'une saisie-exécution ne saurait avoir lieu que pour une créance liquide et exigible, il résulte qu'un propriétaire n'est pas fondé à pratiquer une saisie de cette nature pour des fermages non échus [3].

1444. Il n'est permis de procéder à la saisie-exécution qu'un

---

1. C. comm., 574 à 576 ; comp. Cass., 11 juin 1872, S. 72.1.284 ; Bédarride, III, 1142 ; Renouard, II, 350 ; Rivière, p. 787.

2. C. pr., 551 ; Chauveau, 2001 ; Glasson, § 141.

3. Amiens, 3 janv. 1893, S. 94.2.175 ; Chauveau, 2001 ; Garsonnet, § 542.

jour franc (susceptible d'augmentation à raison des distances), après commandement de payer fait au débiteur, et contenant copie du titre du créancier [1].

1445. Des contestations nombreuses peuvent être élevées par le débiteur saisi ou par des tiers ; elles ont ordinairement pour objet des demandes en nullité de la saisie, en sursis avec offre d'à-compte, en revendication ou en distraction de meubles saisis.

Ces incidents, soulevés par le saisi, nécessitent un référé devant le président du tribunal. Il y a instance devant le tribunal, quand ils proviennent de tiers [2], notamment de la femme, séparée judiciairement de biens du saisi, et se prétendant propriétaire [3].

1446. S'il n'y a pas d'incident, la vente des objets saisis a lieu au jour fixé sur le procès-verbal de saisie [4] ; dans le cas contraire, le jour primitivement indiqué étant écoulé, une signification de vente doit être faite au saisi [5].

1447. Après les publications légales, la vente a lieu, et s'il ne survient pas d'opposition, l'officier ministériel vendeur prélève les frais de vente et les privilèges, puis remet le produit net au créancier poursuivant contre décharge [6].

1448. Lorsqu'il y a des créanciers opposants [7], l'officier ministériel doit déposer le produit de la vente à la caisse des

1. C. pr., 583, 584 ; Boitard, 813, 840 ; Chauveau, 1995, 1996.
2. C. pr., 607, 608 : Cass., 13 août 1878 ; Chambéry, 29 avr. 1872, D. 73.5.410 ; Paris, 18 mars 1886, S. 86.2.105 ; Chauveau, 2066 ; Glasson, § 142.
3. Douai, 25 janv. 1900, D. 1900. 2. 484 ; comp. Paris, 29 janv. 1897, D. 98. 2. 151.
4. C. pr., 595, 613 ; Chauveau, 2050.
5. C. pr., 614, 617 ; comp. Riom, 24 juin 1846, D. 47.4.433.
6. Cass., 11 nov. 1863, D. 63.1.473, S. 64.1.23 ; Chauveau, 2097.
7. Tout créancier peut former opposition sur le produit de la vente, sans titre ni permission du juge (C. pr., 609, 610 ; Cass., 17 juin 1895, S. 97.1.163 ; Garsonnet, § 580, note 6).

consignations, pour être réparti ultérieurement entre tous les créanciers, suivant leurs droits [1] (n° 1529).

Cependant, le propriétaire, privilégié pour les loyers à lui dus, n'est pas obligé de subir les longueurs de la contribution : il a la faculté d'appeler en référé la partie saisie et les créanciers opposants, pour se faire attribuer le montant de la vente, à concurrence de sa créance privilégiée, si elle n'est pas contestée [2].

L'ordonnance sur référé doit être signifiée et elle devient définitive, à défaut d'appel, dans le délai de quinze jours [3].

2° Fonds de commerce.

1449. Tout créancier qui exerce des poursuites de saisie-exécution, et le débiteur contre lequel elles sont exercées, peuvent demander devant le tribunal de commerce, soit d'accord, soit l'un contre l'autre, la vente du fonds de commerce du saisi avec le matériel et les marchandises qui en dépendent. En ordonnant la vente du fonds, le tribunal fixe les mises à prix, détermine les principales conditions et commet l'officier public pour y procéder. Les créanciers inscrits sont appelés à cette opération quinze jours d'avance. Les affiches et insertions ont lieu au moins dix jours avant la vente [4].

ARTICLE SEPTIÈME

SAISIE-BRANDON.

1450. La saisie des fruits pendants par racines, tels que

---

1. C. pr., 609, 656, 657 ; Cass., 20 janv. 1862 ; 2 mars 1898, D. 98. 1.192.

2. C. civ., 2102 ; C. pr., 661, 662 ; Cass., 26 janv. 1875 ; Rouen, 20 avr. 1880, S. 81.2.245.

3. C. pr., 809 ; Cass., 21 fév. 1854 ; 26 janv. 1875, D. 75.1.306, S. 75.1.115 ; Rouen, 20 avr. 1880 ; Tessier, 174.

4. L. 17 mars 1909, art. 15 et 17.

céréales, foins, légumes, raisins, fruits des arbres et arbustes, pépinières, est appelée saisie-brandon [1].

Elle suppose un titre exécutoire et doit être précédée d'un commandement avec un jour franc d'intervalle [2].

1451. Cette saisie ne peut être faite que dans les six semaines qui précèdent l'époque ordinaire de la maturité des fruits, à peine de nullité [3].

1452. Parmi les objets susceptibles de saisie-brandon, il n'y en a point d'insaisissables ; mais le propriétaire d'une ferme, par cela même qu'il a droit aux pailles, est fondé à s'opposer à la vente des récoltes saisies sur son fermier [4].

1453. Pour la vente des fruits saisis et la distribution du prix, la loi renvoie aux formalités de la saisie-exécution [5].

ARTICLE HUITIÈME

SAISIE DE RENTE.

1454. La saisie des rentes perpétuelles ou viagères ne saurait avoir lieu sans un titre exécutoire, et elle doit être précédée un jour franc auparavant d'un commandement de payer [6].

1455. L'exploit de saisie contient défense au tiers saisi de payer et assignation en déclaration affirmative [7].

1456. Dans les trois jours de la saisie, outre les délais de distance, elle doit être dénoncée au saisi par exploit notifiant

1. C. pr., 626, 627 ; Rouen, 1er mars 1839 ; Boitard, 876 ; Chauveau, 2109 bis.
2. C. pr., 551, 626 ; Chauveau, 2113 ; Glasson, § 162.
3. C. pr., 626 ; Cass., 29 août 1853 ; Rouen, 5 mai 1854 ; Bourges, 24 janv. 1863, S. 63.2.117, D. 63.2.155 ; Caen, 4 avr. 1870, J. av., 96, 350 ; Chauveau, 2114.
4. Nancy, 30 déc. 1871, S. 72.2.108 ; Chauveau, 2110.
5. C. pr., 629, 634, 635 ; Chauveau, 2124.
6. C. pr., 636 ; Glasson, § 163.
7. C. pr., 637, 640.

le jour de la publication du cahier des charges, qui est dressé et déposé au greffe par l'avoué du saisissant[1].

1457. L'adjudicataire de la rente paie son prix au saisissant s'il est seul créancier ; dans le cas d'opposition, le prix est déposé à la caisse des consignations, pour être distribué par contribution[2].

1458. Les diverses formalités de la saisie des rentes sont empruntées partie à la saisie-arrêt, partie à la saisie immobilière[3].

1459. Quand le saisissant ne connaît pas le titre de la rente, il procède par voie de saisie-arrêt.

1460. La procédure de saisie des rentes s'applique à toutes espèces de rentes constituées sur particuliers, sur les communes ou sur les établissements publics[4].

1461. D'ailleurs, elle est étrangère aux rentes sur l'Etat, qui sont insaisissables[5].

Quant aux droits incorporels, actions et obligations industrielles, la main-mise des créanciers est généralement soumise à la procédure de saisie-arrêt pour les valeurs nominatives, et à la saisie-exécution pour les valeurs au porteur, mais la jurisprudence laisse aux tribunaux le soin de régler le mode de vente suivant les circonstances[6].

ARTICLE NEUVIÈME

SAISIE DE NAVIRE.

1462. Un navire peut, comme tout autre bien, être vendu par

1. C. pr., 641 ; Chauveau, 2136.
2. C. pr., 654.
3. C. pr., 638, 648 ; Boitard, 886.
4. Boitard, 882 ; Chauveau, 2126 ; Rodière, 274.
5. Arr. 8 nivôse an VI, art. 4.
6. Douai, 23 mars 1855, S. 55.2.639, D. 56.2.60 ; Buchère, 241, 431, 819 ; Chauveau, 2126 *bis* ; Boitard, 883 ; Roger, 26.

autorité de justice, par suite de la saisie pratiquée par les créanciers [1].

1463. Il n'est procédé à la saisie que vingt-quatre heures après le commandement de payer fait au propriétaire ou à son domicile, s'il s'agit d'une action ordinaire. Pour une créance privilégiée ou hypothécaire, le commandement peut être fait au capitaine [2].

1464. Le créancier hypothéqué sur partie du navire, ne peut saisir et faire vendre que la portion qui lui est affectée. Toutefois, si plus de la moitié du navire se trouve hypothéquée, le créancier a la faculté, après saisie, de le faire vendre en totalité, à charge d'appeler à la vente les copropriétaires [3].

1465. La saisie est notifiée au propriétaire, dans les trois jours, avec citation devant le tribunal civil pour voir dire qu'il sera procédé à la vente [4].

1466. Le procès-verbal de saisie est transcrit au bureau du receveur des douanes, et, sur l'état des inscriptions par lui délivré, la saisie est dénoncée aux créanciers inscrits, avec indication du jour de la comparution devant le tribunal [5].

1467. Un jugement du tribunal civil fixe la mise à prix et les conditions de la vente qui a lieu à la barre, ou devant notaire, ou encore par un courtier. La surenchère n'est pas admise [6].

ARTICLE DIXIÈME

SAISIE IMMOBILIÈRE.

1° Quelles personnes peuvent saisir.

1468. L'expropriation forcée, ou saisie immobilière (ex-

1. C. comm., 197.
2. C. comm., 198. 199.
3. L. 10 juil. 1885, art. 17 ; comp., Cass., 31 mars 1886, S. 86.1.261.
4. Même loi, art. 23.
5. Même loi, art. 24 ; Cass., 6 nov. 1893, S. 94.1.225.
6. Même loi, art. 25 à 29.

pressions synonymes) des biens immobiliers du débiteur, sur la poursuite d'un créancier porteur d'un titre authentique et exécutoire, s'applique tant aux biens affectés à la créance en vertu du droit de gage général qu'à ceux grevés d'un droit de privilège ou d'hypothèque. En d'autres termes, le créancier chirographaire est fondé de pratiquer une saisie immobilière aussi bien que le créancier hypothécaire [1].

1469. La saisie ne peut avoir lieu que pour une créance liquide et exigible. On considère comme telle la créance résultant d'un arrêté de compte courant [2].

Quand la créance, quoique liquide, ne consiste pas en une somme d'argent, le créancier n'est autorisé à faire que la saisie, la dénonciation et la transcription, actes nécessaires pour en assurer l'effet, et il est sursis à toute autre poursuite jusqu'à l'évaluation pécuniaire de la créance [3].

1470. Si en général la saisie ne doit être faite qu'en vertu d'un jugement contradictoire ou par défaut devenu définitif [4], il en est autrement lorsque ce jugement a été déclaré exécutoire par provision nonobstant appel ou opposition, mais il sera sursis à l'adjudication jusqu'au jour où la décision sera devenue définitive [5].

1471. Le cessionnaire par acte authentique ou privé [6], d'une créance, et celui qui a été subrogé aux droits du créancier

1. Lyon, 27 nov. 1811 ; Nancy, 9 juil. 1834 ; Chauveau, 2198 ; Massé et Vergé, § 841, note 23 ; Pont, 43 ; Glasson, § 154.
2. C. civ., 2123 ; Cass., 26 mai 1873 ; Poitiers, 28 janv. 1878, S. 78.2.301.
3. C. civ., 2213 ; C. pr., 551 ; Pont, 60 ; Chauveau, 1913 et 2198 ; Garsonnet, § 548.
4. C. civ., 2215 ; comp. C. pr., 155 à 159, 450.
5. C. civ., 2215 ; Caen, 14 mai 1849 ; Pont, 53 ; Chauveau, 2198 ; Aubry et Rau, § 778, note 44.
6. Cass., 16 nov. 1840, S. 40.1.961 ; Massé et Vergé, § 841, note 31 ; Pont, 58.

originaire[1] (hors le cas de subrogation consentie par le débiteur), ne sont admis à pratiquer une saisie immobilière qu'après avoir signifié leur titre au débiteur[2], avec le commandement tendant à la saisie[3].

1472. Lorsque le créancier est mineur ou interdit, la saisie est pratiquée au nom de l'incapable à la requête de son représentant légal, sans autorisation du conseil de famille[4].

1473. Que si le créancier est mineur émancipé ou majeur pourvu d'un conseil judiciaire, l'assistance du curateur ou du conseil sera nécessaire[5].

1474. Pour une femme mariée, quand la créance est soumise à l'administration du mari, c'est lui qui poursuit la saisie[6]; dans le cas contraire, la poursuite sera intentée au nom de la femme, avec l'assistance du mari ou l'autorisation de la justice[7].

1475. Au surplus, la poursuite en expropriation ne saurait être annulée sous prétexte que le créancier l'aurait commencée pour une somme plus forte que celle qui lui est due[8].

2° Quels biens peuvent être saisis.

1476. Tous les immeubles susceptibles d'hypothèques peuvent être frappés de saisie[9], par un créancier, quel que soit

1. Montbéliard, 11 fév. 1869 ; Aubry et Rau, § 778, note 50.
2. C. civ., 1690, 2214 ; Alger, 24 juin 1870, S. 71.2.203.
3. Toulouse, 8 août 1850 ; Chauveau, 2202 ; Aubry et Rau, § 778, note 47.
4. Bruxelles, 12 nov. 1806 ; Duranton, XXI, 33 ; Pont, 44 ; Aubry et Rau, § 114 ; Chauveau, 2198 ; Thézard, 392 ; Garsonnet, § 537.
5. C. civ., 482 ; Douai, 22 déc. 1863, S. 65.2.13 ; Demolombe, VIII, 285 ; Duranton, XXI, 24 ; comp. Cass., 1er juil. 1876.
6. C civ., 1428, 1549 ; Nimes, 25 juin 1851 ; Rodière et Pont, 435, 1757.
7. C. civ., 215 ; Boitard, 911 ; Thézard, 392.
8. C. civ., 2216.
9. C. civ., 2118, 2204

son rang[1], et malgré l'existence de saisies-arrêts aux mains du débiteur[2].

1477. Néanmoins les créanciers personnels d'un copropriétaire ne seraient pas fondés à saisir sa part indivise dans les immeubles dépendant d'une succession, d'une communauté conjugale ou d'un fonds social, avant le partage définitif de l'indivision[3], qu'ils sont d'ailleurs autorisés à provoquer, en cas de négligence de leur débiteur[4].

1478. La nullité de la saisie de biens indivis peut être invoquée soit par les copropriétaires du saisi, soit par celui-ci[5]; elle serait couverte à l'égard du saisi, à défaut d'avoir été proposée trois jours avant l'adjudication[6]. Quant aux copropriétaires du saisi, ils ont le choix d'opposer l'exception d'indivision ou de consentir à la vente en réservant leurs droits sur le prix[7].

1479. Le créancier ayant un privilège ou une hypothèque sur des immeubles déterminés, n'est autorisé à saisir les immeubles non soumis à son gage spécial qu'en cas d'insuffisance de ceux qui s'en trouvent grevés, de sorte que le créancier dépourvu de toute hypothèque est, dans ce cas, plus favorablement traité que celui qui en a une spéciale[8].

C'est au créancier qu'incombe la charge de prouver l'insuffisance par tous les moyens propres à l'établir, tels que baux,

1. Cass., 10 fév. 1818 ; Chauveau, 2198.

2. Cass., 26 mai 1807 ; Roger, 430 ; Grenier, 482.

3. C. civ., 2205 ; Pau, 8 mars 1865, S. 65.2.90 ; Aubry et Rau, § 778, note 20 ; Pont, 8 ; Thézard, 385 ; Chauveau, 2198.

4. C. civ., 1166 ; Cass, 26 juil. 1854 ; 11 déc. 1882, S. 84.1.229 ; Orléans, 8 déc. 1881.

5. Bordeaux, 5 déc. 1832 ; Lyon, 9 janv. 1833, S. 33 2.381 ; Aubry et Rau, § 778, note 21 ; Thézard, 385 ; Pont, 12.

6. C. pr., 728, 729 ; Cass., 3 janv. 1872 ; 18 mai 1881, D. 82.1.263.

7. C. civ., 2205 ; Cass., 19 avr. 1858, S. 58.1.343.

8. C. civ., 2209 ; Pont, 21 ; Aubry et Rau, § 778, note 21.

estimations, ventes, extraits de la matrice foncière, aveu du débiteur [1].

1480. En principe, le créancier ayant pour gage tous les biens de son débiteur est admis à les saisir en totalité ou en partie.

Toutefois, la saisie des immeubles, situés dans différents arrondissements, ne peut avoir lieu que successivement, à moins qu'ils ne fassent partie d'une seule et même exploitation, ou que leur valeur totale ne soit inférieure au montant réuni des sommes dues tant au saisissant qu'aux autres créanciers inscrits [2].

La valeur des biens s'établit d'après les baux authentiques sur le pied du denier 25 ; à défaut de baux, elle est calculée sur le pied du denier 30, d'après le rôle des contributions foncières [3].

1481. Si les biens hypothéqués au créancier et les biens non hypothéqués, ou les biens situés dans divers arrondissements, font partie d'une seule et même exploitation, la vente des uns et des autres est poursuivie ensemble, si le débiteur le requiert ; et ventilation se fait du prix de l'adjudication s'il y a lieu, à raison du concours d'hypothèques générales et spéciales [4] (n° 1633).

1482. Les immeubles formant le domaine privé de l'État, des départements, des communes et des établissements publics soumis au contrôle de l'autorité administrative, ne peuvent être saisis [5] (n° 1388).

1. Cass., 27 juin 1827 ; 6 fév. 1843, S. 43.1.414 ; Toulouse, 26 juil. 1834 ; comp. C. civ., 2165 ; Pont, 19 ; Aubry et Rau, § 778, notes 28 à 31.
2. C. civ., 2210 ; L. 14 nov. 1808, art. 1.
3. L. 14 nov. 1808, art. 2.
4. C. civ., 2211 ; C. pr., 743.
5. L. 16-24 août 1790, tit. 2, art. 13 ; 6-22 août 1791, tit. 12, art. 9 ; Déc. 1er germinal an XIII, art. 48 ; Av. Cons. d'État, 18 juil., 12

1483. A partir du jugement déclaratif de faillite ou de liquidation judiciaire, les créanciers chirographaires sont privés du droit de poursuivre la vente des biens qu'ils n'auraient pas saisis antérieurement [1].

Quant aux créanciers hypothécaires, dont les créances sont devenues exigibles par la faillite ou la liquidation, ils peuvent individuellement exercer des poursuites tendant à la saisie et à la vente des immeubles hypothéqués [2], pourvu qu'elles soient commencées avant l'union [3].

1484. Le constructeur, qui a régulièrement inscrit son privilège sur les constructions incorporées au fonds dotal, est fondé à pratiquer une saisie de l'immeuble pour arriver à la vente et ensuite faire ventiler le prix [4].

1485. Toutes les fois que le débiteur est un mineur (émancipé ou non), ou un interdit, ses immeubles ne peuvent être saisis qu'après discussion préalable du mobilier, à moins qu'il ne s'agisse d'immeubles indivis entre l'incapable et un majeur tous deux obligés, ou que les poursuites n'aient été commencées contre un débiteur majeur, par exemple quand le mineur

août 1807 ; 11-26 mars 1813 ; comp. L. 10 août 1871, art. 55 ; 5 avr. 1884, art. 110, 124.

1. C. comm., 571 ; L. 4 mars 1889 ; Paris, 30 nov. 1839 ; Pont, 46 ; Aubry et Rau, § 778, note 56 ; Boitard, 912. — Cependant le créancier porteur d'un titre exécutoire, même sans hypothèque, a le droit de continuer les poursuites de saisie commencées avant la faillite (Angers, 22 mars 1874 ; Paris, 3 avr. 1886, J. Av., 86, p. 456 ; J. G., Faillite, 230. — Contrà, Lyon-Caen et Renault, 2686 ; Ruben de Couder, Dict. faill , 226).

2. Cass., 28 mars 1865 ; Angers, 15 mai 1861 ; Agen, 20 fév. 1866 ; Lyon, 16 fév. 1881, S. 82.2.44, D. 81.2 237 ; Aix, 24 avr. 1884 ; Aubry et Rau, § 303, note 17 ; Boitard, 912. — Contrà, Paris, 12 déc. 1861 ; Bédarride, III, 1083.

3. C. comm., 572.

4. Aix, 10 juil. 1899, D. 1900.2.241 ; Cass., 10 fév. 1903, D. 03. 1.439.

est devenu débiteur en qualité d'héritier du débiteur originaire [1].

1486. Enfin, si le débiteur justifie par baux authentiques
que le revenu net et libre de ses immeubles, pendant une année, suffit pour le paiement de la dette en principal, intérêts
et frais et qu'il en offre la délégation au créancier, le tribunal
devant lequel l'expropriation est poursuivie peut ordonner la
suspension des poursuites, sauf à en autoriser la continuation
suivant les derniers errements, s'il survient quelque obstacle
au paiement [2].

3° Contre qui la saisie est poursuivie.

1487. En principe, les poursuites d'expropriation s'exercent
contre le propriétaire, ou contre ses représentants s'il est incapable.

Ces poursuites sont dirigées contre : le tuteur du mineur
non émancipé ou de l'interdit [3] ; le mineur émancipé et son
curateur ; le pourvu d'un conseil judiciaire et son conseil [4] ;
la femme et son mari [5]. Si le mari refuse d'assister la femme
ou s'il est mineur, elle sera autorisée par la justice [6]. Si le mari
majeur refuse d'autoriser sa femme mineure, ou s'ils sont
tous deux mineurs, le tribunal nomme à la femme un curateur

1. C. civ., 2206, 2207 ; Agen, 15 mars 1857, S. 57.2.325 ; Pont,
15 à 17 : Boitard, 912 ; Duranton, XXI, 16 à 19 : Aubry et Rau,
§ 778, notes 57 à 60.
2. C. civ., 2212 ; Chauveau, 2214 ; Bioche, 66 ; Pont, 29 : Colmet
de Santerre, IX, 208 bis, II ; Thézard, 389 ; Garsonnet, § 645.
3. C. civ., 450 ; Duranton, XXI, 38 : Aubry et Rau, § 778, note 66 ;
Pont, 35 ; Garsonnet, § 540.
4. C. civ., 482, 499, 513 ; Cass., 27 mars 1832 ; Demolombe, VIII,
307 ; Boitard, 911 ; Pont, 35 ; comp. loi 30 juin 1838, art. 33.
5. C. civ., 2208 ; Cass., 17 janv. 1848 ; Duranton, XXI, 37 ; Grenier, 487 ; Pont, 37 ; Aubry et Rau, § 778, note 68.
6. C. civ., 224, 2208 ; Boitard, 911 ; comp. Demolombe, IV, 226
à 231.

contre lequel la poursuite est exercée en même temps que contre la femme [1].

1488. La saisie des immeubles de communauté est poursuivie contre le mari seul [2].

1489. En cas de faillite du propriétaire, c'est contre les syndics seuls que sont intentées ou suivies toutes les actions [3].

1490. Dans l'hypothèse d'immeubles passés aux mains d'un tiers détenteur, la poursuite est dirigée contre lui (n° 990).

1491. D'un autre côté, l'action est portée devant le tribunal dans le ressort duquel sont situés les immeubles saisis [4]. Quand les immeubles sont situées dans des arrondissements différents, il doit y avoir autant de procédures successives et séparées que d'arrondissements [5]. Mais si les biens situés dans divers arrondissements sont réunis comme faisant partie d'une même exploitation, une seule poursuite s'exerce devant le tribunal dont l'arrondissement contient le chef-lieu ou la partie la plus importante de l'exploitation, en vertu d'une ordonnance rendue sur requête présentée au président du tribunal de première instance du domicile du débiteur et communiquée au ministère public [6].

4° Formalités de la saisie.

I. — *Mise sous main de justice.*

1492. Toute saisie immobilière doit être précédée d'un commandement de payer, signifié trente jours à l'avance, soit

---

1. C. civ., 215, 2208 ; comp. Douai, 27 août 1842.
2. C. civ., 2208 ; Pont, 32 ; Chauveau, 2198, § 2.
3. C. comm., 443 ; Pont, 34 ; Chauveau, 2198, § 2, 4° ; Rivière, p. 690.
4. C. civ., 2210, 2211 ; Chauveau, 2198 ; comp. Grenoble, 12 avr. 1851.
5. C. civ., 2210 ; L. 14 nov. 1808, art. 4 ; Pont, 41.
6. L. 14 nov. 1808, art. 1 et 3 ; Pont, 24.

à la personne du débiteur, soit à son domicile général, soit encore au domicile élu pour l'exécution forcée de l'obligation, à raison de laquelle la poursuite a lieu [1].

Si le créancier laisse écouler plus de quatre-vingt-dix jours entre le commandement et la saisie, il est tenu de renouveler le commandement [2].

1493. Le procès-verbal de saisie indique le tribunal où sera portée la saisie et contient constitution d'avoué pour le saisissant [3].

1494. Ce procès-verbal est dénoncé en entier à la partie saisie, dans la quinzaine au plus tard, outre les délais de distance [4].

1495. Dans les quinze jours de la dénonciation, la saisie et l'exploit de dénonciation doivent être transcrits au bureau des hypothèques [5], à peine de nullité [6].

1496. Cette transcription produit plusieurs effets : détermination du droit de poursuite en cas de concours de saisies ; immobilisation des fruits des immeubles [8] ; avertissement aux tiers de ne plus traiter avec le saisi [6] ; connaissance de la saisie

1. C. civ., 111, 2217 ; C. pr., 673, 674 ; Cass., 5 fév. 1811 ; Bourges, 27 juin 1823 ; Chauveau, 2199 ; Demolombe, I, 376 ; Glasson, § 156.
2. C. pr., 674 ; Cass., 8 avr. 1862 ; Bordeaux, 28 mars 1876, S. 77. 2.85, D. 77.2.151 ; Boitard, 915.
3. C. pr., 675.
4. C. pr., 677 ; Cass., 26 nov. 1900, D. 01.1.78 ; Caen, 28 mars 1868, S. 69.2.210, D. 70.2.48 ; Chauveau, 2257 ; Bioche, Saisie, 207.
5. C. pr., 678 à 680 ; comp. Cass., 13 juin 1860, S. 61.1.351, D. 60.1.352.
6. C. pr., 678, 715 ; Agen, 22 avr. 1896, S. 97.2.905.
7. C. pr., 679, 680, 719, 720.
8. C. pr., 682, 685 ; Cass., 24 janv. 1872 ; 24 nov. 1883, S. 85.1. 423, D. 85.1.12. — Cette immobilisation ne fait pas obstacle au privilège du Trésor pour les impôts fonciers (Cass., 1er août 1899, D. 99. 1.413).
9. C. pr., 686, comp. 687.

André, Régime hypothécaire. 33

donnée aux créanciers hypothécaires autres que le saisissant[1] (n° 120).

1497. Afin de connaître l'état de la propriété de l'immeuble, l'avoué poursuivant requiert, tant du chef du saisi que des précédents propriétaires : 1° l'état des inscriptions ; 2° l'état des transcriptions et mentions des actes et jugements translatifs, modificatifs et résolutoires de la propriété[2].

L'avoué requiert les états sur le saisi et les anciens propriétaires remontant à 30 ans au moins, connus soit du saisissant d'après ses titres, soit du conservateur par des recherches sur les registres[3].

1498. A partir de la saisie, le saisi reste séquestre des biens, mais les créanciers peuvent introduire un référé pour faire nommer un séquestre judiciaire des biens non loués ; quant aux immeubles loués, les créanciers notifient une opposition aux locataires ou fermiers[4].

1499. Pour parvenir à la vente forcée des immeubles hypothéqués à son profit, la Société du Crédit foncier remplit des formalités plus simples et plus expéditives que celles du droit commun : elles sont énumérées dans la législation spéciale de cet établissement[5].

II. — *Conditions de la vente.*

1500. Après ces formalités, l'avoué poursuivant dresse le cahier des charges, qui est déposé au greffe du tribunal civil dans les vingt jours de la transcription de la saisie[6].

1. Boitard, 918 ; Garsonnet, § 661.
2. C. civ , 2196 ; Chauveau, 2329.
3. C. pr., 692 ; Caen, 14 nov. 1849 ; Bourges, 13 déc. 1851 ; comp. Rouen, 30 mars 1895, S. 96.2.41.
4. C. pr., 681, 685 ; Boitard, 920 ; comp. Cass., 14 nov. 1883, S. 85.1.423.
5. Décr. 28 fév. 1852, art. 32 à 42 ; comp. J. G., *Soc. de Crédit*, 218 ; Josseau, 257.
6. C. pr., 690.

1501. Dans les huit jours du dépôt, outre les délais de distance, sommation est faite au saisi de prendre communication du cahier des charges, de fournir ses observations, d'assister à la publication de l'enchère et à la fixation de l'adjudication [1].

1502. Semblable sommation est faite, dans le même délai, aussi outre les distances : 1° aux créanciers inscrits, aux domiciles élus dans leurs inscriptions. Si parmi eux se trouve le vendeur de l'immeuble saisi, la sommation à ce créancier portera qu'à défaut de former sa demande en résolution et de la notifier au greffe avant l'adjudication il sera définitivement déchu, à l'égard de l'adjudicataire, du droit de la faire prononcer [2] ; 2° à la femme du saisi, aux femmes des précédents propriétaires, au subrogé-tuteur des mineurs ou interdits, ou aux mineurs devenus majeurs ; si dans l'un et l'autre cas, les mariage et tutelle sont connus du poursuivant, d'après son titre. Cette sommation contiendra, en outre, l'avertissement que pour conserver les hypothèques légales sur l'immeuble exproprié, il sera nécessaire de les faire inscrire avant la transcription du jugement d'adjudication [3].

1503. Dénonciation de cette sommation est faite au procureur de la République, afin qu'il puisse faire inscrire les hypothèques légales [4] (n°ˢ 832, 853).

1504. Enfin, mention des deux sommations doit avoir lieu dans la huitaine de la dernière, en marge de la transcription de la saisie [5].

1505. Le cahier d'enchères est lu et publié à l'audience du tribunal, qui statue sur les dires tendant à modifier les conditions de l'enchère, et fixe le jour de l'adjudication [6].

1. C. pr., 691 ; Chauveau, 2323 ; comp. Nancy, 16 janv. 1869.
2. C. pr., 717 ; Rouen, 30 mars 1895, S. 96.2.41.
3. C. pr., 692.
4. C. pr., 692 ; Boitard, 942 ; Garsonnet, § 673.
5. C. pr., 693 ; Garsonnet, § 674.
6. C. pr., 694, 695 ; comp. Agen, 26 janv. 1867, S. 67.2.67, D. 67. 2.245.

1506. La vente est annoncée par des placards et insertions, aux soins de l'avoué poursuivant [1].

1507. Des incidents peuvent s'élever sur la saisie jusqu'au moment de l'adjudication, notamment de la part du saisi qui demande un délai. L'adjudication peut être différée de quinze jours au moins et de soixante au plus ; le jugement prononçant le sursis fixe le nouveau jour de vente, et de nouvelles publications ont lieu [2].

III. — Adjudication.

1508. Les enchères ne sont portées que par les avoués, qui doivent faire connaître l'adjudicataire dans les trois jours [3].

L'adjudicataire déclaré par l'avoué a lui-même 24 heures pour nommer son command, pourvu que cette faculté lui ait été réservée [4].

1509. S'il n'est porté aucune enchère, le poursuivant reste adjudicataire pour la mise à prix [5].

1510 Le jugement d'adjudication est signifié au saisi, qui a dix jours pour porter appel [6].

1511. Puis ce jugement est transcrit aux hypothèques dans les quarante-cinq jours et mentionné sommairement en marge de la transcription de la saisie [7].

1512. Toute personne peut porter une surenchère du sixième dans la huitaine de l'adjudication [8].

1. C. pr., 696 à 701 ; Boitard, 946 à 949 ; Garsonnet, § 681, 682.
2. C. pr., 703, 704 ; comp. Cass., 21 nov. 1906, D. 07.1.75.
3. C. pr., 705, 707 ; comp. 1033 ; Garsonnet, § 714 ; Glasson, § 158.
4. Cass., 21 avr. 1811 ; 1er févr. 1854, D. 54.1.72 ; Déc. min. fin., 29 juin 1813.
5. C. pr., 706. Il n'en est pas ainsi après conversion (Paris, 28 avr. 1851, S. 51.2.285).
6. C. pr., 716, 731 ; Boitard, 964.
7. C. pr., 717 ; L. 23 mars 1855.
8. C. pr., 708 à 710 ; Boitard, 969 à 979 ; Bioche, 258 ; Garsonnet, § 715.

IV. — *Incidents.*

1513. Parmi les sept incidents prévus par le Code de procédure dans la poursuite de saisie immobilière [1], nous ne voulons en retenir que deux : la conversion et la folle enchère.

1° Conversion.

1514. A partir de la transcription de la saisie, le poursuivant et le saisi, majeurs et maîtres de leurs droits, sont libres de demander au tribunal que l'adjudication soit faite aux enchères devant notaire ou en justice, sans autres conditions que celles prescrites pour la vente des immeubles des mineurs [2] ; c'est ce qu'on appelle : *Conversion de la saisie en vente volontaire.*

Après la sommation aux créanciers, la conversion ne peut avoir lieu qu'avec le consentement de tous les créanciers inscrits. La demande en conversion, formée par un tuteur, doit être autorisée par le conseil de famille [3] ; quelle que soit l'époque à laquelle il intervient, le jugement de conversion est mentionné dans la huitaine, en marge de la transcription de la saisie [4].

1515. La vente sur conversion présente plusieurs avantages : au point de vue de l'amour-propre du saisi, ses biens paraissant être vendus volontairement et à sa requête ; la conversion facilite l'établissement d'un cahier des charges plus complet, notamment en ce qui concerne le droit de propriété, de sorte que les amateurs y trouvent plus de garanties ; au moyen de la conversion, le saisi reste soumis comme vendeur

1, C. pr., 717 à 727 ; Glasson, § 159.

2. C. pr., 743 ; Glasson, § 159, F ; Garsonnet, § 739.

3. C. pr., 743, 744 ; Chauveau, 2447 à 2450 ; comp. Cass., 11 nov. 1862.

4. C. pr., 748.

à toutes les garanties de droit[1] ; enfin, la conversion permet de faire la vente en l'étude d'un notaire d'une localité voisine de la situation des immeubles, où il est permis d'espérer un plus grand concours d'enchérisseurs.

2° Folle enchère.

1516. Il y a lieu à folle enchère lorsqu'un premier adjudicataire n'exécute pas les conditions de l'adjudication[2].

1517. Le fol enchérisseur est tenu de la différence entre son prix et celui de la revente sur folle enchère, sans pouvoir réclamer l'excédent s'il y en a ; cet excédent profite aux créanciers, et, s'ils sont désintéressés, à la partie saisie[3].

Cependant si le prix supérieur, donné par la vente sur folle enchère, provient de travaux et constructions faits par le fol enchérisseur, c'est à lui ou à ses ayants droit que le montant doit être attribué[4].

1518. La folle enchère peut être demandée à deux périodes : 1° Avant la délivrance du jugement d'adjudication, lorsque l'adjudicataire ne paie pas les frais de poursuite ou ne satisfait pas à d'autres clauses exigibles immédiatement[5] ; 2° après la délivrance du jugement, à défaut par l'adjudicataire de payer son prix ou d'exécuter les obligations imposées par le cahier des charges[6].

Au premier cas, la poursuite en folle enchère a lieu sur un

1. Cass., 26 janv. 1875 ; Paris, 23 fév. 1850 ; Chauveau, 2436 ; Boitard, 1016.
2. C. pr., 733 ; Garsonnet, § 749 ; Glasson, § 161.
3. C. pr., 740 ; Cass., 12 août 1862 ; Paris, 17 juil. 1872, S. 72.2. 123, D. 73.2.133.
4. Cass., 14 av. 1852 ; Paris, 4 mars 1858, S. 58.2.245, D. 61.5. 240 ; Chauveau, Quest., 2432 quater.
5. C. pr., 734 ; Chauveau, Quest., 2427 bis.
6. C. pr., 734.

certificat, délivré par le greffier du tribunal ou par le notaire commis, constatant que l'adjudicataire n'a point satisfait aux conditions exigibles de l'adjudication [1].

Au deuxième cas, et après la délivrance des bordereaux de collocation, le créancier signifie son bordereau au fol enchérisseur avec commandement de payer le montant ; trois jours après, la folle enchère est poursuivie [2] (n° 1647).

Restitution de droits fiscaux.

1519. Pour clore ce qui concerne la saisie immobilière, rappelons : que si le prix d'adjudication ne dépasse pas 2.000 fr., toutes les sommes payées au Trésor public pour droits de timbre, d'enregistrement, de greffe et d'hypothèque sont restituées ; que si le prix ne dépasse pas 1.000 francs, les divers agents de la loi subissent la réduction d'un quart sur leurs émoluments [3].

SIXIÈME SECTION

RÉSULTAT DES EXÉCUTIONS.

1520. La sanction du droit de tout créancier est la vente ou réalisation en espèces des biens du débiteur, pour se faire payer sur les deniers en provenant.

Cette réalisation résulte : d'aliénations volontaires, du produit des saisies-arrêts, et des ventes sur saisies mobilières ou immobilières.

Si les deniers à distribuer suffisent pour désintéresser tous

1. C. pr., 734 ; Cass., 19 juil. 1858 ; 31 déc. 1883, S. 85.1.199, D. 84.1.260.
2. C. pr., 735 ; Cass., 17 juin 1863, S. 63.1.481.
3. L. 23 oct. 1884, art. 3 ; comp. Garsonnet, § 768.

les créanciers, chacun d'eux reçoit ce qui lui est dû et le surplus, s'il en reste, revient au débiteur.

Quand, au contraire, les deniers sont insuffisants, les créanciers et le débiteur peuvent encore s'accorder pour la distribution amiable ; mais si un seul des intéressés refuse son concours, il y a lieu de recourir aux procédures de distribution par contribution ou par voie d'ordre.

Même dans le cas où les deniers sont assez considérables pour payer tous les créanciers, il peut arriver que le débiteur ou un créancier ne consente pas à la distribution ou qu'il y ait contestation sur le montant des créances, il faut alors employer les voies judiciaires pour vaincre la résistance ou le mauvais vouloir.

A. — Distributions mobilières.

ARTICLE PREMIER

DISTRIBUTION VOLONTAIRE.

1521. L'accord des créanciers et du débiteur pour distribuer à l'amiable des deniers mobiliers ou même des prix d'immeubles non grevés de privilèges ou d'hypothèques, est constaté par acte devant notaire ou sous seings privés : peu importe que les deniers soient insuffisants pour payer tous les créanciers [1].

1522. On prélève, sur la somme à distribuer, les divers privilèges suivant l'ordre légal, et ce qui reste est réparti au marc le franc entre les créanciers simplement chirographaires connus.

---

1. Glasson, § 181 ; J. G., *Distr.*, 9.

1523. Généralement les créanciers hypothécaires ou nantis de privilèges immobiliers n'interviennent à la distribution mobilière que dans le cas où leur gage paraît insuffisant.

Il est bien entendu que ces créanciers n'ont aucun droit de préférence sur les meubles [1].

1524. Le tuteur, sans autorisation du conseil de famille, et le mineur émancipé, assisté de son curateur, peuvent acquiescer à une distribution amiable [2].

1525. Si le débiteur ou dépositaire des deniers distribués n'est pas présent à l'acte, il lui est remis ou signifié [3].

1526. Le refus d'un seul créancier oblige les parties à recourir à une distribution judiciaire ; mais avant d'en arriver là, le créancier récalcitrant est sommé à comparaître devant le notaire qui constate l'accord, et établit les dividendes ; ensuite la répartition devra être notifiée au dissident, avec déclaration que s'il persiste dans son refus, les parties auront recours à une distribution judiciaire dont les frais resteront à sa charge, si la collocation qui lui sera attribuée n'est autre que celle que lui accordait la distribution amiable [4].

Dans ce cas, l'acte de distribution doit contenir pouvoir à l'un des créanciers de suivre l'action judiciaire contre celui qui résiste.

1527. Quand le débiteur ne donne pas son consentement à la distribution amiable, les créanciers peuvent passer outre, mais ils restent exposés à de mauvaises querelles sur le chiffre des créances, sur leur rang, etc. En pareille circonstance, il est préférable, lorsque la distribution a une certaine importance, soit d'acheter le concours du débiteur, soit d'obtenir un

1. C. civ., 2119 ; J. G., *Distr.*, 16 ; comp. C. Bordeaux, 3 fév. 1908.
2. Bioche, *Distr.*, 22 ; Pigeau, 181.
3. Hautefeuille, 355 ; Pigeau, 171 ; J. G., *Distr.*, 33.
4. Chauveau, 2160 ; Boitard, 891 ; Audier, 752 ; Patron, 47. — *Contrà*, Bioche, *Distr.*, 36.

jugement autorisant les créanciers à toucher du dépositaire la somme qui leur est due[1].

1528. D'ailleurs, il peut exister des contestations entre les créanciers sur le montant des créances ; s'il n'y a que un ou deux dissidents, la distribution amiable n'est pas impossible à la condition d'en poursuivre l'homologation en justice contre ceux qui résistent[2].

ARTICLE DEUXIÈME

DISTRIBUTION JUDICIAIRE.

1529. Lorsque les deniers arrêtés ou le prix des ventes ne suffisent pas pour payer les créanciers, et faute par le saisi et les créanciers de s'accorder dans le délai d'un mois, l'officier ministériel qui a procédé à la vente, au comptant, est tenu de consigner dans la huitaine suivante, à la charge de toutes les oppositions, le montant de la vente, sous déduction de ses frais d'après la taxe qui en est faite par le juge[1].

Ce délai d'un mois compte : pour les sommes saisies et arrêtées, du jour de la signification au tiers saisi, du jugement qui fixe ce qu'il doit rapporter ; pour les deniers provenant de ventes ordonnées en justice, ou résultant de saisies-exécutions, saisies-foraines, saisies-brandons, ou même de ventes volontaires auxquelles il y avait eu des oppositions, du jour de la dernière séance du procès-verbal de vente ; pour les deniers provenant de saisies de rentes ou d'immeubles, du jour du jugement d'adjudication[4].

1. Chauveau, 2156 *bis* ; comp. Orléans, 5 mars 1851, S. 52.2.359, D. 52.2.204.

2. Chauveau, 2156 *bis* ; Boitard, 891.

3. C. pr., 656, 657, 990 ; comp. Caen, 11 févr. 1884, D. 86.1.439, S. 86.2.33 ; Chauveau, *Quest.*, 2162 ; Glasson, § 183.

4. Ord., 3 juil. 1816, art. 2 et 8.

1530. Pour la distribution judiciaire, lorsque la somme n'excède par 600 fr., compétence est au juge de paix[1]. Au-dessus l'opération revient au tribunal civil.

1531. La distribution est poursuivie par l'avoué le plus diligent au nom de l'un des créanciers, de la partie saisie ou même du tiers saisi[2].

L'avoué ouvre la contribution au moyen d'une inscription sur un registre spécial tenu au greffe, et du dépôt, à l'appui, de deux pièces délivrées par la caisse des consignations ; l'une constatant les sommes déposées, et l'autre les oppositions dont elles sont frappées.

1532. Un juge est commis sur requête, — par le président ; — les pièces lui sont remises et il autorise le poursuivant à sommer les créanciers opposants de produire leurs titres dans les trente jours de la dernière sommation[3].

Sur la sommation qui lui est adressée au domicile élu dans la saisie-arrêt, chaque créancier fait sa demande en collocation par ministère d'avoué[4].

1533. La partie saisie est sommée de prendre communication des productions et de contredire s'il y a lieu[5].

1534. A défaut de production dans le délai de trente jours, les créanciers opposants sont forclos ; ils ne seraient même pas admis à compléter leur production après l'expiration de ce délai[6].

1535. Les créanciers non opposants ne peuvent intervenir à

---

1. L. 12 juil. 1905, art. 15.
2. C. pr., 658 ; Chauveau, 2168 ; Boitard, 893.
3. C. pr., 659, 660 ; Paris, 15 juill. 1861, D. 61.2.217 ; Chauveau, 2171, 2173 ; Berriat, 557 ; Bioche, 90.
4. Bordeaux, 7 juin 1839 ; Caen, 8 janv. 1845 ; Patron, 182.
5. C. pr., 663 ; Chauveau, 2178 ter.
6. C. pr., 660 ; Dijon, 8 juil. 1868 ; Angers, 5 janv. 1877, D. 77.2.174, S. 77.2.320 ; Chauveau, 2173.

la distribution et produire, après ce délai de trente jours accordé aux opposants, pour faire la production [1].

1536. Les créanciers pourvus d'hypothèques sont fondés à demander une collocation dans la distribution, non pas en vertu du droit hypothécaire, mais comme chirographaires, et la masse cédulaire ne pourrait les écarter en les renvoyant à l'ordre qui est ouvert ou qui s'ouvrira sur le prix des immeubles. Seulement, le saisi ou les créanciers chirographaires peuvent obtenir que le règlement définitif de la distribution soit différé jusqu'après la clôture de l'ordre [2].

1537. La demande en collocation de chaque créancier doit préciser les causes de la créance et indiquer si elle est privilégiée ou vient au marc le franc, et le juge ne peut lui accorder une situation plus favorable que celle réclamée [3].

1538. Quand parmi les créanciers produisants se trouve un propriétaire, privilégié pour loyers, il n'est pas obligé d'attendre la fin de la distribution.

A cet effet, il appelle l'avoué le plus ancien des produisants et celui de la partie saisie, devant le juge-commissaire, pour obtenir collocation du montant de sa créance. Dans le cas de contestation sur le privilège du propriétaire, le juge renvoie les parties à l'audience [4].

Si le propriétaire obtient gain de cause, le greffier en dresse

1. Cass , 13 nov. 1861 ; 14 avr. 1869, S. 70.1.76 ; Paris, 30 juil. 1829 ; Metz, 16 août 1849 ; Alger, 11 fév. 1878, D. 79.2.185 ; Audier, 15. — *Contrà*, Bourges, 23 mars 1821 ; Paris, 7 juil. 1829 ; Nîmes. 30 déc. 1892, S. 92.2.295 ; Bioche, 92 ; Chauveau, 2171 *ter* ; Garsonnet, § 864, note 36. Dans cette opinion, les créanciers non opposants pourraient produire jusqu'au règlement provisoire.

2. Boitard, 888 ; *J. av.*, 72, p. 373.

3. C. pr., 661 ; Paris, 30 juin et 2 nov. 1893, S. 94.2.111 ; Garsonnet, § 864, note 15.

4. Cass., 26 janv. 1875, D. 75.1.306 ; Rouen, 20 avr. 1880, S. 81. 2. 245 ; Boitard, 897 ; Patron, 1071.

acte sur le procès-verbal de distribution. L'ordonnance du juge est signifiée à l'avoué le plus ancien des produisants, et à la partie saisie, par exploit si elle n'a pas d'avoué.

A défaut d'appel dans la quinzaine de la signification, la collocation du propriétaire devient définitive [1].

1539. L'incident du propriétaire vidé et les délais de production écoulés, le juge-commissaire dresse le règlement provisoire consistant dans l'admission ou le rejet motivé des créances produites, sans indication des dividendes [2].

1540. La faillite du débiteur survenue pendant la distribution après les forclusions prononcées, n'empêche pas le tribunal civil de rester saisi de l'instance [3].

1541. Le règlement provisoire est dénoncé par l'avoué poursuivant aux avoués produisants et aux parties qui n'ont pas d'avoué, avec sommation d'en prendre communication et de le contester dans la quinzaine [4].

1542. Les contestations ont lieu par un dire motivé, inséré sur le procès-verbal de règlement provisoire [5].

1543. Sur la contestation, le juge-commissaire rend une ordonnance de renvoi à l'audience du tribunal qui est suivie par l'avoué poursuivant [6].

1544. Le jugement qui intervient confirme ou modifie le règlement provisoire; il est susceptible d'appel dans les dix jours de sa signification, si l'objet de la contestation dépasse 1.500 francs [7].

1. Rouen, 20 avr. 1880, précité : Boitard, 897 ; Bioche, 156.

2. C. pr., 663, 664.

3. Cass., 13 nov. 1861 ; Paris, 25 juil. 1882, S. 84.2.33, D. 83.2.216 ; Bioche, 53 ; Chauveau, 2170. — Contrà, Rouen, 1er août 1861, S. 62.2.463, J. G., Dist. supp., 12.

4. Rouen, 1er déc. 1854, S. 56.2.602, D. 55.2.121 ; Chauveau, Quest., 2180 ; Bioche, 141 ; Patron, 812.

5. C. pr., 663 ; Chauveau, 2179.

6. C. pr., 666 à 668 ; comp. Boitard, 902.

7. C. pr. 669 ; Grenoble, 24 juil. 1862 ; Rennes, 4 juin 1863 ; Paris, 12 janv. 1874 ; Orléans, 5 mars 1887, S.88.1.185, D. 87.2.195.

1545. Après que le jugement sur contredit a acquis l'autorité de la chose jugée, il est procédé au règlement définitif par le juge-commissaire qui prononce la mainlevée des oppositions en ce qu'elles frappent la somme distribuée et ordonne la délivrance des bordereaux de collocation individuels ou collectifs (pour les collocations minimes) [1].

1546. Chaque créancier colloqué doit affirmer sa créance, entre les mains du greffier, en personne, assisté de son avoué, ou par mandataire muni d'un pouvoir enregistré [2].

1547. Extrait du procès-verbal de distribution est remis par l'avoué poursuivant, dans les dix jours de la clôture, au préposé de la caisse des consignations [3].

1548. Huitaine après la clôture du règlement définitif, le greffier délivre les bordereaux de collocation, sur la production par l'avoué poursuivant d'un certificat constatant que ce règlement n'a pas été frappé d'opposition [4].

1549. Les intérêts des sommes admises en distribution cessent du jour de la clôture du procès-verbal de distribution, s'il ne s'élève pas de contestation ; en cas de contestation, du jour de la signification du jugement qui statue ; et, en cas d'appel, quinzaine après la signification de l'arrêt [5].

1550. Un créancier du débiteur, sur lequel la distribution va s'ouvrir où est ouverte, peut avoir lui-même des créanciers intéressés à profiter de ses diligences ou bien à suppléer à sa négligence [6].

1551. Si le créancier du saisi reste dans l'inaction, ses

---

1. C. pr., 670 ; Pigeau, II, 207 ; comp. Dramard, 231 ; Audier, art. 751, n° 141.
2. C. pr., 665, 671 ; Chauveau, 2181 ; Boitard, 899.
3. Ordon. 3 juill. 1816, art. 17 ; Chauveau, 2184.
4. C. pr., 671 ; Chauveau, 2183 ; Bioche, 235 ; Glasson, § 184.
5. C. pr., 672 ; comp. Amiens, 19 juin 1847, S. 47.2.618.
6. Chauveau, 2169 bis.

propres créanciers peuvent former opposition en son nom à la caisse des consignations et se présenter à la distribution, pour être colloqués suivant l'importance de la créance de leur débiteur, comme exerçant ses droits [1].

1552. Lorsque le débiteur, créancier du saisi, s'est porté opposant, il suffira à ses créanciers de former opposition à la caisse au paiement du bordereau qui lui sera délivré, et de veiller à ce que le débiteur ne laisse pas péricliter ses droits. Cependant il sera beaucoup plus sûr pour eux d'intervenir directement à la distribution, pour s'opposer à la délivrance du bordereau destiné à leur débiteur et réclamer une collocation en sous-distribution. C'est là le véritable procédé pratique ; faire faire la sous-distribution en même temps que la distribution et par le même règlement [2].

ARTICLE TROISIÈME

DISTRIBUTION DU PRIX DE NAVIRES.

1553. L'adjudicataire d'un navire sur saisie, ou par suite de surenchère, est tenu de verser son prix, sans frais, à la caisse des dépôts et consignations dans les vingt-quatre heures de l'adjudication, à peine de folle enchère.

Il doit, dans les cinq jours suivants, présenter requête au président du tribunal civil pour faire commettre un juge devant lequel il citera les créanciers, par acte signifié aux domiciles élus, à l'effet de s'entendre à l'amiable sur la distribution du prix.

L'acte de convocation est affiché dans l'auditoire du tribunal et inséré dans l'un des journaux imprimés au lieu où siège le tribunal, et, s'il n'y en a pas, dans l'un de ceux imprimés dans le département.

1. C. civ., 1166 ; Chauveau, 2169 bis.
2. Boitard, 889.

Le délai de la convocations est de quinzaine, sans augmentation à raison de la distance [1].

1554. Dans le cas où les créanciers ne s'entendraient pas sur la distribution du prix, il serait dressé procès-verbal de leurs prétentions et contredits.

Dans la huitaine, chacun des créanciers devrait déposer au greffe une demande de collocation contenant constitution d'avoué, avec titres à l'appui.

A la requête du plus diligent, les créanciers seraient, par un simple acte d'avoué à avoué, appelés devant le tribunal qui statuera à l'égard de tous, même des créanciers privilégiés [2].

1555. Le jugement est signifié dans les trente jours de sa date, à avoué seulement, pour les parties présentes, et aux domiciles élus pour les parties défaillantes. Ce jugement n'est pas susceptible d'opposition.

Le délai d'appel est de dix jours, à compter de la signification du jugement, outre un jour par cinq myriamètres de distance entre le siège du tribunal et le domicile élu dans l'inscription.

L'acte d'appel contient assignation et l'énonciation des griefs, à peine de nullité.

Dans les huit jours de l'expiration du délai d'appel, et s'il y a appel dans les huit jours de l'arrêt, le juge déjà désigné dresse l'état des créances colloquées en principal, intérêts et frais. Les intérêts des créances utilement colloquées cessent de courir à l'égard de la partie saisie. Les dépens des contestations ne peuvent être pris sur les deniers à distribuer, sauf les frais de l'avoué le plus ancien.

Sur ordonnance rendue par le juge-commissaire, le greffier délivre les bordereaux de collocation exécutoires contre la caisse des dépôts et consignations. La même ordonnance

1. L. 10 juil. 1885, art. 30.
2. Même loi, art. 31.

autorise la radiation, par le receveur des douanes, des inscriptions des créanciers non colloqués. Il est procédé à la radiation à la demande de toute partie intéressée [1].

ARTICLE QUATRIÈME

FAILLITE ET LIQUIDATION JUDICIAIRE.

1° Faillite.

1556. Lors de la déclaration de faillite d'un commerçant, le tribunal de commerce nomme des syndics chargés de représenter le failli et la masse des créanciers, sous la surveillance d'un membre du tribunal juge-commissaire de la faillite [2].

En cette qualité, les syndics procèdent à l'inventaire des biens du failli [3], au recouvrement des créances [4], à la vente du mobilier et des marchandises [5], à la vérification des créances [6], à la vente des immeubles du failli [7], et à la répartition de l'actif entre les divers créanciers [8].

1557. La plus importante des opérations de la faillite a pour objet de vérifier et contrôler les prétentions de ceux qui se présentent comme créanciers.

En principe, tous les créanciers sont soumis à la vérification, mais les créanciers privilégiés et hypothécaires ne s'y trouvent

1. L. 10 juil. 1885, art. 32.
2. C. comm., 443, 452, 462 ; Bordeaux, 28 nov. 1878 ; Cass., 26 août 1872 ; 12 mars 1873 ; 11 août 1885, S. 87.1.473.
3. C. comm , 479 ; Bédarride, I, 335.
4. C. comm., 484, 485 ; Chauveau, 2138.
5. C. comm., 486, 489 ; comp. Cass., 23 nov. 1886, S. 87.1.420, D. 87.1.373 ; Ruben de Couder, *Dict.*, FAILLITE, 604.
6. C. comm., 493 ; comp. Dutruc, *Dict.*, FAILLITE, 753 et suiv.
7. C. comm., 572, 534 ; C. pr., 957.
8. C. comm., 565.

assujettis que pour prendre part à la répartition des deniers appartenant à la masse chirographaire [1].

1558. À partir du jugement déclaratif de la faillite, les créanciers peuvent remettre au greffe du tribunal de commerce leurs titres avec un bordereau, sur papier libre, indicatif des sommes par eux réclamées : en privilège, hypothèque ou comme créance ordinaire ; il en est donné récépissé [2].

1559. Quant aux créanciers qui n'ont pas déposé leurs titres au greffe, des insertions dans les journaux les avertissent de se présenter dans un délai de vingt jours, pour opérer la remise des titres avec le bordereau des sommes dues, entre les mains des syndics ou du greffier [3].

1560. La vérification des créances se fait contradictoirement entre les syndics et chaque créancier ou son mandataire et en présence du juge-commissaire, qui en dresse procès-verbal [4].

1561. Lorsque la créance est admise, les syndics signent une déclaration *ad hoc* sur le titre, et le juge-commissaire vise cette déclaration. L'admission forme un contrat judiciaire qui place la créance à l'abri de toute contestation ultérieure, à moins qu'il y ait eu dol, fraude ou erreur évidente [5].

1562. Chaque créancier, immédiatement après la vérification ou dans la huitaine, est tenu d'affirmer, en présence du juge-commissaire, que sa créance est sincère et véritable [6].

1. C. comm., 492, 552 ; Cass., 10 juin 1889, S. 89.1.480, D. 89.1. 377 ; Paris, 21 mars 1863 ; Rouen, 11 juil. 1863 ; Nimes, 4 avr. 1865 ; Agen, 20 fév. 1866 ; Bordeaux, 2 juin 1871 ; Poitiers, 28 janv. 1878 ; Lyon, 16 fév. 1881 ; Lyon-Caen et Renault, 2877. — *Contrà*, Bordeaux, 19 mars 1860, S. 60.2.495, D. 62.333 ; Alauzet, VI, 2606.

2. C. comm., 491 ; L. 26 janv. 1892, art. 10 ; Thaller, 2001.

3. C. comm., 492.

4. C. comm., 493 ; comp. Cass., 13 fév. 1855, D. 55.1.339.

5. C. comm., 497 ; Cass., 18 mars 1874 ; 19 mars 1879 ; 14 janv. 1885 ; 23 fév. 1885 ; 11 nov. 1885, S. 86.1.413, D. 86.1.69 ; Lyon-Caen et Renault, 2867.

6. C. comm., 497 ; comp. Boistel, 987.

1563. Les créanciers qui ne se sont pas soumis à la vérification et à l'affirmation dans les délais légaux, restent en dehors des répartitions ; mais ils peuvent former, à leurs frais, une opposition par acte extra-judiciaire signifié aux syndics. Le tribunal de commerce statue sur le mérite de l'opposition[1].

1564. Après la vérification des créances, et le bilan de la faillite dressé, il intervient une tentative d'arrangement ou concordat entre le failli et ses créanciers[2].

1565. Les créanciers hypothécaires inscrits ou dispensés d'inscription et les créanciers privilégiés ou nantis d'un gage ne votent pas au concordat ; sinon leur vote emporte, de plein droit, renonciation, définitive et irrévocable, au privilège ou à l'hypothèque sur les biens du failli[3], mais non à l'hypothèque conférée par un tiers[4].

1566. Quand il y a concordat, des délais sont accordés au failli et, le plus souvent, il lui est fait remise d'un tant pour cent sur les sommes dues aux créanciers qui y ont pris part ; après l'homologation du concordat par le tribunal de commerce, le failli reprend l'administration de sa fortune[5].

1567. S'il n'intervient point de concordat, ou si celui-ci est annulé, les créanciers sont de droit en état d'union ; ils votent sur le maintien ou le remplacement des syndics ; puis il est procédé à la liquidation définitive de la faillite par les soins des syndics[6].

1568. La distribution du prix des biens meubles a lieu aussi par les syndics au marc le franc, après prélèvement des privi-

---

1. C. comm., 503 ; comp. Paris, 12 mai 1892, D. 92.2.43.

2. C. comm., 504, 507.

3. C. comm., 508 ; Cass., 18 fév. 1851 ; Rouen, 30 mars 1892, D. 92.2.445 ; comp. Cass., 6 mars 1894, S. 96.1.41.

4. Cass., 20 juin 1854 ; Paris, 17 avr. 1894, S. 95.2.121 ; Lyon-Caen et Renault, 2894.

5. C. comm., 507, 513, 516 ; comp. Cass., 25 mai 1864, S. 64.1.284.

6. C. comm., 520, 529 ; Orléans, 9 avr. 1878, S. 78.2.183.

lèges ; celle du prix des immeubles est faite généralement par voie d'ordre [1].

1569. Les créanciers privilégiés sur les meubles ne sont pas obligés d'attendre, pour le paiement, que la contribution sur le prix du mobilier soit ouverte ; les syndics présentent au juge-commissaire l'état de ces créanciers, et le juge-commissaire autorise, s'il y a lieu, leur paiement sur les premiers deniers rentrés [2].

1570. Pour tous autres créanciers : quand la distribution du prix des immeubles se fait antérieurement à celle du prix des biens meubles, ou en même temps, les créanciers privilégiés ou hypothécaires qui ne sont pas colloqués en ordre utile, ou qui ne sont colloqués que pour partie, viennent à contribution avec les créanciers chirographaires sur l'actif mobilier pour ce qui leur est ou reste dû [3].

1571. Si la distribution du prix des immeubles est précédée d'une ou plusieurs distributions de deniers provenant de l'actif mobilier, les créanciers privilégiés et hypothécaires sur les immeubles sont admis dans ces distributions pour la totalité de leurs créances et au marc le franc [4].

1572. L'ordre, pour la distribution du prix des immeubles venant ensuite, les créanciers hypothécaires ou privilégiés arrivant en ordre utile pour la totalité de leurs créances, sont colloqués comme s'ils n'avaient rien touché ; puis, il est retenu sur le montant des collocations une somme égale à celle reçue dans la distribution mobilière, et le versement de cette somme a lieu dans la masse chirographaire au profit de laquelle il en est fait distraction [5].

1. C. comm., 554, 565 ; comp. Cass., 30 mars 1875, D. 75.1.353.
2. C. comm., 551.
3. C. comm., 552.
4. C. comm., 553 ; comp. Cass., 25 mai 1864, S. 64.1.284.
5. C. comm., 554 ; Lyon-Caen et Renault, 2960 ; Thaller, 1996.

Quand un créancier hypothécaire n'est colloqué que partiellement sur le prix des immeubles, sa créance est établie comme s'il n'avait rien encaissé sur le prix du mobilier. Puis, ses droits sur la masse chirographaire sont définitivement réglés d'après les sommes dont il reste créancier après la collocation immobilière, et les deniers qu'il a touchés au delà de cette proportion, dans la distribution antérieure, lui sont retenus sur la collocation hypothécaire et reversés dans la masse chirographaire, sur laquelle il viendra ultérieurement concourir au marc le franc avec les autres créanciers [1].

Enfin, les créanciers hypothécaires ne venant pas en ordre utile, sont soumis à toutes les opérations de la masse chirographaire [2].

1573. Chaque créancier donne quittance en marge de l'état de répartition mobilière, et la somme versée est mentionnée par les syndics sur les titres qui doivent être représentés [3].

1574. Les syndics mettent en réserve et consignent les sommes revenant aux créanciers sur l'admission desquels il n'a pas été statué définitivement et à ceux domiciliés hors France [4].

2° Liquidation judiciaire.

1575. La loi du 4 mars 1889, organisant la liquidation judiciaire, appelle le débiteur aux diverses opérations de sa liquidation, mais elle n'a apporté aucune modification aux règles de la faillite relatives à la distribution des deniers entre les créanciers.

---

1. C. comm., 555 ; Cass., 13 déc. 1867, S. 68.2.211, D. 68.2.228.
2. C. comm., 556 ; comp. Dutruc, 1307.
3. C. comm., 569 ; comp. Cass., 23 nov. 1852, S. 53.1.23, D. 52.1. 324.
4. C. comm., 567, 568 ; comp. Lyon, 10 nov. 1888, S. 90.2.161, D. 87.2.217.

ARTICLE CINQUIÈME

PETITES DISTRIBUTIONS.

1576. Pour la distribution des salaires et petits traitements saisis-arrêtés, compétence est attribuée au juge de paix du domicile du débiteur saisi. Après convocation des intéressés, le juge de paix établit l'état de répartition sur un registre spécial. Copie de cet état signée du juge et du greffier est transmise, par lettre recommandée de ce dernier, au saisi, au tiers saisi et aux créanciers colloqués. Chaque créancier a une action directe contre le tiers saisi qui en se libérant d'autant entre leurs mains reçoit quittance en marge de l'état de répartition à lui remis [1].

1577. La distribution des sommes n'excédant pas 600 fr. en principal et frappées d'opposition est de la compétence du juge de paix. Cette distribution est précédée du dépôt à la caisse des consignations de la somme à répartir. Ensuite il est procédé suivant les formes déterminées en matière de petits traitements par la loi du 12 janvier 1895 [2].

ARTICLE SIXIÈME

FONDS DE COMMERCE.

1578. Lorsque le prix de la vente d'un fonds de commerce est définitivement fixé, l'acquéreur, à défaut d'entente entre les créanciers pour la distribution amiable de son prix, est tenu, sur la sommation de tout créancier, et dans la quizaine, de consigner la portion exigible du prix, et le surplus à mesure de l'exigibilité, à la charge de toutes les oppositions faites entre ses mains, ainsi que des inscriptions grevant le fonds et des cessions qui lui ont été notifiées [3].

1. L. 28 décembre 1910, art. 67 à 73.
2. L. 12 juillet 1905, art. 15.
3. L. 17 mars 1909, art. 6.

Ensuite il est procédé à la distribution par le juge compétent.

B. — Distributions immobilières.

ARTICLE PREMIER

ORDRE CONSENSUEL.

1579. Le prix d'un immeuble, vendu volontairement ou sur saisie, peut être réglé à l'amiable entre les créanciers hypothécaires et le vendeur ou saisi ; il n'y a lieu de recourir à un ordre judiciaire qu'autant que les intéressés ne s'entendent pas [1].

L'accord des créanciers et du vendeur ou saisi, est dressé par acte notarié, établissant : le compte de chaque créancier, le rang de sa créance, la délégation par le vendeur du prix de vente aux créanciers venant en ordre utile, et la mainlevée de ceux qui n'ont rien à toucher [2].

On peut, et on doit, autant que les circonstances le permettent, constater, par le même acte, la libération de l'acquéreur.

1580. A cause des droits hypothécaires, l'ordre consensuel ne serait pas régulièrement établi par acte sous seings privés [3].

1581. Les incapables ou leurs représentants ont la faculté de concourir à l'ordre consensuel, pourvu que leurs créances soient intégralement colloquées en rang utile [4].

---

1. Besançon, 8 mars 1859, S. 59.2.344 ; Caen, 6 août 1866, D. 68. 2.27, S. 67.2.286 ; Paris, 10 juin 1910, *Rev. not.*, 14419 ; Houyvet, *Ordre entre créanciers.*, 81 ; Seligman, 239 ; Dramard, 20 ; Garsonnet, § 779 ; Glasson, § 171.

2. Comp. Cass., 9 juil. 1834.

3. Chauveau, 2547 *bis* ; Bioche, 20 ; Houyvet, 82.

4. Bioche, 52, 68 ; Chauveau, 2551.

1582. Si l'adjudicataire n'est pas présent à l'ordre consensuel, signification doit lui en être faite, avec offre de mainlevée des inscriptions contre paiement, à moins qu'il ne donne une dispense expresse par acte authentique[1].

1583. Il est indispensable, pour la validité de l'ordre consensuel, que tous les créanciers donnent leur consentement, sinon l'ordre judiciaire est indispensable[2].

1584. D'ailleurs, en l'absence du vendeur ou saisi, les créanciers sont libres de s'entendre sur le classement et le chiffre de leurs créances, mais cet accord irrévocable pour ceux qui le signent ne saurait être opposé au vendeur ; à défaut d'adhésion de celui-ci, il pourrait contester le montant et même l'existence des créances[3].

Lorsqu'il s'agira d'une petite affaire, alors que les créances ne paraîtront guère susceptibles de contestation, l'acquéreur pourra payer, avec subrogation, les créanciers venant en bon rang, les autres donnant mainlevée.

Pour une affaire de quelque importance, il faudra payer la signature du vendeur ou se résigner aux frais de l'ordre judiciaire. Toutefois, ces inconvénients seraient évitables par une clause, dans les contrats de vente, portant soit délégations nominatives au profit des créanciers connus, soit mandat par le vendeur à l'effet de toucher et payer.

1585. Quand des créanciers chirographaires ont formé des oppositions aux mains de l'acquéreur, cette circonstance ne met pas obstacle à l'ordre amiable ; cependant, avant de faire

1. Dijon, 5 juil. 1865, S. 66.2.197 ; Chauveau, 2547 ; Bioche, 28 ; Garsonnet, § 779, note 51.

2. Caen, 6 août 1866, D. 67.2.27, S. 67.2.286 ; Chauveau, *Quest.*, 2547 *bis* ; J. G., *Ordre*, 61 ; Dramard, 23 ; Rousseau et Laisney, *Ordre*, 11.

3. Riom, 3 fév. 1855, J. *Av.*, 80, 587 ; Arbois, 28 mars 1888, *Rev. not.*, 7847 ; Chauveau, 2547 *quater* ; Rousseau et Laisney, *Ordre*, 115.

exécuter l'ordre par l'acquéreur, les créanciers hypothécaires doivent assigner les opposants pour obtenir la mainlevée de leurs oppositions[1].

1586. En cas de vente volontaire, les opposants ont droit au marc le franc sur les intérêts du prix courus jusqu'à l'ordre consensuel ou jusqu'aux notifications qui auraient été faites avant aux créanciers inscrits[2].

1587. Quelle que soit la forme de l'ordre, l'acquéreur est colloqué par privilège pour le coût des états d'inscriptions et de la purge des hypothèques inscrites[3], et les frais de l'ordre sont à la charge du vendeur[4].

ARTICLE DEUXIÈME

ORDRE JUDICIAIRE AMIABLE.

1° Aliénation sur saisie.

1588. Après vente sur saisie, toutes les hypothèques se trouvant purgées par la transcription de l'adjudication, le créancier saisissant est légalement mis en demeure d'entamer l'ordre dans la huitaine de la transcription, sinon le créancier le plus diligent, la partie saisie ou l'adjudicataire peut prendre l'initiative[5].

1589. La première formalité consiste pour l'avoué poursuivant à consigner sur un registre spécial tenu au greffe, la réquisition d'ouverture du procès-verbal d'ordre et de nomination

1. Chauveau, 2541, 2613 ; Houyvet, 82 ; J. G., *Ordre*, 62.

2. C. civ., 2176 ; Cass., 1er mars 1870, S. 70.1.193 ; 26 nov. 1900, D.01.1.77 ; Bordeaux, 21 fév. 1893, D. 93 2.361 ; Grenoble, 20 janv. 1894, S. 95.2.201, *Rev. not.*, 9343 ; Aubry et Rau, § 294, note 42.

3. C. pr., 774 ; Cass., 8 avr. 1874, S. 74.1.297 ; Chauveau, 2616 ; Glasson, § 172 ; Houyvet, 307 ; Seligman, 393.

4. Cass., 10 juin 1907, D. 07.1.139.

5. C. pr., 750 ; Bioche, 171 ; Houyvet, 110 ; Seligman, 13 ; Chauveau, 2548.

d'un juge-commissaire, et à déposer l'état des inscriptions[1].

1590. Le juge, spécial ou commis, déclare l'ordre ouvert et, par les soins du greffier, des lettres recommandées sont adressées à tous les créanciers inscrits, tant au domicile réel qu'au domicile élu[2].

Le saisi et l'adjudicataire sont également convoqués, à domicile réel seulement[3].

1591. Le délai pour comparaître est de dix jours au moins, entre la date de la convocation et le jour de la réunion, sans augmentation à raison des distances[4].

1592. Tous les créanciers convoqués doivent se présenter personnellement ou par mandataire spécial ; les non comparants sont condamnés à 25 francs d'amende[5]. Cependant le créancier désintéressé peut se dispenser de comparaître en adressant au juge-commissaire une déclaration énonçant qu'il n'est rien dû et consentant la radiation de l'inscription. Cette déclaration doit être signée et la signature légalisée par le maire[6].

Pour déférer au vœu de la loi les créanciers doivent comparaître en personne ; le ministère des avoués n'est aucunement obligatoire[7], et ils ne peuvent même représenter les créanciers sans un pouvoir spécial[8].

1. C. pr., 750 ; Chauveau, 2613 *ter* ; comp. Cass., 24 fév. 1863 ; 8 janv. 1867 ; Preschez, *Ordre amiable*, p. 22 ; Garsonnet, § 784.

2. C. pr., 751.

3. C. pr., 751 ; Montpellier, 23 juil. 1869, S. 70.2.44, D. 74.5.362.

4. C. pr., 751 ; Montpellier, 23 juil. 1869, précité ; Chauveau, 2550 *ter* ; Bioche, *Ordre*, 229 ; Audier, n° 29, art. 751 ; Ulry, 30 ; Garsonnet, § 790, note 6. — *Contrà*, Houyvet, 120.

5. C. civ., 751 ; Cass., 16 nov. 1859, S. 59.1.887, D. 60.1.5. — Le juge-commissaire est compétent pour apprécier les excuses ; Caen, 29 mars 1859, S. 59.2.200.

6. C. pr., 751 ; Circ. min. just., 2 mai 1859 ; comp. Chauveau, 2559 ; Dramard, 102.

7. Caen, 29 mars 1859, S. 59 2.200, D. 59.2.140 ; Houyvet, 124 ; Dramard, 234 ; Garsonnet, § 790 ; Cival, 153. — *Contrà*, Chauveau, 2550 *septies*.

8. Cass., 16 nov. 1859, S. 59.1.889, D. 60.1.5 ; Dramard, 108 ;

1593. Au jour fixé, les bases d'un règlement amiable sont posées par le juge-commissaire, s'il y a accord entre tous les créanciers ; puis, procès-verbal de la distribution est dressé par le juge, examiné par les parties et leurs avoués, et enfin, signé [1].

L'absence du saisi et de l'adjudicataire régulièrement convoqués ne forme pas obstacle à la conclusion de l'ordre amiable [2].

Quant aux créanciers, leur accord unanime est indispensable pour le règlement amiable [3].

1594. Ce règlement amiable ordonne la radiation des inscriptions ne venant pas en ordre utile ; elles sont radiées à la diligence de l'avoué poursuivant [4].

1595. Chaque créancier reçoit un bordereau de collocation valant titre exécutoire contre le débiteur du prix distribué [5].

1596. A défaut d'ordre amiable, dans le délai d'un mois [6], le juge dresse un procès-verbal portant ouverture de l'ordre judiciaire forcé et commettant un huissier pour faire les sommations aux créanciers inscrits [7].

1597. Toutefois, lorsqu'il y a moins de quatre créanciers

Garsonnet, § 790. — *Contrà*, Bioche. *Ordre*, 238 ; Chauveau, 2550 octies ; Cival, 153.

1. Circ. min. just., 2 mai 1859 ; Dramard, 119.

2. Montpellier, 23 juil. 1869 précité : Chauveau, 2551 *ter* ; Boitard, 1025 ; Vanier, 47 : Ulry, 35 : Garsonnet. § 791, note 8.

3. Caen, 25 mai 1863, S. 63.2.241, D. 64.2.35 ; Paris, 8 juil. 1896, D. 1900.1.252 ; Chauveau, 2551 ; Seligman. 224 ; Vanier, 73 ; Garsonnet, § 792. — *Contrà*. Houyvet, 127 ; J.G., *Ordre*, 230 ; Ulry, 41, pour lesquels l'ordre amiable est permis à l'égard de toutes les créances non contestées.

4. C. pr., 751 ; Boitard, 1025 ; comp. Aix, 8 nov. 1862.

5. Boitard, 1025 ; Dramard, 66.

6. Le mois se compte de quantième à quantième, du jour de la première réunion (Vanier, 75 ; Ulry, 47 : Bioche, *Ordre*, 274).

7. C. pr., 752 ; Boitard, 1026.

inscrits au jour de l'ouverture de l'ordre, les voies de l'ordre forcé ne sont pas autorisées ; le juge-commissaire renvoie les parties devant le tribunal procéder à la distribution du prix[1].

Par quatre créanciers, on doit entendre le nombre de ceux non conjoints pouvant prendre part individuellement à la distribution et non le nombre des inscriptions hypothécaires[2].

1598. Le créancier qui a refusé la conclusion d'un ordre amiable, peut être condamné, à titre de dommages-intérêts, à supporter les frais de l'ordre judiciaire forcé qu'il a rendu nécessaire[3].

1599. Du reste, il n'y a pas d'ordre à ouvrir quand il n'existe qu'un seul créancier inscrit, alors même qu'il y aurait plusieurs inscriptions à son profit, l'acquéreur doit offrir à ce créancier le montant total de ses créances[4].

Mais la circonstance que les charges hypothécaires au profit de plusieurs créanciers non conjoints sont inférieures au prix ne dispense pas de recourir à l'ordre à défaut de règlement amiable[5].

1600. Enfin, le consentement donné à l'ordre judiciaire amiable rentre dans la classe des actes que le tuteur peut faire avec l'autorisation du conseil de famille dans le cas où les

1. C. pr., 773 ; Chauveau, 2614.
2. Caen, 23 juin 1860 ; Douai, 15 janv. 1876, S. 76.2.113, D. 77. 2.100 ; Chambéry, 19 janv. 1904, J. E., 26720 ; Grosse et Rameau, *Pr. d'ordre*, 489 ; Seligman, 564 ; comp. Alger, 6 mars 1882, S. 84. 2.137.
3. Grenoble, 10 avr. 1869 ; Louhans, 1er déc. 1871 ; Chaumont, 17 déc. 1859, S. 68.2.353 ; Seine, 24 janv. 1891, J. C., 4159 ; Cival, 173 ; Seligman, 180 ; Audier, art. 752, n° 25 ; comp. Abbeville, 4 juin 1883 ; Dramard, 138. — *Contrà*, Pont-l'Evêque, 30 mars 1865, S. 68 2.353, D. 66.3.61 ; Rouen, 16 avr. 1908, D. 11.2.152 ; Preschez, 98.
4. Cass., 25 nov. 1874, S. 75.1.445, D. 75.1.358 ; 28 déc. 1885, S. 87.1.483 ; Seligman, 574 ; Grosse et Rameau, 488.
5. Chauveau, 2547 *octies* ; Dramard, 8 ; Garsonnet, § 779.

mineurs n'arriveraient pas en ordre utile ou ne recevraient qu'une partie de leurs créances [1].

2° Aliénation volontaire.

1601. Quand l'aliénation n'a pas lieu sur expropriation forcée, l'ordre est provoqué par le créancier le plus diligent ou par l'acquéreur.

Il peut aussi être provoqué par le vendeur, mais seulement lorsque le prix est exigible.

Dans tous les cas, l'ordre n'est ouvert qu'après l'accomplissement des formalités prescrites pour la purge des hypothèques inscrites et des hypothèques légales connues [2]. Toutefois, les créanciers ont la faculté de renoncer à invoquer la nullité résultant de l'inaccomplissement de ces formalités [3].

Il est introduit et réglé dans les formes établies pour l'ordre sur saisie.

1602. Les créanciers à hypothèques légales qui n'ont pas inscrit dans le délai de deux mois imparti par la loi, ne peuvent exercer de droit de préférence sur le prix qu'autant qu'un ordre est ouvert dans les trois mois qui suivent l'expiration de ce

1. Cass., 6 mars 1893, D. 93.1.473, S. 97.1.502 ; Amiens, 17 juil. 1868 ; Douai, 12 août 1869 ; Bordeaux, 22 juil. 1886 ; Pau, 25 nov. 1891, D. 92.2.589 ; Chauveau, *Quest.*, 2551. — *Contrà*, Rouen, 17 juin 1863 ; Paris, 8 déc. 1874, S. 75.2 260 ; Pau, 21 février 1887, D. 87. 2.249 ; Boitard, 1025 ; Grosse et Rameau. 196 ; Dramard, *Rev. prat.*, XLI, 118 . Pé de Arros, *Rev. prat.*, XLVII, 9 ; Vanier, 40 ; Garsonnet, § 792 ; Glasson, D. 87.2.249, disant que les représentants des incapables n'ont pas besoin d'autorisation pour concourir à l'ordre amiable.

2. C. civ., 2184, 2194 ; C. pr., 772 ; Paris, 9 juil. 1892, S. 93 2.137 ; Boitard, 1035. La vente des immeubles du failli poursuivie par le syndic, après union, ne nécessite pas la purge avant l'ordre (Cass., 3 août 1864, D. 64.1.329 ; 4 juin 1889, D. 90.1.133).

3. Cass., 4 mai 1892, S. 92.1.575 ; comp. Grenoble, 13 juil. 1885, S. 86.2.89.

délai, et à la condition de faire valoir leurs droits avant la clôture de l'ordre, s'il se règle amiablement, ou dans le délai de quarante jours des sommations adressées aux créanciers inscrits, pour l'ordre judiciaire forcé[1]. À défaut de purge des hypothèques inscrites, le délai de trois mois ne court pas[2].

Ce délai de trois mois n'est pas applicable en cas de vente sur saisie immobilière[3].

1603. L'ordonnance du juge-commissaire constatant le règlement amiable consenti par les créanciers a l'autorité de la chose jugée; par conséquent elle n'est susceptible d'aucun recours[4].

DISTRIBUTION PAR JUGEMENT.

1604. Après la tentative d'ordre amiable, le juge-commissaire, lorsqu'il y a moins de quatre créanciers inscrits, au lieu de déclarer l'ordre judiciaire ouvert, renvoie les parties devant le tribunal procéder à la distribution du prix.

La partie la plus diligente assigne les intéressés, à personne ou à domicile, à comparaître dans le délai ordinaire, devant le tribunal[5],

Sur l'assignation il y a constitution d'avoué et signification

---

1. C. pr., 772 ; comp. C. pr., 717 ; C. civ., 2195.
2. Cass., 24 juin 1891, S. 93.1.119.
3. Toulouse, 30 déc. 1875, S. 76.2.41 ; Chambéry, 11 déc. 1888, J. av., 89, 56 ; Grosse et Rameau. 112 ; Aubry et Rau, § 283, note 8 ; Chauveau, 2403. — *Contrà*, Houyvet, 41 ; Seligman, 95 ; Pont, 1422.
4. Rouen, 17 juin 1863 ; Paris, 8 déc. 1874, S. 75.2.260, D. 76.2. 219 ; Vanier, 83 ; Preschez, 114 ; — *Contrà*, Amiens, 17 juil. 1868 : Douai, 12 août 1869, S. 69.2.319, D. 70.2.31 ; Dramard, 171, pour cause d'erreur.
5. C. pr., 773 ; Seligman, 581 ; J. G., *Ordre*, 1283 ; Garsonnet, § 855, note 12.

de conclusions, puis un jugement distribue le prix entre les créanciers [1].

1605. Le jugement est signifié à avoué seulement, et, s'il n'y a pas d'avoué, à la partie [2].

1606. Si le jugement est rendu par défaut, il peut être frappé d'opposition [3].

Le délai d'appel est de deux mois [4], et cet appel doit être signifié à personne ou à domicile [5].

ARTICLE QUATRIÈME

ORDRE JUDICIAIRE FORCÉ.

1607. Dans les huit jours, ou après [6], du procès-verbal portant ouverture de l'ordre judiciaire, les créanciers inscrits sont sommés, par le poursuivant, aux domiciles élus dans leurs inscriptions [7] ou aux domiciles des avoués par eux constitués, de produire à l'ordre dans les quarante jours [8].

1. Chauveau, 2615 ; Garsonnet, § 854 ; J. G., *Ordre*, 1291 ; Glasson, § 174.

2. C. pr., 773, 443 ; Bourges, 25 nov. 1861 ; Pau, 27 août 1862 ; Nancy, 23 mai 1874. S 75.2.262 ; Caen, 6 avr. 1875. — *Contrà*, Besançon, 25 nov. 1861 ; Bordeaux, 9 janv. 1862.

3. Aix, 4 août 1874, D. 71.2.103. .— *Contrà*, Bioche, 64.

4. Caen, 12 mai 1860 ; Nimes, 14 août 1861 ; Paris. 24 juil. 1862 ; Rennes, 2 janv. 1880, S. 82.2.190, D. 81.2.130 ; Bordeaux, 4 fév. 1895, S. 96.2.271 ; Chauveau, 2615 *octies* : Ulry, 79. — *Contrà*, Besançon, 25 nov. 1861 ; Chambéry, 2 fév. 1863, S. 63.2.74, D. 63.2.76, qui décident que le délai d'appel est de dix jours seulement.

5. Cass., 16 juil. 1866 ; Caen, 6 avr. 1875 ; Agen, 20 juin 1882, S. 84.2.63, D. 83.2.186. — *Contrà*, Cass., 28 mars 1865, disant que l'appel est signifié au domicile de l'avoué.

6. C. pr., 753 ; Lyon, 15 juil. 1870 ; Toulouse, 29 nov. 1877, S. 78.2.57 ; Grosse et Rameau, 317 ; Seligman, 258 ; Chauveau, 2553 ; Bioche, 307.

7. Il y a obligation pour les avoués et pour les notaires, et même pour leurs successeurs, de transmettre aux créanciers les sommations de produire signifiées dans leurs études (Paris, 15 juin 1850 ; Nancy, 22 déc. 1853, S. 54.2.204 ; Agen, 3 déc. 1889, D. 90.2.171).

8. C. pr., 753 ; comp. Cass., 26 juin 1872 ; Aix, 28 janv. 1871 ; Toulouse, 29 nov. 1877, précité ; Glasson, § 173.

Le précédent vendeur inscrit, ou le subrogé à ses droits, reçoit pareille sommation, à son domicile réel, à défaut de domicile élu ou de constitution d'avoué [1].

En même temps dénonciation de l'ouverture de l'ordre est faite à l'avoué des adjudicataires [2].

1608. Tout créancier est tenu, dans les quarante jours de la sommation à lui faite [3], de produire ses titres, avec acte signé de son avoué contenant demande en collocation pour le principal, les intérêts et les frais [4].

Le créancier qui a formé sa demande en collocation dans les quarante jours peut compléter sa production de titres après l'expiration de ce délai [5].

1609. L'expiration des quarante jours emporte de plein droit déchéance contre les créanciers non produisants ; ce que le juge doit constater immédiatement sur le procès-verbal. Il en est de même à l'égard des créanciers à hypothèque légale qui n'ont pas été sommés [6].

1610. Tous les créanciers qui n'ont pas produit dans le délai de quarante jours encourent la forclusion, ce qui leur

---

1. Paris, 13 mars 1868 ; Douai, 23 déc. 1876, S. 79.2.50, D. 79.2. 169 ; comp. Chauveau, 2553 *bis* ; Boitard, 1026.

2. C. pr., 753 ; Cass., 26 juin 1872 ; Lyon, 15 juil. 1870, S. 71. 2.38.

3. Circ. min. just., 2 mai 1859 ; Cass., 30 avr. 1890, S. 90.1.252, D. 90.1.461 ; Douai, 23 déc. 1876 ; Nîmes, 11 avr. 1877 ; Houyvet, 162 ; Grosse et Rameau, 341, 370. — *Contrà*, Caen, 3 août 1863 ; Pau, 12 mai 1866, selon lesquels le délai courrait de la dernière sommation.

4. C. pr., 754. L'avoué mandataire est obligé non seulement de produire, mais encore de veiller aux intérêts qui lui sont confiés, afin d'obtenir à son client une collocation utile (Cass., 17 juin 1895 ; 10 nov. 1896, D. 1900.1.310).

5. C. pr., 755 ; Cass., 19 juil. 1893, S. 94.1.28 ; Caen, 3 juin 1865 ; Limoges, 3 juin 1871 ; comp. Cass., 30 janv. 1883 ; Seligman, 363.

6. C. pr., 755 ; Cass, 18 juil. 1870, S. 72.1.83, D. 71.1.312 ; Lyon, 15 juil. 1870 ; Bioche, 283 ; Ollivier et Mourlon, 241.

enlève le droit d'être colloqués dans l'ordre et de contester les
droits des créanciers que leur négligence a fait colloquer à
leur place ; mais ils conservent leur action personnelle et même
hypothécaire sur le reliquat qui peut exister après le paiement
de tous les créanciers colloqués, et ils ont droit à ce reliquat
à leur rang d'hypothèque, préférablement aux créanciers chirographaires et au vendeur ou saisi [1].

1611. La femme du vendeur ou saisi appelée à l'ordre est
incapable de produire sans autorisation ; si elle ne fait aucune
diligence, le poursuivant est tenu d'y veiller, à peine de
nullité de la procédure [2].

1612. Dans les vingt jours qui suivent l'expiration du délai
accordé pour produire, le juge dresse l'état provisoire des
collocations [3].

1613. L'acquéreur est employé par préférence pour le coût
tant de l'extrait des inscriptions que des notifications aux créanciers inscrits [4].

1614. L'avoué poursuivant doit, dans les dix jours de la
confection du règlement provisoire, le dénoncer aux avoués des
créanciers produisants, et à la partie saisie, par exploit, si elle
n'a pas d'avoué, avec sommation d'en prendre communication
et de le contredire dans le délai de trente jours de la dernière
dénonciation, à défaut de quoi ils sont réputés acquiescer [5].

1. Grenoble, 16 juil. 1860 ; Limoges, 21 juin 1870, S. 70.2.169 ;
Paris, 6 mars 1891, J. C. 4185 ; Tr. Montpellier, 21 mai 1904, J. E.,
26790 ; Garsonnet, § 815, note 30 ; Chauveau, 2560 bis.
2. Cass., 6 mars 1878, D. 78.1.316, S. 78.1.324 ; Aix, 28 janv.
1871, D. 72.2.30 ; comp. Cass., 6 déc. 1882, S. 84.1.27 ; Laurin,
Rev. prat., 49, 242.
3. C. pr., 755 ; Boitard, 1027.
4. C. pr., 774 ; C. civ., 2183 ; Cass., 8 avr. 1874, S. 74.1.297,
D. 74.1.433.
5. C. pr., 755, 756 ; Cass., 8 déc. 1863 ; 14 juin 1875, S. 75.1.412,
D. 76.1.417 ; Limoges, 23 fév. 1879 ; Seligman, 323 ; Chauveau,
André. *Régime hypothécaire.*   35

1615. Les contestations sont formulées par voie de dires sur le procès-verbal ; le juge-commissaire renvoie les parties à l'audience qui est suivie par l'avoué poursuivant l'ordre, chargé de donner avenir aux avoués des créanciers contestants et contestés et à celui du créancier dernier colloqué — qui ne peut être l'avoué poursuivant[1].

L'avoué qui a formé un contredit au nom de son client, a besoin d'un mandat spécial pour se désister[2].

Si le désistement a lieu avant tout renvoi à l'audience, il ne saurait être repris par un autre créancier[3].

1616. Le jugement confirmatif ou modificatif du règlement provisoire est signifié à avoué et au vendeur ou saisi ; il est susceptible d'appel pendant dix jours, outre les distances entre le siège du tribunal et le domicile du saisi, s'il n'a pas d'avoué[4].

1617. L'appel n'est recevable que si le chiffre de la somme contestée, c'est-à-dire de la créance ou de la partie de la créance pour laquelle on a contesté ou refusé ou dont on contredit la collocation, excède 1.500 fr.[5].

1618. Les contestations élevées sur le règlement provisoire

2563. — *Contrà*, Bordeaux, 1er août 1873 ; Bioche, *Ordre*, 436, faisant courir les 30 jours de chaque sommation.

1. C. pr., 758, 760, 761, 763 ; Cass., 4 août 1873, S. 74.1.15, D. 74.1.25 ; Grenoble, 5 juin 1865 ; comp. Lyon, 8 janv. 1874 ; Houyvet, 242 ; Seligman, 362 ; Grosse et Rameau, 394. — Le créancier inscrit qui a encouru la forclusion pour non production n'est pas privé du droit de contredire (Nîmes, 6 nov. 1869, D. 71.2.37, S. 71.2.157).

2. Cass., 11 juil. 1851 ; Orléans, 8 janv. 1853, S. 53 2.283, D. 53.2.79 ; Chauveau, 2573 *bis*. — *Contrà*, Toulouse, 8 mars 1850 ; Seligman, 370.

3. Bordeaux, 12 janv. 1887, S. 88.2.108, D. 87.2.191 ; Houyvet, 239. — *Contrà*, Chauveau et Dutruc, 303 ; Ulry, 71.

4. C. pr., 762 ; comp. Cass., 23 juil. 1873 ; 8 août 1877 ; 23 déc. 1884, S. 86.1.101 ; Caen, 4 mai 1872 ; Chauveau, 2585 *bis* ; J. G., *Ordre*, 901.

5. C. pr., 762 ; Cass., 22 oct. 1889 ; 30 oct. 1894 ; 17 mars 1896, S. 97.1.15.

n'empêchent pas au juge-commissaire de dresser un règlement définitif partiel, pour les collocations antérieures à celles contestées, et même pour les collocations postérieures, en réservant toutefois somme suffisante pour désintéresser les créanciers contestés [1]. Ce règlement partiel est une affaire d'opportunité ; dans la pratique, il est fait seulement lorsqu'il y a beaucoup de créanciers contestés ou quand le juge prévoit que la décision du tribunal se fera attendre longtemps.

1619. Le règlement provisoire non contesté ou rectifié d'après la décision du tribunal, est converti par le juge en règlement définitif et dénoncé dans les trois jours par acte d'avoué à avoué [2].

1620. Dans la huitaine de la dénonciation, toute partie intéressée peut former opposition au règlement définitif par un dire consigné sur le procès-verbal, et la contestation est portée à l'audience [3].

1621. Par le règlement définitif, le juge-commissaire ordonne la radiation des inscriptions rejetées et de celles des créanciers ne venant pas en ordre utile, et la délivrance des bordereaux de collocation aux créanciers utilement colloqués [4].

1622. Quand l'ordonnance de clôture est devenue inattaquable, le greffier doit, dans les dix jours, en délivrer un extrait pour être déposé, par l'avoué poursuivant, au bureau des hypothèques à l'effet de faire radier les inscriptions des créanciers non colloqués [5].

1. C. pr., 758 ; Chauveau, 2574 ; Seligman, 378.

2. C. pr., 765, 767 ; Chauveau, 2599 *bis*.

3. C. pr., 767 ; Caen, 13 déc. 1867 ; Houyvet, 317 ; Grosse et Rameau, 448 ; Chauveau, 2599 *ter*. Seligman, 505, dit que l'opposition doit être formée par acte d'avoué à avoué.

4. C. pr., 759 ; comp. Cass., 6 avr. 1875, S. 75.1.305, D. 75 1. 247.

5. C. pr., 769 ; Chauveau, 2607 *bis* ; Seligman, 258 ; Bioche, *Ordre*, 701.

1623. Dans le même délai, le greffier délivre à chaque créancier colloqué un bordereau exécutoire contre l'adjudicataire ou contre la caisse des consignations [1].

ARTICLE CINQUIÈME

EFFETS DES COLLOCATIONS JUDICIAIRES.

1624. L'ordonnance de clôture de l'ordre fait cesser à l'égard du vendeur ou saisi, les intérêts des créances colloquées, mais ces intérêts continuent de courir jusqu'au paiement contre l'adjudicataire, au taux légal, et contre la caisse des consignations, à 2 0/0 [2].

1625. Le bordereau de collocation est un titre exécutoire ; il en résulte, d'une part, que l'adjudicataire devient le débiteur personnel du créancier colloqué, et peut être contraint au paiement aussi bien par voie de folle enchère que par la saisie de ses biens personnels ; d'autre part que l'adjudicataire est valablement libéré par le paiement fait entre les mains du créancier colloqué, malgré l'irrégularité de la procédure d'ordre, et quand même elle serait annulée [3].

1626. Du reste, la collocation n'emporte pas novation dans la dette ; elle constitue une indication de paiement ; de là découle la faculté pour le créancier, tant qu'il n'a pas touché son bordereau, de se présenter dans un autre ordre ou d'agir par action personnelle contre le débiteur originaire ou ses coobligés [4].

---

1. C. pr., 770 ; Chauveau, 2608 ; Boitard, 1034 ; Seligman, 544.

2. C. pr., 765 ; L. 26 juil. 1893, art. 60 ; Bioche, 657 ; Seligman, 392, 482 ; Chauveau, 2601 *bis* ; Bressolles, 57 ; Boitard, 1032.

3. Cass., 20 mars 1837 ; 28 nov. 1899, D. 1900.1.252 ; Toulouse, 15 déc. 1871, S. 72.2.100 ; Seligman, 544 ; Chauveau, 2611 *ter*.

4. Cass., 25 fév. 1839 ; 20 juil. 1897, D. 98.1.357 ; Orléans, 5 mars 1887, S. 88.2.189 ; C. Lyon, 23 juin 1904 ; Seligman, 545. — *Contrà*, Paris, 25 avr. 1838 ; Houyvet, 314.

1627. D'ailleurs, le créancier porteur d'un bordereau de collocation est autorisé à exercer le privilège du vendeur contre l'adjudicataire [1].

1628. Pour ne pas subir d'entrave dans l'exercice de ses droits contre un sous-acquéreur, il est indispensable que le créancier renouvelle son inscription [2].

1629. Les bordereaux de collocation doivent être payés par l'acquéreur à mesure de leur présentation, pourvu qu'il n'ait pas été formé opposition en ses mains et que le titre et l'inscription du créancier colloqué ne renferment aucune condition particulière ; par exemple : la création de valeurs à ordre ou au porteur [3] ; une condition d'emploi, etc.

1630. Il est nécessaire que la quittance constatant la libération de l'adjudicataire soit passée dans la forme authentique pour arriver à la radiation des inscriptions des créanciers et de celle d'office [4].

1631. Les frais de quittance restent à la charge de l'adjudicataire [5], ceux de radiation des inscriptions sont précomptés sur le prix, et le bordereau de chaque créancier indique la somme à retenir par le payant pour faire face aux frais de radiation [6].

1632. Avant de payer un bordereau, le débiteur doit vérifier les calculs d'intérêts et s'assurer que les titres du créancier ne

---

1. Bourges, 12 fév. 1841, S. 41.2.617.

2. Cass.; 17 mai 1859 ; Bordeaux, 31 juil. 1882, S. 84.2.141 ; Pau, 2 mars 1891, D. 92.2.223 ; Chauveau, 2608 *quater* ; Seligman, 546. — *Contrà*, Toulouse, 4 mars 1864, S. 64.2.104.

3. Limoges, 25 janv. 1878, S. 80.2.70 ; Chauveau, 2611 *ter* ; Grosse et Rameau, 473 ; Seligman, 542 ; Houyvet, 336.

4. C. pr., 771 ; Chauveau, 2609 *ter* ; Seligman, 551 ; Boitard, 1034 ; Bressolles, 60 ; Bioche, 631.

5. C. civ., 1248 ; Besançon, 17 déc. 1852, S. 54.2.210 ; Larombière, art. 1248, n° 5.

6. C. pr., 759.

contiennent pas de clause frappant la créance d'indisponi-
bilité.

ARTICLE SIXIÈME

INCIDENTS DES ORDRES.

1º Ventilation.

1633. La ventilation est la répartition d'un prix unique entre
divers objets compris dans une vente collective. Il y a lieu à
ventilation quand on a vendu en bloc un domaine formé de
parcelles qui ont des origines et des hypothèques distinctes ;
il est nécessaire de déterminer le prix afférent à chaque par-
celle pour que les divers créanciers soient colloqués sur la
partie applicable à leur gage.

Cette ventilation peut être utile dans tous les ordres, mais
elle s'appliquera rarement aux aliénations autres que celles
sur saisies, puisque l'acquéreur est obligé de la faire dans les
notifications tendant à la purge des hypothèques[1] (nº 1233).

1634. La ventilation est ordonnée d'office par le juge-commissaire ou demandée par les créanciers, soit avant le règlement provisoire, soit par voie de contredit après le règlement.

Un ou trois experts sont nommés par le juge qui fixe le
jour où il recevra leur serment et le délai dans lequel ils devront déposer leur rapport.

L'ordonnance du juge est dénoncée aux experts par le poursuivant, leur prestation de serment est mentionnée sur le
procès-verbal d'ordre auquel reste annexé le rapport qui n'est
ni levé ni signifié.

Le règlement provisoire du juge prononce sur la ventilation[2].

1635. Si la demande en ventilation est formée par contredit

1. C. civ., 2192 ; Chauveau, 2567 ; Garsonnet, § 819.
2. C. pr., 757.

au règlement provisoire, les experts sont nommés par le tribunal qui statue sur la ventilation [1].

1636. Au surplus, le juge-commissaire est fondé à procéder lui-même à la ventilation, si les productions et les pièces
le lui permettent [2].

Enfin, toutes les parties d'accord pourraient fixer les bases
de la ventilation, et par là éviter les frais d'expertise.

2° Jonction d'ordres.

1637. On peut joindre les ordres à régler par suite de vente
de biens ne formant qu'un seul corps, dont les parcelles s'éten-
dent sur plusieurs arrondissements : en ce cas, il est procédé
devant le tribunal dans le ressort duquel se trouve le chef-
lieu d'exploitation [3].

Il y a lieu aussi à jonction quand les immeubles provenant
du même vendeur sont situés dans le même arrondissement et
frappés d'inscriptions au profit des mêmes créanciers en tout
ou partie [4].

Avant toute ouverture d'ordre, la jonction est demandée
par l'un des créanciers inscrits, au moyen d'une requête au
président du tribunal civil. L'ordonnance du président commet
le juge qui ordonne la convocation des créanciers.

Quand un ordre est ouvert et non l'autre, l'avoué poursuivant présente requête au juge-commissaire, qui ordonne un
sursis à l'ordre ouvert jusqu'à l'ouverture de l'autre ; ensuite
la jonction est ordonnée.

1. Circ. min. just., 2 mai 1859 ; Chauveau, 2570 ; Boitard, 1028 ;
J. G., *Ordre*, 561.
2. Chauveau, 2567 *quater* ; J. G., *Ordre*, 559 ; Garsonnet, § 819,
note 8.
3. C. civ., 2210 ; Caen, 23 janv. 1860, S. 60.2.295 ; Houyvet, 107 ;
Chauveau, 2549 *quinq*. ; J. G., *Ordre*, 308 ; Bioche, 30.
4. Chauveau, 2549, *quater* ; J. G., *Ordre*. 311.

Enfin, les deux ordres sont-ils ouverts ? Si le poursuivant est le même pour les deux, il fait un dire sur chacun des ordres concluant à la jonction, si le même juge y procède ; dans le cas contraire, la jonction est prononcée par le tribunal, comme en matière de contredit. D'ailleurs, la jonction peut être demandée par tout créancier intéressé [1].

3° Consignation.

1638. L'adjudicataire sur saisie immobilière est autorisé à consigner son prix avant ou après l'ouverture de l'ordre, sans offres réelles préalables.

Si l'ordre n'est pas ouvert, l'adjudicataire en requiert l'ouverture, et dépose à l'appui de sa réquisition le récépissé de la caisse des consignations et déclare, en outre, qu'il entend faire prononcer la validité de la consignation et la radiation des inscriptions.

Sur la tentative d'ordre amiable, si la libération est consentie par tous les créanciers, le procès-verbal s'explique sur la validité de la consignation. Dans le cas contraire, l'ordre judiciaire est ouvert et les créanciers sommés de produire. Après le délai de quarante jours accordé pour la production, l'adjudicataire notifie, à la partie saisie seulement, une sommation de prendre connaissance de la déclaration relative à la consignation et de la contester dans la quinzaine [2].

1639. L'acquéreur sur aliénation volontaire, qui veut consigner son prix sans offres réelles préalables, après avoir rempli les formalités de la purge, somme le vendeur de lui rapporter, dans la quinzaine, main-levée des inscriptions existantes, et lui fait connaître le montant des sommes qu'il se propose de consigner [3].

1. Cognac, 8 juill. 1850, J. G., *Ordre*, 313 ; Garsonnet, § 781, note 38.

2. C. pr., 777 ; Glasson, § 178.

3. Cass., 21 mars 1881, S. 82.1.25, D. 81.1.305.

Après l'expiration de la quinzaine, la consignation est réalisée dans les formes de l'article 1259 et suiv. [1], et l'acquéreur requiert l'ouverture de l'ordre en déposant le récépissé de la caisse des consignations.

Ensuite il est procédé comme en cas de vente sur saisie [2].

1640. Le cahier des charges contient assez souvent une clause portant prohibition de consigner, mais la défense ne saurait être absolue ; si elle n'est pas limitée, e juge autorise la consignation, suivant les circonstances [3].

Au surplus, les créanciers peuvent eux-mêmes contraindre l'acquéreur à consigner [4].

1641. Si des contestations s'élèvent sur la consignation, elles sont formulées par voie de dires et portées à l'audience du tribunal qu prononce.

Quand il n'y a pas de contestation, le juge-commissaire rend une ordonnance de libération validant la consignation et ordonnant la radiation des inscriptions dont l'effet reste maintenu sur le prix [5].

1642. L'ordonnance est produite au conservateur des hypothèques qui opère la radiation [6] ; puis les opérations de l'ordre suivent leur cours.

4° Intervention.

1643. Toute personne non appelée à l'ordre et qui a intérêt à ce que les résultats de cette procédure produisent certains

1. Cass., 26 mars 1890, D. 90.1.442.

2. C. pr., 777 ; J. G., *Ordre*, 519 ; comp. Cass., 26 mars 1890, D. 90.1.442.

3. Chauveau, 2619 ; Seligman, 678 ; Garsonnet, § 850. — *Contrà*, J. G., *Ordre*, 559.

4. Chauveau, *Quest.*, 2619 ; Agen, 28 juin 1870, D. 70.2.246, S. 70.1.291.

5. C. pr., 777 ; Seligman, 661 ; Bressolles, 77 ; Grosse et Rameau, 525.

6. Boulanger, 797 ; comp. J. G., *Ordre*, 614 ; Seligman, 655.

effets peut, en général, y intervenir ; tels sont : 1° les créanciers à privilèges généraux non inscrits [1] ; 2° les créanciers à hypothèque légale qui n'ont pas pris inscription [2] ; 3° les créanciers hypothécaires omis dans les états d'inscriptions ou dans les sommations [3] ; 4° et les créanciers chirographaires qui, en faisant rejeter du rang hypothécaire certains créanciers, espèrent arriver à exercer leur droit sur le reliquat du prix [4].

1644. L'intervention pour produire se fait par un dire motivé contenant demande en collocation ; elle doit avoir lieu avant l'expiration du délai de quarante jours accordé pour les productions [5].

Les mêmes créanciers sont admis à intervenir pour contredire, après le délai de quarante jours jusqu'à l'expiration du délai accordé pour les contredits, mais alors ils sont obligés de présenter requête au juge-commissaire [6].

5° Folle enchère.

1645. Si un adjudicataire ne remplit pas les conditions de son titre, il y a lieu à vente par folle enchère [7].

1646. Quand l'adjudication sur folle enchère intervient dans le cours de l'ordre, ou même après le règlement définitif et la délivrance des bordereaux, il n'y a pas lieu à une nouvelle procédure d'ordre [8].

---

1. C. civ., 2101,2104 ; Chauveau, 2555 *septies* ; Glasson, § 93.
2. C pr., 772 ; Chauveau, 2555 *octies* ; Boitard, 1035.
3. C. civ., 2198 ; Cass , 14 nov. 1882, S. 83.1.177 ; Montpellier, 27 mai 1875 ; Chauveau, 2549 ; Seligman, 297 ; Houyvet, 148.
4. Cass., 13 août 1855 ; Bordeaux, 13 août 1872, S. 72.2.277 ; Seligman, 373.
5. Comp. Cass., 28 août 1878 ; Chambéry, 28 juil. 1871, S. 71.2. 272.
6. Chauveau, 2559.
7. C. pr., 733 et suiv.
8. C. pr., 779 ; Cass., 21 juil. 1863 ; comp. Cass., 17 juin 1863 S. 65.1.481 ; Garsonnet, § 856 ; Glasson, § 179.

1647. Après la transcription de l'adjudication sur folle enchère, le juge modifie l'état des collocations suivant les résultats de l'adjudication et rend les bordereaux exécutoires contre le nouvel adjudicataire [1].

Cette modification est opérée à la suite d'un dire du poursuivant ou de la partie la plus diligente, consigné à la suite de l'ordre.

Il n'est pas délivré de nouveaux bordereaux de collocation, mais les anciens sont rendus exécutoires contre le nouvel adjudicataire, au moyen d'une clause spéciale consignée par le greffier [2].

Pour les créanciers ne venant plus en ordre utile, leurs bordereaux ne subissent pas de modification, et leur servent de titre contre le fol enchérisseur.

Par l'ordonnance rendant les bordereaux exécutoires contre le nouvel adjudicataire, le juge ordonne la radiation des inscriptions qui existeraient contre le fol enchérisseur.

1648. Lorsque le prix de la vente sur folle enchère dépasse celui de la première adjudication, l'excédent fait l'objet d'un nouvel ordre entre les créanciers hypothécaires et au préjudice du fol enchérisseur, s'il est lui-même créancier inscrit [3].

1649. Du reste ce qui précède est inapplicable aux reventes successives de l'immeuble, volontairement consenties ou intervenues à la suite d'une nouvelle saisie immobilière. Dans ce cas, il y a lieu à une nouvelle distribution de prix [4].

6° Sous-ordre.

1650. Le sous-ordre a pour objet de faire attribuer aux

1. Chauveau, 2620 ; Boitard, 1042.
2. Dramard, 209 ; Chauveau, 2620 *bis* ; Garsonnet, § 857.
3. Cass., 23 janv. 1878 ; 22 déc. 1879 ; Paris, 17 juil. 1872 ; Grenoble, 14 juin 1880, S. 81.2.34.
4. Cass., 17 janv. 1876, S. 77.1.21, D. 76.1.347 ; comp. Cass., 22 juil. 1878, S. 79.1.60.

créanciers d'un créancier ayant le droit d'être colloqué dans un ordre, tout ou partie de sa collocation [1].

1651. La circonstance la plus fréquente d'une demande en collocation en sous-ordre sera celle-ci : un créancier, avec ou sans titre, apprenant que son débiteur a une créance hypothécaire contre un tiers dont les immeubles viennent d'être vendus, craint une fraude ou une négligence : il vérifiera si l'hypothèque de son débiteur a été inscrite ; dans la négative, il l'inscrira au nom de celui-ci et comme exerçant ses droits [2]. L'inscription étant prise avant la transcription de l'aliénation, l'inscrivant sera averti de l'ouverture de l'ordre et y produira au nom de son débiteur et en sous-ordre en son nom personnel pour sa propre créance [3].

1652. Si le débiteur a pris lui-même inscription, le créancier interviendra à l'ordre par une requête adressée au juge-commissaire dès le début de la procédure [4].

1653. En présentant la requête d'intervention, l'avoué du créancier consignera un dire sur le procès-verbal d'ordre pour opposition à la délivrance du bordereau.

La demande en intervention et en sous-ordre est dénoncée au débiteur, par exploit, s'il ne figure pas à l'ordre.

1654. Les créanciers demandeurs en sous-ordre sont colloqués, en justifiant de leurs créances [5], sur le montant de la collocation de leur débiteur, par le juge-commissaire, dans le règlement même de l'ordre, si cette collocation est suffisante pour les désintéresser, ou si étant insuffisante, ils sont d'accord pour en recevoir le montant [6].

1. C. civ., 1166 ; J. G., *Ordre.* 1306 ; Garsonnet, § 820 ; Glasson, § 176.
2. C. pr., 775.
3. Chauveau, 2617.
4. Chauveau, 2558, 2617 *bis.*
5. Cass., 8 déc. 1880, D. 81,1,183, S. 82.1.13.
6. Boitard, 1038 ; Grosse et Rameau, 495.

1655. Au cas contraire, il est passé outre au règlement définitif, et une contribution est ouverte sur le montant de la collocation[1].

1656. Les seuls créanciers admis à la distribution sont ceux qui ont formé leur demande en sous-ordre, avant la clôture de l'ordre[2].

1657. Quand les créanciers du débiteur n'ont pas fait les diligences nécessaires en temps opportun, ils peuvent encore former opposition entre les mains de l'adjudicataire ou de la caisse des consignations, et faire ouvrir une distribution sur la somme revenant à leur débiteur.

1658. Il y a aussi lieu à distribution par contribution entre les créanciers chirographaires du saisi, de la portion de prix restée disponible après la collocation des créances inscrites. Le juge-commissaire à l'ordre est compétent pour cette distribution, s'il n'y a aucune contestation[3].

1659. Lorsque le créancier est subrogé aux droits de son débiteur, créancier hypothécaire du saisi ou vendeur, il n'y a pas lieu d'agir par voie de sous-ordre, mais bien par production directe, c'est ce qui arrive à l'égard des créanciers que la femme a subrogés dans ses droits d'hypothèque légale[4].

---

1. Seligman, 620 ; Houyvet, 355 ; Garsonnet, § 823.

2. Cass., 13 mai 1872 ; Bordeaux, 20 fév. 1874, D. 76.1.503, D. 74. 1.133 ; Grosse et Rameau, 271 ; Bioche, 736 ; Seligman, 615.

3. Bastia, 25 janv. 1862, S. 62.2.453 ; Seligman, 620 ; Houyvet, 358.

4. Cass., 14 déc. 1863 ; 20 juil. 1869, D. 69.1.497, S. 70.1.127 ; Boitard, 1038 ; Garsonnet, § 824, note 31.

CHAPITRE DIXIÈME

RADIATIONS DES INSCRIPTIONS

PREMIÈRE SECTION

GÉNÉRALITÉS.

1660. L'inscription, manifestation publique du droit hypothécaire, fait connaître aux tiers les héritages grevés et l'importance des charges dont ils sont affectés.

Il arrive fréquemment que des tiers, avant de traiter avec un propriétaire foncier, vérifient la situation hypothécaire de ses biens, et se montrent plus ou moins faciles selon que les biens sont libres ou frappés, de sorte que le grevé a un intérêt sérieux à faire disparaître les inscriptions correspondant à des créances éteintes.

1661. Dans le langage juridique, l'annulation des inscriptions est appelée radiation. Cette expression n'est pas d'une exactitude rigoureuse, car la radiation, loin de s'opérer par la rature réelle du texte de l'inscription, le laisse intact ; elle a lieu au moyen d'une mention en marge, signée du conservateur et relatant le titre en vertu duquel elle est faite [1].

1662. La radiation est effectuée, soit en vertu du consentement du créancier ou de ses ayants droit, soit en exécution

---

1. Aubry et Rau, § 281 ; Boulanger, *Tr. des rad.*, 4 ; Primot, *Tr. des rad.*, 2.

d'un jugement ou de l'ordonnance du juge-commissaire à un ordre [1].

1663. En pratique, le consentement à radiation donné volontairement par le créancier, prend le nom de mainlevée ; c'est, en quelque sorte, un ordre donné au conservateur de rayer l'inscription.

On peut distinguer trois sortes de mainlevées : 1° mainlevée totale ou absolue, autorisant la radiation complète de l'inscription ; 2° mainlevée jusqu'à concurrence d'une partie de la dette, ou mainlevée partielle ; 3° mainlevée à l'égard de quelques-uns des immeubles grevés, ou réduction d'hypothèque.

1664. La mainlevée est un acte unilatéral produisant tous ses effets dès sa rédaction, sans avoir besoin d'être acceptée par le débiteur [2].

1665. Quand elle n'est pas la conséquence de l'extinction de la dette, la mainlevée n'a pour effet que d'anéantir l'inscription, sans emporter renonciation au droit hypothécaire, si cette renonciation n'est pas formellement exprimée dans l'acte [3].

Bien plus, la simple mainlevée sans paiement, autorisant la radiation, mais ne contenant pas renonciation formelle à un privilège de vendeur, serait inopérante, car le privilège se conserve par la transcription du titre, indépendamment de toute inscription [4].

1. C. civ., 2157, 2159, 2160 ; C. pr., 548, 751, 769, 777.
2. Cass., 4 janv. 1831 ; 19 nov. 1855, D. 55.1.175 ; Caen, 31 déc. 1860 ; Nimes, 5 août 1862, S. 62.2.402 ; Pont, 1073 ; Laurent, XXXI, 153 ; Boulanger, 11 ; Primot, 5.
3. Cass., 2 mars 1830, S. 30.1.342 ; Agen, 19 mai 1836, S. 36.2.404 ; Pont, 730 ; Battur, III, 383 ; Laurent, XXX, 149 ; Boulanger, 8 ; Primot, 3.
4. C. civ., 2108 ; Cass., 24 juin 1844, S. 44.1.508 ; Avignon, 28 mai 1860 ; Boulanger, 505 ; Pont, 1106.

1666. Si, en général, la mainlevée est pure et simple, elle peut cependant être soumise à une condition suspensive ou résolutoire, mais le conservateur n'est tenu de rayer l'inscription que si on lui présente une mainlevée sans restriction, parce qu'il n'est pas chargé d'apprécier la réalisation de la condition [1].

1667. La mainlevée doit être passée devant notaire ; elle spécifie l'inscription qu'il s'agit de radier par l'indication de sa date, du volume et du numéro où elle est inscrite.

Tout acte de mainlevée est dressé en minute, puisqu'il faut en déposer une expédition et qu'on ne peut délivrer expédition d'un acte en brevet [2].

1668. La capacité de consentir à la radiation de l'inscription se trouve soumise à des principes différents, selon que la mainlevée est ou n'est pas donnée à la suite du paiement de la créance hypothécaire ; ainsi, tandis que le créancier majeur et libre de ses droits peut donner mainlevée sans paiement, les tuteurs et autres administrateurs ne sont capables de donner mainlevée qu'après paiement de la créance.

1669. La mainlevée d'une inscription prise en vertu d'une obligation au porteur est valablement consentie par le porteur de la grosse, et le conservateur ne saurait exiger, pour opérer la radiation, la production de la grosse dûment bâtonnée [3].

---

1. Aix, 9 fév. 1836 ; Seine, 21 août 1838, J. E. 12149 ; 20 mai 1890 ; Boulanger, 22 ; Primot, 7 ; J. G., *Priv.*, 2752.

2. C. civ., 2158 ; Boulanger, 33 ; Troplong, 741 ; Baudot, *Tr. des form. hyp.*, 839. — *Contra*, J. G., *Priv.*, 2716 ; Aubry et Rau, § 281, note 17 ; Pont, 1073 ; Laurent, XXXI, 204. Ces auteurs pensent que la mainlevée en brevet est suffisante ; oui, sans doute, mais le conservateur peut la rejeter.

3. Bordeaux, 7 fév. 1846 ; C. Dijon, 8 juil. 1892, J. E., 24200, *Rev. not.*, 8982, J. C., 4291 ; Pont, 1080 et 1102 ; J. G., *Priv.*, 2708 ; Boulanger, 83 ; Primot, 28.

1670. Toute inscription prise pour un capital et les intérêts garantis par la loi est rayée sans réserve, sur la mainlevée donnée dans l'acte constatant le paiement du principal seulement, aux mains du représentant d'un incapable[1].

1671. Quand un acte émanant d'une personne ayant pleine capacité, porte désistement de tous droits hypothécaires et mainlevée totale d'une inscription, le conservateur doit rayer, encore que cet acte mentionne une mainlevée partielle antérieure[2].

1672. Le conservateur des hypothèques chargé d'opérer les radiations, d'après les ordres qui lui sont transmis, n'a plus le rôle passif relatif aux inscriptions et transcriptions ; il devient véritablement conservateur de l'existence des inscriptions portées sur ses registres, car il est chargé de vérifier l'authenticité du titre contenant l'ordre de radiation et de s'assurer de la capacité de celui qui a donné cet ordre[3].

Aussi bien, ceux qui requièrent la radiation doivent-ils déposer au conservateur : 1° une expédition de l'acte authentique ou du jugement de mainlevée ; 2° les expéditions, extraits littéraux ou brevets des actes nécessaires pour établir la capacité du requérant[4].

1673. En ordonnant la production d'une expédition de la mainlevée, le législateur prévoit le cas le plus fréquent, celui où l'acte ne contient qu'une seule disposition ; si l'acte renferme des stipulations étrangères à la mainlevée, il suffit de fournir extrait littéral de la partie de l'acte relative au consentement à radiation[5].

---

1. C. Rennes, 17 fév. 1883, J. E., 22035, *Rev. not.* 6693.
2. Vitré, 6 janv. 1886.
3. C. civ., 2157 ; Pont, 1098 ; Laurent, XXXI, 208 ; Aubry et Rau, § 268, note 27 ; Boulanger, 23 ; Baudot, 896 ; Primot, 8.
4. C. civ., 2158.
5. Déc. min. fin., 11 oct. 1808 ; Déc. min. just., 13 mai 1809 ;

André, *Régime hypothécaire.* 36

Dans aucun cas le conservateur ne saurait être tenu d'accepter un extrait analytique [1].

Il n'est pas nécessaire d'attester au bas de l'extrait qu'il relate textuellement la mainlevée et que l'acte ne contient ni réserve, ni restriction ni modification. Pourtant, les conservateurs exigent souvent une déclaration en ce sens [2], quoiqu'elle résulte virtuellement de la délivrance même de l'extrait et de la mention de sa destination [3].

1674. Le consentement à radiation est conservé dans les archives du conservateur pour sa décharge [4].

Quant aux pièces justificatives de la capacité de celui qui a donné la mainlevée (mari, tuteur, mandataire, syndic, etc.), il a été jugé que le conservateur devait les restituer après s'être assuré qu'il n'en résultait aucun obstacle à la radiation [5]. Toutefois, nous croyons que le conservateur est, à la rigueur, fondé à retenir les pièces justificatives, pour mettre sa responsabilité entièrement à couvert ; mais hâtons-nous d'ajouter que, dans la pratique, on apporte de nombreux tempéraments à la rigueur de cette règle, surtout lorsque les pièces justificatives sont aux minutes du notaire rédacteur de la mainlevée.

1675. Au surplus, il est de l'intérêt bien entendu des conservateurs de ne pas entraver la marche des affaires par des exigences peu justifiées, qui troubleraient la bonne entente nécessaire entre eux et les officiers publics, et pourraient con-

---

Inst., 1569 ; Boulanger, 35 ; Baudot, 836 ; J. G., *Priv.*, 2718 ; J. C., 4619 ; Baudry-Lacantinerie et de Loynes, 1683.

1. Orléans, 1er juin 1839 ; Libourne, 25 juil. 1843 ; Inst. 1569.

2. Déc. min. fin., 11 oct. 1808 ; Inst. 1569 ; Persil, art. 2158, 3° ; Pont, 1099 ; Boulanger, 36 ; Baudot, 884 ; Primot, 10.

3. Aubry et Rau, § 281, note 30 ; J. G., *Priv.*, 2650 ; Mayenne, 26 juin 1890, J. E., 23491.

4. C. civ., 2158 ; Boulanger, 37.

5. Alger, 4 nov. 1874, *Rev. not.*, 4910, D. 77.2.63. — *Contrà*, Boulanger, 37 ; Primot, 10.

duire ceux-ci à restreindre les délivrances d'états constituant un notable produit des conservations.

1676. D'ailleurs, il est incontestable que, du moment où les pièces justificatives ont été produites une fois, le conservateur doit s'y référer pour les radiations ultérieures [1].

1677. Les mainlevées et les pièces justificatives sont légalisées dans tous les cas où cette formalité est requise d'après les prescriptions légales [2].

1678. Toute personne peut se présenter à la conservation des hypothèques, avec la mainlevée et les pièces à l'appui, pour faire opérer la radiation, sans avoir à justifier d'un mandat qui résulte implicitement de la détention de la mainlevée [3].

1679. Du moment où le requérant a remis au conservateur une mainlevée régulière appuyée des justifications utiles, celui-ci est tenu d'accomplir la radiation à la date du dépôt [4].

DEUXIÈME SECTION

RADIATION VOLONTAIRE.

1680. Le consentement du créancier à la radiation volontaire est constaté par un acte notarié en minute.

Ce consentement résulte, soit d'un acte contenant seulement la mainlevée de l'inscription et autorisant le conservateur à la rayer, soit d'un acte établissant l'extinction de la créance

1. Alger, 4 nov. 1874 ; Bordeaux, 16 août 1876, S. 77.1.334 ; Boulanger, 40.
2. L. 25 ventôse an XI, art. 28 ; L. 2 mai 1861 ; C. civ., 45 ; Boulanger, 43 et suiv. ; Baudot, 885 ; Encycl. not., LEGAL., 43.
3. Colmar, 3 mars 1847 ; Martou, 1204 ; Boulanger, 47. — Contrà, Laurent, XXXI, 203.
4. C. civ., 2197 ; Pont, 1097 ; Baudot, 880 ; Boulanger, 6.

hypothécaire : paiement, compensation, confusion, remise de dette, etc.

1681. En principe, le créancier majeur et maître de ses droits a capacité pour convertir la radiation de l'inscription prise à son profit ; ainsi l'inscription de séparation des patrimoines doit être radiée sur la seule mainlevée de l'inscrivant, encore qu'elle soit susceptible de profiter aux autres créanciers héréditaires [1].

1682. La mainlevée pure et simple, avec consentement à radiation de l'inscription garantissant une rente constituée en dot par des père et mère à leur fille dans son contrat de mariage, est-elle une modification des conventions matrimoniales que la donataire ne saurait faire si l'amortissement du capital de la rente n'a pas eu lieu ? Pour nous la négative est certaine, autrement il faudrait dire que la donataire se trouve frappée de l'incapacité de disposer [2].

1683. Avant de parcourir les diverses radiations volontaires et d'indiquer les justifications à produire au conservateur, dans la limite extrême des précautions qu'il peut prendre, il faut répéter ici que, très souvent, à raison soit du peu d'importance de l'affaire, soit des bons rapports existants entre notaires et conservateurs, certaines pièces justificatives ne sont pas demandées.

1684. En matière de radiation volontaire, l'inscription prise en renouvellement, continuant l'effet de celle qui l'a précédée, le conservateur est fondé à remonter aux inscriptions antérieures, opérées depuis le dernier acte signé du débiteur, pour les justifications à produire [3] (nos 1127 et suiv.).

1. Cass., 25 janv. 1910, D. 10.1.177, J. E., 27970 ; Seine, 17 mars 1892, *Rev. not.*, 8648, J. E., 23855 ; Tr. Toulouse, 8 avr. 1892, J. C., 4266.

2. Comp. C. civ., 1395 ; Versailles, 19 mars 1913, *Rev. not.*, 15220, J. E., 28871 ; Tr. Grenoble, 4 juin 1903, J. E., 28 893.

3. C. civ., 2154, 2180 ; comp. Boulanger, 406 ; Saint-Omer, 20 mars 1884, J. E., 24624.

1685. La radiation de toute inscription devenue sans objet est une formalité généralement utile ; cependant, pour les inscriptions de privilège de vendeur prises d'office et dont la mainlevée résulte d'actes constatant le paiement du prix, la radiation pourra souvent être ajournée, sans inconvénient sérieux dans les petites opérations.

ARTICLE PREMIER

ABSENTS.

1686. L'administrateur judiciaire des biens d'un présumé absent, a le droit de recouvrer les créances ; il ne peut donner mainlevée sans paiement[1].

1687. Ceux qui ont obtenu l'envoi en possession provisoire sont autorisés à recevoir les capitaux dus à l'absent et à donner mainlevée à la suite du paiement[2] ; quoique la loi les oblige à faire emploi, la validité du paiement n'est cependant pas subordonnée à cette condition[3].

1688. Quant à la mainlevée sans paiement, elle n'est permise à l'administrateur judiciaire et aux envoyés provisoires que sur autorisation de justice[4].

1689. Après l'envoi en possession définitive, les envoyés sont considérés comme propriétaires des biens de l'absent et ont qualité pour consentir la mainlevée avec ou sans paiement[5].

1690. Il doit être fourni par les envoyés en possession définitive, par les envoyés en possession provisoire ou l'administrateur, l'expédition du jugement d'envoi ou de nomination[6].

1. C. civ., 112 ; Cass., 6 nov. 1828 ; Boulanger, 50.
2. C. civ., 120, 125 ; Bordeaux, 20 nov. 1845, S. 46.2.376.
3. C. civ., 126 ; Orléans, 22 nov. 1850, D. 51.2.70 ; Laurent, II, 180.
4. Demolombe, II, 111 ; Aubry et Rau, § 153, note 12.
5. C. civ., 132 ; Laurent, II, 226 ; Demolombe, II, 155 ; Baudot, 881.
6. Boulanger, 53 ; Primot, 17.

ARTICLE DEUXIÈME.

ALIÉNÉS.

1691. Quand un aliéné non interdit est placé dans un établissement public d'aliénés, la commission de surveillance exerce les fonctions d'administrateur provisoire, et délègue un de ses membres pour les remplir [1].

Cet administrateur ne peut faire que des actes de gestion ; la mainlevée par lui consentie devra être appuyée de la quittance et d'une expédition de la délibération qui le désigne [2].

1692. La commission de surveillance est dessaisie de l'administration des biens de l'aliéné par la nomination d'un administrateur provisoire, choisi par le tribunal, et dont les pouvoirs d'une durée de trois ans, sont renouvelables [3]. Cet administrateur peut lui-même se trouver dessaisi partiellement par la nomination d'un mandataire spécial [4].

1693. Tous ces gérants sont incapables de donner mainlevée sans toucher la créance ; ils doivent justifier de leur nomination et du paiement pour faire opérer la radiation des inscriptions [5].

ARTICLE TROISIÈME

CESSIONNAIRE.

1694. Le bénéfice de l'inscription prise au profit du cédant passe de plein droit à son cessionnaire, qui a qualité pour

1. L. 30 juin 1838, art. 31 ; comp. ord. 18 déc. 1839. L'administrateur délégué n'a pas le maniement des fonds ; ils doivent être versés au caissier de l'établissement.
2. Boulanger, 56 ; Primot, 18 ; comp. Caen, 30 déc. 1857, S. 58. 2.625.
3. C. civ., 497 ; L. 30 juin 1838, art. 37 ; L. 27 fév. 1880, art. 8.
4. L. 30 juin 1838, art. 33 ; Paris, 7 nov. 1879.
5. Metz, 8 déc. 1868, S. 69.2.133 ; Boulanger, 56 ; J. C., 4198.

donner mainlevée[1]. Si la cession authentique n'a pas été mentionnée en marge de l'inscription, il sera nécessaire d'en fournir une expédition à l'appui de la mainlevée[2].

Une cession par acte sous signatures privées n'autoriserait pas le cessionnaire à faire disparaître l'inscription[3], parce qu'en cette matière le conservateur ne connaît que les actes authentiques.

1695. En cas d'inscription prise directement par le cessionnaire et en son nom, la radiation est opérée sur son seul consentement[4].

Les mêmes règles sont applicables à la subrogation conventionnelle ou légale[5].

1696. Nous rappellerons plus loin les conséquences des clauses des contrats de vente contenant soit une délégation expresse aux créanciers inscrits qui acceptent, soit une délégation nominative à des créanciers non acceptants, soit encore une délégation générale aux créanciers inscrits (n°s 1800, 1801).

1697. Diverses créances sont susceptibles de cession par endossement ou même par la tradition manuelle du titre ; celui auquel elles sont ainsi transmises profite des droits hypothécaires qui y sont attachés[6], et a pleine capacité pour donner mainlevée des inscriptions formalisées[7], pourvu qu'elles pré-

1. C. civ., 1692.

2. Joigny, 13 oct. 1871, J. C., 2680 ; Boulanger, 61 ; Primot, 19.

3. Bayeux, 20 nov. 1851 ; J.G., Mandat, 151 ; Joigny, 13 oct. 1871 ; C. Rennes, 19 fév. 1913, J. E., 29081.

4. Boulanger, 63 ; Primot, 20 ; comp. Saint-Omer, 20 mai 1884, J. E., 22483, J. C., 3565, disant que le cessionnaire doit fournir l'acte de cession.

5. C. civ., 1250, 1251.

6. Cass., 20 juin 1854, S. 54.1.593 ; Paris, 15 mai 1878, S. 83.1. 218, D. 82.1.106 ; Cass., 7 mai 1879, S. 79.1.421.

7. Bordeaux, 7 fév. 1846, S. 46.2.321 ; Pont, 1080, 1092 ; Boulanger, 83.

cisent le mode de transmission. Il est aussi nécessaire que le rédacteur de la mainlevée énonce positivement que le comparant était réellement détenteur des titres, sinon ils doivent être communiqués au conservateur (n° 1669).

ARTICLE QUATRIÈME

CONSEIL JUDICIAIRE.

1698. Le prodigue est incapable de recevoir un capital sans l'assistance de son conseil judiciaire ; lorsqu'il est assisté, le prodigue peut donner mainlevée sans paiement [1].

1699. Si une inscription est prise pour des intérêts, fermages ou autres revenus, le prodigue n'a pas besoin de l'assistance de son conseil pour donner la mainlevée [2].

1700. En cas de décès du conseil judiciaire, d'opposition d'intérêt ou de refus d'assistance, il doit être pourvu à son remplacement par jugement [3].

1701. Toujours il faudra produire au conservateur le jugement nommant le conseil judiciaire et un certificat du greffier constatant qu'il n'y a pas eu d'appel.

Après la levée du conseil judiciaire, il y aura lieu de fournir le jugement de mainlevée et les pièces établissant qu'il est devenu définitif.

ARTICLE CINQUIÈME

ÉTRANGERS.

1702. L'Allemagne, l'Angleterre et la Hollande ignorent le conseil judiciaire ; elles ne connaissent que l'interdiction.

---

1. C. civ., 513 ; Cass., 12 août 1868 ; 1er fév. 1876, S. 78.1.53 ; Aubry et Rau, § 140, note 2 ; comp. C. Rouen, 9 juil. 1900, *Rev. not.*, 10640.

2. Aubry et Rau, § 140, note 18 ; Pont, 1097 ; Boulanger, 249 ; Primot, 82.

3. Cass., 13 juin 1860, D. 60.1.503, S. 61.1.237 ; Douai, 31 août 1864, S. 65.1.139 ; Demolombe, VIII, 772.

En Belgique, Espagne, Italie, Portugal et Suisse les règles sont les mêmes qu'en France.

1703. Majorité : Suisse, à 20 ans ; Allemagne, Angleterre, Belgique, Etats-Unis d'Amérique, Italie, Portugal, Russie, Serbie, à 21 ans ; Espagne et Hollande, à 23 ans ; Autriche, à 24 ans.

1704. A l'égard de la femme étrangère, sa capacité est réglée d'après le contrat de mariage, et à son défaut par la législation du pays auquel elle appartient.

D'après la loi russe et la loi autrichienne, la femme mariée conserve sa pleine capacité, sans avoir jamais besoin d'autorisation.

La femme allemande, mariée et majeure, peut, avec le concours ou l'autorisation de son mari, consentir tous désistements et mainlevées de privilèges, hypothèques, inscriptions et autres droits avec ou sans constatation de paiement. Il n'existe d'ailleurs aucun régime matrimonial dans lequel il y ait une obligation d'emploi ou de remploi que les tiers auraient à surveiller et dont ils pourraient être tenus (Cert. cout., janvier 1905).

La législation anglaise reconnaît à la femme mariée, en ce qui concerne ses biens mobiliers, une situation analogue à notre régime de la séparation contractuelle des biens [1].

En Belgique [2] et en Italie [3], la capacité de la femme mariée est régie par des dispositions identiques à celles de la loi française.

La femme française d'origine, qui épouse un étranger suit la nationalité de son mari [4].

---

1. Married women's property, act 1870, St. 33 et 34 ; Victoria, c. 93 ; Act 1882, St. 45 et 46 ; Victoria, c. 75.

2. Laurent, XXXI, 159.

3. C. civ. italien, 132, 1399, 1424, 1427, 1438.

4. C. civ., 19 ; C. civ. ital., 14 ; Act 1870, St. 33 ; Victoria, c. 14, § 40.

ARTICLE SIXIÈME

FAILLITE ET LIQUIDATION JUDICIAIRE.

1° Faillite.

1705. Par le jugement déclaratif de la faillite, le commerçant étant dessaisi de plein droit de l'administration de ses
biens, qui passe aux syndics, la mainlevée des inscriptions
prises au profit du failli est consentie par les syndics sur la
justification du jugement les nommant[1].

1706. La radiation consentie par les syndics ne souffrira
aucune difficulté toutes les fois qu'elle sera la conséquence
d'un paiement[2], sans qu'il y ait à s'inquiéter d'emploi[3].

1707. Pour les inscriptions prises en vertu d'une ouverture
de crédit, les syndics pourront donner mainlevée en affirmant
dans cet acte, soit que le crédit ne s'est pas réalisé, soit que les
sommes remboursées sont les seules qui aient été fournies[4].

1708. Quant aux inscriptions concernant des sommes payées
au failli avant le jugement déclaratif, la quittance authentique
devrait être rappelée dans la mainlevée et produite avec elle.
Si la quittance est sous signature privée, il faut qu'elle soit
annexée à la mainlevée et reconnue sincère par le failli[5].

1709. A l'égard des mainlevées consenties en l'absence de
tout paiement, les syndics devront obtenir l'autorisation du
juge-commissaire pour les créances n'excédant pas trois cents

1. C. comm., 443, 462, 512, 522, 529.
2. C. comm., 471, 485 ; Cass., 19 mars 1861, S. 61.1.443, D. 61.
1.276 : Boulanger, 93 ; Primot, 32 ; Baudot, 1029.
3. Caen, 26 juil. 1867, D. 68.2.149, S. 68.2.303, J. C., 2990 ; Dutruc, 705 ; Ruben de Couder, Dict , Syndic., 126.
4. Boulanger, 94 ; J. cons., 2275.
5. Millau, 7 déc. 1881, J. C., 3920 ; Boulanger, 93 ; Baudry-Lacantinerie et de Loynes, 1832 ; comp. Bordeaux, 22 janv. 1890, J. E.,
23796.

francs, et l'homologation du tribunal de commerce s'il s'agit d'une créance au-dessus de trois cents francs ou d'une valeur déterminée. Avant l'union, le failli sera appelé à l'autorisation et à l'homologation [1].

1710. En ce qui concerne l'inscription prise au profit de la masse des créanciers contre le failli [2], il y a des distinctions à faire :

1° Avant le concordat, les syndics ont qualité pour consentir : la radiation totale en prouvant la libération entière du failli, ou la radiation sur un héritage dont le prix aurait été soldé par le tiers détenteur à la masse ou à un créancier hypothécaire [3]. Si le prix avait fait l'objet d'un ordre, le juge-commissaire aurait seul qualité pour donner la mainlevée [4].

2° Le jugement homologatif du concordat peut accorder la mainlevée ou autoriser les syndics à la donner ultérieurement [5]. Ce jugement est signifié au failli et aux syndics [6] ; sa signification aux créanciers est inutile.

3° Après l'homologation du concordat, chaque créancier reprenant l'exercice de ses droits, il faudrait le concours de tous pour obtenir une radiation complète, mais ici on se heurte à une impossibilité matérielle. On devra recourir à un jugement constatant l'exécution du concordat et ordonnant la radiation de l'inscription prise au profit de la masse ; plus

1. C. comm., 487 ; Cass., 17 déc. 1865, S. 67.1.65, D. 66.1.146 ; 15 nov. 1880, S. 83.1.145, D. 81.1.101, J. C., 4394 ; Boulanger, 105 ; Primot, 33.

2. C. comm., 490.

3. Primot, 37 ; Boulanger, 101 ; comp. Douai, 3 fév. 1880, J. C., 3281, J. E., 21256, Rev. not., 6014.

4. Caen, 2 déc. 1826 ; Boulanger, 101.

5. Saint-Etienne, 4 avr. 1876, J. C., 3001 ; 13 juin 1877, J. E., 20790, J. C., 3107.

6. Saint-Etienne, 4 avr. 1876 ; Boulanger, 99.

un certificat du greffier du tribunal de commerce déclarant qu'aucun créancier n'est intervenu par opposition[1].

4° S'il n'y a pas eu concordat, les créanciers sont en état d'union et représentés par les syndics, pour la liquidation de la faillite ; la mainlevée de l'inscription prise au profit de la masse est une suite nécessaire du mandat des syndics[2] ;

Du reste, lorsque la liquidation de la faillite est terminée et le compte des syndics entièrement apuré, l'union se trouve dissoute et l'inscription prise au profit de la masse cesse de produire effet[3] ;

5° Quand le jugement déclaratif de la faillite est rapporté, le tribunal doit ordonner la radiation de l'inscription profitant à la masse. Ce jugement, rapportant la faillite, est signifié aux syndics, et la radiation opérée sur la justification que le jugement a acquis l'autorité de la chose jugée[4].

2° Liquidation judiciaire.

1711. Le commerçant en état de liquidation judiciaire n'est pas dessaisi de l'administration de son patrimoine. C'est lui qui a qualité, avec l'assistance de ses liquidateurs, pour recevoir paiement et donner quittance[5].

Cependant, en cas de refus, les liquidateurs pourraient agir seuls, mais il leur faudrait alors une autorisation du juge-commissaire.

---

1. C. comm., 517 ; Vire, 3 juin 1848 ; Vendôme, 18 nov. 1910, J. E., 28297 ; Boulanger, 98 ; Hervieu, Rad., 24 ; Baudot, 1030.
2. C. comm., 529, 532 ; Cass., 21 déc. 1880, S. 81.1.154 ; Caen, 13 fév. 1865, S. 65.2.138 ; Seine, 4 juin 1875 ; Boulanger, 115, 118 ; Primot, 37.
3. C. comm., 537 ; Caen, 18 juil. 1887, J. C., 3860.
4. Cass., 2 janv. 1877, S. 77.1.160 ; Boulanger, 119 ; Primot, 38 ; Hervieu, Rad., 25.
5. L. 4 mars 1889, art. 6.

1712. Avec l'assistance des liquidateurs, l'autorisation du juge-commissaire (et l'avis des contrôleurs s'il y en a), le débiteur peut accomplir tous actes de désistement, de renonciation ou d'acquiescement.

Sous les mêmes conditions, le débiteur a le droit de transiger sur tout litige dont la valeur n'excède pas 1.500 francs. Si l'objet de la transaction est d'une valeur indéterminée ou excédant 1.500 francs, il faudra l'homologation du tribunal de commerce [1].

1713. Après refus de concordat ou concordat par abandon d'actif, le liquidateur a qualité pour poursuivre seul la réalisation de l'actif du liquidé, sans être tenu d'appeler celui-ci [2].

ARTICLE SEPTIÈME

FEMME MARIÉE.

1° Créances hypothécaires.

1714. Sous le régime de la communauté légale ou conventionnelle, le mari ayant l'entière disposition des biens communs peut donner mainlevée sans paiement [3].

1715. Pour les biens restés personnels à la femme mariée en communauté, le mari, étant seulement administrateur, n'est autorisé à donner mainlevée qu'après paiement, à moins d'obtenir le concours de la femme [4].

Quant à la femme, elle ne peut consentir aucune mainlevée,

---

1. Même loi, art. 7.
2. Même loi, art. 15, § 2 ; C. comm., 534 ; Evreux, 5 août 1896, J. C., 4818.
3. C. civ., 1421, 1528 ; Rodière et Pont, 870 ; J. G., Cont. de mar., 104 ; Primot, 39 ; Boulanger, 126.
4. C. civ., 1428 ; Cass., 4 août 1862, S. 62.1.935 ; Primot, 40 ; Baudot, 859 ; Duranton, XX, 192 ; Boulanger, 129 ; Laurent, XXXI, 162.

en ce qui concerne ses propres, sans autorisation de son mari, ou de justice à son refus[1].

Si le mari est absent, mineur, interdit, aliéné, ou pourvu d'un conseil judiciaire, la femme peut recourir directement à l'autorisation de justice[2].

1716. Le contrat de mariage de la femme mariée en communauté oblige quelquefois le mari à faire emploi des créances, mais cette condition n'est pas obligatoire pour les tiers, à moins d'une stipulation formelle[3]. La radiation des inscriptions prises au profit de la femme ne devra donc être appuyée de la justification de l'emploi prescrit que dans le cas où les tiers en seraient garants.

1717. Lorsque les époux se marient sans communauté, le mari a l'administration des biens de la femme : à ce titre, il est capable de donner mainlevée après paiement, mais non sans paiement, à moins d'avoir le consentement de la femme[4].

1718. En ce qui concerne la séparation de biens, contractuelle ou judiciaire, la femme peut, sans autorisation, donner mainlevée après paiement des inscriptions garantissant ses créances contre les tiers[5]. Pour la mainlevée sans paiement, la femme séparée de biens a besoin de l'autorisation maritale.

1719. Sous le régime dotal, le mari peut aliéner les créances et rentes faisant partie de la dot mobilière de sa femme, et,

1. Primot, 40 ; Boulanger, 130 ; Pont, 1077 ; comp. Laurent, XXXI, 155.

2. C. civ., 221, 222 ; Aubry et Rau, § 472 ; Boulanger, 131 à 133 ; comp. Cass., 11 août 1840 ; Bordeaux, 13 janv. 1869, S. 69.2.316.

3. Cass., 19 janv. 1869 ; Rouen, 16 déc. 1850 ; Caen, 6 août 1866, S. 67.2.286 ; Boulanger, 134 ; Primot, 41 ; comp. Cass., 21 fév. 1894, S. 95.1.393.

4. C. civ., 1531 ; Cass., 25 juil. 1843 ; Baudot, 918 ; Boulanger, 170 ; Laurent, XXXI, 162 ; Primot, 47 ; J. G., *Cont. de mar.*, 3090.

5. C. civ., 1449, 1536 ; Rouen, 13 janv. 1845, D. 45.4.107 ; Alger, 22 janv. 1866, S. 66.2.192 ; Boulanger, 173 ; Primot, 48 ; Pont, 1077 ; Duranton, XX, 192. — *Contrà*, Martou, 1189.

par conséquent, donner sans paiement, mainlevée des inscriptions qui y sont attachées, lorsque le contrat ne renferme aucune obligation d'emploi à la charge du mari [1].

1720. La séparation de biens qui rend à la femme dotale l'administration de ses biens, ne lui accorde pas capacité de donner mainlevée sans paiement [2], et elle reste soumise à la condition d'emploi stipulée dans son contrat de mariage [3].

1721. Dans tous les cas où l'emploi est prescrit par le contrat de mariage ou par un jugement d'autorisation, il doit en être justifié au conservateur, qui d'ailleurs n'est juge que de la matérialité et non de l'utilité de cet emploi [4].

Au surplus, tout emploi prescrit n'est régulier que par l'acceptation de la femme [5].

1722. Quant à ses paraphernaux, la femme en ayant l'administration, est fondée à donner mainlevée après paiement ; elle

1. Cass., 6 déc. 1859 ; 1er août 1865, S. 66.1.363 ; 13 janv. 1874 ; 3 fév. 1879, S. 79.1.333 ; Rodière et Pont, 1715 ; Boulanger, 188 ; Primot, 53. — Contrà, Rouen, 8 fév. 1842, S. 42.2.271 ; J. G., Cont. de mar., 3488 ; Aubry et Rau, § 281, note 12 ; Baudry-Lacantinerie et de Loynes, 1844, disant que le mari n'est capable d'aliéner qu'à titre onéreux seulement : dans cette opinion, le mari ne pourrait donner mainlevée sans paiement.
2. Cass., 11 nov. 1867 ; 3 fév. 1879 ; 27 avr. 1880, S. 80.1.360, D. 80.1.431 ; Primot, 56 ; Boulanger, 197.
3. Cass., 21 mai 1867 ; 26 juil. 1869 ; 18 déc. 1888, S. 89.1.161 ; Agen, 7 mars 1870, S. 70.2.233 ; Boulanger, 197 ; Aubry et Rau, § 139, notes 12 et 13.
4. Cass., 9 juin 1841, S. 41.1.468 ; Limoges, 16 déc. 1848, J. G., Hyp., 2699 ; Grenoble, 26 juil. 1911, Rev. not., 14584 ; Primot, 59 ; Boulanger, 218 ; comp. Cass., 29 janv. 1890, S. 93.1.471. — Dans le cas où le contrat de mariage déchargerait les tiers de toute surveillance comme de toute responsabilité, à l'égard du remploi, la justification ne saurait en être exigée (Clermont-Ferrand, 29 janv. 1876, J. N., 21387).
5. Cass., 2 mai 1859 ; 12 juin 1865, S. 65.1.298 ; 28 juin 1883, S. 85.1.376 ; Aubry et Rau, § 537, note 88 ; Boulanger, 219 ; Primot, 59. — Contrà, Rouen, 26 avr. 1872, S. 73.2.133.

peut même donner mainlevée sans paiement avec l'autorisation de son mari [1].

1723. Pour toutes les radiations d'inscriptions profitant à la femme, il est nécessaire de produire le contrat de mariage [2].

S'il n'y a pas de contrat, le conservateur peut demander la production de l'acte de mariage fait depuis le 1er janvier 1851.

1724. Lorsque l'inscription a été prise pour des revenus, il est de toute évidence que les époux n'ont pas à s'occuper d'emploi [3].

1725. Après la séparation judiciaire de biens, la femme doit justifier que toutes les formalités légales ont été accomplies, en produisant le jugement de séparation, et les pièces établissant son exécution [4].

1726. La séparation de corps rend à la femme l'exercice de sa capacité civile [5] ; elle devra produire le jugement de séparation et les certificats constatant qu'il est devenu définitif, plus son contrat de mariage, car l'inaliénabilité dotale continue de subsister après séparation de corps.

1727. La femme divorcée prouvera sa capacité en représentant l'acte de mariage émargé du jugement prononçant le divorce [6].

---

1. C. civ., 1576 ; Paris, 17 août 1843, S. 43.2.534 ; Grenoble, 9 avr. 1842 ; Boulanger, 224 ; Primot, 60 ; Aubry et Rau, § 541, note 9 ; Rodière et Pont, 1978.

2. Cass., 9 juin 1841 et Paris, 17 août 1843, précités ; Beaune, 18 mars 1858, J. C., 1393 ; Pont, 1102 ; Laurent, XXI, 214 ; Boulanger, 232 ; Primot, 61.

3. Agen, 3 mars 1846, D. 49.2.137 ; Boulanger, 198.

4. C. civ., 1444 ; C. pr., 872 ; Cass., 18 mai 1852, D. 52.1.175, S. 52 1.634 ; Boulanger, 177 ; Primot, 50. — Evidemment ces justifications ne seraient pas exigibles si la femme agissait avec l'autorisation de son mari (Redon, 12 mars 1879, J. N., 22233).

5. C. civ., 311.

6. C. civ., 251, 252 ; J. C. 3893.

2º Hypothèque légale.

1728. La radiation de l'inscription d'hypothèque légale, sur partie des biens restés aux mains du mari, doit être précédée des formalités indiquées dans l'article 2144 du Code civil (n° 648).

D'autre part, la femme est capable de donner mainlevée de l'inscription de son hypothèque légale sur l'immeuble vendu par son mari à un tiers (n° 1326).

1729. Après séparation de corps ou de biens, la femme, en recevant le montant intégral de ses reprises en deniers, donnera valablement mainlevée de son hypothèque légale : 1° totalement quant aux biens déjà sortis des mains de son mari, 2º et à concurrence des sommes reçues à l'égard des immeubles restés à celui-ci ; pour la mainlevée totale sur les biens restant aux mains du mari, elle n'est pas permise [1].

En ce qui concerne la femme dotale, cette solution souffre difficulté, car l'hypothèque légale garantit non-seulement les créances exigibles et payées à la suite de la séparation, mais encore d'autres créances qui peuvent naître ultérieurement et pour lesquelles la dotalité ne permet pas d'abdiquer les garanties légales. Du reste, la difficulté disparaîtra toujours lorsque la liquidation des reprises aura été homologuée par jugement ordonnant la radiation dans le sens désiré [2].

1730. Le créancier subrogé à l'hypothèque légale de la femme qu'il a fait inscrire à son profit, est maître absolu de donner mainlevée sans justifications [3].

1. Paris, 16 mai 1902, D. 03.2.225, J. E., 26378, J. C., 5472, Rev. not., 11018 ; Mayenne, 14 nov. 1902 ; Bordeaux, 13 juin 1910, J. E., 28242.

2. Dieppe, 13 avr. 1892, J. C., 4333 ; comp. Lyon, 18 août 1864, S. 66.2.96 ; Nancy, 22 mai 1869, S. 69.2.225 ; Bordeaux, 22 juil. 1869, S. 70.2.80.

3. Cass., 5 fév. 1861, D. 61.1.65, S. 61.1.209.

André, Régime hypothécaire.   37

ARTICLE HUITIÈME

INTERDICTION.

1731. Celui qui est frappé d'interdiction judiciaire se trouve assimilé au mineur en tutelle [1] (n° 1741).

1732. Sur la demande en interdiction, le tribunal nomme souvent un administrateur provisoire dont les fonctions cessent à la nomination du tuteur [2].

Les pouvoirs de cet administrateur sont, en général, limités au droit de donner mainlevée après paiement [3].

Le tuteur de l'interdit et l'administrateur provisoire doivent justifier de leur nomination.

1733. La mainlevée de l'interdiction est prononcée par jugement qui doit être signifié, publié et affiché ; ce qu'il faut établir au conservateur lorsque l'ex-interdit agit seul [4].

1734. Aux termes de l'article 29 du Code pénal, les condamnés aux travaux forcés à temps, à la détention ou à la réclusion, sont frappés d'interdiction légale pendant la durée de leur peine.

Un conseil de famille nomme un tuteur à l'interdit légalement ; ce tuteur administre d'après les règles de la tutelle des mineurs [5] ; il justifiera de la délibération de famille le nommant.

L'interdiction légale cesse de plein droit à l'expiration de la peine ; elle cesse également en cas de grâce ou d'amnistie [6].

---

1. C. civ., 509.
2. C. civ., 497, 505 ; comp. Bordeaux, 12 mai 1883, S. 86.2.112.
3. Cass., 22 janv. 1855, S. 56.1.161 ; Aubry et Rau, § 125 ; Demolombe, VIII, 515 ; Boulanger, 245 ; Laurent, V, 272 ; Huc, III, 511.
4. C. pr., 897.
5. C. pén., 29 ; L. 31 mai 1854.
6. Cass., 14 août 1865, S. 65.1.456 ; Garraud, I, 337.

ARTICLE NEUVIÈME

MANDATAIRES.

1735. Il y a deux sortes de mandats : le mandat spécial donné pour une affaire ou pour certaines affaires seulement, et le mandat général qui embrasse la gestion de la fortune entière du mandant [1].

1736. Le mandat général confère à celui qui en est revêtu le pouvoir de toucher les sommes exigibles dues au mandant, d'en donner quittance, et de consentir la radiation des inscriptions relatives aux créances soldées [2].

1737. En principe, les pouvoirs du mandataire spécial sont restreints dans les limites tracées par la procuration ; ainsi : le pouvoir de toucher une créance emporte celui de donner mainlevée après paiement [3] ; le mandataire, chargé seulement de vendre, n'a pas le droit de toucher le prix [4] ; le pouvoir de donner mainlevée et consentir la radiation *sans paiement*, doit être formellement exprimé [5].

1738. Quand une procuration renferme le pouvoir de substituer, le substitué peut lui-même se faire remplacer à l'infini ; et les actes ainsi faits obligent le mandant dès lors qu'ils ne dépassent pas les termes de la procuration [6].

1. C. civ., 1987.
2. C. civ., 1988 ; J. G., *Mandat*, 79 ; Laurent, XXXI, 172 ; Boulanger, 254.
3. Boulanger, 256 ; Aubry et Rau, § 412, note 11.
4. Cass., 18 nov. 1824 ; Rouen, 9 nov. 1839 ; 26 janv. 1853, S. 55. 2.663 ; Aubry et Rau, § 412 ; Baudot, 883 ; Pont, 951.
5. St-Étienne, 25 août 1874, J. C., 2915 ; Boulanger, 259. Le mandat de consentir la radiation sans paiement, ne serait pas valablement donné par une femme mariée séparée de biens, sans autorisation. Nérac, 5 fév. 1904, J. E., 26827.
6. C. civ., 1994. 1998 ; Cass., 26 nov. 1878, S. 79.1.69 ; 20 janv. 1880, S. 80.1.412 ; Aubry et Rau, § 413, note 14 et 18. — *Contrà*, Boulanger, 273 ; Primot, 65.

1738 *bis*. Il est indispensable que le mandat à l'effet de donner mainlevée soit passé en forme authentique[1].

1739. Les séquestres et administrateurs judiciaires ont des attributions circonscrites et précises ; ils restent toujours incapables de donner mainlevée sans paiement[2] ; ils ne peuvent même recevoir que s'ils en ont reçu l'autorisation[3].

1740. En toute circonstance, il est nécessaire de produire les pouvoirs au conservateur ; et dans le cas où la procuration aurait plus de 10 ans de date, le conservateur pourrait demander un certificat de vie du mandant[4].

ARTICLE DIXIÈME

MINORITÉ.

1° Créances ordinaires.

1741. Le mineur non émancipé est représenté par son père, administrateur légal, tant que dure l'union dont il est issu, et par un tuteur après la mort de l'un des deux époux ; ce tuteur est, suivant les circonstances, le survivant des père et mère, un ascendant mâle, la personne désignée par le survivant des père et mère ou une personne choisie par le conseil de famille[5].

1742. Le mineur, enfant naturel, a pour tuteur légal celui

---

1. C. civ., 2158 ; Paris, 17 août 1843, S. 43.2.534 ; J. G., *Priv.*, 2699 ; Pont, 1074 ; Laurent, XXXI, 172 ; comp. Cass., 15 nov. 1880, S. 81.1.253.

2. Douai, 3 déc. 1867 ; Bordeaux, 22 nov. 1870 ; Paris, 21 août 1876, S. 76.2.317.

3. Paris, 4 juin 1894, J. C., 4580 ; 13 mars 1908, J. E., 27818, D. 10.2.241 ; comp. Lyon, 16 janv. 1879, D. 80.2.152, S. 82.2.69, *Rev. not.*, 5828, décidant que le séquestre nommé par ordonnance de référé n'a pas le droit de donner mainlevée.

4. Arg. C. civ., 121.

5. C. civ., 389, 390, 395, 397, 402, 405.

des père et mère qui l'a reconnu, mais ce tuteur ne peut administrer qu'après avoir fait nommer un subrogé tuteur par le tribunal civil [1].

1743. Les pupilles de l'assistance publique ont pour tuteur : 1° dans le département de la Seine, le directeur de l'assistance publique de Paris ; 2° dans les autres départements, le préfet qui délègue l'inspecteur départemental [2].

La gestion des biens est confiée au trésorier-payeur général, et dans le département de la Seine au receveur de l'assistance publique de Paris [3].

1744. Quant au mineur émancipé, il agit personnellement avec l'assistance du curateur [4].

1745. En principe, le tuteur du mineur est incapable de donner mainlevée sans paiement ; il en est de même pour le mineur émancipé assisté de son curateur [5].

Par paiement il faut entendre non seulement le versement d'espèces aux mains du tuteur, mais encore le versement aux créanciers hypothécaires du mineur, par un acquéreur de ses immeubles, ou même une compensation [6].

1746. Quand le tuteur est débiteur personnel envers son pupille, la mainlevée qu'il donne en se chargeant des fonds comme tuteur est régulièrement faite en présence du subrogé-tuteur [7].

1747. La mainlevée d'une inscription non soldée ne peut

1. C. civ., 389.

2. L. 27 juin 1904, art. 11.

3. L. 27 juin 1904, art. 15 du 18 déc. 1906 ; Décr. 19 mai 1909, art. 3, 13 et 14.

4. C. civ., 482 ; Primot, 76.

5. C. civ., 450, 484 ; L. 27 fév. 1880 ; Toulouse, 13 juin 1831 ; Pont, 1078 ; Baudot, 867 ; Laurent, XXXI, 211 ; Boulanger, 280, 328 ; Primot, 77.

6. Boulanger, 284 ; J. C., 4418.

7. Bordeaux, 14 mai 1855 ; Boulanger, 292.

avoir lieu sans l'autorisation du conseil de famille, et l'homologation du tribunal si la créance dépasse 1.500 fr. [1].

1748. Il est permis au conseil de famille d'obliger le tuteur datif, mais non le tuteur légal, à faire un emploi déterminé des capitaux appartenant au mineur [2].

Le tribunal a aussi le droit, quand son autorisation est nécessaire, de prescrire au tuteur les mesures d'emploi qu'il juge utiles [3].

Dans les cas d'emploi prescrit par le conseil de famille ou par le tribunal, le tuteur devra justifier, au moment de la radiation, de l'accomplissement des conditions qui lui ont été imposées [4].

1749. En dehors des circonstances particulières qui viennent d'être indiquées, les tiers n'ont pas à s'occuper de l'emploi auquel le tuteur se trouve légalement astreint [5].

1750. Au surplus, le tuteur n'a pas capacité de recevoir une créance non exigible si le titre interdit au débiteur d'anticiper sa libération ; l'encaissement avant l'échéance pouvant être considéré comme une aliénation nécessitant l'autorisation du conseil de famille [6].

Après l'exigibilité de la créance, le tuteur a pleine capacité pour recevoir le paiement des deniers d'un tiers et lui consentir subrogation, sans garantie, dans les droits du mineur [7].

1. L. 27 fév. 1880.
2. Douai, 4 mars 1859 ; 21 avr. 1873, S. 73.2.296. — *Contrà*, Caen, 30 déc. 1845.
3. Douai, 21 avr. 1873 ; Laurent, XXXI, 169, 211 ; Aubry et Rau, § 113, note 53. — *Contrà*, Albi, 26 janv. 1907.
4. Laurent, XXXI, 169 ; Boulanger, 291. — *Contrà*, Primot, 68.
5. L. 27 fév. 1880 ; Lorient, 23 mars 1881, J. E., 21649 ; T. Toulouse, 19 janv. 1882 ; Die, 27 juil. 1882 ; Bourgoin, 12 juin 1895, J. C., 4637.
6. L. 27 fév. 1880, art. 1 et 2 ; comp. Boulanger, 280, 466 ; Primot, 67, note ; Martou, 1190.
7. J. C., 4616.

1751. La justification de la qualité du tuteur, nommé par le conseil de famille ou par le dernier mourant des père et mère, se fera par la production de l'acte qui l'institue [1].

2° Hypothèque légale.

1752. En principe, l'hypothèque légale du mineur frappe la généralité des immeubles du tuteur. Il est permis de restreindre cette hypothèque à certains immeubles déterminés, soit par l'acte de nomination du tuteur, soit pendant la tutelle en vertu d'une délibération de famille homologuée par jugement (n°s 697).

1753. Quand la tutelle cesse avant la majorité d'un pupille, par décès ou démission du tuteur, celui qui le remplace, en recevant le solde du compte de tutelle, peut donner mainlevée totale de l'inscription qui aurait été prise [2].

1754. Après la majorité du pupille, la radiation complète de son inscription d'hypothèque légale ne sera opérée que sur la production d'un compte de tutelle arrêté plus de dix jours après sa présentation [3].

1755. La mainlevée donnée par le mineur devenu majeur, en faveur d'un tiers possesseur d'immeubles grevés de cette hypothèque, doit être suivie de radiation, quoi qu'elle ait lieu avant la reddition de compte du tuteur, car la prohibition des traités avec l'ex-tuteur ne s'applique pas aux tiers [4].

1. Le Havre, 9 mars 1855 ; Boulanger, 279, 336.
2. Comp. Cass., 25 juin 1839, S. 39.1.688 ; Boulanger, 307.
3. C. civ., 472 ; Demolombe, VIII, 65 ; Aubry et Rau, § 121, note 19 ; Baudot, 871 ; Boulanger, 309 ; Primot, 74.
4. Cass., 1er juin 1847 ; 2 juil. 1847 ; Bourges, 28 fév. 1852, S. 52. 2.175, D. 55.2.113 ; Boulanger, 310 ; Primot, 74, note ; Comp. Cass., 10 avr. 1849, S. 49.1.506, J. C., 502.

ARTICLE ONZIÈME

RENTE VIAGÈRE.

1756. Au décès du crédi-rentier, la rente viagère s'éteignant, il est procédé à la radiation des inscriptions sur la mainlevée donnée par les héritiers du créancier [1], qui doivent prouver leur qualité.

1757. Dans le cas où le créancier aurait expressément dé- claré, au contrat de constitution, que les inscriptions seraient rayées sur la simple justification de son décès, la production d'une expédition en forme de l'acte de décès serait suffisante pour obtenir la radiation [2] (n° 576).

1758. Le créancier d'une rente viagère alimentaire peut donner mainlevée de l'inscription prise pour sûreté de cette rente [3], à moins qu'elle n'ait été déclarée incessible [4]; cepen- dant, le conservateur est fondé à demander au tribunal d'ap- précier si réellement le crédi-rentier a intérêt à la libération du gage hypothécaire [5].

Il s'agit, bien entendu, d'une rente donnée ou léguée, car celle stipulée au profit d'un vendeur ou d'un donateur est toujours aliénable [6].

1. Déc. min. fin., 17 nov. 1807 ; J. G., *Hyp.*, 2750 ; Baudot, 942 ; Persil, art. 2160, n° 2 ; Boulanger, 476, 478 ; Hervieu, *Rad.*, 72 ; Primot, 111 *bis*.

2. Baudot, 942 ; Hervieu, *Rad.*, 72 ; Primot, 111 *bis* ; Boulanger, 477 ; comp. Toulon, 31 août 1859, J. C., 1533.

3. Caen, 9 juil. 1862, S. 63.2.103 ; Demolombe, IV, 78 ; Laurent, XXVII, 302. — *Contrà*, Lyon, 28 avr. 1869, S. 70.2.52, J. C., 2961 ; Boulanger, 480.

4. C. pr., 581 ; Cass., 13 juil. 1875, S. 75.1.346 ; 20 mars 1907, S. 11.1.150 ; Rouen, 8 avr. 1868, S. 69.2.87.

5. Tr. Caen, 24 avr. 1894, J. C., 4541 ; C. Limoges, 10 mars 1905. *Rev. not.*, 12432, D. 05.2.187, J. E., 26897 ; Seine, 2 juil. 1909, J. E., 27997 ; 23 fév. 1906, S. 06.2.282.

6. C. civ., 1981 ; Cass., 19 janv. 1890, D. 91.1.30 ; Laurent, XXVII, 299.

ARTICLE DOUZIÈME

SOCIÉTÉ.

1759. A l'occasion de toute radiation consentie au nom d'une société, il faut remettre au conservateur un extrait de l'acte de société conférant les pouvoirs à cet effet [1].

1760. Le gérant d'une société peut recevoir les sommes dues et consentir la mainlevée des inscriptions qui en garantissaient le paiement [2].

1761. Le gérant n'a pas capacité pour donner mainlevée sans paiement, à moins d'une clause spéciale, dans le pacte social, ou d'une délibération prise par les associés [3].

1762. Dans les sociétés anonymes, l'assemblée des actionnaires représentant la moitié du capital social, a le droit d'autoriser la mainlevée sans paiement [4].

1763. A la dissolution de la société, les liquidateurs n'ont généralement que des pouvoirs d'administration [5].

1764. Les actes sous signatures privées comme justifications des pouvoirs du gérant ou liquidateur, sont suffisants [6].

1765. Quand l'acte de société n'a pas pourvu à la gérance, chacun des associés a capacité pour faire les actes d'admi-

---

1. Charolles, 8 fév. 1878, J. C., 3190 ; Boulanger, 364.

2. Pont, *Sociétés*, 513 ; *Hyp.*, 1879 ; J. G., *Société*, 478 ; Boulanger, 349, 372 ; Baudot, 974 ; Primot, 85.

3. Cass., 17 avr. 1855 ; 27 janv. 1868, S. 68.1.53 ; J. G., *Soc.*, 232 ; Aubry et Rau, § 381, note 9 ; Primot, 86 ; Boulanger, 354 ; Laurent, XXVI, 320.

4. L. 24 juil. 1867, art. 31 ; Paris, 13 janv. 1885, J. C., 3736, S. 91.2.100.

5. Cass., 16 fév. 1874 ; 16 mai 1877 ; Toulouse, 2 août 1861, S. 62. 2.33 ; Rouen, 26 août 1845 ; Boulanger, 359 ; Primot, 88 ; J. G., *Société*, 1025.

6. L. 24 juil. 1867, art. 69 du 1er août 1893 ; comp. Lyon-Caen et Renault, 54 ; Boulanger, 367 ; Primot, 89.

nistration, c'est-à-dire donner mainlevée après paiement [1].

1766. En cas de société verbale, il est impossible de prouver que la mainlevée émane de tous les intéressés ; il faut recourir au tribunal pour faire ordonner la radiation, si le conservateur ne se contente pas d'un acte de notoriété, que le droit commercial juge suffisant [2].

1767. Dans les sociétés en commandite simple, le commandité a capacité pour donner mainlevée après paiement [3].

1768. En cas de commandite par actions ou de société anonyme, les gérants n'ont, en général, que les pouvoirs d'administration ordinaires ; ils doivent obtenir de l'assemblée générale des actionnaires l'autorisation de donner mainlevée des inscriptions relatives à des créances non éteintes [4].

1769. Les sociétés par actions n'étant valablement constituées qu'à la condition de remplir certaines formalités, le conservateur est fondé à exiger la preuve de l'exécution des formalités substantielles constitutives de la société, au moyen de la production d'un extrait de l'acte social, de la déclaration notariée du gérant et de la délibération relative à la vérification des apports [5].

1770. Ces justifications ne s'appliquent pas aux sociétés soumises à l'autorisation du gouvernement : pour elles il suffit de prouver l'autorisation [6].

---

1. C. civ., 1859 ; Cass., 4 fév. 1852, S. 52.1.245 ; Boulanger, 355, 373 ; Laurent, XXXI, 218.

2. C. comm., 39 ; Cass., 19 janv. 1881, S. 82.1.275 ; Béziers, 23 mai 1837 ; Charolles, 8 fév. 1878, J. C., 3190 ; Boulanger, 368 ; Primot, 90.

3. C. comm., 27 ; Cass., 15 janv. 1872 ; Dijon, 24 juil. 1874, S. 75.2.73 ; Boulanger, 375 ; Pont, 1440 ; Primot, 92.

4. Cass., 21 avr. 1841 ; 3 mai 1853, D. 53.1.186 ; Boulanger, 377 ; Primot, 93, 94 ; Alauzet, 209 ; Pont, 1671 ; Vavasseur, 821.

5. L. 24 juil. 1867 ; Cass., 16 mars 1859 ; Primot, 96 ; Boulanger, 391.

6. L. 24 juil. 1867, art. 66 ; Décr. 22 janv. 1868 ; Boulanger, 391.

1771. Quant aux prescriptions légales relatives à la publication des actes de société, le conservateur n'a aucunement à s'en occuper, car les nullités prononcées par la loi ne concernent pas les tiers[1].

1772. A l'égard des associations en participation, il suffit de rappeler que le gérant étant maître absolu de l'actif social peut, par conséquent, donner mainlevée sans paiement[2].

1773. Le conservateur, auquel la radiation d'une inscription est demandée par une société commerciale, n'a pas le droit d'exiger la preuve qu'à l'époque où la mainlevée a été consentie, il n'était survenu aucune modification à l'acte de société pouvant altérer la capacité de la personne qui a donné cette mainlevée[3].

1774. La société de Crédit foncier est administrée par un gouverneur, deux sous-gouverneurs et un conseil d'administration. Le gouverneur (ou un sous-gouverneur) a qualité pour donner la mainlevée, en conséquence du paiement de la dette ou pour un prêt non réalisé ; il lui faut une autorisation du conseil d'administration pour consentir la radiation sans constatation de libération[4].

1775. Le gouverneur de la Banque de France (ou un sous-gouverneur) a capacité suffisante pour donner mainlevée d'une inscription dont les causes n'existent plus ; pour la

1. L. 21 juil. 1867, art. 41, 51 ; Boulanger, 391, 399 ; comp. Cass., 16 mars 1859 ; Vavasseur, 1028.

2. C. comm., 48 ; Cass., 4 déc. 1860 ; Poitiers, 22 déc. 1887, S. 88. 2.1 ; Lyon-Caen et Renault, 527 ; Vavasseur, 315 ; Ruben de Couder, 25 ; Boulanger, 395 ; J. G., *Société*, 1674 ; Alauzet, 247 ; Rivière, p. 152.

3. Dijon, 9 déc. 1842, J. E., 15268 ; Cass., 7 janv. 1852, J. G., *Priv. et Hyp.*, 2700 ; Seine, 29 avr. 1859 ; Bordeaux, 16 août 1876, S. 77.2.334, J. N., 21857. — *Contrà*, Amiens, 31 déc. 1851, S. 52.2. 128 ; comp. Boulanger, 400.

4. Cass., 5 mars 1912, D. 13.1.305, J. E. 28.662 ; comp. Statuts 31 août 1859, art. 18, 21, 22, 34, 72 ; Boulanger, 396.

mainlevée sans paiement, il doit obtenir l'autorisation du conseil général de la Banque. Les directeurs des succursales de la Banque sont obligés de justifier d'un mandat du gouverneur pour donner mainlevée, même après paiement[1].

1776. Les grandes compagnies de chemin de fer sont administrées par des conseils investis des pouvoirs les plus étendus, à l'effet d'autoriser toutes mainlevées d'inscriptions et déléguer, à un mandataire spécial, leurs pouvoirs pour certaines affaires déterminées[2].

ARTICLE TREIZIÈME

SUCCESSIONS ET LEGS.

1° Héritiers.

1777. Les héritiers *ab intestat*, réguliers, qui consentent une radiation, justifient de leur qualité héréditaire, avant partage, par la production de l'intitulé d'inventaire, ou d'un acte de notoriété indiquant qu'il est dressé à défaut d'inventaire[3].

Il est indispensable que l'acte de notoriété, comme l'intitulé d'inventaire, mentionne la qualité de célibataire, marié ou veuf du défunt, parce que l'époux survivant a des droits légaux sur la succession de son conjoint[4].

1778. De plus, le tuteur de l'héritier mineur ou interdit est obligé d'établir qu'il a été autorisé à accepter la succession pour son pupille[5].

1779. Tous les héritiers doivent concourir pour que la radiation totale soit obtenue[6]; mais les créances se divisant de

1. L. 22 avr. 1806, art. 10, 11 ; Boulanger, 397.
2. Boulanger, 397 *ter*.
3. Boulanger, 402 ; Primot, 98 ; Baudot, 936.
4. C. civ., 767.
5. C. civ., 461 ; comp. Demolombe, XV, 135.
6. Cass., 20 déc. 1848 ; 11 juil. 1865, S. 65.1.400 ; Primot, 99 ; Boulanger, 403.

plein droit, rien n'empêche que chaque héritier consente isolément la mainlevée de l'inscription pour sa part aliquote[1].

1780. En ce qui concerne les successeurs irréguliers, il faut établir qu'ils ont été envoyés en possession par le tribunal, au moyen de la production d'une expédition du jugement[2].

1781. Après le partage, le droit de disposer de la créance et de donner mainlevée de l'inscription appartient exclusivement à l'héritier dans le lot duquel elle a été placée ; on devra alors joindre à la mainlevée un extrait littéral de l'acte de partage authentique ; un partage sous seing privé serait insuffisant, à moins qu'il n'eût été déposé et reconnu par tous les héritiers devant notaire[3].

Si le partage concerne des incapables, il a lieu en justice, et le conservateur ne rayera que sur la justification des significations et des certificats de non appel[4].

1782. L'effet déclaratif du partage anéantit les hypothèques conférées par l'un des cohéritiers sur les immeubles échus à ses copartageants ; cependant le conservateur n'ayant pas à apprécier le mérite des inscriptions, n'opérera la radiation qu'au vu de la mainlevée donnée par le créancier, ou d'un jugement rendu contre lui et passé en force de chose jugée[5].

1783. L'héritier bénéficiaire est propriétaire des biens héréditaires ; s'il est majeur, il peut disposer d'une manière absolue d'une inscription relative à une créance de la succession[6].

1. Cass., 9 nov. 1847, D. 48.1.58 ; Primot, 99 ; Boulanger, 404 ; Hervieu, *Rad.*, 52.

2. C. civ., 770 ; Demolombe, XIV, 253 ; Boulanger, 402.

3. C. civ., 883. 2152 ; Boulanger, 409, 410 ; Primot, 100 ; Inst. 123.

4. Cass., 26 mars 1866 ; 12 fév. 1878, S. 80.1.160 ; Boulanger, 412 à 415.

5. C. civ., 2158, 2160 ; Domfront, 23 fév. 1876, J. C., 3017 ; Boulanger, 416 ; Primot, 101 ; Hervieu, *Rad.*, 56.

6. Cass., 25 juil. 1867, S. 68.1.12 ; Paris, 30 juil. 1850 ; Boulanger, 420 ; Primot, 102.

1784. De ce que le grevé de substitution est propriétaire des biens substitués, sous condition résolutoire, il est vrai, il résulte qu'il peut donner mainlevée en recevant le montant des créances, sans avoir à justifier d'un emploi, ni du concours du tuteur à la substitution [1].

1785. Le curateur à une succession vacante peut, en justifiant du jugement qui l'a nommé, donner mainlevée des inscriptions relatives aux créances soldées au *de cujus* [2] ou au receveur des domaines, ou encore en ses propres mains, s'il a reçu pouvoir spécial à cet effet [3].

2° Légataires.

1786. Tout légataire donnant mainlevée d'une inscription, doit justifier du titre qui lui a transmis la créance.

1787. Institué par testament authentique, le légataire universel produira : le testament et l'acte de notoriété établissant s'il y a ou non des réservataires [4] ; en présence de réservataires, le légataire ajoutera l'acte ou le jugement contenant la délivrance du legs, et la pièce lui attribuant la totalité de la créance [5].

1788. Le testament est-il olographe ou mystique ? Il faudra que le légataire universel produise, en l'absence de réservataires : le testament, un acte de notoriété, et l'ordonnance d'envoi en possession rendue par le président du tribunal du lieu où la succession est ouverte [6].

1. Cass., 15 mars 1830 ; Paris, 25 juil. 1850 ; Orléans, 1er fév. 1876, S. 76.2.112 ; Demolombe, XXII, 564 ; Primot, 108 ; Boulanger, 450, 454.
2. Bordeaux, 22 janv. 1892, J. C., 4256, J. E., 23796.
3. C. civ., 813 ; Riom, 12 mars 1853, S. 53.2.639 ; Inst. 2598 ; Pont, 1079, J. G., *Hyp.*, 2684 ; Boulanger, 424, 425 ; Primot, 103.
4. C. civ., 1006 ; Liège, 3 déc. 1857 ; Primot, 105.
5. Alger, 19 fév. 1875, S. 75.2.318 ; Boulanger, 436.
6. C. civ., 1007, 1008 ; Dijon, 25 mars 1870, S. 70.2.175 ; Demolombe, XXI, 510, 516.

Lorsqu'il n'existe aucun héritier à réserve, le légataire universel étant saisi de plein droit, n'a pas d'autre justification à fournir que l'ordonnance l'autorisant à prendre possession, encore que cette ordonnance puisse être attaquée par les héritiers exhérédés au moyen de la tierce-opposition [1], car l'éventualité de cette voie de recours extraordinaire n'arrête pas l'exécution [2]. Le conservateur qui demanderait d'autres justifications sous prétexte que la tierce opposition peut se produire pendant 30 ans, obéirait à des scrupules exagérés dont la responsabilité lui incomberait.

S'il y a des réservataires, on produit, avec le testament et l'acte de notoriété, les pièces contenant délivrance du legs, et attribution de la créance au légataire [3].

1789. Le légataire à titre universel et le légataire particulier doivent toujours produire l'acte de délivrance [4].

1790. Observons encore que l'acceptation de tout legs universel ou à titre universel au profit d'un mineur ou d'un interdit, doit être autorisée par le conseil de famille [5].

1791. Dans le cas où le testateur nomme un exécuteur testamentaire, celui-ci, quand il a la saisine, peut donner mainlevée des inscriptions relatives aux créances dont il a reçu le paiement, en justifiant du titre qui l'a nommé et de l'accomplissement des formalités prescrites pour la régularité du testament [6].

---

1. C. pr., 474 ; C. civ., 1167 ; Cass., 24 avr. 1844 ; 3 avr. 1895, S. 95.1.221, J. C., 4609.

2. Seine, 7 août 1859 ; Dijon, 31 mai 1867, S. 68.2.224.

3. C. civ., 1004 ; Primot, 105 ; Boulanger, 435 ; Demolombe, XXI, 555.

4. C. civ., 1011, 1014 ; Demolombe, XXI, 553, 662 ; Boulanger, 444, 445 ; Hervieu, *Rad.*, 67 ; Baudot, 940 ; Primot, 105.

5. C. civ., 461 ; Dijon, 10 juil. 1879, S. 80.2.41, D. 80.2.129 ; Demolombe, VII, 703 ; Laurent, V, 73 ; Aubry et Rau, § 113, note 3.

6. C. civ., 1026 ; Lille, 19 mai 1892, J. G., *Priv.*, 1623, J. C., 4281 ; Demolombe, XXII, 56 ; Boulanger, 449 ; Primot, 107.

ARTICLE QUATORZIÈME

USUFRUIT.

1792. L'usufruitier peut recevoir seul le remboursement des créances exigibles soumises à son usufruit, et comme conséquence donner mainlevée des inscriptions les garantissant. D'ailleurs l'usufruitier est toujours incapable de donner mainlevée sans paiement [1].

1793. Lorsque l'usufruitier n'a pas été dispensé, par son titre ou par la loi, de fournir caution, c'est au propriétaire à l'y contraindre ; quant au conservateur, le cautionnement, ou la justification de l'emploi du capital ne le concernent pas, même dans le cas où le nu-propriétaire est un incapable [2].

1793 *bis*. Dans deux cas seulement le conservateur doit s'occuper de l'emploi par l'usufruitier : 1° si l'usufruit a été déclaré alimentaire, incessible et insaisissable [3] ; 2° lorsque l'acte de délivrance par le nu-propriétaire stipule la condition d'emploi [4].

1794. A l'égard des inscriptions prises par l'usufruitier pour garantir le paiement des arrérages qui lui sont dus, il est élémentaire qu'elles seront rayées sur son seul consentement [5].

1795. L'usufruitier n'a pas capacité pour recevoir le remboursement des créances avant l'exigibilité, lorsque le titre

---

1. Cass., 8 nov. 1881, S. 85.1.11 ; Grenoble, 17 juil. 1868 ; Besançon, 8 fév. 1875 ; Demolombe, X, 223 ; Boulanger, 466 ; Primot, 110.
2. Cass., 8 nov. 1881, précité ; Demolombe, X, 483 ; Boulanger, 468 ; comp. Bordeaux, 2 mai 1876, S. 77.2.217.
3. Cass., 14 mai 1849, S. 49.1.475 ; Boulanger, 468 ; Primot, 110, note 2.
4. Demolombe, X, 483 ; Aubry et Rau, § 229, note 13.
5. Baudot, 944 ; Boulanger, 463.

interdit au débiteur d'anticiper sa libération [1], parce que alors c'est une sorte d'aliénation nécessitant le concours du nu-propriétaire.

1796. Si l'usufruitier et le nu-propriétaire vendent un immeuble soumis à l'usufruit, la radiation de l'inscription d'office ne pourra être opérée totalement que sur le consentement des deux parties [2], à moins d'une clause dans l'acte reportant l'usufruit sur le prix [3].

ARTICLE QUINZIÈME

VENTE ET INSCRIPTION D'OFFICE.

1° Règles générales.

1797. Lorsqu'une vente d'immeubles a lieu moyennant un prix payable à terme, l'objet aliéné reste grevé d'un privilège au profit du vendeur, et ce privilège est inscrit, soit directement par le créancier, soit d'office par le conservateur des hypothèques lors de la transcription du contrat (n°s 293, 400, 408).

1798. L'extinction du privilège du vendeur résultera du paiement intégral du prix ou de la renonciation expresse de l'aliénateur à son privilège, par acte authentique [4].

1799. Si le vendeur est capable et maître de ses droits, il pourra renoncer au privilège [5], et consentir à la radiation de l'inscription d'office, sans constatation de paiement.

1800. Quand le prix de vente a été délégué nominativement

1. C. civ., 1187; Charolles, 29 août 1874, J. C., 2909; Primot, 110; Boulanger, 466.
2. Cass., 16 avr. 1856; 24 nov. 1858, S. 59.1.129; 7 janv. 1878, S. 80.1.145; Boulanger, 472; Primot, 110 bis.
3. Cass., 17 fév. 1903, S. 03.1.539.
4. C. civ., 2158; Primot, 112 bis, note.
5. Cass., 24 juin 1844, S. 44.1.598; comp. L. 23 mars 1855, art. 7.

à des créanciers acceptants, ceux-ci ont capacité entière pour recevoir directement de l'acquéreur et le libérer[1].

1801. Dans le cas où les délégataires nommés dans le contrat de vente n'auraient pas accepté expressément la délégation, ils pourraient néanmoins toucher les sommes déléguées et libérer l'acquéreur, car l'indication de paiement constitue un véritable mandat de recevoir, emportant virtuellement celui de donner mainlevée contre paiement[2]. Toutefois, au point de vue pratique, nous conseillons d'ajouter à la délégation le mandat de consentir mainlevée.

Il va sans dire que la délégation générale du prix de vente, à *tous* les créanciers inscrits, ne les autorise pas à libérer valablement l'acquéreur sans le concours du vendeur[3].

2° Biens de femme.

1802. Sous les régimes de communauté et de non communauté[4], le mari a l'administration des biens de la femme et le droit de donner mainlevée de l'inscription d'office, après paiement du prix, et en justifiant du contrat de mariage.

1803. Pour les biens paraphernaux et ceux de la femme séparée[5], c'est elle qui a qualité pour donner mainlevée avec l'autorisation du mari, si le paiement du prix n'est pas constaté.

1804. Toutes les fois que le contrat de mariage de la femme mariée l'oblige, pour libérer valablement l'acquéreur, à fournir un remploi, il doit en être justifié au conservateur au moment de la radiation.

1805. En dehors du régime dotal, l'obligation de remploi

1. J. G., *Priv*, 660 ; Boulanger, 77, 526 ; Primot, 25, 113 *bis*.
2. C. civ., 1277 ; Inst. 1463 ; Primot, 27, 113 *bis* ; Boulanger, 76, 516.
3. Cass., 2 juil. 1867, S. 67.1.382.
4. C. civ., 1428, 1531.
5. C. civ., 1536, 1576 ; Boulanger, 521.

n'est opposable aux tiers que s'ils sont chargés de le surveiller[1].

1806. Sous la dotalité pure, lorsque les immeubles de la
femme ont été aliénés, dans les cas prévus par les articles 1555,
1556 et 1558 du Code civil, la quittance du prix devra être
appuyée de la preuve authentique de l'emploi[2].

1807. Il n'y a aucune justification de remploi à fournir au
conservateur quand l'immeuble dotal inaliénable a été cependant vendu et le prix payé; car la femme reste armée d'une
action révocatoire[3].

1808. Le même principe est applicable si le contrat de mariage permet la vente de l'immeuble dotal, à la charge d'un
remploi ; la femme a encore, dans ce cas, l'action révocatoire contre l'acquéreur, qui court des dangers en n'exigeant
pas le remploi[4] ; quant au conservateur, il n'a pas à s'inquiéter
du remploi, et ne saurait encourir aucune responsabilité.

Toutefois, les contrats de mariage sous la dotalité, mitigée
par l'autorisation de vendre à la charge de remploi, contiennent quelquefois une clause privant la femme de l'action révocatoire ; s'il en est ainsi, le conservateur doit refuser de radier
avant d'avoir la preuve d'un remploi, en biens de la nature
prescrite par le contrat de mariage[5].

1809. Quand le contrat de mariage sous le régime dotal
autorise l'aliénation des biens dotaux à charge de l'*hypothèque sur les biens du mari*; de *reconnaître* ou *d'assurer* le
prix sur les biens du mari ; ces clauses n'accordent à la femme

1. Cass., 19 juil. 1865 ; 21 fév. 1894, S. 95.1.393.
2. Cass., 4 août 1857 ; 23 déc. 1868, S. 69.1.265 ; Boulanger, 205.
3. C. civ., 1560 ; Boulanger, 222.
4. Cass., 16 nov. 1847 ; 2 mai 1855 ; Toulouse, 21 mars 1833 ;
Rouen, 5 déc. 1840 ; Caen, 30 juil. 1874, S. 74.2.282 ; Baudot, 925.
5. Cass., 5 déc. 1854 ; Caen, 2 août 1851, S. 52.2.182 ; J. G., *Contr.
de mar.*, 3989 ; Rodière et Pont, 1840 ; comp. L. 2 juil. 1862 ; 26 sept.
1871 ; 11 juin 1878 ; Boulanger, 218.

que l'exercice de son hypothèque légale, de sorte qu'il n'y a pas de justification à fournir au conservateur[1].

Il en serait de même si le contrat de mariage déclarait les acquéreurs valablement libérés par la quittance collective du mari et de la femme[2].

3° Biens de mineur.

1810. A l'égard du tuteur qui peut donner mainlevée après paiement, le conservateur n'aura à demander la preuve d'un emploi, au nom du mineur ou de l'interdit, que dans le cas où le tribunal, autorisant l'aliénation des immeubles de l'incapable, aurait imposé cette condition[3].

Toutefois, le conservateur exigera l'emploi, au nom du mineur, toutes les fois qu'il aura été prescrit, après licitation entre majeurs et mineurs, par le jugement d'homologation du partage.

1811. Si une vente est consentie par un porte-fort, au nom d'un majeur ou d'un mineur, le paiement du prix fait au porte-fort qui donne mainlevée de l'inscription d'office, autorise le conservateur à en opérer la radiation, sans aucun danger[4].

4° Succession bénéficiaire.

1812. Quand un héritier bénéficiaire se rend adjudicataire d'un immeuble héréditaire, s'il y a d'autres successeurs, ils pourront consentir la radiation de l'inscription d'office ; dans le cas contraire, il faudra nommer un curateur au bénéfice

1. Cass., 7 nov. 1854 ; 9 fév. 1859 ; 26 mai 1873, S. 73.1.465, D. 73.1.480 ; Nîmes, 4 fév. 1870 ; Aubry et Rau, § 537, note 73.

2. Limoges, 7 mai 1862, S. 63.2.10 ; Clermont-Ferrand, 22 janv. 1876 ; Boulanger, 211 ; comp. Cass., 29 janv. 1890, S. 93.1.471.

3. Douai, 21 avr. 1873, S. 73.2.296 ; Laurent, XXI, 169, 211 ; Boulanger, 291. — *Contrà*, Albi, 26 janv. 1907.

4. Boulanger, 527 ; Hervieu, *Rad.*, 63 ; Primot, 115, note ; comp. Cass., 25 mai 1852, S. 52.1.516 ; Cambrai, 17 mars 1854.

d'inventaire et obtenir de lui la mainlevée, ou la faire prononcer par jugement ; au surplus, l'héritier bénéficiaire, en prenant la qualité d'héritier pur et simple, pourrait consentir la radiation [1].

5° Adjudication sur saisie.

1813. L'inscription d'office prise au profit du saisi lors de la transcription du jugement d'adjudication, peut et doit être rayée du consentement du vendeur exproprié, par suite du paiement effectué entre ses mains par l'adjudicataire [2].

1814. Tous les créanciers révélés par l'état des inscriptions et le saisi, ont la faculté de s'entendre à l'amiable pour la distribution du prix entièrement absorbé par les inscriptions, et le conservateur doit opérer la radiation totale de l'inscription d'office et de la saisie sur la mainlevée qui en est ainsi donnée [3].

6° Biens de failli.

1815. La vente des immeubles du failli donne lieu lors de sa transcription, à une inscription de privilège formalisée d'office. Cette inscription est rayée sur la mainlevée donnée, contre paiement du prix intégral, soit par le syndic seul receveur, soit par les créanciers inscrits absorbant le prix, avec le concours du syndic reconnaissant le fait [4] ; d'ailleurs le syndic est sans qualité pour donner mainlevée de l'inscription de la masse, sur un immeuble adjugé et dont le prix ne serait pas soldé [5].

1. Boulanger, 422, 530.
2. C. pr., 771 ; Hervieu, *Rad.*, 62 ; Primot, 116. — *Contrà*, Boulanger, 528.
3. Tr. Nîmes, 30 janv. 1896, J. C., 4728, J. E., 25129 ; Paris, 10 juin 1910, *Rev. not.*, 14419, J. E., 28081.
4. Cass., 13 déc. 1865, S. 67.1.65, D. 66.1.146 ; Boulanger, 105, note 1, 538.
5. Cass., 21 déc. 1880, S. 81.1.154, D. 81.1.193.

TROISIÈME SECTION

RADIATION ADMINISTRATIVE.

1816. Le consentement à radiation des inscriptions prises pour des créances domaniales est donné, avant ou après le paiement, par arrêté préfectoral non soumis à l'approbation ministérielle ni à l'enregistrement [1].

1817. Les receveurs principaux des douanes, des contributions indirectes et des postes, consentent à la radiation des inscriptions, opérées au profit de leurs administrations, après autorisation du directeur régional [2].

1818. C'est le receveur des domaines, établi près le tribunal de première-instance de l'arrondissement dans lequel une succession en déshérence s'est ouverte, qui donne mainlevée des inscriptions après libération des débiteurs [3].

1819. La mainlevée des inscriptions prises pour les amendes et frais de justice est consentie par le percepteur après recouvrement des sommes dues, et en vertu d'une autorisation spéciale du trésorier-payeur général du département ou du receveur particulier des finances [4].

1820. Le préfet, après avoir pris l'avis de l'ingénieur en chef, autorise, par arrêté, la radiation des inscriptions formalisées contre les entrepreneurs de travaux publics [5].

1821. Pour faire rayer les inscriptions prises sur les biens

1. Déc. min. fin., 29 nov. 1827 ; 28 fév. 1859 ; Inst. 2508 ; Boulanger, 540 à 544 ; Baudot, 1043 ; Primot, 122.

2. Déc. min. fin., 9 sept. 1852 ; 9 août 1853 ; Boulanger, 548 à 550.

3. Déc. min. fin., 13 août 1832 ; Inst. 2981 ; Boulanger, 542.

4. L. 29 déc. 1873, art. 25 ; Inst. 20 sept. 1875.

5. Cons. d'Etat, 2 déc. 1858 ; Pau, 5 avr. 1865 ; Boulanger, 552 *bis* ; Primot, 122.

des comptables, au profit du Trésor public, il faut une main-levée devant notaire, signée de l'agent judiciaire du Trésor, et relatant l'autorisation du ministre, ou un arrêté du préfet rappelant la même autorisation [1].

1822. Quant aux inscriptions prises sur les immeubles affectés aux cautionnements des conservateurs, elles ne peuvent être radiées qu'en vertu d'un jugement [2].

1823. Les mainlevées transactionnelles, relatives à la construction et à l'exploitation des chemins de fer d'intérêt local et des tramways, sont données par le conseil général.

Toutes les autres inscriptions départementales sont rayées en vertu d'arrêtés préfectoraux [3].

1824. Le maire a capacité pour donner mainlevée, avec ou sans paiement, des inscriptions prises au profit de la commune, en justifiant de la délibération prise par le conseil municipal, laquelle est dispensée dans tous les cas de l'approbation de l'autorité supérieure [4].

1825. A Paris, c'est le préfet ou le secrétaire général, son suppléant légal, qui donne la mainlevée après libération du débiteur, constatée par quittance notariée, sans qu'il soit besoin de consulter le conseil municipal, ni le conseil de préfecture [5].

1826. Lorsqu'il s'agit d'inscriptions prises contre le receveur municipal lui-même, la mainlevée en est donnée par arrêté du

1. Déc. min. fin., 6 juil. 1833 ; 30 déc. 1852 ; Valence, 31 août 1872 ; Inst. 1961 ; Boulanger, 553, 554 ; Baudot, 1039 ; Pallain, 268.
2. Déc. min. fin. et just., 5 avr. 1825 ; Inst. 1159 ; Boulanger, 557 à 560 ; Primot, 122, note.
3. L. 10 août 1871, art. 12 et 46 ; 11 juin 1880, art. 2 ; Déc. min. fin., 16 juin 1841 ; Boulanger, 563 ; Baudot, 1034.
4. L. 5 avr. 1884, art. 90, 168 ; Circ. min. int., 23 janv. 1892, J. E., 24068.
5. Décr. 8 août 1873 ; Règl. 28 déc. 1878 ; Boulanger, 564 bis.

préfet, relatant la décision du conseil de préfecture, ou de la cour des comptes déchargeant le comptable [1].

1827. Quant aux inscriptions formalisées au profit des hospices ou des bureaux de bienfaisance, leurs receveurs en donnent mainlevée, après autorisation du conseil de préfecture, prise sur la proposition de la commission administrative et sur l'avis du comité consultatif. Ces formalités sont nécessaires, même quand la mainlevée est la suite du paiement des créances inscrites [2].

1828. La mainlevée de l'inscription prise pour sûreté de droits de mutation par décès différés, au profit du Trésor, est consentie par le directeur de l'enregistrement du département dans lequel les droits sont exigibles, ou par le receveur qu'il a délégué [3].

1829. La radiation des inscriptions profitant aux congrégations religieuses autorisées, est donnée après paiement par leur représentant, supérieur ou autre, qui doit justifier sa qualité [4].

Cependant la mainlevée sans paiement pourrait être autorisée par les statuts approuvés.

QUATRIÈME SECTION

RADIATION JUDICIAIRE.

ARTICLE PREMIER

JUGEMENTS.

1830. Quand le créancier refuse de donner mainlevée d'une

1. Boulanger, 565, 572 bis; Primot, 122, 3°; comp. Décr. 31 mai 1862, art. 419.
2. Décr. 11 thermidor an XII, art. 1; Cons. d'Etat, 21 janv. 1896, J. C., 4772, J. E., 24913; Boulanger, 567; Baudot, 1036.
3. L. 13 juil. 1911, art. 7.
4. Av. Cons. d'Etat, 13 janv. 1835; Boulanger, 398, 5°, 575; Pri-

inscription dont les causes ne subsistent plus, le tribunal en prononce la radiation, à la requête des parties intéressées [1].

1831. On peut prévoir six cas autorisant la demande judiciaire de radiation :

1° Si l'inscription a été prise sans être fondée ni sur la loi ni sur un titre ;

2° Lorsque le titre créatif de l'hypothèque se trouve entaché d'une nullité de forme ou de fond ;

3° Quand la créance est éteinte par une cause quelconque, ou l'action personnelle du créancier frappée de prescription ;

4° Dans le cas où, malgré l'existence de la créance, le privilège ou l'hypothèque y attaché se trouve éteint par l'une des causes d'extinction qui lui sont propres : expropriation publique, adjudication sur saisie, purge, péremption, mainlevée ;

5° En présence d'une inscription nulle en la forme, c'est-à-dire ne contenant pas les énonciations nécessaires pour sa validité ;

6° Au cas où la perte de la propriété par le débiteur entraîne la ruine des droits hypothécaires par lui consentis [2].

1831 *bis*. Trois personnes ont ou peuvent avoir intérêt à la radiation : le débiteur, le créancier et le tiers détenteur.

Le débiteur est incontestablement fondé à poursuivre l'affranchissement de son immeuble [3]. Cependant il ne pourrait demander la radiation d'une inscription sous le seul prétexte de sa nullité de forme, à moins qu'il ne se trouvât forcé d'agir,

mot, 123 ; J. C., 1262. Si un emploi a été imposé à l'établissement, le débiteur n'est pas obligé de veiller à l'exécution (Lille, 23 nov. 1905, J. E., 27172).

1. C. civ., 2159, 2160 ; Cass., 25 juil. 1910, D. 12.1.17.

2. Aubry et Rau, § 281, 3° ; Laurent, XXX, 174 à 178 ; Baudry-Lacantinerie et de Loynes, 1854 à 1860.

3. Pont, 1071 ; comp. J. G., 2731.

par suite d'engagements pris envers un acquéreur ou un créancier hypothécaire[1].

1832. Nous pensons que le créancier a lui-même le droit d'exiger la radiation de sa propre inscription. Son intérêt est évident, puisqu'en cas d'ordre, il serait forcé à un déplacement, sous peine d'amende. On peut objecter qu'il lui suffira d'écrire au juge-commissaire qu'il est désintéressé ; mais en supposant que ce créancier ne soit pas absent ou n'ait pas changé de domicile, au moment où arrive la convocation du juge-commissaire, il sera obligé de faire une lettre, puis d'aller à la mairie pour la légalisation de sa signature, sans compter la nécessité d'avoir deux témoins à l'effet d'attester son identité[2] (n° 1592).

1833. Le tiers détenteur étant soumis de plein droit, à partir de la vente, à la poursuite des créanciers inscrits, est, par cela même, fondé à demander la suppression des inscriptions irrégulières[3].

Dans aucun cas, le tiers détenteur n'est obligé d'attendre l'ouverture de l'ordre, ni même d'avoir purgé[4].

1834. Tous les créanciers inscrits ont intérêt à la radiation, qu'ils soient antérieurs ou postérieurs en rang ; ils peuvent même demander la radiation au nom du tiers détenteur contre un précédent propriétaire[5].

1835. C'est contre le propriétaire de la créance inscrite que la demande en radiation doit être formée. La radiation ordonnée en l'absence du créancier est inopérante ; il en serait ainsi

1. Cass., 13 fév. 1867 ; 21 juin 1870 ; Lyon, 8 mai 1873, S. 74.1. 397 ; Boulanger, 579 ; Laurent, XXXI, 180.

2. C. pr., 751 ; comp. Orléans, 19 nov. 1859 ; Boulanger, 580.

3. C. civ., 2167 ; Cass., 9 avr 1856, S. 57.1.105 ; Dijon, 15 fév. 1878 ; 20 mars 1889, S. 89.2.179.

4. Cass., 11 mars 1834 ; J. G., 2730 ; Pont, 1071 ; Laurent, XXXI, 131.

5. Cass., 5 mai 1874, S. 76.1.277 ; Amiens, 3 mars 1853 ; Boulanger, 581 ; Pont, 1071 ; Troplong, 745.

dans le cas où un jugement, prononçant la résolution d'une
vente pour défaut de paiement aurait, hors la présence des
créanciers de l'acquéreur, ordonné la radiation des inscriptions
prises de son chef[1].

1836. Lorsqu'un vendeur s'est obligé envers son acquéreur
à rapporter la mainlevée des inscriptions subsistantes, l'acquéreur forme sa demande directement contre le vendeur,
qui doit alors agir à l'égard des créanciers[2].

1837. La demande en radiation est principale toutes les fois
que, sans soulever de contestations sur la créance même à
laquelle l'inscription se rapporte, elle ne s'attaque réellement
qu'à cette dernière.

La demande est incidente lorsqu'elle se rattache à un débat
portant sur la créance ou sur l'hypothèque.

1838. Dans la demande principale, l'action est introduite
par un exploit d'ajournement signifié, au choix du poursuivant, soit au domicile réel du créancier, soit au dernier des
domiciles élus sur le registre des inscriptions ; le décès du
créancier ou de la personne chez laquelle le domicile a été élu,
ne modifie pas cette règle[3].

1839. A moins qu'elle ne soit formée contre des incapables,
la demande en radiation est soumise au préliminaire de conciliation et elle doit subir les deux degrés de juridiction[4].

Cependant, le préliminaire de conciliation n'étant pas d'ordre

1. Rouen, 7 janv. 1848 ; Agen, 4 janv. 1854 ; Lyon, 18 août 1864,
S. 66.2.96 ; comp. Cass., 6 déc. 1859 ; Boulanger, 593 à 597 ; Laurent,
XXXI, 185.

2. Cass., 22 nov. 1876, S. 79.1.376 ; J. G., Priv., 2752 ; Boulanger,
595.

3. C. civ., 2156 ; Cass., 14 fév. 1843, S. 431.202 ; Lyon, 12 juil.
1826 ; Duranton, XX, 204 ; Laurent, XXXI, 193 ; Boulanger, 603, 604 ;
J. G., Priv., 2768.

4. C. pr., 49, 72 ; Limoges, 11 mars 1845 ; Boulanger, 607 ; Thézard, 264.

public, son défaut peut se couvrir par les plaidoiries au fond[1].

1840. A l'égard des demandes formées contre l'Etat, les départements et les communes, le préliminaire de conciliation est remplacé par le dépôt préalable d'un mémoire au préfet ou au sous-préfet, qui en donne récépissé[2].

1841. La demande en radiation, faite incidemment ou par intervention, est dispensée de la conciliation[3].

1842. En général, le tribunal compétent pour juger les demandes en mainlevées, est celui de la situation des biens hypothéqués, quand il s'agit d'une demande principale en radiation[4].

Cependant, l'action en mainlevée, fondée sur la nullité de la créance que l'hypothèque a pour objet de garantir et dont elle n'est que l'accessoire, est personnelle comme la créance elle-même, et doit être portée devant le tribunal du domicile du défendeur[5].

D'après une autre opinion, qui ne nous paraît pas fondée, l'action serait mixte et l'on pourrait saisir ou le juge du domicile ou celui de la situation[6].

1843. Le principe de la compétence du tribunal de la situation des biens reçoit exception quand l'inscription a eu lieu pour sûreté d'une condamnation éventuelle ou indéterminée, sur l'exécution ou liquidation de laquelle les parties sont en instance devant un autre tribunal, auquel cas la demande en radiation doit y être portée ou renvoyée[7].

---

1. Cass., 15 juil. 1869 ; Montpellier, 4 déc. 1851 ; Paris, 24 janv. 1873 ; Boitard, 102.

2. L. 28 oct.-5 nov. 1790 ; 10 août 1871 ; 5 avr. 1884, art. 124.

3. C. pr., 49, 337, 339 ; Boitard, 89, 528 et suiv.

4. C. civ., 2156, 2159 ; Boulanger, 615 ; Laurent, XXXI, 187.

5. C. pr., 59 ; Angers, 15 mai 1879, S. 79.2.296 ; Pont, 1092 ; Aubry et Rau, § 281, note 24. — *Contrà,* Caen, 19 fév. 1866, S. 66. 2.253.

6. J. G., *Act.,* 109 ; Troplong, 742.

7. C. civ., 2159 ; C. pr., 171 ; Cass., 5 et 6 mai 1812 ; 11 fév. 1834 ; J. G., *Priv.,* 2793 ; Primot, 131.

1844. Au surplus; les parties sont libres de convenir d'un tribunal différent de celui indiqué par la loi, pour obtenir l'autorisation de faire rayer [1].

1845. La demande en réduction d'une inscription prise sur des immeubles situés dans divers arrondissements, peut être portée devant l'un ou l'autre des tribunaux de la situation [2].

1846. D'ailleurs les tribunaux civils sont seuls compétents pour connaître des demandes en radiation. Toutefois, il faut admettre qu'un tribunal de commerce pourrait, en prononçant la nullité d'un acte, ordonner la radiation des inscriptions prises en vertu de cet acte, lorsque la radiation n'a été demandée et obtenue que comme une suite nécessaire de l'annulation de l'acte qui leur servait de base [3].

1847. Une sentence arbitrale pourrait aussi prononcer des radiations, pourvu qu'elle soit déclarée exécutoire par une ordonnance d'exequatur [4].

1848. Quant aux jugements rendus en pays étrangers et prononçant une radiation, ils doivent être rendus exécutoires par un tribunal civil français [5] (nos 721 et suiv.).

1849. Les jugements ordonnant une radiation ne sont exécutoires qu'autant qu'ils ne sont plus susceptibles d'opposition ni d'appel [6].

1850. Si le jugement est contradictoire, il doit être signifié, tant à l'avoué qu'à la partie condamnée, au domicile réel [7]. Le

1. C. civ., 2159 ; J. G., *Priv.*, 2085 ; Pont, 1000 ; Grenier, 94 ; Martou, 1234 ; Laurent, XXXI, 191.

2. J. G., *Priv.*, 2806 ; Boulanger, 627.

3. Cass., 11 fév. 1834 ; Colmar, 13 mars 1850 ; Saint-Malo, 5 juil. 1856 ; Pont, 1093 ; J. G., *Priv.*, 2812 ; Laurent, XXXI, 188.

4. C. pr., 1020, 1021 ; Boulanger, 631 ; Primot, 133 ; Baudot, 1011.

5. C. civ., 2123 ; C. pr., 546 ; Cass., 16 juin 1875 ; Nancy, 6 juil. 1877, S. 78.2.129 ; comp. Conv. Suisse, 15 juin 1869 ; Ital., 11 sept. 1860.

6. C. civ, 2157 ; C. pr., 548 ; Demolombe, XXX, 288 ; Aubry et Rau, § 769, III ; Duranton, XX, 201 ; Baudot, 986.

7. C. pr., 147, 443.

jugement rendu contre un mineur est signifié, au tuteur ainsi qu'au subrogé-tuteur, lors même que ce dernier n'aurait pas été mis en cause [1]. En cas de jugement rendu au profit du tuteur, il faut signifier tant au subrogé-tuteur qu'à un subrogé-tuteur *ad hoc* nommé spécialement pour cet objet [2].

1851. Le délai d'appel est de deux mois francs, sans augmentation, à raison des distances ; mais ce délai est réduit ou prolongé dans quelques circonstances spéciales [3].

1852. Quand le jugement est rendu par défaut, faute de conclure, la partie condamnée a huit jours pour former opposition, à partir de la signification faite à son avoué. Après ce délai, l'opposition n'est plus recevable ; mais pour faire courir le délai d'appel, il faut une nouvelle signification à la partie à son domicile [4].

1853. Lorsque la partie n'a pas constitué avoué, le jugement par défaut, faute de comparaître, est signifié, par un huissier que commet le tribunal, au domicile de la partie. Le jugement ne peut être exécuté pendant les huit jours qui suivent la signification, et le défaillant peut former opposition jusqu'à l'exécution du jugement [5].

1854. L'exécution du jugement par défaut, faute de comparaître, doit avoir lieu au plus tard dans les six mois, sinon il est censé non avenu [6].

Le jugement est réputé exécuté dans quatre cas : 1° les meubles saisis ont été vendus ; 2° la saisie d'un ou plusieurs des immeubles du condamné lui a été notifiée ; 3° les frais ont

1. C. pr., 444 ; comp. Cass., 17 juin 1861, D. 61.1.252, S. 61.1.781.
2. Cass., 5 août 1879, S. 80.1.193 ; Caen, 10 mars 1871 ; Demolombe, VII, 380 ; Boulanger, 661 ; Laurent, IV, 427 ; Boitard, 681.
3. C. pr., 443, 445, 446, 1033.
4. C. pr., 155, 157 ; Cass., 15 juil. 1857 ; 5 janv. 1875, S. 75.1.82.
5. C. pr., 156, 158 ; Chauveau, 644 ; Cass., 8 fév. 1888, D. 88.1.158.
6. C. pr., 156 ; J. G., *Jug. par déf*., 234 ; Boitard, 322.

été payés ; 4° il a été fait un acte duquel il résulte nécessairement que l'exécution du jugement a été connue de la partie défaillante [1].

1855. Si le jugement par défaut se borne à ordonner la radiation en laissant les dépens à la charge du demandeur, le jugement ne comportera pas d'autre mode d'exécution que la radiation. On a été amené, dans la pratique, à décider que la signification du jugement faite au domicile réel du défaillant et contenant sommation de comparaître à jour et heure fixes, dans le bureau du conservateur, pour voir opérer la radiation, serait considérée elle-même comme un acte d'exécution [2].

1856. Pour faire opérer la radiation ordonnée, il faut représenter au conservateur l'expédition du jugement, le certificat de l'avoué de la partie poursuivante contenant la date de la signification du jugement faite au domicile de la partie condamnée (ou l'original de la signification), et l'attestation du greffier constatant qu'il n'existe contre ce jugement ni opposition, ni appel [3].

Il est bien entendu que le certificat du greffier doit être délivré après l'expiration des délais accordés pour former opposition ou appel.

S'il s'agit d'un jugement par défaut, faute de comparaître, il sera nécessaire de produire l'acte d'exécution susceptible de clore le délai d'opposition [4].

1857. La partie demandant la radiation n'aurait pas à produire les certificats prescrits, si elle représentait l'acquiescement de la partie condamnée ; cet acquiescement doit émaner d'une personne capable et être constaté par acte authentique [5].

1. C. pr., 159 ; comp. Cass., 5 mars 1889, D. 89.1.411.
2. Pau, 22 mars 1834 ; Martinique, 19 mars 1842, S. 44.2.229 ; Boulanger, 699 ; comp. Angers, 30 mars 1854, S. 55.2.418.
3. C. pr., 548 ; Boulanger, 708 ; Primot, 149 ; Glasson, § 72.
4. Cass., 13 janv. 1859, S. 59.1.145.
5. Pont, 1201 ; Baudot, 1002 ; Boulanger, 724 ; Primot, 150 ; J. G.,

1858. Les voies extraordinaires de recours contre les juge-ments : pourvoi en cassation, tierce opposition et requête civile, ne suspendent pas l'exécution, de sorte que le conservateur doit effectuer la radiation qui lui est demandée, lors même qu'il y aurait un pourvoi formé [1].

1859. Au surplus, le conservateur ne devant obéir qu'à un ordre précis de radiation, il est indispensable que le dispositif du jugement indique d'une manière suffisante les inscriptions à rayer [2].

1860. Rappelons que les frais de l'instance en radiation ju-diciaire doivent être supportés par celui qui l'a rendue néces-saire par mauvais vouloir ou prudence excessive, notamment :

1° Le bénéficiaire d'une inscription délivrée par erreur à cause d'une similitude de nom, qui refuse de se rendre chez un notaire pour en donner la mainlevée, aux frais du deman-deur [3] ;

2° Le créancier qui prend une inscription sur un immeuble déjà sorti du patrimoine de son débiteur au moyen d'une vente transcrite, refuse de donner mainlevée [4] ;

3° Le curateur à succession vacante qui refuse mainlevée d'une inscription soldée au défunt [5].

ARTICLE DEUXIÈME

ORDRES.

1861. On distingue trois sortes d'ordres : l'ordre consensuel, l'ordre judiciaire amiable et l'ordre judiciaire forcé.

Priv., 2736 ; Laurent, XXXI, 196 ; comp. Rouen, 8 fév. 1842, S. 42. 2.271.

1. L. 1er déc. 1790, art. 16 ; Boulanger, 729 à 734 ; Primot, 152.
2. Nancy, 26 déc. 1840 ; Avignon, 10 août 1858, J. C., 1461 ; Du-ranton, XX, 183 ; Boulanger, 735, 736 ; Hervieu, *Rad.*, 12 ; J. G., *Priv.*, 2733.
3. Nice, 11 fév. 1896, J. N., 26069, J. E., 25130.
4. Seine, 28 mai 1895, J. E., 24851.
5. Lisieux, 13 janv. 1904, J. E., 26718.

1862. L'ordre consensuel (n° 1579), passé devant notaire, est un contrat de droit commun ; au point de vue de la radiation, il se trouve soumis aux règles de la mainlevée ordinaire ; en conséquence le conservateur aura à examiner si le consentement à radiation est régulier en la forme et émane d'une personne capable.

1863. L'ordre judiciaire amiable (n°s 1588, 1601) est un contrat judiciaire, réglé en présence de tous les créanciers inscrits et sous l'autorité du juge-commissaire[1].

Sur le consentement des créanciers, le juge dresse procès-verbal de la distribution du prix, ordonne la délivrance des bordereaux aux créanciers colloqués et la radiation des inscriptions des créanciers non colloqués.

1864. L'ordre du magistrat couvre la responsabilité du conservateur. Il suffit, pour radier les inscriptions des créanciers ne venant pas en ordre utile, de présenter au conservateur un extrait, délivré par le greffier, renfermant les noms des vendeurs et acquéreurs, l'indication des biens, le prix à distribuer et les détails relatifs aux inscriptions dont la radiation est ordonnée[2].

1865. L'ordre judiciaire forcé (n° 1607) suit diverses phases et se termine par une ordonnance de clôture.

Quand cette ordonnance est passée en force de chose jugée, le greffier délivre un extrait pour être déposé, par l'avoué poursuivant, au bureau des hypothèques, à l'effet d'obtenir la radiation des inscriptions des créanciers non colloqués, par insuffisance de fonds, par forclusion (à défaut de production

1. Rouen, 17 juin 1863 ; Grenoble, 20 mars 1867 ; Paris, 8 déc. 1874, S. 75.2:260.

2. C. pr., 751 ; Cass., 11 juil. 1865, S. 65.1.342, D. 65.1.475 ; Aix, 13 mars 1860 ; Dijon, 5 fév. 1863 ; Paris, 8 déc. 1874 ; Pau, 21 fév. 1887, D. 87.2.249 ; Primot, 157. — *Contrà*, Pau, 25 nov. 1891 ; Houyvet, 21.

André, *Régime hypothécaire.* 39

en temps utile), ou parce que les inscriptions ont été rejetées[1].

1866. C'est le greffier du tribunal qui est chargé de savoir si l'ordonnance de clôture a acquis l'autorité de la chose jugée ; le conservateur n'a pas à s'en inquiéter ; il est à l'abri de toute responsabilité par la délivrance de l'extrait[2].

1867. Quant aux inscriptions des créanciers colloqués, elles sont rayées sur la production du bordereau et de la quittance passée en forme authentique[3].

1868. Le conservateur ne peut exiger le dépôt, mais seulement la communication du bordereau de chaque créancier[4].

1869. Les héritiers et les cessionnaires nommément colloqués n'ont aucune justification de qualité à fournir au conservateur, car la régularité des titres est appréciée souverainement par le juge-commissaire, et sa décision forme une preuve péremptoire de la qualité du créancier colloqué, dans l'ordre judiciaire amiable comme dans l'ordre judiciaire forcé[5].

1870. L'inscription d'office prise contre l'acquéreur est déchargée à mesure des paiements qu'il fait, et radiée définitivement lorsqu'il est justifié de l'acquit de la totalité de son prix, soit aux créanciers colloqués, soit au vendeur[6].

Mais s'il existe des créanciers inscrits déchus du droit de suite à défaut de production à l'ordre, le vendeur ne peut toucher le reliquat disponible du prix qu'avec leur concours[7] (n° 1610).

1871. Il est incontestable que les créanciers colloqués, ma-

1. C. pr., 759, 769 ; Cass., 6 avr. 1875, S. 75.1.296 ; Boulanger, 773 ; Primot, 158.
2. Cass., 1er août 1861 ; J. G., Ordre, 1138 ; Priv., 2746 ; Chauveau, 2607 ter ; Boulanger, 774 ; Primot, 158 ; Garsonnet, § 847.
3. C. pr., 771 ; Seligman, 551 ; Bioche, Ordre, 565 ; Boulanger, 782.
4. Boulanger, 785 ; Primot, 159, note.
5. Chauveau, 2611 ; Boulanger, 785.
6. C. pr., 771 ; comp. Angers, 2 fév. 1848, D. 48.2.195, S. 48.2.237.
7. Paris, 6 mars 1891, J. G., 4185.

jeurs et maîtres de leurs droits, pourraient, en se désistant des privilèges leur appartenant contre le vendeur et contre l'acquéreur, consentir la radiation, sans paiement, tant des inscriptions leur profitant que de celle prise d'office contre l'acquéreur [2].

1872. S'il y a moins de quatre créanciers inscrits, l'ordre judiciaire est remplacé par un jugement d'attribution (n° 1604).

Dans ce cas, le conservateur se fait représenter le jugement et les certificats de l'avoué et du greffier attestant la signification et le défaut d'appel [2].

1873. Lorsque la validité du paiement est subordonnée à un remploi, il doit en être justifié au conservateur après l'ordre, comme pour une mainlevée volontaire.

1874. Avant la clôture de l'ordre, l'acquéreur peut consigner son prix pour obtenir la libération des inscriptions grevant l'immeuble qu'il a acheté (n° 1635). La radiation des inscriptions est alors opérée sur la présentation d'un extrait de l'ordonnance prononçant cette radiation, sans autre justification [1].

CINQUIÈME SECTION

RADIATIONS DIVERSES.

ARTICLE PREMIER

HYPOTHÈQUES MARITIMES.

1875. Une fois portées sur le registre du receveur des douanes, les inscriptions d'hypothèques maritimes sont rayées soit

---

1. Angers, 2 fév. 1848, S. 48.2.237, D. 48.2.195 ; Valence, 31 août 1872, J. C., 2745 ; J. G , *Priv.*, 2744 ; Garsonnet, § 851, note 7.

2. C. pr., 548 ; Seligman, 588 ; Chauveau, 2615 *octies* ; Boulanger, 793.

3. C. pr., 777 ; Boulanger, 795.

du consentement des parties intéressées ayant capacité à cet effet, soit en vertu d'un jugement en dernier ressort ou passé en force de chose jugée.

A défaut de jugement, la radiation totale ou partielle de l'inscription ne peut être opérée par le receveur des douanes que sur le dépôt de l'acte authentique du consentement à radiation, donné par le créancier ou son cessionnaire justifiant de ses droits.

Dans le cas où l'acte constitutif de l'hypothèque est sous seing privé ou authentique en brevet, il est communiqué au receveur des douanes qui y mentionne, séance tenante, la radiation totale ou partielle.

S'il est procédé judiciairement à la distribution du prix du navire hypothéqué, l'ordonnance closant l'ordre autorise la radiation par le receveur des douanes des inscriptions des créanciers non colloqués. Il est procédé à cette radiation sur la demande de toute partie intéressée[1].

ARTICLE DEUXIÈME

PRIVILÈGES SUR FONDS DE COMMERCE.

1876. Les inscriptions de privilège sur un fonds de commerce sont rayées, soit du consentement des parties intéressées et ayant capacité à cet effet, soit en vertu d'un jugement passé en force de chose jugée.

A défaut de jugement, la radiation ne peut être opérée par le greffier que sur le dépôt de l'acte authentique de consentement donné par le créancier ou son cessionnaire justifiant de ses droits.

La radiation de l'inscription prise à l'Office national est opérée sur production du certificat de radiation délivré par le greffier du tribunal de commerce.

1. L. 10 juil. 1885, art. 14, 15, 32.

Si la radiation est demandée judiciairement par voie d'action principale, elle est portée devant le tribunal de commerce du lieu où l'inscription a été prise. Si l'action a pour objet la radiation d'inscriptions prises dans des ressorts différents sur un fonds et ses succursales, elle est portée, pour le tout, devant le tribunal de commerce dans le ressort duquel se trouve l'établissement principal [1].

ARTICLE TROISIÈME

WARRANT AGRICOLE.

1877. La radiation de l'inscription portée au greffe de a justice de paix est opérée sur la justification soit du remboursement de la créance garantie, soit d'une mainlevée régulière.

En remboursant son warrant, l'emprunteur le fait constater au greffe de la justice de paix sur le registre spécial, et certificat lui est donné de la radiation de l'inscription.

D'ailleurs l'inscription est radiée d'office après cinq ans, à défaut de renouvellement avant l'expiration de ce délai [2].

ARTICLE QUATRIÈME

WARRANT HÔTELIER.

1878. Les règles relatives à la radiation du warrant hôtelier sont identiques à celles du warrant agricole [3].

ARTICLE CINQUIÈME

SAISIES.

1879. La saisie transcrite est rayée sur la mainlevée du

1. L. 17 mars 1909, art. 29 à 31 ; Décr. 28 août 1909.
2. L. 30 avr. 1906, art. 7.
3. L. 8 août 1913, art. 7.

saisissant, qui est maître de la poursuite tant qu'il n'a pas mis en cause les créanciers inscrits ; [à] partir de la mention sur les registres hypothécaires de la dénonciation faite aux créanciers, ceux-ci sont liés à la procédure ; le saisissant ne peut plus donner mainlevée de la saisie qu'en ce qui le concerne, et la radiation totale n'en est opérée que sur la mainlevée consentie par tous les créanciers, dans des actes authentiques [1].

Du reste la mainlevée de la saisie ne constitue pas autre chose qu'un acte d'administration, puisqu'elle ne fait perdre au créancier ni son titre ni son rang ; elle peut donc être donnée par le tuteur et par tout autre administrateur, sans autorisation spéciale [2].

1880. Quand la saisie n'a pas été suivie d'adjudication, elle cesse de plein droit de produire effet dix ans après sa transcription [3].

1881. Si la radiation de la saisie devient nécessaire, et que tous les créanciers ne donnent pas leur consentement à l'amiable, il faut y suppléer par une décision judiciaire passée en force de chose jugée ; il sera nécessaire de déposer au conservateur une expédition du jugement et les certificats de l'avoué poursuivant et du greffier constatant la signification du jugement, et le défaut d'appel [4].

SIXIÈME SECTION

RÉDUCTION DES INSCRIPTIONS.

1882. Indépendamment de leur radiation totale, les inscriptions sont susceptibles de réduction ou radiation partielle, soit

1. C. pr., 693 ; Cass., 26 juil. 1858 ; 14 janv. 1874, S. 74.1.151.
2. Boulanger, 837. — *Contrà*, J. C., 2800.
3. C. pr., 693.
4. Arg., C. pr., 548 ; Boulanger, 859.

à l'égard des immeubles grevés, soit en ce qui concerne la somme pour laquelle elles ont été prises.

La réduction des inscriptions a lieu en vertu du consentement des parties intéressées, ou d'un jugement rendu contre elles à la demande du débiteur.

1883. En ce qui concerne la capacité, il y a une différence capitale entre la réduction sur les immeubles et celle de la créance inscrite ; ainsi, pour dégrever une partie des immeubles frappés de l'inscription, même après paiement partiel, il faut avoir la libre disposition de la créance, tandis que ceux qui n'ont pas la capacité de disposer de la créance peuvent néanmoins consentir la réduction du chiffre de l'inscription, à concurrence du paiement partiel qu'ils ont reçu [1].

1884. Lorsqu'elle est consentie volontairement, la réduction se trouve soumise aux règles de forme prescrites pour la radiation totale [2].

1885. Si le créancier refuse de consentir la réduction, le débiteur, et non un tiers détenteur [3], peut la faire prononcer judiciairement dans deux cas :

1° Lorsque l'inscription frappe sur plus d'immeubles différents qu'il n'est nécessaire pour la créance [4] ;

2° Quand l'évaluation de la créance, conditionnelle, éventuelle ou indéterminée, est portée par l'inscrivant à un chiffre excessif [5].

1886. Le tribunal compétent sera, dans le premier cas, celui de la situation des biens grevés ; dans le second, celui qui serait appelé à connaître de la liquidation de la créance [6] (n° 1845).

1. Laurent, XXXI, 200 ; Aubry et Rau, § 282.
2. Persil, art. 2161, n° 7 ; Baudot, 1049 ; comp. Boulanger, 5.
3. Cass., 11 juil. 1870, S. 70.1.353, D. 71.1.90 ; Pont, 601.
4. C. civ., 2161.
5. C. civ., 2163, 2164.
6. C. civ., 2159, 2161.

1887. Toutes les inscriptions générales (légales et judiciaires) sont susceptibles de réduction (nᵒˢ 648, 656, 697, 708, 739).

1888. Pour les hypothèques conventionnelles, la demande en réduction est admissible dans deux circonstances :

1° Si en prévision de l'insuffisance de ses biens présents, le débiteur ayant hypothéqué ses biens à venir, le créancier a pris des inscriptions sur plus d'immeubles qu'il n'était nécessaire pour la garantie de sa créance [1] ;

2° Quand la créance conditionnelle, éventuelle ou indéterminée, a été évaluée à un chiffre excessif dans l'inscription, à défaut d'évaluation précise dans le titre constitutif de l'hypothèque [2].

1889. Du reste, le débiteur qui a fait un paiement partiel n'est pas fondé à demander la réduction de l'inscription en ce qui concerne les immeubles grevés, car l'hypothèque est indivisible [3] ; il peut seulement exiger une mainlevée à concurrence du paiement effectué sur le capital de la dette.

1890. D'ailleurs, la réduction d'une hypothèque légale ou judiciaire ne saurait être demandée si elle a été conventionnellement restreinte à certains immeubles déterminés, et l'inscription prise seulement sur ces immeubles (nᵒˢ 643, 648, 697, 946).

1891. Pour que la réduction judiciaire soit admissible, il faut que la valeur d'un seul ou de quelques-uns des immeubles hypothéqués excède de plus d'un tiers, en fonds libres, le montant des créances en capital, intérêts et frais [4].

1. C. civ., 2130 ; Battur, 700 ; Grenier, 63 ; Aubry et Rau, § 282, note 6 ; Massé et Vergé, § 812, note 4. — *Contrà*, Pont, 687 ; Duranton, XX, 207 ; Colmet de Santerre, IX, 142 *bis*, IV ; Baudry-Lacantinerie et de Loynes, 1922.

2. C. civ., 2132, 2148, 4°.

3. C. civ., 2114, 2161 ; Grenoble, 3 janv. 1825 ; Aubry et Rau, § 284, note 18 ; Pont, 603 ; Laurent, XXXI, 202 ; Planiol, II, 3077.

4. C. civ., 2162 ; comp. Cass., 28 avr. 1875, D. 75.1.316, S. 75.1.305.

1892. La valeur des immeubles dont la comparaison est à faire avec celle des créances et le tiers en sus, est déterminée (par le juge, sans expertise) par quinze fois la valeur du revenu déclaré par la matrice du rôle de la contribution foncière, ou indiqué par la cote de contribution sur le rôle, selon la proportion qui existe dans les communes de la situation entre cette matrice ou cette cote et le revenu, pour les immeubles non sujets à dépérissement, et dix fois cette valeur pour ceux qui y sont sujets. Peuvent néanmoins les juges s'aider, en outre, des éclaircissements résultant de baux non suspects, des procès-verbaux d'estimation qui ont pu être dressés précédemment à des époques rapprochées, et autres actes semblables, et évaluer le revenu au taux moyen entre les résultats de ces divers renseignements [1].

– 1893. L'inscription ainsi réduite est radiée partiellement sur la production du jugement de réduction, et des certificats constatant qu'il a acquis l'autorité de la chose jugée.

1894. Ces règles générales ne s'appliquent pas aux hypothèques légales des femmes, des mineurs et des interdits, pour lesquelles il existe des dispositions spéciales (n°s 645, 648, 695).

1895. La cour des comptes prononce sur les demandes en réduction d'hypothèque, formées par les comptables au cours de leur gestion, en exigeant les sûretés nécessaires à la conservation des droits du Trésor (n° 708).

1896. Quand les immeubles auxquels l'hypothèque a été restreinte deviennent insuffisants pour la garantie du créancier, celui-ci peut exiger un supplément d'hypothèque [2].

---

1. C. civ., 2165 ; Cass., 16 avr. 1889, J. C., 3353, *Rev. not.*, 8338, D. 90.1.113, S. 89.1.271 ; Lyon, 10 mai 1853 ; Aubry et Rau, § 282, note 8.

2. Comp. Pont, 708 ; Aubry et Rau, § 282, note 24 ; Duranton, XX, 59.

1897. L'inscription prise pour une créance éventuelle ou indéterminée, évaluée à un chiffre jugé excessif par le débiteur, est appréciée par le tribunal d'après les circonstances.

Si le tribunal ordonne la réduction, et que son évaluation se trouve inférieure à la réalité, le créancier court un danger qu'il peut parer dans une certaine mesure ; en effet, le créancier est fondé à prendre une inscription supplémentaire lorsque la somme à laquelle son inscription primitive a été réduite, est moindre que le montant réel de sa créance [1].

1898. Il est bien entendu que dans ces cas le créancier n'aura rang, pour le supplément d'hypothèque ou l'augmentation d'évaluation, qu'à la date de sa nouvelle inscription [2].

SEPTIÈME SECTION

EFFETS DE LA MAINLEVÉE ET DE LA RADIATION.

1899. Quand la radiation d'une inscription est ordonnée judiciairement, l'hypothèque se trouve éteinte [3].

1900. La radiation consentie volontairement par le créancier, avant l'extinction de la créance, n'emporte pas renonciation au droit d'hypothèque, qui peut être remis en action par une nouvelle inscription, laquelle produira effet à partir de sa date [4].

1901. Quant à la mainlevée donnée avec désistement de tout droit d'hypothèque, elle entraîne renonciation au droit réel, et profite à tous les créanciers du débiteur, indépendamment de

1. C. civ., 2163, 2164.
2. Persil, art. 2132, n° 8 ; Aubry et Rau, § 282, note 25.
3. C. civ., 2160 ; Laurent, XXXI, 222.
4. C. civ., 2180, 2° ; Cass., 2 mars 1830 ; Agen, 19 mai 1836 ; Boulanger, 8 ; Aubry et Rau, § 281, 5° ; J. G., *Priv.*, 2666 ; Laurent, XXXI, 225 ; Pont, 1105 ; comp. Cass., 21 oct. 1891, J. C., 4273.

toute acceptation de leur part [1], et encore que la radiation n'ait pas été opérée [2].

1902. Si une mainlevée est donnée conditionnellement, elle ne saurait être invoquée contre celui qui l'a signée avant l'accomplissement de la condition à laquelle son effet a été subordonné [3].

1903. La mainlevée conditionnelle donnée par le créancier au tiers acquéreur qui l'a désintéressé, et non suivie de radiation, ne profite qu'à ce dernier, et ne saurait être invoquée par les autres créanciers, ni contre l'acquéreur, ni même contre le créancier qui l'a consentie. De sorte que l'acquéreur subrogé aux droits du créancier peut obtenir collocation à la date de l'inscription ; le créancier lui-même pourrait demander collocation s'il avait garanti l'effet du paiement [4].

L'acquéreur qui, sans avoir purgé, aurait fait radier les inscriptions des créanciers par lui désintéressés, avec subrogation, pourrait les faire rétablir avant leur péremption décennale et s'en prévaloir à l'égard des autres créanciers [5].

1904. En principe, la mainlevée, quoique non suivie de radiation, profite aux créanciers inscrits après l'époque où elle a été donnée, encore bien que celui de qui elle émane l'ait depuis révoquée [6].

1905. Mais les effets de la mainlevée révoquée ne peuvent être invoqués ni par les créanciers antérieurs dont la position

1. Cass., 20 juin 1859, D. 59.1.254 ; Orléans, 8 août 1889, Rev. not., 8227 ; 29 nov. 1889, Rev. not., 8235, S. 91.2.35.

2. Orléans, 29 nov. 1889, précité.

3. Amiens, 3 mars 1886, J. C., 3782 ; Seine, 21 août 1838, J. E., 12138.

4. Cass., 20 juin 1859, S. 59.1.853 ; Paris, 23 déc. 1892, J. C., 4406 ; Aubry et Rau, § 281, note 40 ; Laurent, XXXI, 224.

5. Cass., 31 déc. 1895, Rev. not., 9661.

6. Cass., 2 mars 1830, S. 30.1.342 ; Agen, 19 mai 1836, S. 36.2.404.

n'a pu être modifiée par cette mainlevée, ni par les créanciers inscrits postérieurement à la révocation [1].

1906. Aucune disposition légale ne règle la forme de la révocation de la mainlevée. Il semble qu'un acte extra-judiciaire notifié au conservateur des hypothèques et au notaire rédacteur de la mainlevée est suffisant [2].

La conclusion pratique à tirer de là, c'est qu'il serait parfois imprudent de traiter sur le vu d'un acte de mainlevée avant la radiation de l'inscription [3].

1907. Une fois l'inscription annulée sur les registres du conservateur, elle ne saurait revivre de plein droit ; le créancier est obligé d'en prendre une nouvelle [4].

1908. A l'égard des créanciers déjà inscrits au moment de la radiation, la nouvelle inscription rétroagira jusqu'à la première. Pour les créanciers inscrits entre la radiation et la nouvelle inscription, leurs créances viendront avant celle dont l'inscription a été mal à propos rayée [5].

1909. Néanmoins la nouvelle inscription ne saurait être opposée : 1° au créancier inscrit avant la radiation et qui se serait abstenu de faire inscrire une autre hypothèque qui eût primé l'inscription rayée [6] ; 2° au tiers acquéreur ayant transcrit son

---

1. Cass., 9 déc. 1846 ; 13 avr. 1863, S. 63.1.297 ; 31 déc. 1895, Rev. not., 9661 ; C. Montpellier, 30 mai 1904, Rev. not., 11994 ; Pont, 1107 ; Aubry et Rau, § 281, note 41.

2. Aubry et Rau, § 281, note 37 ; Boulanger, 13 ; comp. Laurent, XXXI, 225.

3. Comp. Cass., 1ᵉʳ déc. 1852, S. 54.1.93.

4 Boulanger, 16 ; Aubry et Rau, § 281, texte 5° ; Martou, 1224 ; Pont, 1107. — Contrà, Paris, 9 juil. 1892, D. 93.2.569, S. 95.2.137.

5. Cass., 26 juin 1895, S. 96.1.481 ; Douai, 27 fév. 1878 ; 20 mars 1900, Rev. not., 10621 ; Rouen. 10 mai 1875 ; Aubry et Rau, § 281, note 42.

6. Cass., 4 juil. 1864 ; Rouen, 22 mars 1863, S. 64.1.252 et 2.45.

titre avant la radiation et qui aurait payé son prix au vendeur
ou à d'autres créanciers [1].

HUITIÈME SECTION

FRAIS DES MAINLEVÉES ET RADIATIONS.

1910. La quittance donnée au débiteur formant son titre et
la preuve de sa libération, c'est lui qui doit en supporter les
frais [2], bien qu'elle soit nécessitée par le fait du créancier ne
sachant signer [3].

1911. Le coût des quittances que doivent fournir les créanciers en recevant le montant de leurs collocations est à la
charge de l'adjudicataire [4], mais les frais de radiation de l'inscription de chaque créancier sont ajoutés à son bordereau de
collocation [5], et l'adjudicataire en fait la retenue au moment du
paiement (n° 1613).

1912. Comme la mainlevée a la même nature que la quittance, les frais en sont acquittés par le débiteur [6].

Celui qui donne la mainlevée ou la quittance supporte la
dépense occasionnée par la justification de ses qualités et
pouvoirs [7].

1913. Quand un contrat de vente contient des délégations

1. Angers, 30 mars 1854 ; 13 juin 1894, S. 97.2.99 ; Pont, 1104 ;
Aubry et Rau, § 281, texte *fine* ; comp. Cass., 11 juil. 1889, D. 89.1.
393.
2. C. civ., 1248.
3. Demolombe, XXVII, 296 ; Larombière, art. 1248, ı.
4. Besançon, 17 déc. 1852, S. 54.2.110 ; Demolombe, XXVII, 297 ;
Aubry et Rau, § 319, note 17.
5. C. pr., 759.
6. C. civ., 1248 ; Boulanger, 22 *bis* ; comp. Douai, 21 mars 1907.
7. Cass., 19 août 1845, D. 45.1.357, S. 45.1.707 ; Amiens, 31 déc.
1851, S. 52.2.128 ; Seine, 9 juil. 1898, *Rev. not.*, 10175.

formelles au profit de chaque créancier inscrit, l'acquéreur se trouve chargé de supporter tous les frais des quittances qui lui sont données par les créanciers.

Dans le cas où l'acquéreur verse son prix aux créanciers, sans délégation nominative stipulée au contrat de vente, le coût des mainlevées et radiations prises au profit de ces créanciers ne saurait lui incomber ; les créanciers doivent l'indemniser, sauf leur recours contre le débiteur [1].

1914. Les frais de radiation d'une inscription prise à tort par un créancier sont à sa charge personnelle, tel serait le cas d'une inscription renouvelée sur des immeubles précédemment affranchis de l'hypothèque [2].

1915. Quant aux radiations prononcées judiciairement, les tribunaux sont investis d'un pouvoir discrétionnaire en ce qui concerne la condamnation aux frais et dépens, en cette matière comme en toute autre [3].

1. Seine, 5 déc. 1879, J. E., 21225.
2. Cass., 11 mars 1874, S. 74.1.337.
3. Cass., 10 août 1875 ; 21 déc. 1875, S. 76.1.109.

CHAPITRE ONZIÈME

CONSERVATEURS DES HYPOTHÈQUES

PREMIÈRE SECTION

ATTRIBUTIONS DES CONSERVATEURS.

1916. La tenue des registres destinés à l'inscription des privilèges et hypothèques et à la transcription des actes et jugements sujets à cette formalité, est confiée à des fonctionnaires appelés conservateurs des hypothèques, et dépendant de la régie de l'enregistrement.

Ces fonctionnaires sont aussi chargés d'effectuer les radiations des inscriptions et de délivrer, à tous ceux qui le requièrent, des copies des inscriptions et transcriptions faites sur leurs registres[1].

1917. Les conservateurs des hypothèques fournissent deux cautionnements : l'un affecté spécialement et exclusivement à la responsabilité qu'ils peuvent encourir à l'égard des tiers[2], l'autre pour la garantie des sommes qu'ils sont chargés de recevoir en qualité de comptables publics[3].

1918. Un bureau des hypothèques existe pour chaque arrondissement, dans la ville où siège le tribunal civil[4].

1. L. 21 ventôse an VII, art. 3 ; 23 mars 1855, art. 5 ; C. civ. 2108, 2157, 2196 à 2203.

2. L. 21 ventôse an VII, art. 5 et 8 ; 8 juin 1864, art. 26 ; 16 sept. 1871, art. 29 ; 22 mars 1873.

3. L. 7 ventôse an VIII, art. 8 ; 24 avr. 1806, art. 14 ; 29 juil. 1913.

4. L. 21 ventôse an VII, art. 2. Par décret du 16 nov. 1859, le ser-

1919. Ce bureau est ouvert, les jours non fériés, de huit

vice de la conservation des hypothèques dans le département de la Seine a été réparti entre trois bureaux siégeant à Paris : le 1er bureau comprenant les 12 premiers arrondissements de Paris ; le 2e bureau composé des 16e à 20e arrondissements de Paris et de l'arrondissement de Saint-Denis ; le 3e bureau englobant les 13e, 14e et 15e arrondissements de Paris et l'arrondissement de Sceaux. —

Conformément au décret du 23 nov. 1900, les conservations hypothécaires de Paris comprennent 10 bureaux : 1er bureau composé des 8 premiers arrondissements de Paris ; 2e bureau réunissant les 9e, 10e, 11e et 12e arrondissements de Paris ; 3e bureau composé des 16e et 17e arrondissements ; 4e bureau, des 18e, 19e et 20e arrondissements ; 5e bureau pour les cantons de Pantin, Aubervilliers, St-Denis, St-Ouen et Noisy-le-Sec, moins les communes de Rosny et de Villemomble ; 6e bureau englobant les cantons de Clichy, Levallois-Perret, Neuilly-sur-Seine et Boulogne ; 7e bureau pour les cantons d'Asnières, Courbevoie et Puteaux ; 8e bureau composé du 15e arrondissement de Paris avec les cantons de Villejuif, Sceaux et Vanves plus les communes de Rosny et de Villemomble ; 9e bureau pour le 14e arrondissement et les cantons d'Ivry, de Charenton et de St-Maur ; 10e bureau pour le 13e arrondissement, avec les cantons de Vincennes, Montreuil et Nogent.

En vertu du même décret du 23 nov. 1900, les arrondissements suivants sont divisés :

1° Bordeaux en trois bureaux : le 1er englobant les cantons 1, 2 et 3 de Bordeaux avec ceux de Castelnau et de Blanquefort ; le 2e bureau comprenant les cantons 4, 5 et 6 de Bordeaux et celui de Pessac ; le 3e bureau composé des cantons 7 de Bordeaux avec ceux de Carbon-Blanc, St-André-de-Cubzac, Créon, Cadillac, Podensac, La Brède, Audenge, la Teste et Belin.

2° Versailles en trois bureaux : le 1er bureau englobant les 3 cantons de Versailles avec ceux de Sèvres et de Palaiseau ; le 2e bureau composé des cantons de Marly et de St-Germain-en-Laye ; le 3e bureau comprenant les cantons d'Argenteuil, Meulan et Poissy.

3° Pontoise en deux bureaux : le 1er bureau composé des cantons de Pontoise, Marines, l'Isle-Adam et Montmorency ; le 2e bureau comprenant les cantons de Gonesse, Ecouen, Luzarches et le Raincy.

4° Lyon en deux bureaux : 1er bureau englobant les 6 premiers cantons de Lyon avec ceux de l'Arbresle, Limonest, Neuville-sur-Saône, St-Laurent-de-Chamousset, St-Symphorien-sur-Coise et Vaugneray ; 2e bureau composé des 7e et 8e cantons de Lyon avec ceux de

heures du matin à quatre heures du soir ₁. Il est défendu au conservateur de procéder les jours fériés à des actes de son ministère ; cependant les formalités opérées le dimanche ou un jour de fête légale ne se trouveraient pas frappées de nullité, mais leur effet, au respect des tiers, serait ajourné au lendemain [2].

1920. En cas d'absence ou d'empêchement du conservateur, il est suppléé par un inspecteur-adjoint de l'enregistrement, et à son défaut par le plus ancien surnuméraire du bureau. Du reste, le conservateur est responsable de ses remplaçants, sauf recours contre eux [3].

1921. Pour la bonne règle, le conservateur devrait se faire remplacer dans toutes les formalités l'intéressant personnellement. Néanmoins, aucune disposition légale ne lui prescrivant

Condrieu, Givors, Mormant, St-Genis-Laval et Villeurbanne.

5° Lille en deux bureaux : 1er bureau les 8 cantons de Lille et ceux de Haubourdin, Seclin et La Bassée ; 2e bureau comprenant les cantons de Roubaix, Tourcoing, Lannoy, Quesnoy-sur-Deule, Armentières, Cysoing et Pont-à-Marcq.

6° Rouen en deux bureaux : 1er bureau englobant les 6 cantons de Rouen avec ceux de Darnetal, Maromme. Grand Couronne et Sotteville ; 2e bureau les cantons de Elbeuf, Boos, Buchy, Clères, Duclair et Pavilly.

7e Le Havre en deux bureaux : 1er bureau les 6 cantons du Havre ; 2e bureau comprenant les cantons de Bolbec, Criquetot, Fécamp, Lillebonne, Montivilliers, Goderville et St-Romain.

8° Marseille en deux bureaux : 1er bureau les 6 premiers cantons de Marseille ; 2e bureau les 7e et 8e cantons de Marseille avec les cantons d'Aubagne, La Ciotat et Roquevaire.

Aux termes d'un décret du 14 nov. 1913, Nice a deux bureaux hypothécaires, le 1er comprenant les cantons Est et Ouest de Nice, le 2e les autres cantons de l'arrondissement et l'arrondissement de Puget-Théniers.

1. Déc. min. fin., 22 déc. 1807 ; 9 mars 1839 ; Inst. 1586.

2. Cass., 18 fév. 1808 ; Aubry et Rau, § 268, note 10 ; Laurent, XXXI, 578.

3. L. 21 ventôse an VII, art. 12.

André, *Régime hypothécaire.* 40

de s'abstenir, les inscriptions, transcriptions et certificats, sur ses parents ou sur lui-même, ne pourraient être déclarés nuls ou inefficaces [1].

1922. Les registres tenus par les conservateurs sont cotés et paraphés par l'un des juges du tribunal civil dans le ressort duquel le bureau est établi [2].

Ils ne doivent contenir ni blanc ni interligne et sont arrêtés chaque jour [3].

1923. Un registre particulier est destiné à recevoir les inscriptions des privilèges et hypothèques [4] ;

Un autre, les transcriptions de saisies [5] ;

Un troisième, les diverses transcriptions autres que les saisies [6] ;

Un quatrième registre, tenu double (registre des dépôts), mentionne, jour par jour, et par ordre numérique, les remises faites au conservateur d'actes de mutation ou de saisie pour être transcrits, de bordereaux pour être inscrits, d'actes contenant subrogation ou antériorité, et de jugements prononçant la résolution, la nullité ou la rescision d'actes transcrits, pour être mentionnés [7].

1924. Un double de ce dernier registre est déposé, par les soins du conservateur, dans les trente jours de sa clôture, au greffe du tribunal civil d'un arrondissement autre que celui où réside le conservateur [8].

1. Paris, 13 nov. 1811 ; 31 août 1837 ; Laurent, XXXI, 577 ; Boulanger, 749 ; Aubry et Rau, § 268, note 8. — *Contrà*, Troplong, 999 ; Baudot, 56, 57.

2. L. 21 ventôse an VII, art. 16 ; C. civ., 2201 ; L. 27 juil. 1900.

3. L. 21 ventôse an VII, art. 17 ; C. civ., 2201 ; Troplong, 1010 ; Martou, 1637.

4. C. civ., 2150.

5. C. pr., 678, 691 à 693, 716, 748.

6. C. civ., 2181.

7. C. civ., 2200.

8. C. civ., 2200 ; Décr. 28 août 1875, art. 3.

1925. Indépendamment des quatre registres précités, les conservateurs doivent tenir des registres d'ordre, nécessaires pour la manutention, savoir :

1° Un répertoire contenant, dans une case particulière, le bilan hypothécaire de chaque individu ; d'un côté les inscriptions, subrogations, renouvellements et radiations ; de l'autre les transcriptions d'actes de mutation et de saisie, ainsi que les diverses mentions de résolution [1] ;

2° Une table alphabétique ou registre indicateur divisé en deux parties : la première contenant les noms patronymiques ; la deuxième, les noms et prénoms de toutes les personnes ayant un compte au répertoire [2].

3° Un registre sur lequel sont inscrits les émoluments perçus par le conservateur [3].

1926. Quand un certificat d'inscriptions ou de transcriptions est requis sur une personne quelconque, le premier soin du conservateur consiste à chercher les noms de cette personne sur la table ; s'ils ne s'y trouvent pas, la recherche est terminée et le conservateur délivre un certificat négatif.

Lorsque les noms de la personne figurent à la table, un numéro de renvoi au répertoire indique le compte auquel il suffit de se reporter pour connaître le bilan de l'individu. À la simple inspection du compte, le conservateur voit si les inscriptions et transcriptions sont dans la période mentionnée sur la réquisition ; en cas d'affirmative, le conservateur prend note des volumes et numéros des registres où figurent les formalités, et finalement examine celles qu'il doit délivrer ou non.

1927. Les conservateurs sont obligés de délivrer aux requérants, et pour chaque pièce à transcrire, à inscrire ou à men-

1. L. 21 ventôse an VII, art. 18 ; Inst. 2602.
2. Inst. 1593 ; Baudot, 121 et suiv.
3. Circ. 7 juin 1809 ; Inst. 2156.

tionner une reconnaissance sur papier libre, signée [1], contenant l'indication du numéro sous lequel elle est inscrite au registre des dépôts [2]. Dans la pratique, le récépissé de dépôt reste au bureau ; s'il avait été retiré, il faudrait le rendre en échange de la pièce formalisée.

1928. D'ailleurs les inscriptions, transcriptions et mentions doivent être opérées à la date et dans l'ordre des remises qui ont été faites suivant le registre des dépôts.

1929. Dans aucun cas, les conservateurs ne peuvent refuser ni retarder les inscriptions ou transcriptions requises [3], car ils ne sont pas juges de la valeur des titres présentés. Au surplus, il est bien entendu qu'il n'en est ainsi que pour les formalités requises dans des conditions normales ; le conservateur serait fondé à rejeter la transcription d'un extrait analytique, et l'inscription sans double bordereau, ou sans le titre constitutif de la créance, excepté pour les renouvellements et le privilège de séparation des patrimoines [4].

1930. Avant d'opérer une transcription ou une inscription, le conservateur n'est pas obligé de vérifier si la formalité s'applique à des immeubles situés dans l'arrondissement de son bureau ; mais c'est pour lui un devoir de conscience de faire cette vérification, et de s'abstenir si les pièces lui ont été remises par erreur [5].

1931. Quoique les formalités soient réputées accomplies le jour même du dépôt des pièces et les droits acquis au Trésor, dans la réalité, les formalités sont bien inscrites, à la date du dépôt, mais elles sont opérées seulement quelques jours plus

1. Vitré, 30 nov. 1887, J. C., 3851.
2. C. civ., 2200 ; comp. Inst. 2503, 2541.
3. C. civ., 2199 ; Riom, 1er mars 1893, S. 94.2.197.
4. C. civ., 2148, 2181 ; Cass., 3 janv. 1853, S. 53.1.422, D. 53.1. 14 ; Pont, 1434 ; Laurent, XXIV, 597 ; comp. Corbeil, 9 nov. 1883.
5. Comp. Cass., 25 nov. 1872, S. 73.1.65.

tard, par suite des nécessités matérielles du travail courant [1].

1932. L'administration admet que les pièces déposées par erreur et les droits consignés doivent être restitués, pourvu qu'il n'ait pas été fait autre chose que la mention au registre des dépôts [2].

1933. Les états, extraits et certificats délivrés par les conservateurs sont écrits sur papier non timbré ; on peut en faire usage en justice ou les déposer sans qu'ils soient enregistrés [3].

1934. Les formalités refusées par le conservateur ou opérées contrairement aux réquisitions des parties peuvent donner lieu à des actions en justice (n° 2023).

1935. Rappelons aux praticiens que les réquisitions d'états adressées au bureau des hypothèques, soit isolément, soit avec les actes auxquels elles se rapportent, sont considérées comme papiers d'affaires pour l'affranchissement postal.

Les pièces envoyées par la poste au bureau des hypothèques, sont au nom du premier commis qui se charge de les retourner après formalités [4] ; il rend ainsi des services aux notaires et avoués ; nous croyons très légitimement due la petite commission qu'il perçoit.

---

1. Déc. min. fin., 28 juin 1824.
2. Dél. 2 déc. 1831 ; 17 déc. 1844 ; Sol. 30 avr. 1872.
3. Déc min. fin., 21 mars 1809.
4. Jamais le conservateur n'est obligé d'accepter des envois par la poste (Paimbœuf, 3 mars 1911, J. E., 28357, *Rev. not.*, 14418).

DEUXIÈME SECTION

FORMALITÉS HYPOTHÉCAIRES.

ARTICLE PREMIER

TRANSCRIPTIONS ET MENTIONS.

1º Transcriptions.

1936. La transcription est la copie littérale sur un registre *ad hoc* des actes et jugements présentés pour cette formalité[1].

1937. Le conservateur transcrit les pièces telles qu'elles lui sont présentées ; si les requérants désirent obtenir la transcription partielle d'un acte, ils doivent produire un extrait littéral, comprenant seulement les clauses à transcrire, ou, s'ils présentent l'acte entier, limiter par réquisition les parties qu'ils entendent faire transcrire, car le conservateur n'est pas obligé de se livrer à un travail d'élimination de certains passages de la pièce déposée[2]. Cependant les conservateurs procèdent à la dissection de l'acte présenté, quand il concerne des biens situés sur plusieurs arrondissements.

1938. Rappelons que les extraits produits à la transcription doivent être littéraux ; le conservateur est fondé à refuser de formaliser les extraits analytiques[3].

1939. Quand un cahier des charges, dressé en vue de l'adjudication par lots de divers immeubles, a été littéralement transcrit avec l'un des actes de vente, les expéditions des autres

---

1. C. civ., 2181 ; L. 23 oct. 1884, art. 4.
2. Cass., 21 janv. 1896, S. 97.1.245, J. C., 4782 ; Inst. 2324 ; Vienne, 31 juil. 1884 ; comp. Cass., 10 juil. 1882, J. E., 21937 ; Inst. 2673 ; 20 juil. 1886, D. 87.1.302, *Rev. not.*, 7769.
3. Orléans, 7 juin 1839 ; Paris, 16 juin 1840, S. 40.2.487 ; Bourg, 9 mars 1882 ; Inst. 1569 ; Baudot, 1062.

actes de vente soumis à la formalité n'ont pas besoin de contenir un extrait du même cahier des charges [1]. Toutefois, pour la facilité des recherches, il est utile de rappeler, par une mention en marge de la vente, la transcription du cahier des charges.

1940. La transcription opérée est certifiée par le conservateur au pied de la pièce transcrite, avec indication des droits et salaires perçus [2].

1941. En matière de saisie immobilière, la transcription comprend le procès-verbal de saisie et la dénonciation au saisi. Comme le travail courant ne permet pas de procéder immédiatement à la transcription, le conservateur mentionne sur l'original à lui laissé, les heure, jour, mois et an auxquels il lui a été remis [3].

S'il y a eu précédente saisie, le conservateur constate, en marge du procès-verbal présenté, son refus de transcrire la seconde ; il énonce la date de la précédente saisie, les noms, demeures et professions du saisissant et du saisi, l'indication du tribunal où la saisie est portée, le nom de l'avoué du saisissant et la date de la transcription [4].

Si une seconde saisie, plus ample et comprenant d'autres biens que la première, était présentée, le conservateur la transcrirait, mais seulement pour les propriétés ne figurant point dans la première ; il aurait soin, dans son certificat, d'énoncer qu'elle n'est transcrite que pour les objets qui n'étaient pas déjà saisis par un autre procès-verbal, dont il rappellerait la transcription [5].

1. Montluçon, 19 mai 1871, Rev. not., 4132 ; Tr. Nancy, 25 avr. 1881, Rev. not., 6338, J. E., 21725.

2. L. 21 ventôse an VII, art. 27 ; Baudot, 1061.

3. C. pr., 678, 679 ; Baudot, 1270.

4. C. pr., 680 ; Chauveau, 2264 ; comp. Douai, 28 fév. 1889, D. 90. 2.155.

5. C. pr., 720 ; Baudot, 1272 ; Boitard, 984.

1942. Quand le même acte donne lieu à transcription dans plusieurs bureaux, l'impôt proportionnel est acquitté en totalité au premier bureau et il n'est payé aux autres que le salaire du conservateur [1].

2° Mentions.

1943. Les transcriptions d'actes et jugements opérées sur les registres du conservateur doivent être émargées de la mention de tout jugement prononçant la résolution, nullité ou rescision d'un acte transcrit, d'après un bordereau rédigé et signé par l'avoué qui a obtenu ce jugement [2] (n° 81).

1944. La transcription de saisie est émargée de la mention des sommations faites au saisi et aux créanciers inscrits de prendre communication du cahier des charges [3] (n° 1504).

En faisant cette mention, le conservateur relate les noms, qualités et demeures des créanciers dont le consentement devient nécessaire pour rayer la saisie [4].

Le jugement de conversion et celui d'adjudication sont aussi mentionnés en marge de la saisie [5] (n°s 1511, 1514).

1945. La mention du retrait de réméré en marge de la transcription de la vente n'est pas prévue par la loi, mais l'administration admet qu'elle peut avoir lieu [6].

1946. Pour la cession d'antichrèse (n° 75), également non visée dans la loi, l'utilité de sa mention en marge de la transcription de l'antichrèse est évidente, et il n'y a aucun motif pour ne pas l'opérer [7].

---

1. L. 21 ventôse an VII, art. 25.
2. L. 23 mars 1855, art. 4.
3. C. pr., 693 ; Chauveau, 2335 ; Boitard, 944.
4. C. pr., 643 ; Baudot, 1281.
5. C. pr., 716, 748.
6. Nantes, 20 mai 1875, J. E., 19865, J. C., 3089, *Rev. not.*, 5159 ; Sol. 31 mai 1881, J. E., 21877, D. 82.3.64.
7. Comp. de France de Tersant, *Dr. d'hyp. et sal.*, 335.

ARTICLE DEUXIÈME

INSCRIPTIONS ET MODIFICATIONS.

1° Inscriptions requises.

1947. Le conservateur mentionne sur le registre des inscriptions le contenu des bordereaux, par une copie littérale, puis il remet à l'inscrivant, quelques jours plus tard, le titre et l'un des bordereaux au pied duquel il certifie avoir fait l'inscription. L'autre bordereau reste aux mains du conservateur, afin qu'il soit à même de prouver que l'inscription est conforme à la réquisition [1].

1948. Les inscriptions prises au profit du Crédit foncier étant dispensées de renouvellement, sont annotées d'un signe particulier sur le répertoire des formalités [2].

1949. Toutes les fois qu'une inscription doit avoir lieu dans plusieurs bureaux, le droit proportionnel est payé seulement au premier bureau où la formalité est remplie ; il n'est acquitté aux autres bureaux que le salaire du conservateur [3]. A cet effet, on présente au premier bureau un bordereau de chacune des inscriptions à prendre dans les autres, afin que le conservateur mentionne par duplicata le paiement du droit proportionnel (n° 2153).

1950. C'est le registre du conservateur et non le bordereau rendu au créancier qui fait foi de l'accomplissement régulier de l'inscription [4] ; en conséquence, le créancier qui veut avoir un titre parfaitement en règle doit toujours délivrer une copie certifiée de son inscription.

1. C. civ., 2150 ; Cons. d'Etat, 11 déc. 1810 ; Sol. 19 janv. 1893, J. E., 24201.
2. Inst. 2210, du 3 fév. 1862, D. 62.3.40.
3. L. 21 ventôse an VII, art. 22.
4. Cass., 22 avr. 1807 ; Paris, 31 août 1810 ; Troplong, 695 ; Baudot, 324.

1951. Si, après avoir opéré une inscription, le conservateur reconnaît une irrégularité provenant de son chef, il doit faire la rectification d'office (n° 941).

2° Inscriptions d'office.

1952. En général, le conservateur attend les réquisitions des parties pour opérer des inscriptions sur ses registres ; néanmoins ce principe comporte des exceptions ; ainsi, le conservateur inscrit d'office :

1° Son propre cautionnement sur les immeubles qui y sont affectés [1] ;

2° Les droits du Trésor sur les biens des comptables au simple vu de tous actes translatifs passés par ceux-ci [2] ;

3° Le privilège du vendeur d'immeubles lors de la transcription de l'acte de vente constatant que le prix reste dû en totalité ou en partie [3] ; celui de l'échangiste pour la soulte non payée.

1953. Toutes les fois qu'un acte de vente mentionne le paiement du prix entier, en espèces, le conservateur n'a rien à inscrire, encore que le paiement soit irrégulier, notamment dans les trois cas suivants : 1° vente par un mandataire verbal qui reçoit le prix ; 2° vente par un mineur, sans formalités de justice et pour un prix soldé ; 3° vente d'un immeuble dotal soumis à un remploi non effectué, moyennant un prix versé comptant. J'appuie sur ce dernier exemple : la vente d'un immeuble dotal soumis à remploi, faite moyennant un prix payé sans justification de remploi, n'autorise pas le conservateur à prendre une inscription d'office pour un privilège qui ne saurait exister, la femme étant d'ailleurs protégée par une action éner-

---

1. L 21 ventôse an VII, art. 7 ; J. E., 22332, 22350.
2. L. 5 sept. 1807, art. 7.
3. C. civ., 2108.

gique qui se conserve sans publicité : le droit de révoquer l'aliénation irrégulière du bien dotal[1].

Voici ce qu'on répond : le défaut de paiement régulier fait un devoir au conservateur de prendre une inscription d'office, destinée à avertir les tiers des dangers auxquels ils seraient exposés en traitant avec l'acquéreur[2]. D'après cette opinion, le conservateur se trouverait investi du droit d'examiner la régularité des actes soumis à la transcription et devrait opérer des inscriptions d'office toutes les fois qu'une vente lui paraîtrait irrégulière, n'importe pour quel motif ; mais il est impossible de trouver le fondement d'une pareille mission donnée au conservateur, elle n'existe pas plus dans le Code civil que dans la loi organique du service hypothécaire.

En ce qui concerne le prix payé comptant, avec clause de séquestre ou mieux de nantissement, à la sûreté de l'obligation où est le vendeur de rapporter la mainlevée de toutes inscriptions, il est bien certain que l'acquéreur est libéré, et comme suite le conservateur n'a rien à inscrire d'office contre lui.

1954. Si une personne acquiert par un acte unique plusieurs lots séparés d'immeubles, moyennant des prix distincts, le vendeur a, pour la garantie de chaque prix, un privilège qui frappe exclusivement chacun des lots d'immeubles. Il faut en conclure que le conservateur doit prendre autant d'inscriptions distinctes qu'il existe de privilèges[3].

1. C. civ., 1560 ; Laurent, XXIII, 501 ; Demolombe, XXIX, 166 ; Primot, 115.

2. Pau, 26 juil. 1886, J. C., 3742, J. E., 22812, *Rev. not.*, 7634, D. 87.2 35 ; Tr. Caen, 4 avr. 1887, J. C., 3777 ; Albi, 11 fév. 1909, J. E., 28064 ; comp. Tr. Caen, 16 avr. 1883, D. 85.3.23 ; Boulanger, 501.

3. Cass., 11 mars 1891, D. 91.1.253, S. 92.1.273, J. E., 23588, J. C., 4158 ; Boulogne, 17 oct. 1894, J. C., 4549 ; Aubry et Rau, § 263, note 11 *bis*.

Pour échapper à cette conséquence, les notaires ont inséré dans les cahiers des charges la clause suivante : « L'ensemble des prix de plusieurs immeubles vendus séparément à une seule et même personne sera considéré comme s'appliquant à tous les immeubles indistinctement, et le privilège sur ces immeubles sera indivisible. »

On a contesté la légalité de la clause [1], cependant il n'y a aucun obstacle légal à ce que dans une adjudication volontaire les parties conviennent que toutes les ventes isolées seront réunies en une seule et ne constitueront qu'une vente unique consentie moyennant un seul prix [2].

1955. Sur la transcription d'une donation avec charges, il n'y a rien à inscrire d'office, les charges ne conférant pas de privilège au profit du donateur, à moins pourtant que les charges ne soient réellement l'équivalent du bien donné [3], parce que dans ce cas l'acte appelé donation serait en réalité une vente.

1956. Le privilège de copartageant est inscrit sur la réquisition du créancier ; si cependant le conservateur l'inscrivait d'office, lors de la transcription d'un partage ou d'une licitation, l'inscription serait valable [4].

1957. Un vendeur, majeur et pleinement capable, peut dispenser le conservateur de prendre inscription à son profit, en se désistant de tous droits réels sur les biens vendus, malgré le non-paiement du prix [5].

1. J. C., 4181, 4232 et 4264.
2. Baudry et de Loynes, 2608 ; comp. Nancy, 18 mars 1894, J. C., 4849.
3. Comp. Cass., 4 mai 1869, S. 69.1.431.
4. Cass., 26 nov. 1895, S. 96.1.73, J. C., 4671.
5. Cass., 27 mai 1895, J. E., 24710, J. C., 4675, Rev. not., 9451 ; Agen, 12 nov. 1906, J. E., 27380.

3° Modifications.

I. — *Changement de domicile.*

1958. La déclaration de changement de domicile élu (n° 937)
est faite en marge de l'inscription et signée du requérant, à
moins qu'il n'ait fait dresser un acte notarié spécial ; dans ce
cas, il suffirait de produire l'acte [1].

La faculté de changer l'élection de domicile appartient tant
au créancier inscrit qu'aux héritiers ou cessionnaires par acte
notarié [2].

Si le déclarant agit en qualité d'héritier ou de cessionnaire,
il dépose les actes authentiques établissant ses droits.

1959. Le conservateur est obligé de mentionner le changement de domicile élu sur le bordereau de l'inscription. Si le
bordereau n'est pas représenté, le conservateur délivre, suivant la réquisition du créancier, soit un extrait du registre
d'inscription avec la mention du nouveau domicile, soit un
certificat (exempt de salaire) constatant le changement [3].

II. — *Subrogation.*

1960. La subrogation, totale ou partielle, dans les droits
d'un créancier, est mentionnée sur les registres au moyen de
la production d'une expédition ou d'un extrait littéral [4] de
l'acte qui subroge, appuyé des pièces justificatives de la qualité et de la capacité du subrogeant.

Les règles relatives aux justifications pour les radiations
volontaires (n° 1681), sont généralement applicables à la

1. Inst. 123, 233 ; Baudot, 732.
2. Déc. min. fin., 17 juil. 1812 ; Géraud, 3710.
3. Déc. min. fin., 23 oct. 1809 ; Sol., 12 juin 1862 ; 24 oct. 1874 ;
Baudot, 724.
4. Joigny, 13 oct. 1871, D. 72.3.8, S. 72.2.81.

subrogation [1], car il s'agit dans un cas comme dans l'autre de l'aliénation du droit hypothécaire.

1961. Si l'acte portant subrogation ne mentionne pas tous les intérêts non prescrits, le conservateur fera seulement la mention pour la somme exprimée dans l'acte.

Une mention intégrale sera opérée lorsque l'acte contiendra une déclaration formelle du subrogeant, ayant la capacité d'aliéner la créance, portant qu'il entend ne réserver aucunement l'effet de l'inscription à son profit pour les accessoires de la créance pouvant lui rester dus.

1962. Pour la subrogation résultant d'un partage régulier, le conservateur se conforme nécessairement aux attributions, sans formuler de réserves quant aux intérêts non mentionnés dans l'acte.

1963. La subrogation opérée est certifiée, au choix du créancier, par un simple certificat de subrogation, délivré gratuitement [2], ou par une copie de l'inscription avec la mention qui a été faite en marge (n° 2126).

III. — *Priorité ou concurrence.*

1964. La cession de concurrence ou de priorité hypothécaire (n°s 749, 750) opère une subrogation de rang.

---

1. Tr. Caen, 1er avr. 1889, J. C., 4113 ; Nice, 22 juil. 1889, J. C., 4069 ; C. Amiens, 14 mai 1890. S. 90.2.168, J. C., 4078, J. E., 23456 ; Sol. 16 juin 1864, J. E., 21198 ; Baudot, 742 ; Boulanger, 67 ; Mérignhac, 55 ; de France, 377. — *Contrà*, Rouen, 15 juin 1837, J. E., 11928 ; Roanne, 19 déc. 1877, J. C., 3180 ; Lyon, 12 juil. 1878, J. E., 20875, J. C., 3217 ; Aix, 29 avr. 1890, S. 90.2.130, D. 90.2.356, J. C., 4069 ; Brest, 22 oct. 1890, J. C., 4201 ; Saint-Omer, 5 déc. 1899, J. C., 4135. D'après ces décisions, le conservateur ne pourrait demander aucune justification à l'appui de l'acte portant subrogation, parce que le droit d'investigation sur la capacité du consentant ne lui est attribué que pour la radiation, par l'article 2157 du Code civil.

2. Sol. 16 juin 1864 ; 11 août 1864 ; 28 oct. 1874 ; 10 août 1888.

1965. Il faut sur les registres des conservateurs une double mention en marge des inscriptions des deux créanciers [1].

A cet effet, le requérant dépose une expédition de l'acte contenant le consentement au changement de rang [2], accompagnée des pièces justificatives des droits et de la capacité de celui qui a consenti la cession [3].

1966. Dans la pratique, on délivre habituellement une copie de chacune des inscriptions modifiées, mais cette délivrance n'est pas obligatoire ; le requérant peut se borner à demander deux certificats gratuits constatant l'accomplissement des mentions [4].

IV. — *Transfert d'hypothèque.*

1967. Quand un créancier convient avec son débiteur de reporter l'hypothèque de tel immeuble sur tel autre, il est nécessaire de remplir une double formalité : inscription de l'hypothèque sur l'immeuble nouvellement affecté ; radiation de l'inscription sur l'immeuble dégrevé [5].

1968. La nouvelle inscription n'éprouve aucun obstacle ; il n'en est pas de même de la radiation si le consentement a été donné conditionnellement, car il sera difficile de fournir au conservateur une preuve péremptoire de l'accomplissement de la condition, si elle ne doit pas résulter de certificats délivrés par lui [6] (n° 1666). Dans ce cas, les parties devront, si le notaire ne croit pas pouvoir délivrer un extrait littéral supprimant la condition, se résigner à supporter les frais d'une nouvelle mainlevée pure et simple.

1. Sol. 27 mars 1860 ; Baudot, 778.
2. Déc. min. fin., 7 juin 1808 ; de France, 376.
3. De France, 377. — *Contrà*, Cass., 6 juil. 1870, S. 70.1.421.
4. Sol. 14 mars 1856 ; *Dict. Enreg.*, Hyp., 731.
5. Baudot, 780.
6. Boulanger, 22.

V. — *Prorogation de délai.*

1969. La prorogation du terme d'exigibilité d'une créance, peut être mentionnée en marge de l'inscription, sur le dépôt de l'expédition de cet acte ; le conservateur n'encourt aucune responsabilité en opérant la mention requise [1].

VI. — *Renouvellement.*

1970. En ce qui concerne le renouvellement d'une inscription, le conservateur n'a aucune initiative à prendre ; il se conforme aux ordres des créanciers.

Les titres n'ont jamais besoin d'être représentés pour renover une inscription [2].

Le conservateur requis de renouveler une inscription n'a pas à se faire juge de la validité et de l'efficacité de l'opération ; il doit déférer à la réquisition, bien que l'inscription primitive ait été définitivement radiée [3].

VII. — *Radiation.*

1971. Les radiations d'inscriptions forment la partie la plus importante des fonctions des conservateurs, parce qu'elles exigent la connaissance des principes du droit civil.

Nous avons indiqué ailleurs (1681 et suiv.), les conditions de forme des consentements à radiation et les justifications à fournir au conservateur ; il est inutile d'y revenir.

1972. Rappelons cependant ici que le conservateur doit délivrer gratuitement des certificats constatant les radiations opérées sur ses registres [4].

1. Sol. 15 mai 1847, J. C., 291 ; Géraud, 3713 ; de France, 374. — *Contrà*, Baudot, 798, estime qu'une nouvelle inscription est nécessaire.
2. Cass., 14 avr. 1847 ; Inst. 2300 ; Baudot, 218.
3. Cass., 6 mai 1896, J. E., 25003 ; Paris, 17 juin 1899, J. E., 25965.
4. Inst. 494 ; Boulanger, 876 ; Baudot, 1663.

La délivrance gratuite des certificats ne s'applique qu'à ceux requis au moment de la radiation. Chaque certificat demandé ultérieurement donne ouverture à un salaire de 1 franc [1].

1973. La radiation d'une inscription n'est opérée par le conservateur que sur l'ordre du créancier, ou à défaut de consentement amiable, en vertu d'un jugement l'ordonnant. Si donc le créancier n'autorise pas la radiation, l'action en justice est poursuivie contre lui et non contre le conservateur qui n'est jamais juge du mérite des inscriptions [2].

Au contraire, lorsque la radiation consentie par le créancier est refusée par le conservateur, c'est contre celui-ci et devant le tribunal du lieu où est établi son bureau, que l'instance doit être dirigée pour le contraindre à rayer [1].

ARTICLE TROISIÈME

ÉTATS ET CERTIFICATS.

1° Généralités.

1974. Le conservateur est obligé de délivrer, sans retard, à tous ceux qui le requièrent, sans qu'ils aient à justifier d'un intérêt légal, des états des transcriptions et mentions opérées sur ses registres, et des inscriptions qui s'y trouvent portées, ou des certificats constatant l'absence d'inscriptions et de transcriptions [4].

1975. Sur la réquisition expresse des parties, le conservateur apprécie s'il peut délivrer, au lieu de copies littérales des

1. Inst. 494, 547; Boulanger, 880; Baudot, 1664.
2. Beaune, 28 août 1879, D. 80.3.134, S. 80.2.148; Paris, 7 août 1885, J. E., 22628.
3. Versailles, 21 déc. 1877, J. C., 3160; comp. Paris, 16 mai 1902, J. E., 26378.
4. C. civ., 2196; L. 23 mars 1855, art. 5; Inst. 2051; Laurent, XXXI, 574.

André, *Régime hypothécaire*.   41

inscriptions et transcriptions, des extraits analytiques succincts ..

Les notaires, avoués et autres hommes d'affaires auraient tort de se contenter d'extraits analytiques des inscriptions parce que ces extraits ne permettent pas de voir la portée exacte des inscriptions, ni les irrégularités dont elles pourraient être entachées ; au surplus, en cas d'erreurs, le recours contre le conservateur est fort douteux ².

1976. Toutes les réquisitions faites au conservateur sont présentées par écrit, sur papier libre ³.

1977. Si le travail du bureau ne permet pas au conservateur de délivrer de suite le certificat demandé, il est du moins obligé de faire la recherche et d'en indiquer le résultat ⁴. Les renseignements sont toujours fournis immédiatement aux hommes d'affaires ⁵.

1978. Pour éviter les erreurs dans la délivrance des états, il est indispensable que le requérant indique d'une manière très précise : les noms, prénoms, professions et domiciles des personnes sur lesquelles les états sont requis ; les variations du domicile et de la profession ; la qualité civile : célibataire, marié ou veuf de telle personne ; et, en outre, la désignation

---

1. Sol. 24 mai 1894 ; 30 janv. 1895, J. C., 4568, J. E., 24623.
2. Rouen, 11 avr. 1894 ; 1er avr. 1899, J. E., 25805.
3. Déc. min. fin., 6 janv. 1841 ; Inst. 1626, 1751 ; Laurent, XXXI, 583 ; Martou, 1601 ; Flandin, 1305.
4. La note des recherches n'a pas de valeur juridique et ne saurait engager la responsabilité du conservateur, Seine, 16 fév. 1894, D. 94.2.377, J. C., 4500, J. E., 24382 ; C. Rouen, 1er avr. 1899, J. E., 25805.
5. Assez souvent les hommes d'affaires versent une petite gratification au commis des hypothèques qui fait la recherche immédiate. C'est une pratique fâcheuse mais inévitable, en présence des lenteurs de quelques conservations dans la délivrance des états ; comp. Lett. 23 fév. 1893. Rev. not., 8948, J. C., 4351.

de chaque immeuble, à l'égard des états sur immeubles [1].

Quand, malgré ces précautions, le conservateur délivre des inscriptions ne portant pas, il est nécessaire de lui fournir des explications, des documents ou même une déclaration de notoriété *ad hoc* avec pièces justificatives pour en obtenir le retranchement [2].

A défaut de justifications jugées suffisantes par le conservateur pour retrancher des inscriptions délivrées à tort, il ne reste d'autre ressource à l'intéressé que celle de demander une mainlevée au créancier, d'abord à l'amiable et ensuite judiciairement [3].

1979. Dans aucun cas, le conservateur n'a à se faire juge du mérite des inscriptions portées sur ses registres ; sa seule préoccupation consiste à rechercher si les inscriptions s'appliquent aux biens et aux personnes sur lesquelles l'état est demandé. Que ces inscriptions soient régulières ou irrégulières, efficaces ou insusceptibles de produire effet, peu importe, le devoir du conservateur est de les délivrer. Si les inscriptions sont inopérantes, c'est aux intéressés qu'il incombe d'en demander la radiation amiable ou judiciaire [4].

1980. D'un autre côté, le conservateur ne délivre pas, à moins de réquisition spéciale, les inscriptions rayées en totalité ou périmées faute de renouvellement en temps utile, ni les

---

1. Marseille, 17 déc. 1902, *Rev. not.*, 11547 ; Boulogne, 7 juil. 1911 ; Albi, 12 juil. 1911, *Rev. not.*, 14616, 14617.

2. Lille, 6 mars 1905, J. E., 27134. Parfois une décharge de responsabilité fait obtenir une bonne solution.

3. Comp. Nice, 11 fév. 1896, J. E., 25130.

4. Cass., 6 déc. 1865, S. 66.1.117 ; 15 mai 1901, *Rev. not.*, 10831 ; C. Caen, 6 nov. 1902, *Rev. not.*, 11841 ; Paris, 23 fév. 1859 ; Seine, 26 janv. 1903, J. E., 26515 ; Le Mans, 5 mars 1888, J. E., 21559 ; C. Angers, 30 mars 1897, D. 98.2.13, J. E., 25224 ; Pont, 1440 ; J. G., *Priv.*, 2912 ; Aubry et Rau, § 268, note 18 ; Boulanger, 23.

inscriptions dûment renouvelées, alors du moins que le renouvellement est identique à l'inscription antérieure [1].

Le conservateur doit toujours délivrer l'inscription qui a moins de dix ans de date lors de la transcription du jugement d'adjudication sur saisie de l'immeuble qu'elle grève [2].

1981. Il est loisible au requérant de restreindre sa demande dans les limites qu'il juge convenable ; ainsi, il peut : 1° borner sa réquisition aux inscriptions existant sur un immeuble déterminé et du chef d'une personne seulement [3] ; 2° excepter certaines inscriptions connues de lui et indiquées par leurs dates, volumes et numéros [4], ou des inscriptions d'une nature précisée, telles que celles légales ou celles prises d'office par les conservateurs en vertu de l'article 2108 du Code civil [5] ; 3° demander un certificat de renouvellement ou de son renouvellement d'une inscription précisée [6].

1982. Quels que soient les termes de la réquisition, le conservateur est tenu de s'y conformer, et il n'est pas fondé à insérer des réserves qui auraient pour résultat de rendre incertaine, au regard des tiers, la situation hypothécaire d'une personne ou d'un immeuble [7].

1. Déc. min. fin., 7 sept. 1813 ; 24 sept. 1819 ; Inst. 649, 902 ; Baudot, 1673 ; Dict. Enreg.. Hyp., 619.

2. Cass., 7 avr. 1903, D. 03.1.325, S. 03.1.417, J. E., 26504, J. C., 5563, Rev. not., 11964. — V. n° 927.

3. Inst. 1046 ; Cass., 26 juil. 1859, D. 59.1.469, S. 59.1.641 ; Vitré, 9 déc. 1885, J. C., 3730, J. E., 22603 ; Baudot, 1694 ; Beauvallet, 82.

4. Cass., 6 janv. 1891 ; 5 avr. 1894, S. 95.1.234, J. C., 4481 ; Caen, 26 déc. 1848, D. 49.2.48 ; Saint-Omer, 18 janv. 1851 ; Sol. 25 nov. 1861, J. E., 20859.

5. Nancy, 9 fév. 1895, Rev. not., 9333, J. E., 24622, J. C., 4592 ; Cass., 29 avr. 1897, Rev. not., 9828, S. 97.1.456, D. 98.1.185, J. C., 4831, J. E., 25197.

6. Blanc, 2 juin 1868, S. 68 2.232 ; C. Bourges, 5 nov. 1869, S. 70.2.22 ; Baudot, 1693.

7. Cass., 26 juil. 1859, S. 59.1.641 ; Largentière, 30 déc. 1879,

Une demande d'état est suffisamment claire et précise dès que le requérant indique le volume et le numéro de l'acte transcrit auquel le conservateur doit se référer, sans désigner nommément les immeubles [1].

1983. Toute copie d'inscription ou de transcription comprend nécessairement celle des diverses mentions se trouvant en marge, sans aucune augmentation de salaire [2].

1984. Les états et certificats délivrés par le conservateur doivent être signés, cependant le défaut de signature ne le dégagerait pas de la responsabilité d'une erreur commise, du moment où la provenance de l'état pourrait être établie [3].

2° États individuels.

1985. On appelle état individuel celui qui comprend les charges hypothécaires existant sur une ou plusieurs personnes, désignées dans la réquisition.

Cet état ne fait pas connaître les charges grevant les biens par suite d'hypothèques inscrites pendant qu'ils se trouvaient dans la main des précédents propriétaires.

1986. L'état individuel peut être requis pour toutes les inscriptions non périmées ni radiées, ou pour les inscriptions prises pendant une période de temps indiquée, ou encore pour les inscriptions faites depuis une date déterminée.

1987. Il est évident que l'état requis sur plusieurs personnes doit être délivré collectivement en un même contexte; le conservateur ne serait pas fondé à formuler un état séparé sur chaque personne [4].

Rev. not., 6046 ; Hervieu, *État*, 5 ; *Encyc. not.*, ÉTAT, 25 et 51. — *Contrà*, Orléans, 12 déc. 1884, D. 86.2.110, J. E., 22549 ; Beauvallet, 86.
1. C. Toulouse, 1er avr. 1901, J. E., 26221.
2. Inst. 649, 902 ; Baudot, 1668.
3. Cass., 27 oct. 1890, J. E., 23503, D. 91.1.419.
4. Baudot, 1699, 1704 ; *Dict. Enrég.*, HYP., 764.

3° États sur immeubles désignés.

1988. L'état sur immeubles désignés contient les inscriptions qui frappent certaines propriétés du chef des personnes indiquées dans la réquisition[1].

1989. Tout étant facultatif en matière hypothécaire, l'état sur immeubles désignés peut comprendre, selon la volonté exprimée par la partie, soit toutes les inscriptions non périmées, soit celles requises depuis tel jour jusqu'à tel autre jour inclusivement.

1990. Celui qui requiert un état sur immeubles désignés doit avoir soin de signaler les modifications ou transformations subies par les immeubles, à défaut de quoi le conservateur serait exposé à omettre des charges les grevant, sans encourir aucune responsabilité[2].

Ainsi, un état est demandé sur une maison avec cour et jardin, et le terrain a été hypothéqué avant la construction, ou sur un herbage grevé alors que l'immeuble était en labour. Il est manifeste que le conservateur ne peut deviner l'identité du labour et de l'herbage, ni, à plus forte raison, du terrain nu avec une habitation et dépendances.

4° États sur transcription.

1991. L'état sur transcription révèle les inscriptions existantes sur les biens qui font l'objet du contrat transcrit, *contre* les vendeurs et les précédents propriétaires dénommés au contrat.

Si l'État figure parmi les précédents propriétaires, aucune inscription ne pouvant être prise contre lui, le conservateur doit s'abstenir de certifier sur l'État[3].

1. Cass., 15 mai 1901, D. 02.1.441.
2. Bordeaux, 17 août 1874, J. E., 19573 ; *Dict. enreg.*, HYP., 633.
3. Inst. 1751.

1992. Quand une adjudication a eu lieu en détail par un même procès-verbal, les divers adjudicataires ont la faculté de se réunir pour faire transcrire une seule expédition et requérir pour eux tous un unique état sur la transcription du titre commun[1].

Il en serait autrement de plusieurs acquéreurs par des contrats distincts, consentis par la même personne. Quoique la transcription de ces contrats ait eu lieu le même jour, le conservateur ne peut être contraint de délivrer un seul état[2]. Toutefois le requérant obtiendrait le même résultat en demandant après la dernière transcription, un état sur les divers immeubles aliénés, du chef du vendeur et des précédents propriétaires qu'il serait alors nécessaire de nommer dans la réquisition.

1993. Du reste, les demandes d'états sur transcription sont limitées à l'aliénateur, toutes les fois que la transcription de l'aliénation précédente a été suivie de la délivrance d'un état négatif ; dans ce cas, la délivrance d'un état sur les précédents propriétaires constituerait une dépense inutile.

Évidemment, si l'état est requis seulement sur le vendeur, le conservateur n'a pas à y comprendre les inscriptions prises contre les précédents propriétaires[3].

1994. Pour délivrer l'état sur transcription, le conservateur relève les noms de tous les précédents possesseurs dénommés dans la partie de l'acte appelée *origine de propriété* ; comme les praticiens ont l'habitude fâcheuse de nommer : 1° le mari et la femme, quand l'un d'eux a seul possédé ; 2° divers cohéri-

---

1. Déc. min. fin., 25 juin 1811 ; Inst. 530 ; *Dict. enreg.*, HYP., 767 ; Baudot, 1734 ; Beauvallet, 74.

2. Riom, 18 avr. 1866, S. 67.2.113, *Rev. not.*, 1695 ; Montluçon, 10 août 1885 ; La Flèche, 22 mars 1888, J. C., 3853 ; Baudot, 1737. — *Contrà*, Bône, 22 mai 1883, *Rev. not.*, 6707 ; Beauvallet, 73.

3. Cass., 26 juil. 1859, S. 59.1.641, D. 59.1.469 ; 6 avr. 1894, *Rev. not.*, 9151, J. E., 24339, S. 94.1.284.

tiers, alors qu'un seul a été approprié par un partage régulier [1] ;
3° un héritier renonçant ; 4° un fol enchérisseur évincé ; 5° un
associé quand la société est propriétaire ; 6° un usufruitier
dont les droits sont éteints [2], le conservateur certifie l'état sur
toutes les personnes, sans distinction ; de là résulte une sur-
charge de frais en pure perte [3], et des ennuis en cas d'inscriptions.

A propos de cohéritiers, il faut dire que s'il y a eu licitation
au profit d'un tiers, l'opération est, pour les cohéritiers, un préliminaire du partage, de sorte que si le prix est attribué à quelques-uns des cohéritiers, ceux-là seulement sont réputés avoir
toujours été propriétaires [4]. Mais, pendant longtemps, la jurisprudence a décidé que l'adjudication au profit du tiers n'était
qu'une vente par tous les cohéritiers, bien que le prix eût été
attribué à l'un d'eux par le partage [5].

Au surplus, le conservateur n'étant pas juge de la valeur des
actes qui lui sont présentés pour être transcrits, doit comprendre
dre dans l'état qu'il est requis de délivrer toutes les inscriptions
subsistantes, notamment celle d'hypothèque légale d'une
femme mariée qui y a renoncé lors de l'acte d'aliénation ou
depuis [6] :

1. Pont-l'Evêque, 29 déc. 1892, J. E., 24147 ; Mortagne, 21 mai
1898, J. E., 25536 ; Trévoux, 19 juil. 1904, J. E., 26828.
2. Paimbœuf, 3 juin 1904, J. E., 26791.
3. Comp. Rouen, 7 janv. 1848 ; Dijon, 27 déc. 1854 ; Paris, 22 fév.
1859 ; 10 juin 1873, D. 74.2.78 ; Seine, 28 oct. 1876 ; Loches, 13 mai
1887, J. C., 3859 ; Pont-l'Evêque, 29 déc. 1892, J. E., 24147 ; Trévoux,
19 juil. 1904, J. E., 26828 ; Beauvallet, 177 ; Émion, *État*, 57 ; Géraud, 3800.
4. Cass., 18 juin 1834 ; 22 fév. 1881 ; 5 déc. 1907, D. 08.1.113,
S. 08.1.5, *Rev. not.*, 13123.
5. Cass., 14 déc. 1887 ; 17 fév. 1892, *Rev. not.*, 8696, J. E., 23797,
S. 94.1.317 ; comp. Poitiers, 27 mars 1892, J. C., 4253.
6. Cass., 15 mai 1901, D. 02.1.441, J. E., 26158 ; Caen, 5 nov.
1902, J. E., 26554 ; Dieppe, 6 avr. 1905, J. E., 27030.

1995. Lorsqu'une transcription doit être suivie de la purge des hypothèques légales, il est nécessaire de délivrer un nouvel état (état sur purge), après l'expiration des délais accordés pour inscrire les hypothèques de cette nature, contre les personnes sur lesquelles la purge a eu lieu [1].

Cependant on pourrait se borner à délivrer un seul état après l'accomplissement de la purge, comprenant toutes les charges inscrites, à la date de sa délivrance, contre l'aliénateur et les précédents propriétaires nommés dans la réquisition [2].

1996. En demandant un état sur la transcription d'une vente dont le prix n'est pas payé, le requérant doit avoir soin de dire qu'il agit pour l'acquéreur, s'il veut ou non la copie de l'inscription prise d'office contre l'acquéreur, car les conservateurs délivrent cette inscription quand elle n'est pas exceptée dans la réquisition, quoiqu'il soit de toute évidence que l'état des inscriptions grevant un immeuble du chef des vendeurs et des précédents propriétaires, ne peut s'appliquer à une inscription prise du chef de l'acquéreur et contre lui.

Sur ce point, les solutions judiciaires et administratives manquent de fixité ; les unes disent que le conservateur doit copier l'inscription d'office à moins qu'il n'en soit dispensé [3] ; les autres, qu'il ne peut la délivrer que sur réquisition expresse [4].

1997. Sur transcription de saisie, l'état requis doit comprendre les inscriptions du chef du saisi et de tous les précédents propriétaires [5].

1. Dél. 18 mars 1818 ; Baudot, 1755.
2. Poitiers, 2 juil. 1860, S. 61.2.64 ; *Dict. Enreg.*, Hyp., 644.
3. Cass., 29 avr. 1897, D. 98 1.185 ; Gray, 20 déc. 1871, S. 71.2. 183 ; Nancy, 6 fév. 1895, J. C., 4592.
4. Louhans, 23 mars 1854, J. E., 15947 ; Paris, 14 janv. 1881, J. E., 21585 ; Sol. 24 août 1868, J. E., 20343.
5. C. Toulouse, 1er avr. 1901, J. E., 26231, J. C., 5296.

5° États de transcriptions.

1998. Le prêteur hypothécaire et l'acquéreur d'un immeuble, qui se borneraient à demander un état d'inscriptions, n'auraient qu'une sécurité trompeuse, parce qu'il peut arriver qu'au moment de la convention l'emprunteur ou vendeur ne soit plus propriétaire, par suite d'aliénation ou d'annulation de son titre, ou qu'il ait créé des droits diminuant la valeur de la propriété [1].

Pour obtenir une plus grande sécurité, il est indispensable de délivrer un état des transcriptions et des mentions d'annulation.

D'ailleurs, il est inutile de requérir un état de transcriptions du chef d'un précédent propriétaire sur lequel un pareil état a été délivré précédemment, lorsqu'il a transmis la propriété.

Le certificat de non-mention constitue une dépense superflue, toutes les fois que l'origine de la propriété ne mentionne aucune transcription.

1999 Rappelons encore que pour les transcriptions et mentions comme pour les inscriptions, le requérant a toute liberté de restreindre sa demande dans les limites que bon lui semble.

6° Extraits d'inscriptions et transcriptions.

2000. Il est loisible à toute personne d'obtenir la copie d'une transcription ou d'une inscription quelconque figurant sur les registres hypothécaires [2].

2001. La copie ainsi délivrée par le conservateur n'a point force exécutoire, et ne pourrait servir pour la purge des hypothèques [3].

1. Seine, 28 mai 1898, J. E., 25783.
2. C. civ., 2196 ; Inst. 316 ; Baudot, 1783.
3. Déc. min. fin., 10 fév. 1807 ; Baudot, 1780 ; comp. Cass., 14 juil. 1868, D. 68.1.329, S. 68.1.384.

2002. En pratique, les copies d'inscription sont généralement littérales, et les transcriptions délivrées par extrait analytique [1], quoique, à la rigueur, les conservateurs ne soient pas obligés de fournir de simples extraits, mais l'administration leur accorde la faculté de déférer aux réquisitions des parties à cet égard [2].

TROISIÈME SECTION

RESPONSABILITÉ DES CONSERVATEURS.

2003. Les conservateurs sont responsables envers l'État des perceptions qu'ils doivent faire au profit du Trésor, en matière hypothécaire [3]. En outre, ils sont responsables envers les particuliers comme fonctionnaires publics chargés de l'accomplissement des formalités prescrites par la loi pour la conservation des privilèges et hypothèques et la transcription des droits réels [4].

La responsabilité envers l'Etat ne rentre pas dans le cadre de cet ouvrage.

Quant à la responsabilité imposée dans l'intérêt des tiers, elle est civile ou pénale.

ARTICLE PREMIER

PÉNALITÉS.

2004. Les mentions de dépôts, les inscriptions et transcriptions sont faites sur les registres, de suite, sans aucun blanc

1. Sol. 30 juin 1863 ; 10 sept. 1866 ; *Dict. Enreg.*, Hyp., 650.
2. Sol. 30 avr. 1856 ; 28 oct. 1875, J. E., 20110 ; 30 janv. 1895, J. C., 4568.
3. Inst. 316 ; Baudot, 1890.
4. C. civ., 2197 ; L. 21 ventôse an VII, art. 8.

ni interligne, à peine de mille à deux mille francs d'amende.

Toute autre contravention du conservateur, dans l'exercice de ses fonctions, est punie de deux cents à mille francs d'amende pour la première fois, et de destitution pour la seconde [1].

2005. Ces pénalités sont encourues alors même que le manquement du conservateur n'aurait causé aucun dommage aux tiers [2].

2006. D'ailleurs, les amendes sont indépendantes des dommages-intérêts des parties lésées, et ces dommages doivent être payés, sur le cautionnement, avant l'amende [3].

ARTICLE DEUXIÈME

RESPONSABILITÉ CIVILE.

2007. La responsabilité des conservateurs est engagée toutes les fois que, par une faute ou une négligence commise dans l'exercice de leurs fonctions, ils ont fait éprouver une perte à un créancier ou à un acquéreur [4].

Du reste, l'étendue de la responsabilité du conservateur est toujours limitée à la quotité de la perte éprouvée par la partie plaignante, qui doit en fournir la preuve [5].

2008. C'est le tribunal qui apprécie les circonstances de fait pour accueillir ou rejeter la demande en dommages-intérêts

1. C. civ., 2202, 2203.
2. Inst. 233 ; Laurent, XXXI, 613.
3. C. civ., 2202, 2203.
4. Cass., 11 juil. 1843 ; Marlou, 1610 ; Aubry et Rau, § 268, note 20 bis.
5. C. civ., 2197 ; Cass., 16 nov. 1898, D. 04.1.427, S. 99.1.277, J. E., 25579, J. C., 4608 ; Aubry et Rau, § 268, note 34 ; Laurent, XXXI, 596.

formée contre un conservateur[1], ou même pour accorder des dommages-intérêts au conservateur actionné à tort[2].

1° Transcriptions et inscriptions.

2009. Le conservateur ne peut refuser ni retarder les transcriptions ou inscriptions[3]. Toutefois la défense n'est pas absolue : ainsi le conservateur pourrait refuser, soit de transcrire un acte nul ou un extrait analytique[4], soit d'inscrire un privilège ou une hypothèque sans existence légale[5].

2010. Le conservateur est responsable des erreurs, omissions ou interversions, commises sur ses registres dans l'ordre des dépôts comme dans les inscriptions ou transcriptions[6].

Ainsi, l'omission dans les inscriptions de la date du titre, du nom d'un débiteur, d'un immeuble grevé engagent la responsabilité[7].

2010 bis. Jamais le conservateur n'engage sa responsabilité en copiant sur ses registres une inscription portant élection de domicile au bureau, et il n'est aucunement obligé de transmettre à l'inscrivant les significations faites à ce domicile[8].

2° États.

2011. Quand le conservateur omet dans ses certificats une

1. Cass., 22 août 1853 ; 13 avr. 1863 ; 7 déc. 1892, D. 93.1.207, S. 93.1.507, J. E., 24085, J. C., 4386.
2. Orléans, 12 déc. 1884, D. 86.2.110 ; Riom, 1er mars 1893, S. 94.2.197 ; Dieppe, 22 nov. 1899, J. E., 26066.
3. C. civ., 2199.
4. Orange, 24 nov. 1874, Rev. not., 4844.
5. Agen, 6 août 1852, S. 52.2.428, D. 53.2.28.
6. C. civ., 2197, 2200 ; Bordeaux, 24 janv. 1813 ; Grenoble, 21 août 1822 ; Troplong, 1000 ; comp. Cass., 22 août 1818
7. Cass., 10 juil. 1843, S. 43.1.648 ; 16 nov. 1898, D. 04.1.427, S. 99.1.277, J. C., 5022 ; Beauvais, 3 fév. 1887 ; Agen, 16 fév. 1887, J. C., 3755, 3756.
8. Rennes, 25 fév. 1892, D. 92.2.517, J. C., 4287, Rev. not., 8775.

ou plusieurs des inscriptions ou transcriptions existantes[1], il est responsable envers toute partie lésée, ayant traité au vu du certificat[2].

2012. Il y a aussi responsabilité si le conservateur délivre des inscriptions ne grevant pas les biens ou les personnes sur lesquelles l'état est demandé[3].

2013. Si les erreurs ou omissions provenaient de désignations ou indications suffisantes fournies par les intéressés, le conservateur n'encourrait pas de responsabilité[4]. C'est toujours une question de fait à arbitrer par le tribunal.

2014. Au cas où les erreurs ou omissions ne sont exclusivement imputables ni aux parties, ni aux conservateurs, ou aux officiers publics rédacteurs des pièces présentées, les tribunaux peuvent diviser la responsabilité entre ces différentes personnes[5].

2015. L'omission d'une inscription dans l'état sur transcription délivré à un acquéreur, a des conséquences graves pour le créancier omis (n° 1187) ; cependant celui-ci, en actionnant le conservateur, est tenu de prouver qu'il eût été utilement colloqué sur le prix déclaré par l'acquéreur, ou au moins sur celui auquel il eût fait porter l'immeuble au moyen d'une surenchère[6].

1. C. Angers. 1er mars 1910, J. E., 28015.
2. C. civ., 2197 ; Cass., 16 nov. 1898, précité ; 7 avr. 1903, D. 03. 1.325, J. E., 26504 ; Angers, 27 mars 1878 ; Seine, 28 déc. 1886 ; Pau, 30 déc. 1890, S. 91.2.65, J. E., 23717 ; Aubry et Rau, § 268, note 23.
3. Cass., 20 janv. 1867, S. 67.1.174 ; Le Havre, 8 janv. 1875 ; Montpellier, 24 nov. 1875 ; Laurent, XXXI, 599 ; Pont, 1446.
4. C civ., 2197 ; Cass., 26 avr. 1882, S. 82.1.251, D. 82.1.331, J. E., 21905 ; 13 juil. 1898, Rev. not., 10163, J. E., 25537 ; C. Nîmes, 18 fév. 1902, J. E., 26567 ; Albi, 12 juil. 1911, J. E., 28482 ; Murat, 14 déc. 1912, J. E., 29011.
5. Cass., 19 avr. 1836, S. 36.1.562 ; Rouen, 20 mai 1885, S. 87.2. 139, Rev. not., 7178, J. G., Priv., 2978 ; Laurent, XXXI, 605.
6. Cass., 3 janv. 1853, D. 53.1.14, S. 53.1.422 ; Grenoble, 21 août 1822 ; Laurent, XXXI, 600, 606 ; Aubry et Rau, § 268, note 35.

2016. D'ailleurs, le conservateur pourrait repousser la demande en dommages-intérêts en invoquant une nullité dont l'inscription se trouve entachée du fait de la partie plaignante[1].

2017. Si, par suite de sa responsabilité, le conservateur se trouve contraint de désintéresser un tiers créancier ou acquéreur, il est subrogé légalement dans les droits de ce tiers contre le vendeur ou débiteur[2].

3° Radiations.

2018. Avant d'opérer une radiation, le conservateur est tenu de vérifier la régularité de la pièce produite et la capacité du requérant ; ainsi le conservateur est en faute quand il radie une inscription sur le vu, soit d'un jugement non encore passé en force de chose jugée et réformé depuis[3], soit d'un acte de mainlevée irrégulier en la forme et ultérieurement annulé[4].

2019. Le conservateur serait aussi responsable en radiant, soit sur le vu d'un acte émanant d'une personne incapable de consentir la mainlevée, en raison de sa condition personnelle, ou seulement par suite de ses conventions matrimoniales[5], soit encore en vertu d'une mainlevée consentie par un mandataire ou un gérant de société n'ayant pas de pouvoirs suffisants[6].

2020. Mais le conservateur ne saurait être rendu responsa-

1. Cass., 4 avr. 1810 ; Bordeaux, 24 juin 1813 ; Dijon, 23 déc. 1843 ; Troplong, 1001 ; J. G., *Priv.*, 2972.

2. Aubry et Rau, § 268, note 38 ; Martou, 1620 ; comp. L. 11 brumaire an VII, art. 53 ; C. civ., 1251, 3°. — *Contrà*, Seine, 26 déc. 1889, J. E., 23383 ; Laurent, XXXI, 610.

3. Rouen, 8 fév. 1842 ; Cass., 6 déc. 1859, S. 60.1.9 ; Aubry et Rau, § 268, note 7.

4. Dijon, 26 mars 1840 ; 7 avr. 1859, S. 59.2.515 ; Cass., 12 juil. 1847 ; Pau, 21 janv. 1834 ; Martou, 1222.

5. Cass., 9 juin 1841 ; 13 avr. 1863, S. 63.1.297 ; Rouen, 8 fév. 1842 ; Boulanger, 23 ; comp. Rouen, 18 juil. 1900, J. E., 26066.

6. Paris, 17 août 1843 ; Cass., 19 août 1845 ; Amiens, 31 déc. 1851 ; Toulouse, 2 août 1861, S. 62.2.33 ; Pont, 1102 ; Martou, 1207.

ble des vices internes des actes produits pour opérer une radiation, par exemple si une mainlevée était fausse ou entachée d'erreur, dol ou violence [1].

2021. Le conservateur des hypothèques qui refuse à tort de radier, doit être condamné aux dépens de l'instance provoquée par sa résistance, alors que son refus ne s'appuie sur aucun doute sérieux, notamment les inscriptions : 1° pour sûreté de la dot d'une femme mariée en communauté, avec clause d'emploi non opposable aux débiteurs [2] ; 2° au profit d'une femme mariée en communauté, sur un immeuble de son mari, vendu solidairement par les deux époux [3] ; 3° au profit d'une femme dotale, fournissant en rente sur l'État un remploi prescrit en immeubles [4].

2022. Enfin le refus de radier peut entraîner des dommages-intérêts envers la partie qui en a éprouvé un préjudice [5].

ARTICLE TROISIÈME

INSTANCES.

2023. Lorsqu'un conservateur des hypothèques refuse ou retarde, sans motifs plausibles, les transcriptions des actes de mutation, l'inscription des droits hypothécaires ou la délivrance des états requis, procès-verbaux des refus ou retards sont, à la diligence des requérants, dressés sur-le-champ, soit par un juge de paix, soit par un huissier ou un notaire assisté de deux témoins [6].

1. Cass., 14 nov. 1824 ; 18 juil. 1838 ; 25 août 1847 ; Boulanger, 17 ; Troplong, 746. — *Contrà*, Laurent, XXXI, 234.

2. C. pr., 130 ; Orléans, 19 mars 1868, et Cass., 2 fév. 1869, S. 69. 1.163, D. 70.1.71.

3. Metz, 13 déc. 1854, S. 55.2.193.

4. Grenoble, 29 juil. 1874, J. C., 2946, *Rev. not.*, 4804.

5. Aix, 2 janv. 1867, S. 68.2.6, D. 68.5.257.

6. C. civ., 2199.

2024. Quand, par acte extrajudiciaire, il est formé opposition à une formalité hypothécaire, telle que subrogation, radiation, etc., le conservateur apprécie les motifs invoqués, et passe outre, ou attend une solution judiciaire, selon les circonstances et sous sa responsabilité [1].

2025. Dans les instances relatives aux refus de formaliser, ou aux perceptions abusives de salaires, les conservateurs sont assignés comme simples particuliers et non comme agents de l'administration ; en conséquence, on suit les formes du droit commun [2], devant le juge de paix ou devant le tribunal civil [2].

2026. Pendant la durée des fonctions des conservateurs, qu'ils aient ou non changé de bureau, les actions dirigées contre eux ne sont soumises qu'à la prescription trentenaire [4]. Lorsque le conservateur n'est plus en fonctions, la responsabilité est limitée à dix ans, à partir de la cessation [5].

Pour les actions auxquelles la responsabilité peut donner lieu, les conservateurs sont domiciliés dans le bureau où ils exercent leurs fonctions ; ce domicile continue de subsister en cas de retraite, destitution ou décès, relativement aux procès à diriger contre les conservateurs ou leurs héritiers [6]. Mais après cessation des fonctions, les conservateurs peuvent être assignés devant le tribunal de leur domicile réel [7].

1. Baudot, 1848 ; comp. Cass., 25 janv. 1910.
2. Cass., 25 fév. 1846 ; 5 nov. 1889, S. 91.1.516, D. 90.1.91 ; 4 mars 1891, J. E., 23588, D. 91.1.253, S. 92.1.273, J. C., 4158, *Rev. not.*, 8689.
3. L. 12 juil. 1905.
4. Cass., 2 déc. 1816 ; Baudot, 1907 ; Aubry et Rau, § 268, notes 39 et 41 ; Laurent, XXXI, 612 ; J. G., *Priv.*, 3008, 3010.
5. L. 21 ventôse an VII, art. 7 et 8 ; Cass., 22 juil. 1816 ; Baudot, 1906 ; Boulanger, 23 ; comp. Clermont-Ferrand, 3 juil. 1891, J. E., 23856.
6. L. 21 ventôse an VII, art. 9 ; Versailles, 21 déc. 1877, J. C., 3160 ; Baudot, 1947 ; J. G., *Priv.*, 3022.
7. Versailles, 26 juin 1912, J. E., 28837.

André, *Régime hypothécaire.*   42

2027. Les instances en rectifications d'états sont introduites contre le successeur du conservateur qui n'est plus en exercice, mais ce dernier doit être mis en cause s'il y a une question de responsabilité soulevée [1].

2028. Dans les actions en dommages-intérêts relatives à une inscription ou à une radiation, la demande est en premier ressort si le quantum des dommages-intérêts dépasse 1.500 fr. ou est indéterminé, quel que soit d'ailleurs le chiffre de la créance énoncée dans l'inscription [2].

En cette matière, l'appréciation de la faute est une question de fait tranchée souverainement par les juges d'appel, et leur décision ne peut, en principe, faire l'objet d'un recours en cassation [3].

2029. A l'égard des perceptions abusives de droits au profit du Trésor, les conservateurs sont assimilés aux receveurs de l'enregistrement ; en conséquence, la demande en restitution doit être formée dans les deux ans, comme en matière d'enregistrement [4].

2030. Toutes les subtilités relatives aux formalités hypothécaires étant peu connues de la magistrature, il y aura toujours avantage pour les officiers ministériels à régler amiablement, par l'entremise de leurs chambres, les difficultés avec les conservateurs ; mais si les arrangements amiables échouent, les actions judiciaires devenues nécessaires doivent être suivies jusqu'au bout ; du reste, elles peuvent être intentées par les notaires et les avoués, quand les formalités litigieuses sont une suite immédiate d'un acte reçu par eux [5], ou d'un jugement qu'ils ont obtenu.

1. Versailles, 21 déc. 1877 ; Boulanger, 742 ; Baudot, 1950.
2. Cass., 7 janv. 1874 ; 15 juin 1874, D. 74.1.428 ; Baudot, 1948.
3. Cass., 2 fév. 1869, S. 69.1.163 ; Boulanger, 747.
4. L. 22 frimaire an VII, art. 61 du 31 janv. 1914 ; 24 mars 1806 ; Baudot, 1930 ; comp. Cons. d'État, 2 août 1878, S. 80.2 122.
5. Cherbourg, 20 nov. 1883 ; Orléans, 12 déc. 1884, *Rev. not.*, 7046 ; *Encyc. du not.*, ÉTAT HYP., 25, 51.

QUATRIÈME SECTION

ATTRIBUTIONS DIVERSES

ARTICLE PREMIER

RECEVEUR DES DOUANES.

2031. Toutes les formalités relatives aux hypothèques maritimes sont accomplies par les receveurs des douanes.

2032. Le receveur est tenu de délivrer à tous ceux qui le requièrent l'état des inscriptions subsistant sur le navire, ou un certificat qu'il n'en existe aucune.

2033. En cas de saisie de navire, le procès-verbal est transcrit au bureau du receveur des douanes.

2034. Pour faire radier l'inscription d'hypothèque maritime, il est nécessaire de produire au receveur des douanes un acte authentique de consentement à radiation[1].

ARTICLE DEUXIÈME

GREFFIER DU TRIBUNAL DE COMMERCE.

1° Privilège sur fonds de commerce.

2035. Les diverses formalités relatives aux privilèges sur les fonds de commerce sont accomplies par le greffier du tribunal de commerce.

Ce greffier tient 5 registres : 1° registre à souche mentionnant le dépôt de toute pièce ; 2° registre pour inscrire le privilège du vendeur ; 3° registre pour l'inscription du privilège du nantissement ; 4° registre mentionnant le dépôt des actes

---

1. L. 10 juil. 1885, art. 9 (du 4 juil. 1914), 15, 16, 24. Le receveur des douanes doit envoyer à la direction copie des inscriptions et autres formalités.

sous seings privés de vente ou de nantissement ; 5° registre à souche pour l'inscription des déclarations de créance.

2036. Le greffier transcrit le contenu des bordereaux. Il remet au requérant l'un des bordereaux au pied duquel il certifie avoir fait l'inscription, avec l'expédition du titre. Si le titre est sous seing privé il le conserve.

2037. Il mentionne en marge des inscriptions, les antériorités, les subrogations et radiations dont il lui est justifié. Les antériorités et subrogations peuvent résulter d'actes sous seings privés enregistrés.

Quand la cession ou le nantissement comprend des marques de fabrique, brevets, dessins et modèles, le greffier délivre un certificat qu'il adresse sous pli recommandé au ministre du commerce pour être mentionné à l'Office national de la propriété industrielle.

2038. Le greffier radie les inscriptions en vertu d'actes authentiques ou de jugements, et en délivre certificat sur simple demande.

2039. Le greffier est tenu de délivrer à tout requérant soit l'état des inscriptions existantes avec toutes leurs mentions, soit certificat qu'il n'en existe pas.

2040. Dans aucun cas le greffier ne peut refuser ni retarder les inscriptions ni la délivrance des états et certificats requis.

2041. Il est responsable de toutes erreurs ou omissions [1].

2° Warrant hôtelier.

2042. En ce qui concerne le warrant hôtelier, le greffier tient un registre à souche contenant les noms des parties, la nature et la valeur des objets mis en gage, le montant de la créance garantie, et son échéance, etc.

2043. Le warrant est délivré à l'emprunteur contre décharge ; il se transmet par endossement.

1. L. 17 mars 1909, art. 24 à 26, 29 à 33.

2044. Le greffier est tenu de délivrer à tout prêteur soit un état des warrants inscrits, soit un certificat établissant qu'il n'existe aucune inscription.

2045. Pour radier l'inscription, il faut justifier du remboursement de la créance, ou d'une mainlevée régulière[1].

ARTICLE TROISIÈME

GREFFIER DE JUSTICE DE PAIX.

2046. Pour le warrant agricole, le greffier de la justice de paix tient un registre à souche mentionnant, d'après les déclarations de l'emprunteur, la nature, la quantité, la valeur et le lieu de situation des produits gage de l'emprunt, avec le montant des sommes empruntées. Le volant ou warrant indique le volume et le numéro de la souche et est signé de l'emprunteur.

2047. Le greffier délivre à tout prêteur, avec l'autorisation de l'emprunteur, un état des warrants, ou un certificat établissant qu'il n'existe pas d'inscription.

2048. La radiation de l'inscription est opérée sur justification soit du remboursement de la créance, soit d'une mainlevée régulière[2].

1. L. 8 août 1913, art. 3 à 7.
2. L. 30 avr. 1906, art. 3, 6, 7.

CHAPITRE DOUZIÈME

DROITS ET SALAIRES HYPOTHÉCAIRES

PREMIÈRE SECTION

DROITS DU TRÉSOR.

ARTICLE PREMIER

GÉNÉRALITÉS.

2049. L'inscription des privilèges ou hypothèques, la transcription des actes, les subrogations et les radiations donnent ouverture, au profit du trésor, à une taxe proportionnelle non sujette aux décimes.

2050. La perception de la taxe suit les sommes et valeurs de 20 fr. en 20 fr., inclusivement sans fraction [1].

2051. Il n'est pas perçu moins de 25 centimes, pour la formalité qui ne produirait pas cette somme de taxe.

2052. Si les sommes et valeurs ne sont pas déterminées dans les actes ou extraits donnant lieu à la formalité, les requérants sont tenus d'y suppléer par une déclaration estimative, laquelle ne peut être inférieure à celle fournie, le cas échéant, au bureau de l'enregistrement [2].

2053. Quand il y a lieu à la même formalité dans plusieurs

---

1. L. 27 juil. 1900, art. 2.
2. Même, art. 4.

bureaux, le droit est acquitté en entier du premier bureau ; il n'est payé aux autres que le salaire du préposé, sur la représentation de la quittance constatant le paiement entier de l'impôt, lors de la première formalité [1].

2054. En principe, les droits des formalités hypothécaires doivent être payés d'avance par les requérants aux conservateurs qui en donnent quittance au pied des actes et certificats par eux remis et délivrés [2].

Si le conservateur n'exige pas la consignation des droits et en fait l'avance au Trésor, il a une action personnelle en recouvrement contre les déposants[3], notaires, avoués ou autres gérants d'affaires des parties [4].

2055. Lorsque les actes ont été remis par erreur, les droits consignés sont restitués, malgré la mention faite au registre des dépôts, pourvu que la formalité n'ait pas été commencée [5].

2056. Les droits non perçus lors d'une formalité (inscription, transcription, subrogation, radiation), se prescrivent par deux ans ; le même délai est accordé aux parties pour former une demande en restitution [6].

A l'égard des droits en suspens, la durée de la prescription est de trente ans [7] ; mais le délai est réduit à deux ans à par-

1. L. 21 vent. an VII, art. 22 et 26 ; L. 27 juil. 1900, art. 6.
2. L. 21 vent. an VII, art. 27 ; C. civ., 2155.
3. C Poitiers, 5 juin 1899, J. E., 25852, D. 99.2.271.
4. Périgueux, 21 juin 1878 ; St-Quentin, 21 déc. 1892 ; Autun, 25 juil. 1905, J. E., 27049. — Contra, Montpellier, 9 fév. 1891 J. E., 23730 ; Toulon, 24 mai 1898 ; Besançon, 16 fév. 1899, Rev. not., 10306 ; Nice, 12 fév. 1902, J. E., 26312, refusant recours contre les notaires.
5. Déc. min. fin., 28 juin 1824 ; Dél. 2 déc. 1831 ; 17 déc. 1844 ; Sol. 30 avr. 1872 ; Cass., 13 juin 1864, D. 64.1.310.
6. L. 22 frim. an VII, art. 61 ; L. 24 mars 1806 ; Sol. 2 fév. 1875, J. E., 19764.
7. Cass., 8 juin 1875, S. 75.1.388 ; Aix, 22 janv. 1877, J. E., 20158.

tir de l'enregistrement d'un acte mettant l'administration à même de réclamer le droit en suspens [1].

2057. Les droits de transcription que le receveur n'a pas perçus lors de l'enregistrement, soit par omission, soit parce qu'ils n'étaient pas exigibles, peuvent être exigés lorsque les parties requièrent la transcription de l'acte, quand même il se serait écoulé plus de deux ans [2].

2058. Enfin, l'insuffisance des évaluations faites pour la perception du droit proportionnel au bureau des hypothèques est susceptible d'être établie conformément aux modes de preuves admis en matière d'enregistrement, dans le délai de deux ans à partir de la formalité. Il est alors perçu au bureau des hypothèques, indépendamment des droits simples supplémentaires, un droit en sus, lequel ne peut être inférieur à 50 fr. [3]

ARTICLE DEUXIÈME

INSCRIPTIONS.

2059. Le droit d'inscription des créances hypothécaires ou privilégiées est de 25 centimes 0/0 [4]. Il n'est payé qu'un seul droit pour chaque créance, quel que soit d'ailleurs le nombre des créanciers requérants et celui des débiteurs grevés et de leurs cautions [5].

2060. Plusieurs créanciers distincts sur un même débiteur, en vertu d'un unique titre, ont la faculté de réunir leurs créances dans une seule inscription, et le droit proportionnel se liquide, non sur chaque créance, mais bien sur le total des créances [6].

1. Cass., 27 déc. 1892, S. 93.1.209 ; comp. Wahl, S. 92.2.321.
2. Nevers, 3 août 1837 ; St-Lô, 23 juin 1875 ; Pau, 7 juil. 1876.
3. L. 27 juil. 1900, art. 5.
4. L. 27 juil. 1900, art. 2 et 3.
5. L. 21 vent. an VII, art. 21 ; *Dict. enreg.*, HYP., 948.
6. Cass., 17 déc. 1845, S. 46.1.185.

Au contraire, lorsque plusieurs débiteurs, non solidaires, donnent au même créancier, chacun pour ce qui le concerne, une hypothèque sur ses biens personnels, il faut une inscription séparée contre chaque débiteur, et il est dû un droit séparé pour chacune des inscriptions[1].

2061. La perception du droit se fait d'après le capital porté au bordereau, et non sur les intérêts ou arrérages à échoir, qu'ils soient ou non liquidés par le bordereau[2].

2062. Si le bordereau désigne et liquide les intérêts ou arrérages courus, ils forment un accroissement de créance et donnent ouverture à la taxe comme le capital originaire[3].

2063. Quant au capital d'une créance, on ajoute, dans le contrat, les intérêts à échoir pendant la durée de l'obligation, et que le débiteur s'engage à rembourser le tout en annuités égales, le droit proportionnel est exigible seulement sur le capital de la créance déclarée productive d'intérêts[4].

2064. On doit distinguer avec soin, dans le bordereau, les frais faits des frais à faire éventuellement, car l'impôt est perçu sur les premiers, tandis que les autres en sont exempts[5].

Au surplus, le droit d'inscription n'est pas dû sur les frais de mise à exécution, mentionnés comme exigibles à l'événement ou au fur et à mesure qu'ils seront faits[6].

2065. En principe, l'inscrivant est tenu d'évaluer, dans son bordereau, la somme pour laquelle il prend inscription ; il en

1. Inst. 1755 ; Sol. 8 mars 1874.
2. L. 27 juil. 1900, art. 2 ; Déc. min. fin., 10 sept. 1823 ; Sol. 6 fév. 1886, J. E., 22650, D. 89.3.16.
3. Inst. 1146 ; Sol. 18 oct. 1900, J. E., 26103.
4. Cass., 4 janv. 1882, D. 83. 1. 82, S, 83. 1. 35.
5. Inst. 1146 ; Sol. 15 mars 1886, J. E., 22651 ; 28 oct. 1900, précitée.
6. Sol. 16 janv. 1894, J. E., 24381, J. C., 4510.

est ainsi notamment à l'égard de fermages [1], d'une rente viagère [2], etc.

2066. Lorsqu'une inscription en modifie une autre antérieure, il est dû un nouveau droit, pour : 1° augmentation de durée [3] ; 2° changement du taux d'intérêt [4] ; 3° frappement sur d'autres immeubles que ceux désignés dans le premier bordereau [5].

2067. Ne sont pas soumises à un nouveau droit les inscriptions purement rectificatives [6], notamment celles relatives à une erreur dans les noms du créancier [7] ou du grevé [8], ou déclarant que celle opérée tel jour était en renouvellement [9] ; ou encore pour mentionner l'époque d'exigibilité [10].

2068. Toutes les inscriptions prises en renouvellement, même longtemps avant l'expiration du délai, supportent le droit, parce qu'elles prolongent la durée de l'hypothèque [11].

2069. Les inscriptions d'office faites lors de la transcription sont exemptes d'impôt. Mais le renouvellement de ces inscriptions est passible de la taxe proportionnelle [12].

2070. Quant aux inscriptions ayant pour objet la conserva-

1. Déc. min. fin., 29 sept. 1820.
2. Inst. 1150 ; Sol. 27 juil. 1824, J. N., 4948.
3. Déc. min. fin., 5 sept. 1809 ; Dél. 21 avr. 1829 ; Aix, 7 fév. 1877.
4. Cass., 28 juil. 1902. D. 05.1.197, S. 04.1.49, J E., 26377 ; Seine, 3 mars 1906, J. E., 27156.
5 Déc min. fin., 29 juil. 1806 ; 28 déc. 1813 ; Sol., 9 janv. 1874, S. 74 2 260.
6. Sol. 16 sept. 1891, J. E., 23833 ; comp. Pontoise, 16 juin 1870, Rev. not., 2991.
7. Sol. 22 mars 1907, J. E., 27409.
8. Déc. min. fin , 15 mai 1816 ; Sol., 16 sept. 1891, J. E., 23833.
9. Sol. 24 fév. 1819, J. E.. 6332.
10. Sol. 4 juin 1812 ; de France, 119.
11. Déc. min. fin., 29 juil. 1806 ; Seine, 3 avr. 1869 ; de France, 115. Par exception, les inscriptions en renouvellement au profit des sociétés de crédit immobilier pour l'acquisition de la petite propriété, sont dispensées de la taxe proportionnelle (L. 10 fév. 1914, art 5).
12. L. 27 juil. 1900, art. 2.

tion d'un droit d'hypothèque éventuel, sans créance existante, elles ne donnent lieu à aucune perception [1].

2071. Parmi les inscriptions indéfinies figurent celles des hypothèques légales ; ainsi l'inscription d'hypothèque légale, au profit de la femme ou d'un tiers subrogé, prise pendant la communauté, ne peut donner ouverture à la perception du droit, alors même que les reprises seraient évaluées dans le bordereau [2] ; mais la taxe devient exigible, soit après dissolution du mariage, soit après séparation de biens, sur le montant brut des reprises de la femme, en cas de renonciation à communauté, et dans le cas d'acceptation sur la somme dont la femme ne serait pas remplie en biens communs [3].

2072. Le droit proportionnel sur les inscriptions d'hypothèque légale prises au profit des mineurs et des interdits, devient exigible sur la somme dont le tuteur est constitué reliquataire par un compte amiable ou judiciaire, sauf le cas où le reliquat est payé comptant [4].

2073. Les droits des inscriptions prises contre les comptables publics grevés d'hypothèque légale, ne sont exigibles que lorsque le débet est fixé [5].

Les inscriptions en matière d'assistance judiciaire sont formalisées sans avance des droits [6].

2074. D'un autre côté, les créances, quel qu'en soit l'objet, qui sont subordonnées à une éventualité, peuvent être inscrites sans paiement des droits ; telles sont les inscriptions prises :

1. L. 6 messidor an VII, art. 1 ; Inst. 487 ; Circ., 1676.
2. Inst. 374 ; Sol., 25 oct. 1867, J. C., 1844, *Rev. not.*, 2070, S. 68.2.58.
3. Rouen, 4 août 1857, J. E., 16599 ; Sol. 25 sept. 1875, J. E., 19872 ; *Dict. Enreg.*, HYP., 978.
4. Sol. 4 avr. 1892, J. E., 21062, J. C., 4269.
5. L. 21 vent. an VII, art. 23 ; Inst. 374.
6. Sol. 3 janv. 1890, J. E., 24424 ; de France, 416 ; comp. Cass., 24 nov. 1903, J. E., 26601.

1° contre un comptable qui fournit un cautionnement en immeubles [1] ; 2° par un acquéreur contre son vendeur pour garantir la restitution du prix de vente en cas d'éviction [2] ; 3° par un copartageant contre son copartageant pour garantie des dettes mises à la charge de ce dernier [3] ; 4° au profit de l'État contre un adjudicataire de travaux [4].

2075. Le droit proportionnel est perçu immédiatement sur les inscriptions prises : 1° en vertu des actes conditionnels de prêt du Crédit foncier [5], sauf restitution en cas de non réalisation du prêt [6] ; 2° pour loyers et fermages à échoir [7].

2076. L'inscription du privilège de séparation des patrimoines acquitte également la taxe proportionnelle de 25 cent. 0/0 [8].

2077. Les inscriptions prises en vertu d'actes d'ouverture de crédit sont passibles de la taxe pleine de 25 centimes si le crédit est réalisé ; dans le cas contraire, il n'est payé que demi-taxe, et le complément devient exigible lors de la réalisation ultérieure du crédit [9].

2078. La première inscription prise par les syndics, au nom de la masse des créanciers de la faillite, est indéfinie et non passible de la taxe, qu'il y ait ou non concordat ; au contraire, la deuxième inscription formalisée en exécution de

1. L. 6 messidor an VII, art. 4 et 5.
2. Déc. min. fin., 31 juil. 1810 ; 22 mai 1833, J. E., 10611.
3. Cass., 23 août 1830, J. E., 9762 ; Inst. 1347.
4. Déc. min. fin., 13 janv. 1824.
5. Sol. 27 juil. 1863 ; 9 sept. 1885 ; 24 déc. 1900, J. E., 26102, sauf le cas d'annulation du prêt avant toute réalisation.
6. Sol. 5 avr. 1870.
7. Sol. 25 nov. 1890, J. C., 4307.
8. Mayenne, 5 juin 1889, Rev. not., 8149, J. E., 23351 ; tr. Rouen, 6 juil. 1893, Rev. not., 9312, J. E., 24392.
9. L. 27 juil. 1900, art. 3.

l'homologation du concordat, acquitte le droit proportionnel [1], sur le montant des dividendes promis.

2079. Comme exception au principe d'après lequel les frais d'inscription doivent être avancés par le requérant, les inscriptions d'hypothèque légale requises par des particuliers [2] et celles de toute nature à la requête du ministère public sont formalisées sans avance des droits [3].

Les conservateurs sont chargés de recouvrer les droits relatifs à ces inscriptions, contre les débiteurs, dans le délai de vingt jours [4].

2080. Toutes les fois que le droit proportionnel devenu exigible sur une inscription n'aura pas été acquitté, le conservateur devra en poursuivre le recouvrement, sans cependant pouvoir retarder la radiation [5].

ARTICLE TROISIÈME

TRANSCRIPTIONS.

1° **Taxe hypothécaire.**

2081. Toute transcription (excepté celle des saisies) donne ouverture à une taxe proportionnelle, non sujette aux décimes, sur le prix intégral ou la valeur des immeubles ou des droits qui en font l'objet, suivant les règles applicables à la perception de l'impôt d'enregistrement [6].

2082. Cette taxe, fixée à 25 cent. 0/0, est acquittée sur les

1. Seine, 7 juil. 1853 ; 28 déc. 1853 ; Montdidier, 20 mars 1868, J. E., 18578 ; *Dict. Enreg.*, Hyp., 997.

2. C. civ., 2155 ; L. 21 vent. an VII, art. 20, 22, 27.

3. Décr. 18 juin 1811, art. 124, 125.

4. L. 21 vent. an VII, art. 24.

5. L. 6 messidor an VII, art. 3 ; Cass., 19 janv. 1869, S. 69.1.234, D. 69.1.353. — *Contrà*, Dél. 14 mars 1837 ; Inst. 2721.

6. L. 23 juil. 1900, art. 2 et 3.

actes ci-après : 1° ventes et adjudications amiables, judiciaires et administratives, même après surenchère au profit d'un tiers [1], ou de l'acquéreur primitif [2] ; 2° échange avec ou sans soulte ; 3° donations entre vifs ; 4° sociétés, pour les apports immobiliers ; 5° renonciation à l'action résolutoire du vendeur [3].

2083. Les actes dont l'énumération suit ne donnent ouverture qu'à demi-taxe ou 0.125 0/0 : 1° partages d'ascendants entre vifs ; 2° baux de plus de 18 ans ; 3° quittances ou cessions d'une somme équivalant à trois années de loyers ou fermages non échus ; 4° constitutions d'antichrèse, de servitudes, d'usage et d'habitation [4], et renonciation aux mêmes droits [5] ; 5° emphytéose.

2° Droit de transcription.

2084. Le droit sur la transcription des actes emportant mutation de propriété immobilière est de 1 fr. 50 0/0, plus décimes, du prix intégral des mutations, suivant qu'il a été réglé à l'enregistrement [6].

2085. Dans tous les cas où les actes sont de nature à être transcrits, le droit proportionnel de transcription est perçu lors de l'enregistrement de l'acte [7], et la formalité au bureau des hypothèques ne donne plus lieu qu'à la taxe hypothécaire, sauf dans quelques cas où le receveur de l'enregistrement n'est pas autorisé à en faire la perception.

2086. L'exigibilité du droit de 1. 50 0/0 est indépendante

1. Seine, 20 juin 1902, J. E., 26402.
2. Beauvais, 3 juin 1911, J. E., 29025.
3. Sol., 1er juin 1901 ; Seine, 19 juin 1903, J. E., 26591.
4. Seine, 20 juin 1902, J. E., 26402 ; Sol., 5 juin 1901, J. E., 26356.
5. Sol., 12 nov. 1898, J. E., 25921.
6. L. 21 ventôse an VII, art. 19 et 25.
7. L. 28 avr. 1816, art. 54 et 61 ; 23 mars 1855, art. 12.

du caractère translatif de l'acte transcrit. Ce droit est le prix d'une formalité, et devient par conséquent exigible au moment où elle s'accomplit, quelle que soit d'ailleurs son utilité[1], et l'époque à laquelle remonte l'enregistrement de l'acte[2].

2087. D'après cela, il est admis que le droit de 1.50 0/0 est exigible lors de la transcription des actes suivants : 1° donation sous condition de survie non encore réalisée[3] ; 2° donation de biens présents et à venir, ou de biens à venir seulement[4] ; 3° partage[5] ; 4° transaction ne renfermant aucune mutation[6] ; 5° convention d'indivision[7] ; 6° promesse unilatérale de vente[8], même quand elle est contenue dans un bail de plus de dix-huit ans[9] ; 7° vente soumise à une condition suspensive[10] ; 8° retrait successoral[11] ; litigieux[12] ; d'indivision[13] ; de réméré[14] ; 9° testament contenant un legs particulier d'im-

1. Cass., 5 nov. 1867 ; 22 nov. 1872 ; 1er avr. 1884, S. 85.1.85, D. 84.1.345 ; 12 mai 1891, J. C., 4207, D. 91.1.470 ; 21 janv. 1896, J. C., 4782.

2. Cass., 1er avr. 1884, S. 85.1.85, D. 84.1.345.

3. Cass., 5 nov. 1867, D. 68.1.98, S. 67.1.455, J. E., 18494.

4. Cass., 12 mai 1891 ; Dél. 16 oct. 1838 ; Sol. 8 déc. 1871.

5. Cass., 9 août 1860 ; 2 juin 1863 ; 10 juil. 1865 ; 24 mars 1868, D. 68.1.244, S. 68.1.311.

6. Cass., 20 mai 1863, D. 63.1.239, S. 63.1.506, J. E., 17668.

7. Sol. 10 juil. 1872, J. E., 19535 ; Dict. Enreg., Hyp., 826.

8. Cass., 18 juil. 1882 ; 21 janv. 1896, D. 96.1.541, S. 97.1.245, J. E., 24799.

9. Cass., 12 janv. 1896, J. C., 4709 ; Seine, 26 avr. 1867 ; Agen, 20 juil. 1878 ; Sol., 10 déc. 1872. — Contrà, Fontainebleau, 14 janv. 1880.

10. Sol. 19 mai 1874 ; St-Julien, 13 fév. 1895, J. E., 24709.

11. Pont-l'Evêque, 10 janv. 1867, S. 67 2.161, J. E., 13818.

12. Dict. Enreg., Hyp., 849 ; comp. Flandin, 862.

13. Dict. Enreg., Hyp., 850 ; comp. Flandin, 244.

14. Sol. 7 fév. 1877 ; 31 mai 1881, D. 82.3.64, S. 81.2.223, J. E., 21877 ; Dreux, 16 mai 1911, J. E., 28439 ; comp. Nantes, 20 mai 1875, J. E., 19865, disant que le retrayant peut faire mentionner le retrait en marge de la transcription de la vente.

meubles [1] ; 10° concession temporaire du droit, soit d'extraire des pierres ou de la terre, soit d'exploiter le phosphate existant dans un terrain [2] ; 11° contrat de mariage contenant des apports immobiliers [3], ; 12° acceptation de remploi *in futurum* sous le régime dotal [4] ; 13° ratification de partage non transcrit [5].

Pour ces actes, le droit de 1.50 0/0, plus décimes, se cumule avec la taxe de 25 cent. 0/0 [6].

2088. Nous avons vu que le droit de 1 fr. 50 0/0 est perçu sur le prix intégral des mutations ; la portée de cette disposition doit être entendue en ce sens que la valeur des biens, pour la perception du droit de transcription, est composée de la même manière que pour la liquidation du droit de mutation [7].

2089. Lorsqu'un acte déposé au conservateur est susceptible de transcription ou de mention, il est du devoir des parties de préciser celle des formalités qu'elles désirent remplir, sinon le conservateur est autorisé à transcrire et à percevoir le droit proportionnel [8].

---

1. Cass., 28 déc. 1897, D. 98.1.225, S. 98.1.145, *Rev. not.*, 10008 ; Seine, 16 mai 1902, J. E., 26493.

2. Guelma, 22 nov. 1900 ; 24 mars 1904, J. E., 26768 ; Nice, 12 fév. 1902, J. E., 26312 ; Le Vigan, 25 mai 1905, J. E., 27003 ; Cass., 24 mai 1909.

3. Cass., 12 mai 1891, D. 91.1.470, S. 92.1.97, J. E., 23593, J. C., 4207.

4. Cass., 21 déc., 1852, D. 53.1.173, S. 53.1.201 ; St Calais, 27 déc. 1901, J. E., 26279.

5. Loches, 29 mars 1900, J. E., 26052.

6. Seine, 2 mars 1907, J. E., 27355.

7. Cass., 7 nov. 1849 ; 30 nov. 1855 ; 20 juil. 1886, D. 87.1.302, S. 87.1.332.

8. Cass., 20 juil. 1886, précité ; Inst. 2324 ; Sol. 7 fév. 1877 ; 31 mai 1881. — *Contrà*, Nantes, 20 mai 1875, J. E., 19865, J. C., 3002, *Rev. not.*, 5199.

Cependant, lorsqu'on présente à la transcription un acte contenant mutation de meubles et d'immeubles, il faut admettre que la réquisition de formalité se limite aux immeubles [1].

2090. Plusieurs transcriptions ont lieu en exemption de droits au profit du Trésor ; telles sont : 1° les acquisitions ou échanges concernant l'État [2] ; 2° les acquisitions pour l'expropriation publique [3] ; 3° les échanges d'immeubles ruraux, situés dans la même commune ou dans des communes limitrophes, ou contigus [4] ; 4° les ventes judiciaires dont le prix n'atteint pas 2.000 fr. [5].

ARTICLE QUATRIÈME

SUBROGATIONS.

2091. Il est dû une taxe de 10 cent. 0/0 pour la mention de subrogation (sauf en matière de saisie), sur la somme exprimée dans l'acte ; à défaut de somme, la taxe est établie sur la valeur du droit hypothécaire faisant l'objet de la formalité [6].

ARTICLE CINQUIÈME

RADIATIONS.

2092. Une taxe proportionnelle de 10 cent. 0/0 est établie pour les mentions de radiations, excepté en matière de saisie, ou de prêt conditionnel du Crédit foncier annulé avant toute réalisation [7].

1. Cass., 6 déc. 1864, S. 65.1.49 ; 20 juil. 1886, précité.
2. L. 10 sept. 1792, art. 10.
3. L. 3 mai 1841, art. 58 ; comp. Décr. 26 mars 1852.
4. L. 3 nov. 1884, art. 1 ; Inst. 2700.
5. L. 23 oct. 1884, art. 3 ; Inst. 2704.
6. L. 27 juil. 1900, art. 2.
7. Sol. 24 déc. 1900, J. E., 26102.

André, *Régime hypothécaire.* 43

2093. Elle est due sur la somme exprimée dans l'acte, à défaut de somme sur la valeur du droit hypothécaire faisant l'objet de la formalité [1].

En cas de réduction de l'hypothèque, la taxe est liquidée sur le montant de la dette ou sur la valeur de l'immeuble affranchi, si cette valeur est inférieure.

Lorsque plusieurs créanciers consentent des réductions sur le même immeuble, la perception ne peut excéder le montant de la taxe calculée sur la valeur de cet immeuble [2].

ARTICLE SIXIÈME

TIMBRE.

2094. Depuis la loi du 27 juillet 1900, les registres destinés aux formalités hypothécaires sont exempts de timbre.

2095. Les bordereaux d'inscription sont écrits sur papier libre [3].

2096. Ne donnent pas lieu au timbre les changements de domicile, subrogations et radiations.

2097. Chaque pièce remise pour inscrire, transcrire, subroger et radier est portée au registre de dépôt et n'acquitte pas de timbre.

2098. Toute pièce produite au conservateur pour une formalité, donne lieu à la délivrance d'un bulletin ou reconnaissance dispensé de timbre.

2099. Le duplicata de la quittance des droits d'inscription, transcription, etc., est libellé sans apposition de timbre [4].

2100. Quant aux états, extraits, copies et certificats délivrés par les conservateurs, ils s'écrivent sur papier libre [5].

1. Sol. 24 janv. 1901 ; Seine, 9 nov. 1906, J. E., 27321.
2. L. 27 juil. 1900, art. 2 ; *Dict. enreg.*, HYP., 1057.
3. Inst. 3018.
4. Inst. 1539.
5. L. 27 juil. 1900, art. 1 ; Inst. 3018.

2101. Sont dispensés de timbre les expéditions, extraits et autres pièces produites par les requérants pour obtenir l'accomplissement de formalités hypothécaires et qui restent déposées au bureau des hypothèques.

La dispense de timbre est subordonnée à la condition qu'il soit mentionné expressément dans chaque pièce qu'elle est destinée à être déposée a tel bureau des hypothèques pour une formalité positivement spécifiée.

A défaut de mention du bureau et de la formalité hypothécaire, le droit de timbre est exigible ainsi qu'une amende [1].

2102. Les pièces destinées aux formalités hypothécaires ne peuvent servir à aucune autre fin, sous peine de 100 francs d'amende en principal contre ceux qui en ont fait usage.

2103. Restent soumis au timbre de dix centimes les récépissés du conservateur pour des requisitions d'états et certificats. Les reçus de salaires dépassant 10 francs acquittent le timbre quittance [2].

DEUXIÈME SECTION

SALAIRES DES CONSERVATEURS.

ARTICLE PREMIER

GÉNÉRALITÉS.

2104. Autrefois, les conservateurs recevaient de l'État des remises proportionnées aux sommes encaissées pour le compte du Trésor public. La suppression de ces remises a eu lieu, sauf pour les receveurs-conservateurs [3].

1. Cass., 12 déc. 1911, J. E., 28503 ; Inst. 3128.
2. Sol. 26 mars 1900.
3. L. 30 mars 1888 ; Inst. 2757.

2105. Il est accordé aux conservateurs, pour les formalités dont ils sont garants envers les parties, un salaire particulier qui leur est payé par les requérants [1].

2106. Tout salaire est acquitté d'avance. Le conservateur en donne quittance au pied de l'acte ou certificat par lui remis ou délivré [2].

2107. Quand les salaires dépassent 10 francs, les quittances délivrées par les conservateurs, même au pied des actes, sont passibles du timbre spécial [3].

2108. En cas de litige sur la perception des salaires, les tribunaux ordinaires sont seuls compétents pour prononcer [4]; cependant, l'administration de l'enregistrement ayant mission de surveiller les perceptions de salaires, les intéressés peuvent lui en référer avant d'intenter une action judiciaire.

2109. Les salaires des conservateurs fixés par la loi organisatrice des hypothèques [5], ont été révisés par diverses dispositions postérieures.

2110. Le tarif des salaires, qui doit être affiché en un endroit apparent du bureau [6], se résume dans les termes suivants :

1° Enregistrement sur les deux registres de dépôt et recon-

---

1. La partie des salaires bruts annuels des conservateurs dépassant 70.000 fr. à Paris et 50.000 fr. dans les départements est encaissée au compte du Trésor. Toutefois, une partie du prélèvement est allouée aux conservateurs à titre de frais de gestion et indemnité de responsabilité (L. 27 fév. 1912, art. 31). Cette allocation est fixée au quart des salaires. Néanmoins, la partie des salaires supérieure à 100.000 fr. à Paris et à 80.000 fr. dans les départements ne donne pas lieu à l'allocation depuis le 1er janvier 1914 (Décr. 20 juin 1913).

2. L. 21 ventôse an VII, art. 27 ; C. civ., 2155.

3 L. 23 août 1871, art. 18 ; 15 juillet 1914, art. 28 ; Déc. min. fin. et just., 23 juin et 12 juil. 1873 ; Inst. 2470 ; de France, 405.

4. Orléans, 19 janv. 1827 ; Baudot, 1941 à 1943.

5. L. 21 ventôse an VII, art. 15.

6. Circ. 7 juin 1809.

naissance des dépôts d'actes ou de bordereaux à transcrire, à mentionner, à inscrire, 20 centimes[1].

2º Inscription de chaque droit d'hypothèque ou privilège quel que soit le nombre des créanciers, si la formalité est requise par le même bordereau, 1 fr.

3º Chaque inscription faite d'office par le conservateur, en vertu d'un acte translatif de propriété soumis à la transcription, 1 fr.

4º Déclaration soit de changement de domicile, soit de subrogation, soit de tous les deux par le même acte, 50 centimes.

5º Chaque radiation d'inscription, 1 fr.

6º Chaque extrait d'inscription ou certificat qu'il n'en existe aucune, 1 fr.[2]

7º Transcription de chaque acte de mutation ou de saisie, par rôle d'écriture du conservateur, contenant 40 lignes à la page et 18 syllabes à la ligne, 90 centimes[3].

8º Chaque certificat de non transcription d'acte de mutation, 1 fr.[4]

9º Copies collationnées des actes déposés ou transcrits dans les bureaux des hypothèques, par rôle d'écriture du conservateur contenant 25 lignes à la page et 18 syllabes à la ligne, 1 fr.

10º Chaque duplicata de quittance, 25 centimes.

11º Acte du conservateur contenant son refus de transcription en cas de précédente saisie, 1 fr.[5]

12º Mention des deux notifications prescrites par les articles 691 et 692, C. pr., 1 fr.

13º Radiation de saisie immobilière, 1 fr.

14º Mention du jugement d'adjudication, 1 fr.

15º Mention du jugement de conversion, 1 fr.

1. Décr. 28 août 1875.
2. Décr. 21 sept. 1810.
3. Décr. 24 fév. 1910 ; 25 juil. 1912.
4. Décr. 21 sept. 1810.
5. Ord. 10 oct. 1841, art. 2.

2111. L'article 3, § 2, de la loi du 23 octobre 1884, qui fait subir une réduction d'un quart aux émoluments des agents de la loi pour les actes de la procédure d'une vente judiciaire d'immeubles lorsque le prix de l'adjudication n'excède pas mille francs, est applicable aux salaires des conservateurs des hypothèques [1].

2112. La formalité qui doit être accomplie dans plusieurs bureaux provenant d'une conservation divisée est requise à celui des bureaux dans la circonscription duquel sont situés les immeubles les plus importants et, lorsqu'il n'y a pas de désignation d'immeubles, au bureau du domicile du grevé. Le requérant ne produit pas d'autres pièces que celles exigées pour une formalité unique, et il ne lui est réclamé qu'un salaire [2].

ARTICLE DEUXIÈME

APPLICATIONS DU TARIF.

1° Dépôts.

2113. Les conservateurs délivrent un bulletin de dépôt ou reconnaissance distincte par chaque acte ou par chaque bordereau à transcrire, inscrire ou mentionner [3].

Ces reconnaissances sont signées [4] et libellées sur des formules à souche, fournies par l'administration, rappelant le numéro du registre des dépôts sur lequel la remise est inscrite.

2114. Quel que soit le nombre des dispositions particulières

1. Fontainebleau, 16 juil. 1885 ; Lille, 31 mars 1887, J. C., 3862, J. E., 23038, Rev. not., 7784 ; Doullens, 23 nov. 1887, J. E., 23177 ; Gu elma, 19 déc. 1901, J. E., 26275. — Contrà, Inst. 2704 ; de France, 417.
2. Décr. 23 nov. 1900, art. 11.
3. C. civ., 2200 ; Sol. 18 av. 1895, J. C., 4615.
4. Vitré, 30 nov. 1887, J. E., 23238.

et indépendantes contenues dans un acte, du moment où une seule pièce est déposée, il n'est dû qu'un unique salaire de 20 cent. [1] ; il en est ainsi pour un cahier des charges et l'adjudication, une donation et l'acceptation, une vente et la procuration [2].

2115. Les réquisitions d'états et de certificats ne sont pas mentionnées au registre de dépôt ; néanmoins le requérant peut exiger du conservateur un reçu des pièces qu'il lui laisse et de la somme remise à titre de provision. Ce reçu, passible du timbre de 10 cent., n'autorise pas la perception d'un salaire de dépôt [3].

2° Inscriptions.

2116. Quelle que soit la longueur du bordereau à inscrire, le salaire du conservateur est toujours de 1 fr.

2117. La remise d'un unique bordereau concernant plusieurs créanciers divis, en vertu d'un titre commun, n'autorise la perception que d'un seul salaire de 1 fr. [4]. A plus forte raison en est-il ainsi quand la créance est indivise [5].

2118. Il n'est dû qu'un salaire pour les inscriptions suivantes : 1° contre le débiteur et sa caution [6] ; 2° au nom de la masse des créanciers contre le failli [7] ; 3° contre un même débiteur pour plusieurs créances distinctes, appartenant à un seul créancier [8] ; 4° pour une créance garantie par un privilège et

1. Sol. 24 fév. 1849 ; 9 juil. 1873.
2. Sol. 26 mars 1860 ; Baudot, 1626.
3. L. 23 août 1871, art. 18 ; Baudot, 165 ; Vuarnier, 4152.
4. Cass., 17 déc. 1845, S. 46.1.186, D. 46.1.42 ; 20 nov. 1902, J. E., 26680.
5. Bar-sur-Aube, 1er juin 1876, J. E., 20074 ; de France, 426.
6. Sol. 17 mai 1862, J. E., 20343.
7. Inst. 409 ; Baudot, 1631, *Dict. Enreg.*, Hyp., 294.
8. Déc. min. fin., 12 janv. 1813 ; Inst. 2758.

une hypothèque [1] ; 5° celle cumulative d'hypothèque conventionnelle et d'hypothèque légale [2] ; 6° celle prise contre plusieurs débiteurs solidaires ou simplement conjoints [3].

2119. Si plusieurs immeubles sont vendus pour un prix unique, un seul salaire d'inscription d'office est dû [4] ; au contraire, il est perçu autant de salaires de 1 fr. qu'il y a de lots adjugés pour des prix distincts au même acquéreur [5] ; mais dans une adjudication amiable, les parties peuvent convenir, avant de signer, que les différents lots adjugés à la même personne forment une vente unique moyennant un prix de tant, et pour lequel un seul privilège existera sur l'ensemble des immeubles ; de cette façon les parties éviteront la pluralité de salaires (n° 1954).

2120. Les inscriptions prises par les conservateurs pour rectifier les erreurs qu'ils ont commises ne donnent lieu à aucun salaire. Au contraire, l'inscription rectificative des erreurs imputables aux requérants autorise la perception d'un nouveau salaire [6].

2121. On ne peut prendre, par un unique bordereau, inscription contre plusieurs débiteurs distincts, même en vertu d'un titre commun [7]. Cependant, si le conservateur acceptait un pareil bordereau, il ne serait fondé à percevoir qu'un seul salaire [8].

1. Sol. 30 avr. 1856.

2. Lyon, 13 juin 1856, J. E., 16394 ; La Flèche, 10 janv. 1889, J. E., 23198 ; Montreuil, 6 fév. 1889, J. C., 3923 ; Sol. 15 juin 1887, J. E., 22963 ; Déc. min. fin., 23 oct. 1860 ; de France, 429.

3. Baudot, 1632.

4. Nancy, 18 mai 1894, J. E., 24663, J. N., 25627.

5. Cass., 11 mars 1891, S. 92.1.273, D. 91.1.253, J. C., 4158, J. E., 23588, Rev. not., 8689 ; Boulogne, 17 oct. 1894, J. C., 4549, J. E., 24599.

6. Sol. 9 janv. 1874 ; Dict. Enreg., HYP., 690.

7. Déc. min. fin., 6 déc. 1822 ; Baudot, 1633.

8. Déc. min. fin., 3 oct. 1860 ; Sol. 22 juin 1877, J. E., 20498.

3° Mentions de domicile, subrogations, priorités, etc.

2122. Chaque déclaration soit de changement de domicile, soit de subrogation, soit de tous deux par le même acte, supporte un seul salaire de 50 centimes [1].

2123. Quand un acte contient subrogation, changement de domicile, prorogation de délai et cession de priorité hypothécaire, il n'est dû qu'un unique salaire pour la mention de toutes les dispositions en marge de l'inscription [2].

D'ailleurs le salaire est dû autant de fois qu'il y a d'inscriptions en marge desquelles la mention est portée ; cependant la mention ne doit avoir lieu pour les inscriptions renouvelées qu'en marge de la dernière inscription [3].

2124. Un seul salaire est exigible pour mentionner la subrogation consentie par un seul acte au profit de plusieurs créanciers, pour des sommes distinctes [4].

2125. La cession de priorité d'hypothèque ou de rang nécessite une mention en marge de chacune des inscriptions qui changent de rang. En principe, il y a une double subrogation donnant lieu à deux salaires [5].

2126. Dans la pratique, les conservateurs délivrent copie des inscriptions émargées et perçoivent pour cette copie un salaire de 1 fr. par inscription. Mais le requérant n'est pas obligé de prendre copie des inscriptions ; il peut se borner à requérir mention de subrogation ou de priorité, et la délivrance d'un certificat constatant l'accomplissement de la formalité.

1. Décr. 21 sept. 1810 ; de France, 435.
2. Inst. 1751 ; de France, 437.
3. Dél. 9 avr. 1849 ; Sol. 14 mai 1862 ; Baudot, 1648.
4. Sol. 18 janv. 1854 ; 24 juil. 1874 ; 11 mars 1892, J. C., 4310 ; de France, 436. — *Contrà*, Baudot, 1647.
5. Sol. 27 mars 1864 ; Baudot, 1650 ; de France, 437. — *Contrà*, Sol. 28 avr. 1864.

Le certificat ainsi requis est délivré sans salaire particulier[1].

2127. La mention du retrait de réméré, en marge de la vente transcrite, donne ouverture au salaire de 50 centimes[2].

Même salaire pour mentionner la prorogation de délai en marge de l'inscription[3].

4° Radiations.

2128. Il est dû un salaire de 1 fr. pour chaque radiation d'inscription ou de saisie immobilière.

La radiation partielle doit le même salaire[4].

2129. Le certificat de radiation délivré à l'instant où celle-ci s'opère ne doit rien[5]. — Requis postérieurement à la radiation, le certificat autoriserait la perception du salaire de 1 fr.[6].

2130. Un seul salaire de 1 fr. est dû pour la radiation requise en vertu de plusieurs mainlevées déposées simultanément, de l'inscription : 1° émargée d'une subrogation[7] ; 2° prise en renouvellement d'une précédente, alors même que le conservateur jugerait utile d'émarger les inscriptions antérieures[8] ; 3° sur plusieurs débiteurs[9] ; 4° au profit de plusieurs créanciers distincts[10] ; 5° profitant à plusieurs subrogés[11] ; 6° collective d'hypothèques conventionnelle et légale[12].

---

1. Av. Cons. d'Etat, 16 sept. 1811 ; Sol. 24 oct. 1874 ; Inst. 2758 ; Géraud, 3828.

2. Nantes, 20 mai 1875, J. E., 19865 ; Sol. 31 mai 1881, S. 81.2. 223, J. E., 21877.

3. Sol. 15 mai 1847, J. C., 291.

4. Inst. 233 ; Sol. 16 juin 1864 ; Baudot, 1654 ; Boulanger, 861.

5. Inst. 494 ; Boulanger, 876.

6. Inst. 494, 547 ; Boulanger, 880.

7. *Dict. Enreg.*, Hyp., 742 ; Baudot, 1659 ; Boulanger, 870.

8. Sol. 14 mai 1862 ; Vuarnier, 4156 ; Baudot, 1655.

9. *Dict. Enreg.*, Hyp., 744.

10. Sol. 16 juin 1864 ; Boulanger, 864 ; Baudot, 1657.

11. Baudot, 1657 ; Boulanger, 865.

12. Comp. Cass., 5 fév. 1861, S. 61.1,209, D. 61.1,65.

2131. La radiation requise en vertu de la mainlevée donnée par un créancier subrogé qui n'a pas fait mentionner la subrogation, ne donne lieu qu'à un salaire de 1 franc pour radiation, car le conservateur n'est pas fondé à opérer, au préalable, une mention de subrogation [1].

2132. Lorsqu'un particulier, connaissant l'existence d'une inscription déterminée, ignore si elle subsiste encore, il peut demander au conservateur de le renseigner à cet égard par un certificat attestant que l'inscription a été ou non effacée, renouvelée ou non renouvelée [2].

Le conservateur a droit à une rétribution de 1 fr. pour ce certificat [3].

5° Transcriptions d'actes.

2133. La base du salaire, en matière de transcription, est la longueur de l'acte.

Toutes les transcriptions de mutations sont tarifées uniformément à 90 cent. par rôle contenant 40 lignes à la page et 18 syllabes à la ligne [4].

2134. En matière d'expropriation publique, le salaire de transcription avait été d'abord refusé [5], mais l'interprétation contraire a prévalu [6].

2135. Un salaire de 1 fr. est dû pour la mention : 1° de tout jugement prononçant la résolution d'un acte transcrit ; 2° d'une

1 . Boulanger, 866 ; Baudot, 900, 1659.
2. Bourges, 5 nov. 1869, J. C., 2401, S. 70.2.22 ; Seine, 2 fév. 1888, J. C., 3831 ; Boulanger, 881 ; Baudot, 1693 ; comp. de France, 447.
3. Boulanger, 881.
4. Décr. 25 juil. 1912.
5. Déc. min. fin., 24 juil. 1837; Inst. 1342.
6. Déc. min. fin., 14 mars 1879 ; Cass., 28 fév. 1888, S. 88.1.104, D. 88.1.262, J. C., 3834, J. E., 23036.

résolution amiable ; 3° d'une renonciation par la femme à son hypothèque légale [1].

6° États d'inscriptions.

2136. On entend par état d'inscriptions le relevé de toutes les charges soumises à cette forme de publicité : privilèges de vendeur, de copartageant, de constructeur, etc. ; hypothèques conventionnelles, judiciaires et légales ; hypothèques du Crédit foncier dispensées du renouvellement décennal.

Que l'état requis s'applique à la totalité des privilèges et des hypothèques ou qu'il soit limité à une nature spéciale de ces charges, le salaire est le même pour le conservateur.

Ainsi on demande : 1° un état des inscriptions pour cause d'hypothèques légales seulement après purge des hypothèques de cette nature ; 2° un certificat relatif à l'inscription de l'hypothèque légale contre un vendeur, après la mention de la renonciation consentie par sa femme, à la suite d'un acte de vente ; 3° un état des inscriptions d'hypothèques judiciaires contre un fils de famille ayant des immeubles en expectative.

2137. Le salaire, pour chaque extrait d'inscription ou certificat qu'il n'en existe aucune, est de 1 fr. [2]

Même tarification en cas d'état succinct [3].

2138. Toute inscription est copiée en entier avec les mentions de subrogation, changement de domicile et de radiation partielle, sans salaire supplémentaire [4].

2139. A moins d'une réquisition expresse, le conservateur ne doit pas comprendre, dans les états qu'il délivre, les ins-

1. Inst. 1651, 2051 ; Emion et Herselin, 36 ; de Lépine, *Rev. not.*, 8391 ; de France, 294, 479.
2. Décr. 21 sept. 1810.
3. Sol. 23 mars 1894, J. E., 24623.
4. Inst. 649, 902, 2758 ; Géraud, 3833.

criptions périmées faute de renouvellement [1], excepté si elles ont produit leur effet légal.

2140. Il est interdit aux conservateurs de délivrer à la fois l'inscription prise en renouvellement et les inscriptions renouvelées, lors même que ces dernières n'auraient pas encore dix ans (n° 1980).

2141. Lorsqu'un état est demandé cumulativement sur plusieurs individus, il doit comprendre toutes les inscriptions qui les concernent. S'il n'en existe pas, le certificat est négatif sur chacun et il est dû autant de salaires qu'il y a d'individus : si quelques-uns sont grevés, le conservateur délivre les inscriptions à leur charge et certifie pour les autres qu'il n'en existe pas. Dans ce cas, il est dû 1 fr. pour chaque inscription délivrée et 1 fr. pour chaque individu sur lequel le certificat est négatif [2].

2142. L'état requis sur diverses personnes comprenant une inscription unique contre toutes, ne donne ouverture qu'à un seul salaire de 1 fr.

Par exemple, si un état est demandé sur quatre personnes, contre lesquelles il existe une seule inscription les grevant toutes quatre, le conservateur n'a droit qu'à 1 franc ; au contraire, si l'état requis sur quatre personnes se trouve entièrement négatif, il est dû au conservateur 1 fr. par personne [3] ; le tarif est tel.

2143. Quand on requiert l'état des inscriptions existantes du chef d'un vendeur et des anciens propriétaires, le conservateur ne doit pas comprendre, à moins de réquisition expresse, l'inscription d'office dans l'état [4] (n° 1996).

1. Inst. 649 ; Baudot, 1670.
2. Inst. 1654 ; Mortagne, 15 janv. 1903, J. E., 26503.
3. Décr. 21 sept. 1810, n° 6 ; Av. Cons. d'Etat, 16 sept. 1811 ; Inst. 1654 ; Sol. 7 déc. 1894, J. E., 24558.
4. Sol. 3 sept. 1879, J. E., 21606.

2144. En ce qui concerne l'état sur transcription, l'acquéreur peut demander que cet état comprenne seulement les inscriptions grevant du chef de l'un ou de plusieurs des anciens propriétaires désignés [1]. Il est facile de comprendre l'inutilité d'un état requis sur un ancien propriétaire contre lequel on a déjà un précédent état négatif.

2145. Pour une adjudication à plusieurs, il est délivré un seul état sur transcription.

Plusieurs acquéreurs en vertu de titres distincts ne peuvent se réunir pour obtenir un unique état sur transcription. Il est délivré autant d'états qu'il existe de contrats transcrits [2].

2146. Toutes les fois que la réquisition d'état excepte certaines inscriptions désignées, il n'est dû aucun salaire pour des inscriptions que le conservateur ne doit point délivrer [3].

§7° États de transcriptions.

2147. Dans sa généralité, l'état des transcriptions englobe tous les actes translatifs, modificatifs ou résolutoires de la propriété, tels que : donations entre vifs, testaments contenant substitution, ventes, échanges, baux de plus de 18 ans, quittances ou cession de trois années de loyers, antichrèses, constitutions de servitudes, saisies, résolutions, nullités ou rescisions d'actes.

Quelquefois la réquisition des transcriptions est limitée : aux actes d'aliénation ; aux saisies ; aux baux, quittances et remises de loyers et antichrèses ; aux résolutions, etc., selon le but que le requérant veut atteindre.

1. Cass., 26 juil. 1859, J. E., 16993 ; Poitiers, 2 juil. 1860 ; Pont, 1441 ; Aubry Rau, § 268, note 17.

2. Montluçon, 10 août 1865, J. E., 18135 ; Chinon, 18 avr. 1866, J. E., 18246, S. 66.2.113.

3. Cass., 6 janv. 1891, S. 92.1.51, D. 91.1.418, J. C., 4137 ; 5 avr. 1894, S. 95.1.214, D. 94.1.382, Rev. not., 9151 ; 29 avr. 1897, Rev. not., 9823.

2148. Il est alloué au conservateur 1 fr. pour chaque certificat de non transcription d'acte.

2149. Si le certificat est requis sur plusieurs individus, le salaire de 1 fr. est alloué autant de fois qu'il y a de personnes [1].

2150. Le salaire de 1 fr. serait dû pour des certificats requis isolément, tels que ceux de : aliénations gratuites, aliénations onéreuses, baux et antichrèses, saisies, résolutions, nullités et rescisions [2]. -

Mais, moyennant le salaire de 1 fr., le conservateur est tenu de délivrer le certificat des transcriptions de toute nature, compris les saisies et les mentions de résolution, nullité et rescision [3].

Cela résulte du décret de 1810, et il est reconnu que tout tarif de salaire doit être appliqué littéralement [4], et qu'aucun salaire ne peut être perçu qu'en vertu d'une disposition expresse [5].

2151. Dans la pratique, les conservateurs délivrent des extraits sommaires des saisies et des actes transcrits et perçoivent le salaire de 1 fr. pour chaque extrait [6]. Toutefois, ce mode de procéder est facultatif ; les conservateurs sont fondés à délivrer des copies littérales des transcriptions, moyennant le salaire de 1 fr. par rôle d'écriture contenant 25 lignes à la page et 18 syllabes à la ligne [7].

1. Déc. min. fin., 25 juin 1811 ; Sol. 3 août 1859 ; Baudot, 1779.

2. Sol., 12 avr. 1889 ; de France, 479.

3. Caen, 16 mai 1884, *Rev. not.*, 6904, J. C., 3570, S. 85.2.113, D. 85.2.57 ; Dél., 31 mai 1859 ; Sol. 22 fév. 1876 ; Fontainebleau, 4 déc. 1884 ; Tr. Nancy, 22 nov. 1886, J. E., 22400, J. C., 3735. — *Contrà*, Mourlon, *Transc.*, 379 ; Desjardins, Concl., S. 91.1.517, J. C., 4020 : de France, 478.

4. Inst. 1654.

5. Inst 1751.

6. Sol. 30 juin 1863 ; 10 sept. 1866.

7. Décr. 21 sept. 1810 ; C. civ., 2196 ; L. 23 mars 1855, art. 5 ; Verdier, 496 ; de France, 476. — *Contrà*, Hervieu, 195 ; Laurent, XXXI, 582.

2152. La réquisition de l'état des transcriptions doit toujours contenir exclusion des diverses transcriptions connues.

8° Duplicata de quittance.

2153. Quand une formalité doit avoir lieu dans plusieurs bureaux, le requérant acquitte les droits au premier bureau où la formalité est remplie et prend autant de duplicata de quittance qu'il en a besoin pour les autres bureaux (n° 2033).

Le conservateur perçoit 25 c. par duplicata [1], qui est porté, en ce qui concerne les inscriptions, sur un bordereau de chacune de celles à prendre dans d'autres bureaux, ou sur une feuille distincte de papier non timbré.

9° Saisies.

2154. Pour la transcription sur les registres des procès-verbaux de saisie et des exploits de dénonciation, le tarif attribue au conservateur 90 c. par rôle contenant 40 lignes à la page et 18 syllabes à la ligne [2].

2155. La mention des deux notifications faites au saisi et aux créanciers donne ouverture à un seul salaire de 1 fr. [3]

2156 Pour la mention du jugement d'adjudication en marge de la saisie, il est dû 1 fr.

S'il y a plusieurs adjudicataires et que chacun présente une expédition pour ce qui le concerne, il est fait autant de mentions que l'on dépose d'actes, et perçu un salaire par mention [4].

Sur l'adjudication prononcée par suite de deux saisies réunies en une seule poursuite, il est nécessaire d'opérer une double mention donnant ouverture à deux salaires [5].

1. Décr. 21 sept. 1810 ; Sol., 7 oct. 1893, J. C., 4478 ; J. E., 24316.
2. Décr. 25 juil. 1912.
3. Ord. 10 oct. 1841, art. 2 ; Inst. 1651.
4. Baudot, 1798.
5. *Dict. Enreg.*, Hyp., 789.

2157. Un salaire de 1 fr. est alloué au conservateur pour l'acte contenant son refus de transcrire une saisie immobilière, en cas de précédente saisie [1].

2158. Si une seconde saisie plus étendue que la première est présentée au conservateur, il la transcrit pour les objets non compris dans la précédente et indique dans son certificat les motifs qui se sont opposés à ce que la transcription fût entière. Dans ce cas, il n'a droit qu'au salaire de la transcription partielle [2].

2159. La radiation de la saisie, de sa dénonciation et des mentions de notification ne donne lieu qu'à un seul salaire [3]. Du reste, le conservateur n'est pas fondé à transcrire la mainlevée de saisie [4].

ARTICLE TROISIÈME

RÈGLES PARTICULIÈRES.

2160. Les conservateurs ne peuvent exiger le paiement immédiat de leurs salaires, à raison des formalités hypothécaires requises pour les expropriations ou acquisitions concernant l'État, les départements ou la confection des chemins vicinaux.

Ces salaires sont payés sur des états transmis par les conservateurs aux préfets, par l'entremise des directeurs [5].

2161. Pour les inscriptions requises par le ministère public au profit des femmes, des mineurs et des interdits, le conser-

1. Ord. 10 oct. 1841, art. 2.
2. Déc. min., 20 avr. 1827 ; Baudot, 1801. — *Contrà*, de France, 473.
3. Inst. 1551 ; comp. Bar-sur-Aube, 1er juin 1876.
4. Boulanger, 875.
5. Déc. min. fin., 12 juil. 1843 ; 14 mars 1879, J. C., 2992 ; comp. Cass., 28 fév. 1888, J. C., 3834, J. E., 23036.

vateur suit le recouvrement de ses salaires contre le grevé[1] (n° 2079).

2162. Les inscriptions prises contre les comptables publics donnent ouverture à des salaires recouvrables sur ces comptables[2].

2163. Il n'est dû aucun salaire, pour les états et certificats fournis aux préfets, des inscriptions sur les comptables[3].

2164. Les états fournis à l'agent judiciaire du Trésor, aux trésoriers-payeurs, aux receveurs des finances, au directeur de l'enregistrement, à titre de renseignements administratifs, sont délivrés gratuitement[4].

2165. Quand une personne admise à l'assistance judiciaire a besoin de prendre une inscription, avant qu'il y ait un jugement ayant acquis l'autorité de la chose jugée, elle est dispensée d'avancer les droits et salaires[5].

2166. Les inscriptions prises par l'administration pour assurer le recouvrement des frais en matière d'assistance judiciaire, ont lieu sans paiement des salaires[6].

ARTICLE QUATRIÈME

RESTITUTION DE SALAIRES.

2167. Toute contestation relative aux salaires des conservateurs doit être soumise à l'autorité judiciaire[7]; l'administration n'intervient dans ces questions qu'à titre officieux.

1. Décr. 18 juin 1811 ; Inst. 2156.
2. Inst. 316, 350 ; Sol. 9 fév. 1893, J. C., 4381.
3. Déc. min. fin., 18 messidor an IX ; Baudot, 1812 ; circ. 2034.
4. Déc. min. fin., 7 janv. 1903, J. E., 26590 ; Inst. 3103 ; Inst. 25 mars 1911.
5. Déc. min. fin., 29 avr. 1853 ; Inst. 1971 ; Lett. 4 sept. 1897, J. E., 25316.
6. L. 21 vent. an VII, art. 23 ; Sol. 3 janv. 1890, J. C., 4539, J. E., 24424.
7. Cons. d'État, 2 août 1878, S. 80.2.122, J. E., 21007.

2168. Les salaires indûment perçus sont restituables au requérant [1].

2169. A défaut de restitution amiable, les demandes judiciaires peuvent être poursuivies par les notaires et les avoués qui ont requis la délivrance des pièces dans l'intérêt de leurs clients [2].

2170. L'action en restitution de salaires est de la compétence du juge de paix du domicile du conservateur, en dernier ressort jusqu'à 300 fr. et à charge d'appel jusqu'à 600 fr. [3]; il en serait autrement si le demandeur réclamait en outre des dommages-intérêts dépassant la compétence du juge de paix, alors l'action devrait être portée devant le tribunal civil [4].

TROISIÈME SECTION

DROITS ET SALAIRES DIVERS.

ARTICLE PREMIER

HYPOTHÈQUES MARITIMES.

2171. Le receveur des douanes perçoit au compte du Trésor 50 cent. par mille francs du capital de la créance donnant lieu à l'hypothèque.

2172. Il appartient au receveur des douanes les salaires suivants : inscription, 1 fr. ; chaque inscription reportée d'of-

1. Sol. 13 juin 1870 ; de France, 413.
2. Paris, 9 déc. 1859, S. 60.2.97 ; Rennes, 4 juil. 1865, S. 66.2.109 : Orléans, 12 déc. 1884, D. 86.2.110, J. E., 22549 ; Caen, 16 mai 1884, S. 85.2.113.
3. L. 12 juil. 1905, art. 1 ; Cass., 5 nov. 1889, S. 91.1.518. J. C., 4020, J. E., 23338 ; 11 mars 1891, D. 91.1.253, J. C., 4413, *Rev. not.*, 8687, J. E., 23588. — *Contrà*, Dijon, 27 déc. 1884, J. C., 3178.
4. Comp. Beauvais, 27 déc. 1889, S. 92.1.5.

fice d'un registre sur un autre, 1 fr. ; chaque déclaration soit de changement de domicile, soit de subrogation, ou des deux par le même acte, 1 fr. ; radiation, 1 fr. ; chaque extrait d'inscription ou certificat qu'il n'en existe aucune, 1 fr. ; transcription du procès-verbal de saisie, 1 fr. [1].

ARTICLE DEUXIÈME

PRIVILÈGE SUR FONDS DE COMMERCE.

2173. Pour l'inscription du privilège de vendeur ou de créancier gagiste, il est dû un droit de 5 cent. 0/0, sans décime, dont la perception a lieu lors de l'enregistrement de l'acte de vente ou de nantissement. Quant aux inscriptions en renouvellement l'impôt est perçu à l'enregistrement, sur présentation des bordereaux avant leur dépôt au greffe.

2174. Sont affranchis de timbre le registre des inscriptions, les bordereaux, les reconnaissances de dépôt, les états, certificats, extraits et copies dressés en exécution de la loi, ainsi que les pièces produites et qui restent déposées au greffe, à la condition que ces pièces mentionneront expressément leur destination [2].

2175. Les émoluments du greffier comprennent : dépôt et récépissé, 50 cent. ; transcription de bordereau, 1 fr. ; mention d'antériorité, de subrogation ou de changement de siège du fonds, 50 cent. ; mention de radiation totale ou partielle ou de renouvellement d'inscription, 1 fr. ; état d'inscription, par inscription, 1 fr. ; certificat négatif d'inscription, 1 fr., etc. [3].

2176. Il est dû divers droits à l'Office national de la propriété industrielle ; ils se trouvent détaillés dans l'article 20 du décret du 28 août 1899.

1. Décr. 18 juin 1886, art. 2 et 3.
2. Décr. 28 août 1909, art. 18.
3. L. 17 mars 1909, art. 34.

ARTICLE TROISIÈME

WARRANT AGRICOLE.

2177. Les allocations dues aux greffiers de justice de paix relativement aux warrants agricoles sont déterminées par décret du 7 septembre 1906.

ARTICLE QUATRIÈME

WARRANT HÔTELIER.

2178. Pour l'établissement du warrant hôtelier, il est alloué au greffier du tribunal de commerce des salaires fixés par décret.

FORMULES

I. — INSCRIPTIONS DE PRIVILÈGES

§ 1er. — PRIVILÈGE DE VENDEUR.

1. Vendeur.

Inscription est requise au bureau des hypothèques de . . .,
Au profit de M. Lubin (Emile), propriétaire, demeurant à . . .
Pour lequel domicile est élu à . . ., en l'étude de Me . . .,
Contre M. Pain (Alfred-Auguste), négociant, demeurant à . . .
En vertu d'un contrat passé devant Me . . ., notaire à . . ., le
. . ., contenant vente par M. Lubin à M. Pain, des immeubles qui
seront désignés plus bas.

Pour sûreté :

1° De huit mille francs formant le prix de la vente du . . ., stipulés exigibles à . . ., le . . . . . et productifs d'intérêts à . . .
pour cent, à partir du . . ., payables par semestre
les . . ., ... 8.000 fr. »

2° (1) Des frais du contrat de vente pour le cas où le
vendeur serait obligé de les avancer, évalués à sept
cents francs. . . . . 700 » »

3° Des frais de poursuites, exigibles à l'événement,
évalués à cent francs. . . . . 100 » »

Total à inscrire. . . . . 8.800 fr. »

(1) Les praticiens ont généralement l'habitude de mentionner, sous
un article spécial et pour mémoire, les intérêts conservés par la loi ;
cette mention est purement superflue.

Par privilège sur un lot de terre labourable, situé commune de
. . ., arrondissement de . . ., comprenant :

1° Vingt-cinq ares, lieu dit Darvin, portés au cadastre, section B,
n° 18 ;

2° Trente-six . . . (désignation complète).

2. Bailleur de fonds.

Inscription est requise au bureau des hypothèques de . . ., au
profit de M. Le Caël (Luc-Eugène), propriétaire, demeurant à . . .,
Pour lequel domicile est élu _ . .

Contre M. Pannier (Frédéric-Louis), cultivateur, demeurant à . . .
ayant demeuré à . . .

En vertu :

1° D'un contrat passé devant Me . . ., notaire à . . ., le . . .,
contenant vente par M. Alfred Douin . . ., à M. Pannier, des immeubles ci-après désignés, pour le prix de : . — ;

2° D'un acte reçu par Me . . ., notaire à . . ., le . . ., contenant : 1ent obligation pour prêt de 4.000 fr., et affectation hypothécaire par M. Pannier au profit de M. Le Caël ; 2 ent promesse d'employer la somme empruntée à payer le prix de l'acquisition faite de
M. Douin ;

3° D'un acte reçu par Me . . ., notaire à . . ., le . . ., aux
termes duquel M. Douin a reçu de M. Pannier le prix de la vente
du . . ., et le payant ayant déclaré que les fonds versés provenaient
de l'emprunt fait, sous cette condition d'emploi, de M. Le Caël, celui-ci a été subrogé dans les droits privilégiés et résolutoires de
M. Douin.

Pour sûreté :

1° De la somme de 4.000 fr., montant de l'obligation du . . .,
employée à solder le prix de la vente du . . . ; laquelle somme a
été stipulée exigible à . . ., le . . ., et productive d'intérêts au
taux de . . ., payables . . ., ...   4.000 fr. »

2° De tous frais de poursuites exigibles à l'événement,
évalués à 200 fr. . . . .   200 »   »

Total à inscrire. . . . .   4.200 fr. »

1° Par privilège sur les immeubles formant l'objet de la vente
du . . ., situés en la commune de . . ., arrondissement de . . .,
consistant en : 1ent une pièce de terre labourable, nommée . . ., contenant . . ., portée au cadastre, section G, n° 147 ; 2ent un bois
appelé . . ., contenant . . ., figurant au cadastre, section G, n° 18 ;

2° Par hypothèque conventionnelle sur une pièce de terre en labour, située en la commune de. . . ., arrondissement de. . ., lieu dit. . ., contenant. . . .d'après le cadastre, section D, n° 42, affectée aux termes de l'acte d'obligation du. . .

La présente inscription est prise tant pour valoir à sa date que pour renouveler l'inscription prise d'office le. . ., vol. . . ., n°. . ., au profit de M. Douin.

3. Notaire pour frais de vente.

Inscription de privilège est requise au bureau de. . .

Au profit de M. Louis Beschey, notaire à. . . ., comme exerçant les droits de M. Emile Blot. . . ., obligé solidairement, en qualité de vendeur, au paiement des frais de l'acte de vente ci-après énoncé.

Domicile élu à. . .

Contre M. Pierre Mutel. . . .

En vertu d'un contrat de vente passé devant le requérant, le. . ., consenti par M. Blot à M. Mutel.

Pour sûreté :

1° De 1.220 fr., montant des frais de la vente précitée, cette somme exigible actuellement. . . . . 1.220 fr. »

2° De 125 fr. pour intérêts courus et à courir de ces frais. . . . . 125 » »

3° Et de 100 fr. pour frais de poursuites, exigibles à l'événement. . . . . 100 » »

Total à inscrire. . . . . 1.445 fr. »

Sur une pièce en herbe située à. . ., nommée. . ., contenant. . ., faisant l'objet de la vente précitée.

4. Échangiste.

Inscription est requise au bureau de. . .,

Au profit de M. Alfred Pain. . .

Domicile élu à. . .

Contre M. Lucien Landon. . .

En vertu d'un acte reçu par M°. . ., notaire à. . ., le. . ., contenant échange entre MM. Pain et Landon.

Pour sûreté de 2.000 fr., montant de la soulte due par M. Landon à l'inscrivant, stipulée payable le. . ., et productive d'intérêts au taux de quatre pour cent. . . . . 2.000 fr. »

Et de 100 fr. pour frais de poursuites, s'il y a lieu. . 100 » »

Par privilège sur une pièce de terre en labour, située à. . .
nommée. . ., contenant. . ., cédée par M. Pain au grevé.

§ 2. — PRIVILÈGE DE COPARTAGEANT.

5. Soulte.

Inscription est requise au bureau des hypothèques de. . .
Au profit de M. Duval (Joseph). . .
Pour lequel domicile est élu à. . .
Contre M. Duval (Louis-Lucien). . .
En vertu d'un acte reçu par M°. . ., notaire à. . ., le. . ., con-
tenant partage, entre MM. Duval, des biens composant la succession
de M. Jacques Duval, leur père.

Pour sûreté :

1° De la somme de six mille francs, montant de la soulte résultant,
au profit de M. Joseph Duval, du partage du. . . ; laquelle somme a
été stipulée exigible le. . ., et productive d'intérêts au taux de. . .,
à partir du. . ., payables. . ., ... 6.000 fr. »

2° Des frais de poursuites évalués à cinq cents francs,
exigibles s'il y a lieu. . . . .   500 » »

Total à inscrire . . . . 6.500 fr. »

Par privilège sur les immeubles composant le lot de M. Louis-
Lucien Duval, situés en la commune de. . . . ., arrondissement de. . .,
comprenant :

1° Une maison, avec cour et jardin, lieu dit. . ., figurant au cadastre, section. . ., n°. . ., pour dix ares vingt centiares ;

2° Une pièce de terre. . .

*(Le privilège porte sur tout le lot du débiteur de la soulte, à moins
que le partage n'ait limité le privilège à certains biens).*

6. Garantie de partage.

Inscription est requise au bureau des hypothèques de. . .,
Au profit de M. Duval (Joseph) . . .
Pour lequel domicile est élu à . . .
Contre M. Duval (Louis-Lucien) . . .
En vertu d'un acte reçu par M° . . ., notaire à . . ., le . . .,
contenant partage des biens composant la succession de M. Jacques
Duval, père de l'inscrivant et du grevé.

Pour sûreté de toutes les sommes qui seraient dues à l'inscrivant dans le cas où il serait troublé dans la propriété des biens composant son lot ; ces sommes évaluées à 2.000 fr. et exigibles seulement à l'événement. . . . . 2.000 fr.   »

Par privilège sur les immeubles formant le lot de M. Louis-Lucien Duval, comprenant . . . (*désigner*).

7. Garantie de dettes.

Inscription est requise au bureau des hypothèques de . . .
Au profit de M. Duval (Joseph). . .
Pour lequel domicile est élu à . . .
Contre M. Duval (Louis-Lucien) . . .
En vertu d'un acte sous-signatures privées, en date du . . ., enregistré à . . ., le . . ., folio . . ., contenant partage entre MM. Duval, des biens composant la succession de M. Jacques Duval, leur père ; par lequel acte M. Louis-Lucien Duval a été chargé d'acquitter seul ; 1° Une somme de 2.000 fr. due à M. Yvan Vautier ; 2° Une rente perpétuelle de 60 fr., au capital de 1.500 fr., due aux représentants Jumel.

Pour sûreté :
1° De la somme de trois mille cinq cents francs, montant des dettes mises à la charge du grevé, par le partage du . . . ; laquelle somme deviendrait exigible dans le cas où l'inscrivant serait recherché par les créanciers . . . . 3.500 fr.   »
2° Des intérêts dont cette somme serait productive, le cas échéant, évalués à quatre cents francs. . . . .   400 »   »
3° Des frais de poursuites évalués à cent francs, exigibles à l'événement . . . .   100 »   »
Total à inscrire. . . . . 4.000 fr.   »

Par privilège sur les immeubles composant le lot de M. Louis-Lucien Duval . . . (*désigner*).

8. Colicitant.

Inscription est requise au bureau des hypothèques de . . .,
Au profit de :
1° M. Duval (Lucien) . . .
2° M. Duval (Alphonse). . .
Pour lesquels domicile est élu . . .
Contre M. Duval (Ernest) . . .

En vertu d'un procès-verbal dressé par Mᵉ . . ., notaire à . . ., le . . ., aux termes duquel M. Ernest Duval s'est rendu adjudica-taire des immeubles désignés plus loin, indivis entre lui et les ins-crivants.

Pour sûreté :

1° De six mille francs, prix de l'adjudication par licitation du. . .; laquelle somme a été stipulée payable le. . ., et productive d'inté-rêts au taux de . . . pour cent, acquittables par semestres les. . .,
. . . . 6.000 fr. »

2° Des frais de poursuites, s'il y a lieu, évalués à deux cents francs . . . . 200 » »

Total à inscrire . . . . 6.200 fr. »

Par privilège sur les immeubles adjugés à M. Ernest Duval situés en la commune de . . ., arrondissement de . . ., comprenant :

1° Une maison, élevée sur terre-plein, comprenant : rez-de-chaus-sée, un étage carré, et un étage mansardé, couvert en ardoises, cour devant et jardin derrière, contenant quatre ares, figurant au plan cadastral, section D, n° 122.

2° Un bois. . .

(*Si l'immeuble licité est le seul objet indivis, l'inscription ne doit être prise que pour le prix représentant les parts acquises. Dans le cas con-traire, on inscrit pour la totalité du prix qui figurera au partage*).

§ 3. — PRIVILÈGE DE SÉPARATION DES PATRIMOINES.

9. Créancier.

Inscription est requise au bureau des hypothèques de. .,
Au profit de M. Duval (Emile). . .
Pour lequel domicile est élu à. . .
Contre la succession de M. Bertin (Ange-Auguste), veuf de Marie Mancel, propriétaire, décédé en sa demeure à. . ., le. . ., et contre ses héritiers et représentants, qui sont :

1° M. Bertin (Georges-Louis). . .;
2° Mme Bertin (Anne), épouse de Paul Leroy. . .

En vertu : 1° de la séparation des patrimoines invoquée par l'ins-crivant contre les héritiers de M. Ange-Auguste Bertin ;
2° D'un prêt de 2.000 fr. fait à feu M. Bertin, par M. Duval, le. . . (ou 2° D'une reconnaissance de 2.000 fr. souscrite par feu M. Bertin, au profit de M. Duval, le. . ., enregistrée à. . ., le. . . .).

Pour sûreté :

1° De la somme de deux mille francs due à M. Duval par la succession de M. Bertin ; laquelle somme est actuellement exigible, et produit des intérêts au taux de cinq pour cent par an. .   2.000 fr. - »

2° De la somme de deux cents francs, montant de quatre années d'intérêts échues le . . . .   200 » »

3° De la somme de cent francs, montant des frais faits et de ceux d'inscription . . . .   100 » »

4° Des frais de poursuites, s'il y a lieu, évalués à cent francs. . . . .   100 » »

Total à inscrire. . . . .   2.400 fr. »

Par privilège sur tous les immeubles dépendant de la succession de M. Ange-Auguste Bertin, et notamment ceux suivants :

1° Une pièce de terre en vigne, située en la commune de. . ., arrondissement de. . ., lieu dit. . ., contenant. . ., figurant au cadastre, section C, n° 95 ;

1° Un pré, situé même commune, nommé. . ., contenant. . . porté au cadastre, n° 18 de la section C.

10. Légataire.

Inscription est requise au bureau des hypothèques de. . .,

Au profit de M. Cartier (Louis). . . .

Pour lequel domicile est élu à. . . .

Contre la succession de M. Dupuy (Augustin), négociant, décédé en sa demeure à . . ., rue. . ., le. . ., et contre ses héritiers, qui sont :

1° M. Dupuy (Joseph-Alfred). . .

En vertu :

1° De la séparation des patrimoines invoquée par l'inscrivant contre les héritiers de M. Augustin Dupuy ; —

2° Et du testament de M. Augustin Dupuy, fait en la forme olographe, en date à. . ., du. . ., déposé, après les constatations légales, aux minutes de Mᵉ. . ., notaire à . . ., le. . .

Pour sûreté :

1. De la somme de dix mille francs, montant du legs fait par feu M. Bertin, au profit de M. Cartier, par le testament du. . . ; cette somme payable dans les six mois du décès du testateur, avec intérêts au taux de. . ., à partir de ce décès . . . .   10.000 fr. »

2° De tous frais de poursuites exigibles à l'événement, évalués à trois cents francs. . . . .   300 » »

Total à inscrire. . . . .   10.300 fr.

Par privilège sur les immeubles dépendant de la succession de M. Augustin Dupuy, comprenant :

1° Une maison située à. . ., rue. . .

2° Une autre maison, située à. . ., place. . .

§ 4. — PRIVILÈGE DE CONSTRUCTEUR.

11. En vertu de l'état de lieux.

Inscription est requise au bureau des hypothèques de . . .,

Au profit de M. Reculet (Ludovic), entrepreneur . . .

Pour lequel domicile est élu . . .

Contre M. Cérise (Alfred) . . .

En vertu d'un procès-verbal dressé le . . ., par M. Auguste Bertin, architecte, commis à cet effet, constatant l'état d'un terrain, situé à . . . ., route des . . ., contenant . . ., appartenant à M. Cérise, et sur lequel M. Reculet est chargé d'élever une maison et différentes constructions, détaillées au procès-verbal de l'architecte.

Pour assurer à M. Reculet le privilège de constructeur, à raison des travaux qu'il est chargé de faire, et pour sûreté des sommes qui pourront lui être dues, exigibles dans les six mois de la réception des travaux, au domicile du débiteur . . . Indéterminées.

Par privilège, sur un terrain situé à . . ., route . . ., contenant . . ., et sur les constructions qui y seront édifiées.

12. En vertu de la réception des travaux.

Inscription est requise au bureau des hypothèques de . . .,

Au profit de M. Reculet (Ludovic). . .,

Pour lequel domicile est élu . . .

Contre M. Cérise (Alfred) . . .

En vertu d'un procès-verbal dressé le . . ., par M. Auguste Bertin, architecte, expert commis à cet effet, contenant la réception des travaux et constructions faits par M. Reculet sur un terrain situé à . . ., route . . ., appartenant à M. Cérise, et dont l'état a été constaté par un premier procès-verbal en date du . . ., inscrit au bureau des hypothèques de . . ., le . . ., vol . . ., n° . . .

Pour sûreté :

1° De la somme de vingt-deux mille deux cents francs due à l'ins-

crivant par M. Cérise, d'après le procès-verbal de réception ; laquelle
somme sera exigible le . . ., au domicile du débiteur, et est productive d'intérêts au taux de six pour cent, à partir du . . ., payables
avec le principal . . . .   22.200 fr.   »
    2° De tous frais de poursuites s'il y a lieu, évalués
à mille francs. . . . .   1.000 »   »
        Total à inscrire . . . .   23.200 fr.   »

    Par privilège sur un terrain situé à . . ., route . . ., et les cons-
tructions édifiées sur ce terrain, comprenant : . . . .(détailler).

§ 5. — PRIVILÈGES DU TRÉSOR PUBLIC.

13. Contre un comptable.

Inscription est requise au bureau des hypothèques de . . .,
Au profit du Trésor public.
A la diligence de M. . . (noms, qualité et domicile).
Pour lequel domicile est élu à . . .
Contre M. Cortel (Edmond), receveur particulier des finances, de-
meurant à . . . .
    En exécution de la loi et en vertu d'un contrat passé devant
Mᵉ . . ., notaire à . . ., le . . ., contenant vente de l'immeuble
ci-après désigné, par M. Ludovic Martin, au profit de M. Edmond
Cortel, moyennant le prix de douze mille francs.
    Pour sûreté de la gestion de M. Cortel et de toutes les sommes dont
il pourra se trouver comptable envers le Trésor public, le tout indéterminé, mais néanmoins évalué à douze mille francs. . 12.000 fr. »
    Par privilège sur une métairie située en la commune de . . .,
arrondissement de . . . ., composée de . . . (désigner).

14. Contre un condamné.

Inscription est requise au bureau des hypothèques de . . .,
Au profit du Trésor public.
A la diligence de M. . . . (noms, qualité et domicile).
Pour lequel domicile est élu à . . .
Contre M. Duval (Emile) . . .
En vertu d'un jugement rendu par le tribunal correctionnel de . .,
le . . .
    Pour sûreté :

1° De la somme de douze cents francs, montant en capital des condamnations prononcées contre M. Duval par le jugement du . . . pour . . ., laquelle somme est actuellement exigible. 1.200 fr. »

2° De celle de deux cents francs pour frais faits, aussi exigibles . . . . 200 » »

3° Des frais à faire, évalués à cent francs . . . . . 100 » »

Total à inscrire . . . . 1.500 fr. »

Par privilège sur tous les immeubles de M. Emile Duval, situés dans l'arrondissement du bureau des hypothèques de . . . .

15. Droits de mutation par décès.

Inscription est requise au bureau des hypothèques de . . .

Au profit du Trésor public, à la diligence de M. Emile Dupont, receveur de l'enregistrement et des domaines au bureau de . . .

Pour lequel domicile est élu à . . ., en son bureau.

Contre la succession de M. Charles Gadot, rentier, décédé en sa demeure à . . ., le . . .

Et contre ses héritiers qui sont : 1° M. Louis Gadot, ingénieur civil demeurant à . . ., 2° Mme Marie Gadot, épouse de M. Pierre Coret, négociant, demeurant à . . .

En vertu de l'article 7 de la loi de finances du 13 juillet 1911.

Pour sûreté de la somme de 6.840 fr. montant approximatif des droits de mutation dus au Trésor public, occasionnés par le décès de M. Charles Gadot, et dont ses héritiers sont tenus solidairement, lesquels droits seront exigibles, d'après la demande de délai faite par les héritiers, pour moitié le . . . et pour l'autre moitié le . . ., avec intérêts au taux légal de quatre pour cent à compter du . . . .

. . . . 6.840 fr. »

De 18 fr. 30 pour frais d'inscription, exigibles . . . 18 » 30

Et de 100 fr. exigibles à l'événement pour frais de poursuites . . . . 100 » »

Total à inscrire. . . . . 6.958 fr. 30

Par privilège sur tous les immeubles dépendant de la succession de M. Charles Gadot, comprenant :

1° Une maison, avec cour et jardin, superficie huit ares, sise à . . ., rue. . . .

2° Un herbage situé à . . ., nommé . . ., contenant environ. . .

3° Une pièce en labour sise à . . ., contenant. . ., appelée. . .

§ 6. — PRIVILÈGES SUR FONDS DE COMMERCE.

16. Vendeur.

Inscription de privilège de vendeur et d'action résolutoire est requise au greffe du tribunal de commerce de . . .
Au profit de M. Ernest Morion . . .
Pour lequel domicile est élu à. . .
Contre M. Georges Rodier, commis de négociant, et Mme Marie-Léonie Dupont, son épouse. . ., débiteurs solidaires.
En vertu d'un acte reçu par M⁰ Portier, notaire à. . . ., le . . . .,
aux termes duquel M. Morion a vendu à M. et Mme Rodier, grevés,
un fonds de commerce d'épicerie exploité à . . ., rue. . ., n°. . .,
Aux colonies, moyennant 30.000 fr. applicables pour 10.000 fr. au
fonds, enseigne, clientèle et droit de bail, pour 1.000 fr. au matériel
et pour 19.000 fr. aux marchandises, sur lequel prix il a été payé
15.000 fr. en déduction des marchandises.

Pour sûreté :

1° De 15.000 fr. formant le reliquat du prix de la vente du. . ., stipulés exigibles le . . . ., et productifs jusqu'à parfait paiement, d'intérêts au taux de . . ., à compter du . . ., acquittables les . . .
. . . . 15.000 fr. »
2° Et de 600 fr., évaluation des frais de poursuites,
s'il y a lieu . . . . 600 fr. »
Total à inscrire . . . . 15.600 fr. »

Par privilège, avec réserve de l'action résolutoire sur un fonds d
commerce d'épicerie ayant pour enseigne *Aux Colonies*, exploité à . .,
rue. . ., n° . . ., comprenant l'enseigne, l'achalandage, le maté
riel d'exploitation, les marchandises le garnissant, les marques de
fabrique et le droit au bail des locaux où il s'exploite.

17. Créancier nanti.

Inscription de nantissement est requise au greffe du tribunal de
commerce de . . .
Au profit de M. Charles Villain . . .
Pour lequel domicile est élu à . . .
Contre M. Julien Durand. . .
En vertu d'un acte reçu par M⁰. . ., notaire à. . ., le. . ., contenant : 1° Obligation pour prêt par M. Durand au profit de l'inscri-

André, *Régime hypothécaire.* 5

vant, d'une somme de 8.000 fr. ; 2° Et remise en gage à titre de nantissement du fonds de commerce ci-après désigné, à la garantie du prêt et tous accessoires.

Pour sûreté :

1° De 8.000 fr. montant, de l'obligation précitée, stipulée exigible le . ., et jusqu'au remboursement intégral, productive d'intérêts au taux de . . ., acquittables annuellement le . . . . . . 8.000 fr. »

2° Et de 400 fr. pour frais de poursuites, s'il y a lieu. exigibles à l'événement . . . . 400 fr. »

Total à inscrire . . . . 8.400 fr. »

Sur un fonds de commerce de. . . situé à. . . ., rue . . . ., n°. ., comprenant l'enseigne, le nom commercial, le droit au bail, la clientèle, l'outillage, l'agencement et le matériel d'exploitation (n° 952).

II. — INSCRIPTIONS D'HYPOTHÈQUES

§ 1er. — HYPOTHÈQUE JUDICIAIRE.

18. Créance civile.

Inscription est requise au bureau des hypothèques de . . .,
Au profit de M. Duguay (Alfred) . . .
Pour lequel domicile est élu . . .
Contre M. Bertin (Jules), cultivateur, demeurant à . . . .
En vertu d'un jugement rendu par la troisième chambre du tribunal civil de . . ., le . . . (ou par le tribunal de paix du 4e arrondissement de . . ., le . . . .).

Pour sûreté :

1° De la somme de deux mille francs, montant en principal de la condamnation résultant du jugement du . . . . ; cette somme, exigible actuellement, produit des intérêts au taux de quatre pour cent, à partir du . . ., jour de la demande en paiement (Code civ., 1153) . . . . 2.000 fr. »

2° Des frais liquidés par le jugement à cent dix francs, aussi exigibles . . . . 110 » »

3° Et de tous frais de poursuites, évalués à cent francs, exigibles à l'événement . . . . 100 » »

Total à inscrire. . . . . 2.210 fr. »

Par hypothèque sur tous les immeubles présens et à venir de
M. Jules Bertin, situés dans l'arrondissement de . . .

19. Créance commerciale.

Inscription est requise au bureau des hypothèques de . . . .,
Au profit de M. Duguay (Alfred) . . .
Pour lequel domicile est élu à . . . .
Contre : 1° M. Bertin (Jules), marchand de nouveautés, demeurant
à . . .
   2° M. Goupin (Charles), mégissier, demeurant à . . .
En vertu d'un jugement rendu par le tribunal de commerce de . .
le . . ., portant condamnation solidaire contre MM. Bertin et Goupin, au profit de l'inscrivant.

Pour sûreté :
1° De la somme de mille francs montant de la condamnation résultant du jugement du . . . ; cette somme, actuellement exigible produit des intérêts au taux de . . . pour cent, à compter du . . .,
jour de la demande en paiement (C. comm., 184). . . 1.000 fr. »
   2° Des dépens liquidés par le jugement à cent quatre-
vingts francs, aussi exigibles. . . . . 180 » »
   3° Et de tous frais de poursuites, s'il y a lieu, évalués à cent francs . . . . 100 » »
      Total. . . . . 1.280 fr. »

Par hypothèque sur tous les immeubles présents et à venir de
MM. Jules Bertin et Charles Goupin, situés dans l'arrondissement
de . . .

20. Créance indéterminée.

Inscription est requise au bureau des hypothèques de. . .
Au profit de M. Duguay (Alfred). . .
Pour lequel domicile est élu à. . .
Contre M. Bertin (Jules). . .
En vertu d'un jugement rendu par le tribunal civil de. . .,
le. . ., aux termes duquel M. Bertin a été condamné à rendre compte
à M. Duguay du mandat verbal qui lui a été conféré.

Pour sûreté :
1° De toutes les sommes dont le grevé sera constitué reliquataire

par le compte à intervenir, actuellement exigibles, évaluées à
10.000 fr. . . . .   10.000 fr.   »
  2° De tous intérêts des mêmes sommes évalués à .   1.000 »   »
  3°. De toutes indemnités, restitutions, dommages-
intérêts, exigibles le cas échéant, évalués à. . . . .   2.000 »   »
  4° Des frais de poursuites, évalués à 500 fr. . . . .   500 »   »
      Total à inscrire . . . .   13.500 fr.   »

Sur tous les immeubles présents et à venir de M. Jules Bertin,
situés dans l'arrondissement de. . .

§ 2. — HYPOTHÈQUE LÉGALE.

21. Masse entre le failli.

Inscription est requise au bureau des hypothèques de. . .,
Au profit de la masse des créanciers de M. Félix Borel, négociant,
demeurant à. . ., actuellement en faillite.
Cette masse, représentée par M. Julien Lancelin, agréé au tribunal
de commerce de. . ., demeurant en cette ville, rue. . ., en qualité
de syndic, nommé par le jugement ci-après énoncé.
Pour lequel domicile est élu en sa demeure.
Contre M. Borel (Félix), failli.
En vertu du jugement déclaratif de la faillite, rendu par le tribunal
de commerce de. . ., le. . .
Pour sûreté des sommes qui peuvent être dues aux divers créanciers de M. Félix Borel ; lesquelles sommes sont actuellement exigibles, attendu la faillite, mais sont indéterminées . . . . mémoire.
Par hypothèque sur tous les immeubles appartenant à M. Félix
Borel, dans l'arrondissement de. . ., notamment :
  1° Une maison sise à. . . ., rue. . . ;
  2° Une pièce de terre labourable, située à. . ., nommée. . .,
contenant. . .

22. Après le concordat.

Inscription est requise au bureau des hypothèques de. . .,
Au profit de la masse entière des créanciers de M. Borel, énumérés
au bilan arrêté le. . .
Et au profit de M. Julien Lancelin, agréé au tribunal de commerce,
demeurant à. . ., rue. . .
Tant en son nom personnel que comme syndic des créanciers.

Domicile élu en la demeure, à. . ., de M. Lancelin.

Contre M. Borel (Félix), ancien négociant, demeurant à Grenoble, rue. . .

En vertu d'un concordat arrêté le. . ., enregistré à. . ., le. . ., et du jugement d'homologation rendu par le tribunal de commerce de. . ., le. . .

Pour sûreté :

1° De la somme de cent mille francs due par M. Borel à la masse de ses créanciers, en vertu du concordat du. . ., laquelle somme a été stipulée exigible, un tiers dans un an, du jour du concordat, un tiers un an plus tard, et le dernier tiers dans trois ans du concordat . . . . 100.000 fr. »

2° Des intérêts dont cette somme est productive, au taux de six pour cent, à partir du concordat,- acquittables avec chaque fraction du capital, évalués à douze mille francs. . . . . 12.000 » »

3° Et de tous frais de mise à exécution, évalués à deux mille francs, exigibles à l'événement. . . . . 2.000 » »

Total à inscrire. . . . . 114.000 fr. »

Par hypothèque sur tous les immeubles présents et à venir de M. Félix Borel, dans l'étendue du bureau des hypothèques de. . .

23. Femme pendant le mariage.

Inscription est requise au bureau des hypothèques de . . .,

Au profit de Mme Danvin (Félicie), épouse de M. Ernest Martin, propriétaire, avec lequel elle demeure à . . .,

Pour laquelle domicile est élu à . . . .,

Contre M. Martin (Ernest), son mari.

En vertu :

1° Du contrat de mariage de M. et Mme Martin, passé devant Me . . ., notaire à . . ., le . . .

2° De tous autres titres qu'il appartiendra.

Pour sûreté des reprises, créances, indemnités, avantages et droits de toute nature que Mme Martin peut et pourra avoir à exercer contre son mari ; le tout actuellement indéterminé . . . mémoire.

Par hypothèque légale sur tous les immeubles présents et à venir de M. Ernest Martin, situés dans l'arrondissement de . . .

(*Quand l'hypothèque légale a été restreinte par le contrat de mariage ou par jugement, l'inscription doit nécessairement en faire mention, ainsi on dira :*

Sur les immeubles ci-après désignés appartenant à M. Ernest Martin, auxquels l'hypothèque légale de Mme Martin a été limitée par son contrat de mariage :

1° Une maison située à . . ., rue . . .

2° Une ferme située à . . . ., nommée . . .

Ou : Sur tous les immeubles présents et à venir de M. Ernest Martin, situés dans l'arrondissement de . . ., à l'exception toutefois d'une ferme située à , . ., nommée . . ., composée de . . .

Laquelle ferme a été dégrevée de l'hypothèque légale de Mme Martin aux termes d'un jugement rendu par le tribunal civil de . . . le . . .)

(*Si on veut atteindre même les immeubles aliénés par le mari depuis le mariage et avant l'inscription, il faut dire* :

Sur tous les immeubles qui appartenaient à M. Ernest Martin au moment de son mariage, sur ceux qui lui ont appartenu depuis ainsi que sur ceux qui lui appartiennent actuellement et pourront lui appartenir par la suite, situés dans l'arrondissement du bureau des hypothèques de . . .)

24. Femme, avec précision de créances.

Inscription est requise au bureau des hypothèques de . . .,

Au profit de Mme Félicie Danvin, épouse de M. Ernest Martin, propriétaire avec lequel elle demeure à . . .

Domicile élu à . . .

Contre M. Martin (Ernest), son mari.

En vertu :

1° Du contrat de mariage des époux Martin, passé devant Mᵉ . . ., notaire à . . ., le . . .

2° De tous autres titres qu'il appartiendra.

Pour sûreté :

1° De 3.000 fr., montant des apports en mariage de Mme Martin. . . . . 3.000 fr. ,

2° De 2.600 fr., prix d'immeubles vendus à M. Louis Londel par contrat devant Mᵉ . . ., notaire à . . ., le . . . . 2.600 » »

3° Et de toutes autres créances, reprises, indemnités, droits et avantages de toute nature que Mme Martin peut et pourra avoir à exercer contre son mari et actuellement indéterminés. . . . . Ordre.

Par hypothèque légale sur tous les immeubles présents et à venir de M. Martin, situés dans l'arrondissement de . . .

25. Femme après séparation de biens.

Inscription est requise au bureau des hypothèques de . . .

Au profit de Mme Danvin (Félicie), épouse de M. Ernest Martin, propriétaire, avec lequel elle demeure à . . .

Pour laquelle domicile est élu à . . .

Contre M. Martin (Ernest), son mari.

En vertu :

1° Du contrat de mariage de M. et Mme Martin, passé devant M° . . ., notaire à . . ., le . . .

2° D'un jugement de séparation de biens rendu par le tribunal civil de. . ., le. . .

3° Et d'un acte reçu par M°. . ., notaire à. . ., le. . ., contenant liquidation des reprises de Mme Martin contre son mari.

Pour sûreté :

1° De la somme de quatre mille deux cents francs dont Mme Martin est restée créancière contre son mari pour ses reprises, laquelle somme est exigible actuellement et produit des intérêts au taux de cinq pour cent, à compter du jour de la liquidation .   4.200 fr.   »

2° Des autres créances, indemnités et répétitions
qu'elle peut et pourra avoir à exercer contre son
mari . . . .   mémoire.

3° Des frais de poursuites évalués provisoirement
à deux cents francs.   200   »   »

Total à inscrire. . . . .   4.400 fr.   »

Par hypothèque légale sur tous les immeubles présents et à venir de M. Ernest Martin, situés dans l'arrondissement de. . .

26. Après dissolution du mariage.

Inscription est requise au bureau de. . .,

Au profit de Mme Danvin (Félicie), rentière, demeurant à. . . ., veuve de M. Ernest Martin.

Domicile élu à. . .

Contre M. Martin (Ernest), décédé à. . ., le. . ., et ses héritiers qui sont :

1° M. Martin (Georges). . .

En vertu :

1° Du contrat de mariage de M. et Mme Martin, reçu par M°. . ., notaire à. . ., le. . .

2° D'un acte reçu par M⁰. . ., notaire à. . ., le. . ., contenant liquidation de reprises.

Pour sûreté :

1° De 12.300 fr., montant des reprises en deniers de Mme Martin ; cette somme stipulée exigible le. . ., et productive d'intérêts au taux de. . ., à compter du. . . . ., ...   12.300 fr. »
2° De 300 fr. pour frais de poursuites, s'il y a lieu, exigibles à l'événement. . . . .   300 » »

Total à inscrire. . . . .   12.600 fr. »

Par hypothèque légale sur tous les immeubles composant la succession de M. Ernest Martin, notamment sur :

1° Une maison, sise à. . .

(*A défaut de liquidation des reprises, l'inscription est prise d'une manière générale, comme pendant le mariage.*)

27. Créancier subrogé par la femme.

Inscription est requise au bureau de. . .,
Au profit de M. Adolphe Dumont. . .
Pour lequel domicile est élu à. . .
Contre M. Charles Carré. . .
En vertu :

1ᵉⁿᵗ Du contrat de mariage de M. Carré avec Mme Félicie Morin, passé devant M⁰. . ., notaire à. . ., le. . .

2ᵉⁿᵗ De tous autres titres qu'il appartiendra.

3ᵉⁿᵗ Et d'un acte reçu par M⁰. . ., notaire à. . ., le. . ., contenant : 1° Obligation pour prêt par M. Carré et Mme Félicie Morin, son épouse, solidairement, au profit de M. Dumont, d'une somme de 10.000 fr. productive d'intérêts au taux de quatre pour cent ; 2° Cession par Mme Carré à M. Dumont, d'une somme égale à sa créance en principal et accessoires, à prendre par préférence à elle-même et à tous autres dans le montant des reprises, créances et droits de toute nature qu'elle peut et pourra avoir à exercer contre son mari, et par suite elle a subrogé M. Dumont, avec la même priorité, dans l'effet entier de son hypothèque légale contre son mari.

Pour sûreté :

1° Des reprises, créances, indemnités, droits et avantages de toute nature que Mme Carré peut et pourra avoir à exercer contre son mari et par elle cédés à M. Dumont, à concurrence de 10.000 fr., montant de sa créance, stipulée exigible le. . ., et des intérêts à quatre pour cent dont elle est productive à partir de l'obligation et jusqu'au remboursement effectif . . . . 10.000 fr. »

2° Des frais de poursuites, s'il y a lieu, évalués
à 500 fr . . . .   500 »   »

. Total à inscrire . . . . 10.500 fr. »

Par hypothèque légale sur tous les immeubles présents et à venir de M. Carré (*Si la subrogation a été limitée, désigner les immeubles grevés*).

Cette inscription profitera exclusivement à M. Dumont.

(*L'inscription d'hypothèque légale au profit du créancier subrogé peut être requise collectivement avec celle d'hypothèque conventionnelle, n°s 35, 36.*)

28. Mineur contre son tuteur.

. Inscription est requise au bureau des hypothèques de . . .,

Au profit de M. Morin (Alfred), mineur, domicilié à . . ., chez son tuteur.

Par M. Émile Blot, son subrogé-tuteur, propriétaire, demeurant à . . .,

Pour lequel domicile est élu à . . .,

Contre M. Mallat (Louis), rentier, demeurant à . . ., ayant demeuré à . . .,

Tuteur datif du mineur Morin, nommé à cette fonction, suivant délibération prise sous la présidence de M. le Juge de paix de . . ., le . . .,

Pour sûreté de toutes les sommes dont M. Mallat se trouvera débiteur, par suite de sa gestion de tuteur, envers le mineur Morin ; le tout indéterminé.

Par hypothèque légale sur tous les immeubles présents et à venir de M. Louis Mallat, situés dans l'arrondissement de . . .

29. Interdit contre son tuteur.

Inscription est requise au bureau des hypothèques de . . .,

Au profit de M. Morin (Albert), sans profession, domicilié à . . ., interdit par jugement du tribunal civil de . . ., rendu le . . ..

Pour lequel domicile est élu à . . .,

Contre M. Mallat (Louis), propriétaire, demeurant à. . ., tuteur datif de M. Morin, appelé à cette fonction, suivant délibération prise sous la présidence de M. le Juge de paix de . . ., le . . .,

Pour garantie de toutes les créances qui peuvent et pourront résulter de la gestion du tuteur au profit de l'interdit : le tout indéterminé.

Par hypothèque légale sur tous les biens immeubles présents et à venir de M. Louis Mallat, situés dans l'étendue du bureau des hypothèques de . . .

Ou : sur une maison située à . . ., rue . . ., appartenant à M. Louis Mallat, auquel immeuble l'hypothèque légale de M. Albert Morin a été limitée, aux termes de la délibération de famille du. . . sus-visée. .

30. Majeur contre son ancien tuteur.

Inscription est requise au bureau des hypothèques de . . .,
Au profit de M. Alfred Morin, étudiant en droit, demeurant à . . .
Pour lequel domicile est élu à . . .,
Contre M. Mallat (Louis), rentier, demeurant à . . .,.
En vertu d'un compte de tutelle rendu à M. Morin par M. Mallat, son ancien tuteur, reçu par M° . . ., notaire à . . ., le . . .

Pour sûreté :

1° De 6.420 fr., restant dus au requérant d'après le compte de tutelle, laquelle somme a été stipulée payable le . . ., et productive d'intérêts au taux de cinq pour cent . . . .   6.420 fr.   »

2° De toutes autres sommes qui pourraient être dues par M. Mallat, en vertu de sa gestion, et indéterminées. . . . .   mémoire.

3° Et de 200 fr. pour frais de poursuites, exigibles à l'événement.   200 fr.   »

Total à inscrire, sauf mémoire. .. . . . .   6.620 fr.   »

Par hypothèque légale sur tous les immeubles présents et à venir de M. Mallat.

31. État contre un comptable.

Inscription est requise au bureau des hypothèques de . . .,
Au profit du Trésor public,
Poursuite et diligence de M. . . (*noms, qualité et domicile*),
Pour lequel domicile est élu à . . .,
Contre M. de Sainte-Marie (Alfred-Louis), trésorier-payeur général du département de . . ., demeurant à . . .,
Pour sûreté de la gestion de M. de Sainte-Marie, et de toutes les sommes dont il pourra se trouver comptable envers l'État, le tout indéterminé.
Par hypothèque sur tous les immeubles présents et à venir de

M. de Sainte-Marie, situés dans le ressort du bureau des hypothèques
de . . .

(*Ou* : Sur un herbage, situé à . . ., nommé . . ., contenant. .,_
vendu par M. de Sainte-Marie à M. Eugène Sebire, moyennant le
prix de vingt-deux mille francs, suivant contrat passé devant Mᵉ . .,
notaire à . . ., le . . .).

32. Commune contre un comptable.

Inscription est requise au bureau des hypothèques de . . .,
Au profit de la ville de Nîmes (*ou* des hospices de Nîmes),
A la diligence de M. . . (*noms, qualité et domicile*),
Pour lequel domicile est élu à . . .,
Contre M. Gazagne (Auguste), receveur municipal de la ville de
Nîmes (*ou* receveur des hospices de Nîmes), demeurant à Nîmes,
rue . . .,
Pour sûreté des créances qui peuvent et pourront résulter au profit
de la ville de Nîmes (*ou* des hospices de Nîmes), de la gestion et de
l'administration qui ont été confiées à M. Gazagne, de deniers pu-
blics ; le tout indéterminé.
Par hypothèque sur tous les immeubles présents et à venir de
M. Auguste Gazagne, situés dans l'arrondissement du bureau des
hypothèques de Nîmes.

33. Légataire.

Inscription est requise au bureau des hypothèques de . . .,
Au profit de M. Marc (Georges), rentier, demeurant à . . .
Pour lequel domicile est élu à . . . .
Contre la succession de M. Bertin (Lucien), propriétaire, décédé en
sa demeure à . . ., le . . ., et contre ses héritiers, qui sont :
1º M. Bertin (Maurice-Louis), négociant, demeurant à . . .
2º M. Bertin (Julien) . . .
En vertu du testament de M. Lucien Bertin, reçu par Mᵉ . . .,
notaire à . . ., le . . ., contenant legs d'une rente viagère de six-
cents francs par an au profit de l'inscrivant,

Pour sûreté :

1º De la somme de douze mille francs, capital évalué nécessaire
pour le service de la rente viagère de six cents francs léguée par le
testament du . . . ; laquelle rente est payable par semestre et
d'avance, à partir du décès du testateur, en la demeure à . . . du

crédirentier . . . . 12.000 fr. »
2° De tous frais de poursuites évalués à deux cents
francs, exigibles à l'événement . . . .   200 »   »
    Total à inscrire. . . . . 12.200 fr. »

Par hypothèque légale sur tous les immeubles dépendant de la
succession de M. Lucien Bertin, et notamment sur une ferme située
commune de . . ., nommée . . ., consistant en . . ., contenant . . .

    (*Ou* par hypothèque légale sur une maison située à . . ., rue
. . ., n° . . ., dépendant de la succession de M. Lucien Bertin ;
auquel immeuble le droit hypothécaire de l'inscrivant a été limité
par le testament susvisé.)

§ 3. — HYPOTHÈQUE CONVENTIONNELLE.

34. Inscription simple.

Inscription est requise au bureau des hypothèques de . . .
Au profit de M. Jardin (Ernest), typographe, demeurant à . . .
Pour lequel domicile est élu à . . .
Contre M. Maillard (Alfred), cultivateur, demeurant à . . .
En vertu d'un acte reçu par Mᵉ . . ., notaire à. . ., le . . . .,
contenant obligation pour prêt et affectation hypothécaire par M. Mail-
lard, au profit de M. Jardin.

Pour sûreté :

  1° De la somme de trois mille francs, montant en principal de
l'obligation du . . ., stipulée exigible le . . ., à . . ., en l'étude
de Mᵉ. . ., notaire, et productive d'intérêts au taux de cinq pour
cent, à partir du jour de l'obligation, payables par semestre, les . .,
au même lieu que le principal . . . . 3.000 fr. »
  2° Des frais d'acte et d'inscription, évalués à deux
cents francs . . . .   200 »   »
  3° Des indemnités qui seraient dues au créancier en
cas de remboursement anticipé, ou de paiement dans
un autre lieu que celui fixé, évaluées à cinq cents francs,
exigibles à l'événement . . . .   500 »   »
  4° Des frais de poursuites, s'il y a lieu, évalués à
cent francs . . . .   100 »   »
    Total à inscrire . . . . 3.800 fr. »

Par hypothèque spéciale sur :

1° Une pièce de terre . . . (*copier la désignation dans l'obligation*).
Il a été stipulé ce qui suit dans l'acte d'obligation :
1° Le débiteur ne pourra anticiper sa libération. . .
(*Rapporter les conditions modifiant l'exigibilité du capital ou pouvant donner lieu à des indemnités au profit du créancier.*)

35. Conventionnelle et légale.

Inscription est requise au bureau des hypothèques de. . .,
Au profit de M. Jardin (Ernest), propriétaire demeurant à. . .
Pour lequel domicile est élu à. . .
1ent D'hypothèque conventionnelle,
Contre M. Maillard (Alfred), cultivateur, et Mme Rivière (Marie),
son épouse, demeurant ensemble à. . .
En vertu d'un acte reçu par Me. . ., notaire à. . ., le. . ., contenant obligation *solidaire*, pour prêt, et affectation hypothécaire par M. et Mme Maillard, au profit de M. Jardin.

Pour sûreté :
1° De la somme de cinq mille francs, montant de l'obligation du. .
stipulée exigible à . . ., le . . ., et productive d'intérêts au taux
de. . . pour cent, à partir du. . ., et jusqu'au remboursement
effectif, payables au même lieu que le capital, par semestre, les. . .,
ci. . . . . 5.000 fr. »
2° Des frais de transport à son exigibilité, de la créance à défaut de remboursement exact, exigibles à l'événement, évalués à 500 fr., ci . . . . 500 fr. »
3° Des intérêts des intérêts, évalués à deux cents francs, ci . . . . 200 » »
4° De tous frais de poursuites évalués à cent francs, exigibles à l'événement . . . . 100 » »
Total à inscrire. . . . . 5.800 fr. »

Par hypothèque spéciale sur : 1° . . . (*désigner*).
2ent D'hypothèque légale,
Contre M. Maillard (Alfred), cultivateur, demeurant à . . .
En vertu :
1° Du contrat de mariage de M. et Mme Maillard, passé devant M. . ., notaire à. . ., le. . ., contenant adoption du régime de la communauté, sans restriction de la capacité de l'épouse ;
2° De tous autres titres desquels pourrait résulter un droit de créance au profit de Mme Maillard contre son mari ;
3° De l'acte d'obligation du. . ., aux termes duquel Mme Mail-

lard, née Marie Rivière, a cédé à M. Jardin ses reprises et créances contre son mari, et l'a subrogé dans l'entier effet de son hypothèque légale, le tout par préférence et à concurrence du montant en principal et accessoires de la créance de M. Jardin.

Pour sûreté des reprises, créances, droits et indemnités quelconques de Mme Maillard contre son mari, jusqu'à concurrence de 5.800 francs formant le chiffre de l'hypothèque conventionnelle ci-dessus, et des accessoires.

Par hypothèque légale sur tous les immeubles présents et à venir de M. Alfred Maillard, situés dans l'arrondissement de. . .

(*Ou* par hypothèque légale, limitativement, sur les immeubles désignés plus haut.)

Cette inscription d'hypothèque légale est requise au profit exclusif de M. Jardin.

Il a été convenu dans l'acte d'obligation :
1° Qu'à défaut de paiement. . . . . .

36. Conventionnelle et légale (*Simple*).

Inscription d'hypothèque conventionnelle et d'hypothèque légale est requise au bureau de. . .,
Au profit de M. Ernest Jardin. . .,
Pour lequel domicile est élu à. . .,
Contre M. Maillard (Alfred), cultivateur. . .,
En vertu d'un acte passé devant Me. . . , notaire à. . ., le. . .,
contenant : 1° Obligation solidaire pour prêt par M. Maillard et Mme Marie Rivière, son épouse, de 2.000 fr. au profit de M. Jardin ;
2° Et cession par Mme Maillard à M. Jardin de ses reprises, créances et droits contre son mari, et subrogation avec préférence dans l'effet de son hypothèque légale résultant de tous titres et notamment de son contrat de mariage passé devant Me. . ., notaire à. . ., le. . ., le tout jusqu'à concurrence de la somme prêtée par M. Jardin et de ses accessoires.

Pour sûreté :

1° De 2.000 fr., principal de l'obligation, exigibles le. . ., et productifs, du jour de l'acte, d'intérêts au taux de cinq pour cent. . . . . 2.000 fr. »
2° De 160 fr. pour frais d'obligation, d'inscription et de poursuites . . . . 160 » »
- Total à inscrire. . . . . 2.160 fr. »

3° Et des reprises, créances, indemnités et droits conservés par l'hypothèque légale de Mme Maillard contre son mari, cédés à l'inscrivant, à concurrence de 2.160 fr. et tous accessoires.

Par hypothèque conventionnelle sur :

1° Une pièce de terre en labour. . . (*désigner*).

Par hypothèque légale de Mme Maillard, au profit de l'inscrivant subrogé, sur tous les immeubles présents et à venir de M. Maillard.

Il a été convenu dans l'acte d'obligation :

1° Qu'à défaut de paiement. . .

37. Intérêts échus.

En vertu d'un acte reçu par Me. . ., notaire à. . ., le. . ., contenant obligation, pour prêt, par M. Maillard au profit de M. Jardin, d'une somme de trois mille francs, stipulée exigible le. . . et productive d'intérêts au taux de cinq pour cent, à partir du jour de l'obligation, payables par semestre, les. . .

Pour sûreté :

1° De quatre cent cinquante francs, montant de trois années d'intérêts du capital de trois mille francs, courus au. . . ; cette somme actuellement exigible . . . .   450 fr.   »

2° Des intérêts dont la même somme pourrait être productive, et des frais de poursuites, évalués à cent cinquante francs, ci . . . .   150 »   »

Total à inscrire . . . .   600 fr.   »

Par hypothèque spéciale sur 1° : . . . (*désigner*).

38. Biens advenus au débiteur.

En vertu d'un acte reçu par Me, . . ., notaire à. . ., le. . ., contenant obligation, pour prêt, par M. Maillard au profit de M. Jardin, affectation hypothécaire de divers immeubles désignés, et attendu l'insuffisance de ses immeubles présents, M. Maillard a consenti que tous ceux qu'il recueillerait par la suite demeurent affectés à la garantie de la créance de M. Jardin.

Pour sûreté :

1° De la somme de. . . (*comme ci-dessus*).

Par hypothèque spéciale sur : 1° . . . (*désigner*).

Ces immeubles provenant à M. Maillard de la succession de M. Elphège Maillard, son frère, décédé à. . ., le. . .

39. Rente perpétuelle.

En vertu d'un acte reçu par Me. . ., notaire à. . . ., le. . . ., contenant constitution d'une rente perpétuelle de 1.000 fr. au capital de 22.000 fr., par M. Maillard, au profit de M. Jardin.

Pour sûreté :

1° De la somme de vingt-deux mille francs, capital de la rente de mille francs créée par l'acte du. . . ., non exigible, sauf les cas prévus par la loi et ceux stipulés dans l'acte constitutif ; laquelle rente est payable, en exemption de toute retenue, en la demeure du créancier, à. . . ., par semestre, les. . . ., à partir du. . . ., ci. . 22.000 fr. »

2° De tous frais de poursuite exigibles à l'événement, évalués à cinq cents francs. . . . .   500 »   »

Total à inscrire. . . . .   22.500 fr.   »

Par hypothèque spéciale sur : 1°. . . (désigner).
Il a été stipulé dans l'acte constitutif :
1° Que le défaut de paiement. . .
(Rappeler les conditions pouvant entraîner l'exigibilité du capital ; l'interdiction de faire le rachat avant un délai, etc.)

40. Rente viagère.

En vertu d'un acte reçu par Mᵉ. . . ., notaire à. . . ., le. . . contenant constitution par M. Maillard, au profit et sur la tête de M. Jardin, d'une rente annuelle et viagère de 500 fr., moyennant une somme de 6.000 fr.

Pour sûreté :

1° De la somme de dix mille francs, capital non exigible, sauf dans les cas prévus par la loi et ceux résultant du titre constitutif, mais évalué nécessaire pour assurer le service de la rente viagère de cinq cents francs, créée par l'acte du. . . ., laquelle rente est payable par semestre les. . . ., pour commencer le. . . ., ci. . . . 10.000 fr. »

2° De tous frais de poursuites exigibles à l'événement, évalués à deux cents francs . . . . 200 »   »

Total . . . .   10.200 fr.   »

Par hypothèque spéciale sur : 1°. . . (désigner).
Il a été stipulé dans l'acte constitutif :
1° Qu'à défaut de paiement d'un seul terme d'arrérages, et, un mois après un commandement resté sans effet, le capital de. . . . deviendrait de plein droit exigible, si bon semblait au crédi-rentier ;
2° Que la présente inscription et ses renouvellements seraient radiés définitivement sur la représentation de l'acte de décès de M. Jardin, sans mainlevée ni justification de paiement d'arrérages, M. Jardin ayant donné, dans l'acte constitutif, toute autorisation et décharge à

M. le conservateur des hypothèques pour faire cette radiation sur la seule justification du décès.

(*Si la rente est réversible, le bordereau doit en faire mention ; dans ce cas, l'inscription sera prise éventuellement au profit de la personne en faveur de laquelle la réversion aura été stipulée*).

41. Fermages.

En vertu d'un acte reçu par Me. . . ., notaire à. . . ., le. . ., contenant bail par M. Jardin à M. Maillard, d'une ferme nommée La Madeleine, pour neuf années, à partir du. . ., moyennant un fermage annuel de 5.000 fr., et diverses charges évaluées à 400 fr. par an,

Pour sûreté :

1º De la somme de quinze mille francs, montant de trois années cumulées du fermage de cinq mille francs par an, à prendre, au choix du bailleur, parmi les neuf années du bail : lequel fermage est payable, chaque année, en trois termes égaux, les. . ., pour faire le paiement du premier terme le. . ., celui du second le. . .; et ainsi de suite. . . . .   15.000 fr. »

2º De celle de douze cents francs, évaluation des charges stipulées en sus du fermage, à raison de quatre cents francs par an et ce pour le montant de trois années, au choix de M. Jardin : lesquelles charges le preneur est tenu d'acquitter chaque année, pour commencer en l'année 19..., ...   1.200 »   »

3º Des indemnités qui pourraient être dues par le preneur, à la fin du bail, pour réparations, engrais, pailles et dégradations quelconques; le tout évalué à quinze cents francs. . . . .   1.500 »   »

4º De tous intérêts de ces sommes, s'il y a lieu, évalués à deux mille francs . . . .   2.000 »   »

5º De tous frais de poursuites, exigibles à l'événement, évalués à cinq cents francs. . . . .   500 »   »

Total à inscrire . . . .   20.200 fr. »

Par hypothèque spéciale sur : 1º. . . (*désigner*).

42. Obligation au porteur.

Inscription est requise au bureau des hypothèques de Cahors.

Par M. Jardin (Ernest), typographe, demeurant à . . ., comme premier porteur du titre de la créance ci-dessous énoncée.

André, *Régime hypothécaire.*   46

Au profit du porteur de la grosse exécutoire (*ou du brevet original*) de l'acte d'obligation ci-après daté.

Pour lequel domicile est élu à . . .

Contre M. Maillard (Alfred), cultivateur, demeurant à . . .

En vertu d'un acte reçu par M^e . . ., notaire à . . ., le . . ., contenant obligation par M. Maillard, au profit du porteur du titre, d'une somme de mille francs, pour prêt fait par M. Jardin, comme devant être le premier porteur.

Pour sûreté :

1° De la somme de . . . (*comme ci-dessus*).

Par hypothèque spéciale sur . . . (*désigner*).

Dans l'obligation du . . ., il a été dit : que la créance conservée par la présente inscription se transmettrait par la simple remise de la grosse du titre (*ou du brevet original du titre*) ; que cette remise emporterait, au profit du porteur, subrogation dans tous les droits attachés à la créance, et notamment dans l'effet entier de la présente inscription ; et que le porteur pourrait se désister des droits hypothécaires et donner mainlevée de l'inscription, sans autre formalité que la représentation du titre au notaire, qui ferait mention dessus de la mainlevée.

43. Crédit.

En vertu d'un acte reçu par M^e . . ., notaire à . . ., le . . ., contenant ouverture de crédit par M. Jardin au profit de M. Maillard, à concurrence de 20.000 fr. ; ce crédit devant consister dans des avances, par simple compte, sur avoirs, et à escompter, à mesure des besoins de M. Maillard, les traites, lettre de change, billets, chèques et autres valeurs qu'il passerait à l'ordre de M. Jardin ; avec condition : que la durée du crédit serait illimitée, mais qu'il cesserait à la volonté de l'une des parties, en prévenant deux mois d'avance ; que l'intérêt serait de six pour cent, indépendamment des droits de commission et autres légalement dus ; qu'à la cessation du crédit, le reliquat du compte définitif serait payé dans le délai de trois mois, avec l'intérêt au taux commercial.

Pour sûreté :

1° De toutes les sommes qui pourraient être dues en vertu de l'ouverture de crédit, jusqu'à concurrence de vingt mille francs, ces sommes exigibles dans les trois mois de la cessation du crédit, avec l'intérêt au taux de six pour cent. . . . . 20.000 fr. »

2° Et des frais de poursuites exigibles à l'événement, évalués à mille francs. . . . . 1.000 » »

Total à inscrire. . . . . 21.000 fr. »

Par hypothèque spéciale sur : 1e . . . (*désigner*).

44. Créance éventuelle.

Inscription est requise . . . au profit de M. Jardin . . ., domicile élu à . . ., contre M. Maillard . . .

En vertu :

1° D'un contrat passé devant M^e . . ., notaire à . . ., le . . ., contenant vente par M. Maillard à M. Jardin, d'une maison, située à . . ., rue . . ., n° . . ., moyennant le prix de 10.000 fr. ;

2° D'un acte reçu par M^e . . ., notaire à . . ., le . . ., aux termes duquel : 1^{ent} M. Jardin a payé le prix de son acquisition du . . . ; 2^{ent} M. Maillard a conféré hypothèque à M. Jardin sur les immeubles ci-après désignés, à raison des charges hypothécaires grevant la maison par lui acquise.

Pour sûreté :

1° De la somme de dix mille francs, prix de la vente du . . ., exigible dans le cas où M. Jardin serait troublé dans la paisible propriété de la maison par lui acquise. . . . . 10.000 fr.

2° De celle de quatre mille francs, qui serait acquise à titre de dommages-intérêts à M. Jardin, au cas de trouble. . . . . 4.000 »   »

3° Des intérêts dont ces sommes pourraient être productives, exigibles à l'événement, évalués à mille francs . . . . 1.000 »   »

4° Des frais de poursuites, s'il y a lieu, évalués à cinq cents francs. . . . . 500 »   »

Total à inscrire. . . . . 15.500 fr.   »

Par hypothèque spéciale sur : 1° . . . (désigner).

45. Hypothèque maritime.

Du . . . (date en toutes lettres).

INSCRIPTION

Au profit de M . . . (nom, prénoms, profession et domicile), lequel fait élection de domicile à . . . (indication du domicile élu) contre M . . . , (nom, prénoms, profession et domicile).

Pour sûreté :

1° De la somme de . . ., (en toutes lettres), capital du prêt ci-

après énoncé, exigible le . . . (date en toutes lettres), et productive d'intérêts à... (taux de l'intérêt en toutes lettres), par an,
payables par . . . (année, semestre, etc.), à partir du . . . (date à
indiquer en toutes lettres). . . . . 10.000 »   »

   2° Des intérêts de deux années et de l'année courante, conservés par la loi, mémoire, ci. . . . . . .   Mémoire.

   3° Et des frais d'exécution, exigibles au fur et à
mesure qu'ils seront faits, évalués approximativement à . . . . 1.000 »   »

       Total, sauf mémoire. . . . . 11.000 fr.   »

   Résultant d'un acte . . . sous seing privé, fait à . . ., le . . .
(date en toutes lettres), ou passé devant   . . ., notaire à . . .,
le . . . (date en toutes lettres), contenant obligation pour prêt et affectation hypothécaire sur . . . (indiquer l'espèce et le nom du navire),
jaugeant . . . (tonnage d'après l'acte de francisation, en toutes
lettres), conformément à l'acte de francisation, délivré par M. le
ministre des finances, le . . . (date d'après l'acte de francisation,
en toutes lettres), actuellement immatriculé au bureau d . . . (nom
du bureau), suivant la soumission y souscrite le . . ., sous le
n° . . . (date et numéro de la soumission en toutes lettres).

   Requis par M . . . (nom, prénoms, profession et domicile), soussigné.

(Signature du requérant).

46. Conservateur des hypothèques (1).

   A la diligence de M . . . (nom du conservateur), conservateur
des hypothèques dans l'arrondissement du tribunal de première instance de . . .

   Au profit de toutes personnes qui, pour cause d'erreurs ou d'omissions dont la loi rend les conservateurs des hypothèques responsables, auront à exercer une action en garantie sur les biens affectés à
son cautionnement et ci-après désignés.

   Pour lesquelles personnes domicile est élu au parquet de M. le Procureur de la République près le tribunal de première instance
de . . . (le tribunal qui a reçu le cautionnement, c'est-à-dire le tribunal du lieu de la situation des biens).

   Inscription est requise, en conformité de l'article 7 de la loi du
21 ventôse an VII.

   En vertu : 1° d'un acte de cautionnement et d'affectation hypothé-

_____

(1) Formule officielle.

caire passé le . . . . devant Me . . . , notaire à . . . , aux termes
duquel M . . . a déclaré qu'il se cautionnait lui-même dans les termes de la loi précitée du 21 ventôse an VII, pour raison des sommes et dommages-intérêts dont ledit M . . . pourrait être tenu envers les parties au sujet de la conservation des hypothèques de . . , ou de toute autre conservation à laquelle il pourrait être appelé, et ce pendant toute la durée de son exercice et dix ans après, jusqu'à concurrence de la somme de . . . , et affecté et hypothéqué spécialement à cet effet, jusqu'à concurrence de la même somme de . . . , les immeubles ci-après désignés ; 2ᵃ d'un jugement en date du . . . , par lequel le tribunal civil de . . . , a reçu le cautionnement.

Contre M. . . (nom, prénoms et domicile du conservateur).

Pour sûreté des sommes et dommages-intérêts dont M. . . (le conservateur) pourrait être tenu envers les parties au sujet de la conservation de. . . , ou de toute autre conservation à laquelle il serait appelé par la suite, et ce, pendant toute la durée de son exercice et dix ans après, conformément à la loi du 21 ventôse an VII, jusqu'à concurrence de. . . (indiquer la somme), ci. . .

Ladite somme éventuellement exigible dans les cas prévus par la loi.

Sur les immeubles ci-après, situés commune de. . . (*désignation très précise et très complète des immeubles*).

III. — MODIFICATIONS DES INSCRIPTIONS

47. Renouvellement.

Inscription, par rénovation, est requise au bureau des hypothèques de. . .,

Au profit de. . .

Les énonciations du renouvellement sont généralement les mêmes que celles de l'inscription primitive. Cependant, il peut y avoir lieu de mentionner de nouveaux titres, ou de modifier l'exigibilité de la créance.

A la fin du bordereau, on ajoute :

La présente inscription est requise tant pour valoir à sa date comme inscription nouvelle que pour renouveler celle prise au même bureau le. . ., vol. . ., nᵒ. . ., (qui en renouvelait elle-même de précédentes).

48. Créancier.

A. — *Cessionnaire.*

Inscription est requise. . .,
Au profit de A. . ., domicile élu. . ., contre B. . .

En vertu :

1° D'un acte contenant obligation pour prêt de 2.000 fr. par B. . .,
au profit de C. . ., reçu par Mᵉ. . ., notaire à. . ., le. . . ;

2° D'un autre acte reçu par Mᵉ. . ., notaire à. . ., le. . ., aux
termes duquel C. . . a transporté à A. . . la créance sur B. . .

B. — *Légataire.*

Inscription est requise. . .,
Au profit de A. . ., domicile élu. . ., contre B. . .

En vertu :

1° D'une obligation pour prêt de 2.000 fr., souscrite par B. . .,
au profit de C. . ., par acte devant Mᵉ. . ., notaire à. . ., le. . .,

2° D'un testament reçu par Mᵃ. . ., notaire à. . ., le. . ., contenant legs par C. . . à A. . ., de sa créance de 2.000 fr. sur B. . . ;

3° Et d'un acte de délivrance de legs reçu par Mᵉ. . ., notaire
à. . ., le. . ., consenti par les héritiers de C. . . au profit de A. . .

C. — *Héritier.*

Inscription est requise au bureau des hypothèques de. . .
Au profit de M. Blin (Ludovic). . . ;
En qualité de seul héritier de M. Jacques Blin, son père, propriétaire, décédé en sa demeure, à. . ., le. . . (ainsi que le constate
un acte de notoriété, reçu par Mᵉ. . ., notaire à. . ., le. . .).

*Lorsque l'inscription est requise au profit d'un héritier attributaire de
la créance en vertu d'un partage, il faut nécessairement viser cet acte.
Dans ce cas, le partage est énoncé à la suite des titres de la créance.*

D. — *Syndic au nom du failli.*

Inscription est requise au bureau des hypothèques de . . .,
Au profit de M. Jules Pain, avoué de première instance, demeurant
à . . .,

En qualité de syndic de la faillite de M. Dubin (Auguste), ancien négociant, demeurant à . . .,

Domicile élu à . . ., en la demeure de M. Pain.

Contre M. Gossun (Louis), négociant, demeurant à . . .

En vertu d'un jugement rendu par le Tribunal de commerce de . . ., le . . . ., portant condamnation au profit de M. Dubin contre M. Gossun.

Pour sûreté . . .

E. — *Créancier du créancier.*

Inscription est requise au bureau des hypothèques de Toul,

Au profit de M. Marc (Joseph-Alfred), propriétaire, demeurant à . . .,

A la diligence de M. Eugène Duval, propriétaire, demeurant à . . ., en qualité de créancier sur M. Marc, d'une somme de . . ., en principal, indépendamment de tous accessoires, en vertu d'un acte reçu par Me . . ., notaire à . . ., le . . .

Domicile élu à . . .

Contre M. Bertin (Maurice) . . .

49. Domicile élu.

Domicile élu à Bordeaux, en l'étude de Me Ronet, notaire, et de ses successeurs pour la validité de l'inscription, et à Angoulême, en l'étude de Me Verdant, notaire, pour la correspondance et le renvoi des pièces.

50. Débiteur.

A. — *Succession.*

Contre M. Leclerc (Jean-Paul), propriétaire, demeurant à . . ., ou sa succession.

Si les héritiers sont connus, on dit :

Contre M. Leclerc (Jean-Paul), propriétaire, demeurant à . . ., décédé, et contre ses héritiers, qui sont :

1° M. Leclerc (Félix-Louis) . . . ;

2° M. Leclerc (Jacques) . . .

B. — *Débiteur et tiers détenteur.*

Quand les immeubles grevés ont été vendus à une personne chargée de payer la dette, on met :

Contre :

1° M. Leclerc (Jean-Paul), propriétaire, demeurant à . . .,
Débiteur principal ;

2° M. Voisin (Lucien), négociant, demeurant à . . .,
Tiers détenteur des immeubles grevés.

C. — *Débiteur et caution.*

Contre :

1° M. Leclerc (Jean-Paul), propriétaire, demeurant à . . .,
Débiteur principal ;

2° M. Voisin (Lucien), négociant, demeurant à . . .,
Caution solidaire.

En vertu d'un acte reçu par M⁰ . . ., notaire à . . ., le . . ., contenant : 1° Obligation pour prêt de 2.000 fr. et affectation hypothécaire par M. Leclerc au profit de M. Duval ; 2° cautionnement solidaire et affectation hypothécaire, pour la même somme, au profit de M. Duval, par M. Voisin.

Pour sûreté : 1° . . . (comme ci-dessus . . .)

Par hypothèque spéciale sur :

1ent. Immeubles appartenant à M. Jean-Paul Leclerc :

1° Une pièce de terre . . . (*désigner*).

2ent. Immeubles appartenant à M. Lucien Voisin :

1° Une maison . . . (*désigner*).

D. — *Caution seule.*

Contre M. Voisin (Lucien), négociant, demeurant à . . .

En vertu d'un acte reçu par M⁰ . . ., notaire à . . ., le . . ., contenant : 1° Obligation pour prêt de 2.000 fr., par M. Ludovic Martin, au profit de M. X . . . ; 2° cautionnement solidaire et affectation hypothécaire par M. Voisin.

Pour sûreté . . .

51. Concurrence.

La réserve de concurrence est ainsi formulée à la fin du bordereau du créancier premier inscrit :

Dans l'obligation du . . ., M. X . . . s'est réservé la faculté d'emprunter une somme de . . ., avec hypothèque sur les mêmes immeubles, pour venir en concurrence avec la créance de M. Y. . . ., présentement inscrite.

Puis, à la fin de l'inscription du créancier qui doit venir en concurrence, on insère cette mention :

La présente inscription viendra concurremment avec celle prise au profit de M. X . . ., pour sûreté d'une somme principale de . . ., en vertu d'un acte reçu par Me . . ., notaire à . . ., le . . ., ainsi qu'il est stipulé tant dans ce dernier acte que dans celui du . . ., énoncé plus haut.

IV. — RÉQUISITIONS

§ 1. — ÉTATS ET CERTIFICATS.

52. Individuel d'inscriptions.

Je soussigné, requiers M. le conservateur des hypothèques à . . ., de me délivrer l'état des inscriptions non périmées et non radiées, prises contre M. Goubin de Laurière (Eugène-Noël), propriétaire, demeurant à . . ., sur tous immeubles . . .

A . . ., le . . .   *(Signature)*.

(*Les noms composés, comme Goubin de Laurière, occasionnent souvent des erreurs, car il peut exister des inscriptions contre* GOUBIN, *contre* DE LAURIÈRE, *contre* GOUBIN-LAURIÈRE ; *la situation exige une grande attention*).

53. Sur immeuble désigné.

Je soussigné, requiers M. le conservateur des hypothèques à . . . de me délivrer l'état des inscriptions de toute nature prises depuis et compris le . . ., contre M. Goubin de Laurière (Eugène-Noël), propriétaire, demeurant à . . ., sur une pièce de terre en labour, située à . . ., nommée . . ., contenant . . .

A . . ., le . . .   *(Signature)*.

54. Exclusion d'inscriptions.

Je soussigné, requiers M. le conservateur des hypothèques à . . ., de me délivrer l'état des inscriptions ayant une existence légale, prises contre M. Goubin de Laurière (Eugène-Noël), propriétaire, demeurant à . . ., sur une maison située à . . ., rue . . ., n° . . ., mais à l'exception des inscriptions suivantes : 1° du 17 mai 19.., vol. 761, n° 18, au profit de M. Lucien Duval ; 2° du 12 avril 19.., vol. 783, n° 27, au profit de M. Alfred Martin. Ces deux inscriptions sont formellement exclues.

A : . ., le . . .   (*Signature*).

55. Individuel d'inscriptions et de transcriptions.

Je soussigné, requiers M. le conservateur des hypothèques à . . ., de me délivrer, du chef de :.

1° M. Duval (Louis-François), négociant, demeurant à . . ., rue . . ., ayant demeuré à . . . .

2° M. Duval (Paul-François), propriétaire, décédé en sa demeure à . . ., le . . .

Et en ce qui concerne les immeubles affectés par acte du. . ., devant Mᵉ . . ., notaire à . . ., au profit de M. Lucien Biart, et désignés dans l'inscription à prendre ce jour, et déposée avec les présentes.

L'état :

1° Des inscriptions de toute nature ayant encore une existence légale ;

2° Des transcriptions d'actes. et jugements translatifs ou modificatifs de la propriété, ainsi que des mentions de jugements de résolution, nullité ou rescision d'actes transcrits, autres toutefois que les transcriptions ou mentions énumérées dans l'acte précité du. . ., qui sont exclues de la réquisition, savoir : 1° Transcription du. . ., vol. . ., n°. . .

A. . . ., le. . .   (*Signature*).

56. Transcriptions.

Je soussigné, requiers M. le conservateur des hypothèques de. . ., de me délivrer l'état des transcriptions, opérées depuis et compris le. . ., d'actes ou jugements translatifs ou modificatifs de la propriété des immeubles désignés dans une inscription prise en son bureau, le. . ., vol. . ., n°. . . (*ou des immeubles ci-après désignés*. . .), du chef de M. Duval (Louis-François), négociant, demeurant à. . .

A. . . ., le. . .   (*Signature*).

57. Sur transcription (complet).

Déposé au bureau des hypothèques de. . ., pour être transcrite, l'expédition d'un contrat passé devant Mᶜ. . ., notaire à. . ., le. . . (*ou* d'un jugement rendu par le tribunal civil de. . ., le. . .), contenant vente par M. . . à M. . .

Sur laquelle formalité, le soussigné, au nom de l'acquéreur, requiert la délivrance, en ce qui concerne l'immeuble vendu, et du chef des vendeurs et des précédents propriétaires, d'un état contenant : .

1ᵉ Les inscriptions de toute nature, encore subsistantes, mais non celles radiées ou périmées (plus une copie séparée de l'inscription d'office) ;

2° Par extraits succincts, les transcriptions et mentions d'actes, jugements et saisies, opérées depuis le. . ., autres toutefois que les transcriptions énoncées en l'établissement de la propriété et celle présentement requise :

A. . ., le. . .   (*Signature*).

58. Sur transcription (limité).

M. le conservateur des hypothèques de. . . est requis de délivrer, sur la transcription faite ce jour d'une vente par M. . . à M. . ., passée devant Mᶜ. . ., notaire à. . ., le. . . :

1ᵉⁿᵗ Un état contenant la copie des inscriptions de toute nature, ayant une existence légale, prises contre :

1° M. . ., vendeur.

2° M. . . précédents propriétaires.

2ᵉⁿᵗ Un état contenant, par extraits succincts, les transcriptions et mentions d'actes et jugements translatifs, modificatifs ou résolutoires opérées depuis le. . ., autres toutefois que celles énoncées en l'origine de propriété et celle de ce jour, du chef de :

1° M. . ., vendeur.

2° M. . ., précédents propriétaires.

A. . ., le. . .   (*Signature*).

59. Sur purge d'hypothèques légales.

M. le conservateur des hypothèques à. . ., est requis de délivrer l'état des inscriptions d'hypothèques légales prises en son bureau, depuis le. . ., date de la transcription opérée au vol. . ., sous le n°. . ., d'un contrat de vente par M. Eugène Lubin à M. Émile

Bellet, en ce qui concerne l'immeuble vendu, et du chef tant du vendeur que des précédents propriétaires (*ou, mais seulement du chef de MM. . .*).

A. . ., le. . .   (*Signature*).

60. Sur renonciation à hypothèque légale.

M. le conservateur des hypothèques à. . . est requis de délivrer l'état des inscriptions d'hypothèques légales prises en son bureau contre M. Eugène Lubin, cultivateur, demeurant à. . ., depuis le. . .

A. . ., le. . .   (*Signature*).

61. Extrait d'inscriptions.

Je soussigné, requiers M. le conservateur des hypothèques à. . ., de me délivrer par extraits succincts les inscriptions prises en son bureau contre M. Eugène Lubin, cultivateur, demeurant à. . ., ayant demeuré à. . ., sur tous les immeubles situés à. . .

A. . ., le. . .   (*Signature*).

62. Saisies.

M. le conservateur des hypothèques à. . ., est requis de délivrer un état contenant les extraits de saisie et de dénonciation de saisies transcrites et mentionnées en son bureau, relatives à un herbage situé à. . .; nommé. . ., cadastré section. . ., n°. . ., appartenant à M. Eugène Lubin, cultivateur, demeurant à. . .

63. Hypothèques judiciaires.

Je soussigné, requiers M. le conservateur des hypothèques à. . ., de me délivrer un état des inscriptions d'hypothèques judiciaires prises en son bureau contre M. Ludovic Corpet, étudiant en droit, résidant à . . ., et domicilié à . . .

A . . ., le . . .   (*Signature*).

64. Certificat de renouvellement.

Je soussigné, requiers M. le conservateur des hypothèques à . . ., de me délivrer un certificat constatant le renouvellement ou le non-renouvellement d'une inscription prise en son bureau, le . . ., vol.

. . ., n° . . ., au profit de M. Lucien Duval, contre M. Eugène
Delange, négociant, demeurant à . . .

A . . ., le . . .   (*Signature*).

65. Copie de formalités.

M. le conservateur des hypothèques à . . ., est requis de délivrer la copie d'une inscription opérée en son bureau, le . . ., vol.
. . ., n° . . ., au profit de M. Jacques Duval contre M. Ernest
Dumont (*ou* d'une transcription opérée en son bureau, le . . .,
vol. . . ., n° . . ., d'un contrat de vente, par M. Ernest Dumont à
M. Jacques Duval).

A . . ., le . . .   (*Signature*).

§ 2. — FORMALITÉS.

66. Radiation.

M. le conservateur de . . ., est requis de radier les inscriptions
dont la mainlevée a été donnée par l'acte ci-contre, et de délivrer un
seul certificat de radiation (*ou* et de délivrer deux certificats de radiation : l'un, de l'inscription, vol. . . ., n° . . ., et l'autre, des
inscriptions, vol. . . ., n° . . . et vol. . . ., n° . . .).

A . . ., le . . .   (*Signature*).

67. Subrogation.

M. le conservateur de . . ., est requis de mentionner la subrogation résultant de l'acte ci-contre, au profit de M . . ., dans l'effet
de l'inscription, vol. . . ., n° . . ., et de délivrer une copie de
cette inscription avec la mention de subrogation (*ou* et de délivrer
un simple certificat de subrogation).

A . . ., le . . .   (*Signature*).

68. Transcription.

Le soussigné, requiert M. le conservateur des hypothèques à . . .,
de transcrire sur ses registres l'expédition ci-jointe d'un contrat passé
devant Me . . ., notaire à . . ., le . . ., contenant vente par
M. Bail à M. Tortin.

A . . ., le . . .   (*Signature*).

69. Transcription partielle.

Déposé à la conservation des hypothèques de . . . ., l'expédition d'un acte reçu par Me . . ., notaire à . . ., le. . . ., contenant bail et promesse de vente par M. Duval à M. Primot.

M. le conservateur est requis de transcrire seulement les parties de l'acte relatives au bail, lesquelles sont entourées à l'encre rouge sur l'expédition.

A . . . ., le . . .   *(Signature).*

70. Antériorité ou concurrence.

M. le conservateur de . . . ., est requis de mentionner en marge des inscriptions du 17 mai 19.., vol. 842, n° 36, et du 26 juin 19.., vol. 860, n° 312, l'antériorité (ou la concurrence) consentie par M. Duval à M. Tostain, suivant acte reçu par Me . . . ., notaire à . . . ., le . . . ., et de délivrer un certificat constatant l'accomplissement de ces formalités (*ou* délivrer une copie des inscriptions avec les mentions d'antériorité).

A . . . ., le . . .   *(Signature).*

71. Mention de renonciation.

Déposé à la conservation des hypothèques de . . ., l'expédition d'un acte reçu par Me . . . ., notaire à . . . ., le . . . ., contenant renonciation à hypothèque légale par Mme . . . .

M. le conservateur est requis de mentionner cette renonciation en marge de la transcription faite en son bureau le 3 juillet 1914, vol. 1720, n° 416, de la vente par M . . . ., à M . . . .

A . . . ., le . . .   *(Signature).*

TABLE DES MATIÈRES

André, *Régime hypothécaire.* 47

TABLE DES FORMULES

I. — INSCRIPTIONS DE PRIVILÈGES

Privilège de vendeur.

Privilège de copartageant.

Privilège de séparation des patrimoines.

Privilège de constructeur.

Privilège du Trésor public.

III. — MODIFICATIONS DES INSCRIPTIONS

IV. — RÉQUISITIONS

États et Certificats.

Formalités.

TABLE DES TEXTES

I. — CODE CIVIL

André, *Régime hypothécaire.*

II. — CODE DE PROCÉDURE

III. — CODE DE COMMERCE

IV. — CODE D'INSTRUCTION CRIMINELLE

V. — CODE PÉNAL

VI. — LOIS SPÉCIALES

TABLE ALPHABÉTIQUE

(Les chiffres renvoient aux numéros de l'ouvrage.)

bles, 305 ; cas de succession bénéficiaire ou vacante, 764 ; faillite ou liquidation judiciaire, 765 ; subrogation, 1058.

Action révocatoire. Donateur, 508 ; appartient à tout créancier, 1375 ; antérieur, 1376 ; cas divers, 1377 ; durée, 1378 ; action en simulation, 1379.

Actions. Transcription, 14, 21 ; gage, 201 ; hypothèque, 479.

Actions et exécutions. Généralités, 1346, 1350 ; scellés et inventaire, 1351 ; partage, 1359 ; exercice des droits du débiteur, 1370 ; action paulienne, 1375 ; saisies, 1380 ; distributions, 1521, 1576, 1578 ; ordres, 1579.

Adjudication. Transcription par extrait, 4, 5 ; colicitant, 60 ; héritier bénéficiaire, 61 ; jugements, 63 ; purge, 1212 à 1215 ; surenchère, 63, 1264 ; saisie, 1508, 1509 ; folle enchère, 1217, 1516 ; taxe hypothécaire, 2082 ; de transcription, 2086, 2060, 2067 ; inscription d'office, 1954 ; salaires d'inscriptions d'office, 2119.

Administrateur. Hypothèque légale, 676 ; mainlevée, 1688, 1691, 1741.

Affectation hypothécaire. Capacité, 485 ; forme, 520 ; désignation des biens, 529, 552 ; créance éventuelle, 550 ; bâtiments, 553 ; déclaration, 554 ; état hypothécaire, 555.

Affiche. Purge légale, 1303 ; vente sur saisie, 1505.

Agriculteur. Gage, 220 ; effet du warrant, 1045.

Algérie. Taux d'intérêt, 560.

Aliéné. Hypothèque légale, 676 ; radiation, 1691 à 1693.

Alignement. Arrêté, 117.

Allemagne. Transcription, 11 ; hypothèque conventionnelle, 605 ; légale, 624 ; judiciaire, 726.

Amende. Avoué, 81 ; de timbre, 169, 2102 ; civile, 264 ; mainlevée, 1819 ; conservateur des hypothèques, 2004 ; insuffisance d'évaluation, 2058.

Ameublissement. Transcription, 52.

Angleterre. Transcription et inscription, *Intr.*, p. 17 ; hypothèque légale, 624.

Animal. Acheté en foire, 186 ; soins et nourriture, 231.

Antériorité. Conventionnelle, 750 ; hypothèque légale, 1077, 1083 ; mentions, 1081, 1954 ; salaires, 2125.

Antichrèse. Transcription, 74 ; privilège, 343 ; rétention, 344 ; cession, 76, 1946 ; taxe hypothécaire, 2083.

Appel. Jugement réduisant l'hypothèque de la femme, 650 ; d'hypothèque judiciaire, 820 ; distribution, 1544 ; ordre par jugement, 1606 ; ordre judiciaire, 1617 ; jugement de radiation, 1849 à 1857 ; action en dommages-intérêts contre conservateur, 2028.

Arbitres. Sentence emportant hypothèque, 727 ; radiation, 1847.

Compétence. Petite distribution, 1576; demande en mainlevée, 1842.

Comptable. Débets privilégiés, 171, 172 : cautionnement, 259 ; privilège sur immeubles, 335 ; délai d'inscription, 428 à 431 ; hypothèque légale, 704 ; occulte, 705 ; inscription 859, 2073 ; purge, 1272 ; mainlevée, 1821 ; réduction d'hypothèque, 1895 ; salaires d'inscriptions, 2162.

Compte. Courant, 579 ; de tutelle, 688.

Conciliation. Hypothèque judiciaire, 730 ; demande en radiation, 1839.

Concordat. Hypothèque légale, 717 ; extinction d'hypothèque, 1124 ; homologation, 1566 ; mainlevée, 1778.

Concurrence. Privilège, 437 ; cessionnaires partiels, 1054, 1069 ; inscriptions, 748 ; convention, 749 ; mentions, 1965 ; certificat, 1966 ; salaire, 2099.

Condamné. Privilège du trésor, 168 ; rang, 465 à 467 ; délai d'inscription, 427.

Condition Défense d'hypothéquer, 486 ; hypothèque de propriété conditionnelle, 505 ; de prêt, 561, 562 ; mainlevée, 1666, 1902, 1968 ; vente, 2087.

Confirmation. Vente, à transcrire, 29 ; hypothèque, 503, 504.

Conflit. Transcriptions et inscriptions, 104 ; privilèges, 450 ; hypothèques générales et spéciales, 965 à 969.

Confusion. Séparation des patrimoines, 351 ; extinction des hypothèques, 1113 ; obstacles, 1117.

Congément. Rend créance exigible, 979.

Congrégation religieuse. Accroissement, 392 ; hypothèque, 513 ; mainlevée, 1829.

Conseil d'État. Hypothèque judiciaire, 728 ; mainlevée, 1828.

Conseil de famille. Autorisation d'hypothéquer, 487 ; restriction hypothèque légale de femme, 648 ; restriction hypothèque mineur, 697, 698 ; délaissement hypothécaire, 1021 ; cession de créance, 1070 ; surenchère, 1255 ; purge légale crédit foncier, 1345 ; emploi capitaux du mineur, 1746.

Conseil de préfecture. Hypothèque judiciaire, 728. Radiation, 1827, 1828.

Conseil judiciaire. Hypothèque, 489 ; légale, 676 ; surenchère, 1255 ; saisie immobilière, 1473 ; radiation, 1698 à 1701.

Conservateur des hypothèques. Attributions, 1916 ; transcription, 1936, 2009 ; cautionnement, 261, 1917 ; hypothécaire, 600 ; inscription d'office, 408, 410, 1952 ; dispense, 1957 ; inscription requise, 1947 ; représentation de titre, 777, 779, 844, 855, 923, 1952 ; inscription contre comptable public, 860 ; rectification, 941 ; omis-

André, *Régime hypothécaire.* 49

Dation en paiement. Transcription, 41 ; extinction des privilèges et hypothèques, 1101, 1107.

Débet de comptable, privilège, 172.

Débiteur. Frais inscription, 773 ; désigné dans inscription, 791 ; décédé, 792 ; inscription judiciaire, 826 ; ses droits, 971, 973 ; déchéance du terme, 973 ; perception de fruits, 980 ; quittance et cession de loyers, 981 ; baux, 982 ; recours de tiers détenteur, 1033 ; opposition à partage, 1361 ; créancier exerçant ses droits, 1371 ; mandat au créancier, 1390, 1391 ; saisie-arrêt, 1402, 1408 ; conversion de saisie, 1514, 1515 ; ordre consensuel, 1584.

Décimes. Taxe hypothécaire, 2049 ; droit de transcription, 2084.

Déclaration. Privilège sur cautionnement, 266 ; hypothèque, 1145 ; tiers saisi, 1414, 1415 ; sommes et valeurs soumises à impôt, 2052.

Déconfiture. Privilège du vendeur, 766.

Défense du condamné, privilège, 168.

Dégradation. Cas fortuit, 536 ; par débiteur, 973 ; supplément d'hypothèque, 988.

Délai. Revendication de meubles par bailleur, 183 ; par vendeur, 245 ; expertise de construction, 327 ; inscription pour drainage, 342, 434 ; privilège vendeur d'immeubles, 402 à 407 ; privilège colicitant, 414 à 419, 878 ; privilège séparation des patrimoines, 425, 885 ; privilège trésor, 427,428 ; inscription d'hypothèque légale de femme, 831 ; privilège de constructeur, 893 ; renouvellement d'inscription, 910 à 913 ; saisie contre tiers détenteur, 988, 989, 1004 ; surenchère des créanciers, 1256 ; inscription sur purge légale, 1315 ; accordé par juge, 1393 ; héritiers du débiteur, 1394, 1395 ; transcription de saisie, 1494 ; production à distribution, 1532, 1534 ; production à ordre, 1608.

Délaissement. Ce que c'est, 1015 ; qui peut le faire, 1016 à 1018 ; délégation, 1019 à 1021 ; capacité, 1022 ; forme, 1023 ; effets, 1024 ; transcription adjudication, 63.

Délégation. Inscription, 784 ; obstacle au délaissement, 1018 ; novation, 1102 ; mainlevée, 1800, 1801.

Dénonciation. Saisie-arrêt, 1408, 1410 ; saisie de rente, 1456.

Département. Hypothèque légale, 701 ; Saisie, 1588 ; radiation, 1823 ; demande en radiation, 1840 ; salaires, 2133, 2136.

Dépôt. Acte hypothécaire sous seing, 520 ; copie collationnée, 1285 ; pièces de purge, 1311 ; registre, 111, 1923 ; double, 1924 ; récépissé, 1927 ; interversion, 2010 ; timbre, 2097 ; salaires, 2113 à 2115.

Dernière maladie. Frais, 147 à 150 ; prescription, 1160.

Désignation des biens. Cession de droits successifs, 877 ; hypothèque conventionnelle, 529 à 534 ; inscription, 812 à 815 ; d'hypothèque judiciaire, 829 ; d'hypothèque légale, 841, 863 ; de privi-

Liquidateur. Hypothèque, 499 ; mainlevée, 1763.

Liquidation judiciaire. Frais privilégiés, 134 ; droits du bailleur, 189 ; hypothèque conventionnelle, 495 ; avant inscription, 765 ; distribution de deniers, 1556, 1575 ; mainlevée, 1711.

Locateur. Privilège, 175.

Loyers. Transcription de cession ou paiement, 66 ; privilège, 177 ; hypothèque, 592 à 597 ; droit des créanciers inscrits, 981 ; immobilisation par saisie, 121, 1495 ; sommation de payer, 1026 ; vente de propriété louée, 188 ; prescription, 1151 ; tiers détenteur évincé, 1206 ; saisie-gagerie, 1425 à 1431 ; saisie-revendication, 1440 ; saisie immobilière, 1497 ; mainlevée, 1724, 1794 ; droit d'inscription, 2075.

Magasin général. Warrant, 227.

Mainlevée. Ce que c'est, 1663 ; effets, 1664, 1665 ; conditionnelle, 1666, 1902 ; forme, 1667 ; légalisation, 1677 ; mainlevée judiciaire, 1830 ; administrative, 1816 ; partielle, 1832 ; révocation, 1904, 1906 ; frais, 1912 ; saisie immobilière, 1879.

Maire. Mainlevée, 1824.

Maladie. Privilège, 148.

Mandat. Transcription, 15 ; hypothèque, 498 ; garantie, 596, 597 ; inscription, 777, 821 ; surenchère, 1256 ; voie parée, 1389 ; pour vendre, 1391 ; saisie immobilière, 1401 ; radiation, 1735 à 1740.

Marais. Transcription, 119.

Marchand. Privilège, 160, 161 ; prescription, 1161.

Marché. Privilège, 321 ; hypothèques, 595.

Mari. Transcription, 16 ; hypothèque, 500, 501 ; hypothèque légale, 630 ; inscription, 833 ; surenchère, 1255 ; saisie immobilière, 1474 ; mainlevée, 1714, 1715.

Médecin. Dernière maladie, 148 ; prescription, 1160.

Mention. Saisie et conversion, 1503, 1511, 1514 ; résolution, 1944 ; réméré, 1945 ; antichrèse, 1946 ; domicile élu, 1957 ; subrogation, 1960 ; priorité, 1964 ; renonciation d'hypothèque légale par la femme, 1337 ; transfert, 1967 ; prorogation de délai, 1969 ; radiation, 1661 ; suites des saisies, 2155 à 2159.

Mine. Transcription, 37 ; privilège, 334 ; hypothèque, 479 ; cession interdite, 485.

Mineur. Transcription, 16 ; hypothèque conventionnelle, 487, 488, 504 ; transfert, 546 ; étranger, 624, 628 ; hypothèque légale, 676 ; date, 684 ; créances garanties, 689 à 694 ; réduction, 695 à 700 ; inscription d'hypothèque légale, 849 ; subrogation d'hypothèque légale, 1086 ; prescription d'hypothèque légale, 1133 ; surenchère, 1255 ; purge d'hypothèque légale, 1285, 1299, 1313 ; inscription sur purge, 1318 ; purge du Crédit foncier, 1336 ; saisie immobilière, 1472, 1473, 1484 ; radiation, 1741 à 1755 ; inscription d'office, 1810.

Renonciation à hypothèque légale. Capacité de la femme, 1327 ; forme authentique, 1330 ; transcription mention, 1331 ; dispense de purge, 1332 ; réserve droit de préférence, 1333 ; inscription prise, 1334 ; effet en présence de créanciers, 1335.

Renouvellement d'inscription. Délai, 910 à 913 ; dispense pour Crédit foncier, 917 ; formalité, 923, 924 ; utilité, 926, 927 ; dispense, 928, 929 ; créancier subrogé, 1046 ; créancier colloqué, 1628 ; radiation, 1684 ; droit fiscal, 2068, 2069 ; certificat, 2132.

Rente. Perpétuelle, 565 à 570 ; viagère, 571 à 576 ; inscription, 800 ; collocation, 976 : prescription, 1131 ; titre nouvel, 1135 ; saisie, 1454 ; radiation, 1756 ; alimentaire, mainlevée, 1758.

Rente sur l'Etat. Gage, 197 ; insaisissabilité, 1382.

Requête civile. Voie extraordinaire de recours, 1858.

Réquisition. Transcription, 15, 2064 ; surenchère, 1248 ; formalités hypothécaires, 1927 ; papiers d'affaires, 1935 ; changement de domicile, 1957 ; subrogation, 1960 ; priorité et concurrence, 1965 ; radiation, 1970 ; état d'inscription et transcription, 1974 ; certificat renouvellement d'inscription, 2132 ; extraits registres, 2000.

Résolution. Transcription, 77, 81, 83, 85 ; vente de meubles, 244 ; vendeur d'immeubles, 305 ; propriété hypothéquée. 505, 506, 1175 ; rente viagère, 976 ; volontaire, 1177 ; mention, 1943 ; salaire, 2135.

Responsabilité. V. *Avoué. Conservateur, Notaire.*

Restitution. Droits sur adjudication judiciaire, 1519 ; salaires, 2167 à 2170 ; droits du Trésor, 2029.

Restriction d'hypothèque. Desséchement de marais, 322 ; femme, 643, 648, 656 ; mineur, 697.

Rétention. Amende de timbre, 170 ; gage, 207, 209 ; aubergiste, 251 ; acquéreur à réméré, 303 ; antichrésiste, 344 ; tiers détenteur poursuivi, 1006, 1029.

Retrait. Indivision, 57 ; réméré, 78 ; transcription, 77, 80 ; droit de transcription, 2087 ; salaire, 2127.

Rétrocession. Transcription, 77.

Revendication. Vendeur de meubles, 245 ; bailleur, 181 à 184 ; saisie, 185, 246.

Révocation. Transcription. 82 ; effet sur hypothèque, 1176, 1180 ; action par créanciers, 1375 ; mainlevée, 1904 à 1906.

Russie. Convention consulaire, 605 : hypothèque légale, 624.

Saisie. Gage général, 1380 ; choses insaisissables, 1381 à 1387 ; commune, 1388 ; formes légales, 1389 ; mandat au créancier, 1390 ; promesse de vente, 1391 ; exigibilité de dette, 1392 ; délai accordé par le juge, 1393 ; héritiers du débiteur, 1394 ; signification de titre, 1395, 1396 ; genres de saisies, 1398 à 1401.